山陰名城叢書 2

# 松江城

ハーベスト出版

国宝　松江城天守

松江城全景（写真提供：ドローンカメラマン　杉谷篤志）

本丸高石垣と天守

二之丸石垣

天狗の間（天守最上階）

天狗の間から見る松江市街

包板柱群

一ノ門

地階井戸

外曲輪（馬溜）と太鼓櫓

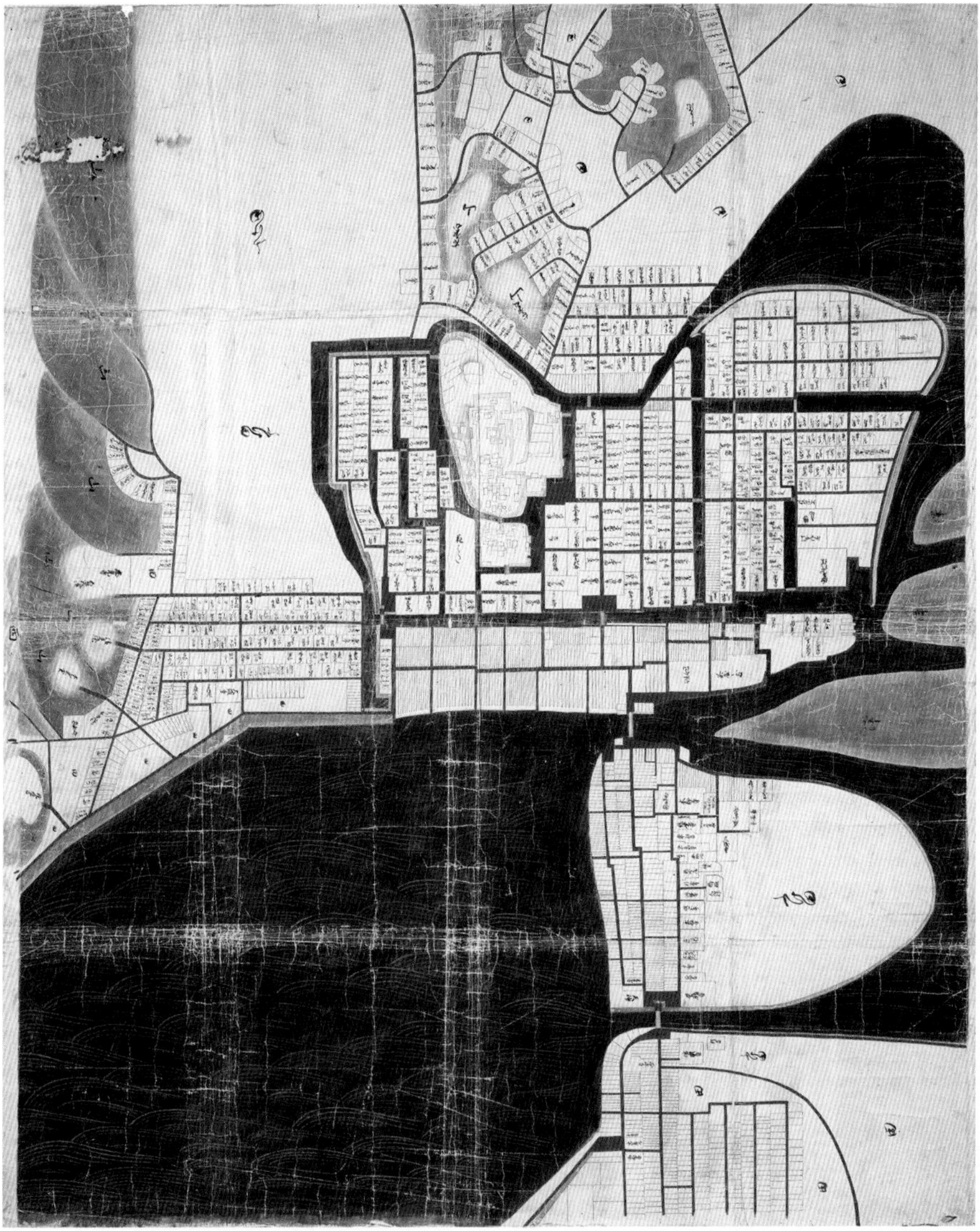

「堀尾期松江城下町絵図」寛永５～10年（1628～1633）（島根大学附属図書館蔵）

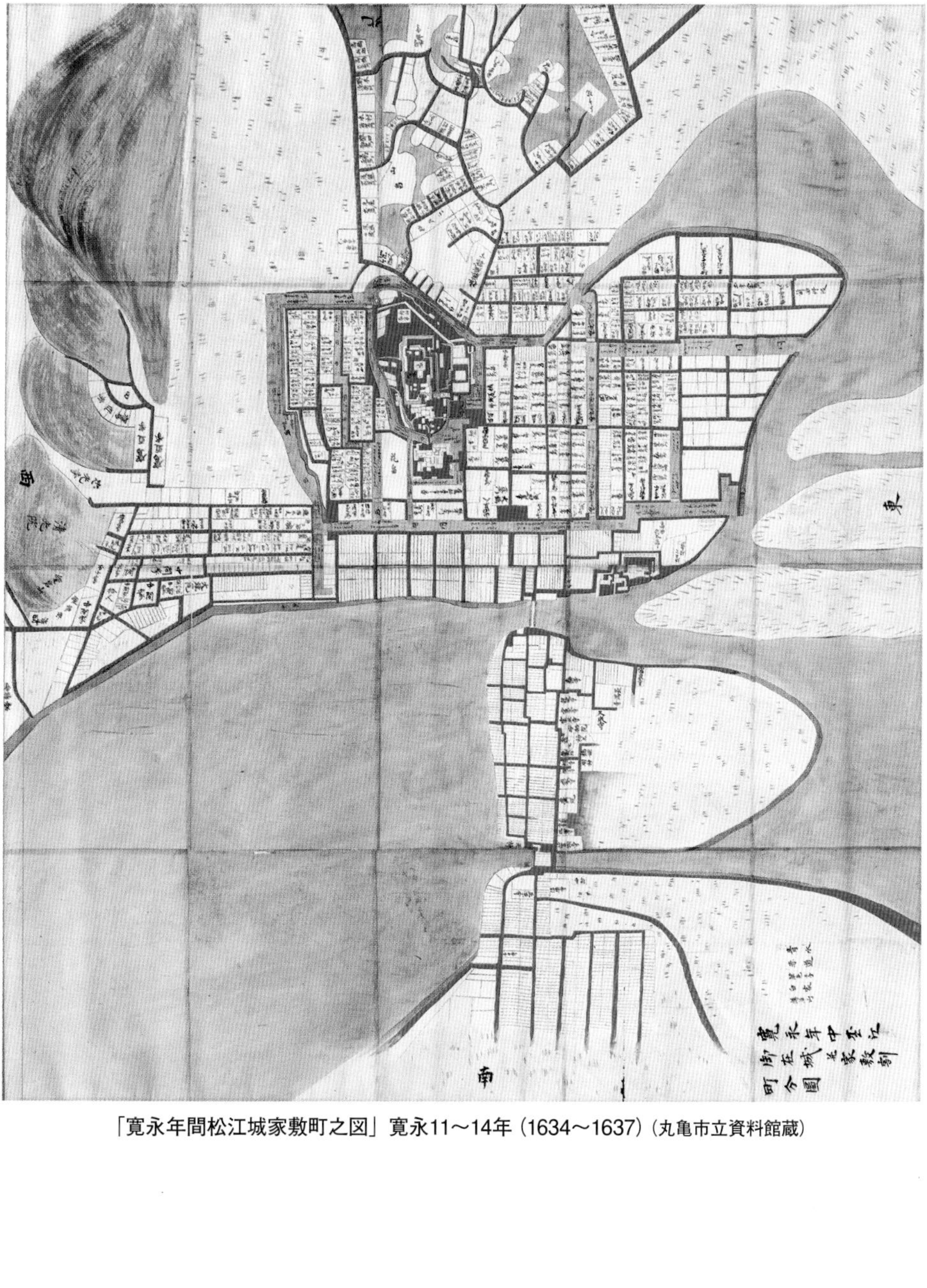


「寛永年間松江城家敷町之図」寛永11～14年（1634～1637）（丸亀市立資料館蔵）

松江城古写真（三之丸正面付近から撮影）
〔明治８年以前：現存する最も古い松江城天守の写真〕（松江歴史館蔵）

松江城天守古写真（明治27年の大修繕の頃）（個人蔵）

# 松江城

# 発刊にあたって

松江城は関ヶ原合戦の戦功によって出雲・隠岐二カ国の太守に封ぜられた堀尾氏によって築かれた。堀尾氏は当初戦国以来の出雲の府である富田城に入城したが、直ちに新たな居城の選地をおこない、亀田山を選んで松江城を築いた。関ヶ原合戦は天下分け目の戦いと例えられるが、その戦後に決して平和が訪れたわけではなかった。むしろ戦国最大の軍事的緊張を招いたのである。大名たちは合戦の論功行賞により増減封され、新たな領国で、新たな居城造りを開始する。全国規模での新規築城は慶長の築城ラッシュと言っても過言ではないだろう。松江城もそうした慶長の築城ラッシュに誕生した近世城郭であった。

ところで、松江城といえば山陰に唯一残る天守が有名で、これまでの書籍でも天守については多く語られてきた。しかし、関ヶ原合戦直後に築かれた城は極めて軍事的に発達した縄張りで築かれており、天守だけで語ることは出来ない。縄張りも含めた総合的な分析が待ち望まれていた。

そうしたなかで、松江市では平成三十年（二〇一八）に『松江市史』別編1「松江城」を刊行した。天守をはじめとした建築、縄張り、発掘調査成果など松江城研究の集大成となった。今年は松江城天守が国宝に指定されて五周年にあたる。それを記念して、市史のダイジェスト版となる書籍を山陰名城叢書の一冊として刊行することとなった。もちろん単なる市史の焼き直しではなく、市史を担当した執筆者がその後の新たな研究成果を盛り込んだ書下ろしである。

松江城研究の第一人者たちが集まって執筆した本書はまちがいなく松江城を語る最高の一冊であると自負している。本書によって松江城の魅力を改めて知っていただければ幸いである。

令和二年七月八日　松江城天守国宝指定五周年の日

編者　中井　均

# 松江城　目次

## 第三章　松江城の築城経緯と縄張り

## 第四章　松江城の石垣と瓦



## 第五章　松江城と城下町松江

## 第二節　松江城の発掘調査の成果

## 第八章　松江城跡を歩く



## 資　料

## 山陰名城叢書2『松江城』執筆分担（敬称略）

発刊にあたって　中井　均
第一章　西尾克己
第二章　中井　均
第三章　山上雅弘
第四章　乗岡　実
　コラム①②　乗岡　実
第五章
　一、和田嘉宥
　二、和田嘉宥
　三、和田嘉宥
　四、和田嘉宥・安高尚毅・大矢幸雄
　五、和田嘉宥
　コラム　和田　嘉宥
第六章
　一、稲田　信
　二、稲田　信
　三、和田嘉宥
　四、和田嘉宥
　コラム　稲田　信
第七章
　第一節　松尾信裕
　第二節　岡崎雄二郎
　コラム①②③　小山泰生
　コラム④　西尾克己
第八章　中井　均

# 第一章　松江の地理・歴史的環境

# はじめに

松江城は松江市殿町に所在する平山城である。内堀に囲まれた標高二八ｍの城山《じょうざん》には、頂部に本丸があり、その南に二之丸が造られ、周囲には各郭が配置されている。本丸には天守が築かれ、二之丸と三之丸には御殿が建てられていた。明治維新後は松江が県庁所在地となり、三之丸に島根県庁が置かれ、本丸、二之丸は天守を中心として公園化が図られて、現在に至っている。

松江市は、山陰の中央部に位置する人口約二十万人の中核都市である。市の南郊部の大草町《おおくさちょう》や山代町《やましろちょう》には、古くは出雲国府が設けられ、古代から中世にかけては政治、経済の中心地として繁栄していた。また、大橋川を通して中海や日本海ともつながり、中世以降、水運が盛んになると、交通の要地である宍道湖東岸の末次《すえつぐ》や白潟《しらかた》が大橋川沿いの物資集積地として発展した。

近世に入り、この二つの町を取り込んだかたちで、湖畔に城下町が形成されたため、近代以降、松江は古い景観を残す「水の都」として広く知られるようになった。加えて、古くからの文化財も市内には多く残っており、戦後に国際文化観光都市に指定されている。

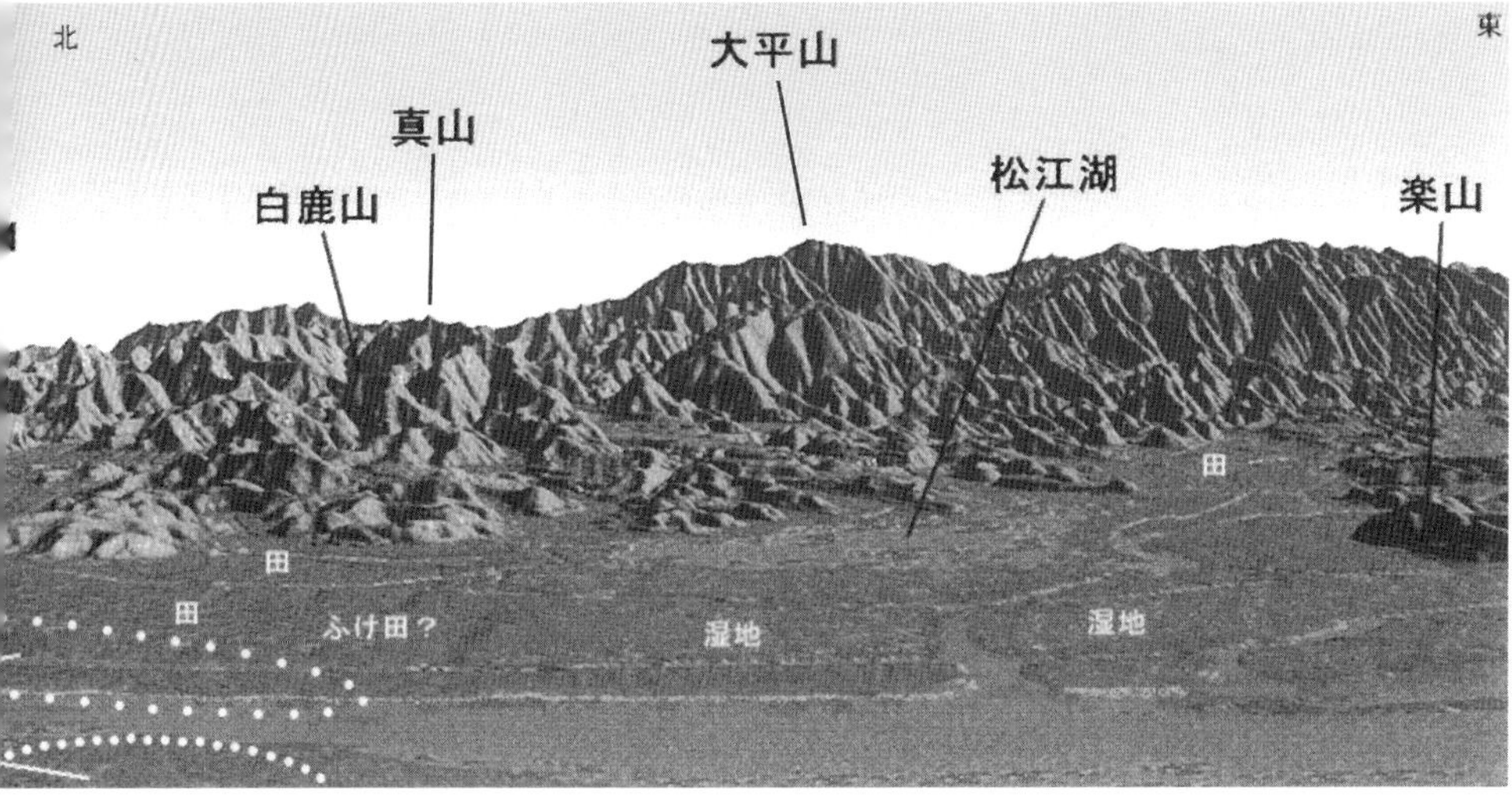


『松江市史』別編１「松江城」より）（渡辺正巳氏作製）

# 一、地理的環境

出雲国の北には、日本海が広がり、南には中国山地に連なる山々が横たわる。中国山地からは、一級河川の斐《ひ》伊川《いかわ》と飯梨川《いいなしがわ》が北流し、下流部には出雲平野や安来平野が形成され、両河川とも汽水湖の宍道湖と中海にそれぞれ流れ込んでいる。また、日本海に面する北端には、島根半島が東西に延び、その南側には宍道湖と中海、さらに平野が存在する。出雲国では古くから平野部を中心として水運が発達し、他地域との交流も盛んであった。

中央部の松江平野は、中海と宍道湖を結ぶ大橋川や周辺の中小河川の沖積作用で形成された東西四㎞、南北二・五㎞、標高は二～三ｍの狭い三角州である。この平野は大橋川を挟んで、両側にある南北の二つの砂州とその付近の沖積地からなる。北側の砂州（末次砂州）は、中原から東本町までの東西方向に形成され、宍道湖との低地を区切っている。南側の砂州（白潟砂州）は宍道湖東岸に位置し、白潟本町から竪町、さらに床几山《しょうぎさん》の麓にかけての南北方向に存在する。

砂州が発達すると、背後には潟や潟湖が形成される。古くは、松江城のある亀田山（今の城山）を挟んで、東

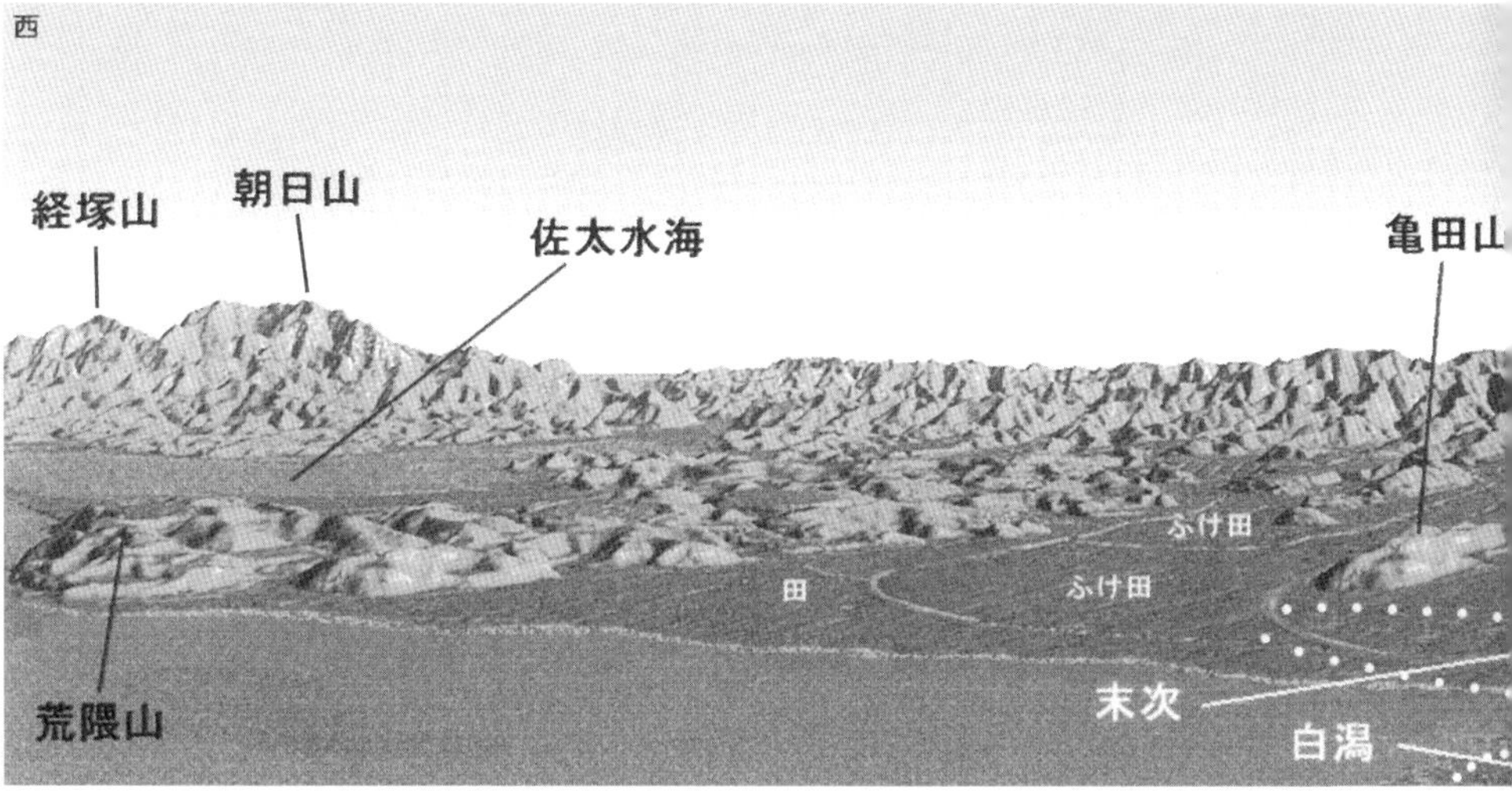


図１　松江平野北部鳥瞰図（慶長５年（1600）頃

図２　城下町造成以前の松江
（画像提供：松江歴史館）

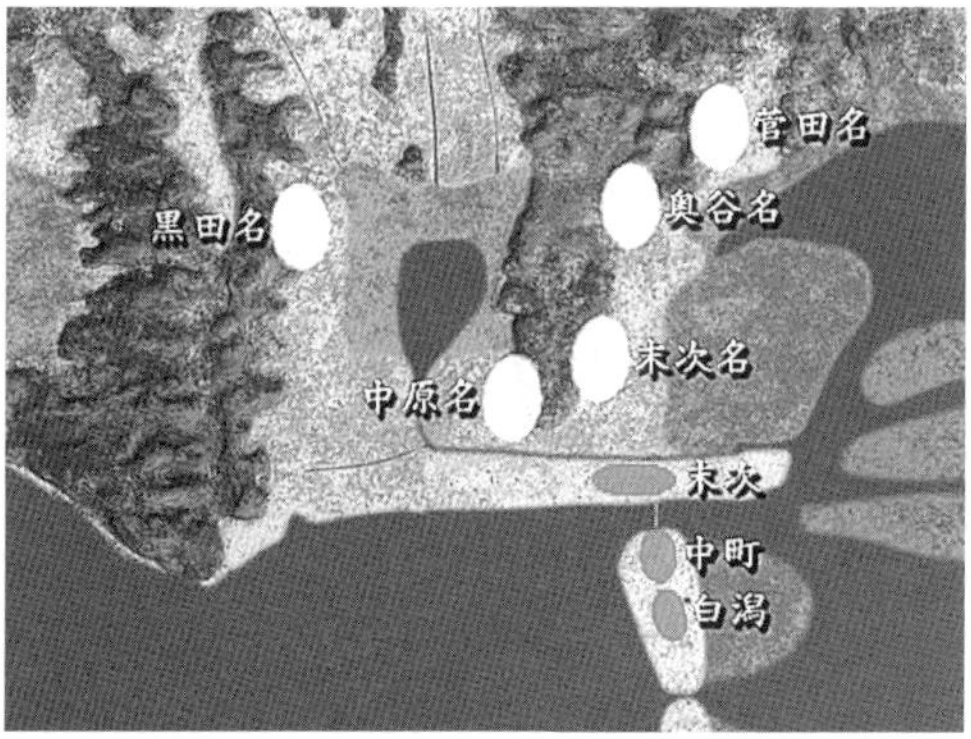

図３　砂州上に展開する中世の町場や村の想定図（画像提供：松江歴史館）

西に潟湖が存在した。西側には、奈良時代の『出雲国風土記』に載る「法吉坡《ほほきのつつみ》」（周囲二・七㎞、深さ二・一ｍ）がある。島根大学附属図書館所蔵の「堀尾期松江城下町絵図」には外中原町《そとなかばらちょう》の北側から黒田町にかけて「ふけ田」と記載されており、中世には潟が土砂で堆積し、江戸時代初めには湿田に変わったと推定される。城の東側は、「絵図」では「沢」と書かれた中州状の低湿地帯が連なり、さらに、北東部の奥谷町《おくだにちょう》の東側から菅田町《すがたちょう》にかけては水域として描かけている。この部分は江戸時代には、新田開発により埋め立てられ水田化していった。一方、大橋川より南側については、松江大橋から竪町にかけての白潟天満宮通り一帯は南北に延びる砂州上にあり、周囲より少し高くなっている。中世には、西側は宍道湖岸で、東側は寺が並ぶ寺町となり、その外側には「ふけ田」や「田」と書かれており、水田が広がっていた。

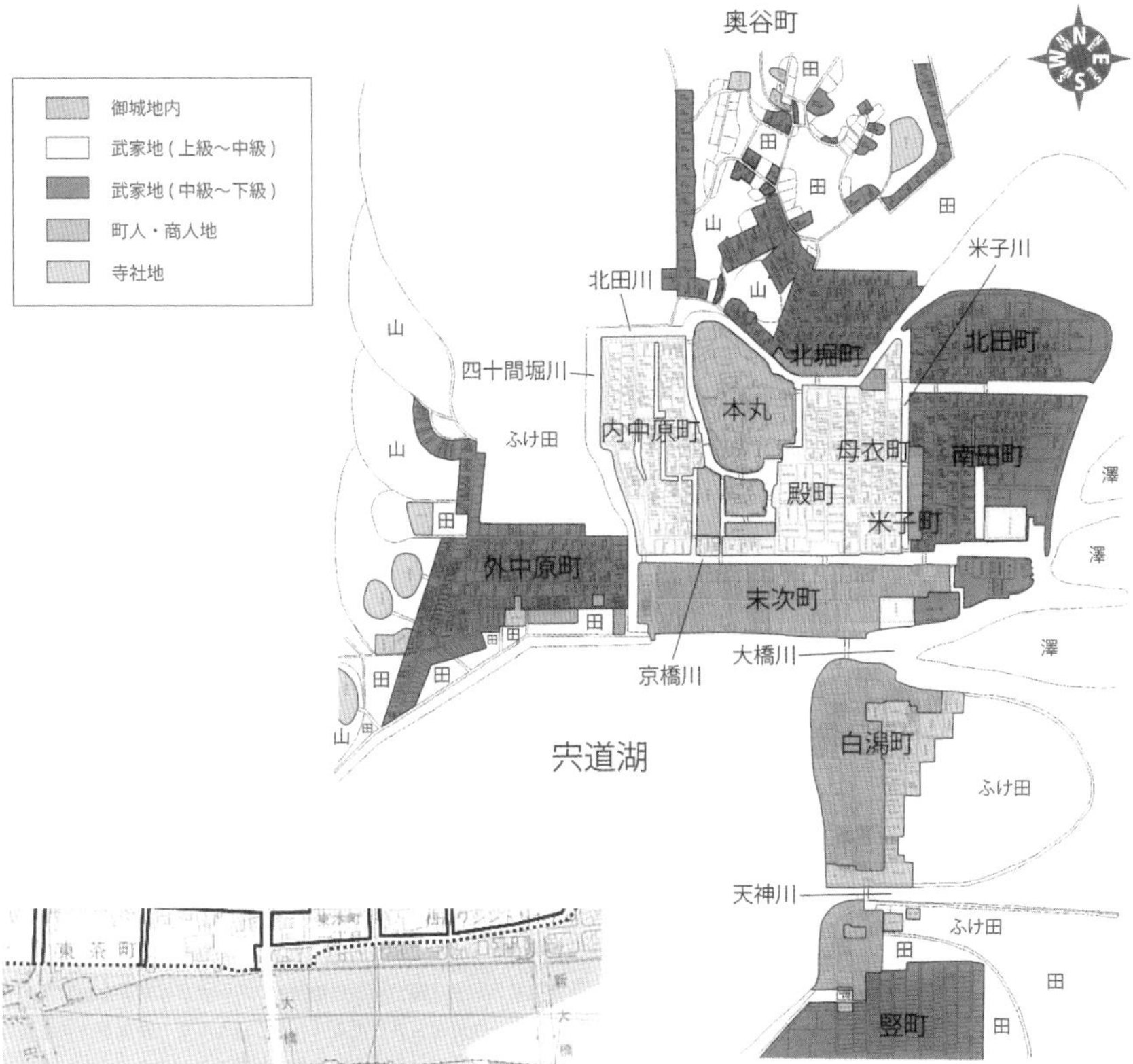


図４　松江城下町の範囲と江戸時代の
階層区分（17世紀前半）
（『松江城下町遺跡〜大手前通りの
調査成果〜』松江市より）

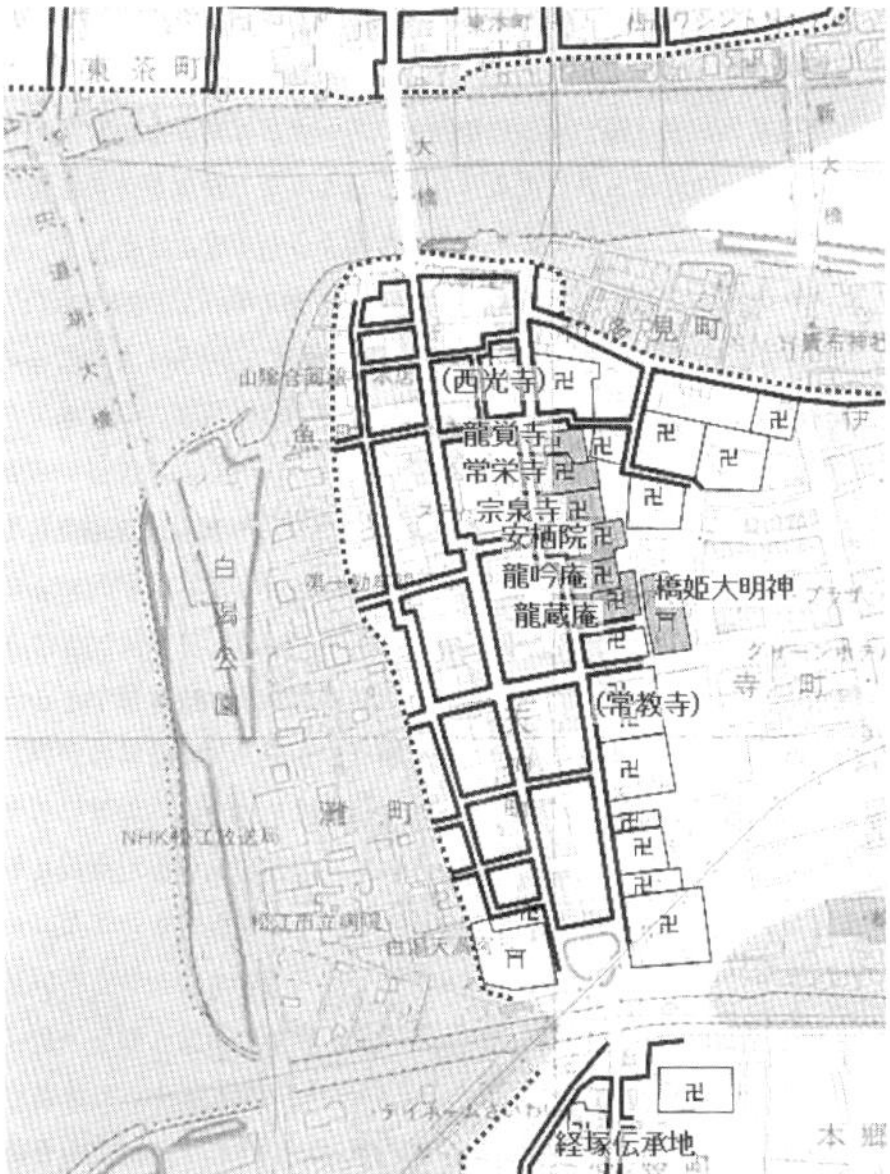


図５　中世白潟関係地図
（『松江市史』通史編２「中世」より）

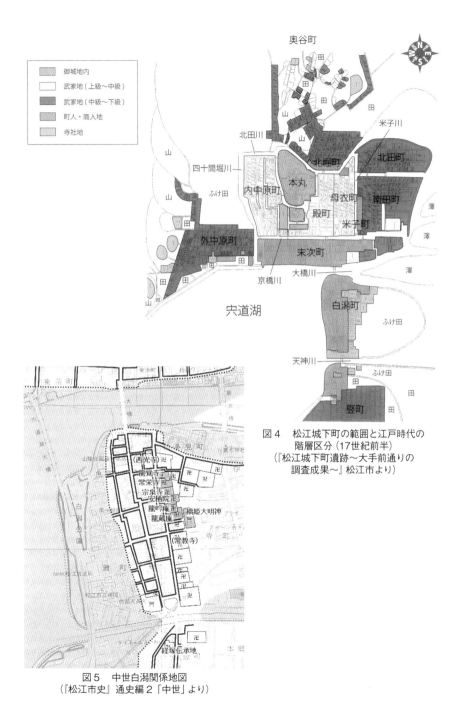

## 松江城と周辺部の地形

松江城は、島根半島から派生する低丘陵の先端部に築かれた平山城である。城下町であった市街地は宍道湖岸近くに位置し、現在は城山の麓から大橋川の川沿い、さらに南に位置するJR松江駅から国道九号沿いまで広がっている。しかし、松江城ができる四〇〇年以前までは、宍道湖の東側には幾つかの船着場が点在するものの、湖岸一帯は葦などの水草に覆われた湖岸が多かったと想像される。

宍道湖と中海を繋ぐ大橋川の入口付近には、砂州が発達しており、中世にはその砂州上に末次と白潟と呼ばれた港町が所在した。また、大橋川の幅は今日に比べて広く、大小の中州も多く点在していたことであろう。

## 松江城築城直前の自然環境

松江城の大手前から城下町の東端に通じる城山北公園線（通称は大手前通り）拡幅工事に伴う発掘が平成十八年（二〇〇六）から十年にわたって実施され、城から城下町の東端まで、細長いト

図６　松江市橋北地域における松江城下町遺跡の発掘調査箇所
松江歴史館・裁判所・城山北公園線（大手前通り）

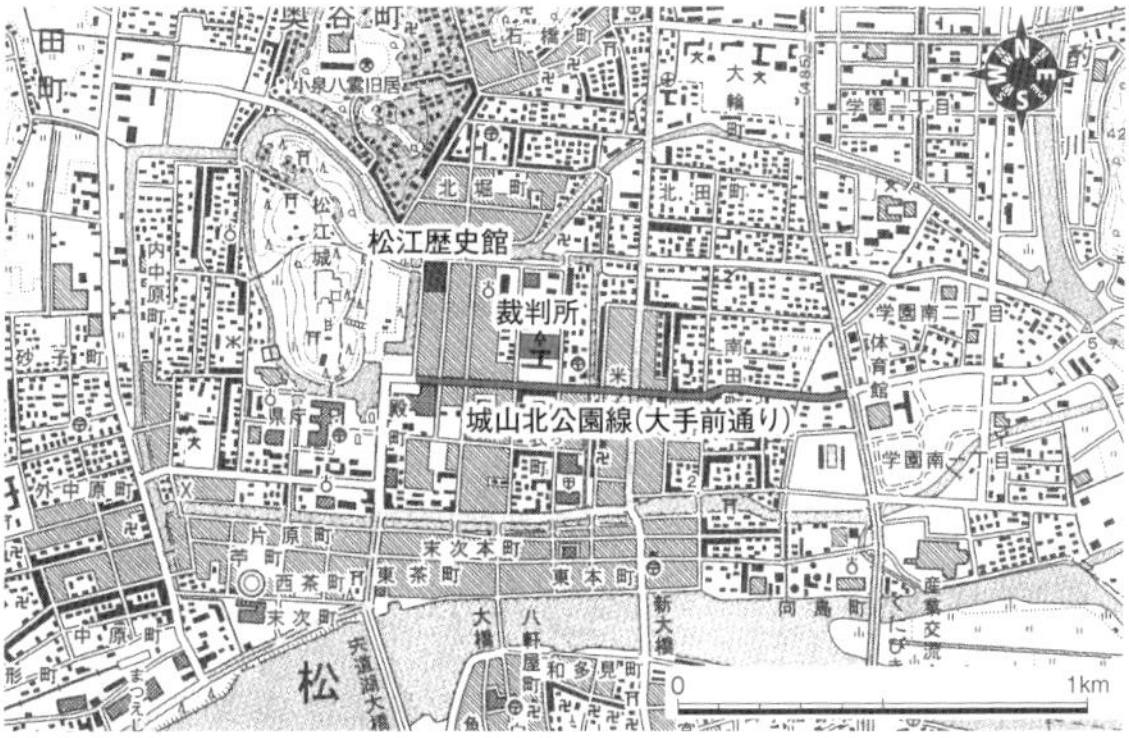


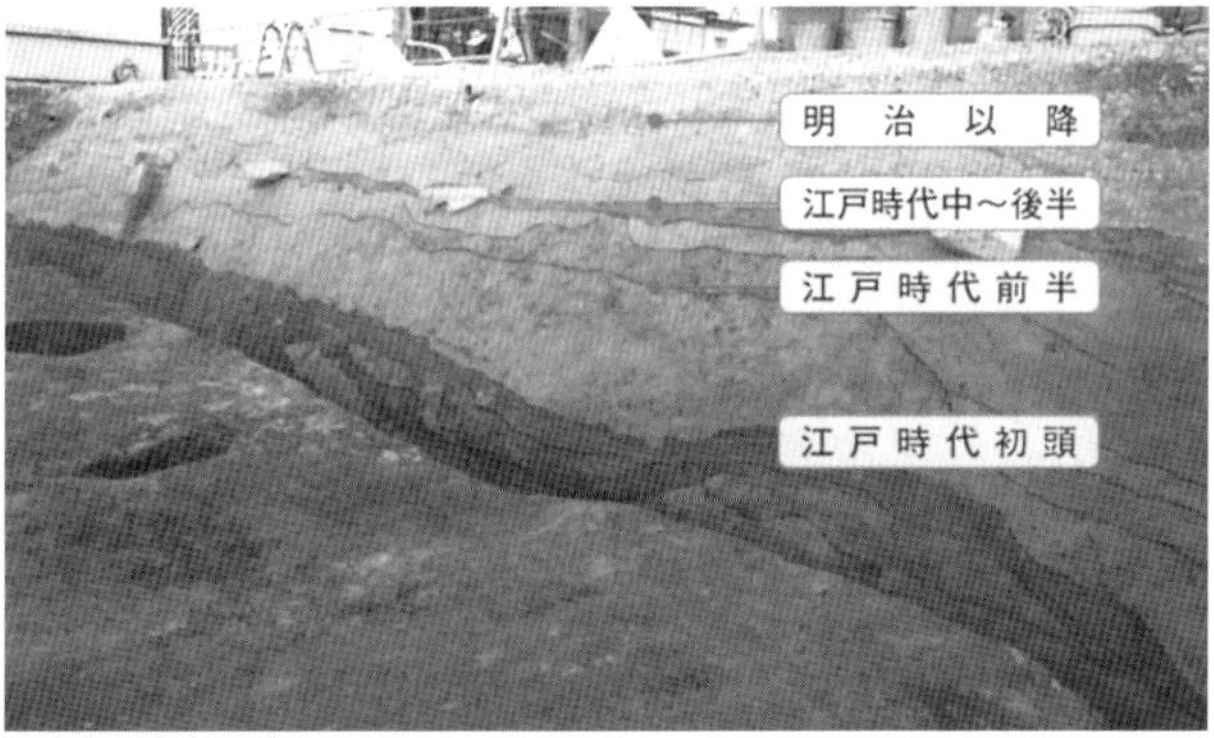


図７
繰り返される造成（南田町）
（『松江城下町遺跡～大手前通りの調査成果～』松江市より）

レンチを一本設けて城下町の造成前の状況を把握する格好になった。併せて、この調査では多くの遺構や大量の遺物が発見され、堀尾期の湿地を埋め立てた造成の状況や水害を予期しての時々の嵩上げ造成の様子等も確認できた。

発掘調査に伴って実地された自然科学による分析では、城下町形成以前の耕作状況や自然環境に関する知見も多く得られている。地表下一・五m程にある城下町造成前の地層は、城から東に行くに従って徐々に低くなっている。また、城下町の東端では、汀線近くの水中で土が堆積した状況を示す縞状の粘土層の「ラミナ」が標高0m付近で検出されている。それは、西から東に汀線が移動しながら土砂が堆積したことを示している。

城下町の中間部にあたる外堀近くの母衣町《ほろまち》において、築城前の畦畔を伴う水田遺構が検出されている（**300頁写真1参照**）。報告書によれば、水田面からは稲作に関連する花粉化石のほか、ソバの花粉化石も検出され、稲作のほかに裏作でソバが栽培されていたことが知られた。周辺部でも稲作に関連する花粉化石が多量に検出されており、この一帯には水田が広がっていたと推定される。この地層からは、水草やイネ科の花粉化石も多量に認められており、水田以外に、東側には低湿地が広がっていたことを物語っている。

# 二、開府以前の松江

松江城が築かれる以前の松江の歴史を以下で概観しておきたい。

古代には、大橋川入口部や宍道湖沿いの集落については、奈良時代に編纂された『出雲国風土記』にはほとんど記述がなく、その後の史料も少ない。

一方、大橋川が中海に注ぐ竹矢町《ちくやちょう》から山代町にかけては、出雲国府域にあたり、特に大草町や竹矢町には古代から中世前半にかけて、出雲国府や国分僧尼寺が置かれて、出雲国の政治、文化の中心地となる。古代末から中世前半にかけても、中世府中として国府域が出雲国の政治的中枢としての機能を維持していた。但し、鎌倉時代後半には守護の佐々木氏が守護所を出雲国西部の神門郡《かんど》塩冶郷《えんや》（出雲市）に移す等の動きがあったものの、室町時代には、京極氏が出雲国の守護となると、再び守護所は松江市竹矢地区周辺に置かれている。その後、守護所が東部の能義郡《のぎ》富田庄《とだ》（安来市広瀬町）に移り、富田城周辺が政治の拠点となっていく。特に、戦国時代には守護代の尼子氏が勢力を伸ばし、尼子経久の時期になると守護京極氏から独立し、戦国大名として自立する。経久と孫の晴久の時期には周辺の国にも覇権を広げるようになっていく。しかし、永禄九年（一五六六）には、晴久の子義久は安芸国の毛利氏に屈し、出雲国は毛利氏の支配域となる。

天正十九年（一五九一）、豊臣秀吉より吉川広家に出雲国意宇郡、能義郡をはじめ、伯耆国西部の汗入郡、会見郡、日野郡の地域が与えられ、富田城が居城となった。広家は領内の中央部で、水陸交通の要地である伯耆西部の米子の湊山に新たな城造りを始めた。しかし、朝鮮出兵が始まり、領国に居ることも少なく、城が完成に至らないうちに、慶長五年（一六〇〇）の関ヶ原の戦いが起こった。西軍の毛利氏は防長二カ国に減封され、一族の吉川広家も岩国へ移り、その年の末に、新しい領主として堀尾忠氏が富田城に入ることになる。

## 末次と白潟

松江市街地は、古代より大橋川を挟んで、北側の末次は島根郡に、南側の白潟は意宇郡に属し、前記したように町屋は両岸にある砂州上に形成されていた。

南北朝期の十四世紀末にできた伯耆国（鳥取県西部）の『大山寺縁起絵巻』には、中海から宍道湖東部の様子が鳥瞰図的に描かれている。松江とみられる場所には、松江大橋の前身の木橋が架かり、橋の両端は、郡域は違うものの、この橋により、末次と白潟が一帯となっていたと考えられる。白潟を描いた絵図として最も古いものは「堀尾期松江城下町絵図」であり、現在の白潟本町、天神町を中心に町屋と神社、寺院が配置されて、西側には宍道湖が、東側には広い範囲で「ふけ田」（深田）が認められる。

明応四年（一四九五）の古文書『松浦道念寄進状』（売《め》布《ふ》神社文書）によれば、白潟にはリーダーである「目《もく》代《だい》」が二名おり、さらに「乙名《おとな》」と呼ばれた有力者の存在が分かる。この史料により、町場には中町と白潟の二つの町が存在したことも知られる。また、中世末には「延喜式」に載る売布神社（白潟橋姫大明神）や寺院が数カ寺存在していた。

十六世紀中頃に編纂された中国明朝の地誌『籌海図《ちょうかいず》編《へん》』には、宍道湖、中海付近の港として美保関（松江市）、安来津（安来市）、平田（出雲市）、および白潟が記されている。当時の白潟は日本海航路と内海水運とを繋ぐ、出雲東部において主要な港町の一つと理解されていたのである。このことを裏付ける史料に、天正三年（一五七五）に書かれた「中務大輔家久公御上京日記」（『島津家文書』）がある。この日記には、薩摩（鹿児島県）の武

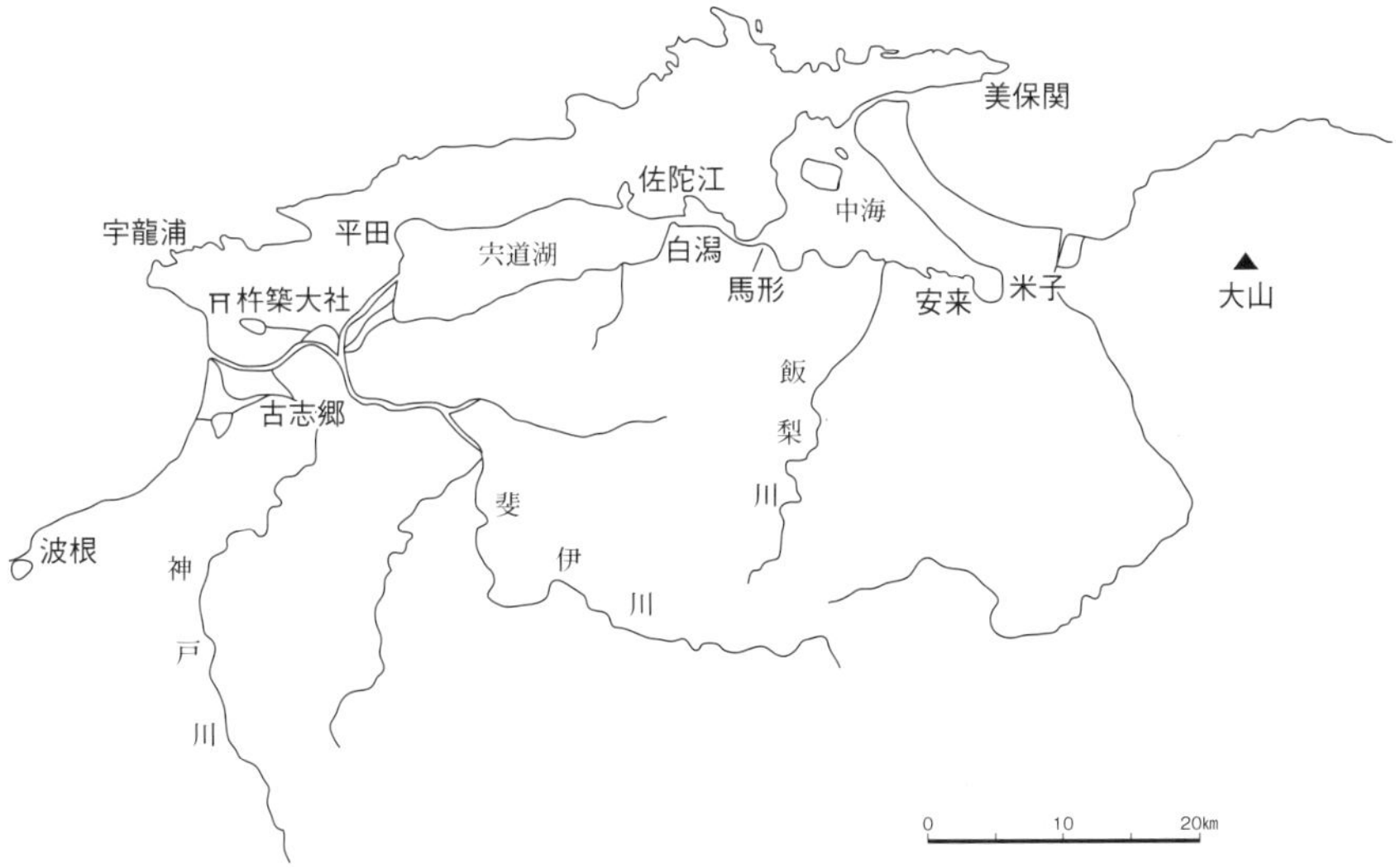


図８　中世島根半島周辺推定図（『松江市ふるさと文庫15　中世水運と松江』より、一部改変）

将島津家久が上京後に山陰経由で帰国した折、伯耆（鳥取県西部）の米子から出雲の平田への船での移動中に、白潟の小三郎という住人の家で昼休憩をしたことが記載されている。この少し前、史料（年未詳十月二十一日毛利元就奉行人連署書状写）から毛利氏の家臣河村又三郎が白潟、末次、中町の「磨師・塗師・鞘・銀細工悉司」に任じられており、刀剣や武具を製造する職人が居住していたと考えられる。なお、白潟は永禄十二年（一五六九）に、毛利氏から仁多《にた》郡の国人領主三沢為清（宗程）に与えられ、天正十九年（一五九一）以降は吉川広家が支配することになる。

　末次については、江戸時代初めには、亀田山周辺に末次村があった。慶長十一年（一六〇六）の「阿羅波比神社文書」（『松江市史』別編1「松江城」二〇一八）によれば、城下町建設に伴う住民の中原村へ移転するにあたり、既得権を保証する内容であり、これにより、末次の町屋付近から亀田山周辺には、集落が幾つか存在していたことが分かる。この集落は中世前半にまで遡り、嘉元二年（一三〇四）の文書に、末次荘の中にある亀田村の記載があり、その村内には山野や田畑の存在していた。このことについては、近年行われた松江城下町遺跡の発掘調査において、母衣町などで水田跡が検出され、また僅かであるが、中世の陶磁器や宝篋印塔などが出土しており、考古学資料からも裏付けられている。

これまでに記したように、戦国時代以降、大橋川を挟んで所在する白潟・末次の両町には手工業や水運に従事する町衆の住居が増え、また、古くからの神社や寺院も点在しており、宍道湖、中海を介しての経済活動の拠点として重要視されていった。これらの情報を慶長五（一六〇〇）年に入部した堀尾吉晴と忠氏父子は、富田庄に住む田中又六などから事前に得ていたうえで、末次周辺部の丘陵を城地の候補地とし、中世の港町を城下に取り込む都市計画を設けたと思われる。その経緯が、後に『松江亀田山千鳥城取立之古説』にある荒隈山と亀田山との城地選定物語となっていったと考えられる。

## 三、末次城と周辺部の主要な山城

松江市内には、戦国時代の山城跡や居館跡が一〇〇カ所に上る。その中で主要なものに、大橋川の北側には満願寺城、荒隈《あらわい》城、白鹿《しらが》城、真山城、和久羅山《わくらやま》城が知られ、南側にも、茶臼山城、玉造要害山城、熊野城などの城跡がある。また、尼子氏と毛利氏との雲芸攻防戦にかかる城跡として、文献に多く出る城には荒隈城、末次城、白鹿城、真山城などが挙げられる。特に、毛利元就と尼子氏の富田城の攻防戦では、荒隈城が最前線となり、尼子氏第一の支城とされた白鹿城を陥落させている。この時期に、後に松江城が築かれた亀田山も末次の町の北側にあり、荒隈城との関連で要塞化された可能性がある。後世の文献に出る「末次城」がこの場所に当たるかの確証はないが、「出雲国図」（東京大学総合図書館所蔵）には「松江城」としてではなく、「末次」と記されているので、寛永年間（一六二四〜四四年）の頃には亀田山の城が末次城とも呼ばれていたかもしれない。

以下、松江城の「城地選定物語」に関わる荒隈城、末次城、白鹿城をはじめ、周辺部の山城の概要を述べたい。

### 末次城

末次城の所在地に関しては、戦前には荒隈山周囲の丘陵とする説と松江城が築かれた亀田山とする二説があった。現在では、後者と捉えられているが、郭等の遺構をみるとその後の松江城の築城により大きく改変され、一部の堀切以外は中世の痕跡はほとんど確認できない。

文献では、出雲守護佐々木氏の一族末次氏がこの地を支配していたとされる。時代が下って、戦国時代の天文元年（一五三二）に起こった尼子経久と息子興久との戦いである「尼子興久の乱」で、興久がこの城を攻めたとされる。また、永禄七年（一五六四）に、尼子氏攻めに毛利方として地元の野村士悦等に末次城を攻略させ、その後に湯原春綱などと共に在番を命じている。尼子勝久の尼子家復興戦では、尼子方により土塁が築かれたという、元亀元年（一五七〇）に毛利氏に攻められ落城している。同年八月、毛利氏は兵糧米百俵を、杵築（出雲市大社町）から平田経由で末次城へ運び入れ、備蓄させた。なお、この城の重要度を物語ることとしては、毛利元就の八男元康を末次元康と名乗らせ、富田城に入る前にこの城を一時期守らせたことも挙げられる。

江戸時代になると、亀田山に松江城が築かれるが、最も古い絵図である「出雲国図」には、前述した如く松江城のある場所に「末次城」と書かれている。

**荒隈城跡**（松江市国屋町）

永禄五年（一五六二）十一月に、毛利元就をはじめ、その子吉川元春、小早川隆景等の毛利軍が、白鹿城や尼子氏の居城富田城を攻略するために築いた陣城である。翌年秋には白鹿城を、その三年後の永禄九年（一五六六）には富田城を開城させている。

城は島根半島から宍道湖に向かって延びる低丘陵上に築かれ、東西一・三㎞、南北御〇・五㎞の範囲に郭と推定される平坦面が点在するが、まとまった郭群が集中する場所は認められない。また、丘陵の大部分は、宅地造成により開発され、当時の地形を見ることはできない。

発掘調査は殆んどなく、遺構からの情報は少ない。唯一、昭和五十四年（一九七九）に行われた調査で、標高五〇ｍの最も高い頂部付近にある一之郭では、土塁と溝に囲まれた平坦部から掘立柱建物や柵列などの柱穴跡が検出され、陶磁器片やカワラケと呼ばれる土師器皿が発見されている。

陶磁器には、中国産の青磁、白磁の皿があり、十六世紀中頃の遺跡から出るものである。また、土師器には、皿が四五枚、箸置き八個が土器溜り状となっており、使用後に一括廃棄されたことを示している。その他の遺物には、銭貨や鏡があるのみで、長期間の生活の痕跡はない。

また、山根正明氏によれば、「西谷のように完結した郭群もあれば、西部地区のように中途半端な普請も見受けられる」とされ、計画的に造られた城ではないことが窺える。但し、南側は宍道湖に面し、東西は低湿地が広がり、要地に築かれた城と言えよう。また、東麓には古くからの末次の港町が存在し、内海水運の物資集積地であり、城下の機能も持ち合わせていたと考えられる。

**白鹿城跡**（松江市法吉町）

松江城の北約三kmの場所に位置し、島根半島から派生する標高一五四mの白鹿山に築かれた山城である。

半島部と大橋川流域を押さえる拠点として尼子氏が重視し、尼子晴久の義兄松田誠保《さねやす》に守らせたという。尼子攻めを行った毛利元就は南方の荒隈城を本陣とし、永禄六年（一五六三）に攻略した。その後の尼子家復興戦（元亀元年（一五七〇）、元亀二年（一五七一））では、白鹿城は使用されず、向いにある真山城が尼子氏の拠点となった。

白鹿山の頂部を主郭とし、馬蹄形になっている周囲の丘陵にも大小の郭を設置している。郭からは十六世紀前半の青磁、白磁の皿や備前焼の壺等の破片が採集されている。

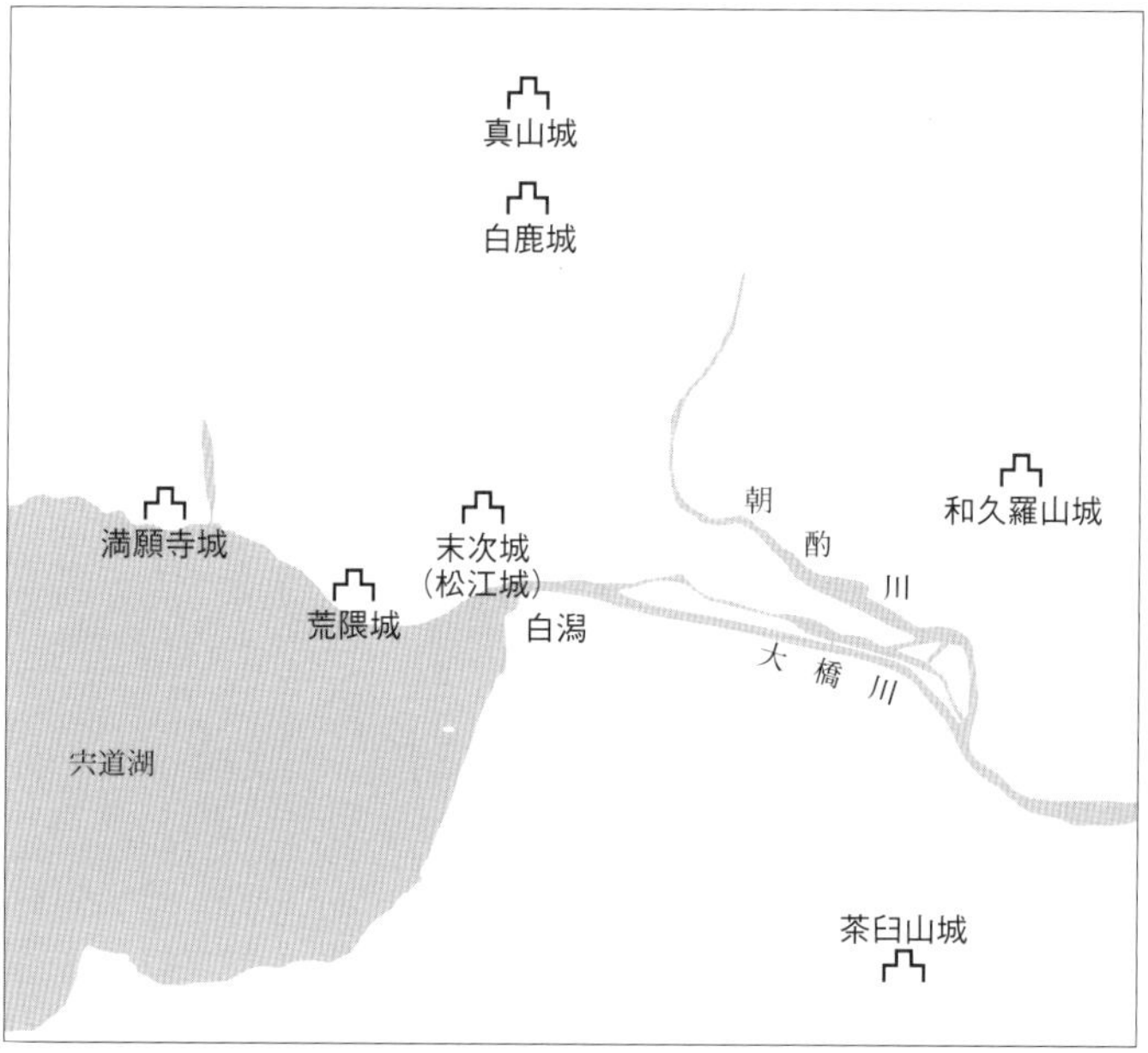


図９　松江城周辺の主要山城

**満願寺城跡**（松江市西浜佐陀町）

宍道湖岸にある標高二八mの低丘陵に築かれた小規模な城である。東側には荒隈城跡があり、その中間には『出雲国風土記』によれば「佐陀《さだ》水海」と呼ばれる潟湖が存在し、中世には宍道湖への出口には「佐陀江」と呼ばれる津があった。尼子家復興戦において、元亀元年（一五七〇）に新山城の尼子方は西方にある毛利氏の大勝山城を攻め落とし、さらに南に下がり、満願寺山に海城を造り、宍道湖への出口とした。しかし、毛利方は

写真１　荒隈城跡

写真２　白鹿城跡

写真３　真山城跡

写真４　和久羅山城跡

写真５　満願寺城跡

写真６　茶臼山城跡

その年末に、水軍を中心として攻略している。

　城跡は、宍道湖に望む低丘陵に築かれ、瘤状の三カ所に加工面が存在する。残りの良いのは満願寺の裏にあたる東端の場所で、頂部には広い主郭があり、周囲の斜面には小さい郭群が残る。また、遺構としては小規模な竪堀や横堀も認められる。

**和久羅山城跡**（松江市朝酌町）

　中海と宍道湖とを繋ぐ大橋川の中程に位置する和久羅山に築かれた山城で、富田城と白鹿城との中間に位置し、永禄年間（一五五八～七〇）の尼子氏と毛利氏との雲芸攻防戦、またその後の尼子家復興戦では重要な役割を果たした。大橋川と中海の水運を押さえることができ、南側にある茶臼山城（松江市山代町）とともに、この地域における拠点的な城であった。

　標高二六一ｍの頂部に細長い平坦地を主郭とし、その西に延びる尾根上に大小の細長い郭や腰郭を配置する。

**大橋川沿いの城跡について**

　島根半島の大橋川沿いに分布する城跡は殆どが山城で、半島部や日本海、内海の抑えの城であった。これらの城跡は和久羅山城跡に代表されるように、山頂部の主郭を中心に、周囲に大小の郭を置き、さらに堀切等で防御している。その様な山城が多い中、湖岸の亀田山、荒隈山、満願寺山に築かれた城は低丘陵に位置する平山城で、近くに末次や佐陀江と呼ばれた津や港があり、物資の集積地、中継地として賑わっていたと考えられる。このように、水運を制してもおり、海城的な機能も併せもつ城といえよう。戦時には、毛利水軍の重要拠点となる城としても機能し、雲芸攻防戦では荒隈城は陣城として使用されたのである。

　前述した城の他にも、小規模な城も周囲に幾つか点在している。和久羅城跡の近くの西尾町にある稲葉山城跡（『松江市史』史料編２「考古資料」）のように、文献には出ないが、戦国時代の一時期に使用されたものも知られている。郭は数個のみである。土塁をもち、柱穴か、柵列用のピットも検出され、投弾用の石もまとまって出土している。遺物は少なく、青磁碗・皿、天目茶碗が各一個と、その他に鉄釘や銭貨がある。ただ、カワラケと呼ばれる土師器皿だけはまとまって発見されている。

　なお、出雲国内の多くの城は戦国時代から尼子家復興戦までの期間に使用され、十六世紀後半の毛利氏支配下では、軍事的緊張はなく、新たな築城や城普請も少なかったと考えられる。


（西尾克己）

# 第二章　松江城の歴史

## 富田城から松江城へ

慶長五年（一六〇〇）の関ヶ原合戦の戦功により、堀尾吉晴、忠氏父子は遠江浜松城より出雲・隠岐二ヶ国の太守となった。出雲入国に際してはそれまで吉川広家が居城としていた富田城に一旦入城する。

月山という山名で著名な富田城は戦国時代に守護尼子氏の居城であった。永禄九年（一五六六）に尼子氏は毛利元就に降伏し退城すると、毛利氏の出雲支配の拠点として維持管理されることとなる。現存する石垣はこの毛利氏時代に築かれたものと考えられる。特に天正十九年（一五九一）に入城した吉川広家による改修の可能性が高い。広家による改修は石垣に時期差が認められることより、天正十九年段階の山城部分と、慶長三年（一五九八）頃の山中御殿（写真1）、千畳平部分のものがある。

吉晴、忠氏父子は山中御殿に入城したものと考えられ、現在の山中御殿の石垣は堀尾氏によっても改修されている可能性が高い。また、古くより尼子氏の山麓居館と伝えられる「里御殿」についても発掘調査が実施されており、御殿周囲に築かれた石垣が検出されている。興味深いのはその石積みの技法である。見事な割石が用いられており、尼子氏時代の普請とは考えられない。この里御殿も尼子氏ののちも利用されていたようである。どうも家督を継いだ忠氏が山中御殿に入り、隠居となった吉晴が里御殿に入ったようである。これは松江城の縄張りにも認められる二元的構造である。

さて、富田城に入城した吉晴、忠氏父子は直ちに新たな居城の築城を計画する。まずその選地であるが、富田城はあまりにも山に入り込んだ場所にあり、戦国的な城と城下ではあるが、近世の城郭や城下を構えるには古いタイプの立地である。そこで注目されたのが中ノ海に面した港湾都市としての末次である。そこには標高二八・

写真１　富田城山中御殿

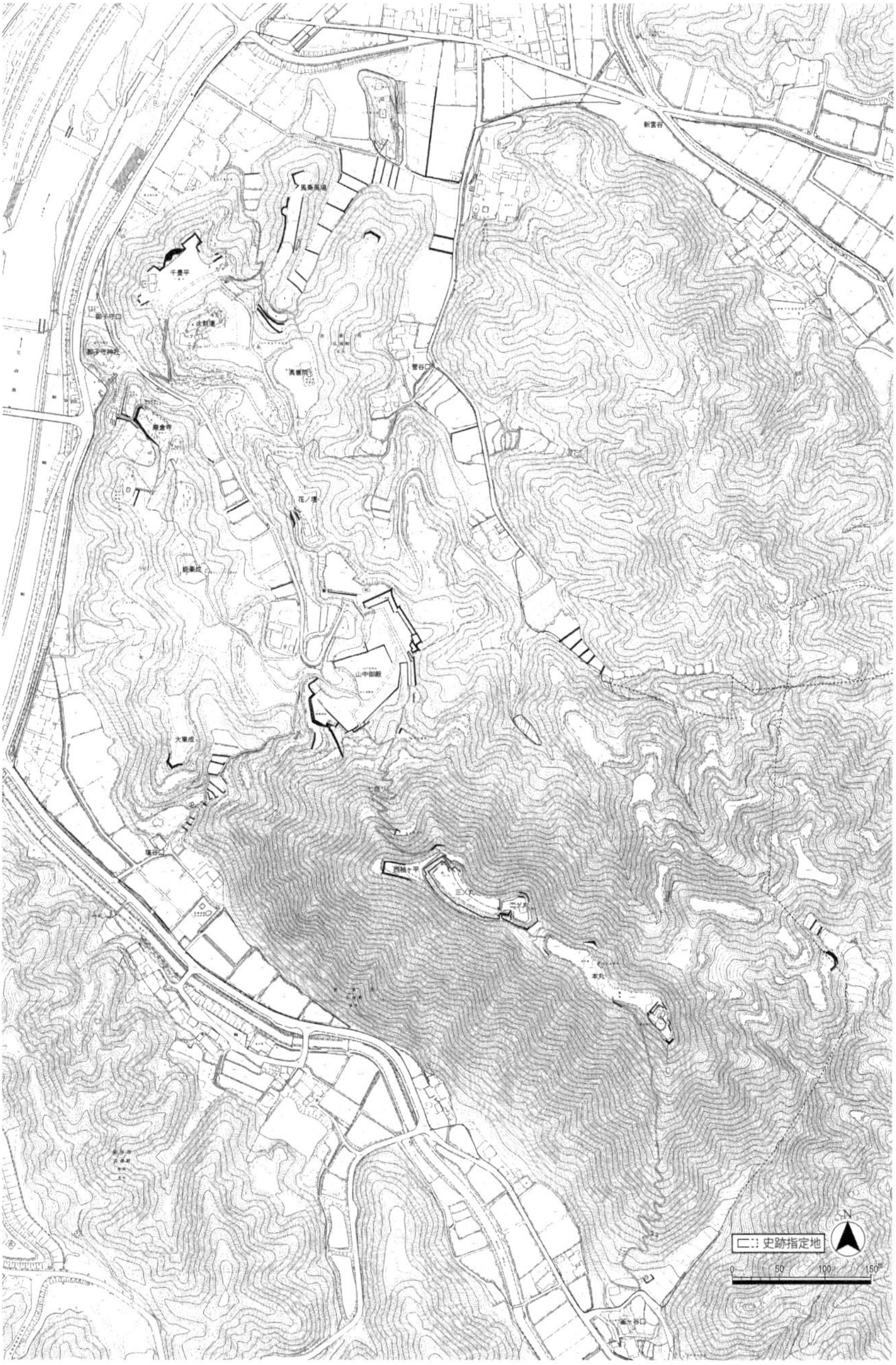


図１　富田城跡概要図（『史跡富田城跡石垣調査報告書』安来市　2015による）

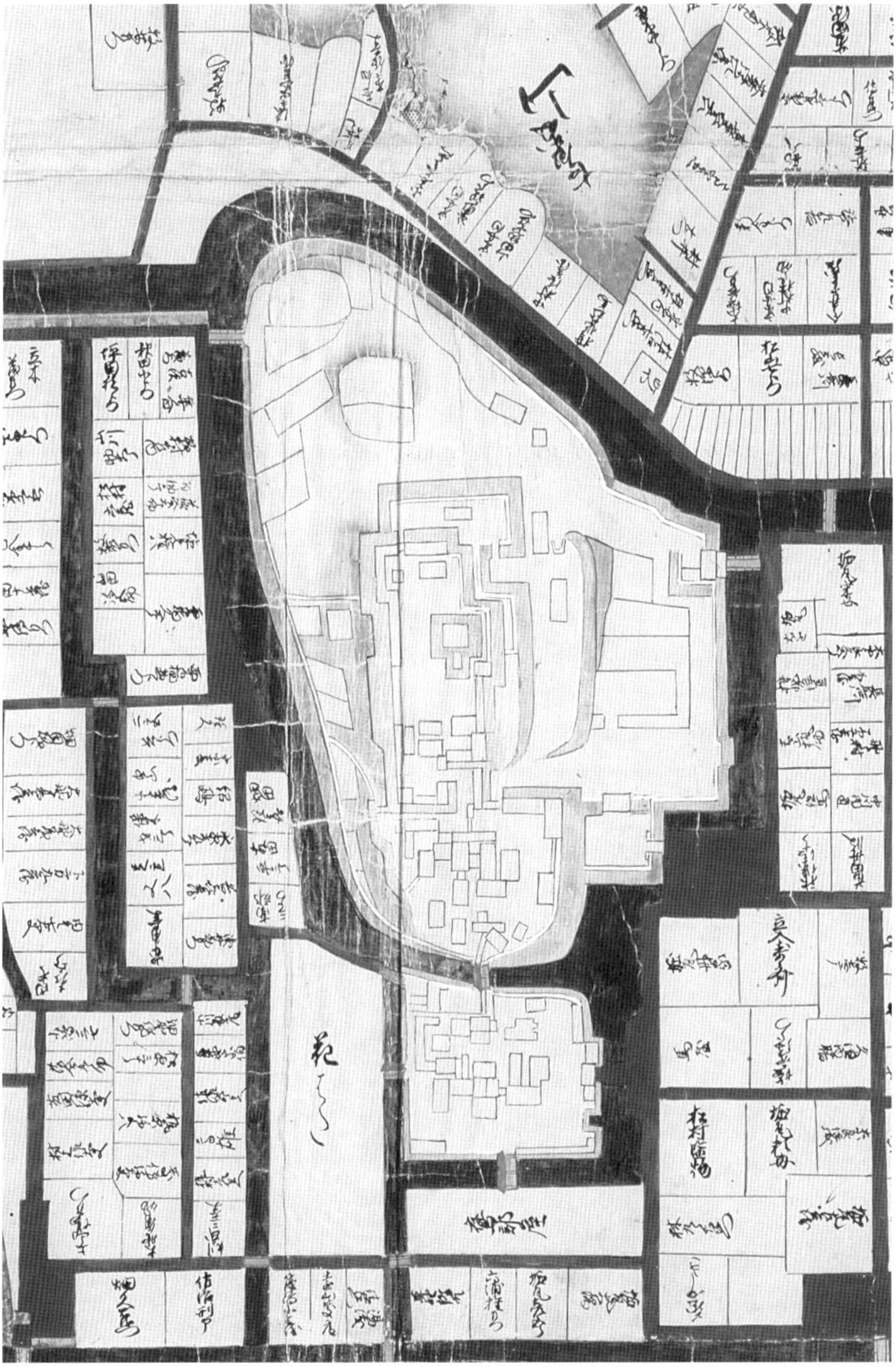

図２　「堀尾期松江城下町絵図」（島根大学附属図書館蔵）

四mの亀田山と呼ばれる小丘陵があり、近世的な城郭を構えるには最適の場所であった。そこで新城の築城が開始される。その年代を示す一次史料は存在しないが、慶長十二年（一六〇七）頃と考えられる。忠氏は慶長九年（一六〇四）に没しており、築城にあたっては吉晴が実質的な指揮を執った。

その縄張りは亀田山を全周する堀を巡らせ、本丸、二之丸、北之丸を中心に、その周囲に腰曲輪、中曲輪、外曲輪、後曲輪、馬溜を配置する構造となっている。石垣は東面に高石垣を階段状に配置しているのに対して西面、北面には本丸などの山上部分以外にはほとんど用いられておらず、東面の正面性が明確な構造となっている。こうした石垣のアンバランスさから一説には未完成の城であったと言われている。しかし、慶長期の城郭に未完成などあり得ず、やはり東側を強く意識した構造として理解すべきであろう。

さらに南山麓には水堀を隔てて方形に区画された三之丸が構えられている。寛永五〜十年（一六二八〜三三）頃に作成された「堀尾期松江城下町絵図」（図2）にも描かれていることから、三之丸も堀尾氏によって築かれた曲輪である。三之丸はさらに南と西に三之丸之内と呼ばれる区画が設けられ、南側は御鷹部屋、西側は御花畑と呼ばれていた。

平成二十七年（二〇一五）に国宝に指定された天守は祈祷札に慶長十六年（一六一一）正月と墨書されており、この年に完成している。幕末に成立した『出雲私史』には「（慶長）十六年、内城及び天守閣成る、地を亀田山といひ、城を千鳥城という」と記されており、天守だけではなく、築城も慶長十六年（一六一一）に完成したと記している。

## 松江城の普請と作事

次に堀尾氏時代の松江城の普請と作事について見ておきたい。普請の要となる石垣については、『松江亀田山千鳥城取立之古説』（島根県立図書館蔵）に「あのう近江国より　四百石・三百石ニ而両人被召抱候、其外石切共大坂其外方々より参候」と、石工として近江穴太から召し抱えられたことが記されている。その石材は同じく『松江亀田山千鳥城取立之古説』には「石之儀、矢田山・娵嶋・荒和井山其外方々より取申由、尤舟ニ而参候所も有之由」と採石場所も記されている。実際に松江城の石垣を観察すると主要な石材には四種類が存在する。大海崎石と呼ばれるものは、デイサイトという火山岩で、松江城の東方の和久羅山から大海崎町におよぶ広い範囲で産出する。矢田石も火山岩の一種である玄武岩質安山岩で、松江城の南東の東津田町や矢田町一帯で産出する。忌部石も火山岩の一種である輝石安山岩で、宍道湖の対岸乃白町から東忌部町一帯で産出する。森山石は堆積岩の一種である疑灰質の砂岩または礫岩で、島根半島東部、境港から水道を挟んだ北岸の美保関町森山などで産出する。この石材は江戸時代後半に積み直された石垣にのみ用いられている。

次に作事を見てみよう。本丸には中心よりやや東側に複合式の四重五階の天守を配し、出隅部には正面の一ノ御門より時計回りに多聞、御武具櫓（二重）、多聞（東多聞）、御祈祷櫓（二重）、多聞（北多聞）、御門（北ノ門）、多聞、乾ノ角箭倉（二重）、多聞（西多門）、鉄砲櫓（二重）、多聞、坤櫓（二重）、多聞（南多聞）、御弓櫓（二重）が配置されていた。一ノ御門は櫓門で、門前を外枡形とするが、一ノ門となる高麗門はなく、正面多聞を左折れさせて櫓門の一ノ御門を配置する構造となる。

本丸内には大規模な御殿建築は造営されていないが、「御本丸二ノ御丸三の丸共三枚之内」には一之御門を入ったところに家と御台所が描かれており、小規模な本丸御殿であったようである。ただ、詳細については不詳である。

本丸の南側一段低く構えられているのが二之丸である。絵図などでは西側の二之丸上段と東側の二之丸下段の二段によって構成されている。塁線上には北東隅より時計回りに太鼓櫓（平櫓）、中櫓（平櫓）、南櫓（二重）、月見櫓（平櫓）が配置される。注目されるのは月見櫓より北西に延びる石垣塁線に配置された塀が屏風折塀となっていることである。

二之丸内には御殿が構えられていた。十七世紀後半に記された『竹内右兵衛書つけ』には御書院、上御台所、御風呂屋が上段に、御広間、下御台所、御式台が下段にあったことが記されている。

本丸、二之丸以外に内堀内に構えられた北之丸、腰曲輪、中曲輪、外曲輪、後曲輪、馬溜に櫓は設けられていない。これらの曲輪は基本的には石垣によって構えられているが、内堀に面しては北側から西側にかけて石垣は築かれておらず、堀際に土塁が築かれるのみとなっている。

三之丸については江戸時代には松江藩の藩庁として機能するとともに藩主の居館として利用されていた。

三之丸の西側に堀を隔てて御花畑がある。三之丸とは

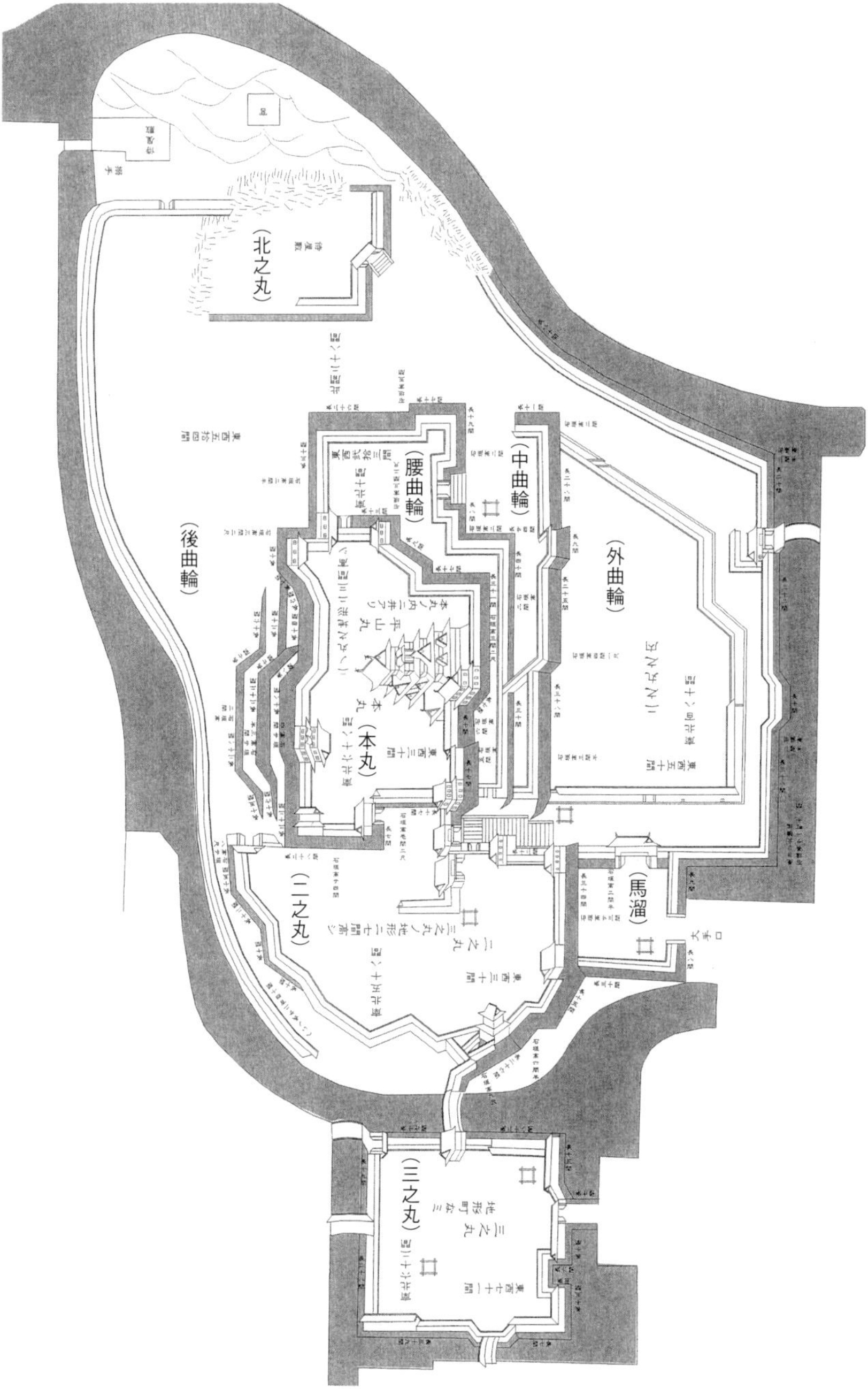


図３　正保期の松江城（『松江市史』別編１「松江城」による）

写真２　松江城天守

御廊下橋によって結ばれていた。堀尾時代の絵図にも描かれているので築城当初から構えられていたことはまちがいないが、どのように使われていたかは不明である。江戸時代後半には観山御殿、田中御殿など様々な建物や馬場、池苑もあり、藩主の遊興の場として利用されていたようである。

三之丸の南側に堀を隔てて御鷹部屋がある。三之丸とは御廊下橋によって結ばれていた。江戸時代には鷹部屋と呼ばれていた。堀尾氏時代には鳥獣・魚類に関する事務方である殺生方が置かれていた。

## 上御殿は吉晴の御殿か

ところで本丸の北側には北之丸と呼ばれる独立丘が位置している。「堀尾期松江城下町絵図」には名称は記されていないが屋敷地割が描かれていることより、築城当初から構えられていた曲輪だったようである。「寛永年間松江城家敷町之図」（図４）には「京極刑部」と記されている。藩主京極忠高の末期養子高和のことである。その後の絵図には「侍屋敷」、「北之丸」、「出丸」、「上御殿跡」などと記されている。築城当初は上之丸と呼ばれ、

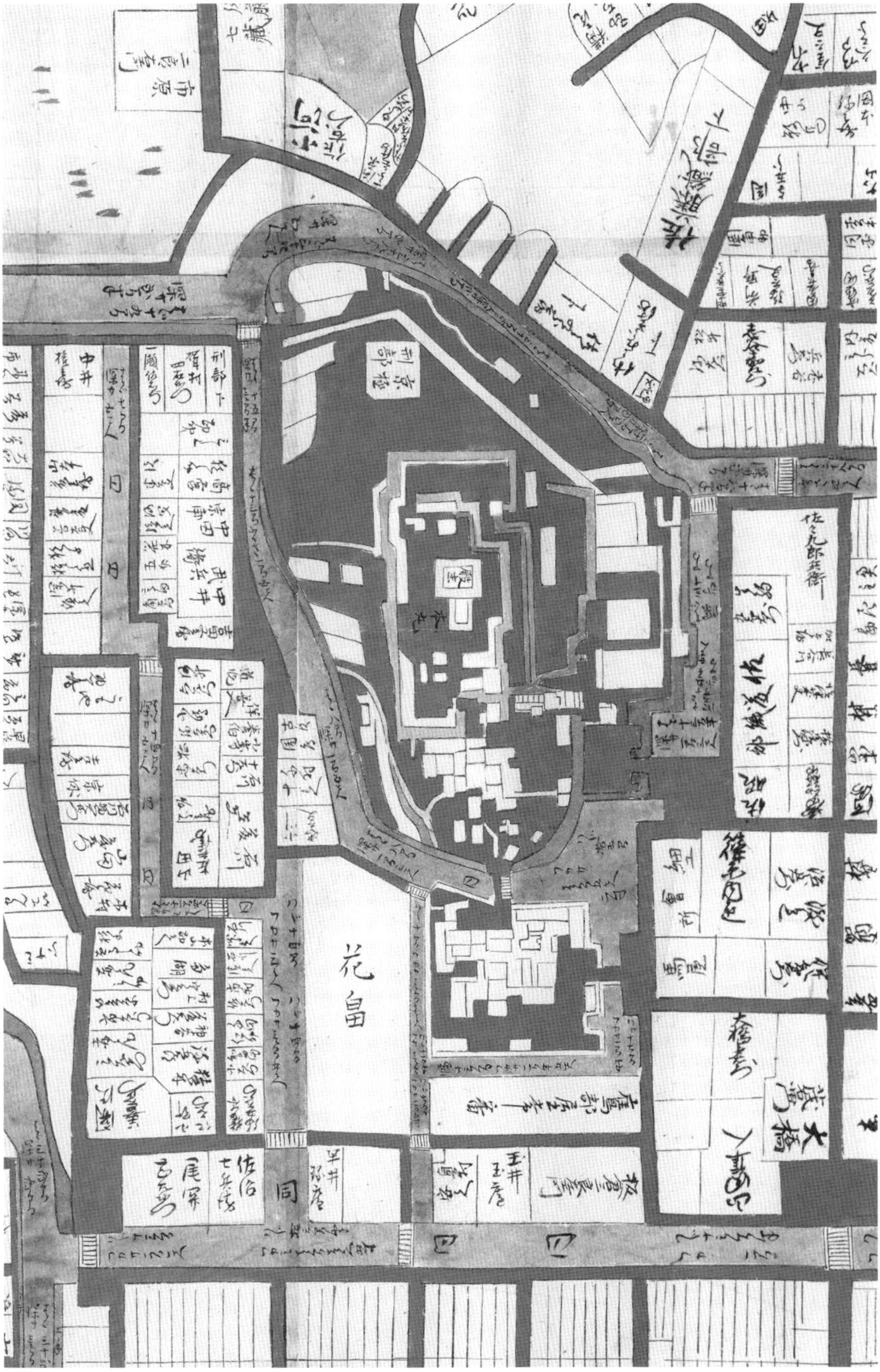


図４　「寛永年間松江城家敷町之図」（丸亀市立資料館蔵）

写真３　松江城北之丸（上御殿）

吉晴の屋敷が構えられたところと伝えられている。吉晴が富田城から松江城に移るのは、まだ工事途中の慶長十三年（一六〇八）のことである（『堀尾古記』に「松江越、十月二日」とある）。嫡男忠氏はすでに没しており、松江藩の藩主は忠氏の嫡子忠晴である。幼少ではあるが藩主であり、忠晴は本丸御殿もしくは二之丸御殿を居所としていたものと考えられる。一方、隠居の身である吉晴は本丸に入らず、北之丸を居所としたものと考えられる。北之丸では発掘調査が実施されており、十七世紀前半の遺物や遺構の一部が見つかっており、築城当初に利用されていたことが明らかとなっている（**写真3**）。こうした藩主と隠居の二元的な居住構造は松江城だけではない。慶長六年（一六〇一）に築かれた筑前福岡城でも本丸に対してほぼ同じ高さの独立した曲輪が城郭内に認められる。御鷹屋敷と呼ばれているが、ここで鷹が飼育されていた記録はない。本来は御高屋敷と呼ばれていたようで、隠居した黒田孝高が住んでいたと伝えられている。藩主は孝高の嫡男長政がすでに継いでおり、これは松江の吉晴と忠晴の関係とまったく同じである。先ほど富田城の山中御殿が当主忠氏の居所で、里御殿が隠居吉晴の居所ではないかと考えたのは、こうした松江城や福岡城の縄張りから想定したものである。

## 松江城の虎口

次に松江城の虎口について見ていきたい。内堀と城外を結ぶ虎口は四カ所に構えられている。大手は東面で、外曲輪馬溜である。大手門は二層櫓門で、その前面に外枡形として馬溜が方形に構えられている。内堀には土橋が架かる。慶長五年（一六〇〇）の関ヶ原合戦後に新たに築城された城郭での虎口は大半が内枡形となる。その構造は一ノ門に高麗門を配し、枡形内の左右どちらかに二ノ門としての櫓門を配している。松江城の大手も馬溜を枡形としているが、実はその開口部の一ノ門に相当する位置には高麗門ではなく、柵門が構えられるだけの構造となる。まったく同じ外枡形構造が伯耆米子城の大手にも採用されている。

同じく東面には北方に北惣門（東惣門、脇虎口ノ門）が構えられている。東面の石垣塁線をずらせて喰違いとし、さらに虎口南側の石塁を大きく城内側にL字状に曲げ込み内枡形を構築している。内堀には木橋が架かる。ただし、前面に二重櫓門を構え、城内側には門を設けていない。一門構造では屈曲した内側に櫓門を設ける事例は多いが、城外側にのみ門を構える構造は珍しい。

ところで正面に二つの虎口を構える構造は伯耆米子城や筑前福岡城でも認められる構造であり注目される。

搦手は中原口門で、西面の北方の外曲輪に構えられている。内堀の北面には石垣も築かれていないのであるが、中原口門も枡形とはならず、単純な平虎口構造である。さらに門の作事も櫓門や高麗門ではなく、門柱を二本立てるだけの簡素な柵門が構えられていたにすぎない。内堀には木橋が架かる。

もう一カ所は三之丸と二之丸間の内堀には御廊下橋が架かり、御廊下を登り二之丸に入る虎口である。二之丸の虎口は御門と呼ばれる。正保年間（一六四四～四八）に作成された正保城絵図の「出雲国松江城絵図」や延宝二年（一六七四）に作成された「出雲国松江城之絵図」では御廊下橋からこの御門までを一連の柿葺建物で描いており、築城当初は廊下が二之丸まで続いていた可能性が高い。その後の絵図では棟門として描かれている。

なお、城下の発掘調査で松江城を考えるうえで注目される遺構が二カ所で検出されている。ひとつは外堀として掘削された米子川の西側に築かれた石垣である。検出位置は現在の護岸より西方へ約四・五mの地点である。検出石垣は三段にわたって検出され、その法面はほぼ垂直に立ち上がっていた。石材には大海崎石が用いられており、石垣表面はノミ痕やハツリにより平滑に仕上げられている。この石垣直下の構造は、自然堆積層にウラジロを敷き詰め、その上に栗石を入れ、石垣の沈下を防ぐ胴木を二本並べて敷設されていた。土層の堆積状況より慶長期の堀尾氏築城段階で米子川を人工河川として開削したことが判明したが、その段階では素掘りの外堀であったと見られる。石垣に整備されるのは京極氏以降のことである。ただ、石垣の石材加工などから城郭の一部として築かれたものであることは間違いない（写真４）。

今ひとつは、外堀よりもさらに東側で、大手前からは東方へ約七八〇ｍの地点で検出された堀である。鉤型路の北西角に位置しており、「堀尾期松江城下町絵図」では南北に堀が描かれている。その堀底から方形土坑が検出された。堀底にこうした方形の窪地が連続するのは、戦国大名北条氏の築城テクニックである畝堀である。堀底に畝を設けることにより堀底の移動を完全に封鎖したものである。ここでは畝が二列に並ぶものと見られ、単純な畝堀ではなく、堀底が障子の桟のような構造となることより、堀障子と呼ばれているものに相当する。従来は戦国時代の北条氏による築城技術として評価されていたが、近年の発掘調査で、山形県の米沢城、群馬県の高崎城、同前橋城、愛知県の清須城、岐阜県の加納城、大

写真４　松江城下米子川の発掘調査で検出された石垣

阪府の大坂城（豊臣期）、同高槻城、福岡県の小倉城などの近世城郭でも構えられていたことが明らかになっている。特に慶長五年（一六〇〇）の関ヶ原合戦後に新たに築かれた城に多く認められる。これは関ヶ原合戦後の軍事的緊張関係を示す防御施設として注目できる。松江城でも東の最前線に相当するこの南田町の南北方向の堀に堀障子が設けられたのである。

## 出雲国の本・支城体制

このように関ヶ原合戦後の慶長十二年（一六〇七）に築城が開始されたとされる松江城は、外様大名が領地替えにより新たな領地支配の核としての居城であるとともに、関ヶ原合戦後という戦国時代最大の軍事的緊張段階で築かれた城として注目される。さらにこの段階ではまだ幕府による築城規制もなく、各地で大規模な城郭が築かれたのである。姫路城をはじめ彦根城、米子城、高知城、福岡城などでは、選地で平野に広がる交通の要衝を選び、独立丘陵に城を構えるという共通項を見出すことができる。松江城もその典型例と言えよう。

堀尾氏は出雲入国と同時に出雲支配のために国内に支城を築いている。関ヶ原合戦直後であり、新たな領国ということで一揆に対処する必要とともに、隣国との国境紛争にも対処する目的で支城が築かれたのである。幕府による城郭規制はまだなく、支城は入国と同時に築かれたものと見られる。こうした本・支城体制を考えるうえで重要な資料として、寛永期の国絵図がある。国絵図には「古城」と記載されている箇所があり、頂上を削平した山塊が描かれている。ここには建物が描かれておらず、すでに古城であることを示していると見られる。これは元和元年（一六一五）の一国一城令により廃城とした支城を古城として描いたことによる。国内には数多くの城跡があるにも関わらず、それら戦国時代の城跡は一切描かれていない。つまり古城表記は慶長五年（一六〇〇）以後に築かれ、元和元年（一六一五）に廃城となった城跡のみを記した可能性が高い。

出雲国絵図の寛永十年（一六三三）に製作された「出雲国図」（東京大学総合図書館「南葵文庫」所蔵）には松江城を末次城と記し、国内の富田、三刀屋、赤穴、亀嵩に古城が記されている。慶長五年（一六〇〇）から慶長十三年（一六〇八）までは富田城を本城として三刀屋城、赤穴城、亀嵩城が支城として機能しており、慶長十三年（一六〇八）から元和元年（一六一五）までは松江

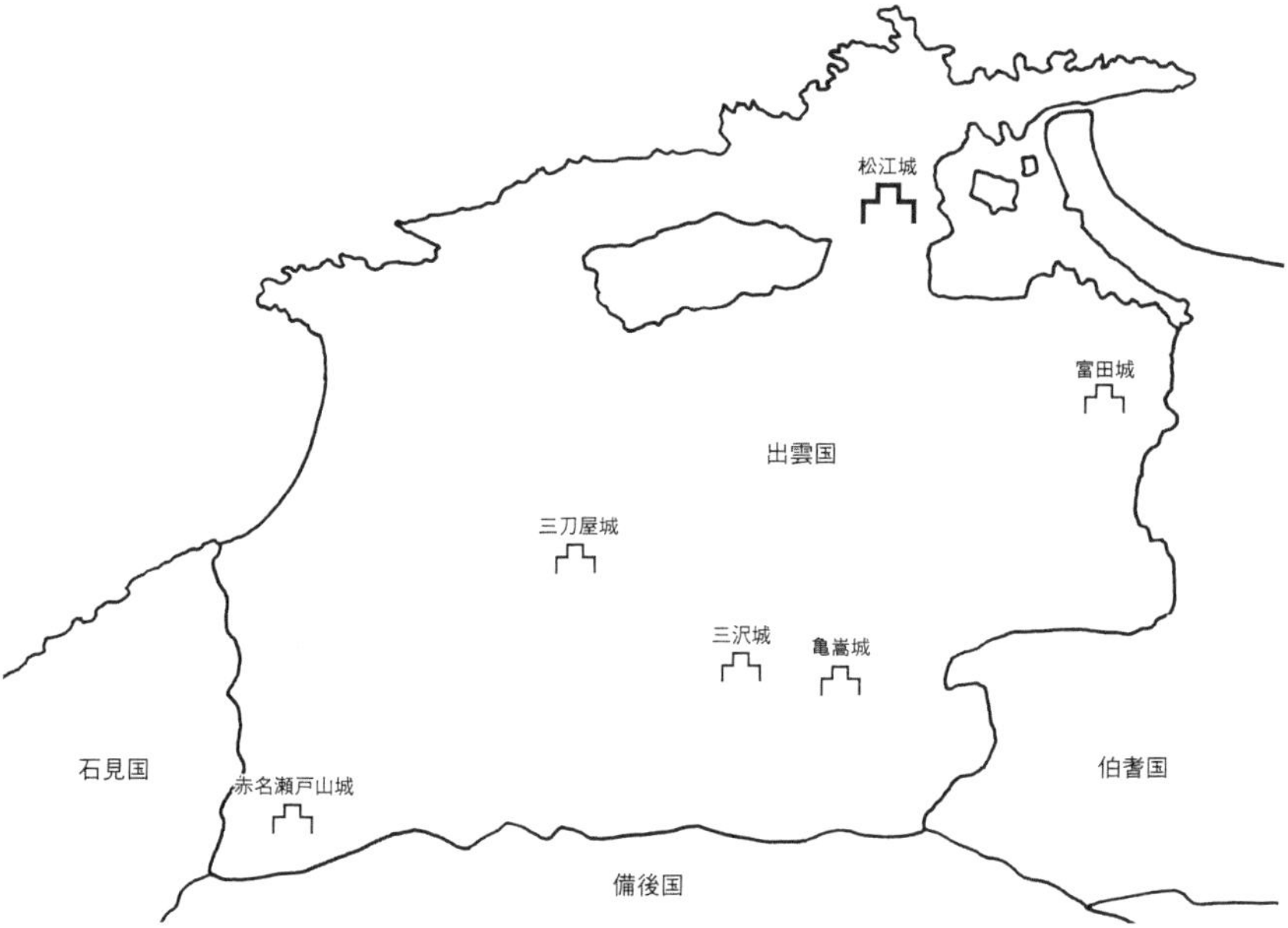

図５　出雲国の本・支城位置図

城を本城として富田城、三刀屋城、赤穴城、亀嵩城が支城として機能していたことがわかる（図５）。

富田城は戦国時代に中国十二カ国の太守であった尼子氏の本城であり、出雲はおろか中国の中心であった。尼子氏を滅ぼした毛利氏も出雲の府として富田城に一門を配置した。天正十九年（一五九一）には吉川広家が豊臣秀吉からの直接の命により富田城に入城している。慶長五年（一六〇〇）の関ヶ原合戦の戦功により出雲、隠岐二カ国二十四万石を賜った堀尾吉晴、忠氏父子も入国に際しては富田城を居城としている。松江築城後は堀尾吉晴の娘婿である堀尾河内が城主として入れ置かれた。河内は吉晴の娘勝山の夫で、野々村河内と称していたが、吉晴より堀尾の姓を賜り、堀尾河内と称した。

支城としての富田城は吉晴・忠氏が入城し改修した構造をそのまま引き継いだものと考えてよいだろう。

三刀屋城の構えられた三刀屋は出雲のほぼ中央に位置している。城は三刀屋の町を眼下に見下ろす標高一三五ｍの城山の山頂に構えられている。本丸と二の丸は石垣によって築かれている。本丸の東端には一段高く土壇があり、天守台と見られる。土壇には点々と石材が残されており、かつては石垣であったことが窺える。石垣の石材には矢穴が認められ、矢穴技法によって採石された石

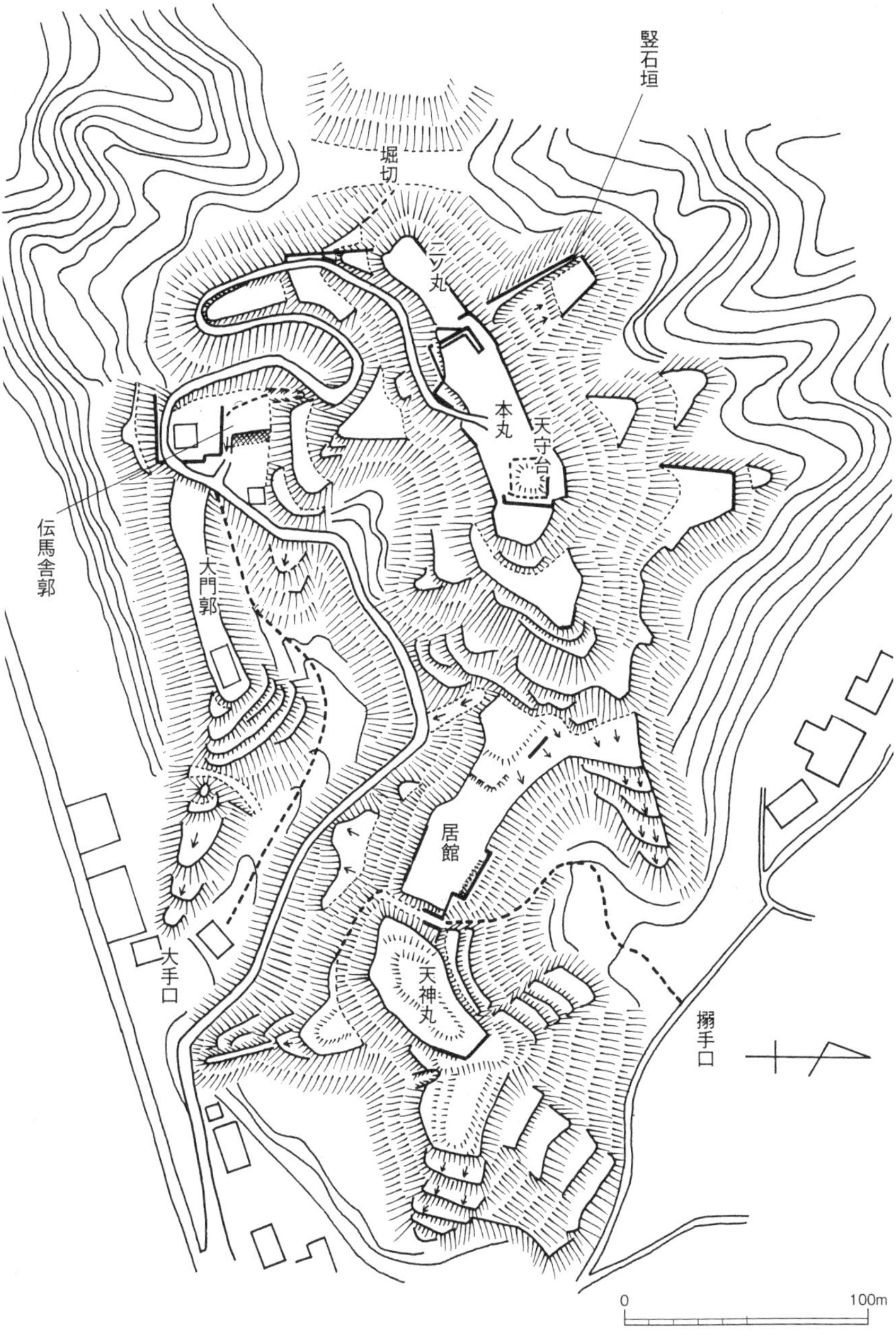


図６　三刀屋城跡概要図（中井均作図）

材を用いていたことがわかる。石垣、天守を持つ城ではあるが、瓦片は一切認められず、瓦葺きの建物は存在しなかったようである。富田城や松江城では瓦が葺かれているにも関わらず三刀屋城で葺かれていないのは、あるいは本・支城の階層差によるものかも知れない。石垣が

写真５　三刀屋城跡天守台

崩れているのは元和の一国一城令に伴う破城、もしくは寛永十四年（一六三七）の島原の乱後の破城によるものである。

築城年代は明らかではないが、城主には堀尾掃部が入れ置かれた。掃部は吉晴の弟宗光（氏光）のことで、堀尾氏の前任地遠江浜松でも支城である二俣城を預かっていた。堀尾氏家臣団中で最高の石高を給し、松江城下東端に広大な屋敷を有していた。掃部没後は息子の修理が城主を務めた。

赤穴城とは瀬戸山城のことである。赤穴は出雲の最南西部に位置しており、備後・石見との国境の地であるとともに、銀山街道と出雲街道が交差する交通の要衝であった。関ヶ原合戦の結果、安芸・備後には福島正則が入封する。その国境警備として赤穴に支城が配置されたのである。その城番として派遣されたのが松田左近と中山織部らであった。松田左近は近江国甲賀郡の出身と伝えられ、豊臣秀吉に仕え、のちに堀尾吉晴の家臣となっている。その息子は吉晴の娘婿となり、堀尾因幡と称し、堀尾家の重臣となっている。

城は赤穴の町並みの背後に聳える標高七二四・四ｍの武名ヶ平山から西方に派生した、標高六三一ｍの山頂に築かれている。ここでも主郭を中心に石垣によって築か

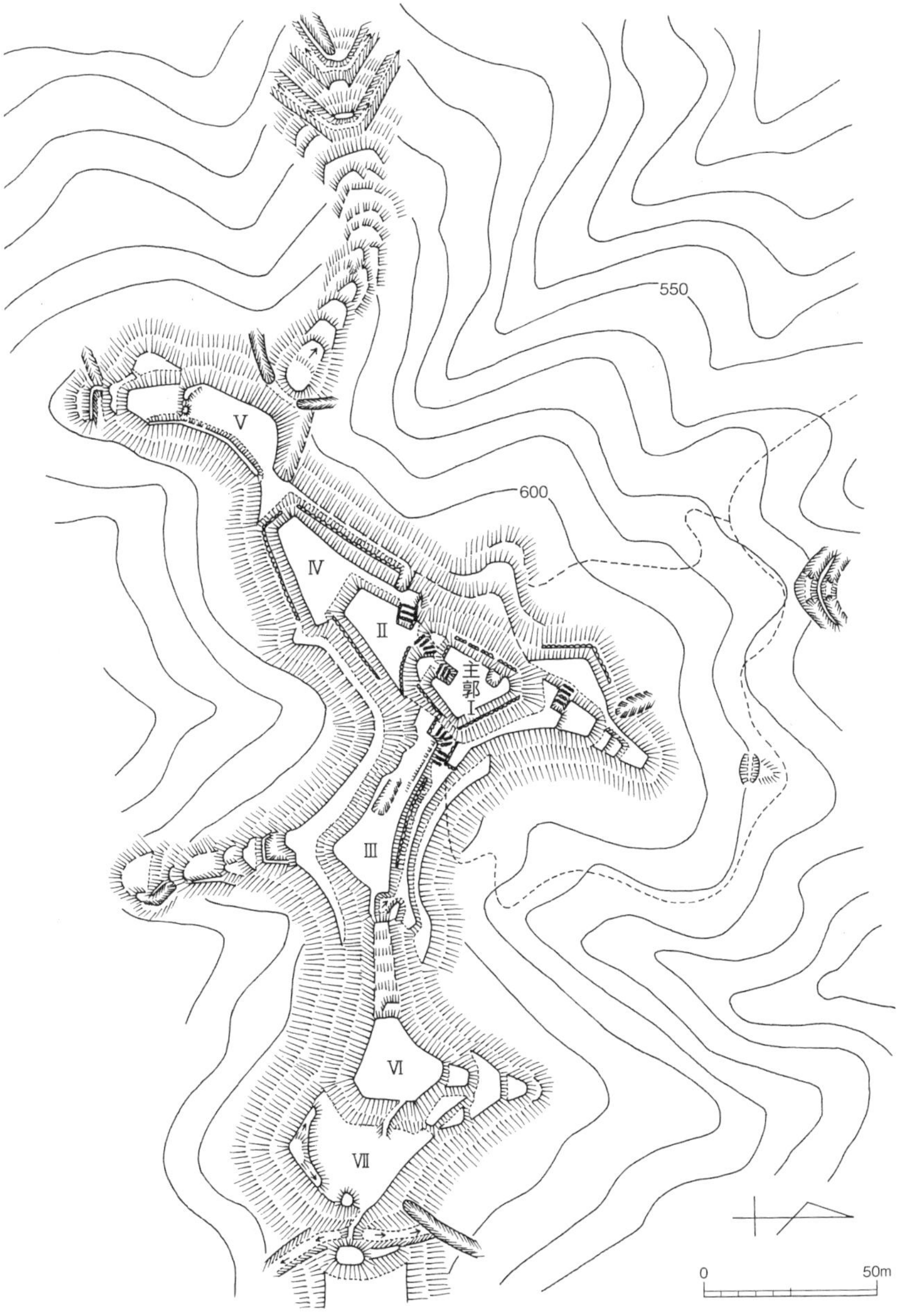


図7　赤穴瀬戸山城跡概要図（中井均作図）

れている。山頂部の石垣によって構えられた削平地は本丸としては規模が小さく、天守台の可能性も考えられる。主郭より三方に延びる尾根筋には石垣を伴う曲輪が配置されている。虎口は城道を折り曲げて直進を阻んでいるが、枡形とはならない。少数ではあるが石材には矢穴が

写真６　赤穴城跡

認められ、三刀屋城と同様に矢穴技法によって採石されたことがわかる。

なお、ここでも石垣の天端は崩されており、元和もしくは寛永の破城によるものであろう。

今一つの古城と記されているのが亀嵩城である。城は仁多郡亀嵩の標高六二四ｍの急峻な山頂に所在している。城跡は見事に残されているものの、他の支城とまったく異なり、石垣は一切認められず、階段状に削平された曲輪と堀切から造られている山城である。その構造は慶長年間（一五九六〜一六一五）の城とはとても考えられず、戦国時代の城である。

では、なぜ国絵図に古城と記されたのであろうか。宝永二年（一七〇五）の記録であるが、松江藩が領内の寺社に由緒書を提出させたものが

写真７　覚融寺

あり、仁多郡の覚融寺が提出した『仁多郡中湯野村運龍山覚融寺書出帳写』（島根県史編纂史料・島根県立図書館蔵）に「一、堀尾山城様御代、前田丹波殿、堀尾但馬殿、亀嵩之城一覧之上ニテ丹後（備後カ）、伯耆之境目自然諸国動乱之節御番衆為被入置為御用意当寺御建立被成竹林三九郎と申仁ニ普請奉行被仰付候之由」と記されており、堀尾忠晴の代に堀尾泰晴（吉晴の父）の姉の孫である前田丹波と、泰晴の弟方泰の子である堀尾但馬が亀嵩城を視察した際に、備後と伯耆の境目に当たることから番衆を入れ置くために覚融寺を建立した由緒が記されている。この結果、国絵図には古城として亀嵩に城跡の形状が描かれ、古城と記されたのであろう。実際には三刀屋城や赤穴城のように城郭を構えたのではなく、寺院を支城として利用したのだろう。そのため藩内での位置付けは支城であったために、国絵図には古城と記されたのではないだろうか。

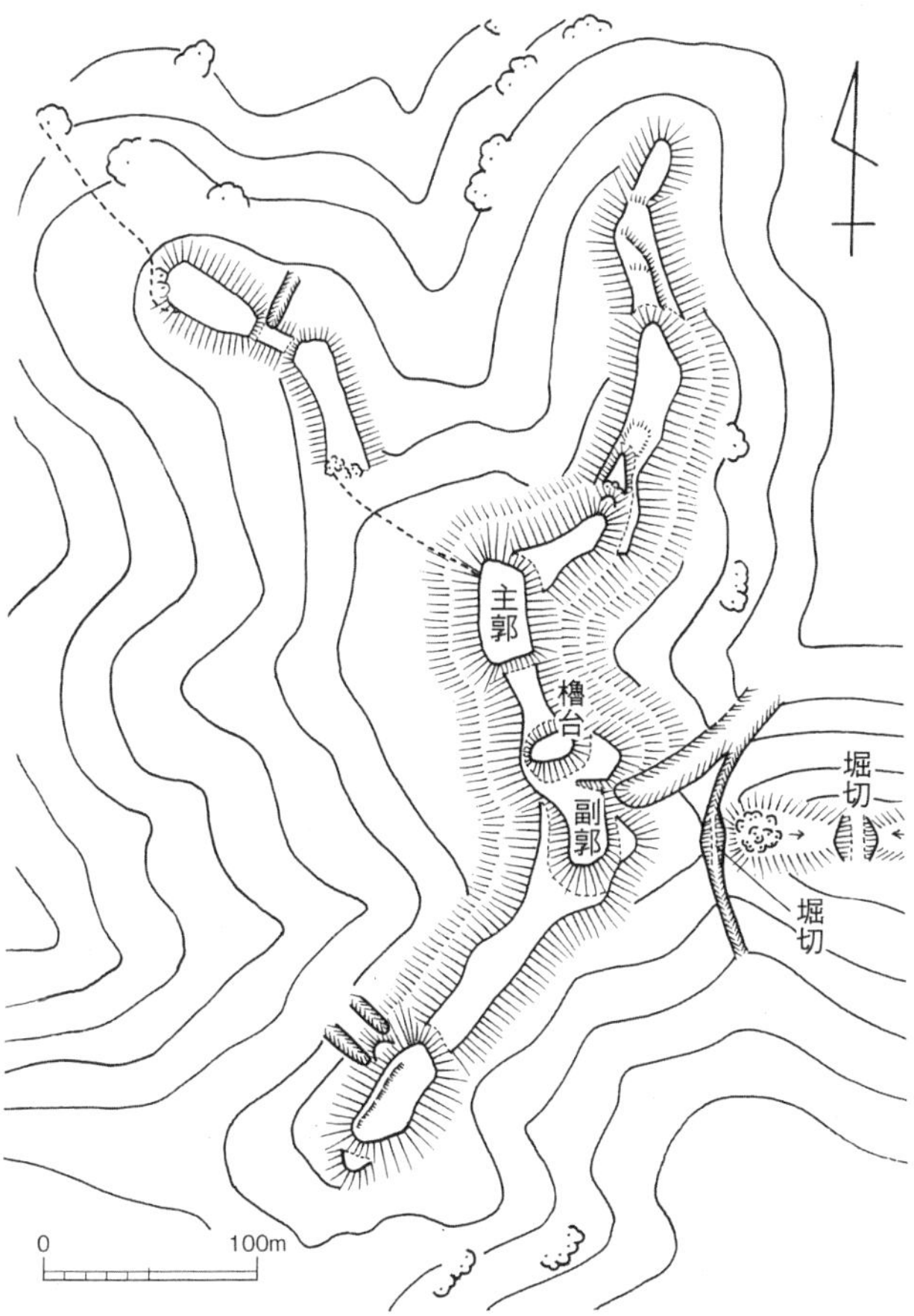


図８　亀嵩城跡概要図（中井均作図）

　このように堀尾氏は出雲・隠岐支配の拠点として新たに松江城を築いただけではなく、富田城、三刀屋城、赤穴城、亀嵩城という支城を築き、本・支城体制による支配体制を確立したのである。

## 松江藩の歴代藩主

吉晴の後を継いだ孫の忠晴は寛永十年（一六三三）九月二十日に江戸で逝去する。三十四歳で男子がなく堀尾家は絶家となる。松江城の北側普請が石垣を用いていないことなどから最終的には完成していなかったといわれ、築城中途で堀尾家は改易されたといわれている。

女子
前田孫右衛門
前田丹波
前田十左衛門
女子
高間頼母（堀尾姓を与えられる）
堀尾左兵衛
堀尾泰晴
龍翔院
揖斐勘左衛門
女子（「奈良」）
揖斐宮内（のちに民部）（堀尾姓を与えられる）
堀尾采女
揖斐伊豆
堀尾吉晴
金助（養子説あり）
野々村河内（堀尾姓を与えられる）
女子（「勝山」）
堀尾勘解由
堀尾忠氏
堀尾小次郎

（『松江市史』通史編３「近世Ⅰ」を一部改変）

写真８　堀尾忠晴墓所

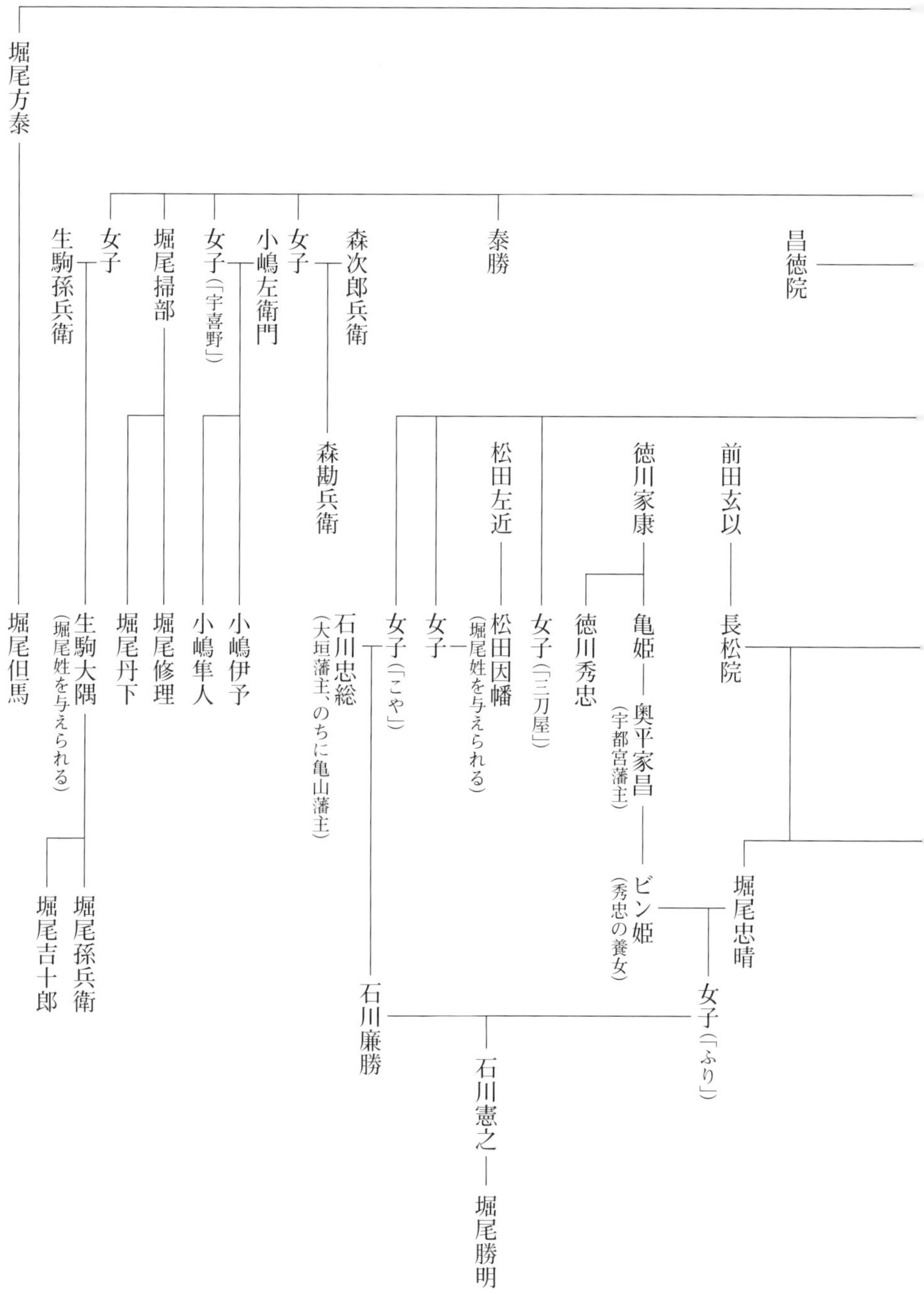

堀尾方泰
昌徳院
泰勝
森次郎兵衛
女子
小嶋左衛門
女子（「宇喜野」）
堀尾掃部
女子
生駒孫兵衛
前田玄以
徳川家康
松田左近
森勘兵衛
長松院
亀姫
徳川秀忠
女子（「三刀屋」）
松田因幡（堀尾姓を与えられる）
女子
女子（「こや」）
石川忠総（大垣藩主、のちに亀山藩主）
小嶋伊予
小嶋隼人
堀尾修理
堀尾丹下
生駒大隅（堀尾姓を与えられる）
堀尾但馬
奥平家昌（宇都宮藩主）
ビン姫（秀忠の養女）
堀尾忠晴
女子（「ふり」）
石川廉勝
石川憲之
堀尾勝明
堀尾孫兵衛
堀尾吉十郎


図９　堀尾氏系図

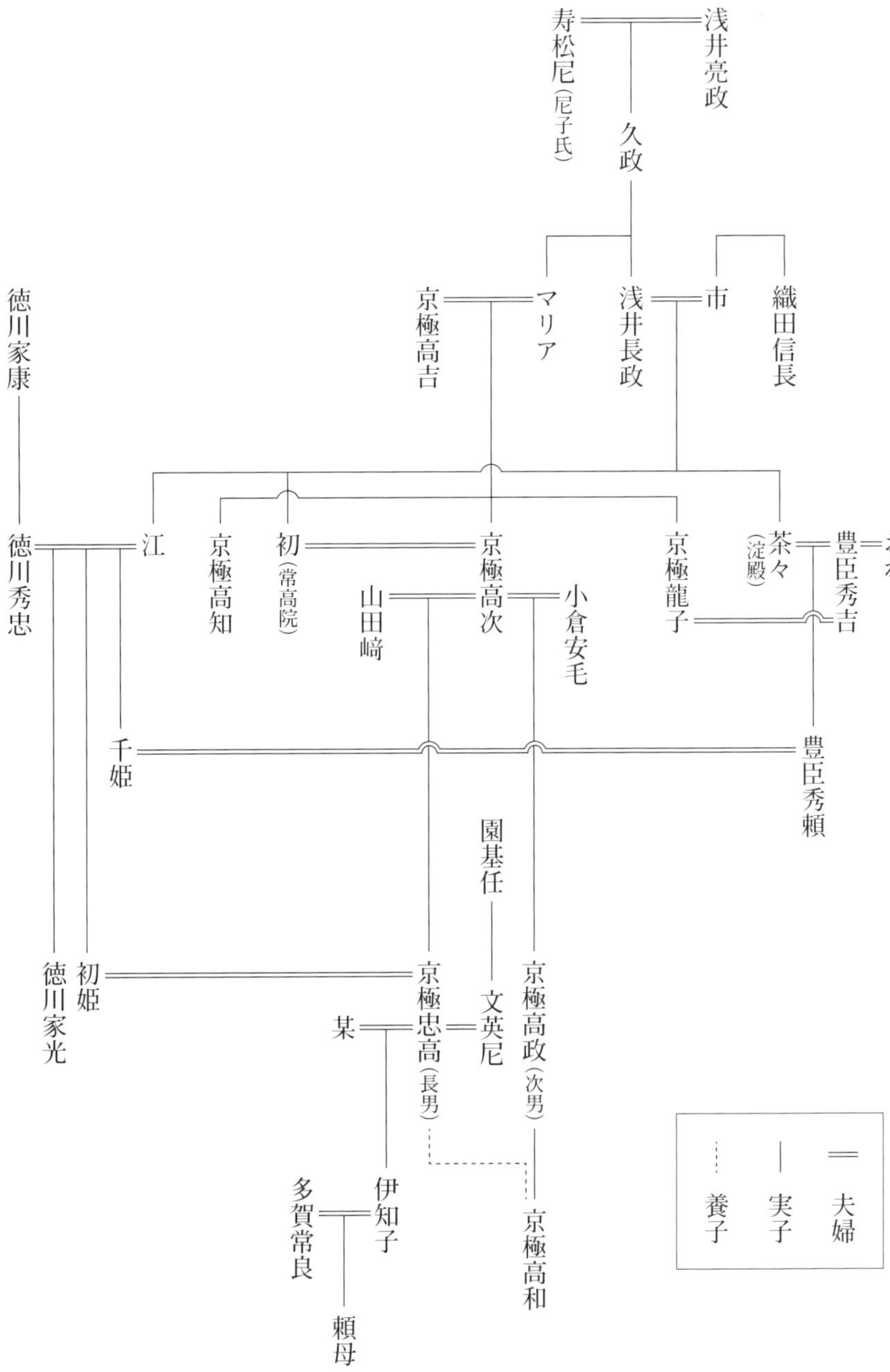


図10　京極氏系図（『松江市史』通史編３「近世Ⅰ」を一部改変）

寛永十一年（一六三四）閏七月、京極忠高に出雲・隠岐二カ国が与えられ、松江藩主として入国する。忠高は若狭小浜城主京極高次の庶長子として生まれる。義母は湖北の戦国大名浅井長政と織田信長の妹市との間に生まれた三姉妹の次女常高院である。慶長十四年（一六〇九）に父高次の死去により小浜藩主となり、寛永十一年（一六三四）に加増され出雲・隠岐を賜った。出雲・隠岐は室町時代に京極家が代々守護を務めた国であった。しかし、忠高は寛永十四年（一六三七）六月十二日に江戸で逝去する。四十五歳で男子がなく改易されかけたが、甥の高和が六万石に減封され播磨龍野へ移され、大名としての命脈は保つことができた。忠高の松江藩主時代はわずか三年の治世であり、しかも元和の武家諸法度後であり、松江城に関しては基本的に改修などはおこなっていない。

寛永十五年（一六三八）二月十一日、松平直政が出雲国を拝領し、松江藩主となる。直政は徳川家康の次男で越前北ノ庄城主結城秀康の三男として生まれる。慶長十九年（一六一四）に大坂冬の陣に初陣し、真田丸を攻めている。夏の陣では兄忠直に従って奮戦し、真田信繁隊と戦い、多くの首級を挙げ、祖父家康から褒め称えられている。元和二年（一六一六）に上総姉ヶ崎藩一万石を賜り、従五位下出羽守に叙任された。寛永元年（一六二四）には越前大野五万石に加増され、従四位下に昇叙し、同三年（一六二六）には侍従となる。寛永十一年（一六三四）には信濃松本七万石に加増される。そして寛永十五年（一六三八）に出雲松江十八万六千石に加増され、四月十三日に国入りし松江城に入城した。松江藩主となった直政は寛文三年（一六六三）に従四位上に昇叙し、左近衛権少将となる。しかし寛文六年（一六六六）二月三日に江戸藩邸にて逝去した。松江藩は以後明治の版籍を奉還するまで松平氏が代々世襲する。二代綱隆、三代綱近、四代吉透、五代宣維、六代宗衍、七代治郷、八代斉恒、九代斉斎

写真９　松平直政墓

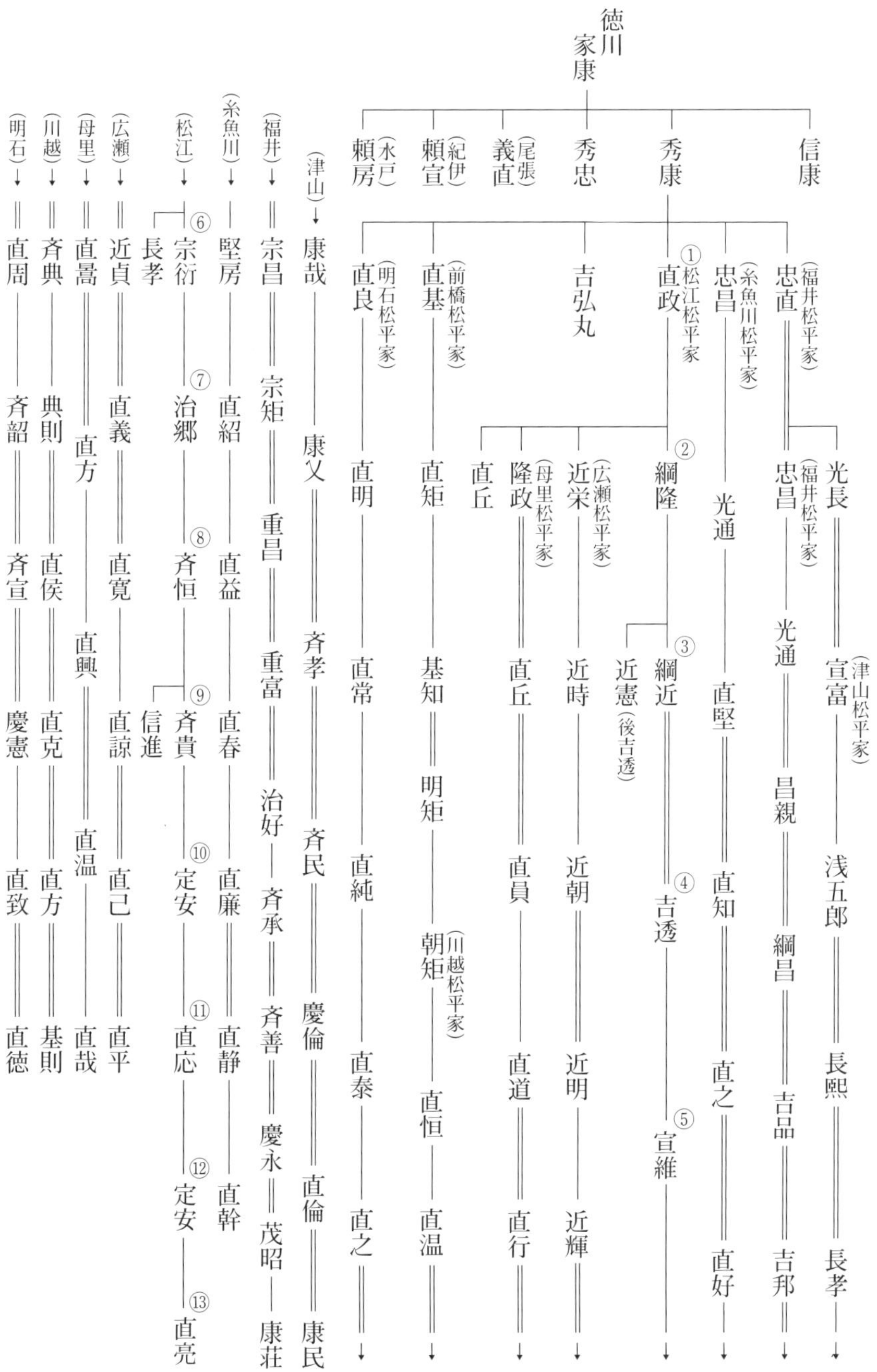


図11　松平氏系図（『松江市史』通史編３「近世Ⅰ」を一部改変）

（斉貴）、十代定安と続き、明治二年（一八六九）六月十七日に定安が版籍を奉還して、翌日松江藩知事に任じられ、明治四年（一八七一）七月十四日には廃藩置県により松江藩は松江県となり、定安は藩知事を免ぜられた。

なお、松平家初代直政の次男近栄は三万石を内分分知され、貞享元年（一六八四）に所領が確定し、能義郡広瀬に陣屋を構えた。また、直政の三男隆政は一万石を内分分知され、二代直丘（直政四男）のときに所領が確定し、能義郡母里に陣屋を構えた。ただし、藩主は江戸に住み、参勤交代を行わない定府大名であった。

松平氏時代も武家諸法度により松江城の改修はなかったが、御殿、櫓などの作事に関しては焼失などののちに再建されたり、石垣などの普請に関しては地震などののちに修復されたりしている。最後にそうした松平氏時代の再建や修復について少し触れておきたい。

## 江戸時代の石垣修築履歴

松平家にとって最初の修理は寛文六年（一六六六）の石垣修理である。越後村上藩主松平直矩の日記である『松平大和守日記』に「（松江藩主）信濃殿（綱隆）より手紙来、雲州之城修覆望之処ニ、勝手次第普請可仕候旨奉書出よし言来」と、松江城の石垣修理の許可が下りたことを記している。ただ、この許可を得てどの箇所の石垣が修理されたのかは不明である。

松江歴史館に所蔵されている松江城の絵図の中には石垣修理に関して幕府へ提出した修理願絵図の写が残されている。延宝二年（一六七四）の「出雲国松江城之絵図」は幕府に石垣修理許可を求めた際の添付絵図の控図である。図中の三之丸の北東隅と馬溜の南東部石垣に朱書箇所があり、「二之丸大手之石垣高さ壱間半横弐間半去六月之洪水ニ崩申候」、「三之丸長屋下之石垣高サ水際より六尺八寸横拾壱間半去八月十七日之大風雨ニ孕申候右之通絵図書付之所石垣築直申度奉存候以上」と注記がなされており、崩れた箇所が判明する。

元文三年（一七三八）の「松江城郭絵図」では中曲輪南部の段石垣から朱線を引き出し、「此所石垣高サ弐間横弐間半崩申候」と注記されている。安永二年（一七七三）の「出雲国松江城」（諸国城郭修復図・東京大学史料編纂所蔵）では外曲輪北東の北惣門内の通路に面する石垣から朱線を引き出し、「此所石垣高サ壱間半横弐間崩申候」と注記されている。安永七年（一七七八）の「松江城郭絵図」では中曲輪北辺の石垣から朱線を引き出し、「此所石垣高サ弐間横三間半崩申候」と注記されている。

こうした石垣修理願絵図はほぼ同じ様式に則って作成されている。ただ、延宝二年（一六七四）の絵図では、「右之通絵図書付之所石垣築直申度奉存候」と記されているが、元文三年（一七三八）以降の絵図では、「如元修補仕度奉願候」と薄礼から厚礼へと変化している。さらに元文三年（一七三八）以降の絵図では天守を始め建物や曲輪の名称もすべて同じであり、こうした石垣修理願絵図が統一された形式で提出されていたことがわかる。

なお、元治元年（一八六四）の「出雲国松江本城絵図」（国立公文書館蔵）はこれまで見てきた石垣修理願絵図と同じ絵図である。作成目的は松江城の舟着門から搦手虎口（中原惣門）を経て北側の舟着門まで堀沿いに高さ十尺の木柵の新設願である。こうした修補許可願絵図は石垣修理願絵図と同じ形式で作成、提出されていたことがうかがえる。

松江城では絵図以外にも石垣修理の史料は多く残されており、江戸時代を通じて二十件に上る修理が確認できる。石垣の崩落や孕みは地震や大雨によるものと考えられるが原因が明らかなものは少なく、例えば延宝二年（一六七四）の修理は「大風雨ニ孕申候」、元禄十年（一六九七）には雨により三之丸北多聞の石垣が、寛延元年（一七四八）には「風雨ヲ以テ崩壊ス」と大雨によるものが多い。

こうした度重なる修理の結果が現在残る松江城の石垣であり、決してすべての石垣が慶長十二年（一六〇七）の堀尾氏による築城当初のものではない。少なくとも城内の石垣は約二十回の修理を経ているのである。現在残された石垣に様々な積み方が見られるのはそのためである。例えば腰曲輪東面北寄りの上部では古い段階の石垣の隅角部を増築して埋め込んだ状態の石垣を見ることができる。最も新しい修理は二之丸南端の廊下橋北詰の東側石垣に見ることができる。ここでは基底部の古い石垣とその上で修理された新しい石垣があり、新しい石垣は石材が方形に加工されて石材と石材が密着して接合されており、間詰石も詰められていない。さらに横積みされ、一部には落し積みも認められる。嘉永四年（一八五一）の史料に「二丸登御廊下并同所石垣御普請御用精出就相勤」（『松江藩列士録』・小林祖一郎）と記された修理のものである。

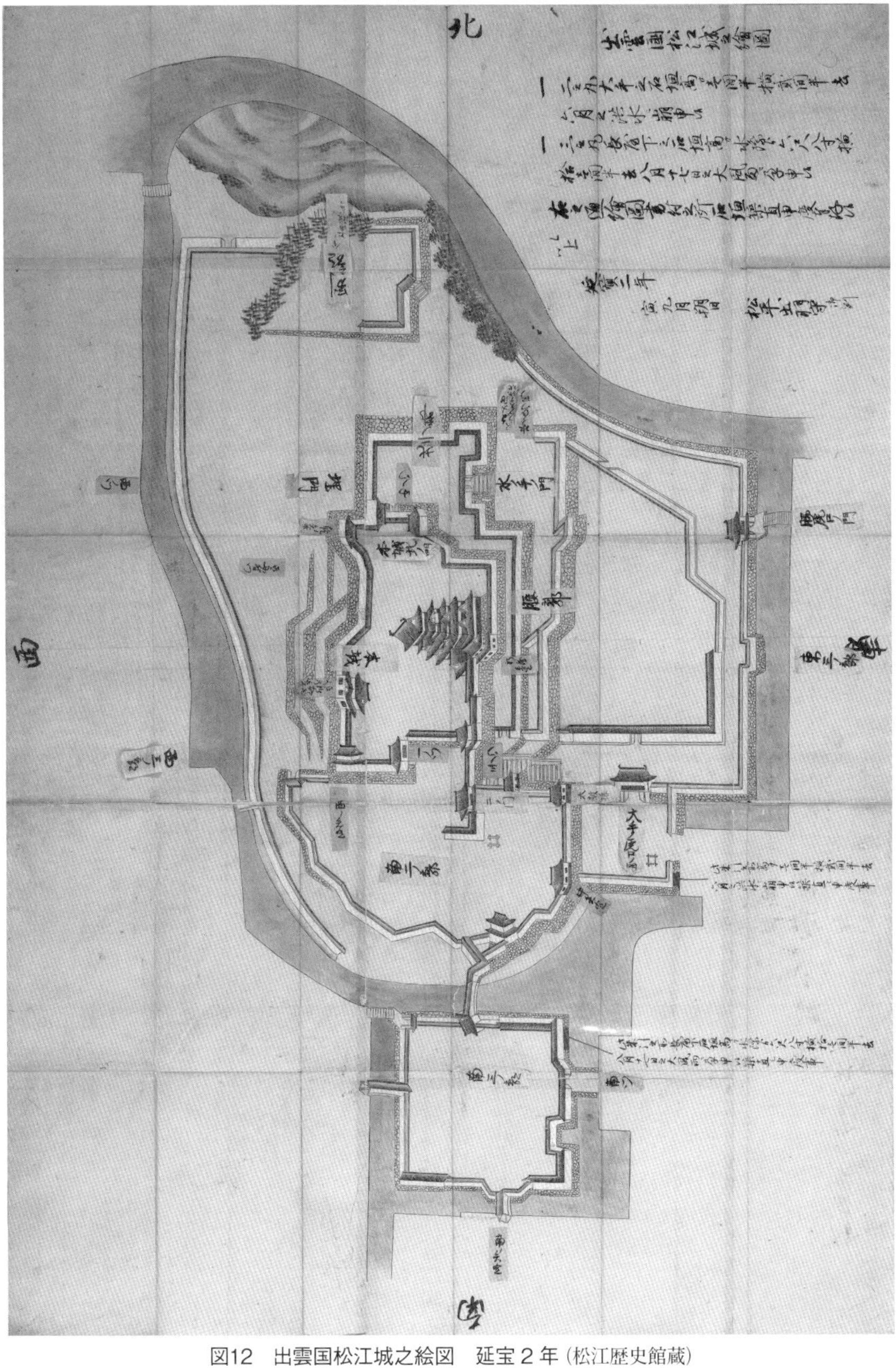


図12　出雲国松江城之絵図　延宝２年（松江歴史館蔵）

## 江戸時代の建物修理履歴

天守は堀尾氏時代の慶長十六年（一六一一）に造営されたものが残されているが、その他の作事は石垣と同様に築城当初のものが明治維新まで残された事例はほとんどない。ここでは大きな修理、改修を見ておきたい。なお、城郭の作事については元和の武家諸法度では、「居国ノ居城、修補ヲナスト雖、必ス言上スヘシ。況ンヤ新儀ノ構営堅ク停止セシムル事」と普請・作事ともに修理については言上せよとしているが、寛永の武家諸法度では「新規ノ城郭構営ハ堅クコレヲ禁止ス。居城ノ隍塁・石壁以下敗壊ノ時ハ、奉行所ニ達シ、其ノ旨ヲ受クベキナリ。櫓・塀・門等ノ分ハ、先規ノゴトク修補スベキ事」となり、普請は元和令と同じく願出なければならないが、櫓・塀・門等については焼失、損失以前と同じものに修理することとしている。つまり以前の建物と同じ構造であれば願出の必要がなくなったわけである。今ひとつ重要な点は城郭の作事とは櫓・塀・門などであり、御殿建築は城郭の作事ではなく、元和令でも修理、造営については願出の必要すらなかったのである。

さて、松江城の作事であるが、松平綱隆から綱近の段階で本丸にあった「御薬蔵」、「家」（本丸御殿か）は既に取り壊されている。堀尾氏時代には本丸も居住空間にあてられていたものが、この段階で本丸は天守のみの空間として整理されたようである。さらに二之丸の下台所は作事小屋となっていることより藩主の居所は三之丸に移っていたようである。

上御殿は堀尾氏時代に吉晴の居所であったという伝承をもち、京極氏段階では絵図に京極高和の屋敷と記されていた。元禄九年（一六九六）頃には幸松丸（松平氏四代藩主吉透）の新宅となるが、京保十八年（一七三三）に火災で焼失しており、その後は建物の記録がない。

三之丸では享保年間に造営工事が集中しておこなわれており、この頃より藩主の居住施設として本格的に整備がおこなわれたようである。

このように御殿建築も江戸時代二六〇年間に修理や増築は頻繁におこなわれていたが、城内での大規模な火災はなく、ほぼ堀尾氏時代に造営されたものを原型として増改築されたようである。

## 廃藩後の松江城跡

さて、最後に明治維新後の松江城について少し触れておきたい。維新後松江城は松江藩庁、松江県庁として利用された。明治四年（一八七一）十一月十五日には松江県、広瀬県、母里県が廃され、島根県となり、新御殿に県庁が置かれた。明治六年（一八七三）の新政府による「全国城郭陣屋等存廃」という、いわゆる廃城令では松江城は存城となり、第五軍（広島）管内の営所として維持されることになった。明治八年（一八七五）には松江城の廃城に伴い城郭施設の入札がおこなわれるが、天守については保存されることとなり、その他の施設はこの段階で撤去された。その後旧城内には陸軍の分営が設置されるも、明治二十三年（一八九〇）には城跡が第五師団より松平直亮に払い下げられた。

維新後の城跡利用の大半は陸軍の師団や連隊が置かれたり、学校用地となったり、県庁が設置されたりするが、松江城跡では昭和二年（一九二七）に松平家より城山が松江市に、三之丸が島根県に寄贈されると、城山は城山公園として整備される。そして昭和九年（一九三四）には城山の大半と内堀が史蹟名勝天然記念物保存法により国史跡に指定された。

一方、高城権八、勝部本右衛門親子らの尽力によって保存された天守は昭和十年（一九三五）に国宝保存法により国宝に指定された。昭和二十五年（一九五〇）に文化財保護法が新たに制定されると、天守は改めて重要文化財に指定されると同時に解体修理が実施された。そして平成二十七年（二〇一五）七月八日に国宝に指定された。

（中井　均）

# 第三章　松江城の築城経緯と縄張り

## 松江城築城の経緯

関ヶ原の合戦による論功によって出雲・伯耆・隠岐を拝領した堀尾氏は尼子氏以来の富田城に入城し、当初はこれを拠点としたが、慶長十二年（一六〇七）頃から松江城の築城を始めて、これを本城としたといわれている。築城巧者といわれた堀尾氏がいつの時点で松江城への移城を考えたのかは判然としないが、少なくとも富田城の構造を見る限り二十六万石大名の居城とするべく徹底した改修を行ったとは思えない。例えば、天守建設の形跡がない点や山頂曲輪が総石垣構造を持たない点などを見ても仮の居城という印象を拭うことができないだろう。

一方、藩領の中ほどに位置する松江は領国統治や流通を掌握する上では適地であり、平山城が多く築かれたこの時期の選地として見ても一般的である。以上の点から見ると堀尾氏は領内の要地である松江に新城建設を計画しつつ、富田城を仮の居城と考えていたのだろう。

松江城の築城年については、現在のところ最も同時代に近い史料とされるのが寛文年間（一六六一～七三）頃の『雲州松江城の縁起』と『雲州松江城之事書』である。両史料には「権輿干同丁未、落成丁辛亥」と記されるが、慶長頃の干支からみると慶長十二～十六年（一六〇七～一一）を築城期間とするのである。その後の江戸時代後半に成立した『雲陽大数録』（天保年間（一八三〇～四四）の写本）などはこの記述を引いたとされ、同書には「同（慶長）十二歳丁未ヨリ普請始リ、同十六歳辛亥マデ五年ノ間ニ城成就セリ」と記されるのである。この点は『堀尾古記』でも慶長十年（一六〇五）正月二十四日の幼君忠晴の江戸参府の出発地を富田としており、少なくともこの頃まで富田が拠点であったことが明らかで、築城が出雲入封から数年間を経た後に開始されたことは確実とみてよい。

しかし、関ヶ原の合戦後に新領地に入封した多くの西国外様大名たちは、新規築城の場合は一～三年のうちに築城を始めている（築城年一覧表 85頁表1）。そして、小早川秀秋改易後に入封した森忠政（津山・十八万石）が築いた津山城や、関ヶ原の合戦で西軍についた毛利輝元（周防・長門、三十万石）が築いた萩城などでも慶長七～八年（一六〇二～〇三）には築城を開始している。つまり、事情によって築城が遅れた大名に比べても松江城は築城着手がかなり出遅れていることになる。

築城が遅れた理由としては、これまで吉晴・忠氏父子が城地の選定を巡って、床几山で亀田山と、洗合城のどちらを選ぶかで議論したが決着しなかったことが原因とされてきた（『松江亀田山千鳥城取立之古説』）。この説の真偽について判断できる史料は今のところないが、この話をみても少なくとも松江という場所に築城することは決まっていたようである。つまり松江築城の計画を持ちながら堀尾氏では築城を延引した状態がしばらく続いたのである。ただ、このように築城が先延ばしされる中、慶長九年（一六〇四）八月四日に藩主忠氏が急死した（『堀尾古記』、『徳川実紀』、『高野山奥之院石塔碑文』）。少なくとも慶長九年以降の築城延引の主な理由は藩主の死去であったことは疑いがない。そして、忠氏の嫡子忠晴を藩主とし、吉晴が築城の要として座ることで、松江城の誕生に向けて動き出すこととなるのである。

## 松江城の築城

　築城の経過について元禄年間（一六八八～一七〇四）以降に成立したとされる『松江亀田山千鳥城取立之古説』では石垣の石材を「石は矢田山・嫁島・荒和井山其外方々」から採り、石垣普請には穴太の石工二人を四百石と三百石で召抱え、その他の石工は「大坂其外方々」から参集したと述べる。石工の確保に高禄（四百石）を払い、大坂（畿内）や各地から集めており、当時松江には石工が少なく、畿内近国の築城とは異なってその確保に苦労したことが推測される。また、慶長七年（一六〇二）に堀尾吉晴夫人昌徳院が創建した厳倉寺の厨子の棟札には「大工、長谷川若狭守、石州住人、光井宗五郎、遠州住人」らの名が記されており、堀尾氏の旧領である遠州から大工が連れられてきたことがわかる。いずれにしても職人確保を松江藩は各地から集めていたのであろう。

　このように多くの職人が集められ、築城に着手した松江城であるが、工事自体は順調に進んだようで、『島根県史九巻』（以下、島根県史）によれば次のような経過を辿って築城が進められたという。慶長十二年（一六〇七）に道路整備と本丸が完成し、二之丸の地均しおよび町割が進められる。同十三年（一六〇八）には本丸石垣、天守台、内濠に着手する。同十四年（一六〇九）には天守、大手枡形、堀石垣の工事に着手、三之丸御殿もこの時に着手。同十五年（一六一〇）には天守、堀、三之丸が完成し、同十六年（一六一一）に家士屋敷が完成して城下の移転が完了したという。ただ、これらの経緯についての詳細をすべて一次史料で確認することは難しい。

　ただ、慶長十三年（一六〇八）には「松江越　十月二日」（『堀尾古記』）と呼ばれる移住も始まっているので、この段階ではある程度の城郭施設や城下の町屋も出来上がっていたのだろう。

天守の完成については城戸久がかつて天守棟札の銘文から慶長十六年（一六一一）正月竣工と述べているが、『御城内惣間数』巻末貼紙の記述からもこのことは指摘されている。そして棟札の存在から、慶長十六年（一六一一）一月以前に天守は完成したと考えられるようになった。つまりこれらからすると松江城は慶長十五年（一六一〇）の内に天守が完成し、翌年正月に竣工の儀式が行われ、棟札の設置に至ったと思われるのである。ただし、これまで慶長十六年（一六一一）、「（吉晴）没す、此時及び天守閣成る。」という『出雲私史』の記事から吉晴の死没と、天守完成が相前後するとされてきたが、『堀尾古記』によれば六月十七日に没している。

一方、城戸久氏が昭和十二年に確認していた棟札は長く行方不明であったが近年その所在が確認された。この札には「奉讀誦如意珠経長栄処」祈祷札と「奉轉讀大般若経六百部　武運長久処」祈祷札の二枚があるがどちらの札にも慶長十六年が記される。前者には「慶長十六暦欽　（梵）奉讀誦如意珠経長栄処　正月吉祥日　言」、後者には「慶長拾六年　辛亥　大山寺　敬　（梵）奉轉讀大般若経六百部　武運長久処　正月吉祥（日）□」の墨書がある。

以上の経緯をまとめると松江城は慶長十二年（一六〇七）頃に築城が開始され、慶長十五年（一六一〇）末頃に天守が完成、慶長十六年（一六一一）に城郭全体が完成したもので、足かけ五年に及んだ築城であったと結論できる。

ただし、残された松江城の遺構から見ると、この段階での完成は築城に区切りをつけた状態と考えるのが適切と思われる。後述のとおり城地の多くの部分に未着工区域が残されており、さらに着工した箇所にも未完成の部分が残されるからである。

そうした中、藩主忠晴は慶長十六年（一六一一）二月五日、江戸へ向けて出立し五月二日に松江に戻っている。慌ただしい江戸参府であるが松江への帰藩は吉晴の臨終を看取るためであったかもしれない。そしてこの年の六月十七日に吉晴が卒去した（『堀尾古記』）。築城を開始して五年目のことであった。後見役として藩政の要石であった吉晴は、完成した天守への感慨に耽る僅かな暇を与えられたものの、藩運営に忙殺される中での死去ということになるだろう。

## 忠晴とその後の松江城

実質的な当主を失った堀尾氏であるが、その後、大規模な築城を行った形跡は認められない。吉晴という藩の要石を失ったことや、大坂の陣の後の一国一城令の影響などによって、築城に対して藩全体が消極的になっていたことが推測される。前掲『出雲私史』では慶長十七年（一六一二）の記事として「忠晴尚ほ弱なり、時漸く昇平に属し、官城郭を作るを許さず、是を持って遂に成らず。」と記すが、事実に近いものであろう。つまり、前述のとおり城郭内に未整備の箇所を多く残すものの、幕府への遠慮や、藩主が幼いため築城を自粛したというのである。

さらに、築城に消極的となった判断には、広島城主である福島正則の改易事件も影響があったと思われる。福島氏は元和五年（一六一九）に城郭石垣の無断改修を咎められて改易となった。この件は幕府に対する情勢判断の誤りであるが、藩主正則が幕府への石垣修理の届を軽く見た結果であった。この改易にあたって松江藩は、広島城の城請け取りを命じられている（『堀尾古記』）。

後述の通りこの期間は西国外様大名にとって、さらなる城郭整備をおこなう最後の機会であり、幕府への届け出の手続きを踏まえて、未整備の部分については築城が継続されることもあったようである。しかし、松江城にはその気配は感じられない。唯一、『堀尾古記』に寛永六年（一六二九）二月閏二十三日「御屋敷作事事、二月廿三日御作事初、閏二月十六日ニ釿始」の記事が見える。これが三之丸の御屋敷（御殿）を指すのか別の場所を指すのかは不明であるが、いずれにしても建物の記事のみで、曲輪や石垣に関する普請の記事が確認できる史料はない。

その一方で、徳川期大坂城の天下普請では第一〜三期工事に参加して丁場を受け持つなど、松江藩は大規模な普請にも参加が確認できる。

しかし、自重を重ね築城には慎重な堀尾氏であったが、寛永十年（一六三三）に藩主忠晴が江戸で逝去すると、継子がなくついに改易となってしまう。この前後には寛永九年（一六三二）に加藤忠広（肥後熊本）（五十万石）、元和七年（一六二一）には田中忠政（筑後柳川・三十二万石）などが、継子がいないということで改易されているが、将軍家光の代替わりに当たって幕府の外様大名に対する処置には厳格な姿勢が続いた時期であった。堀尾氏もこの犠牲となったのである。

## 城郭の縄張り

松江城当初の縄張り構造について、先ず寛永十年（一六三二）頃に作製された「堀尾期松江城下町絵図」（以降「堀尾期絵図」）から確認しておきたい（巻頭カラーページ参照）。

「堀尾期絵図」には曲輪名称などの記載はほとんどなく、「鷹部屋」「花やしき」のみ名称が付される。しかし図の表現から見ると亀田山の主要部と三之丸部分については全体が描かれ、建物についても本丸・二之丸・三之丸や馬溜の大手門、脇虎口ノ門の櫓門などが存在する。また、三之丸の廊下橋も描かれているので三之丸が寛永年間（一六二四〜四四）に既に格式の高い曲輪として機能していたことがわかる。

このほか、「堀尾期絵図」には松江城と共に城下町（武家地・町人地）の姿が描かれる。同絵図を見る限り、ほぼ江戸時代の城郭と町の姿は堀尾氏の時期に設計されていたことがわかる。

一方、発掘調査によって二之丸や北之丸から発見された土坑からは十七世紀前半の遺物が出土するので、これらの曲輪が堀尾期に機能していたことが考古学的にも確認される。城下町についても近年の発掘調査によって、十七世紀前半から整備が進められたことが明らかにされつつある（第七章）。このことから堀尾氏は城郭と城下町全体を一体的に計画し、城下町についても城郭に並行して建設を進めていたことがわかる。これらのことからは築城巧者としての吉晴や堀尾家の気概を感じ取ることができる。

## 松江城の曲輪配置と各曲輪の構造

松江城の主な曲輪は亀田山（標高二八・四m）頂上に本丸、南側に二之丸、本丸の北側に腰曲輪、東側の山裾に外曲輪（二之丸下ノ段）が配置される。腰曲輪北側には切通し（堀切）を挟んで北之丸（現松江護国神社・上御殿跡）や城山稲荷神社などがある外曲輪が置かれた。また、本丸西側は後曲輪（通称：椿谷）がある。亀田山の南麓には前述のとおり三之丸があり、周囲には中堀が巡る。そして、三之丸周囲には三之丸之内と呼ばれる西側の御花畑、南側の御鷹屋敷が配置される。「出雲国松江城絵図」（国立公文書館蔵）（247頁図51参照）などの正保年間（一六四四〜四八）以降の絵図ではこれらを三之丸ノ内・三之丸内としており、江戸時代を通じて藩有地となっていた。さらに、城下には町を囲む堀として西側に中堀があり、東側の米子川および西側の四十間堀川が外堀の役割を果した。

### 本丸

本丸は南北に長い長方形の曲輪で南北一五〇m、東西

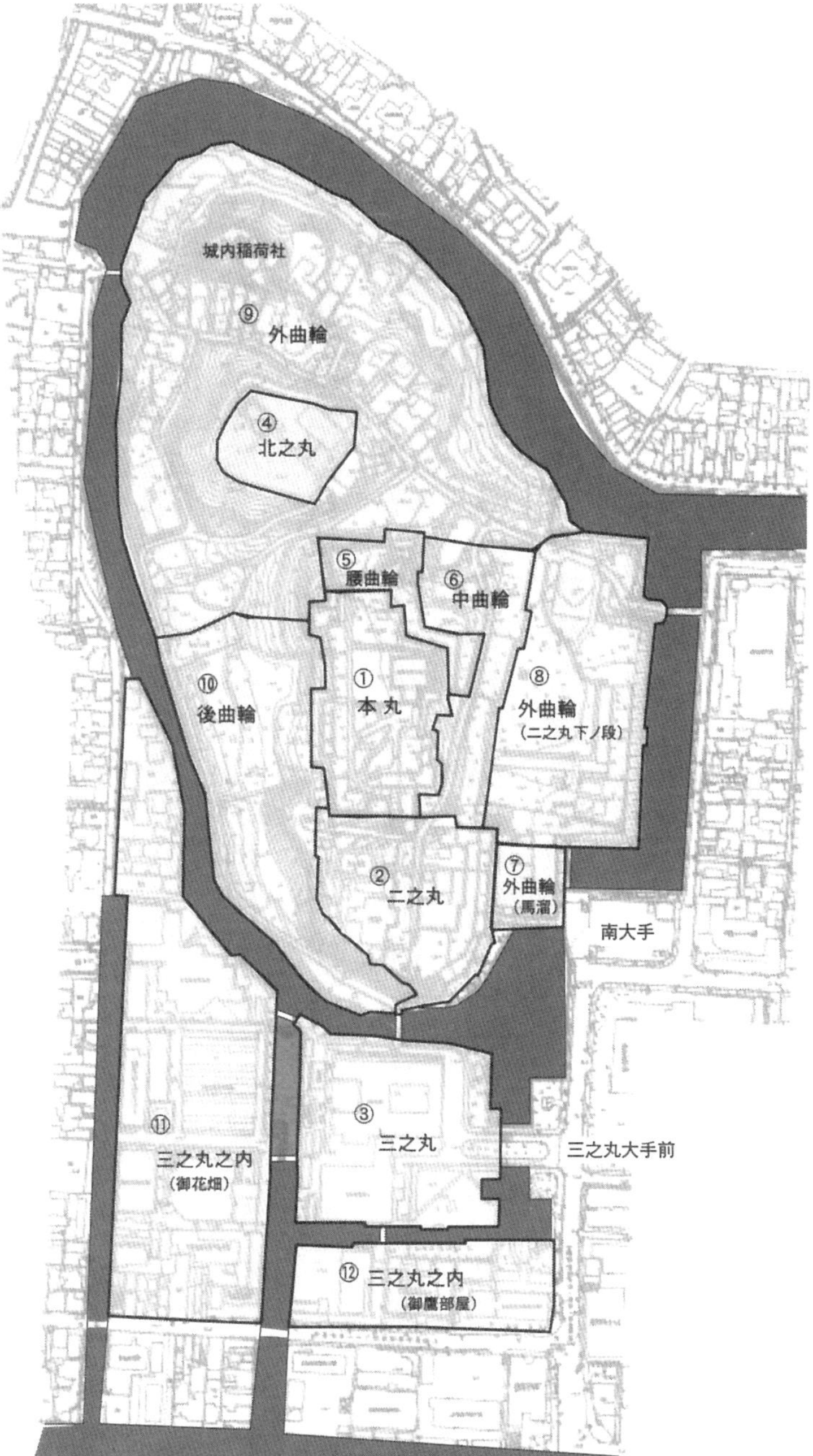
城内稲荷社
⑨
外曲輪
④
北之丸
⑤
腰曲輪
⑥
中曲輪
⑩
後曲輪
①
本丸
⑧
外曲輪
（二之丸下ノ段）
⑦
外曲輪
（馬溜）
②
二之丸
南大手
③
三之丸
三之丸大手前
⑪
三之丸之内
（御花畑）
⑫
三之丸之内
（御鷹部屋）

図1　曲輪の名称

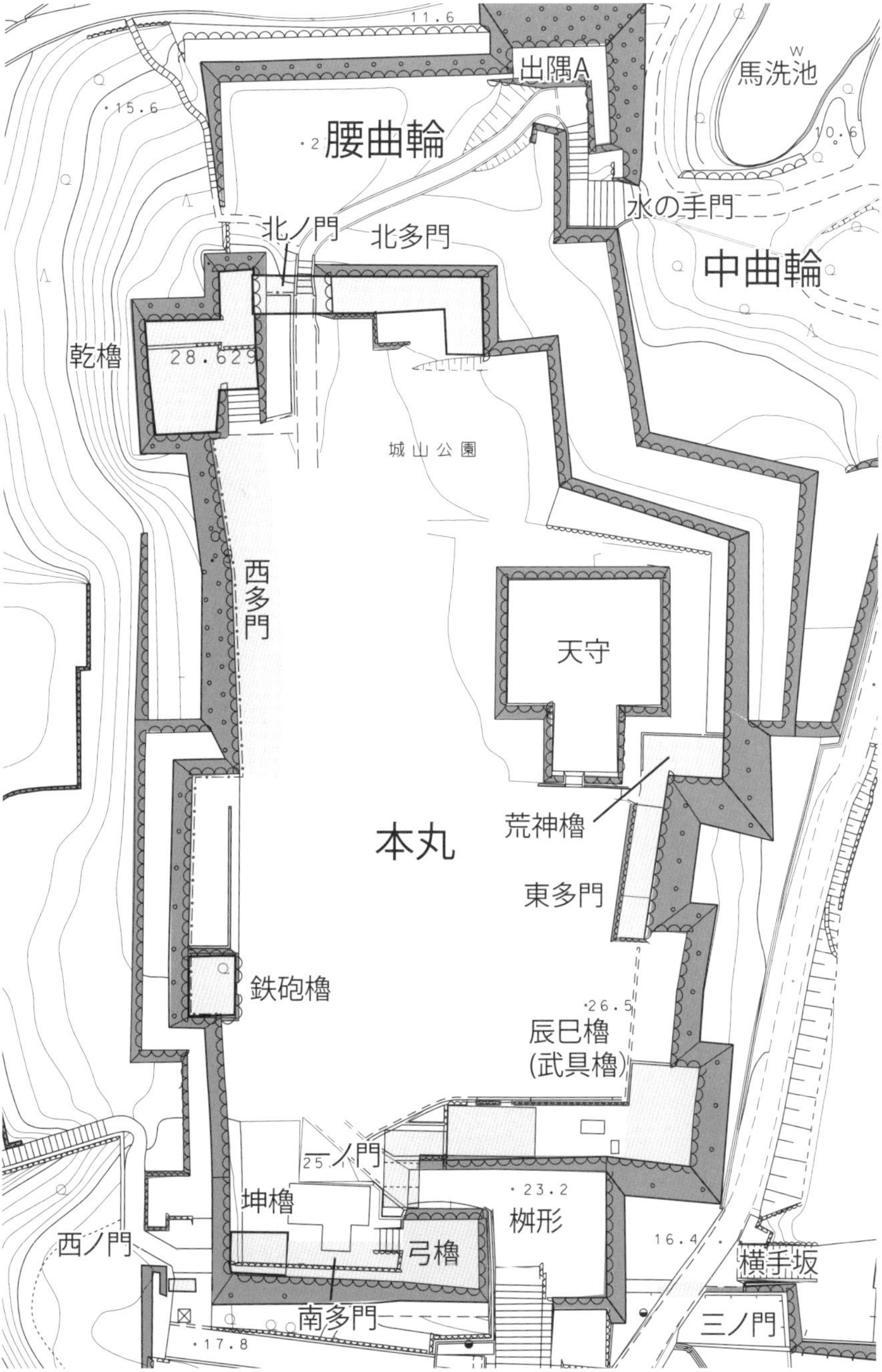

11.6
出隅A
馬洗池
15.6
腰曲輪
10.6
水の手門
北ノ門
北多門
中曲輪
乾櫓
28.629
城山公園
西
多
門
天守
荒神櫓
本丸
東多門
鉄砲櫓
26.5
辰巳櫓
(武具櫓)
一ノ門
25.1
23.2
坤櫓
桝形
16.4
西ノ門
弓櫓
横手坂
南多門
三ノ門
17.8


図2　本丸

五〇〜七五ｍの規模をもつ。ただ、塁線は単純な直線ではなく、随所に折れを持ち、北東隅に大きな入角をもつ。曲輪の隅角部や折れ、出角の多くには櫓を配置するがこれらの建物は南東側に集中して配置される。

本丸の櫓は城内で最も多く、東辺に荒神櫓（祈祷櫓）、武具櫓があり、西辺には坤櫓・鉄砲櫓・乾櫓、南の虎口脇に弓櫓があって『竹内右兵衛書つけ』によればいずれも二階櫓となる（「出雲国松江城絵図」）。櫓の間は多聞櫓がつなぐが北東隅の入角には瓦塀が巡る。

曲輪内部での配置を見ると、南東面にやや集中する特徴が見られる。一方、櫓の内で西辺の鉄砲櫓西面（二層櫓）には西面城下方向に唐破風（「出雲国松江城絵図」、『竹内右兵衛書つけ』）が付く。唐破風の設置は西側城下への城郭としての威容を示す象徴的な意匠となる。

次に防御の工夫であるが、出角による突出部にそれぞれ櫓を配置する。南東隅の武具櫓、西辺の鉄砲櫓を含む周辺、北西隅の乾櫓である。これらはそれぞれ防御の要所を監視する役割を持つ。中でも武具櫓は大手の登城道を監視しており、突出した構造が二之丸太鼓櫓、三ノ門と連携して防御を厳重にする。さらに、西面の鉄砲櫓は西之門から登る登城道を監視する。また、北西隅の乾櫓は後曲輪・外曲輪の境を押さえ、背後の堀切や外曲輪を監視する場所にある。つまり、本丸の出角構造はすべて登城道や防御の要所を押さえる位置に設けられる。

虎口は南北にあって、南側が大手、北側（北ノ門）が搦手となる。大手は枡形虎口となる。一ノ門はこの枡形の後門となる門で、多聞構造を持つ。両脇を弓櫓・多聞櫓が固め、城外側の前面に枡形空間となる広場を持つ。しかし、この広場に前門はなく（通常は広場の南側に設けられる）そのまま階段を降りた二之丸への入口に二ノ門がある。このため枡形構造を持つものの、前門を持たない構造となる。一方、北側の搦手は両脇を多聞櫓で固め、虎口は平入りの棟門が建つが、大手の多聞と比べかなり簡略な形式となる。

本丸の石垣は東辺南側（武具櫓―荒神櫓間）と、南辺から西辺の南端（弓櫓―乾櫓周辺）にのみ高石垣が築かれる。これは東面の防御と、見せるための景観を意識したものであろう。

天守は本丸北東寄りに建つが、大手の登城道から望むと、高石垣上に太鼓櫓・武具櫓・祈念櫓が林立した背後に遠望され、この方向からの城郭の奥行観を高める上で効果的な場所に位置することになる。

一方、天守背面にあたる東北隅は入角（隅）となる。この場所は鬼門にあたるが、一方で馬洗池方向に谷地形が迫る場所でもある。このため谷地形を避けることと、鬼門除けの両方を勘案して入角となったと思われる。

本丸内部は「堀尾期絵図」によれば南側に建物が集中するが、それより北側は北端に東西方向の建物一棟が描かれるのみである。二之丸・三之丸の表現と比べると明らかに建物が少なくその範囲も小規模である。このため本丸に藩主居所や政庁などが置かれた可能性は低い。ただ、本丸は広い面積を持つので、当初から空間とする計画は考え難いだろう。天守丸として天守周辺を一つの曲輪にして御殿建物などが配置されることは、津山城（岡山県津山市）などの事例からみても不思議ではない。これらのことを考えると、本丸をあえてこの広さとしたのは、当初の段階で御殿などの建物群の建設を計画したが、その機能を二之丸に移したことが推測され、そのことが本丸に広い空間地ができる原因となったのではないだろうか。

## 二之丸

二之丸は平面が概ね台形に近い曲輪で、南北最大で九〇m、東西一〇〇mの規模を持つ。標高一九・三mの西側の上段と標高一六・一mの東側の下段の二地区に大きく分割される。上段が藩主関係の居所、下段に儀式の場である御広間などの御殿建物が建った。十七世紀後半の『竹内右兵衛書つけ』では上段に御書院・上御台所・御風呂屋、下段に御広間・下御台所・御式台などがあったとする。「堀尾期絵図」では個々の建物の確定はできないが、配置や建物の密集度から見るとこの記載に近いと思われる。このため堀尾期には二之丸の御殿がおおむね完成していたと思われる。発掘調査でも太鼓櫓西方の廃棄土坑などから地鎮めに関連した遺物が出土しているが、これらは十七世紀初め頃のものであることがわかっている。

曲輪周囲の建物は、東から南に太鼓櫓・中櫓・南櫓・御月見櫓などの櫓群、北側は塀と長局、番所が建つ。石垣は東面から南面にかけてのみ築かれる。特に東面は直線的で、中櫓のあたりから南側で二カ所に折れを持ち最大高さ一三mの高石垣となる。ただし石垣は二之丸南側の登城道までで途切れてしまう。西面は土造りの切岸となり、曲輪端には土塁が設けられる。

櫓の間は土塀が繋ぐが、石垣のない南・西面の土塁の上には御月見櫓から屏風折の土塀が設けられる。この塀は土塁天端をやや控えたところに築かれるもので、同種の塀は篠山城（兵庫県篠山市）・土浦城（茨城県土浦市）などに類例があり通常は土塁上に設けられる。例外は徳島城（徳島県徳島市）で山麓の寺島川沿いの石垣の上に折塀が設けられる（「阿波国徳島城之図」国立公文書館

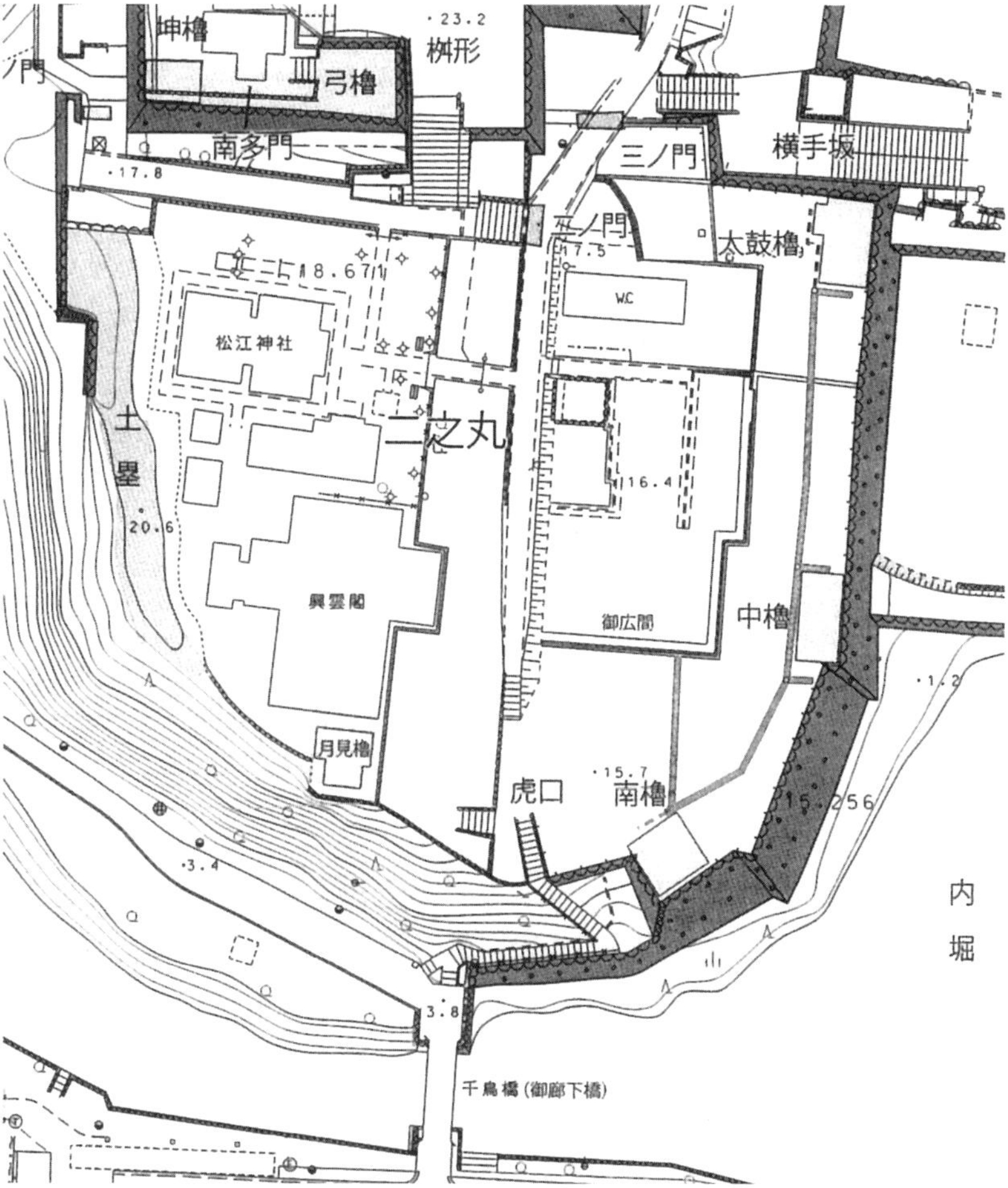


図３　二之丸

内閣文庫蔵）。松江城では他に後曲輪にもあるが、いずれも土造りの場所に用いている。

二之丸の虎口は大手の登城道である二ノ門・三ノ門を通るものと、南側の三之丸へ通じるもの、西側の後曲輪へ降りる西ノ門を通る三つがある。

大手の登城道は三ノ門から登城道を下るもので、坂を下って外曲輪（二之丸下之段）に通じ、本丸へは二ノ門を潜って登る。

南側の虎口は南櫓の少し西側にある。虎口を出ると坂を下り、千鳥橋を渡って三之丸へ通じるが、大手の登城道に比べると簡素である。この虎口の麓の三之丸の手前では不定型であるが、枡形虎口があり堀を御廊下橋（千鳥橋）で渡る。これらの虎口や登城道は「堀尾期絵図」にすでに描かれるので寛永期には存在したとみられる。しかし、このような簡素な構造には公式的な導線としての意識が感じられない。このため築城時に重要視されず、後補によって寛永期に構築された可能性が疑われる。つまり、三之丸から二之丸への登城道は築城段階の基本プランとしては重視されていない私的な導線であった可能性が高い。

後曲輪へ降りる西ノ門も簡素な棟門構造であるが、門の前で折れる構造を持ち、本丸坤の櫓から監視される場所にある。簡素であるが防御施設としては工夫された構造を持つ。

**腰曲輪**

本丸の北側に接続する曲輪で、本丸搦手側の虎口空間としての機能や、北側への監視を担った曲輪でもある。曲輪北面は高低差一〇mの高石垣が築かれ、背後の切通しが、本丸域と背後の曲輪群を遮断している。この切通しは中世城郭の堀切の役割を果たすもので、北之丸との間を分断する。

本丸からの虎口は北門、東側の中曲輪への虎口は水の手門となる。曲輪の規模は東西四五m、南北二八mほどであるが、内部は平坦ではなく東に向かって傾斜する。

水の手門は食い違い構造をもつ虎口で、虎口の北側に中曲輪側へ突出部する出隅を持つが、この部分は石塁・土塀によって塁線を囲んでいる。この突出部が中曲輪ないし北側の切通しへの監視拠点となる。通常こういった突出部には櫓が設けられるが、瓦塀で囲まれるのみである。

水の手門を下ると一折れして石段を下りて中曲輪に通じる。当城では本格的な石段が絵図に示されるのは大手の登場道と西ノ門から後ろ曲輪に下る通路と、この虎口の三カ所のみである。

**中曲輪**

本丸の北東から東側に広がる、いくつかの平坦地を中曲輪と呼ぶ。馬洗池および東側の平坦地、本丸東側の中段の平坦地までの総称である。

曲輪の中心は北東側の馬洗池とその東側の石垣で区画された平坦地である。馬洗池の周辺は自然地形で北側に下る傾斜地形となる。池は平面形が楕円形で、谷の湧水を堰き止めて築造されている。馬洗池は現在も水を湛えており、かつてこの谷が城の水源となっていたのだろう。東側の平坦地は外曲輪（二之丸下ノ段）西の石垣構築によってできた平坦地である。

馬洗池周辺は搦手口から本丸に至る登城道にあたるので、曲輪造成と共に池の北側に虎口を設けて厳重な防

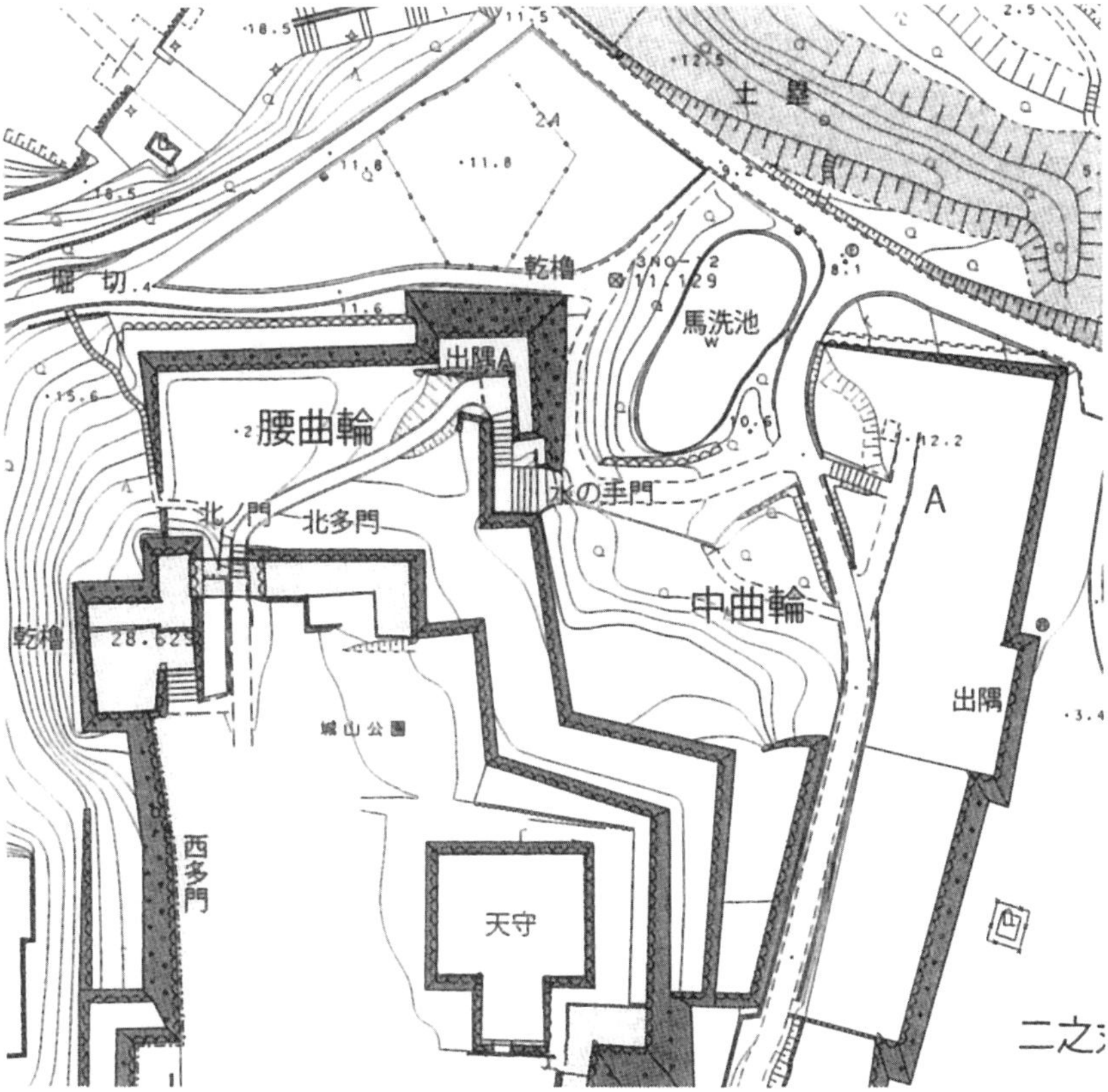

図４　腰曲輪・中曲輪

御を図るべき場所である。十七世紀末の「松江城及城下古図」（個人蔵　天和三～元禄五年（一六八三～九二））などでは北側を仕切る柵が設けられ、簡易なギリギリ門が置かれるが、防御上は効力がなく、城郭施設としては未完成と言わざるを得ない。ただし、馬洗池北側の外曲輪には中曲輪を覆って土塁が延びている。この土塁は塩見縄手方面からの遠見を遮

写真１　馬洗池

写真２　大手門（南惣門）後から望む天守

断する役割を持つもので、「出雲国松江城絵図」（国立公文書館蔵）や「松江城正保年間絵図」（個人蔵）では土塁上に土塀が設けられている。

**外曲輪（二之丸下ノ段）**

東側の山裾に位置する曲輪で、平面は長方形で南北二〇〇m、東西方向は最大で一一〇m（南側）の規模を持つ城内でも最大規模の曲輪である。この曲輪は大手の登城道の導線上に位置することから本来は三之丸としての機能を担うべき曲輪であったと思われる。しかし、堀尾期から幕末までその形跡はなく、三之丸の機能は早くから南側の三之丸が担った。このように大手の登城道の導線上に中心御殿群が配置されない構造は松江城の特徴でもある。

曲輪の塁線は基本的に矩形を呈し、南側に大手門となる櫓門、北側には搦め手となる北惣門（東惣門・脇虎口ノ門）がある。

一方、北惣門は食い違い虎口とされるが、これは城外側の塁線のうち、北側が奥に引っ込む構造となることによる。確かに現状を見ると食い違い虎口である。しかし、門内側には鍵の手に右折れする石塁が構築され、これによって内部に方形の空間が確保されることになるが、この構造からみると枡形虎口と考えた方がいいだろう。

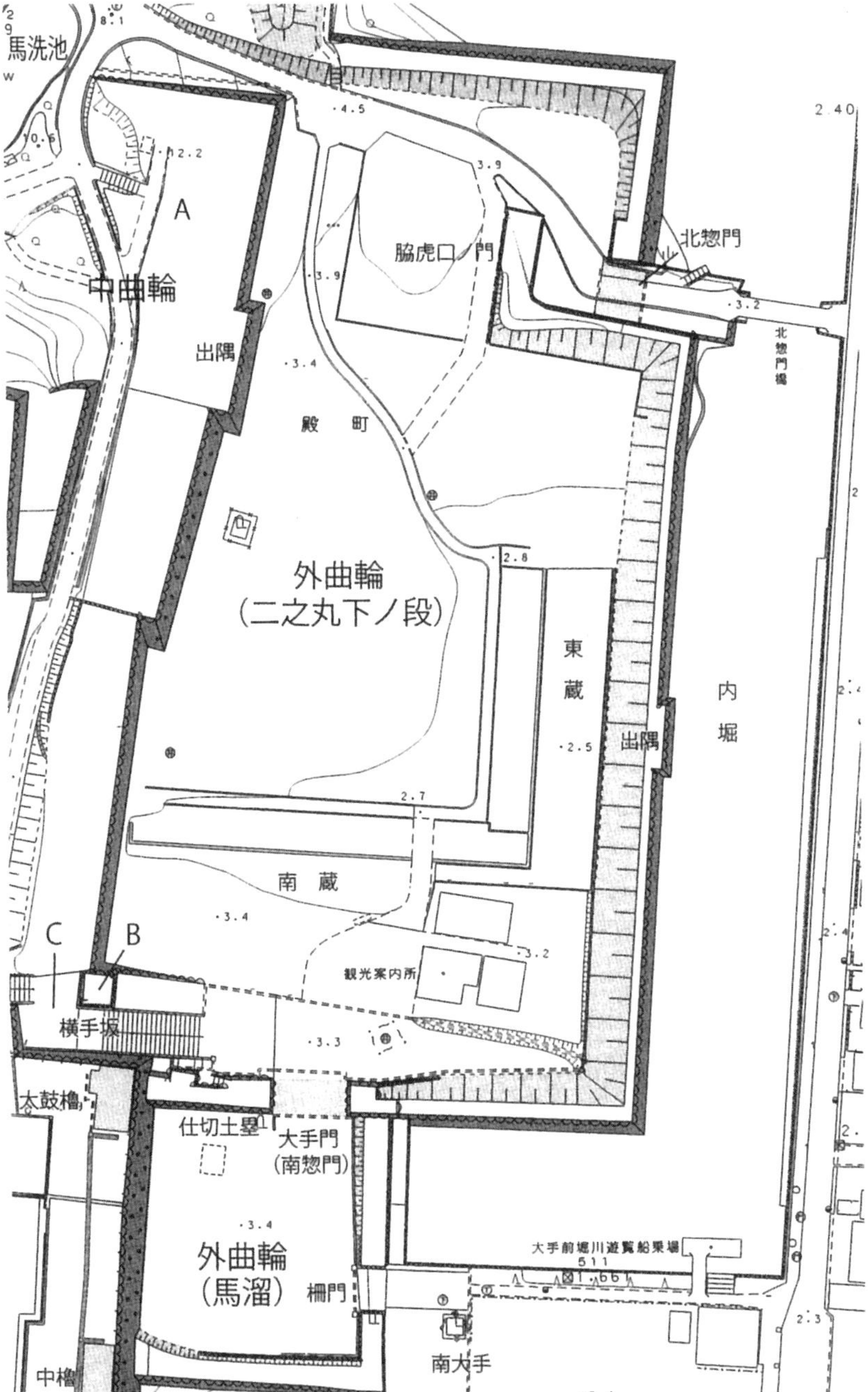


図５　外曲輪（二之丸下ノ段、馬溜）

ただし、ここには城の表門である二層の櫓門構造を持つ北惣門はあるが、後門である多聞構造の門が築かれた形跡がない。各時代の絵図をみても、現状のとおり枡形空間を囲む石塁は描かれるものの、後門が描かれたものは存在しない。さらに石塁背後は土手のまま残され、明らかに未完成である。つまり堀尾氏は大手と同様、この虎口にも枡形虎口を採用したが、どうやら完成に至る以前に普請を中断し、前門のみ設置したようである。しかし、この場合通常では後門を設置して前門を作らない事例が多い上、櫓門は本来後門に用いられる門であるなど、個性的な普請となる。これには高麗門より強固な櫓門を置くことで、普請に区切りをつける意図があったと考えられる。なお、門の前面にあったかつての北惣門橋の橋脚基礎が平成五年度（一九九三）の発掘調査によって検出された。北惣門橋は城内側と堀外側の両側が土橋となり、間の一八・五四mが木橋となる。

石垣の塁線は基本的に直線であるが、唯一東辺中央が出角となる。この部分は本来なら櫓台となる構造であるが、どの絵図にも櫓が描かれた形跡は見られない。

曲輪内部の施設については十七世紀後半の『竹内右兵衛書つけ』によれば二棟（「南ノ米蔵」・「東ノ米蔵」）の米蔵が建っており、以後江戸時代を通じて引き継がれた。なお、「御本・二・三丸・御花畑共略絵図面扣」（個人蔵　江戸末期（一八六〇年頃））（259頁図57参照）によれば、天保年間（一八三〇～四四）までに米蔵は七棟に増加している。米蔵は瓦葺き土塀によって仕切られるが、この状況は昭和四十四～四十九年度（一九六九～七四）の発

写真３　二之丸下ノ段

掘調査においても確認されている。このほか、区画の南側の大手門東脇には十七世紀末までに御小人長屋・源蔵居所（天守鍵預役宅）・荻田表長屋などが建てられた。

**外曲輪（馬溜）**

内法で南北四六m、東西四五m規模を持つ曲輪で、勢溜りとしての機能も兼ね備えると思われ、内部には井戸が二基あるが、他に施設は設けられていない。ただし、機能面から見ると大手からの登城道の玄関口であり、北奥の南惣門は「大手虎口ノ門」（「出雲国松江城之絵図」延宝二年（一六七四）松江歴史館蔵）とも称されることからみると、この曲輪は大手枡形の空間機能を持つと考えられる。なお、南惣門は二階建ての大型の櫓門で発掘調査によって礎石と地覆石が検出されている。

写真４　馬溜

この門を潜り、左手に折れて二之丸へ上るのが大手の登城道となる。一方、馬溜の表門である柵門（城外側の門）は柵を建てただけの簡略なもので防御的な機能は全く持たない。本来は高麗門などを構築するのであるが、当初からこの形であった。

馬溜の西正面には二之丸東面の高さ一一mの石垣と中櫓・太鼓櫓の二棟が聳え建ち眼前に迫る。さらに、右奥には天守の威容を遠望することとなり、眼前の威圧感と奥行きの壮大さを感じさせる構造となる。この点、同じ枡形であるが脇虎口ノ門との規模差が際立つ。つまり、馬溜が大規模な構造を持つのは、防御と共に威容を見せることを重視しているためであろう。

**後曲輪**

本丸・二之丸西側の丘陵裾に広がる曲輪で、西側は内堀によって画される。しかし、内堀に石垣はなく、堀際には土塁が築かれ、二之丸と同様に土塁上には折塀が巡

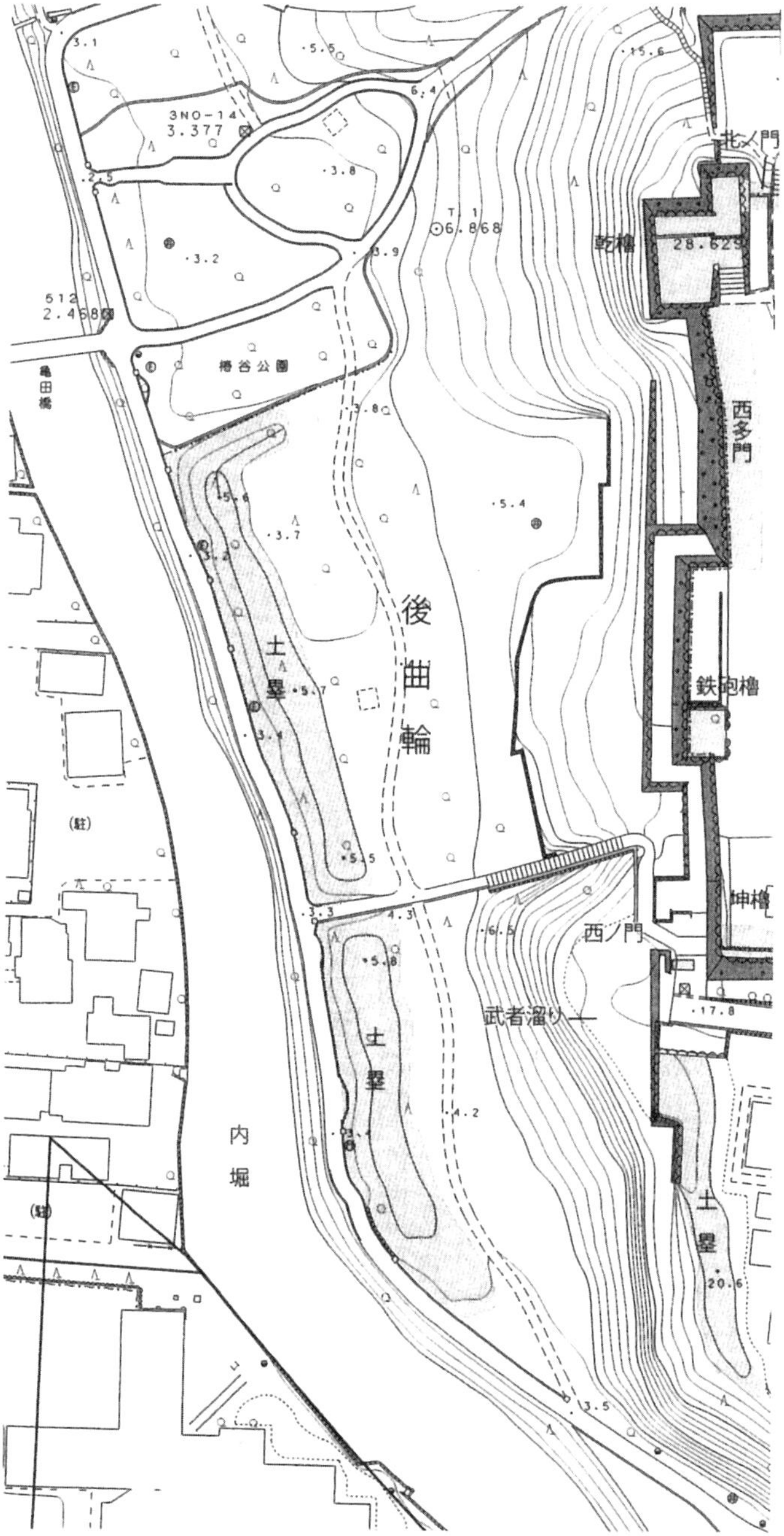
3NO-14
3.377
T 1
6.868
乾櫓
28.629
北ノ門
512
2.468
椿谷公園
亀田橋
西多門
後曲輪
土塁
鉄砲櫓
(駐)
坤櫓
西ノ門
武者溜り
内堀
20.6

図６　後曲輪

る。その上、曲輪の塁線は弧を描いた状態で、自然地形を大きく改変せず、内部は本丸側に向かって傾斜を残す状態で、ほとんど未整備のままとなっている。

## 外曲輪（北之丸、城内稲荷社）

本丸背後の切通し（堀切）を挟んで北側には城郭構造が未整備となる場所が広がる。この範囲は城山の約四〇％を占めるが、周囲を内堀が囲む以外には高石垣や櫓などを設けられることはなかった。

ここには尾根上に南側の北之丸（出丸、上御殿）と、北側の城内稲荷社が置かれた。北之丸の西裾には後曲輪からの平坦地が続き、北西端に中原口がある。

北之丸は吉晴が仮の上御殿を置いたとされる場所である

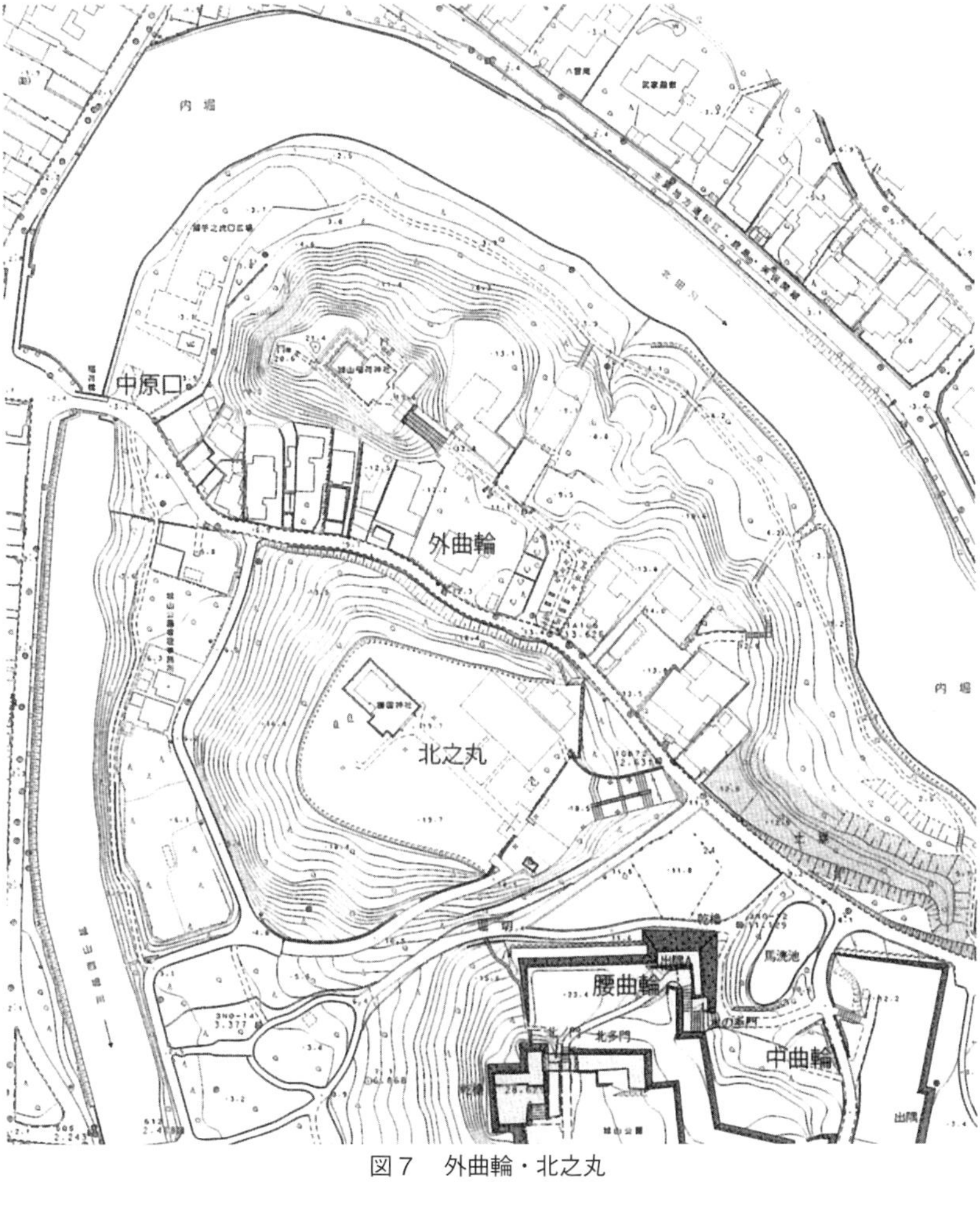


図７　外曲輪・北之丸

が、（『千鳥城の築城とその城下』）現在は松江護国神社が建つ。昭和六十二年（一九八七）の発掘調査によって十七世紀前半の遺物や若干の遺構が見つかっており、築城時の生活痕跡が確認されている。

「堀尾期絵図」では簡略な表現でこの場所に建物が描かれるのみであるが、その後の「寛永年間松江城家敷町之図」（丸亀市立資料館蔵）（巻頭カラーページ参照）には京極刑部の屋敷が置かれ、「出雲国松江城絵図」（国立公文書館　内閣文庫蔵）でも侍屋敷として維持される。この絵図では中央に門構えをもち、石垣と白壁の塀が屋敷の東面を区画した様子が描かれる。これらのことからすると、北之丸には築城時から屋敷が存在し、京極期には完成していたことがわかる。

中原口は城の北西側へ出る虎口となるが、簡易な城門があるのみで、稲荷橋によって城下へ渡る。本来であれば主要な虎口の一つと思われるが、厳重な防御施設は見当たらない。

馬洗池およびギリギリ門の北側、堀際には北之丸から延びる土塁が残される。この土塁は馬洗池や登城道を城外側から見通されることを遮断し、内部を防御する役割を果たす重要な遺構と考えられるが、城の背後であるためか、石垣や櫓などは設けられていない。

## 三之丸

三之丸は東西一二八m、南北一一一m、面積一四四〇〇㎡の規模を持つ方形を基本とする曲輪である。もともと三之丸は南側の御鷹部屋・西側の御花畑を含む範囲までを計画された可能性があるが、実際に石垣を巡らせ多聞櫓などを配して城郭の外観が整えられたのは方形のこの場所のみであった。また、江戸時代の石垣修理報告などに描かれる各時代の絵図の範囲も、この方形の区画のみを三之丸として表現し、周囲の御鷹部屋や御花畑は描かれない。

江戸時代、この曲輪は藩主の居所や、藩庁が置かれ御殿建物が立ち並ぶが、そういった機能が二之丸からいつこの曲輪に移動したかについてはこれまで寛文九年（一六六九）に松平綱隆が住居を三之丸から二之丸に移した時とされてきた。しかし、「堀尾期絵図」・「寛永年間松江城家敷町之図」（京極期絵図・丸亀市立資料館蔵）にはすでに三之丸には多くの建物が建ち、「堀尾期絵図」では周囲の橋に御廊下橋の表現が見られ、表御門とその前庭の空間が既に整備されている。つまりこの場所は南大手と同様、この段階から城郭の表玄関としての体裁が整えられているので、堀尾期以来三之丸には御殿が存在し、二之丸と同時に藩主居所や藩庁として機能が共有された可能性が出てきた。
　三之丸の周囲には中堀が巡り五カ所に城門をもつ。東側の表御門のほか北側の御廊下橋（千鳥橋）に通じる門、南・西の門と北隅の助次橋に通じる門である。これらの城門は表御門のみが土橋で、他の四カ所は木橋でつながるが、御廊下橋、南・西の門が御廊下橋で格式の高い構造をもつ。御廊下橋は和歌山城（和歌山県和歌山市）や福井城（福井県福井市）に見られるように藩主御殿や本丸からの出入口など重要な場所に設置されることが多い。

　表御門は格式の高い構造をもつがその前庭は左右五〇ｍほどが内堀側に張り出し、堀対岸にも広場をもつなど、政庁の表玄関として、格式を際立たせた構造となる。

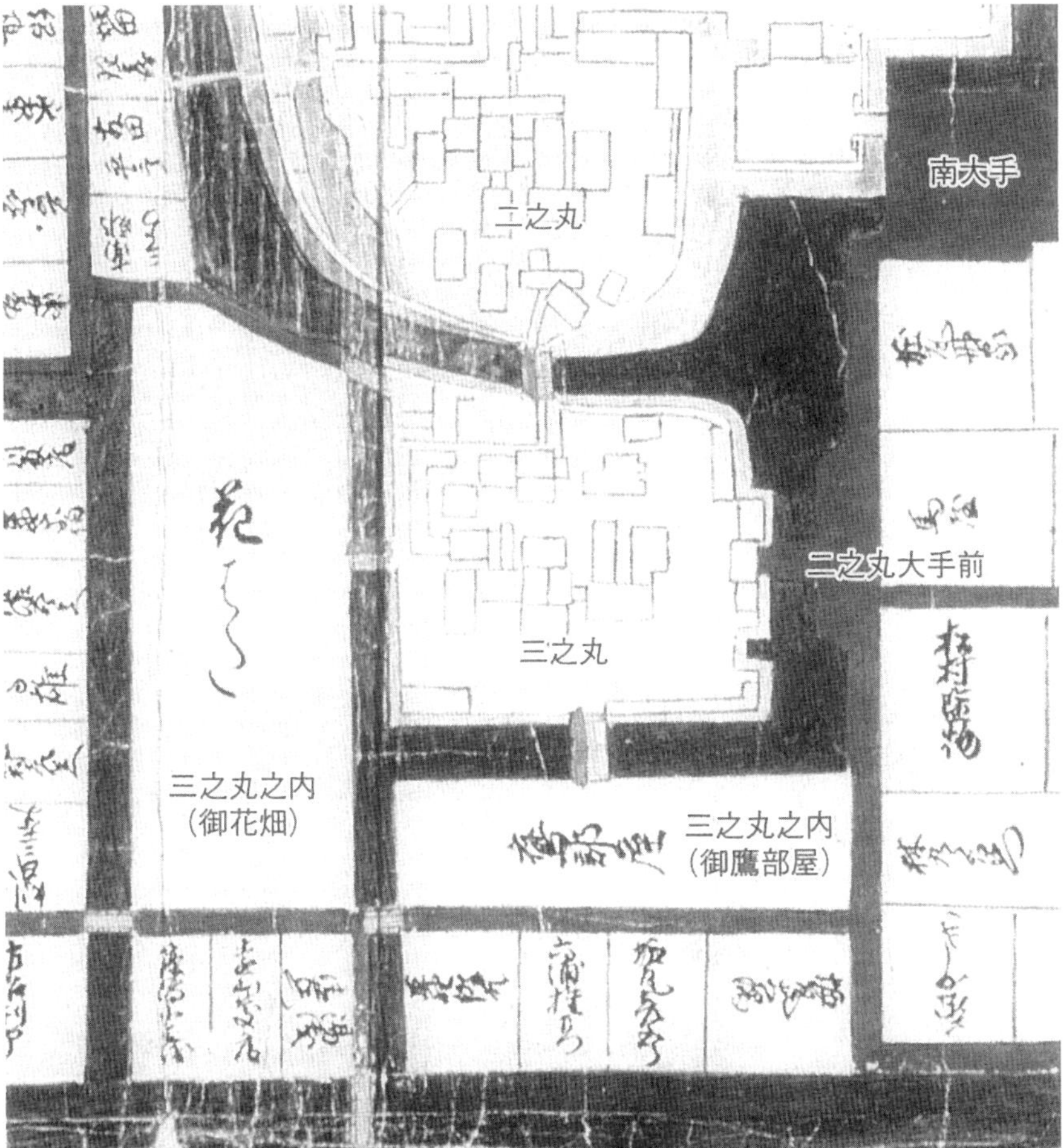

写真５　三之丸（「堀尾期松江城下町絵図」部分、加筆）（島根大学附属図書館蔵）

しかし、三之丸は石垣上を土塀ないし多聞櫓が周囲を囲むが、多層の櫓は構築されない。さらに西辺は土塀のみで防御構造としては脆弱であり、石垣や堀を持つものの城郭としての体裁を持たない構造になっている。この点では大手虎口となる表御門も枡形構造などの防御的な構造は持たない。つまり、三之丸は大名屋敷の構造の域を出ないもので、藩庁としての体裁を整えた曲輪といえるだろう。

さらにこの表御門前の広場から城山を望むと奥に天守が遠望でき、手前に二之丸櫓群と高い石垣、さらに城内で最大幅を持つ内堀が望めるなど、松江城の中でも最も重厚な景観が広がる。先の馬溜前と同様、この地点周辺に城郭としての重厚さを演出する意図が働いていることは確実である。以上の点から見ても実質的な藩庁としての役割が三之丸にあるだろう。

### 三之丸之内

三之丸之内には三之丸南側の御鷹部屋と西側の御花畑がある。これらの場所には石垣や土塁、櫓などの城郭構造が設けられない。

御花畑は藩主の隠居所、藩主家族の住居や庭園、厩、薬草園などが置かれた。嘉永六年（一八五三）に隠居した松平斉斎（斉貴）は御花畑の観山御殿に住んだという。また、御鷹部屋は西側に金蔵、東側に御殿屋敷などが置かれていた。このようにこの二つの曲輪は築城当初から城郭地として確保されたものの城山の北側と同様、城郭普請が行われることはなかった。

### 登城道・城内通路

松江城の登城道・通路は①馬溜から二之丸を通って本丸へ至る大手の登城道、②脇虎口ノ門から北惣門橋を渡り、中曲輪のギリギリ門から水の手門を通り、腰曲輪、本丸へと至るものが城外から本丸へ通じる主な登城道である。

この他の城内を通るルートはいずれも曲輪間の出入口を繋ぐ通路で③三之丸の表御門を入る出入り口、④三之丸から千鳥橋を渡って二之丸へ入る虎口・通路、⑤亀田山北西隅の稲荷橋を渡って外曲輪に入るもの、⑥後曲輪から二之丸西之門を通り本丸に至る通路・虎口などがある。

①が大手の登城道として重点的に整備されたことは前述のとおりである。これを除くと、②・④が比較的防御施設との組み合わせや、登城道の整備が行われる。ただし②は脇虎口ノ門や馬洗池周辺が未整備であり、③は廓下橋などがあるものの虎口が小規模で通路幅も狭いため、①のような視覚的な圧倒感に欠ける。④も格式が高く前

庭を持つなど威容を誇るが防御的な工夫はなく、登城道とは連動しない。⑤は城の重要な搦手であるが簡易な構造となる。⑥は小規模な枡形を持つが城内の導線として重視されるものではない。

そこでここでは①・②・④について構造を少し詳しく見て行くことにしたい。

①大手の登城道は柵門を潜り、馬溜から大手門を通って上るルートである。前述のとおり馬溜は方形の広大な枡形の空間であるが、前門となる柵門は防御機能としては脆弱である。ただし、馬溜の北奥には櫓門形式の大手門（南惣門）がある。両脇を仕切石垣（石塁）で塞ぎ、柵門の簡略化とは対照的である。このような構造の門は仙台城大手門（宮城県仙台市）や姫路城（兵庫県姫路市）の菱の門・弘前城（青森県弘前市）二之丸の南門など慶長期に多い。これを入ると外曲輪（二之丸下ノ段）に一旦入り、左に折れて石段の坂を上り、折れを繰り返して二之丸へと達する。登城道の要所は二之丸の太鼓櫓、本丸の武具櫓の監視を受けながら、三ノ門に至る。この門を潜ると二之丸へ入るが、すぐに右手の二ノ門を潜って、大手の枡形へ階段を上る。

この大手からの登城道は南大手から望むと聳え立つ高石垣や櫓群と（二之丸側太鼓櫓・中櫓、本丸側では武具櫓・祈祷櫓）北西上方に天守を望むこととなり、未整備な部分も見られるが景観を意識した設計の基に構築されていることがわかる。

②の城郭東北側の登城道は北惣門橋を通って脇虎口ノ門を通り、馬洗池、水の手門から本丸北ノ門（腰曲輪）へ通じるものである。この登城道は①の登城道を補完するものとして重要であるが、大手の登城道ほど重厚な構造を持たない。その上、前述のとおり脇虎口ノ門が未完成である点や、外曲輪（二之丸下ノ段）から中曲輪への出入口には簡単な柵門（冠木門?、ギリギリ門）が設けられるのみで登城道として完成されていない。

④は二之丸と三之丸を御廊下橋で繋ぐ登城道があるが、これは曲輪間を繋ぐ出入口となるもので、城郭へ上る藩主の御成り道として格式を持った構造となる。しかし、堅牢な構造は持たない。さらに、御廊下橋の袂には、仕切り塀による枡形が設けられるが、小規模で通路幅も狭く、私的な通路の印象を拭えない。（詳細は二之丸の項で述べた通りである。）

さらに、登城道からみると松江城では①の大手からの登城道である馬溜からの虎口と、三之丸の表御門からの出入口はほかとは異なった特別な構造を持つ。つまり、両者ともに土橋対岸に広場（南大手・三之丸大手前）が設けられると共に、この二つの場所から望まれる松江城の構造は天守・櫓・石垣・堀などの構造物が集中すると共に視覚効果も含めて大規模である。

このようにこの二つの登城道・通路が特別な構造を持つことは、両者が城の表玄関であることを強く印象付ける。つまり、一つの城郭で二つの登城道・通路が並立した構造になるのだが。本来の近世城郭の姿からすると三之丸→二之丸→本丸という求心的な構造が基本と思われるが、松江城ではやや異なった構造を持つといえるだろう。この姿は「堀尾期絵図」に既に描かれているので築城の早い時期にあったことは明らかである。このことから見ても三之丸が築城段階で構築され、独立した構造をもつ曲輪であったことは確実と思われる。

## 慶長期、西国外様大名の築城

松江城の構造を考えるために、関ヶ原の合戦以降の築城と各大名の動向について確認しておきたい。そのことによって松江城の築城がどのように位置づけられるのかが理解できるだろう。さらに築城時期や期間について考える必要から、築城を外様大名と幕府および幕府方の大名（幕府城郭・親藩・譜代など）に分けて考えてみることにする。

冒頭でも述べたように関ヶ原の合戦直後は、先ず新たな領地を得た外様大名たちによる築城が盛んとなり、全国的な「築城ラッシュ」が巻き起こった。つまり、江戸時代初頭における築城の中心は西国外様大名が担ったのである。特に秀吉子飼いの大名であった加藤清正（肥後半国大名から肥後一国五十二万石）・黒田長政（豊前中津十八万石から筑前五十五万石）・福島正則（安芸・備後五十万石）・池田輝政（豊橋十八万石から播磨五十二万石）ら外様大名たちは大封を得たことによって、それぞれが石高にふさわしい築城に邁進した。このことから西国に大城郭が次々に誕生することになるのである。そして、これらの大規模築城によって慶長十年（一六〇五）頃までの時期に限ってみれば、西国外様大名の築城が新たな技術の先端を担ったのである。

ただし、この近世城郭への飛躍は関ヶ原の合戦前後に突如として現れたのではない。天正十一年（一五八三）の大坂城築城から始まる秀吉の築城は、彼の在世期間中も途切れることなく行われており、それらの築城を担ったのは彼ら秀吉子飼いの大名たちであった。例えば天正十九年（一五九一）に名護屋城を築城したのは小西行長

（関ヶ原の合戦で改易）・加藤清正・黒田長政などの九州大名が中心となった。さらに、その後の伏見城や大坂城の追加築城、あるいは朝鮮侵攻に伴って築かれた倭城築城なども同様である。つまり、彼らは秀吉の築城において中心的な役割を果たし、築城技術の先端を走る技術集団を抱える存在となっていたのである。従って、慶長五年（一六〇〇）以降の西国外様大名たちの居城築城はこの技術集団がそのまま大名の居城築城に携わったことになる。つまり、彼ら職人たちの築城は当時の国内の築城技術の発展に直結するものであり、近世城郭の様式を形成する上で主導的な役割を果たす存在だったのである。

一方、彼ら西国大名のうち豊臣恩顧の大名から徳川方に付いた多くの大名は、幕府側からみると、様々な点で当初は規制しづらい側面があった。このことも、各大名が自由に築城に傾注することができる要因となった。その後、天下普請が盛んになると、外様大名たちは居城の築城のみに専念することはできなくなるが、それは慶長十年代以降のことである。わずかな時間だが、その間、彼らが自領の居城築城に専念できたことが、大城郭の築城を可能にしたのである。

このように慶長五～十年（一六〇〇～〇五）頃に多くの西国外様大名が築城を開始するが、城の縄張りからこの時期を見ると、城郭における機能としてはやはり軍事機能――つまり個別の防御施設の工夫――が重要視された。特に戦国の世を生き抜いた武将たちの自立的な気風と、関ヶ原の合戦、朝鮮の役などの戦乱が生々しく記憶される時期でもあるので、前代と同様、城郭の縄張りを決定する上では、軍事的な防御の工夫が城郭構造に色濃く反映され、縄張りにおける中心的な位置を占めた。この点では関ヶ原の合戦直後の築城は、織豊期の延長線上で行われた時期と考えてよいだろう。

これに加えて石垣の構築や天守・櫓・御殿などの諸施設の建設は、技術的な進歩によって、格式化や規模の拡大などが築城者側から要求されることによって多くの点で重厚長大化が急速に進んだことも、この時期の築城の特徴である。これに加えて、家臣の集住地としての城下も日常の生活の場として設備の充実を求める意識などが、この時期からは高まったことも想定される。規模の拡大と建物構造の堅牢化は、軍事的な機能の上でも向上につながる側面も持ったので、両者は渾然とした形で近世城郭を形成する様式として一気に改変が進められることとなった。

このように、豊臣期にはやや抑制されていた各大名たちの築城は、恩賞として与えられた大封によって、技術的な革新を続けながら爆発的な勢いで進められた。堀尾氏にとっても新たな領地において治世を確立する上で、拠点となる居城の建設は重要な課題であり、本来なら早期に築城を始める必要があり、当然それを望んでいたはずである。

このような現象が結局は大坂の陣にいたる慶長期後半まで続くのであるが、慶長十年代になると少し風向きに変化が見られた。つまり松江築城期の頃の状況である。

## 天下普請と譜代大名の築城

松江城が築城を始めた慶長十二年（一六〇七）前後は、幕府の天下普請が盛んになり、大名たちへの助役が増え始めた時期にさしかかっていた。これに対して外様大名の築城を中心として起こった築城ラッシュも、この頃からは中心が徐々に幕府による天下普請や、譜代大名の築城に移行しつつあった。築城年一覧表（**表1**）をみると西国の外様大名が盛んに築城を行う中、江戸城や伏見城・二条城において、大規模な幕府方による天下普請による築城が始まっていることがわかる。

徳川による天下普請の早い段階のものとしては慶長六年（一六〇一）の膳所城、伏見城（～十一年）、慶長七年（一六〇二）の加納城などがあるが、助役大名は「東山・北陸の諸侯」をもって築城するなど幕府にとって動員が可能な大名は限られていた。慶長八年（一六〇三）には彦根城の築城が開始されるが、これも畿内の京極氏や譜代大名など限定的なものであった。

しかし、慶長十年（一六〇五）の駿府城の再築の頃から徐々に大規模なものとなる。江戸城では慶長十一年（一六〇六）から西国大名に命じて普請が断続的に続き、慶長十六年（一六一一）には東国大名にも助役が命じられるなど全国の大名が普請に加わっている。

一方、縄張り構造の流れをみると、これらの幕府の城郭では平地への選地が増え、縄張り構造が方形で単純なものが多くなる。この縄張りでは細かな出角・入角（曲輪外周のラインが突出したり屈曲して窪んだりすること）がなく単純化されるので石垣面が一直線で整然とした景観を持つことが特徴となる。いわゆる方形＋平城プランを採用する事例が多くなるわけだが、これは元々聚楽第形式ともいわれ豊臣期には秀吉の居城である聚楽第や五大老クラスの大名たちが採用している。例えば、毛利輝元の広島城（広島県広島市）、上杉景勝の神指城（福島県会津若松市）などであるが、このプランの城郭は、軍事的な機能と共に政庁的な機能を併存させる上で適している。平山城に比べると高低差を利用した防御性

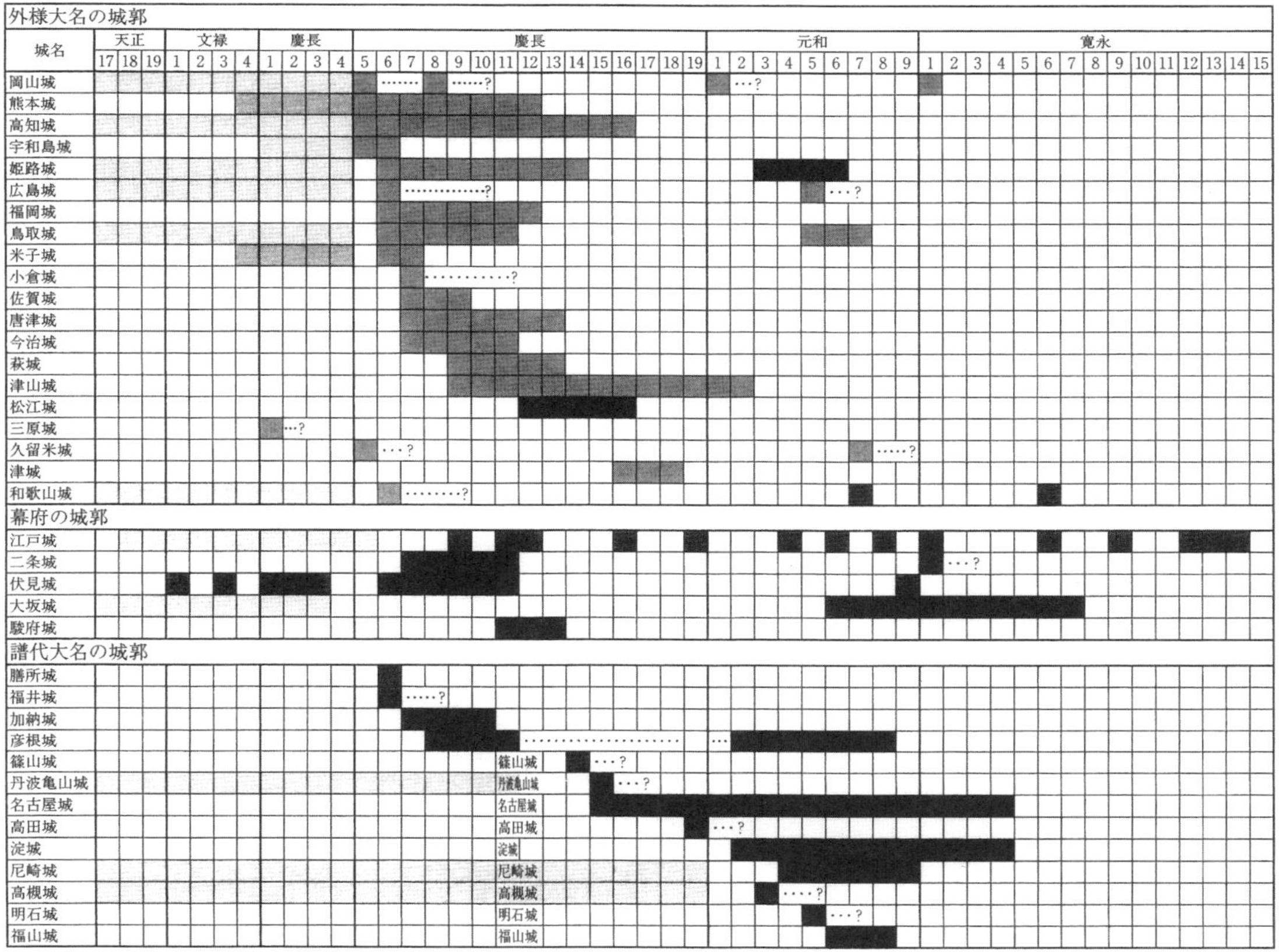


＊この表は西国におけるおおよその築城傾向を見るために作成した。
＊外様大名の築城はあくまで、最初の築城段階で外様のものである。たとえば松江城のようにその後、譜代大名の城となるものであっても外様大名として扱っている。
＊築城年以降の経過については不明なものが多く、特に完成年が分かるものは少ない。このため築城年のみを表記したものには多くの場合、完成までには数年以上かかった事例が含まれていることが推測される。
＊織豊時代の築城年、築城経過については不明であることが多い。したがって、この場合明らかなものは除いてそのほかは在城期間中を築城年として表記した。

表1　築城年一覧表

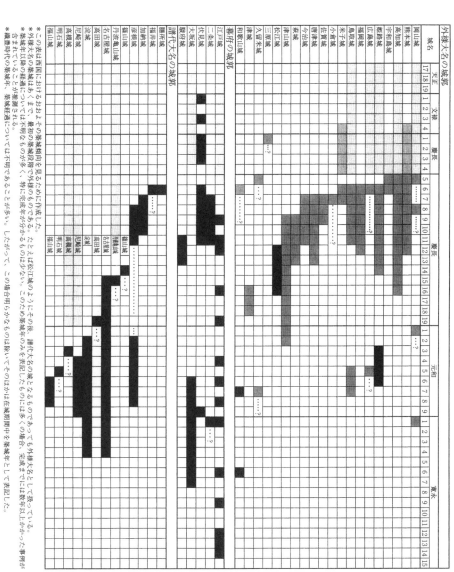

は低下するが、この時期の城郭はその分、石垣や建造物の大型化・堅牢性によってその機能をカバーしたのである。そして秀吉期には、例えば聚楽第は後陽成天皇の行幸を仰ぐための城郭であり、広島城は秀吉の要請によって毛利輝元が安芸郡山城から居城を移したものであるなど、政権城郭の一翼を担う大規模な城郭に採用されたプランであった。

これが関ヶ原の合戦以降になると大名クラスの城郭にも採用されるのである。先ず慶長七年（一六〇二）の加納城において初めて新規築城で採用されるが、本格的なものは慶長十一～十三年（一六〇六～〇八）の駿府城以降で、慶長十四年

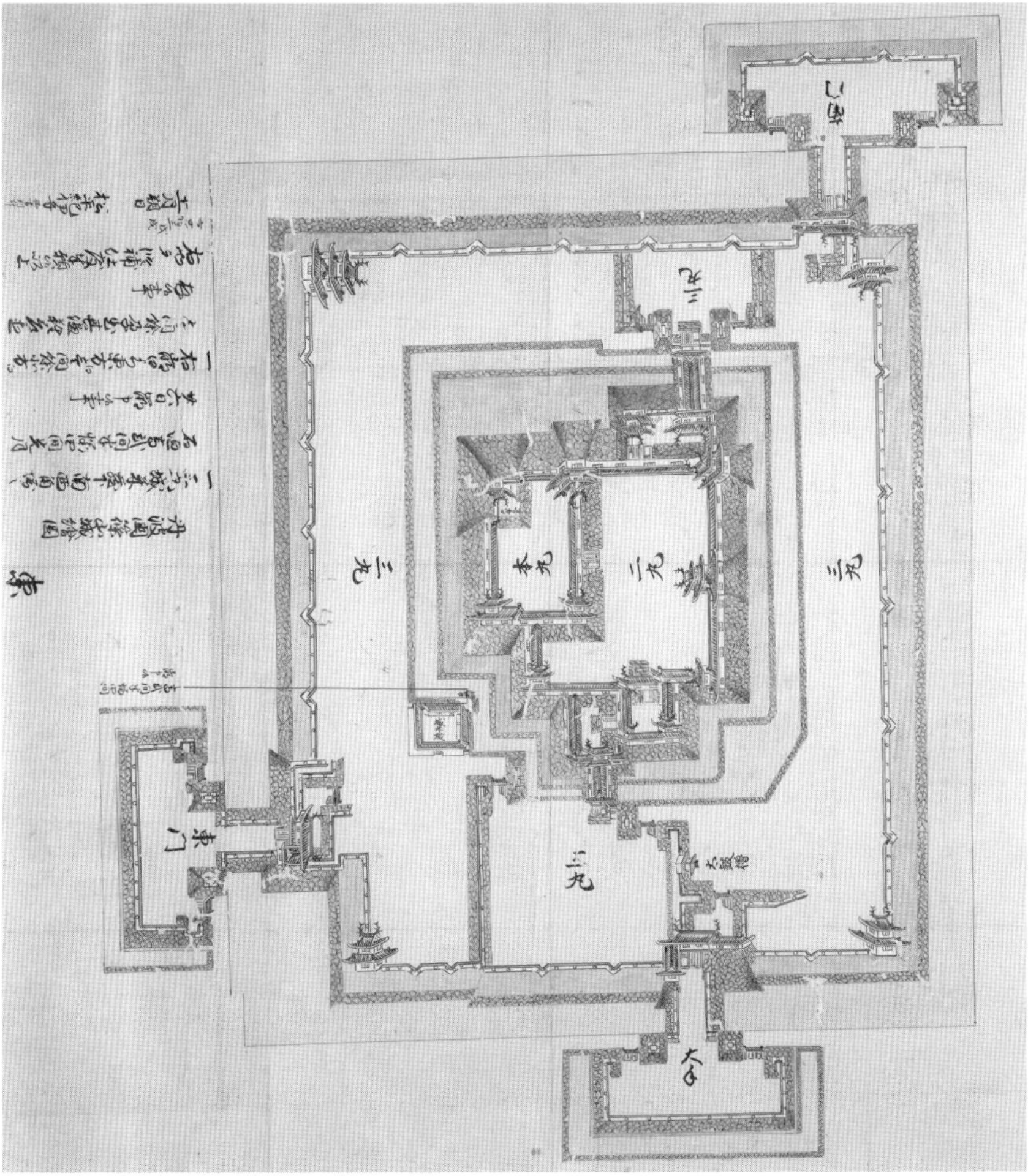


写真６　篠山城（「丹波国篠山城絵図」部分）
（丹波篠山市教育委員会蔵）

（一六〇九）の篠山城、慶長十五年（一六一〇）の名古屋城へと引き継がれる。大坂の陣後の元和期（一六一五～二四）になると元和二年（一六一六）の淀城、元和三年（一六一七）の高槻城、同四年（一六一八）の尼崎城、同五年（一六一九）の明石城・福山城と続く。そして、この時期には城郭プランの主流となるのである。

　このことからみると松江城の築城は不定型な平地の丘陵に選地する平山城の段階から、平城＋方形プランの段階へと変化する過渡期にあたっていることになる。つまり築城の遅れによって堀尾家は縄張り構造の選択や技術面での情報について新たな可能性を選択することができたことになる。

## 各城の築城開始の時期

　次に築城の開始時期について見ておきたい。先ず西国外様大名たちであるが関ヶ原の合戦後の主な築城年を主なもので見ると**表1**のようになる。

　慶長五年（一六〇〇）に黒田氏の福岡城、慶長六年（一六〇一）に池田氏の姫路城（～同十四年）・京極氏の小浜城（～寛永十九年）、慶長七年（一六〇二）に加藤氏の伊予松山城（～寛永四年）・細川氏の小倉城（～同十三・十五年天守城東）・鍋島氏の佐賀城（～元和元年）・藤堂氏の今治城（～同九年）、寺沢氏の唐津城（～慶長十三年）、慶長九年（一六〇四）に毛利氏の萩城（～同十三年）・森氏の津山城（～元和二年）などがあり、立て続けに雄藩の大名居城の築城が始まっていることがわかる。（なお、括弧内の～年は一応の工事が完了した年である。）

　ただし、このうち築城年がやや遅くなる萩城、津山城にはそれぞれ理由があったことは冒頭で述べたとおりである。この他、豊臣期から居城を移動していない熊本城・岡山城・広島城・米子城（但し領主は交代している）などでは織豊期から引き続き築城を行っているが、天守や石垣を初め多くの構築物がより大規模になり、城の姿も大きく改変されたといわれている。

　つまり、これらを通して言えることは、よほどの事情がないかぎり遅くとも慶長七年（一六〇二）までには居城の築城が始められているのであるが、準備期間も考えると大名たちは関ヶ原の合戦後すぐに築城に着手した、あるいはしようとしていたのである。

　つまり、堀尾氏はこの状況の中で何らかの理由で居城築城を躊躇していたことになる。そして、松江城が築城を開始する慶長十二年（一六〇七）の頃になると外様大名の築城が一段落ないし工事を終えたものが散見される

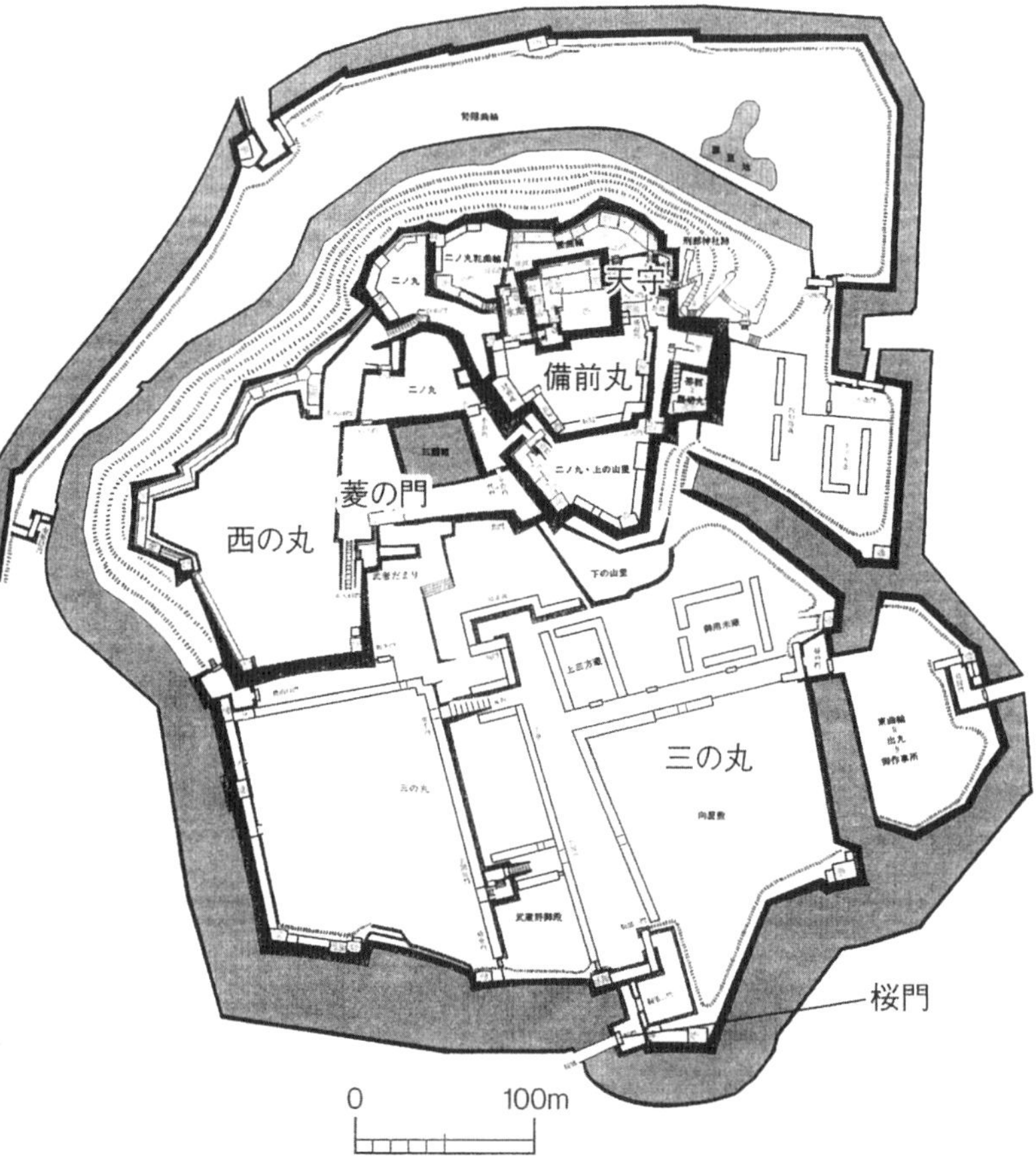


写真７　姫路城概要図（加藤得二　1981）

時期になってしまっているのである。つまり、周りの築城ラッシュの熱がやや小康状態に入った時期に松江城は築城が始まったことになる（表1）。

さらに、この頃になると大坂方と幕府方との状況に変化の兆しが見え始めており、新たな政治情勢の展開が始まろうとしていた。つまり、幕府と豊臣方の対立である。このため、各大名は自領の築城に邁進することに警戒を始めていた時期でもあった。そのことは築城を終えた大名が慶長十三・十四年（一六〇八・〇九）前後に集中することからも見て取れるのではないだろうか。

さらに、江戸城・駿府城を初めとする天下普請が松江城の築城に重なって常態化し始めており、外様大名たちにとって居城築城にのみ没頭できない事情が生じつつあった。つまり、松江築城の慶長十二年（一六〇七）という時期は、築城を取り巻く環境が変化しつつあった時期にあたっており、緊張が強いられる状況の中での開始であったことになる。

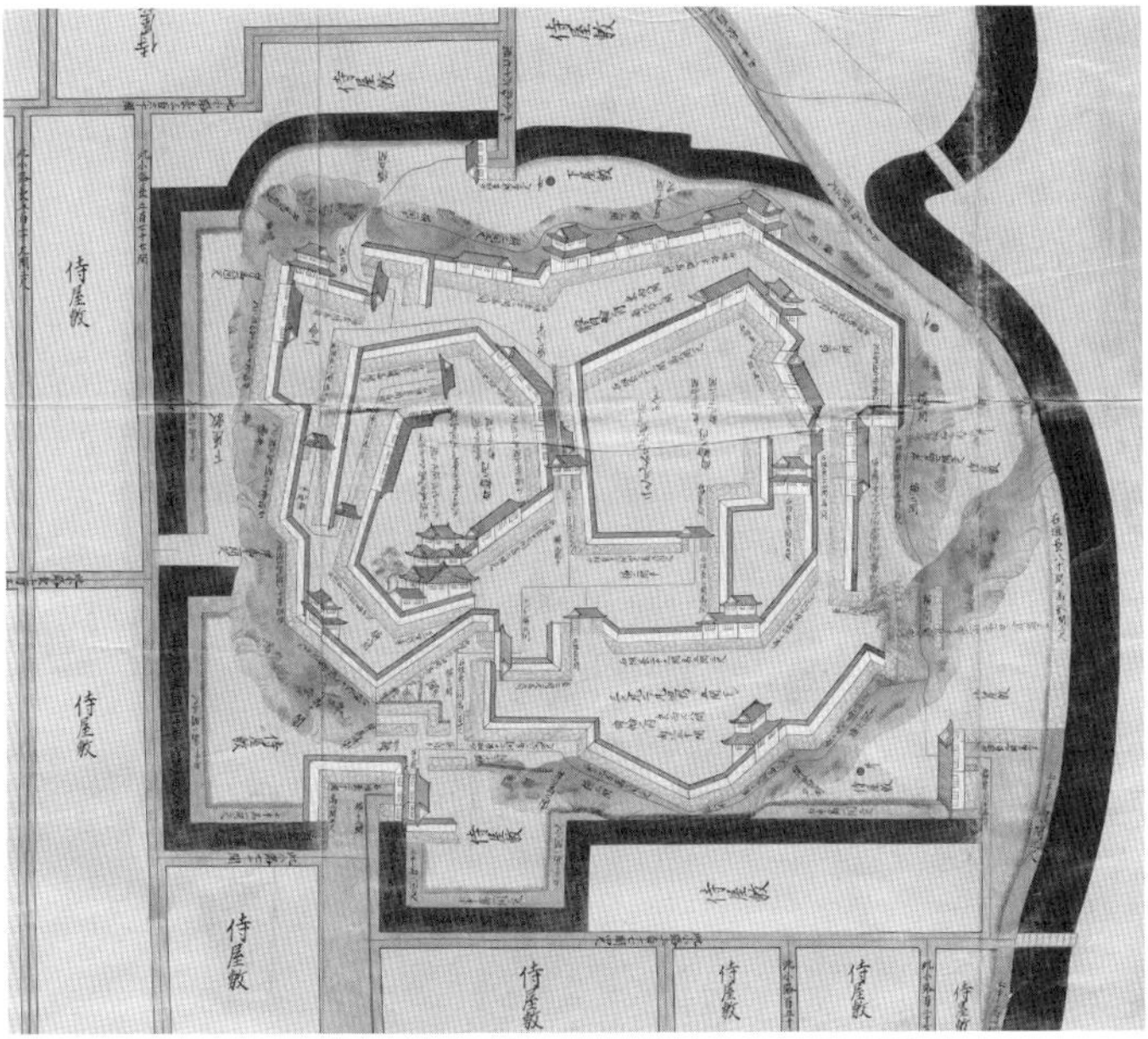

写真８　「正保城絵図」高知城城郭部分（国立文書館蔵）

写真９　高知城大手門から天守を望む

## 築城期間と城郭の規模

ここまで代表的な城郭の築城経緯と構造を見てきたが、**表1**で気づくのは松江城に比べ、多くの城で築城期間が十年以上と長期に渡る点である。つまり、松江城は築城の開始が遅いにも関わらず、築城期間が圧倒的に短いのである。さらに米子城・姫路城・高知城・熊本城などでは豊臣期から維持された既存の城郭を利用するため、築城において基礎工事の省力化が可能である点も見逃せない。例えば姫路城の場合、姫山周囲を中心に秀吉期の石垣が残されるが、それは部分的に前代の石垣を利用したものであった。さらには元和期（一六一五〜二四）以降の本多氏による西の丸の増築など、松江城に比べるとかなりの長期間にわたる普請の継続があった。熊本城でも現在の場所に築城が始まったのは豊臣期である文禄三～四年（一五九四～九五）頃といわれ、完成が慶長十二年（一六〇七）とされるので、足かけ十三年の築城期間があるが、さらに寛永期（一六二四～四四）以降の細川氏による改修なども考えなければならない。高知城についても豊臣期段階の築城から慶長五年～十六年（一六〇〇～一一）の十二年間の築城期間がある。新規築城である彦根城は、慶長八～十一年（一六〇三～〇六）までの四年間は第一期築城とされ、元和年間（一六一五～二四）に第二期築城ともいわれる追加の普請が行われている。つまり、いずれの城郭も少なくとも十年以上の築城期間を経て、ようやく完成を迎えるのである。このことから見ると松江城の四～五年間というのは明らかに短く、二十万石以上の平均的な城郭の築城期間に比べると半分ないし三分の一以下でしかない。

一方で堀尾氏による当初の城域は城山および三之丸・三之丸之内を含む範囲を計画した可能性があることを述べたが、この範囲を城域として築城を行うとなるとこれら周辺大名の築城を見るなら十年以上の時間と労力がかかることが見込まれる。大坂方との不穏な動きや天下普請の恒常化など不穏な情勢が伝わる中で、大規模な築城計画に堀尾氏はあえて踏み出したことは勇気のいる決断であったが、築城の遅れを考慮するとなかなか難しい判断であった。そのような状況下にあっても、他大名に比べて遜色のない城郭を築こうとする堀尾氏の意欲がそこには垣間見える。しかしこの意欲は現実の時間的な問題の前には如何ともしがたく、多くの部分を手付かずのまま残してしまう結果となったのではないだろうか。

## 平山城の選択と問題点

慶長五～十年（一六〇〇～〇五）に築城が開始された西国外様大名の城郭は平野の小丘陵に選地することが多く、本丸・二之丸などの城郭中核部が自然地形の制約を受けて狭い上に不定型な形となることが多く見られた。これは豊臣期の大名居城では、本丸・二之丸などの中心部が小規模でも機能できたためである。しかし、慶長期後半になると、丘陵に選地した平山城では御殿機能など施設の収納に問題が生じる事例が見られるようになった。これが、その後の方形＋平城プランが主流となる要因ともなった。

当初は小規模でも賄えた御殿やこれに付随する建物も、儀礼の場や藩庁機能の拡大、藩主居所の拡充が求められ、大規模化する傾向が生じたのである。これに対して平山城は丘陵に選択するため地形による制約が大きいために、慶長五〜十年（一六〇〇〜〇五）段階に築城された城郭では、その後の御殿の拡大に対応できる面積が確保できなくなり、元和〜寛永期（一六一五〜四四）頃になると広い三之丸などに移動する事例が増加する。例えば姫路城では池田期の備前丸（天守下）から、本多期（元和三年（一六一七））には三之丸へ御殿を移している。後述の彦根城や明石城（寛永八年（一六三一））でも丘陵山頂からの御殿移動が生じている。築城開始が遅れた松江城は縄張り決定にあたって、このような構造変化の動向を見据えることができたと思われる。

# 松江城の検討

## 慶長期の城郭の選地と構造

最後に慶長期築城ブームに築かれた城郭の特徴について前項をもとに概要を述べた上で、松江城の縄張りを城郭史から評価してみよう。この際、慶長五〜十年（一六〇〇〜〇五）段階の外様大名が築城の主流を占めた段階と、幕府方の築城が徐々に大きな位置を占め始めた慶長十年代段階の状況を対比しながら見ることにする。

先ず、①慶長五〜十年（一六〇〇〜〇五）段階の選地では平野が広がる交通の要衝を選び、独立丘陵ないしは平地に面した丘陵や丘陵端を中心に縄張りするものが多い。姫路城・高知城・彦根城などに代表されるように独立丘陵や平野に面した台地の先端に中心曲輪を配置する平山城である。丘陵の高低差が防御に適しているが、独立丘陵の地形に左右されるため、中心曲輪が狭小で不定形な形状となりやすく、機能的に制約を受けることが多い。これに対して選地は共通するが慶長十年代段階から始まる譜代大名の城郭では平城＋方形プランを持つ城郭が増え始める。例えば篠山城では小丘陵を大規模に改変して広い二之丸を構築するなどである。

②慶長五〜十年（一六〇〇〜〇五）段階は高層の天守が建設あるいは計画され、外様大名でも四〜五層前後の天守が建つ。さらに周囲の櫓建物をはじめとする城内施設の大型化が進み、大名の城郭イメージが一新された。これは慶長十年代段階も同様であるが幕府方の築城では慶長十四年（一六〇九）の篠山城を皮切りに天守を建てない城郭も見られるようになった。

③慶長五〜十年（一六〇〇〜〇五）段階は一〇mを超える高い石垣が登場すると共に、石垣の範囲が拡大する。ただし自然地形を利用して（あるいは影響されて）石垣に不規則な折れを持つものや、石垣の隅角部を除くと石

材の規格化が見られない傾向が残される。正面以外では石垣の段築が多用されるなど技術的に稚拙な部分を残す。これに対して慶長十年代段階は自然地形を克服して直線の塁線を持つものが主流となる。技術的には石材の加工度が増し、築石にも加工石材が増加する。

④慶長五〜十年（一六〇〇〜〇五）段階は虎口の大規模化が進み、巨大な虎口が設けられ、特に西日本では大手道の主要な虎口に枡形虎口が採用されることが多い。ただし、門構造は前門がないものや自然地形の影響を受けた不定型な枡形虎口など、場所ごとに個性的な工夫を行った虎口が多い。慶長十年代段階になると前門に高麗門、後門には櫓門が配置された形態が一般的な構造となり、虎口周辺の構造も矩形を持った形式化された構造の枡形虎口が主流となる。慶長初期の城郭の例としては例えば熊本城の西側多くの枡形門には前門がない、姫路城の内曲輪で姫山へ上る菱の門でも後門である櫓門のみである。一方、慶長十年代段階では、前門である高麗門と後門である櫓門（ないし多門櫓）の二門が揃い、周囲も石塁で虎口空間を仕切り、方形ないし長方形の大型の枡形空間を持った構造が主流となる。

⑤関ヶ原の合戦以降の築城は豊臣期に比べると城郭域が広くなり、大規模な城郭プランを持つ。その上で城郭と城下町が一体的に構築される事例が多い。関ヶ原の合戦を経て、領国支配の上で拠点機能の充実が求められ、城郭の大規模化が進むこととなるが、これによって大家臣団の集住や、政庁機能の充実、城下の整備などへの対応から城郭が大規模となった、この傾向は慶長十年（一六〇五）以降も当然ながら継続した。

慶長五年から大坂の陣に到る慶長年間（一六〇〇〜一五）は西国大名たちの築城が最も盛んとなった時期であるが、このように前半と後半で構造に変化が生じていたと思われる。

## 松江城の特徴

述べてきたとおり松江城の築城は、慶長五〜十年（一六〇〇〜〇五）段階の外様大名を中心にとする丘陵を利用した平山城と、慶長十年（一六〇五）頃から始まる幕府を中心とする方形・平城プランが築城される過渡期にあたる。そしてこの築城の開始時期の遅れによって、築城期間が他の城に比べて短くなったことが、松江城の現在の姿に大きく影響を及ぼしたであろうことは述べてきたとおりである。ここでは先ず、前項で述べた慶長五〜十年（一六〇〇〜〇五）段階の城郭の諸特徴と、松江城の縄張りについて述べる。

松江城の縄張りでは①の丘陵選地や、③高い石垣と範囲の拡大に対して、自然石使用が見られる、④の枡形虎口の非定型化などには慶長五〜十年（一六〇〇〜〇五）段階の特徴が色濃く残されることがわかる。さらに、②の高層の天守の建築、⑤の広大な城域の設定は概ね慶長期に築かれた城郭の標準的なもので、慶長十年代にも引き継がれたものである。

ただし、①の選地について補足すると丘陵選地自身は慶長五〜十年（一六〇〇〜〇五）段階と評価できるものの、本丸・二之丸の内部を広く確保し、曲輪形状も比較的直線的で矩形を意識することをみると、慶長十年（一六〇五）段階の新しい築城思想の影響とも見ることができる。つまりこれは御殿建物など城内施設の拡大化を意識して広い面積を確保する平城・方形プラン構造への対応ということができるだろう。しかし、③の石垣については別項で考察されているとおり慶長五〜十年（一六〇〇〜〇五）段階の特徴が残され、石材の定型化などの新たな時代への動きはみられない。ただし、二之丸の高い石垣や二之丸下ノ段へと続く石垣景観は方形プランの直線的な石垣に共通する景観をもつとみてよい。

このように見ると松江城の場合は慶長五〜十年（一六〇〇〜〇五）段階の軍事性を重視した姿を基本としながら、景観や居住機能の面では新たな時代の要素も含み込んでいることになる。つまり旧来の形に固執する一方で、新たな時代の息吹が融合して出来上がっているのである。それはまさに過渡期の時代でなければ生み出せない時の産物でもあるだろう。

一方、⑤の城の規模の点では城郭域が亀田山と南側の三之丸（三之丸之内を含む）までを含む広い面積が確保され、城下町が内堀を挟んで接する。そして城郭と共に城下町が計画的な街区をもつ整然とした構造として一体的に計画される。これらは多くの西国外様大名の城郭に共通するもので、当時の潮流を色濃く反映した特徴と言っていいだろう。しかし、松江城の場合は城下の都市計画が整然としており城郭と一体的となる点で特に優れていると言っていいだろう。さらに水路や街路の配置や町のあらゆる所から望める天守・城郭の姿は、落ち着いた佇まいと共に優れた構成美を現出しており、その景観は際立っている。当時の技術の粋を集めて出来上がったその姿は山陰の小京都という名にふさわしい。そこには築城巧者といわれた堀尾吉晴の面目躍如たるものがある。

次に、松江城の未整備部分を多く残す点についても少し見ておきたい。つまり松江城では当初に縄張りされた城郭域の未完了箇所の整備へと進むのではなく、簡易な構造に留め、藩主居所や藩庁域を最小限とすることで維持する。この点については当初の築城期間の短さとその後の松江藩の城郭整備への意欲が影響している事を述べた。その上で松江城では未整備を補う形で簡易で独特な整備を行って築城の後始末を行う点も特徴的である。例えば、北惣門（脇虎口ノ門）の枡形構造などである。枡形の後門として配置すべき櫓門を前門に配置し、背後の枡形の石塁や諸施設を未完成のままとする。同様のことは大手から登る登城道や石垣出角部の櫓建物、南北を区切る屏風折れ土塀など随所に確認できた。

これらの点は完成以前に、築城が終了した影響であるが、その後に城主となる京極氏や親藩格である松平氏もこの状態を放置したことが興味深い。このことは歴代松江藩の城郭に対する政策や意識を見る上で重要であろう。そしてこの点を山陽側の中国・四国の譜代藩城郭と比べた時、松江城の状態は奇異にも感じられる。例えば高松城（延宝四年（一六七六）天守改築）・丸亀城（寛文十年（一六七〇）太鼓櫓建築）・伊予松山城（寛永十六〜十九年（一六三九〜四二）天守郭改築）、福山城（元和五年築城）などのように元和・寛永期（一六一五〜四四）以後も築城・改修による整備が継続しているからである。筆者はこの差を山陽道に対する幕府の城郭政策に関連すると推測するが、真偽の程は定かではない。ただし、松江藩自身が山陽道側の重点的な改修・増築を見て積極的に動いた記録も見られない。この事実からみると松江城の築城に対する考え方は江戸初期の藩主・藩士層（武士層）の築城に対する意識を反映していると見るべきだろう。大規模な城下町の造成に比べると、松江城の構造には、軍事面よりも藩領支配に重きを置きつつあったこの時期の傾向が垣間見えているのではないだろうか。

しかし、数百年間に渡って地元に親しまれた現在の松江城の構造や状態はその個性と共に、歴史的な遺産として貴重な姿を現在に残している。この城の個性こそが地元に愛され継承されてきた姿ともいえる。この姿の松江城が今後も語り継がれることこそが大切だろう。

（山上雅弘）

# 第四章　松江城の石垣と瓦

# はじめに

石垣と瓦は考古学の立場から近世城郭を考える時に重要な資料である。石垣は現に残る遺構の代表格で松江城跡の広い範囲に残っているし、瓦は発掘調査を行えば最も大量に出土する遺物である。近世城郭、とりわけ西日本の近世城郭は、石垣が幾重にも巻き、高石垣の上には天守をはじめ櫓や城門が直に建つのが特徴である。高くて堅固な石垣を基礎に城郭建物を組み合わせて建てることで、高い軍事性と視覚性を発揮したのである。そうした石垣上建物に加えて曲輪内の御殿や蔵などを合わせた建築群の屋根に葺かれていたのが瓦である。いわば石垣は「地」、瓦は「天」にあった松江城の重要な構成要素である。

石垣と瓦は、経年劣化への対応や災害復旧を含むメンテナンス、あるいは改修や増築といった新規のニーズに応じて、積み直したり、補充する必要があって更新されるから、現存のもの全てが堀尾氏による築城時のものとは限らない。また、動員された工人がもつ高度な技術が込められていて、年代、場所、役割などに応じて様々なバリエーションがあるし、全体とすれば他の近世城郭に比べて松江城独自の特徴をもっている。石垣と瓦は松江城の歴史を雄弁に語ってくれる生き証人である。

## 一、石垣

### (1) 多様なありかた

松江城では、城下町域の堀護岸などとしても石垣が築かれているが、卓越するのはやはり中心部である。松江市が平成二十四〜二十九年度(二〇一二〜一七)に行った悉皆調査によれば、県庁がある三之丸・護国神社がある北之丸以内で地表に見える石垣は約二七〇面ある。隅角は城山の地形に従順に構築されたとみられる二之丸南東部のように内角が鈍角となる部分もあるが、基本は直角で、方形プランを指向する建物が上に造られたことと合致している。各石垣の長さは様々で、本丸、中曲輪などは平山城に特有の小刻みな直線と折れをなして続くいっぽう、中曲輪、外曲輪、三之丸や内堀外辺などでは長さ七〇mを越える直線部をもっている。最も長い石垣は、二之丸東辺[E38(**図1**ほかに示した石垣番号、以下同じ)]で七七・九m(下端長)あり、外曲輪東辺北[G30]の七三・一m(同)、外曲輪東辺南[G26]の七二・

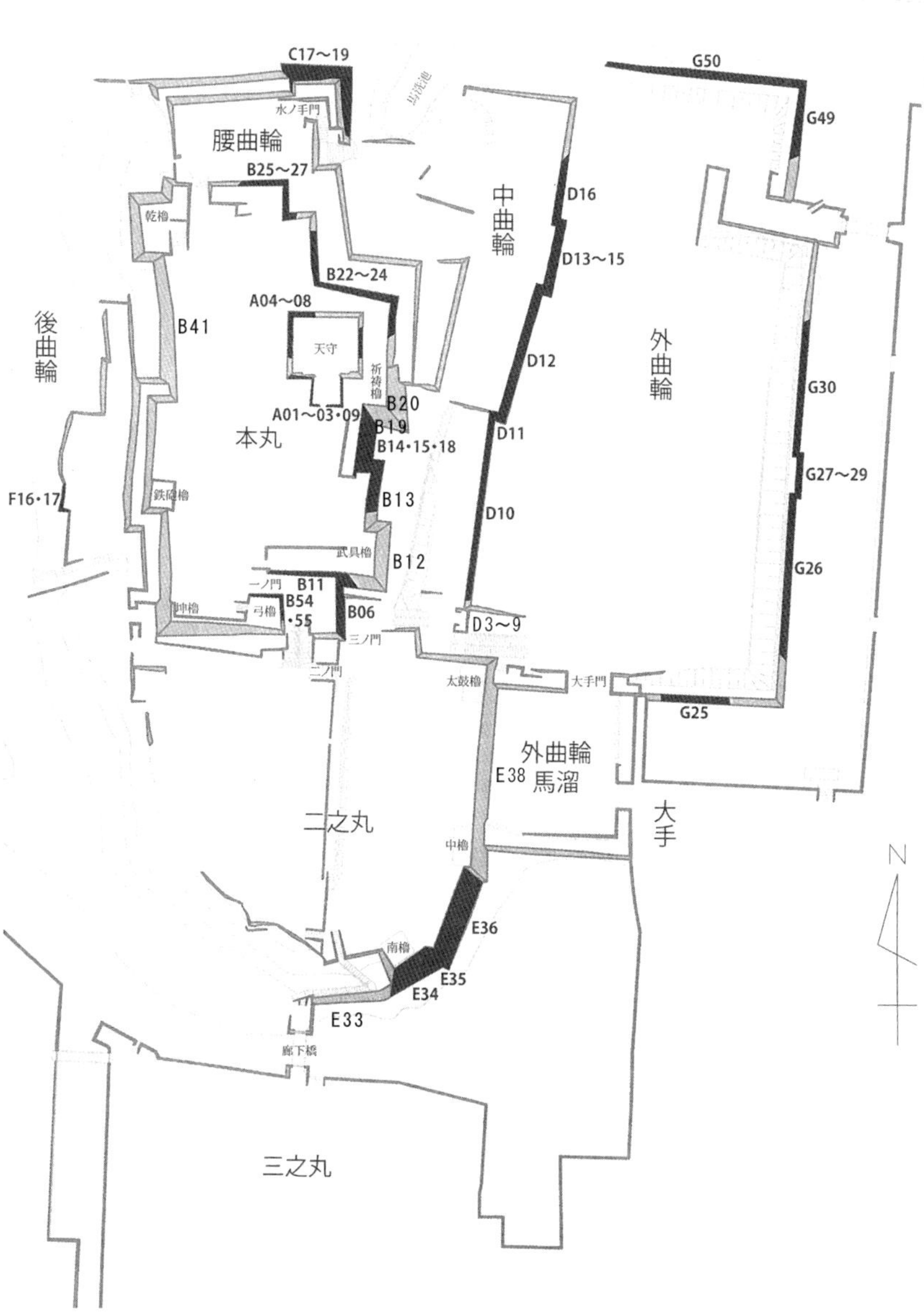


図1　築城期（堀尾期）の構造をほぼ保つとみられる石垣（黒塗部）の分布

七m（同）と続く。長く延びる石垣は、松江城の大きな特徴であるが、名古屋城をはじめとする関ヶ原合戦以後に築城された平地に立地し方形を基本とする縄張りをもった城郭で顕著で、慶長十二年（一六〇七）に築城が始まる松江城は平山城ではあるが、そうした時代の動きの中に位置づけられるものと言えよう。

　また松江城の石垣は、各方向に面して均一にあるのではなく、著しい指向性を持つことも大きな特徴である。南東と東向きの石垣は高くて高密度であるのに対し、西と北向きは低くて疎である。石垣による段の数に着目すると、東辺方向は天守台を含めると最大で六段にもなるが、北と西方向は多い個所でも三段までである。最も高い石垣は二之丸南東部～東部［E36～38］の一三・七mで、山陰の近世城郭では富田《とだ》城千畳平《せんじょうなり》に次ぐ高さを誇っている。この高さは関ヶ原合戦以前の前代では、大坂城や肥前名護屋城といった秀吉の居城や岡山城、広島城といった大老の居城に石垣に匹敵する。続くのは本丸東の祈祷櫓台［B19～20］で一二・八m、同南東の武具櫓台［B11～12］でも一〇・九mある。いっぽう北と西方向では腰曲輪北西［C17・18］が一〇・七m、本丸西辺は北部［B41］で最大九・三mあるとはいえ、平均的には六～七m、後曲輪では最大で約三mしかない。

　石垣の勾配角も相当に偏差がある。また、一定の傾斜で終始直線に立ち上がる「法（矩）」勾配のものと、上部は角度を強めて「反り」をもったものの双方がある。それは築城期の石垣に限っても同様である。低い石垣や城門部の石垣は垂直近く積まれているという傾向はあるが、高さ五mを超える石垣では、高さ七・五mで最も緻密に石材が組まれた天守台［A04～08］は七六～七九度で際立っている。次に急なのは高さ六m余りで七五～八〇度で立ち上がる外曲輪中南部［G25～30］で、高さ最大八・八m、六七～七三度で立ち上がる中曲輪東辺［D10～16］が続く。いっぽう本丸・二之丸はそれより緩傾斜で、本丸南東の武具櫓台北方［B14］は高さ九・七mで六四度、本丸西辺北部［B41］は高さ九・四mで六一度、本丸東辺の祈祷櫓台をなす新様式石垣［B19・20］が高さ一二・八mで五八度で立ち上がる。また、二之丸では、南東の築城期石垣［E34］が高さ一三・七mで六〇度、東辺のほぼ同高での天保年間に積まれた石垣［E38］が七〇度、南千鳥橋北詰の嘉永年間に積まれた石垣が［E33］が最大高九・二m、六五度で立ち上がる。

　低い石垣は傾斜が急で、高い石垣は緩く、石材の形が方形に整って加工度が高い石垣は急で、自然石主体の石垣は緩いという傾向が大まかには認められる。しかし、背後を地山の丘に支持させているとみられる二之丸南東の築城期石垣［E34］は高いのに急傾斜で、本丸東辺の祈祷櫓台は緻密に石材が組まれるが緩傾斜である。

## （2）複数種の石材が併存

近世城郭、特に徳川期に入ってから築城された城郭では、石垣の躯体をなす築石は単一の石材種からなることが殆どである。また徳川氏大坂城を含む瀬戸内沿岸の諸城では、凝灰岩を主とする姫路城、石灰岩を主とする今治城などを除けば、花崗岩が卓越する。しかし松江城では、主要な石材が四種もあり、花崗岩は副次的な石材としてごく少量混ざるだけである。そうしたことは、肌合いや鉱物組成の観察に加えて、帯磁率を測定することで石材種を分別する作業が大きく進行したことでかなり克明に分かってきた。

築城期では大海崎《おおみさき》石（デイサイト）、矢田《やだ》石（玄武岩質安山岩）、忌部《いんべ》石［忌部安山岩］（輝石安山岩）の三種が併用され、江戸後期になってからの代替材には森山石［海石］（凝灰質砂岩～礫岩）が大きなウエイトを占める。各石材なりに、形・色・肌合い、また割り易さ・加工し易さなどに偏差があって、松江城石垣の多様なあり方にも繫がっている。

築城期の松江城の石材はそれぞれ数～十数km離れた産地から運び込まれたとみられる。具体的な採石地点の特定には至っていないが、各石材種とも採石地点は一ヵ所ではなく、複数の地点から寄せ集められたことは想像に難くない。**図2**に写真を示したように、石垣に相応しい大きさ・形の転石が現にみられる地点もある。

大海崎石は、松江城東方の和久羅山から松江市大海崎町一帯の広範囲で産出する。仮に大海崎の集落を起点とすれば直線で八km、筏で中海から大橋川を経由して運び込まれたとすれば一〇kmあまりの行程であったことになる。松江城の石材について具体的な運搬方法を示す記録はないが、他の近世城郭の例からしても、重くてかさばる石を運ぶには、可能な限り水運を使い、陸路では修羅と呼ばれるソリなどが併用されたと考えて良い。この石は、赤灰褐色である場合が多く、虫眼鏡でみると鉱物結晶は発達しておらず、均質にみえる。自然のままの面であっても角ばることが多い。

矢田石は、松江城南東の大橋川に臨む松江市東津田町や矢田町辺りで採れたものと思われる。松江城までの運搬距離は五km内外で、やはり水運が活用できる。この石は図鑑的には黒色で、遠目には確かに黒っぽい。しかし、風化が進んだものは青味がかった暗灰色で、自然のままの表面は丸みをもち黄白色の皮を被っている。虫眼鏡でみると、小さくて細長く黒い角閃石粒を含むが、生地はつるっとした感じに見える。天守台の主体はこの石で、自然面は黄白色の皮が顕著である。

忌部石は、松江城から宍道湖を挟んで南の松江市乃白町から東忌部町、西忌部町一帯で産出した。松江城までの運搬距離は六〜一〇kmとみられる。内陸にあるので、宍道湖を筏で運んだとしても、陸路のウエイトが高く、その点が大海崎石・矢田石とは異なっている。遠目は黒色、オリジナルな部分をよく見ると暗灰色で、虫眼鏡でみると斜長石の白い結晶粒を含む。昭和九年（一九三四）頃、松江城を築城した堀尾氏の家紋である分銅文の刻印をもつ石が乃白町付近の鍛冶屋谷で確認されているので、宍道湖を見下ろす丘陵で採石されたものもあったとみられる。近年の石垣修理による補充材も忌部石を使っている。

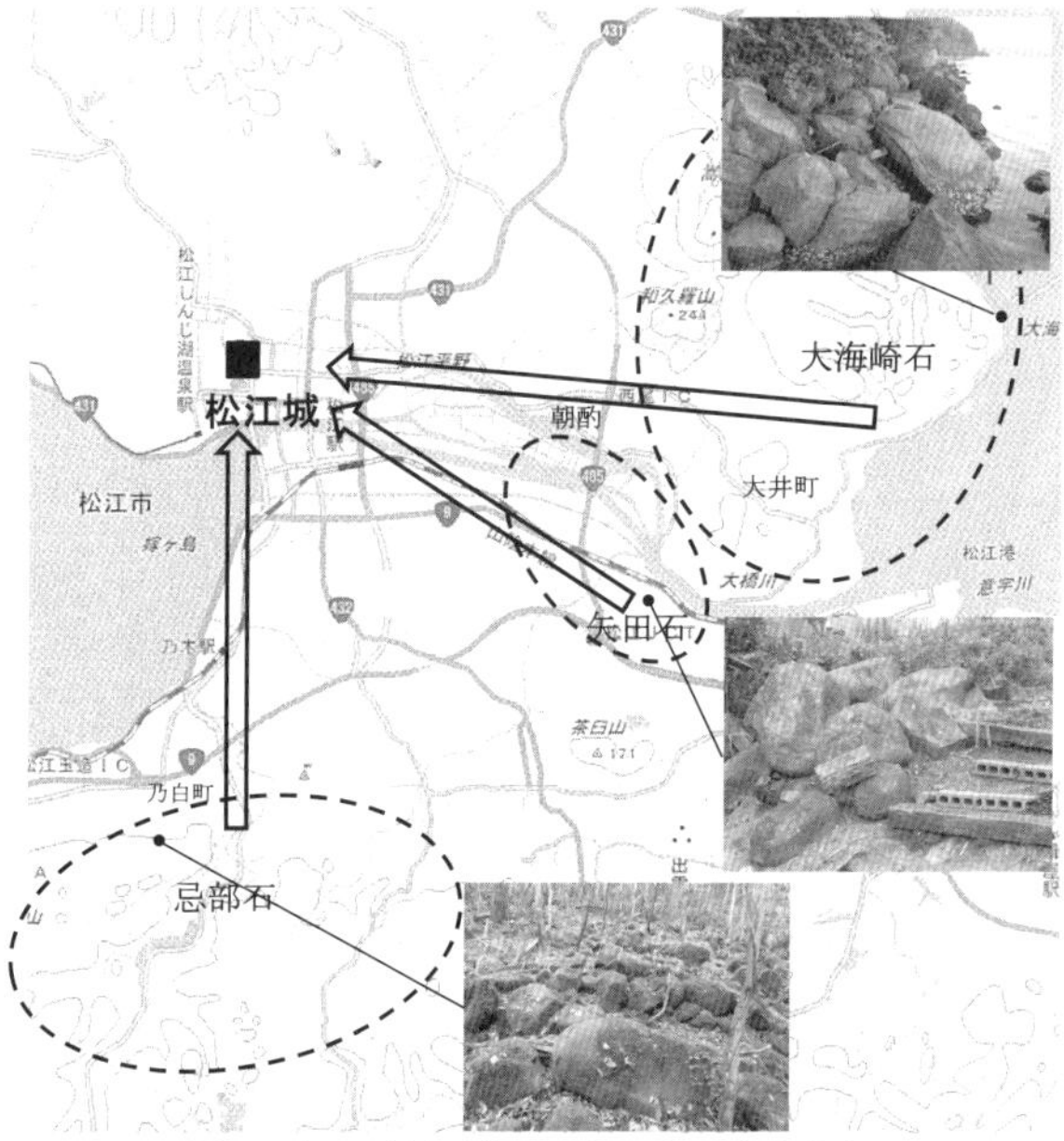

図２　松江城築城期の石垣石材の産地想定

天守台を含む以北の本丸・腰曲輪は矢田石、本丸の中・南部、中曲輪、外曲輪は大海崎石、二之丸は忌部石が卓越し、築城時の松江城では場所による石材種の棲み分けがあったことは明白である。築城時の工程を反映している可能性も窺え、その際は本丸の天守廻りに集中する矢田石の採石が先行的で、次に忌部石が二之丸廻りを中心に集められ、大海崎石は初期からあるとしても後工程まで供給が続いたと展望できる。また、松江城を南と北からみれば矢田石と忌部石による黒い石垣、東と西からみれば大海崎石による赤い石垣が目立ったことになる。石垣石に最も適って大形の方形材を得易く強度も担保できるのは恐らく矢田石で、産出量は最大で角ばった粗割材には適しているが方形度が高くて平滑な面を得る上や強度面でやや難があったのが大海崎石とみられる。忌部石は矢田石よりやや小ぶりなものが多いが、強度面は担保できるので、城内最大高を誇る二之丸石垣に採用されたのであろう。

森山石は島根半島東部の松江市美保関町森山などで産出する。森山を起点とすれば、中海、大橋川を通って松江城まで二三kmほどの行程で築城期の石材より遠方から運び込まれている。遠目には白っぽく、子細に見ると緑灰色である。三之丸から廊下橋を渡ったすぐ右手、二之丸最南石垣などに多く含まれる。先の三種より柔らかく、面が平滑で角がきちっとした形に加工されたものが多い。

そのほか中海に浮かぶ大根島《だいこんしま》産で多孔質の玄武岩である島石、宍道湖南側の来待周辺で採れる凝灰岩である来待石なども、江戸後期に修理された石垣の裏込石や間詰石などとして用いられた形跡がある。

### （3）年代の割に古風な築城期の石垣

堀尾氏による築城期の構造を概ね保っているとみられる石垣を抽出すると**図1**の黒塗部の様になる。また代表的なものについて隅角部の写真を**図3**に示した。

このうち、天守台石垣［A04~08］は昭和の天守解体修理に伴って積み直しを受けたが、西面は元の構造を保つ部分が多そうである。築城期石垣では石材の加工度が最も高く、最も緻密に組み立てられている。全くの自然石は殆どなく、幅一三cm内外の矢穴＝石を割るための楔穴痕を残す割石も目につく。面加工が徹底するが、丸い築石にも施されている状況から、積み上げてから、最終加工が行われたとみられる。同様の特徴をもつ付櫓台石垣［A01~03・09］も築城時の構造を保つ。

本丸一ノ門北脇石垣［B11西部］は門前の視覚的効果を狙ったとみられる意匠石垣である。一般的な築石は長辺数十cm級、不定形で丸みを帯びたものに対し、平滑な面をもつ一四個の大石が集中して組み込まれている。最大石材の長辺は約一・八mに達するが、板状石を立てて使ったとみられるものが多い。

二之丸南東高石垣［E34~36］は、上幅一〇~一五cmの矢穴痕を残す割石も散見できるが、自然石を半裁した程度のものが殆どであるが、特に角石は良く選ばれていて長方体に近いものが目につき、その一部は粗いノミ加工を施すものがある。石材長辺を一段ごとに左右への振り分ける算木積みを指向しているが、一部ではリズムが乱れる。直線部の築石は横積み傾向が窺えるものもあるが、全体的には乱積みとなる。

1．天守台南西隅（A07・08）

2．中曲輪東辺中部出隅（D10～12）

3．中曲輪北部張出北（D14～16）

4．本丸武具櫓祈祷櫓間出隅（D14・15）

5．二之丸下ノ段東辺中部（G26～28）

6．二之丸南東鍵形出隅（E34～36）

7．本丸東辺北隅（B22・23）

8．二之丸下ノ段北東隅（G49・50）

9．後曲輪中南出隅（F16・17）

図３　築城期（堀尾期）の構造をほぼ保つとみられる石垣の隅角

腰曲輪北東石垣［C17・18］は上部が平成十七年度（二〇〇五）に解体修理を受けているが、中・下部はオリジナルである。隅角は、算木積みがかなり徹底している。東面の半ば北寄りの中位には古い隅角部が埋め込まれ、一面の石垣として改修されたことを示す境界線（目地）が観察できる。解体修理で境界線以南側の石材がいったん外された時に、腰曲輪の内にあって城内側を向く石垣に続くことが確認された。こうした改造ないしは石垣構築中の計画変更痕が観察できるのは、松江城では唯一である。

中曲輪東辺石垣［D10～16］は矢穴痕（上幅一〇～一三㎝）を残す割石も散見できる。角石は長方体度が高いが、直線部の築石は長辺が数十㎝級で、多くが不定形な自然石で丸みをもったものが多い。大海崎石は矢田石に比べると破断面が角ばるという特性をもち、結果として二之丸南東部の高石垣より稜線の通りが鋭くなっている。隅角は算木積みを指向するが、左右振り分けのリズムが乱れる個所もある。直線部の築石は乱積みされる。

外曲輪東辺中南部石垣［G25～30］は一部が近年の積み直しを経ているが、概ね築城期の構造を保っている。基底は内堀に水没している。南東隅［G25・26］や北部の北惣門南［G30］で行われた解体修理に伴う調査では、軟弱地盤を克服するための胴木が根石下で検出された。中部の櫓台状張出部［E27～29］の出隅などは、算木積みを指向し、大海崎石の特性とも相まって稜線の通りが鋭くなり、築石は乱積みされる。

そのほか、全体を通してみれば、方形度が高い石、矢穴を伴う割石、角ばった石、僅かであってもノミ加工を施す石の割合は南～東向きの石垣、あるいは城内動線に面した個所で顕著であるのに対し、北～西、特に西向きの石垣や動線から遠い個所では自然石や丸味を持った石が卓越するという傾向も読み取れる。選択度の高い石、成形や加工に手間を掛けた石は表方面に、そうでない石は裏方面に廻したということであろう。

また、近年の石垣解体修理に伴う調査では背面構造（図4）も分かってきた。同じ本丸でも北東隅石垣は石垣背後の裏込石と盛土の境が常に石垣面と平行することから、石垣構築と盛土が常に一体化して行われたとみられるのに対し、南東隅の武具櫓では石垣と裏込石でなす断面台形の石塊が積み重なる形をしていて、石垣構築と盛土の工程上の分離度が高まっているとみられ、両工法が同じ築城期に併存したとみられることは特筆される。

松江城の築城期の構造を保つとみられる石垣は、全国の城郭石垣と比較して、大枠としては確かに慶長期の特

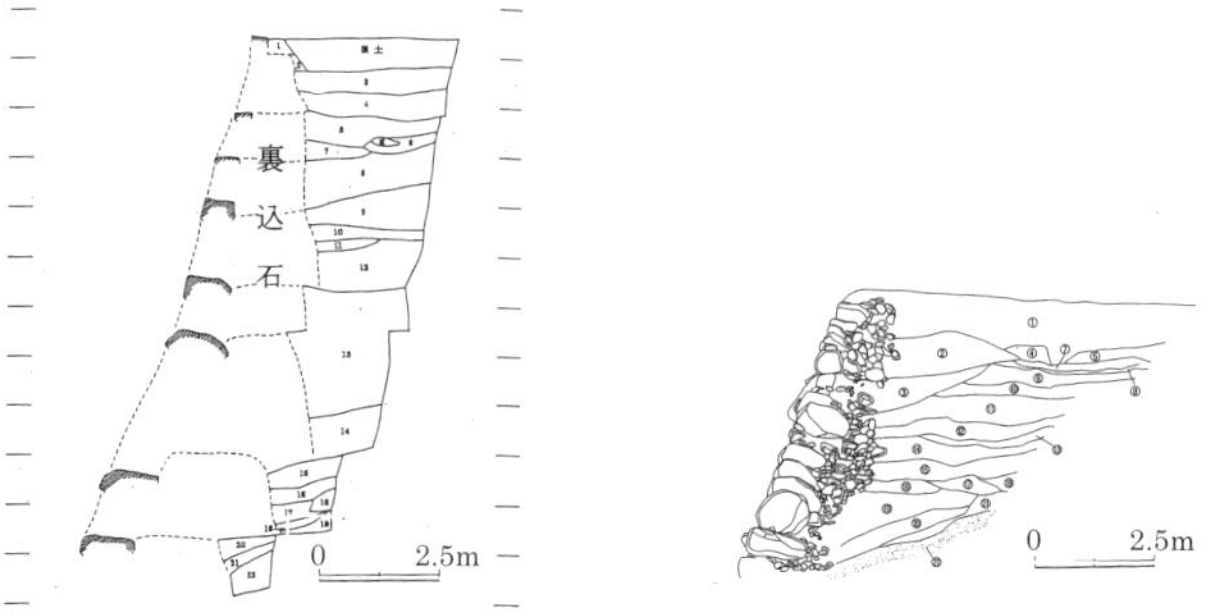


図４　本丸南東武具櫓石垣［左］と本丸北東隅石垣［右］の断面

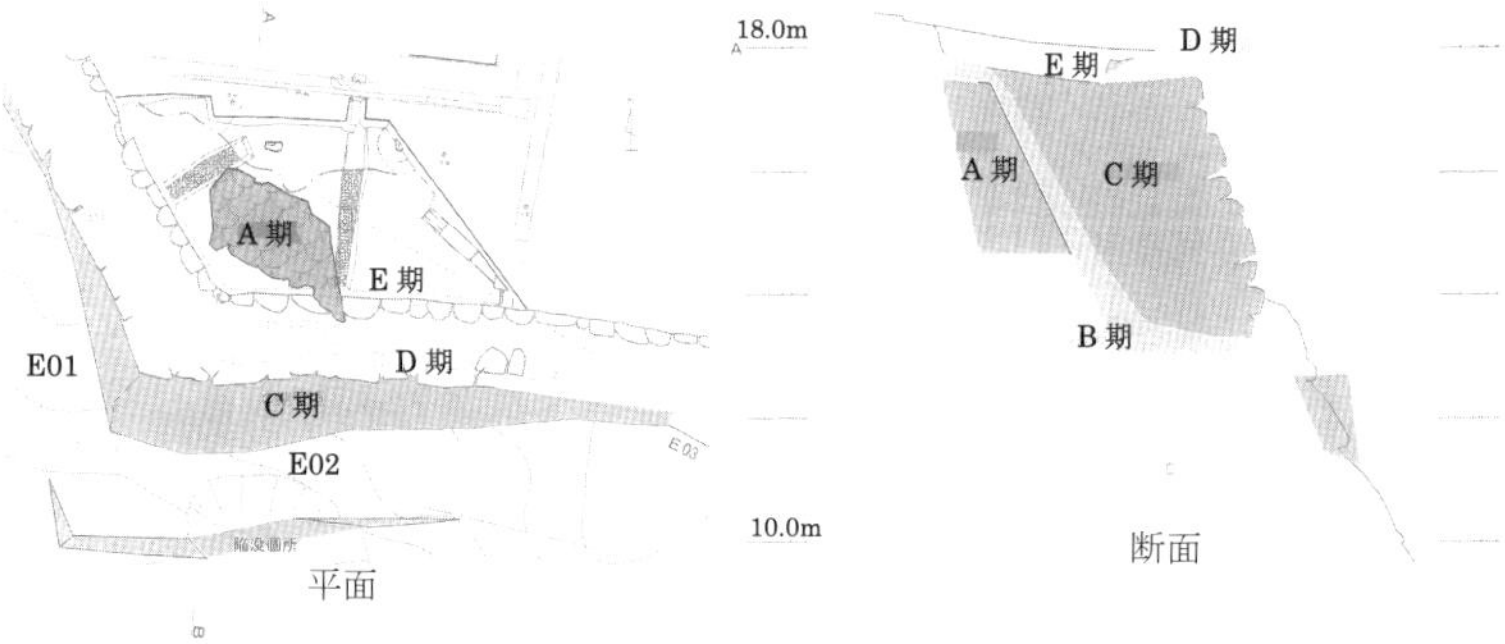


図５　二之丸南部月見櫓跡の石垣［B〜E期＝E01・02］と背後の埋没石垣

徴をもっている。しかし、細かな属性に着目して他城の石垣と比較すると、慶長十二年（一六〇七）築城開始という年代の割には古風な要素が指摘できる。同時期の名古屋城や丹波篠山城、あるいは数年先行する姫路城・萩城・小倉城などの石垣と比べると、築石の大きさや形の規格化が進んでいないし、角石の長方体化や面加工の程度が低く、石材どうしの接合の緻密さに欠ける。また、角石長辺の一段ずつの左右への振り分けや角石に挟み込まれる隅脇石の形や面加工度の上での一般部築石に対する特殊化が進んでいないのである。そのことは角石の長辺÷短辺の値の違いにも表れ、慶長年間中〜後半の多くの他城石垣では2を上回るものが多いのに対し、松江城では2前後以下のものが中心となる。また他城の割石は石材の多面が割り面で母岩を自在に割って方形度の高い形と適当な大きさの石材を得ているのに対し、松江城の割石は丸い自然石を単に割っただけで、多面に自然面を残すものが多く、方形を得るというより、凡その大きさを得るために割ったという意味合いのものが多い。反りが顕著でなく、あってもぎこちないのも古風である。

その理由は、事実上の築城主体者であった堀尾吉晴の武骨で見た目より機能重視の石垣で良しとする理念、堀尾氏の松江城以前の石垣構築経験のあり方や動員した工人の技術特性に規定された要因も考えられるが、最寄で入手可能な石材の岩石学的な特徴が作用した部分が大きかったのであろう。

### （4）大量にある刻印石

松江城石垣には刻印を刻んだ石が大量に使われている。名古屋城や徳川氏大坂城など幕府による天下普請の城を別にして、大名居城では全国屈指の多さである。刻印が盛行するのは関ヶ原合戦直後の慶長～寛永期で、松江城で刻印石を伴うのは築城期石垣にほぼ尽くされるのも、そうした時代相と合致する。後述の「安永八」の刻字はその意味では例外である。

最新の調査によれば、三之丸以内で刻印や墨書が確認される石材は一〇一一個である。裏に隠れた個所に施されて石垣を解体しないと発見できないものも相当あるようで、実数は遥かに多いとみられる。墨書は一九石に過ぎないが刻印に準じる様なものが多く、刻印の下書きが放置されたものも含まれているかも知れない。刻印や墨書は一石につき一つとは限らず、二ないしは三つ施すものが八〇石ある。

刻印は、溝状の線というより、先の尖った工具による敲打の繰り返しによる点の集合で表現されたものが主体である。三十種ほどに大別でき、代表的なものを図6に示した。人物名とみられる「小三郎」のようなものもあるが、圧倒的多数は単純な図形で、多くは長さ八～一五cmである。最も多いのは「△」で二二二石が確認できる。次に「扇に一」、「雁」（鳥）、「の」の順で、この四種で全体の約六五％を占める。続いて「鉞」、「輪違」、「□に大」、「〇に二」、「星」の順となる。以上の九種で約九一％を占め、これらが基本種と位置付けられる。「分銅」は数が少ないが、堀尾家の家紋である。

刻印は、築城期とみられる石垣に万遍なく均等にあるのではない。本丸各辺、外曲輪北辺では皆無もしくは非常に少ない。天守台は五石だけである。二之丸南東～南、馬溜周辺などでは一定量が確認できる。集中するのは中曲輪東面、外曲輪の東面～南面、腰曲輪東面～北面東部で、全体の八五％を占める。それが何を示すかは不詳であるが、例えば一連の築城工事の内では本丸・二之丸が中曲輪以下より工期上先行し、そうした微妙な時期差とも絡んでいた可能性が思いつく。また、刻印は大海崎石で卓越し、転石をそのまま持ち込んだとみられる小さな

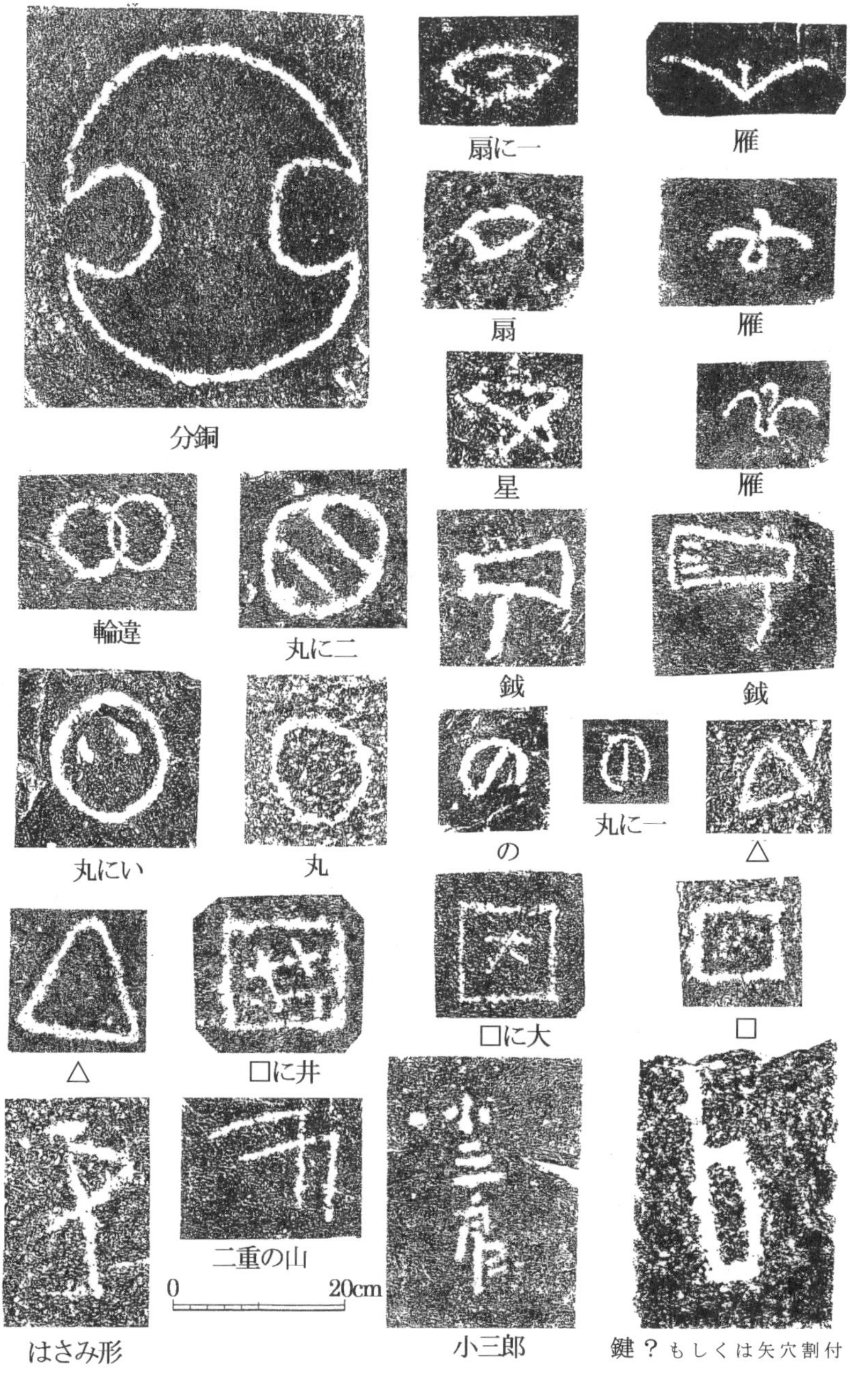
分銅
扇に一
雁
扇
雁
星
雁
輪違
丸に二
鉞
鉞
丸にい
丸
の
丸に一
△
△
□に井
□に大
□
はさみ形
二重の山
0
20cm
小三郎
鍵？もしくは矢穴割付

図６　石垣石の各種刻印

石材にまで施されている。

中曲輪東面石垣は一連の石垣のうち特定の刻印種が集中する個所が明確に指摘できる（図7・8）。南端付近は複数の刻印が混在し判然としないが、そこを除いて南から北に順に主体となる刻印種を掲げると、「の」・「□に大」・「△」・「星」共存→「△」→「鉞」→（「輪違い」）→「扇に一」→「雁」→「の」・「□に大」・「△」・「星」共存→「△」→「鉞」→「輪違」→「扇に一」→「雁」となる。一部で隣接種と混在する個所もあるし、異種の刻印を含む場合もあるが、刻印種ごとの棲み分けは明瞭である。特に北半張出部の北東出隅は境界に当っていて、角石一四石の内の七石に刻印が施され「扇に一」と「雁」をもつ石材が概ね交互に重なっている。石垣構造の上では明確な境界線は観察できないが、水平方向に長さ数～二〇mの工区ごとに普請割りが行われ、個別文様または複数文様の組合せに示される複数のチーム＝施工単位が並立して、石垣を築いたと解釈できる。中南部の出隅を含む工区を起点に北に辿ると、「の」・「□に大」・「△」・「星」共存から始まって、「雁」に至る順序に並ぶ大工区が浮かび上がるが、同じ順序のサイクルが以南の大工区でも反復して、同じ並び順でのローテーション制が窺える。刻印は採石地もしくは集石地で付けられたとみられ

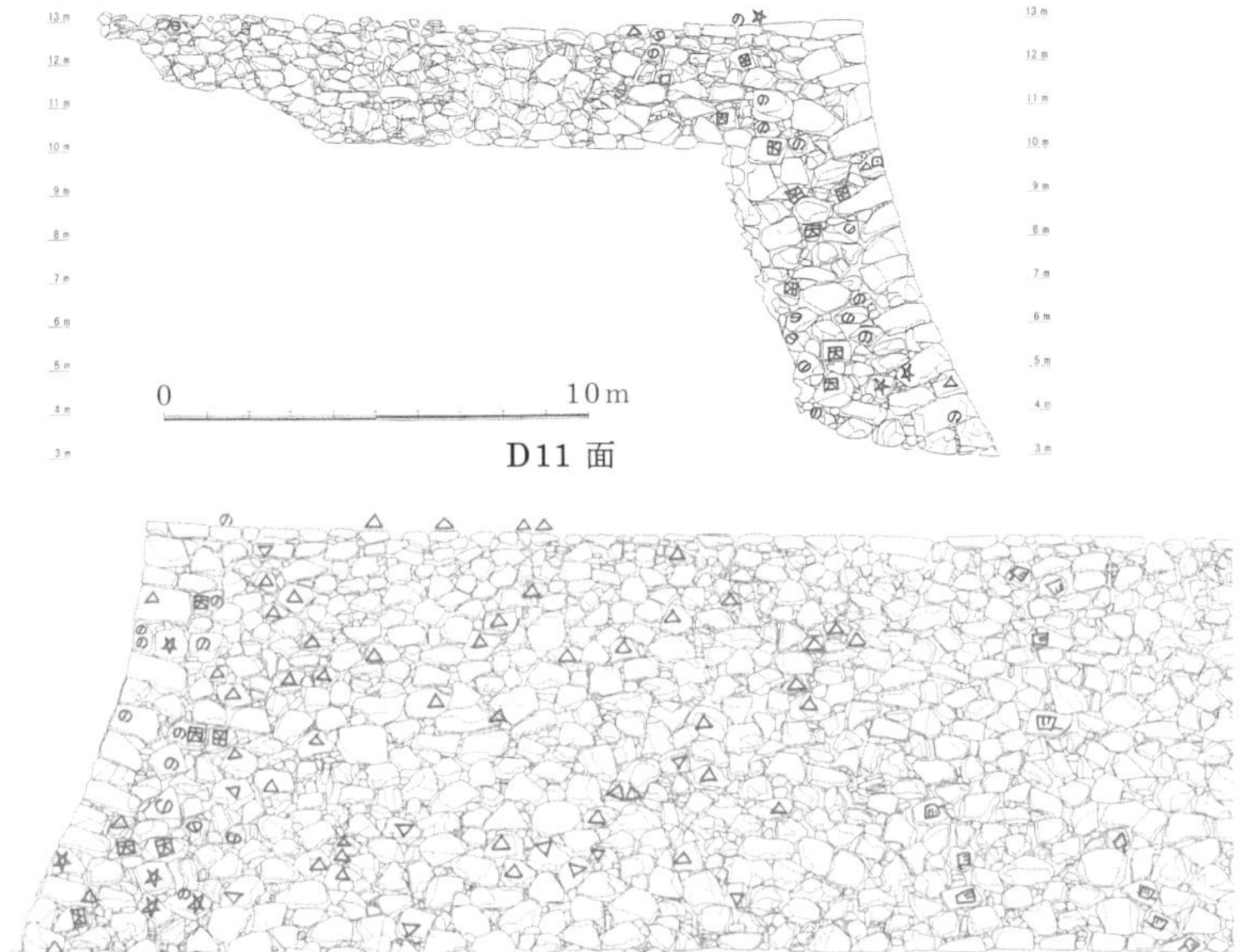


図7　中曲輪D11・12面石垣の刻印分布

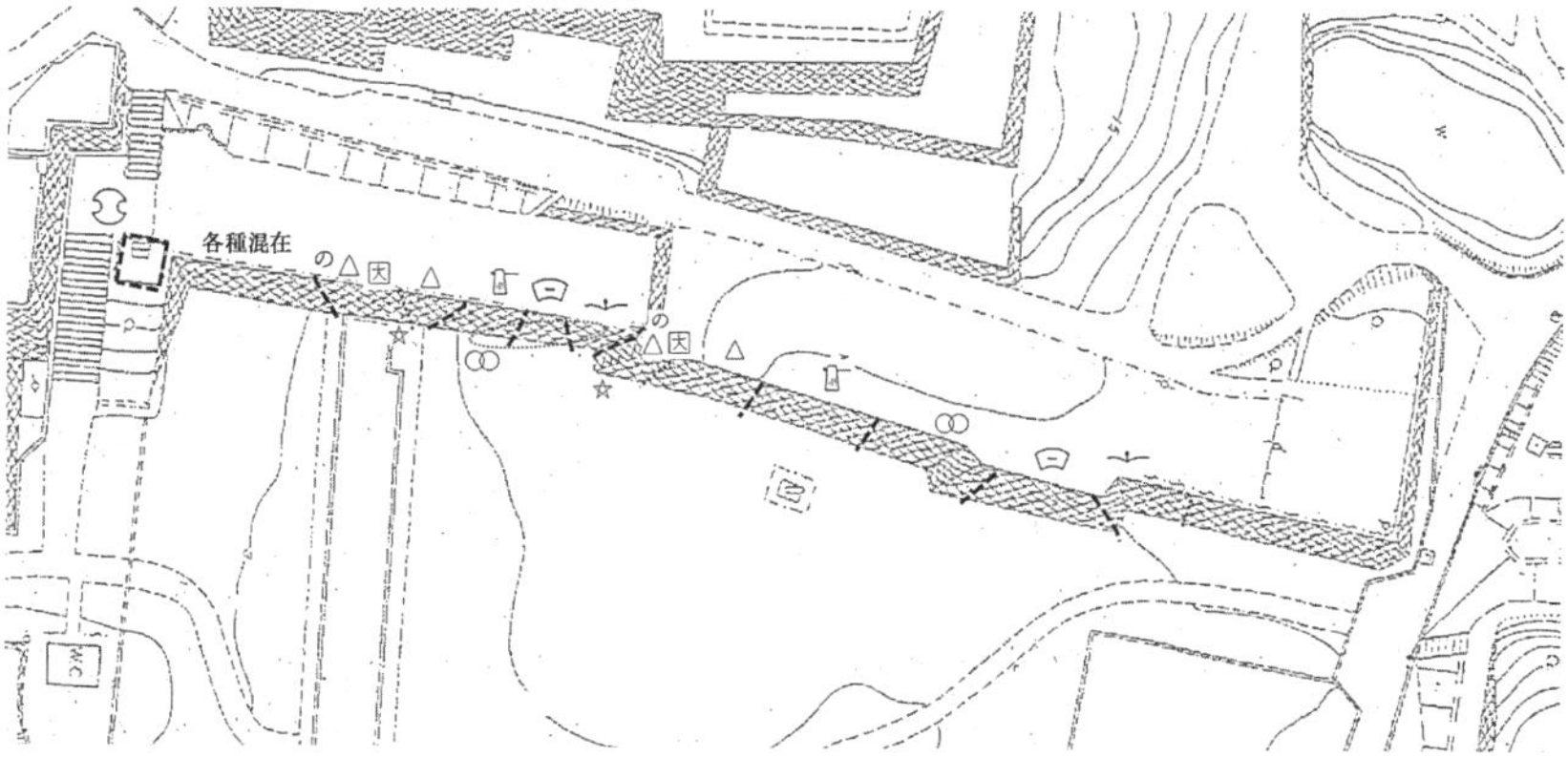


図８　中曲輪石垣の刻印集中

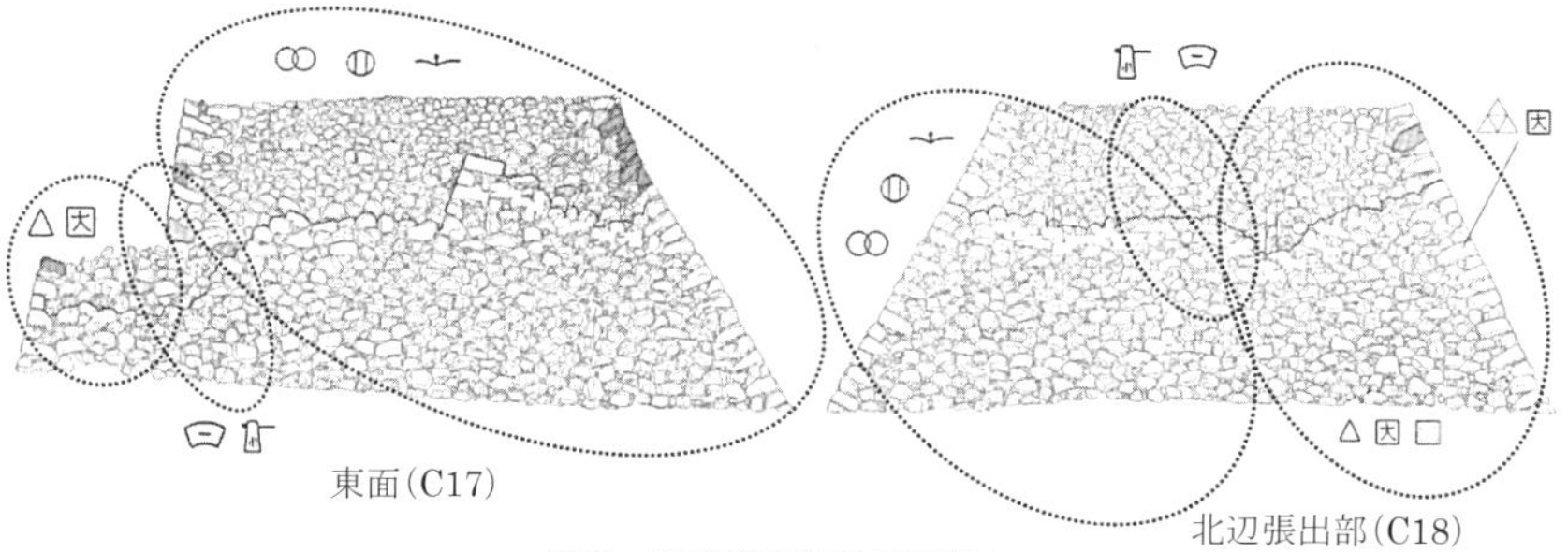


図９　腰曲輪石垣の刻印集中

るから、採石→運搬→積み上げの工程がチームごとに完結して行われた可能性が強い。もし採石・運搬・積み上げの工程ごとに石を扱う組が替わるのであれば、積み上げた時の刻印種はもっと混ざっているはずであるが、実際はそうではない。「の」・「□に大」・「△」・「星」と複数の刻印種が共存するのは複数の組で混成チームをつくって一つの工区を受け持ったことに他ならず、同工区のうちでは同じ石に当該複数種の刻印が併刻される例も散見でき、正にこのラインナップで共同作業が行われたことを物語る。

同じような見方を腰曲輪の東面から北辺張出部（**図9**）で行うと、「雁」・「○に二」・「輪違」の組による混成チームが東辺の大部分から隅角を経て北辺張出部東半を、「△」・「□に大」・「□」の組による混合チームが東辺の南端付近と北辺張出部西半を、「扇に一」・「鉞」の組による混成チームがそれらの間となる東辺南寄りと北辺張出部半ばを受け持ったとみられる。含まれる個別の刻印種は中曲輪東面とかなり共通するが、工区を構成する文様の組合せは異なっている。中曲輪は大海崎石、腰曲輪は矢田石主体で、そうした採石地の違いも恐らく関係しながら、一定の工区を受け持つ組の編成のあり方や具体構成が異なっていて、一連の築城工事の内としても工期工程は別であったことを示すのではなかろうか。

　なお腰曲輪北面西側中位の角石には△系のバリエーションとして△を四分割した複合三角（**写真１**）と□に大が併刻されている。

写真１　腰曲輪の複合三角刻印

### （5）史料によって年代が分かる修理石垣

　現に残る石垣には江戸時代のうちに積み直されたものが一定量含まれるが、文書や絵図によって年代が特定できるものが多いことは松江城の特色である。三之丸・北之丸以内で石垣の破損や修理があったことを記す史料は二〇件ほど確認できる。これらは藩の軍備とみなされる石垣について幕府に修理許可を得るため、武家諸法度に基づく手続きにより作成されたものが多いが、工事を担当した家臣の治績を記した書類なども含まれる。史料があっても具体的な位置が不明なものや修理個所が近代の積み直しを受けてしまったものもあるが、逆に現状では史料として辿れないが明確な修理石垣も確認できる。**図10**に主たるものを掲げた。

　このうち、二之丸東側石垣［Ｅ38］は最大高一三・七ｍもある高石垣で、北半の太鼓櫓などの再築に伴う平成の修理個所を除けば、天保三年（一八三二）に大幅に積み直された構造を保っている。『普門院文書』によると石垣の破損に応じて、二棟の櫓が建て直され、地鎮祭も行われたことが記されている。また、『松江香川代々履歴書』からは藩の御破損方に属して石垣修理を行った職人の香川家が銀三拾匁、『松江藩列士録』からは担当藩士の青木甚左衛門が銀五枚、冨永門蔵が銀三枚、信太吉兵衛が銀二枚の褒美を得たことが分かる。改修部の南端は中櫓台南面で、垂直方向では築城期［Ｅ36～37］の石垣に対する境界線が縦メジとして観察できる。横方向では中櫓南東出隅の基底から三石目までが築城期の構造を温存し、その上から石材や積み方が異なる（**写真２**）。新調石材は森山石で方形度が高い。特に角石は加工度が高く、ノミを入念に当てて面の平滑度を高め、スダレ

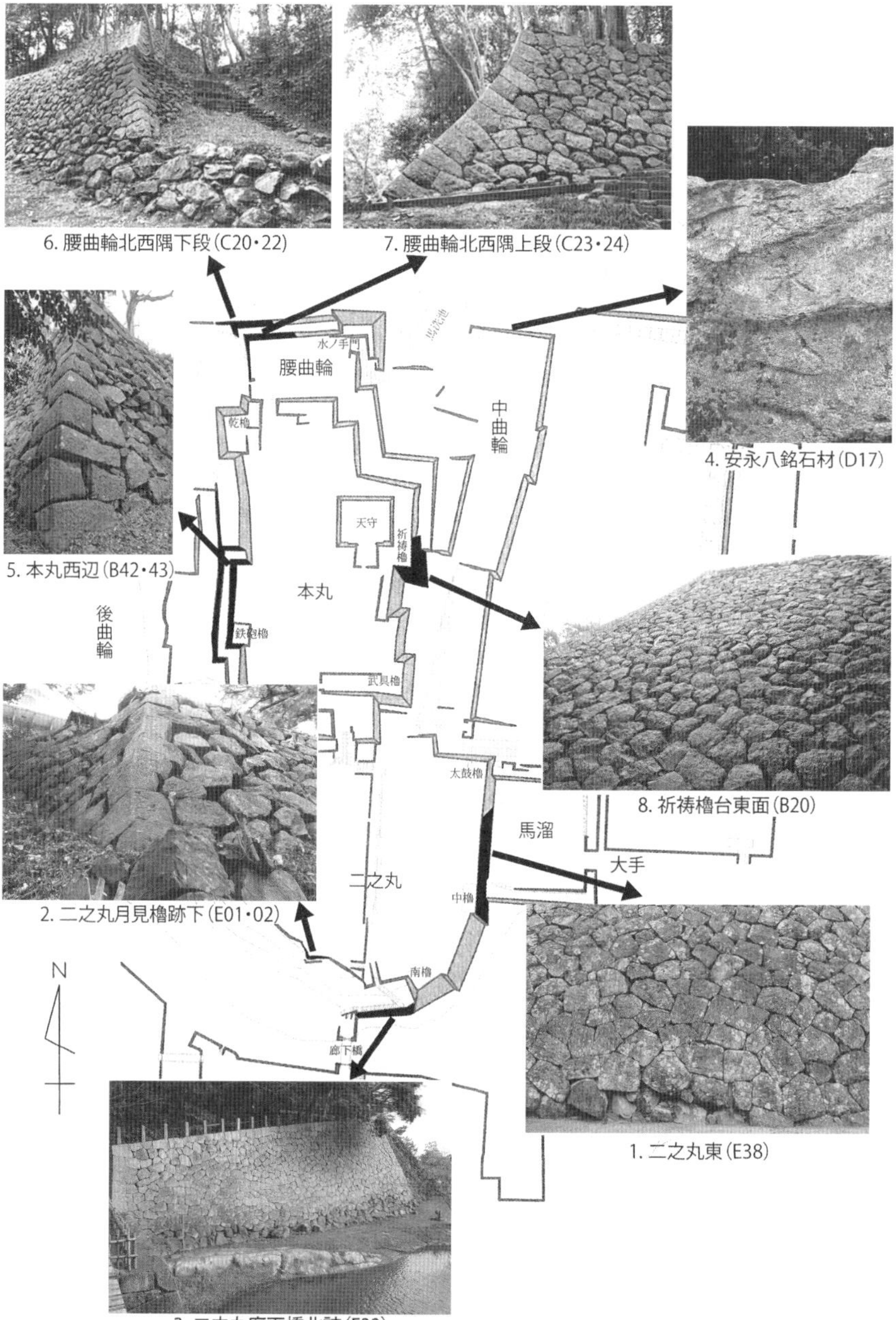


図10　江戸時代の改修による新様式石垣

写真2　二之丸東石垣　三段目以上修復部

状に多数平行あるいはランダムに施された細い条線を残すノミキリ技法による面加工が行われている。築石の角を下に向ける落し積みが卓越し、築石は緻密に組み合っている。矢穴の上幅は六cm前後で一〇cmを超える築城時のものより狭く、この一点でも新しいことを示す。

　二之丸月見櫓跡下石垣［E01・02］の主体（＝C期石垣）は天保十一年（一八四〇）の修理による。内角一一〇～一二〇度の鈍角の隅角部をもち、新規調達材は大海崎石が主体でノミキリによる面加工が顕著である。角石は特に加工度が高く、左右面を一石で担うため鈍角に交わる整美な面を造りだし、稜線はシャープに加工され、上下の角石とは緻密に接合する。付近の石垣は傷みが激しく、修理のために先年に発掘調査が実施され、背後から埋没石垣が検出された（図5）。築城期の石垣（A期）を埋め込んで曲輪が南に拡幅され恐らく月見櫓が建てられ、その際に積まれた石垣（B期）が天保十一年（一八四〇）に破損したので補修され（C期）、さらに天端が嵩上げされた（D・E期）という変遷があったことが分かった。

　二之丸南の廊下橋北詰石垣［E33］は嘉永四年（一八五一）の修理による。天端頂は三之丸から木橋を渡って二之丸に至る斜路となっていて東ほど高い。新規調達材は森山石で、ノミキリによる面加工が顕著で、落し積みとなっている個所がある。

　中曲輪北辺［D17］は安永七年（一七七八）に幕府に石垣修理許可を求めた時の絵図が残っており、該当場所には「安永八」の刻字を施した石材が石垣中に現存し、翌年に施工があったことが分かる。刻字石は修理の記念碑的な意味合いが込められているのであろう。

　その他の新様式の石垣のうち、本丸西辺中部の鉄砲櫓台やその下に続く段石垣［B42～44、F01・03・04］は角石の長辺を一段ごとに左右に振り分ける算木積みが徹底し、その横にある角脇石も方形度や表面の加工度が高い。腰曲輪北西隅下段石垣［C20・22］の基底部分の上に積み足された部分は、上方ほど立ち上がりが急となる反りが顕著である。角石は森山石が主体である。腰曲輪北西隅上段［C23・24］も高さ四mあまりの割には美しいカーブを描く強い反りをもっている。隅角は石材に森山石を交え、徹底した算木積みで、全体が徹底した落し積みとなっている。本丸祈祷櫓台石垣［B19・20］は下半部が五三度ほどの傾斜で立ち上がるが、上部三分の一ほどは次第に傾斜を強めて美しいカーブの反りをもつ。角石を中心に新規調達されたとみられる石材は森山石で、ノミによる面加工が広範に及んでいる。角石の長辺の一段ずつの振り分けも貫徹し、一石ないしは一石半の角脇石を挟み込んで、極めて緻密に組み立てられている。隅角としての稜線も鋭く通り、城内で最も整った算木積みとなっている。矢穴は幅四~五cmと狭い。これら四カ所の石垣は史料が確認できないが、構造的な特徴からやはり江戸後期に積まれたものと判断できる。

## 二、瓦

### (1) 松江城のさまざまな瓦

現在の山陰では釉薬を掛けた石州瓦が卓越するが、松江城天守や松江城下の寺院や市内の古い民家などに残る江戸時代の瓦は黒瓦である。燻《いぶし》瓦とも呼ばれ、達磨《だるま》が座禅をした姿に例えられる平地式小形窯で焼かれたもので、松葉などを燃やした時の黒煙に由来する炭素の微粒を表面に吸着させたものである。

城郭建築の屋根で最も目立つのは、大棟の両端に取り付けられた鯱である。江戸時代の大名居城の多くは瓦製であったが、名古屋城や讃岐高松城など徳川・松平系の一部の城の天守を中心に金属素材を用いたものもあり、現況での松江城天守の鯱は木製の芯に銅板を張って作ったものである。大棟や降棟・隅棟などの側端に付けられるのが鬼瓦（**写真3**）である。鬼面でないのも鬼瓦と呼び慣わし、他城では城主の家紋をデザインしたものが多い。松江城天守では松平家の葵紋を印した銅版張の大形品は別として瓦製では現役に載っているものも昭和の修理で下されたものも全部が鬼面である。鬼面は寺院では普通にあるが城郭では少数派で、松江城の例は極めて珍しい。同じく松江城天守で独特なのが鳥衾《とりぶすま》（**写真3**）である。鬼瓦の上に突き出て、文様を付けた面があり、本来は鬼瓦を上から固定する役割を担った。一般的な鳥衾は筒状部が天に向かって上反るが、松江城天守のものは真上に大きく突き出て横に少し曲がる形で、鬼瓦との接地方法も異なって独特である。棟（写真4）の頂部に被さるのが雁振、その下に複数重ねられる平らな瓦が熨斗、小さな半裁円筒形の瓦を上下入れ子にした輪違、文様をもつ丸い小瓦を棟込とか菊丸と呼ぶ。菊丸は他城では菊文のものが多いのでこの名があるが、松江城天守の現況品は全部が周囲に珠門を配した三巴文である。軒先に配されて文様を付けた瓦のうち、平らな瓦が軒平瓦、丸い瓦が軒丸瓦で、背後の屋根一般部には大量の平瓦、丸瓦が載る。鳥衾・軒瓦・棟込の文様は木笵を押捺して付けたものである。

写真３　天守の鬼瓦・鳥衾など

写真４　天守の各種棟瓦など

天守の瓦の現在の構成は改修・改築の累積によるもので、築城時はかなり違っていた可能性が強い。近代の補充瓦を除く現役品の殆どは江戸中・後期の製品で、木製銅張の鯱や鬼瓦、鬼面の鬼瓦、奇妙な形の鳥衾、各種棟瓦の段重ねの姿は築城時からのものとは到底考え難い。例えば鬼瓦は鬼面を貼り付ける台は、上板に垂直に側板を貼り付け全体が箱形となる新しい技法に依っている。解体修理で下された鬼面鬼瓦には、後述する十八世紀前半に成立した五葉A類の軒平瓦の一部にみられる菊形に一を組み合せた刻印と同じ刻印をもつものがあるのも、新しいものとの考えを支持している。三七桐文を掲げた鳥衾（写真3）は松平氏の三葉葵文の鳥衾と文様以外は同型式で、堀尾期に遡らせることは出来ないのである。

松江城では堀尾氏家紋の分銅文を主文としたものに棟込瓦（図11―10）が出土していて、直径約一六㎝と一般的な棟込瓦に比べて相当に大きい。棟込瓦はグレー

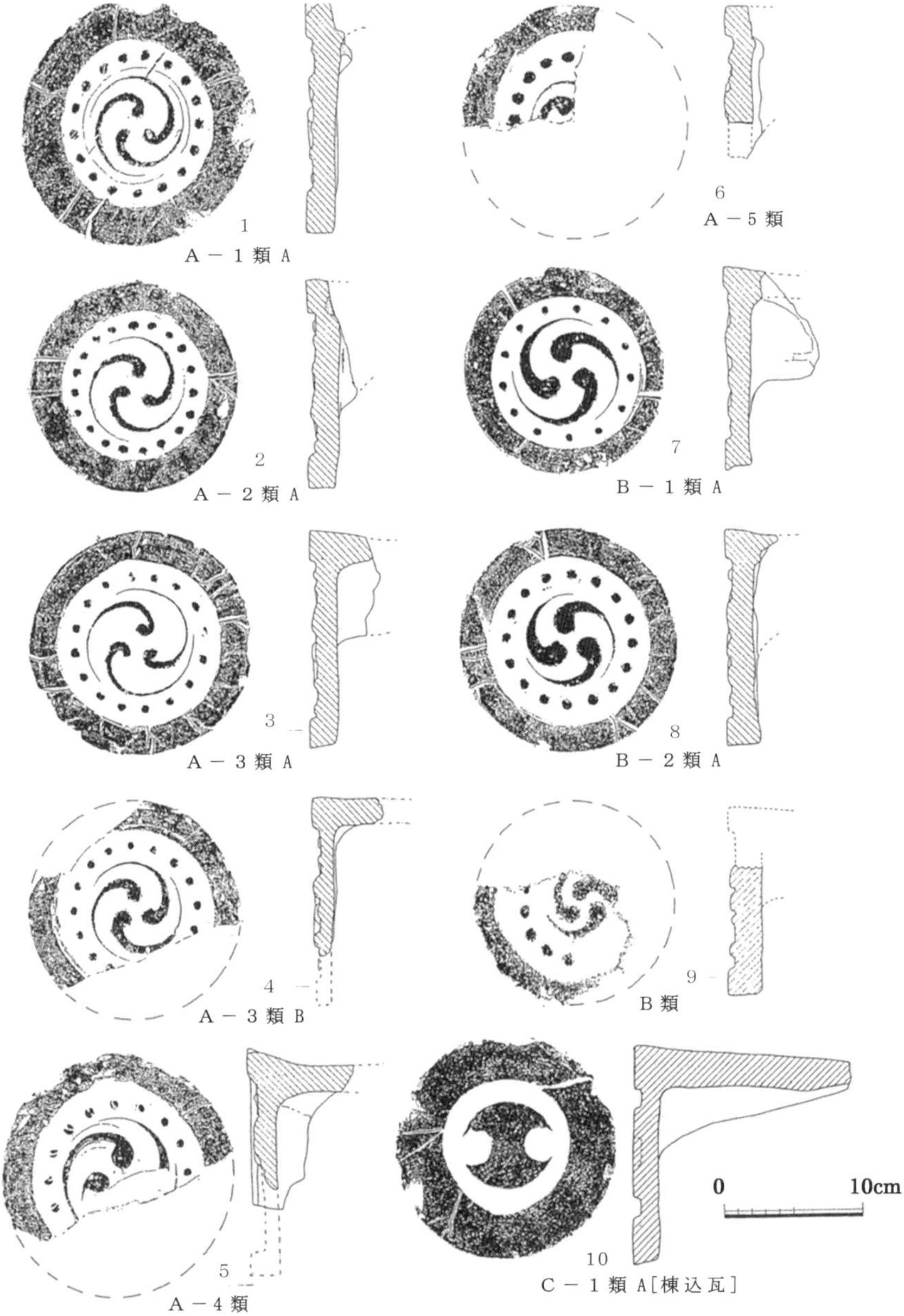

1
A－1類 A
6
A－5類
2
A－2類 A
7
B－1類 A
3
A－3類 A
8
B－2類 A
4
A－3類 B
9
B類
5
A－4類
10
C－1類 A[棟込瓦]
0
10cm


図11　松江城の軒丸瓦

ドの高い建物を飾るものであり、築城期の少なくとも天守の棟には分銅文棟込瓦が差し込まれ、その上の輪違や熨斗が重なっていたに違いない。

なお丸瓦と平瓦を別に作って組み合わせる本瓦葺きに対し、丸瓦部と平瓦部を一つのものとして軽量コンパクト化を図った桟瓦による桟瓦葺きが松江では十八世紀中頃に出現する。城下町のほか城内建物の一部にも桟瓦が葺かれたが、天守など正規な建物では本瓦葺きが貫徹された。その桟瓦は全国的には横面から見た形が「へ」に見えるものが一般であるが、松江では向きが逆の左桟瓦が卓越する。理由として北西方向から吹く季節風対策であるとか、藩による瓦生産の保護政策によって他地域の瓦との互換性を否定するためという説があるが、確定的ではなく、実際には右桟瓦も存在する。

## (2) 軒瓦の分類

軒瓦は、文様や製作技法などから年代や工人の動向を掴みやすく、メーンの研究対象となっている。松江城の軒瓦については、松江市史編纂や山陰中近世研究会の発足を契機に、平成十三年(二〇〇一)の飯塚康行氏による出土品分類を基礎にしながら、城下町を含む新規の発掘調査成果を加味して、精緻な分類や他城出土品との比較などを含む研究が近年一気に進行した。

軒丸瓦(図11)は文様に着目した瓦笵単位の分類で二八種に細別されるが、大局を示しておく。三巴文のうち内側の頭部に対して外の尾部が右に巻くものをA類、三巴で左に巻くものをB類、巴文以外の文様をもつものをC類とする。A類・B類は瓦当面の大きさや、珠文の大きさや数、それに彫りの深さなどによって細分できる。例えばA−1類は巴の尾部が長くて圏線をもち、珠文は一七個である。A−2類はやはり尾部が長く、圏線はないが、そのぶん珠文は一九個である。A−3類はまだ巴の尾部は長いが珠文数は一六個である。またB−1類は珠文数が一三個でキラコを付着させる。B−2類は珠文数が一六個であるが、巴文の径が小さくて尾が短い。C類は実際には軒丸瓦ではなく棟込瓦である。

このうち堀尾氏家紋の分銅紋をつけたC類を別にして十七世紀前葉の築城期の製品と判断されるのは、A−1類とA−2類の少なくとも一部である。これらは、松江歴史館用地となった武家屋敷跡で十七世紀前葉の層位から出土するし、堀尾家の松江城に先立つ居城であった富田城から同笵(同一木型による施文)品や近似する特徴をもった瓦が出土する。珠文数がやや減ったA−3・4類はそれより遅れる十七世紀中頃の製品と展望できる。

B類は全般に新しく、文様の特徴のほか、瓦笵の剥離剤として用いられた雲母粉であるキラコが付着したり、焼きが良く器面の炭素吸着度の高いものが多いのも新しい要素である。特にB―1類は十九世紀を中心とする。

軒平瓦（図12・図13）については瓦笵単位の分類で五七種に細別されるが、左右を唐草に挟まれた中心飾の文様に着目して大別される。下向三葉は、葉が丸みを持って広く、葉脈を表現する。左右の唐草は総て二転である。A類は中心飾の葉脈が支脈まで表現され、唐草は中心飾に接して蔓状に延び、内が下、外が上に大きく巻く。うちA―2類は中心飾の葉が大きく、唐草も大きい。B類は中心飾の葉脈が主脈のみで、唐草の内が上、外が下に巻く。三葉の彫りが深く立体的で、左右の葉が大きく巻き、文様区が高いものをB―1類、三葉の彫りが浅くて横開きで、文様区が低いものをB―2類、B―2類と近似するが三葉の支脈まで表現するのをB―3類とする。

五葉は、下向三葉の上に眉毛状の二葉が付加された形で、全体がベタ一面に盛り上がる。五葉蔦葉、割蔦と呼ぶ研究者もいる。A類は唐草がそれぞれ離れて三転し、B類は下の三葉が狭くて先端が割れ、上の二葉が線状で斜め上に伸び、唐草が連結する。

橘は、蜜柑の一種である橘に例えた名で、柿の実にも似た形を真ん中に据えている。その下に小さく丸い点があり、そこから横に伸びる蕚の先端、同じく斜め上に伸びる蕚状部の先端、さらに最も外の上向き唐草の先端が、二股に分かれるという特徴をもち、関西に分布の中心をもつことから大坂式と呼ばれるものである。定型的な大坂式とその亜流に細分できる。

蓮華は横からみた蓮の花に例えた名で、大坂式橘文の亜流の一派とも思えるが、分離して考えたい。

宝珠は、仏教思想による霊験力をもった珠に例えた名である。宝珠が立体感のある三段表現で、三本の唐草が内から連結して長く伸びるA類と、宝珠が平板で大坂式と近似する二股に割れたガクを配するB類がある。

松江城の出土品全体として、最も量が多いのは下向三葉、うちではB―1類で、五葉A類、橘と続く。この三種は城郭部から城下町まで普遍的に及んでいる。大まかに言えば、宝珠A―1類は十七世紀前葉の築城期、下向三葉は築城期を含む十七世紀、五葉A類と橘は十八～十九世紀、五葉B類と蓮華と宝珠B類は十九世紀の製品である。下向三葉B―1類には堀尾氏家紋の分銅文の印を押すものを含むし、松江歴史館用地で十七世紀前葉の層位から出土したものを含んでいる。また、五葉や橘は焼が良くて、キラコを付着するものが含まれる。五葉A類

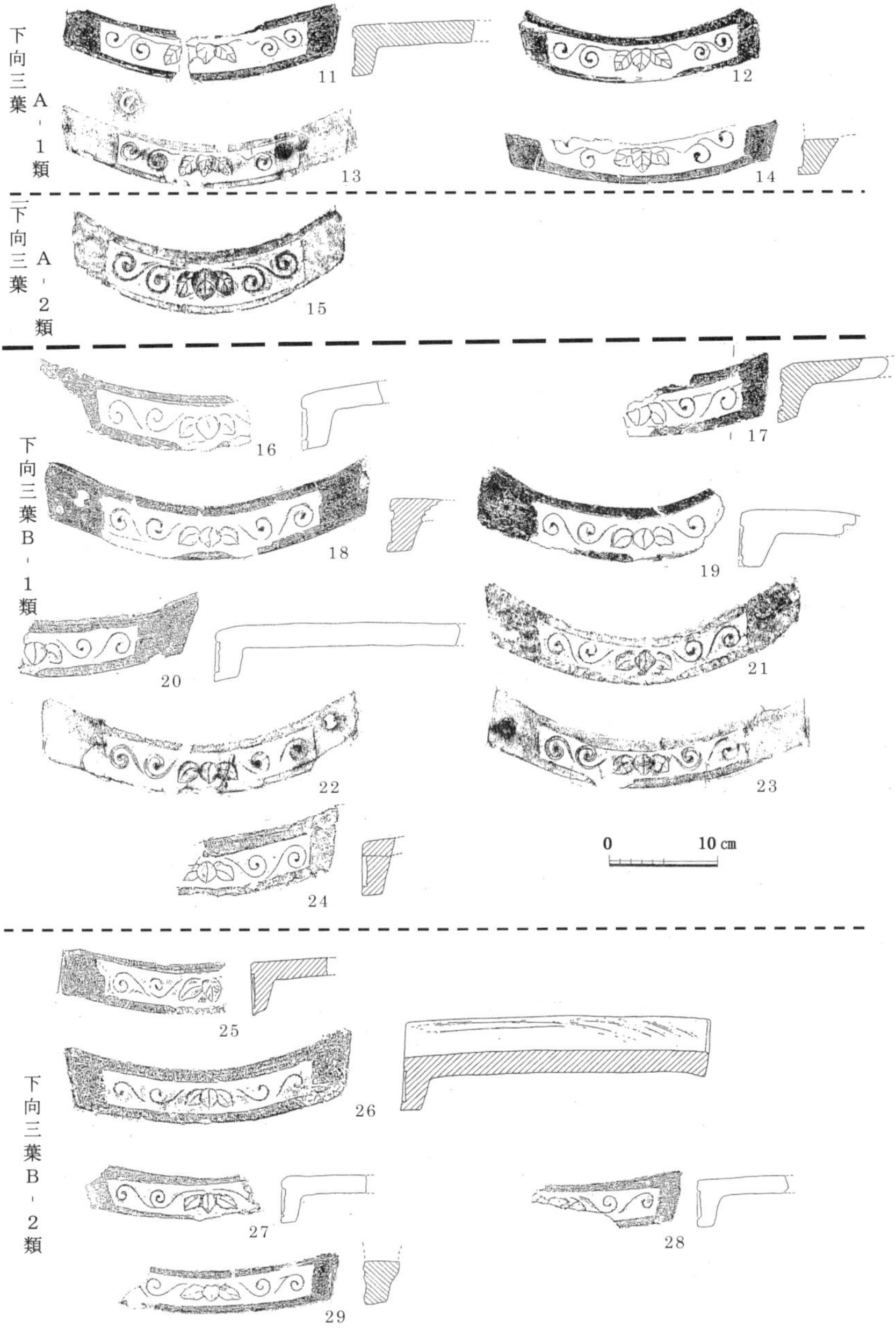


図12　松江城の軒平瓦Ⅰ

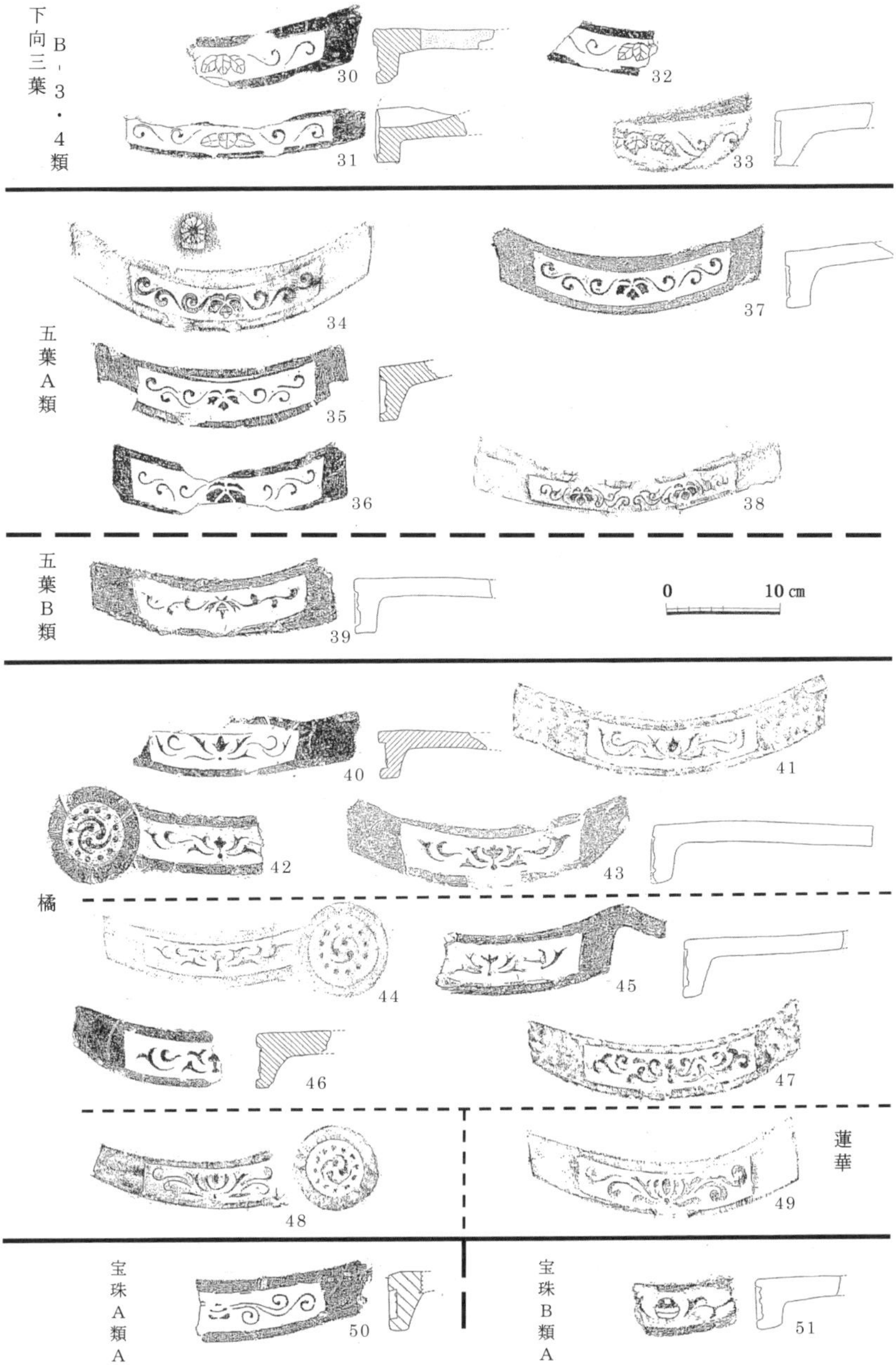


図13　松江城の軒平瓦Ⅱ

は昭和の解体修理前の天守に大量に葺かれていたようで、元文三年（一七三八）～寛保三年（一七四三）の大規模な天守修理を契機に成立した可能性が窺える。

## （3）築城期の瓦と職人たち

松江城で堀尾期にメーンで採用された中心飾が下向三葉で葉が広い軒平瓦の文様は、富田城と米子城に酷似品があるが、松江城を中心とする地域独自のもので、瓦笵数は多いが斉一性が強い。十七世紀前葉の他地域の城郭では様々な系統の文様が混在する場合が多く、そのことがこの地域の大きな特徴となっている。

いっぽうで、そうした中心飾下向三葉の文様は大枠としての類似文様を探すと全国に分布する。多くは秀吉の居城であった大坂城、聚楽第を含めた織豊系城郭である。こうした状況のなか富田城や松江城でこの文様の瓦を焼いた瓦工人の出身地は直ちには特定できないが、文様を生み出す土壌は、近隣では近畿から山陽、あるいは北部九州にあった。ちなみに堀尾期の浜松城や支城の二股城の軒平瓦は、中心飾が三葉のものも含むが葉は上向きで幅も狭く、唐草も異なっている。瓦工が堀尾家の移封に従って出雲に移住し、富田城や松江城の瓦を焼いたという可能性は考えにくい。

松江城の下向三葉は、葉が広く、花を省略した桐を表現したとの見方もできる。秀吉は朝廷から桐紋を拝領し、豊臣・羽柴一族と位置付けた重臣にも使用を許した。堀尾吉晴は秀吉恩顧の大名で、関ヶ原合戦後に秀頼から豊臣姓を賜っている。それゆえに、居城の瓦の文様に桐葉を取り込んだとの考えも成り立つ。関ヶ原合戦直後の山陰や美作では中心飾が下向三葉の軒平瓦が目立つが、築城の主体者が池田長吉、中村一氏、坂崎直盛、森忠政といったように、もと秀吉恩顧の大名であることを考えれば理解しやすい。なお、天守に掲げられた鳥衾には五三桐文（**写真3**）のものもあるが、松江の松平家も江戸後期まで葵の家紋とともに桐文も用いていた記録があり、松江城にある桐文瓦は堀尾期に限定できない。

松江城の軒丸瓦A―1類とA―2、軒平瓦下向三葉B―1類は富田城の瓦と同笵関係（**図14**）をもつものがある。各類のうちでもごく一部、軒丸・軒平瓦とも二～三の瓦笵に留まるが、両城に跨る瓦工人があったことは確定的である。そもそも下向三葉B―1類との同文瓦は富田城では量の主体を占め、月山《がっさん》山上の本丸・二ノ丸・三ノ丸をはじめ、山中《さんちゅう》御殿や千畳平《せんじょうなり》、それに城下の富田川河床遺跡などで広範に出土する。それらを大枠として比較すると、中心飾は、富田城のものは肉厚で、葉の外

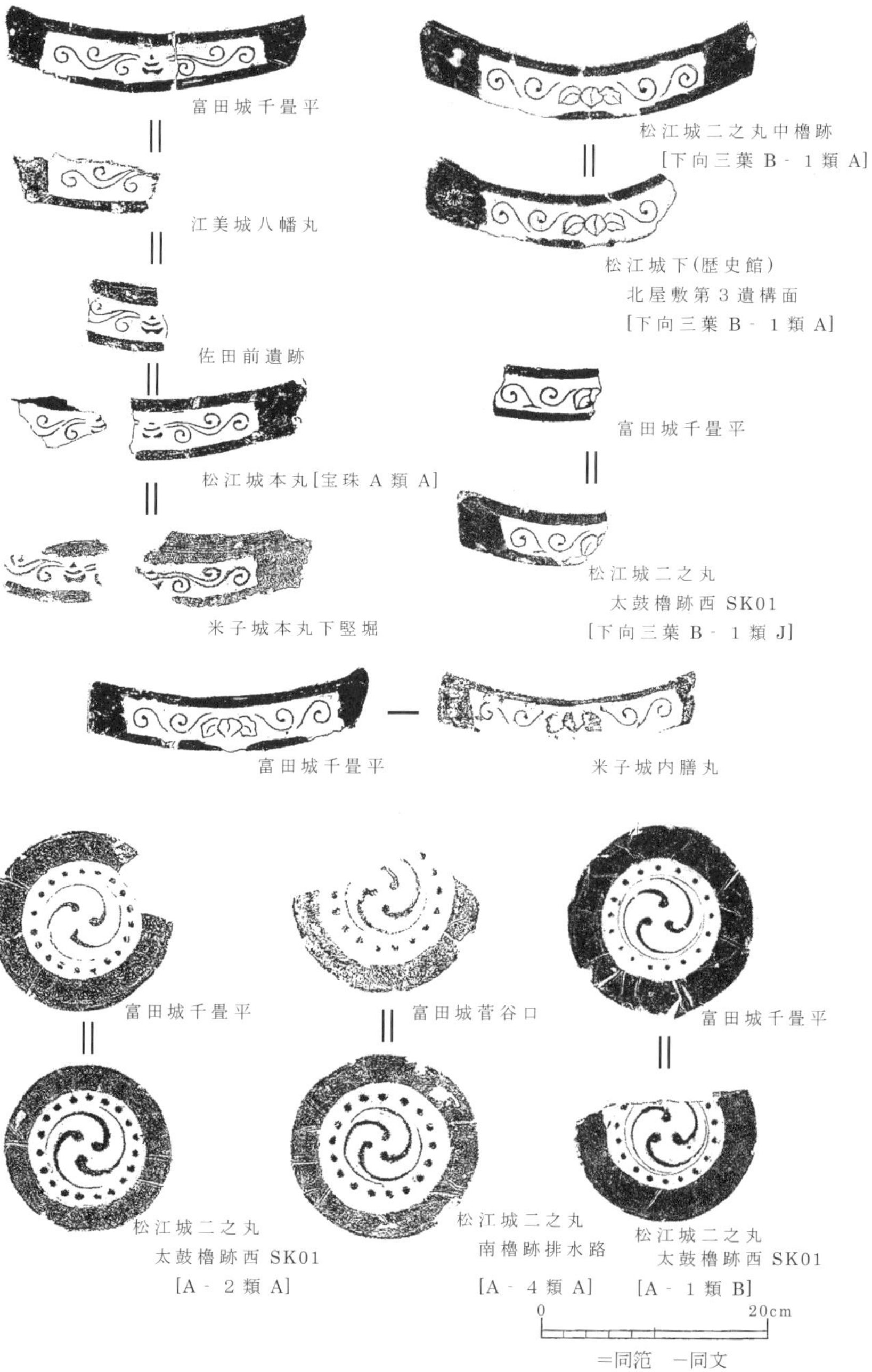


図14　松江城と諸城の瓦の同笵関係

形の微妙なカーブが変化に富んでリアルであるのに、松江城のものは単調で、様式化が進行し、さらにB－2～4類と変遷を遂げたことが分かる（**写真5**）。また、富田城のものは側区が狭くて古式であるのに松江城では広くなっている。そうしたことは、松江城築城期の瓦は富田城で主体となる瓦よりも製作が新しい事を示し、堀尾家は先ず富田城に入って瓦葺建物の建造を伴う城郭整備を行い、その後に松江城を築城したという歴史事実に対応している。つまり堀尾期の富田城で中心的な役割を果たした瓦工人が、松江城築城時にも中心的な役割を果たし、その後も一定期間は松江城の瓦を焼いたことが読み取れる。彼らは先ず富田で編成され、堀尾家に伴って松江に移動し、松江に定着したと理解できる。

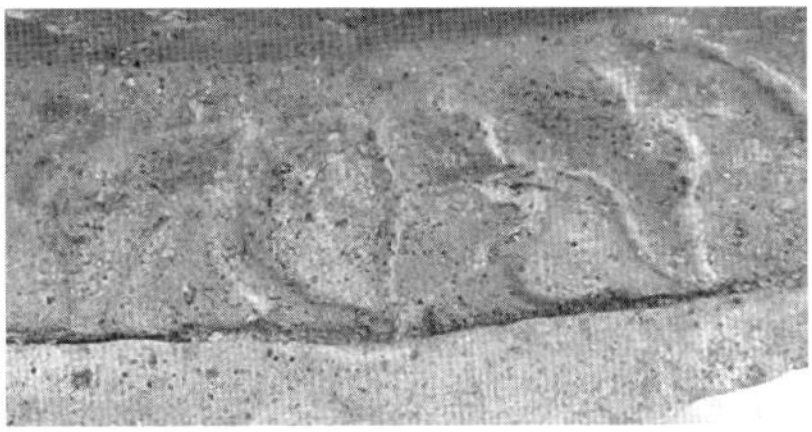
富田城

米子城

松江城

写真５　各城の三葉の中心飾

　彼らの松江での定着先は城北地区とみられる。堀尾期の城下町絵図には、城郭部から内堀を挟んで北岸の屋敷区画のひとつに「瓦焼」の記載があるし、京極期（一六三四～三七年）の絵図にも近隣別地点に「瓦屋　忠右衛門」の記載があり、継続して生産されたことが判る。ただし、絵図に示されるのは築城がひと段落した段階での瓦工人の居所で、築城工事最盛期の恐らく飯場的な窯場はそう遠くないであろうが、具体位置の特定は今後の課題となる。いずれにせよ、十七世紀前葉からの松江は間違いなく自前の瓦産地を抱える都市であった。なお富田城・松江城に跨る同笵関係にある瓦は、富田で焼かれた瓦が松江に運ばれた結果であるのか、富田から瓦笵を携えて来た工人が松江でも瓦を焼いた結果であるのかは、未特定である。

　米子城にも松江城下向三葉B－1類と同文（**図14**）の軒平瓦が確認されている。しかし十七世紀前葉の軒平瓦の主力ではなく、出雲に定着しつつあった瓦工人の出張製作もしくは製品の出荷があったものと考えられる。地理的な近さや中海の水運の便だけでなく、米子城主であった中村一忠の父の一氏と堀尾吉晴は、秀吉家臣時代からライバルであると同時に盟友関係にあったことも背景にあったかも知れない。

さらに松江城宝珠A類も同笵品（図14）が、富田城、佐太前遺跡（松江市鹿島町）、それに伯耆の江美《えび》城（鳥取県江府町）、米子城で出土している。少なくとも松江城のものは、コビキBとされる丸瓦部内面に横方向の条線が残るもので、糸挽きによる斜め方向の粗い条線が残るコビキA技法段階より新しく、これらも堀尾期の製品であった可能性がある。なお丸瓦・平瓦系の瓦を作る際、予め長方体に整えられた粘土の塊をタタラとよび、それを板にスライスすることをコビキという。その痕跡は丸瓦内面などに良く残るが、平瓦凹面で観察できる場合もある。出雲周辺でのコビキA痕を残す瓦は確実に吉川広家期かそれ以前に遡ると判断でき、コビキBへの転換年代は吉川広家期の最終段階から堀尾・中村期の最初期、すなわち慶長年間の前葉とみられる。したがって松江城の瓦のほとんどはコビキB技法によっている。

以上を総合的にみると、富田城・松江城、米子城・江

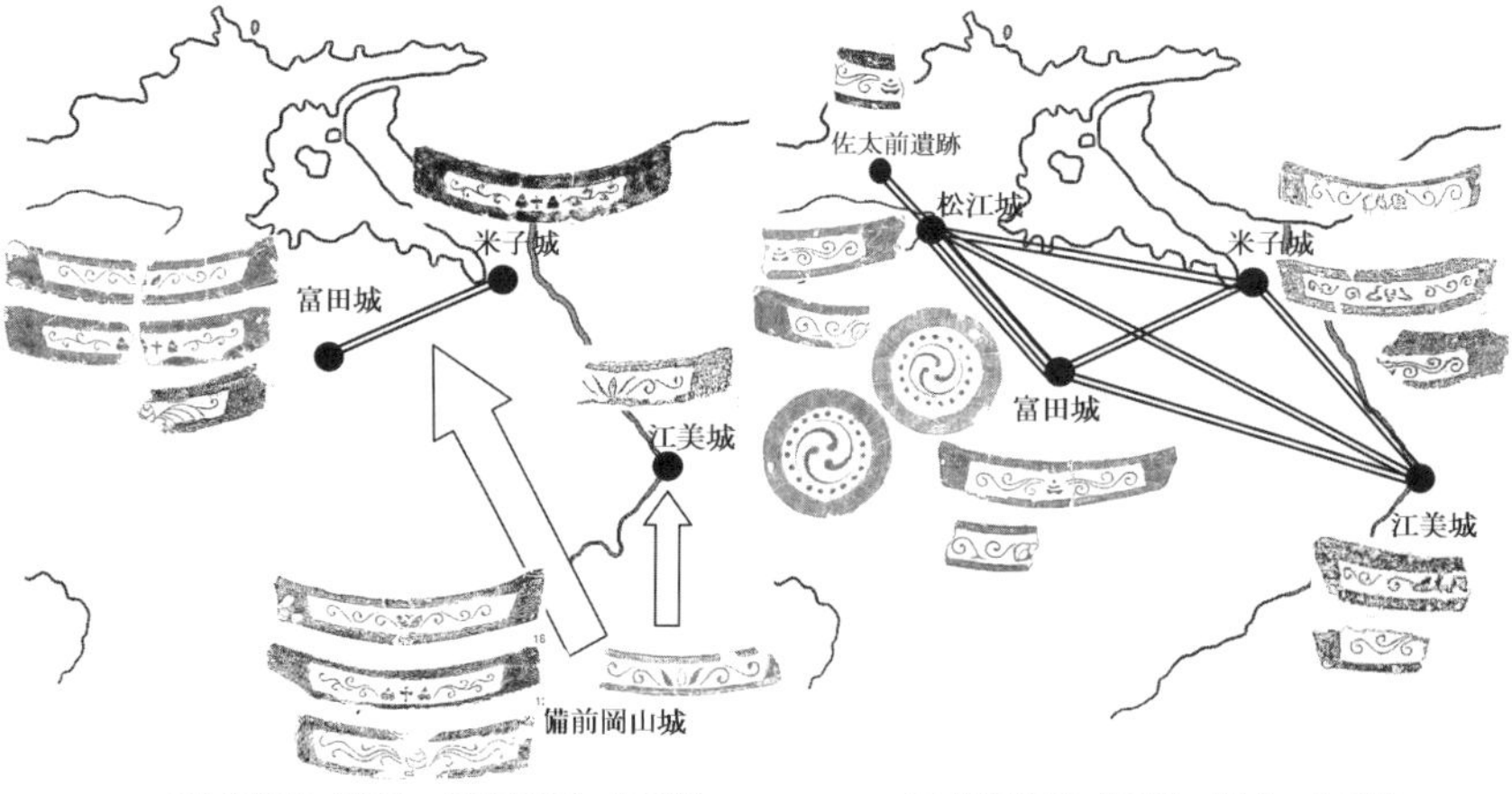


16世紀末（文禄〜慶長最初）吉川期　　17世紀前葉（慶長）堀尾・中村期

図15　同笵・同文関係からみる諸城の繫がり

美城、また佐太前遺跡も加え、共通の瓦工人があったことが判る。堀尾期の出雲東部から伯耆西部エリアには、下向三葉系を主力に、瓦工系統が複数あったが、全体として一つの瓦供給圏＝ネットワークが形成されていたとみられる（図15右）。

## （4）松江城築城以前の城郭用瓦

それ以前の出雲・伯耆の城郭をめぐる瓦事情（図15左）は異なることも分かってきた。富田城では中心飾が下向三葉の堀尾期とみられる瓦より古く、吉川広家期に遡るのではないかと考えられる瓦も一定量が出土している。中心飾が上向二葉上でV字型が組み合った形で唐草が三転する軒平瓦と同笵品が、百数十㎞も離れた山陽の岡山城の宇喜多秀家期の出土品に確認される。岡山城の宇喜多秀家期の瓦はコビキA技法のものに尽き、製作年代の中心は文禄年間（一五九二～九六）、下限は慶長五年（一六〇〇）年である。笵が潰れたり二次加工されているぶん、富田城例は岡山城例より後の製作であることも分かる。全面凸面表現の宝珠二個と木槌を配する富田城出土の軒平瓦の同笵品は米子城で確認されている。米子城飯山地区では軒平瓦の主体を占め、コビキBの丸瓦と共存する。これらと同文異笵の製品が、やはり宇喜多秀家期の岡山城で出土している。文様も唐草に着目すると富田城・米子城のものが、岡山城の例より硬直化し、山陰二城のものは岡山城例より新しいとみられ、コビキの技法の新古とも整合する。さらに富田城出土で中心飾に線形表現の宝珠を配し唐草が蔓状に平行して湧き出すように伸びる特徴をもつ軒平瓦の同文系統品がやはり宇喜多秀家期の岡山城で確認されている。側区は富田城の方が広く、岡山城例より新しそうである。その他、江美城で確認されている中心飾三葉で中の葉が中空状の表現で唐草二転の軒平瓦も岡山城の宇喜多秀家期のものと同笵関係をもち、江美城例の方が後の製作と分かる。

以上の様な状況からすると、宇喜多秀家の岡山城の瓦を作った瓦工のうちの一派が、吉川広家期でも後半の文禄～慶長年間ごく初めに出雲や伯耆にやってきて瓦を作った可能性が強い。山陰は寒冷で燻瓦は凍結により傷みが激しくて風土に合わず、先行する時期には寺社向けを含めて瓦産地が乏しく、それが大きな特徴であったわけであるが、富田城の瓦を焼こうとしたとき、地理的に最寄りの既存瓦産地である岡山から工人を迎えることは自然なことである。加えて、吉川広家の正妻は既に亡くなっていたが、宇喜多秀家の姉＝容光院であり、そうした大名間の縁が岡山からの瓦工の招聘に繋がった可能性も考えられる。彼らは岡山に居た時より山陰に移ってからの方が多くの瓦を作っており、岡山には帰らなかった可能性が強い。特に全面凸面表現の宝珠二個と木槌を配する中心飾の軒平瓦を作った瓦工人は、製品の新古観から、岡山発、富田経由で米子に落ち着いた可能性が高い。

堀尾期の富田城では瓦の量からして瓦葺建物の数は吉川期よりも飛躍的に増大したと判断でき、需要の増大に応じて自前での本格的な瓦工人の編制に乗り出し、独自性をもった下向三葉類の軒平瓦文様を創設したのではなかろうか。同様に伯耆の中村家の城郭整備に伴って創出された軒平瓦の文様が、米子城・江美城に同笵関係をもつ別の下向三葉を中心飾に据え唐草が三転するものであった可能性が強い。堀尾・中村期では東出雲・西伯耆を超えての同笵関係や緊密な同文関係は確認されず、圏域内で完結している。工人が複合しながらも一つの小宇宙を形成しているようだ。山陽の岡山から来た工人が重きをなした前段の吉川期との大きな違いである。

さまざまなモノが広域に動いた織豊期から、任地で完結する領国経済を大名が目指す徳川期への移行という、時代転換に連動した変化であろう。応急に外来を求める発想から、地場を育んだ上での地産地消への転換である。

## （5）江戸後半期の瓦と職人たち

十八世紀前半に成立したとみられる松江城五葉A類の文様は、築城期から暫く続いたとみられる下向三葉B類からは系譜が繋がらない。十七世紀の製品とみられる米子城の軒平瓦にモデルとなった可能性がある文様を持つものがあるが、五葉A類そのものは確認されないから、米子城下で作られたものではない。いっぽう江戸中後期の松江城下は、絵図をみても堀尾期や京極期に瓦工が居た外堀北岸を含めて、瓦作りが行われていた形跡が窺えない。断然、近隣郊外の可能性を考えるべきである。

江戸後期の松江近郊では本庄（松江市本庄町）、意東《いとう》（松江市東出雲町）、島田（安来市島田町）、秋鹿《あいか》・長江（松江市秋鹿町・東長江町）といった農村部に瓦産地があったことが分かっている。いずれも宍道湖・中海の水運と深く関わった立地に違いない。また、出雲西部の大津（出雲市大津町）も著名な瓦産地であった。今は操業が途絶えた産地が多いが、これらの瓦産地を歩いて寺社や民家に残る瓦の文様を点検すると、各産地ごとに固有の文様が容易に抽出できる。消費地では様々な産地の瓦が混じっている可能性があるが、生産地では地元で使う瓦は操業中である限り当該地産が卓越するに違いないからである。各地とも現役品は石州瓦が卓越するが、江戸後期から明治～昭和にかけての燻瓦が、古材流用品などとして今なお葺かれている建物や、建物解体後に野積みされている場所がある。

結論として、松江城五葉A類を焼いたのは、少なくとも最終的には本庄に拠点をおいた瓦工人と判断できる。本庄では五葉A類とまったく同文の瓦が複数地で確認でき、古い燻瓦の主体を占めている（写真6）。この文様は他の瓦産地では確認できていない。実は本庄の瓦工について、天守の解体修理時に須田主殿氏によって確認された嘉永二年（一八四九）の文書がある。御用を勤める瓦工としての復権を求めた嘆願書で、先祖は堀尾家の代に苗字帯刀を許されて瓦丁場として六畝の広さの土地を拝領し、天守を始めとした松江城内の建物の瓦を作っていたが、松平家の代に至って、同面積の土地を本庄に貰い、天守補修用の瓦を作ったとの由緒が記されている。天守補修時との文言は先述の五葉A類出現に関わる見通しと見事に重なってくる。なお、この嘆願書では、本庄の瓦工人の始祖は「備前国瓦師　八兵衛」としている。江戸後期の米子城下の大工町で城の瓦を焼いた「松原仁兵衛」も先祖は播磨から備前を経由して米子に来たとしている。御用瓦工の変遷の話と自分の家の系譜をごっちゃ混ぜにしている可能性など、この種の由緒書きは鵜呑みにできない性格の史料であるが、先にみた富田城・米子城・江美城に関わる瓦工人が先に岡山城の瓦を作っていたと判断できることに照らして示唆的である。十六世紀末から十七世紀にかけて、岡山から出雲・伯耆への瓦工人の流れは複次的にあったかも知れない。

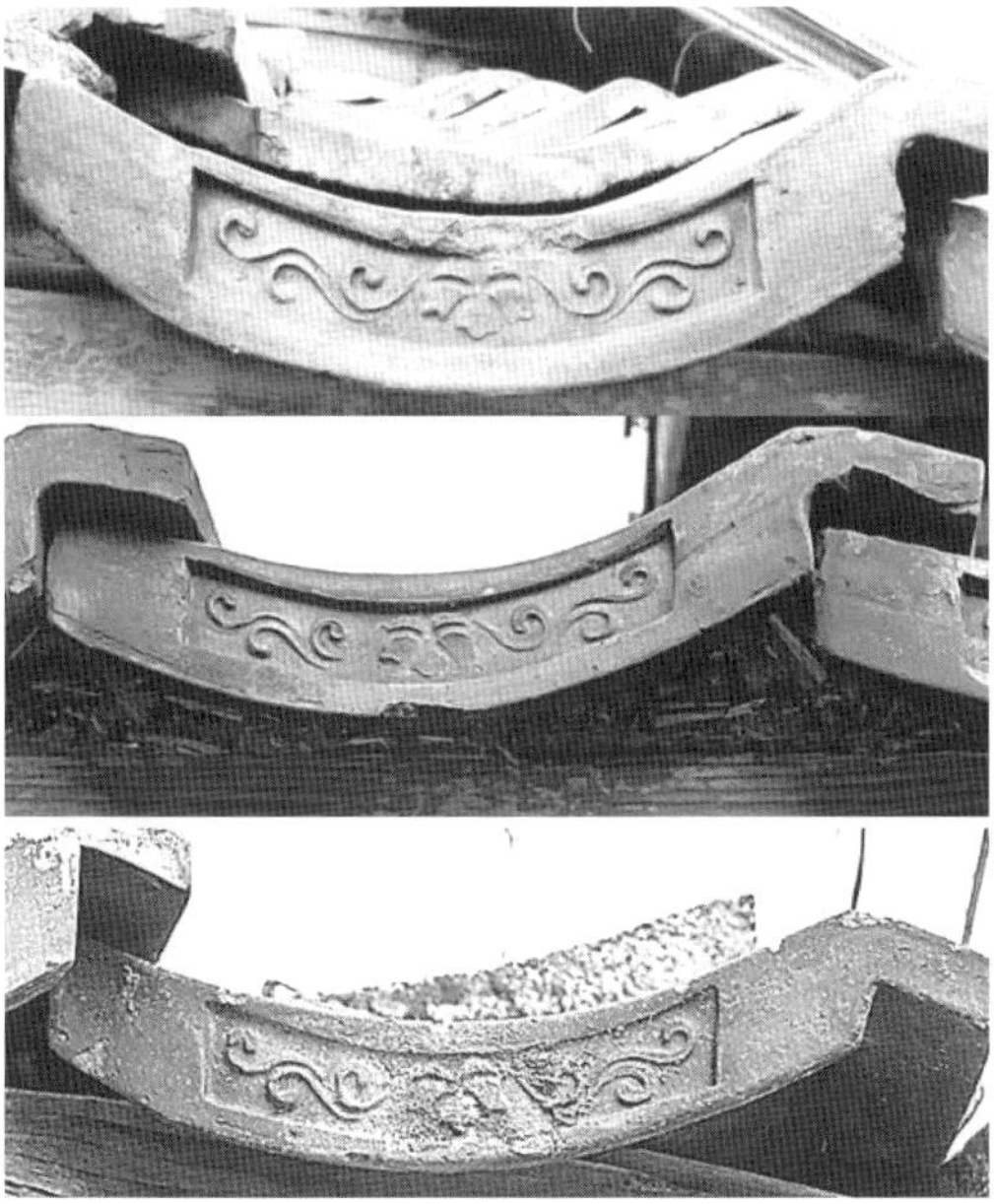

写真６　本庄で確認できる軒平瓦

松江城の中心飾橘の軒平瓦は、先述のように大坂式に分類され、十七世紀末以降の特徴である下萼が二股に分かれるものが主である。橘の実が小さな古相品から、実が大きく柿実形の新相品まで含んでおり、継続的に製作されたものと見通せる。松江城の平瓦には「大坂瓦屋左右衛門」と明記した印を小口に押すもの（写真７）があって、大坂の瓦工人自身による製品が少なくとも一部に含まれることが分かる。ただし、軒平瓦へ押印したものは未確認で文様や特定の瓦笵との直接関係の把握にまでは至っていない。左右衛門が作った瓦が松江城にあるとしても、大坂で焼いた瓦を運び込んだのか、松江へ出張して焼いたのかの吟味は今後の課題である。

写真７　松江城平瓦の左右衛門印

いっぽう、大坂式の瓦は地場である秋鹿・長江でも焼かれたと判断できる。この地を歩けば、松江城で確認できる橘文や蓮華文と同文のものが、大量に確認できる。大坂式の亜流や中心飾りの橘が崩れたものを含むが、左右の萼の先端をきちっと二股に割るという原則を昭和まで貫いて、真正の大坂式と言ってよいものも含んでいる。実は明和二年（一七六五）の文書では長江瓦の創業者とされる衣更《いざら》源左衛門が、二十歳の時に大坂の瓦所で修業し、五年後に長江に帰って瓦を焼いたという記述がある。文書に示された経緯は、秋鹿・長江が正統な大坂式文様を採用したことと見事に合致する。

本庄は地域の独自性が強い文様、秋鹿・長江は大坂式をストレートに受け入れた文様で、両産地の瓦は江戸後半期の松江城や城下町で双璧をなしたとみられるが、松江内外に残る製品の年代観からすると、本庄は廃業が古いようで近代まで継続した痕跡は確認できない。本庄の瓦工人が嘆願書を書いた嘉永二年（一八四九）までには、松江藩の御用瓦の担い手は秋鹿・長江に本拠をもつ工人を主力とする形に移行していたに違いない。

（乗岡　実）

コラム

## 石垣に印された分銅文

外曲輪から中曲輪に登る階段に面して北側には、東西四・六m、南北六・四m、高さ三mの石塁［D03～09］がある。昭和五十五年（一九八〇）に解体修理が行われ、一部の石材の位置が入れ替わっているが、原形は築城期のものである。築石は矢田石が主体で、角石は方形度が高く、一部はノミキリ加工が施されている。築石も面が平滑なものが多く、緻密に組み立てられている。

この石塁の最大の特徴は、城内主動線上に軍事的要衝を造りだすことと、通路に面する東・西・南の各面に堀尾氏の家紋である分銅文の刻印が合計一六個も施されていることである。分銅文の刻印はこの場所に一極集中している。最大のものは直径が三六cmもあり、二〇cmを超えるものが多い。松江城の刻印としては破格の大きさである。分銅文刻印は明らかに見せることを意図したもので、この城が堀尾氏のものであることを誇示するものであったに違いない。他種の刻印とは意味が違う。

また、外曲輪北部の北惣門橋西詰南脇、橋板より低い位置の石垣中の築石には分銅の一部とも見られる図形と沢潟《おもだか》（面高草《おもだかそう》）とが併刻されている。沢潟の刻印は松江城内で唯一であるが、沢潟は水草の一種で桐とともに豊臣一族を示す紋として知られる。岡山城でも秀吉ファミリーの一員であった宇喜多秀家あるいは同じく小早川秀秋に関わる沢潟の軒平瓦が桐紋の軒丸瓦と共存しているし、秀吉の甥の秀次の旗印が沢潟であることは良く知られる。堀尾吉晴は慶長九年（一六〇四）に豊臣秀頼から豊臣姓を与えられているから、家を示す紋である分銅と姓を示す沢潟の併刻は合理性がある。

（乗岡　実）

中曲輪南石塁の分銅文大形刻印

北惣門橋西の沢潟＋分銅？刻印

コラム

# 屋根瓦に印された分銅文

堀尾氏家紋の分銅文を主文とする松江城の瓦は現状では棟込瓦（114頁図11―10）が確認できるだけである。

いまの天守の鬼瓦は鬼面が目立つが、築城期に遡る製品ではない。文様を貼り付ける台は、上板に垂直に側板を貼り付け全体が箱形となる新しい技法に依っている。

それでは、築城期の鬼瓦はどのようなデザインであったのか。鍵となるのが、堀尾氏菩提寺の圓成寺（松江市栄町）所蔵の一個の鬼瓦である。元は何処にあったかは不詳であるが、分銅文の鬼瓦で、抉りの形から大棟用と判断できる。台が薄く裏から削込み、裏の把手は貼付ではなく削込みによる造作で、頂部には上に付く鳥衾と接合用のW字の抉りを入れるなど、慶長年間頃の特徴を示している。この鬼瓦自体は大きさから天守用であったとは考え難いが、松江城の主要建物に、こうした分銅文の鬼瓦が掲げられていた可能性が大いに見えてくる。

二之丸の出土瓦には、堀尾氏家紋の一つである抱冥加ともみられる鬼瓦片があるし、松江歴史館敷地からは住人である堀尾采女家（揖斐氏）の家紋である桔梗紋を印した棟込瓦も出土している。やはり堀尾期の意匠瓦は鬼より家紋系が多かったのではないか。

なお圓成寺鬼瓦の分銅文は外形が正円で抉りも正円状である。城内出土の棟込瓦や中曲輪石塁の刻印も同じで、良く知られる外形楕円の分銅とはやや異なるものであったのが分かる。また抉りが上下で、左右にある棟込瓦と向きが違う。中曲輪石塁の刻印石も抉りを上下に据えたものが多く、紋として両者が併用されたとみられる。

城内出土の軒平瓦の側区、丸瓦の体部、平瓦の小口には小さな分銅文の刻印を押したものがある。城主の紋であるので瓦工人個別を示すとは考えられず、城内建築に供する御用瓦の検印であった可能性が浮かぶ。この観点では、同笵の軒平瓦で城内出土品は分銅文、松江歴史館用地の家臣屋敷出土品は菊文のものがあり、示唆的である。

（乗岡　実）

圓成寺の分銅文鬼瓦の表

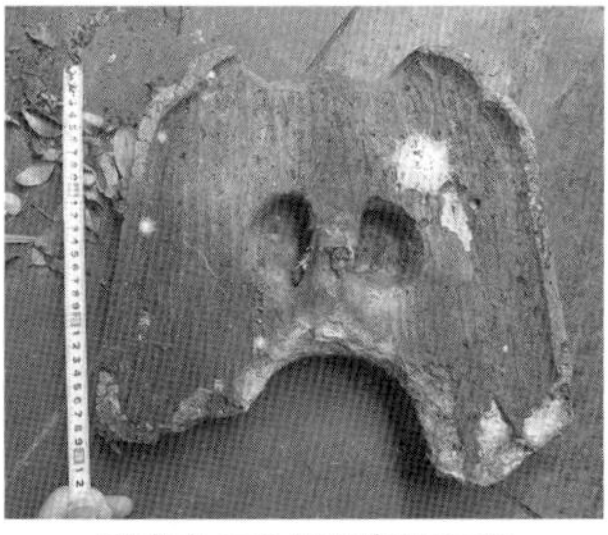

圓成寺の分銅文鬼瓦の裏

# 第五章　松江城と城下町松江

## 一、松江城築城とその後の推移

堀尾氏によって慶長十六年（一六一一）に築城された松江城は、京極氏の時代を経て、寛永十五年（一六三八）、松平直政の入封以後は松平氏により維持管理され、明治時代を迎えたが、天守のみ残され、他の城郭施設は全て取り壊されてしまった。今、松江城には、天守以外にどのような建物があったかは、城郭図等を通してしか知る由もないが、本丸・二之丸・三之丸には数多くの城郭施設があった。

松江城について、『新修島根県史　通史篇一』では「第四部　近世　第一章　諸藩の成立　第二章　諸藩の成立事情」の「松江築城と城下町」の中で、断片的であるが、「（前略）本丸・二之丸の地ならし工事を完成したが、以上は初年度の工事である。」、「第二年度に本丸の石垣工事、天守閣の土台石垣および内壕工事に着手し、天守台を同年中に完成した。」、「第三年度は天守の建造、二の丸の坂口・大手口の枡形・大手口の濠の石垣・三の丸御殿の建築に着手、翌四年度には天守および三の丸御殿が竣工し、塁濠もまた完成したのである。」などと記されている。そして、「吉晴はこの年、築城工事のほぼ成るのを見て、六月十七日松江城内において没した。ときに六十九歳。これがため松江築城工事は、これをもって一応終了した。したがって見方によっては松江城は未完成の城とも考えられる。」と、松江城の築城は吉晴の逝去に伴い、ひとまず終了したとも記し、この時点で、城郭全体は未完だったとしている。さらに、「松江城の構造（構成）」については「このように竣工した松江城は、東西二町五七間二尺五寸、南北四町五六間一尺の規模で、城内は丘陵部と平地部とにわかれる。丘陵部が軍事的に重要な曲輪で、この丘陵の中央最高所に本丸、その東（南の間違）に一段低く二の丸があり、囲んで水濠がある。（中略）この（天守）ほか本丸には諸櫓があって、望楼、防禦の拠点となり、平時には武具の倉庫として利用されている」、「二の丸は東・西の二段に分かれ、西側が一段高く、松平氏二代藩主綱隆のころまでは藩主が居住したところである。その西半には御書院・月見御殿・長局などがあり、東半には御広間があった。御書院は藩主が政務を執るところで、御上段の間・上の間・縁通りなどがあり、その後藩主が三の丸に居住するにおよんで軍用方御役所が置かれた。長局は御女中の居住したところであり、大広間は公的な用務に使用されたものと思われる。現在、二の丸はすべて取り払われ、旧御書院跡には松江神社、長局跡には同社務所、月見御殿の跡には興雲閣が設けられている」とある。そして「三の丸は堀尾忠晴の代に築城されたもので、その後京極氏により修築されて完成したといわれている。東西一町一一間（一二八m）南北一町二間（一一一m）、やや長方形をなし、四周に石垣を築き水濠をめぐらしている。東側を大手とし、三の丸表門があり、北・西・南には廊下橋があって、それぞれ二の丸・お花畑・御鷹部屋へ通じていた。郭内には総建坪一四一七坪におよぶ広大な建造物があり、三代綱近以降、歴代藩主の住居したところである。三の丸の建造物は明治八年（一八五七）入札払下げられ、現在は島根県庁舎の敷地となっている。」とも記されている。

『新修島根県史』の「松江築城と城下町」は、松江城の築城とその後の推移をおおまかに伝えるものではあるが、では松江城の天守及び城郭施設は、具体的にいつ頃、どのように造営・整備され、また維持されてきたのだろうか。

## （1）文献を通して見る松江城の推移

ここでは、まず松江城天守の創建及びその構造的な特色を述べ、続いて、本丸・二之・三之丸の城郭施設がどのような経緯を辿ってきたか、それぞれの城郭施設がどのような特色をもっているか。『竹内右兵衛書つけ』（松江歴史館蔵、松江市指定文化財）、『御作事所御役人帳』（野津敏夫家蔵）、『松江藩列士録』（国文学研究資料館蔵）、『松平家家譜』（島根県立図書館蔵）などの記述史料を通して確認し、考察を加えてみたい。

### 堀尾氏・京極氏の時代

松江城の築城は慶長十二年（一六〇四）に始まり、本丸・二之丸がほぼ出来上がったのは慶長十五年（一六一〇）末と思われる。翌十六年（一六一一）正月には天守成就の祈祷が行われているからである。しかし、この年の六月十七日に吉晴は亡くなり、松江城の整備は中途のまま月日がながれる。三之丸の整備は忠晴の代に継続して行われているが、忠晴は寛永十年（一六三三）九月二十日に逝去し、堀尾家は断絶し、三之丸の整備は次の藩主・京極忠高によって引き継がれたと考えられている。忠高は寛永十四年（一六三七）に逝去し、後を継いだ養子の高和は龍野（兵庫県）に移される。こうして、三之丸の整備は十分に行われないまま、松江藩は京極氏から松平氏の治世へと移行したと思われる。

## 松平氏の時代

寛永十五年（一六三八）、松平直政が松江藩主になるが、『御作事所御役人帳』を見ると、御作事所では城普請が年々増えている。その理由ははっきりしないが、城普請の増員は城郭施設の整備に伴うものだったように思われる。

二代綱隆から三代綱近と藩主が変わるころ『竹内右兵衛書つけ』には「城郭の部」が記録されている。この頃には、本丸にあった「御薬蔵」や「家」（藩主の住いか）はすでに取り壊されており、二之丸の下台所とそれにつながる廊下部分は作事小屋とその物置になっている。最後の「新御屋敷之内」の記述は「南ノ表長屋三間梁ニ拾五間未申ヨリ辰未ニ当リ棟立」の一項目で終っている。「新御屋敷」は松江城の北東部にある「上御殿」（この一画には現在、松江護国神社がある）と考えられるが、この新御屋敷は、建築中だったと思われる。また、『竹内右兵衛書つけ』の「本丸二丸下ノ段」には「荻田表長ヤ」の記述があり、荻田居所が既にあったことも分かる。

『御作事所御役人帳』で、三之丸の城郭施設についての記述を見ると、元禄三年（一六九〇）の「三丸新御寝間出来」が初出で、その二年後に「万姫様御殿」や「奥御殿」が新築されているのが分かる。

上御殿には、元禄九年（一六九六）頃に幸松丸（後の四代吉透）の「新宅」ができているが、これは享保十八年（一七三三）の火災で類焼し、以後、ここに建物が建てられたという記録は見えない。

三之丸には「御仕立所御座間」（享保七年（一七二二））、「御唐門」（同八年（一七二三））、「御仕立所納戸、御湯殿」（同十一年（一七二六））、「御仕立所御部屋」（同十四年（一七二九））、「御二階座敷」（同十六年（一七三一））などの建築工事がほぼ年次的に行われているが、これらの記述から、三之丸に藩主のための住居関連施設が本格的に整備されるのは、五代宣維の頃からと見なすこともできる。

その後の経緯を『松江藩列士録』『御作事所御役人帳』で見ると、六代宗衍《むねのぶ》の代の終盤になって、「御仕立所御住居替」（宝暦五年（一七五五））、「三ノ丸奥御殿御普請」（同九年（一七五九））、「奥御殿・外回り修復」（明和二年（一七六五））などがあり、七代治郷の代になって、三之丸御殿の「屋根修理」（明和五年（一七六八））が行われ、修復も一段落したかと思われるが、その後の修復・改築などは、「奥新座敷の建築」（安永三年（一七七四））、「御寝所建継」（同六年（一七七七））、「御書院修復」（同年）、「御仕立所長局の普請」（天明九年（一七八九）頃）、「奥御殿建直し」（寛政元～二年（一七八九～九〇））、若殿様（後の衍親《のぶちか》）御殿の新築（同四年（一七九二））、大奥御殿の普請（同五年（一七九三））、御仕立所の建直し（同十二年（一八〇〇）頃）と絶え間なく続いていたことも確認できる。

その後、八代斉恒《なりつね》の代になると文化七年（一八一〇）頃に三之丸では大奥御殿の修理が行われている。これ以後は、九代斉貴《なりたか》の代に御花畑にあった御茶屋が取り壊され、十代定安の代には御花畑に観山御殿が建てられたりしているが、本丸・二之丸・三之丸の城郭施設の修理に関する記録は確認されていない。

天守修理について見てみよう。

初代藩主直政の事蹟を書きとめた『藩祖御事蹟』には「竹内有兵衛（中略）天主の御修復を命ぜられしかば（中略）天主の雛形を作りて御修復に取懸り、遂に思う如くに成功せり」とあるが、これ以外には直政の時代の修理記録はほとんど見出せない。

『重要文化財松江城天守修理工事報告書』（昭和三十年（一九五五））には、修理工事で確認された天守墨書記録がまとめられているが、それを見ると、一番古い墨書は延宝四年（一六七六）の「延宝四年卯月□□　大工□左衛門」である。また、元禄十三年（一七〇〇）には「北側張出建破風」（三層目の入母屋破風か）の懸魚《げぎょ》六葉が取り替えられていると思われる。

なお、『松江藩列士録』では斎田彦四郎の項に「享保三年六月十八日　御天守小形拵差上付而為御褒美二百疋被下之」とあり、天守の模型が、この頃、御大工斎田彦四郎によって作られていることが確認できる。

また、『天隆院（宗衍）年譜』（島根県立図書館蔵）の元文三年（一七三八）には「是日告ルニ月相府似ス雲藩松江城　天守遂テ年致シ損スル五層皆朽ルニ故斬修之」と記されているが、この頃から天守の本格な修復が始まったと見なしてよさそうである。

この後では、「元文四年四月廿日　檜皮中満といふ□□□」、「（表）寛保元年酉　（裏）檜皮　権四郎　酉五月廿日」、「寛保三年亥四月廿九日　大工定次郎」などの墨書が天守三重、四重の屋根にあったことが確認されているが、『松江藩列士録』（竹内左助）には「（寛保三年八月十八日）御天守御修復御用出精付而、為御褒美御帷子一銀五枚被下之」とある。これらのことから、元文三年（一七三八）頃から始まった天守の修復は寛保三年（一七四三）にはひとまず完了したと見なしてよいと考えられる。以後の修理を墨守記録などで見ると、江戸時代には文化十二年（一八一五）の五階東棟の修理が確認されているだけで、明治を迎えることになる。

## （2）城郭図を通して見る松江城の推移

ここでは「堀尾期松江城下町絵図」（以下「堀尾図」）（島根大学附属図書館蔵）、「寛永年間松江城家敷町之図」（以下「京極図」）（丸亀市立資料館蔵）、「出雲国松江城絵図」（国立公文書館蔵）、「御城内絵図面」（国文学研究史料館蔵）を取り上げる。

### 「堀尾期松江城下町絵図」（「堀尾図」）

「堀尾図」には制作年代は明記されていないが、『堀尾忠晴給帳』（寛永年間）との照合研究から、寛永五年～十年（一六二八～三三）に描かれたものと見られている。

なお、「堀尾図」は松江城下全体を描いた絵図であるが、天守を中心とする松江城の郭内はやや大きめに誇張して描かれている。建物は位置関係が確認できる程度に大雑把な描き方であり、この図によって城郭施設を正確に把握することはなかなか難しいが、本丸・二之丸・三之丸に描かれている図を見ると、当時の建物の輪郭が想定できる。三之丸に架かる橋も屋根を付して描かれているので御廊下橋は堀尾期に既に架かっていたものと見なすことも可能である。

### 「寛永年間松江城家敷町之図」（「京極図」）

「京極図」は「堀尾図」と大きさや構図が酷似しており、堀尾図を参照に描かれた松江城下図で、「堀尾図」同様に本丸・二之丸部分が大きく描かれ、三之丸はやや縮小されている。ただ、三之丸に架かる橋は二之丸につながる橋といわゆる助次橋は描かれているものの、「堀尾図」にはっきりと描かれている御花畑、御鷹部屋につながる御廊下橋は描かれておらず、また三之丸の表門も描かれていない。このような書き落としがあるところをみると、城郭部に限っても正確さは「堀尾図」より少し劣ると思われる。本図の作成年代ははっきりしないが、城郭部の一画に「京極刑部」と記されている京極刑部は京極忠高の末期養子である。とすると、本図は寛永十四年（一六三七）頃に描かれたものかと思われる。

### 「出雲国松江城絵図」

「出雲国松江城絵図」は幕府に届けるために描かれたいわゆる「正保城絵図」である。本丸・二之丸がやや大きめに描かれているが、前記二つの図より図面の精度はよくなっている。堀には長さや深さが、石垣にも長さや高さが記され、天守や櫓、門、太門などの建物は大半が屋根の形が分かるように立体的に描かれている。立体的に描かれている天守は、一重屋根と二重屋根に千鳥破風が描かれており、現天守とは異なる描写となっている。なお、堀に囲まれている本丸・二之丸・三之丸には、堀際に塀や櫓は描かれているものの、内には井戸以外、建物は何も描かれていない。

**「御城内絵図面」**

「御城内絵図面」は一間四方を一目盛りとする方眼紙に城郭全体が描かれており、本丸・二之丸・三之丸では、どのような位置に城郭施設があったかよく分かる。よく見ると、建物や石垣の位置や形態は「松江城縄張図」や「御三丸御指図三枚之内」とよく似ており、本図はこれら実測図をベースにして描かれたものと考えられる。また、多くの建物には屋根の形態も分かりやすく描かれている。

以上の図面四点を元図にし、内堀内部の城郭部を上書きしたのが**図1**・**図2**・**図3**・**図4**である。これらの図四点を通して松江城城郭施設の推移を考察してみよう。

**堀尾期の松江城**

**図1**で松江城を見ると、松江城は本丸・二之丸・三之丸が堀に囲まれ、その西に「花はた」(御花畑)がある。これら本丸には天守や櫓以外に建物も表示されている。これらは『竹内右兵衛書つけ』にある御薬蔵、家(本丸御殿か?)、御台所などにあたると思われる。二之丸にも櫓の外に、多くの建物表示がなされている。これらも『竹内右兵衛書つけ』にある長局《ながつほね》長屋・御式台・御広間・下台所・御書院・上台所・御広式《ひろしき》・御風呂屋などと見なしてよいだろう。二之丸下ノ段の南御門、その前の枡形、柵門、そして東御門なども確認できる。三之丸にも建物と思われる形が描かれている。東南部の図形は玄関・御広間・御書院など表向きの諸施設であると思われる。そうすると、その背後の図形からは台所や藩主の居住施設が想定できる。

堀尾氏の松江城築城は未完のまま終ったと言われているが、この図を見る限り、今日、我々が知る松江城の本丸・二之丸・三之丸の全容は、堀尾氏の時代にほとんど完成していたとも考えられる。

なお、三之丸について『新修島根県史』は「堀尾忠晴の代に築城されたもの」と記しているが、『堀尾古記』にある「(寛永)六、己巳　御屋敷御作事、二月廿三日御作事初、閏二月十六日ニ釿始」は、三之丸の作事(建築)を指しているようにも思われる。

## 京極期の松江城

図2で京極期の松江城の変化を考察してみたい。前述したように「寛永年間松江城家敷町之図」には不正確な部分もあり、京極時代の松江城の城郭施設の全容を全面的に信頼することは難しいが、『新修島根県史』には「(松江城は) 京極氏により修造 (補修) された」とあり、『京極忠高の出雲国・松江』にも「三ノ丸は (京極) 忠高が修補を行ったといわれていますが、事実の可能性は高いと思われます」とある。**図1**と**図2**を対比することによって、京極期の松江城について堀尾期との違いを考察してみたい。

本丸は堀尾期とほとんど変わっていない。二之丸には西ノ門や三ノ門が描かれていないが、その構成は、基本的には変わっていないと見てよさそうである。本丸北の後曲輪には細長い線が二本、平行に描かれているが、東御門から北西の中原口に通じる道は京極期に整えられたかと思われる。また、後の「上御殿」と思しき場所は四角に区画されて「京極刑部」と記されている。この「京極刑部」は忠高の末期養子・京極刑部高和であろう。寛永十四年 (一六三七) 六月十二日に忠高が亡くなると、京極家は改易となり、養子の高和は播磨国 (兵庫県) 龍野藩に転封となるが、それまで、この一画は高和の居所になっていたとみなしてよいと思われる。

三之丸では、南東部にある玄関・御広間・御書院など表向きの施設等について堀尾期のそれと相違はあまり見られないが、北西部分では**図1**と描写がやや異なっている。この部分は、後の藩主の私的な生活空間になる場所で、後 (松平氏の時代) に奥御殿・御風呂の外に女中部屋・長局などが建ち並ぶことになるが、当時、既にこのような施設があり、修造 (補修) が繰り返されたと思われる。本図には東側の表門が描かれていない。また、前述したように三之丸には御廊下橋も描かれていない。三之丸の「修造 (補修)」は、表門の建替え、御廊下橋の付け替えなどのことを暗に伝えているのだろうか。

## 正保期 (一六四四~四七) の松江城

**図3**を見ると、本丸・二之丸・三之丸は、石垣上に櫓や太門・塀があり、各曲輪を取り巻いている。その内側には本丸に天守は描写されているが、井戸以外に施設は何も描かれていない。これら城郭内の描写は、全国の「正保城絵図」に共通して見られるが、幕府による各藩の城郭規制は、天守の他は、石垣やその上に建つ櫓等に留まり、その内側の城郭諸施設の修造等については届け出を必要としなかったと思われる。

天守は前述したように現存天守の姿とは異なっている。例えば、外観は層塔型の五重で、初重屋根の東面と二重屋根の南面にはそれぞれ比翼千鳥破風が、四重屋根の東面には唐破風が描かれており、外壁は、各重ともに壁が腰から上を白漆喰仕上げのように描かれているが、『竹内右兵衛書つけ』にある天守の記述ともやや異なる。このような天守の描写を、どう解釈すればよいのだろうか。「正保城絵図」として幕府に提出された絵図であり意図的に天守を立派に描くようなことはなかっただろう。天守だけがやや誇張されて描かれているようにも見えるが、初期の松江城天守の形態を検討する判断材料の一つになると考えられる。

なお、本丸・二之丸の門や櫓などは、大半が入母屋造の漆喰仕上げで、祈祷櫓・南御門・北御門の屋根には天守と同様に鯱《しゃちほこ》が上がっている。

外曲輪のうち、二之丸下ノ段には全体を取りまくように南・東・北の三方に長屋が描かれている。ここに米蔵二棟が建っていたことは「松江城縄張図」(松江歴史館蔵)で確認できるが、ここに米蔵が建つのは松平氏の治世になってからなのだろうか。二之丸下ノ段の城郭施設については「堀尾図」や「京極図」にも何らかの施設の描写が窺える。また、後曲輪の「京極刑部」の居所だったと思われる場所には東側に門と塀が描かれて「侍屋敷」と記されている。誰の屋敷かは分からないが、正保頃、ここは家臣の屋敷になっていたのかもしれない。さらに、その北方の一画には「宮」と記されているが、この場所は「城山稲荷神社」にあたる。この神社は松平直政入府以後に創建されたと伝わっているが、堀尾期にもこの辺りに八幡社があったとも言われている。「稲荷神社」の創建については、さらに研究されなければならないだろう。

なお、石垣について見ると、**図1**、**図2**と異なるのは、本丸の西側に石垣がさらに二段描かれているところである。とすると、これらの石垣が築かれるのは寛永十六年(一六三九)以降だろうか。

なお、**図3**には六カ所に井戸が描かれているが、これらの井戸の多くは築城時からのものかと思われる。

## 享保期(一七一六〜三五)の松江城

**図4**は、松平氏の治世に移ってからおよそ八十年後の松江城の姿を描いたものである。三代綱近治世の代(一六七五〜一七〇四)には城郭の調査や実測が詳しく行われ『竹内右兵衛書つけ』に「城郭ノ部」が記され、「御本丸二ノ御丸三の丸共三枚之内」並びに「御城内縄張図」などの実測図が作成されている。そして、これらの

実測図をベースにして描かれたのが「御城内絵図面」とみなされる。一マス一間四方とする方眼紙に石垣や建物などがすべて実測されて描かれているので、城郭図としては先にあげた三つの図に比べ、比較にならないほど正確である。これによって享保年間の松江城本丸・二之丸・三之丸の全容が確認できる。

本丸は天守のほか、四周の櫓や太門（多門）は変わっていないが、内側の「薬蔵」や「家」はなく、「台所」だけが描かれている。

二之丸は、下段に御式台・御広間・御作事所があるが、この絵図が制作された時には、下台所は御作事所に用途変更されていることが確認できる。また、二ノ門脇の御番所には薄紙が貼られている。このことから、この絵図が制作された後、この御番所は取り壊されたと見なしてよいだろう。

二之丸の上段には御書院・月見櫓・土蔵・兵器倉庫（以前は御式台）、そして長局長屋の建物が確認できるが、上台所や御風呂屋には薄紙が貼られている。そして、この薄紙には、二カ所に矩形の池が描かれている。このことから、この絵図が製作された後、上台所と御風呂屋は取り壊され、跡地には方形の池が設けられたと思われる。

二之丸の建物は、その用途が当初と異なり、作事所とか軍用方の施設になっているが、当時、二之丸は藩主の住居としては使用されなくなっていたものと思われる。この頃には、藩主の居住は、完全に三之丸に移されていたと考えてよいだろう。

外曲輪の二之丸下ノ段を見ると、まず、南惣門（大手門）を入った所にある東西に棟が長い建物には「松田七左衛門居宅」と記されている。松田七左衛門は享保期に天守鍵預をつとめていたので、この建物は天守鍵預の居所と見なしてよい。その北側には矩《かね》折りに長屋が二棟描かれている。この二棟の長い建物の内側には「御蔵会所」が描かれている。また、北には、「北御長屋」と記された建物が矩折れに描かれ、その角の東の門は「新御門」と記されている。さらに、南側の長い建物二棟と北側の矩折れの長い建物の内側には南北に長い建物が四棟、東西に長い建物が五棟、計九棟描かれているが、この九棟は薄貼紙に描かれているので、この絵図が作成された後に、増設された長屋であることが分かる。なお、北にある「くの字」の建物（長屋）には薄紙が貼られていることから、この二棟は、この絵図が描かれた後に取り壊されたものと思われる。

上御殿の場所には、入口へのアプローチとなる石段があり、石段の先に門や塀が描かれているが、敷地の内部

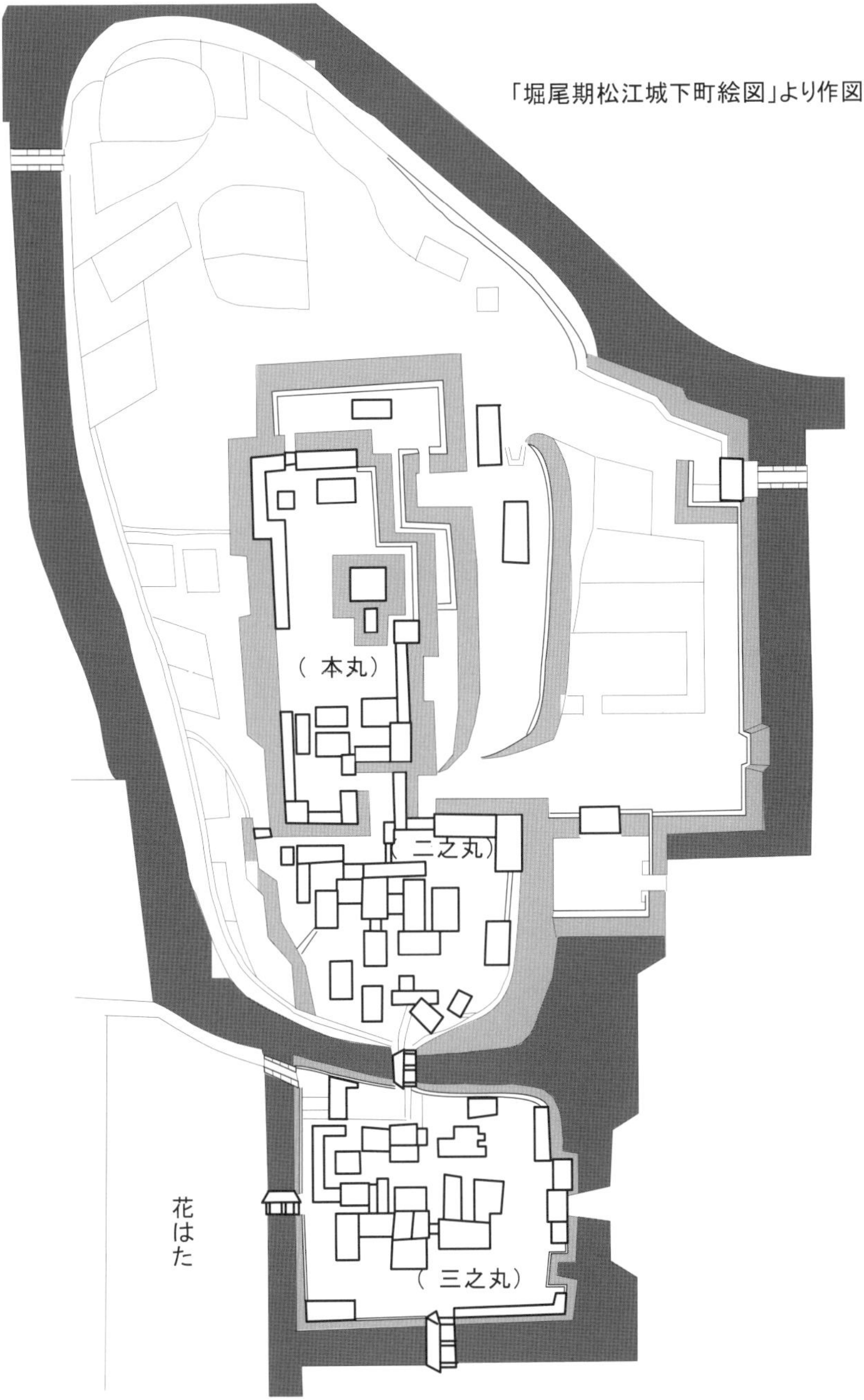


図1　堀尾時代の松江城（本丸・二之丸・三之丸）

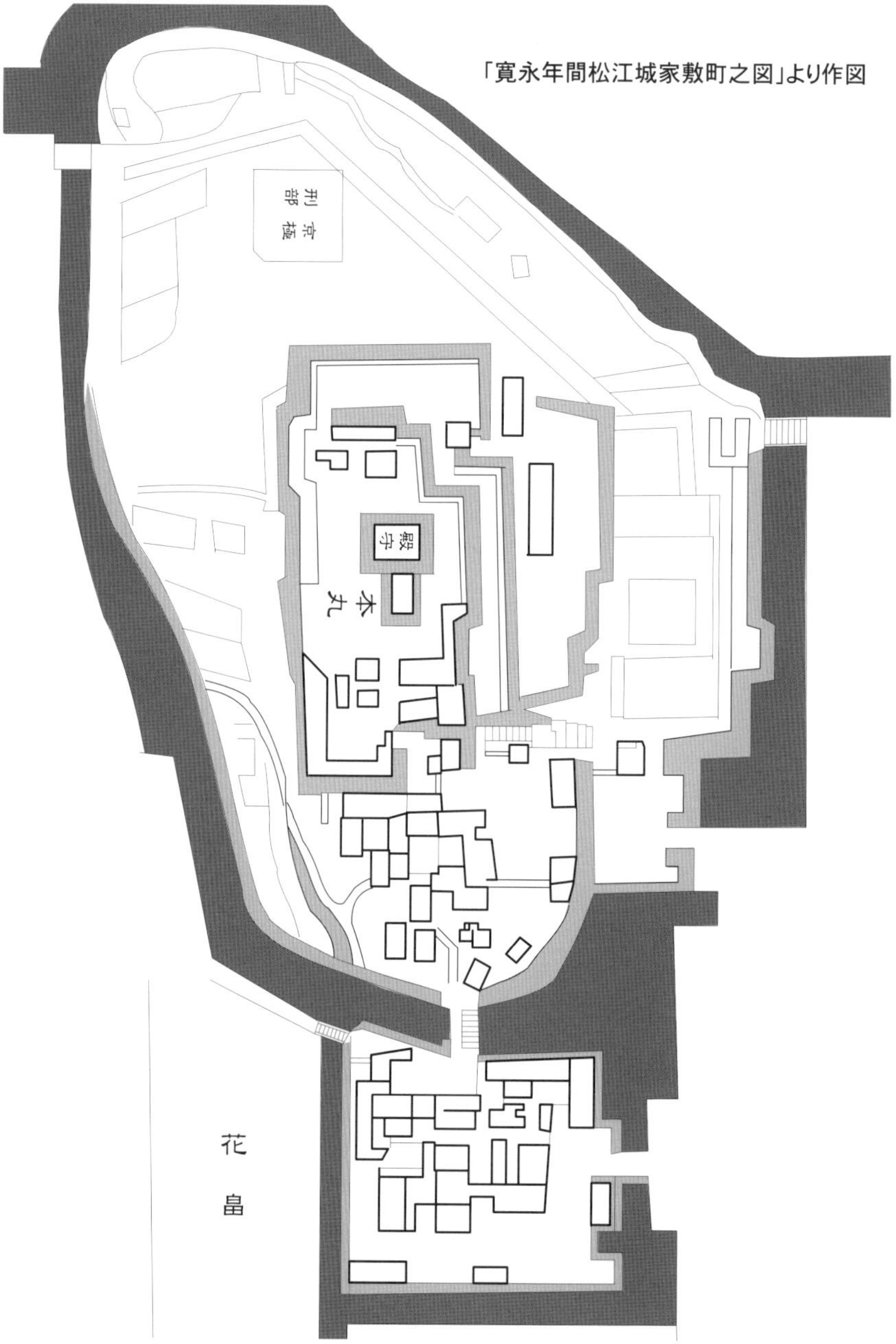

「寛永年間松江城家敷町之図」より作図

図２　京極時代の松江城（本丸・二之丸・三之丸）

「出雲国松江城下絵図」より作図

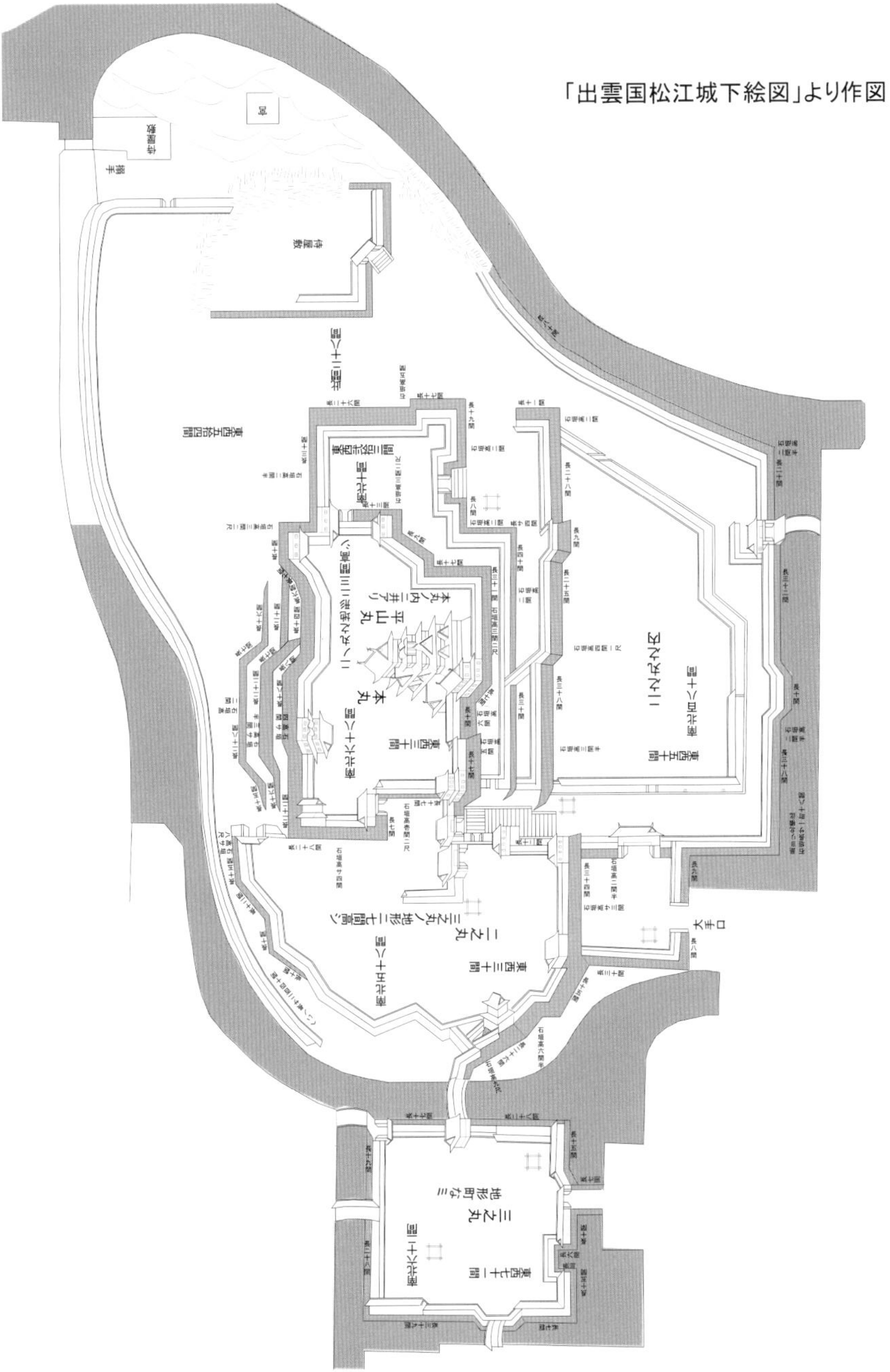

図３　正保期の松江城（本丸・二之丸・三之丸）

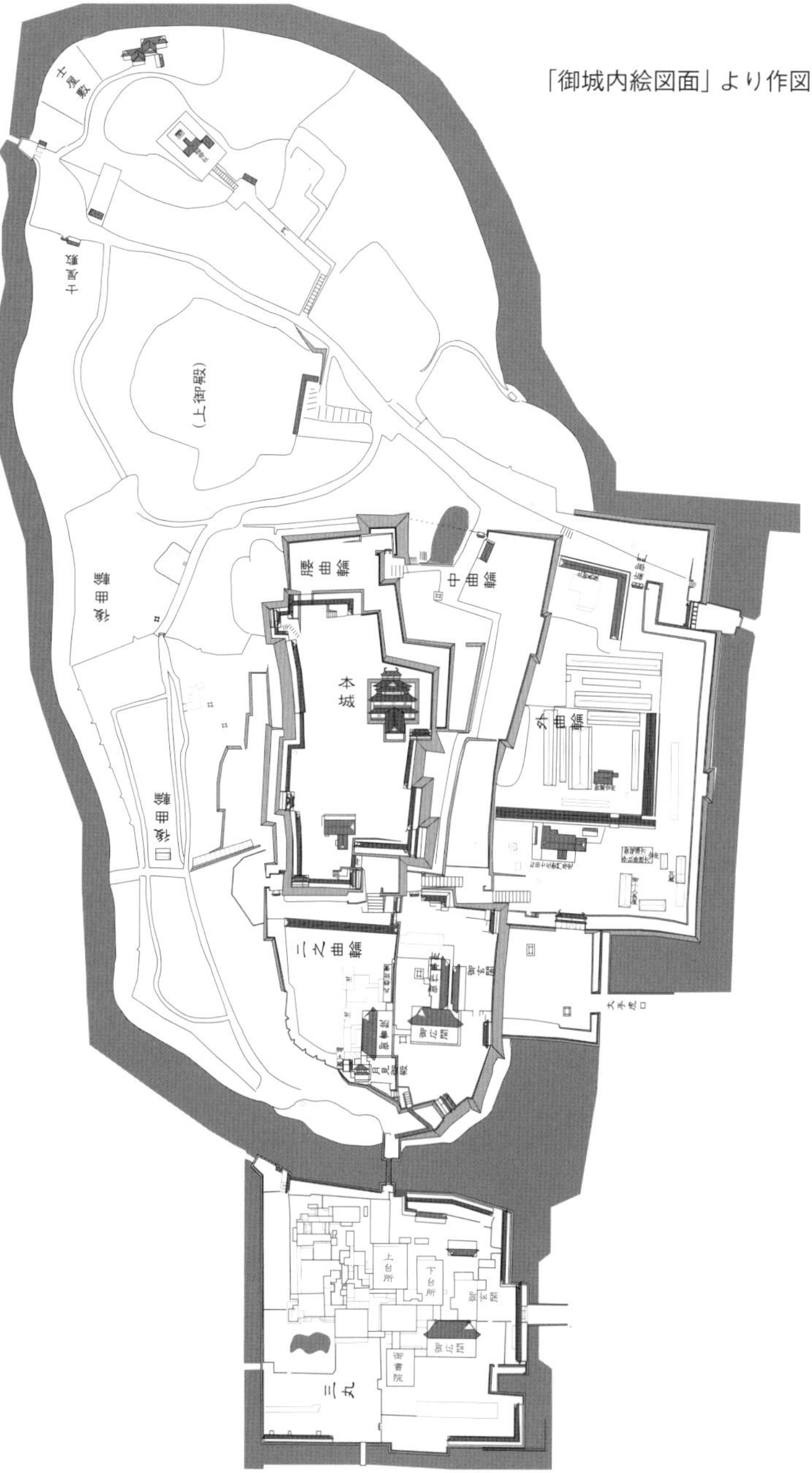


図４　享保期の松江城（本丸・二之丸・三之丸）

には建物は何ひとつ描かれていない。当時、ここには建物はなく、跡地は平地のままになっていたとみえる。

三之丸について見ると、三之丸の敷地形状はほぼ正確で、堀沿いの表門や長屋、土蔵もはっきりと描かれている。内部の諸施設について見ると、名称等は記されていないが、「三ノ御丸指図」と建物配置が非常に似ている。「三ノ御丸指図」によると、当時、三之丸は御玄関・御広間・御書院・対面所・下台所・上台所など公的な建物とともに、藩主の御居間、御寝所など、私的な建物からなっていることが確認できる。また、居間・寝所の南は、塀に囲まれた庭園で池も穿かれていたことが分かる。北西部は女中部屋・長局・奥御殿など奥向きの建物が軒を連ねている。

## (3) 松江城における城郭施設推移の特色

以上、松江城城郭施設の推移を文献並びに城下図等によって見てきた。慶長十二年（一六〇七）に開始したとされる松江城の建設は同十六年（一六一一）正月に天守竣工の祈祷が行われて、ひとまず終了したことになっているが、城郭施設の建設は吉晴逝去後も続けられ、本丸・二之丸・三之丸を含めた松江城の基本形態は、忠晴の代にはほぼ出来上がったと見られる。しかし御殿をはじめとする城郭施設の整備は、京極期そして松平期に引き継がれていたことも確認できた。

慶長十六年（一六一一）に完成したとされる天守については『藩祖御事蹟』に竹内有兵衛が直政の命によって天守の修復を行ったとあるが、直政入封当時の修復の具体的な内容については記録もなく何ひとつ分かっていない。その信憑性は疑問視されている。

墨書の記録に見える修復の初見は延宝四年（一六七六）の「附櫓破風」であり、続いて元禄十三年（一七〇〇）の「天守破風の部分修理」であり、天守の大々的な修復は宗衍の代、元文から寛保にかけて行われたと考えてよいだろう。

この頃の修復では、三階以上の柱や梁などがかなり取替えられたと考えられたようである。松平期の天守の修復については改めて述べることにする。

松平氏の治世になって藩主の居所は二之丸から三之丸に移るとされているが、それが具体的に何年頃かについては、三代綱近の治世の頃とも伝えられているものの、それを確定する史料は現時点では確認されていない。

なお、「堀尾図」をみると、本丸の内にも複数の建物が描かれており、堀尾期には本丸御殿や台所などの建物が建っていたとみるのも可能であろう。

二之丸の内についても「堀尾図」と「京極図」では描かれ方が類似しており、櫓や広間、書院だけでなく、台所や長局などの建物も存在していたものとみられる。

三之丸の内についてみると、「御城内惣絵図面」と類似する建物の間取りが描かれている図面に「三ノ御丸指図三枚之内」があるが、この図には建物に御居間・御寝間・御持仏などの名称が記されているので、これらの図面が作成された頃には、三之丸が藩主の居所になっており、どのような建物が建っていたかも具体的に把握できる。

ところで、「三ノ御丸指図三枚之内」で見る御式台・御広間・下御台所と御書院・上御台所との配置構成は、「松江城縄張図」にある御広間・下御台所と御書院・上台所の配置構成とよく似ている。三之丸の主要な施設は、早い時期に二之丸にならって三之丸に建てられていたと見なしてよいだろう。

なお、**写真1**は昭和二十二年（一九四七）に米軍が撮影した航空写真のうち、松江城周辺部分である。現在島根県庁舎が建つ三之丸の周りには内堀がまだあり、御花畑・御鷹部屋のあった三之丸之内も含めて松江城の輪郭がはっきりと確認できる。現在、島根県庁の南東部の堀は埋まり、県庁前は庭園として整備されている（**写真2**）が、平成二十七年（二〇一五）に南東部の一画が発掘されたところ、内堀の石垣の一部が確認された。三之丸及び御花畑や御鷹部屋があった区域は、江戸時代とは景観も異なっているものの、城郭区域全体からは、その輪郭も読み取れる。城内をみても本丸・二之丸全体は、本丸の後曲輪の一部を残して国の史跡に指定されており、天守が国宝になった現在、江戸時代の松江城全域の容姿を思い描くのは不可能ではない。

写真1
昭和22年当時の松江城周辺

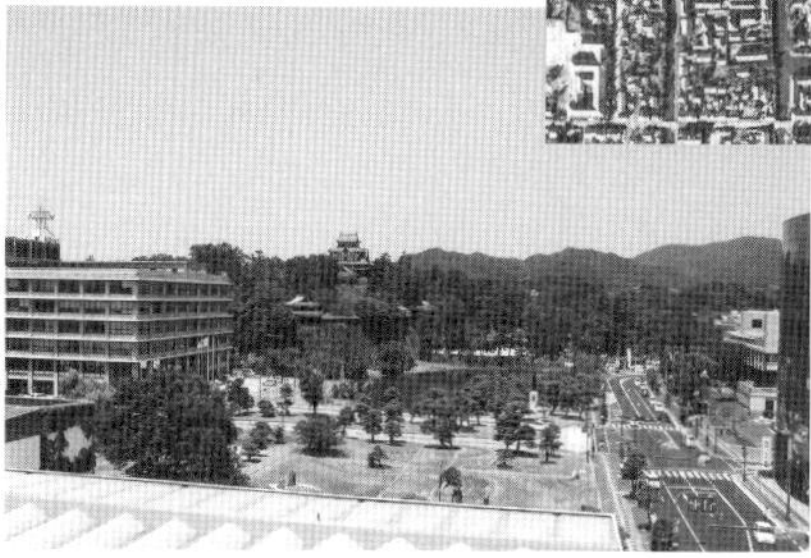
写真2
現在の松江城周辺

## 二、松江城天守

### (1) 松江城天守の創建

宝暦年間（一七五一～六三）の成立とされる『雲陽大数録』の冒頭には「慶長五庚子年十一月、堀尾帯刀吉晴、関ヶ原ノ戦功ニヨッテ、出雲国ヲ賜フ、依テ富田月山ノ城ニ移レリ、此城ハ先主尼子経久ヨリ累代ノ居城ナリト雖モ、元就ト戦ツテ訖ニ落城ス、是掠（京）羅木山対ノ峰トナリ、本城ヲ見透サレシ故ナリト、且天正ノ頃ヨリ鉄炮流布セリ、此城地ハ古来ニ要地ニシテ、弓箭ノ戦ヘハ格別、炮術ヲ防ベキ城地ニ非ス、双方陰山重リ、対ノ峰多シ故ニ、炮術届ヘキ間合、是故ニ落城スト云イ侍リシ故ニ、吉晴城地ヲ改ムト欲シテ、息出雲守忠氏並ニ家臣ト倶ニ、末次ノ郷極楽寺ノ山ヲ城地ト定ム、程ナク忠氏病死セリ、其子山城守忠晴未タ幼稚、吉晴年老タリト云トモ、此大儀ハ天下ノ事ト、衆議一味シテ、同十二歳丁未ヨリ普請始リ、同十六歳辛亥マテ五年ノ間城成就セリ、是今ノ亀田山ナリ」とあり、『松江亀田山千鳥城取立之古説』にも、堀尾吉晴がその子忠氏の死後、忌み明けに家臣を招き、築城の決意をしたとある。これらによると、堀尾吉晴は若くして亡くなった嫡子忠氏の意を汲んで、極楽寺（亀田山）に新たな城を築城することを決める。吉晴は、この時、既に隠居の身ではあったが、藩主である孫忠晴はまだ幼少であり、築城に際しては奥方大方様の助力も受けて事にあたる。石工は近江国より穴太衆を迎え、石切職人も大坂そのほか方々から呼び寄せ、慶長十二年（一六〇七）に築城を開始し、五年の歳月を費やして松江城を完成したと伝える。

ただ、『雲陽大数録』や『松江亀田山千鳥城取立之古説』は後世に記されたものである。一次史料からこれらを裏付けする築城の経緯を探ってみよう。

『堀尾古記』には、慶長五年（一六〇〇）に「出雲御入国十一月」、同九年（一六〇四）に「忠氏様、八月四日ニ御遠行」、さらに「三之介様初而御上洛、十月廿八日富田御立」、同十年（一六〇五）に「吉晴様御上洛、正月廿四日ニ富田御立」、そして「吉晴様、京ヨリ富田へ御帰城、七月廿四日」、同十三年（一六〇八）に「松江越、十月二日」、同十六年（一六一一）の条には「山城様初而江戸御出、二月五日ニ松江御立、五月二日ニ御帰城」とあるし、また、「千家元勝覚書（慶長十三年十一月二十六日付）」には「慶長九年両国造相論、富田奉行所ニ別火祐吉召出」とあり、「別火祐吉誓文（慶長十三年八月晦日付）」にも「慶長九年、両国造□□御供被成御相論候刻、富田奉行□所カ、我等式被召寄」とある。

これらの記録を見ると、慶長五年（一六〇〇）に出雲と隠岐を合わせて二十四万石を拝領した堀尾氏は慶長九年（一六〇四）に忠氏が亡くなった後も、しばらく富田に留まり、同十三年（一六〇八）頃に富田から松江に移ったとみられる。

なお、『徳川実記』の「台徳院殿御実記」には、吉晴が「みづから松江城を築」いたとある。吉晴は幼名を仁王丸といい、初め父の泰晴とともに織田信長に仕え、安土城築城では石垣の普請を指揮したと見られるし、太閤秀吉の下では聚楽第や方広寺の造営にも携わっていたことが知られている。

平成二十四年（二〇一二）五月、松江神社から二枚の祈祷札が発見された。この祈祷札二枚は、元々松江城天守地階の中央の柱二本（天守最大柱、地階～一階の通し柱、**写真3**）に打ち付けられていたものであることが判明し、一枚には両脇に「慶長拾六年　辛亥　大山寺敬」および「正月吉祥□（日か）□（白か）」と、中央には「奉轉讀大般若経六百部　武運長久処」と記されていることが赤外線写真によって確認された。この祈祷札は慶長十六年（一六一一）の正月に大山寺（鳥取県）の僧侶が天守の完成を祝して大般若経六百巻を、大山寺の

写真３　祈祷札が打ち付けられていた天守地階の２本の柱

僧が転読したものである。この祈祷札により大山寺との関係も深かったことが分かるが、これにより天守は慶長十五年（一六一〇）には出来上がって、十六年（一六一一）正月に成就（竣成）の祈祷が執り行われたことが明らかになった。

『島根県史』には松江城並びに松江城下の工事の進み具合について次のように記している。

慶長十二年
　道路整備と本丸・二の丸の地均しおよび町割
同　十三年
　本丸石垣・天守台・内壕に着手
同　十四年
　天守・大手枡形・堀石垣・三の丸御殿に着手
同　十五年
　天守・堀・三の丸の完成
同　十六年
　家士屋敷完成、城下移転完了

『島根県史』には、その根拠が記されていないので、すべてにおいて信頼することはできかねるが、慶長十四年（一六〇九）に建設に着手した天守が翌十五年（一六一〇）に完成したとするのは、祈祷札の記載内容とも矛盾しない。

『竹内右兵衛書つけ』には「△御天守南ニ六間半ニ八間之家在之かよし　今ハなし」、「御台所、五間はりニ九間棟東西也」などの記述があり、本丸内には天守以外に「家」（本丸御殿か）があり、それに付随する台所など数棟の建物が建っていたことが記されているが、これにより、本丸には、城郭施設が複数棟設けられていたことが確認できる。

なお、『堀尾古記』には、寛永六年（一六二九）に「御屋敷御作事、二月廿三日御作事初、閏二月十六日ニ新始」とある。この「御屋敷御作事」は、藩主の住いとなる建物の建築工事と見なしてよいだろう。「堀尾期松江城下町絵図」に描かれている城郭の様子と、この図が描かれたのが寛永年間（一六二四～四四）であることが明らかなことから察して、この「御屋敷」は三之丸の御殿を指しているとみなすこともできよう。ともあれ、吉晴は天守竣工の祈祷が行われた慶長十六年（一六一一）の六月十七日に亡くなっているが、天守内外の松江城の城郭施設の造営や造作等は、吉晴死後も継続して行われていたのは間違いない。

## (2) 天守の特徴

現存する松江城天守は、松江市街を見下ろす標高二九ｍの亀田山に築城された平山城であるが、天守はその山頂に構えた本丸の北東部にあり、自然石を主体とする天守台石垣上に建つ。

天守は南面して建つが、正面に附設する附櫓が天守入口となる。いわゆる複合天守の代表例な遺構である。附櫓は、石垣内部狭小の土間となって、天守玄関を構成している。尾張犬山城天守の石垣内部が入口となっているのと相応するが、ここでは附櫓にそれを応用しているものの、犬山城の手法がさらに発展したものといえるだろう。附櫓の二階は石垣の上にあって、柱間南北六間、東西六間、その平面形にはやや歪が見られるが、これも初期の天守によく見られるところである。

附櫓二階から入れる天守地階（図5）は穴蔵とも称される。天守地階は周囲石垣の内部にあって南北・東西とも八間、ほぼ正方形である。一階に上がる階段前を囲む仕切りがあり、間仕切の奥の北東部はいわゆる塩蔵の構えとなり、かつて塩を貯蔵していたのだろう、多くの塩札が納められていた。そのため床を張らず、瓦敷となっている。また、地階中央には井戸がある。天守内部に塩蔵や井戸を持つ天守としては、浜松城天守（現存せず）や名古屋城天守（現存せず）だけである。

天守一階は、柱間が南北十間、東西十二間の四角形で、周囲柱間二間通りを武者走りの入側とするが、入側境にはただ柱を立てるだけで、その内部は縦横にほぼ六区画

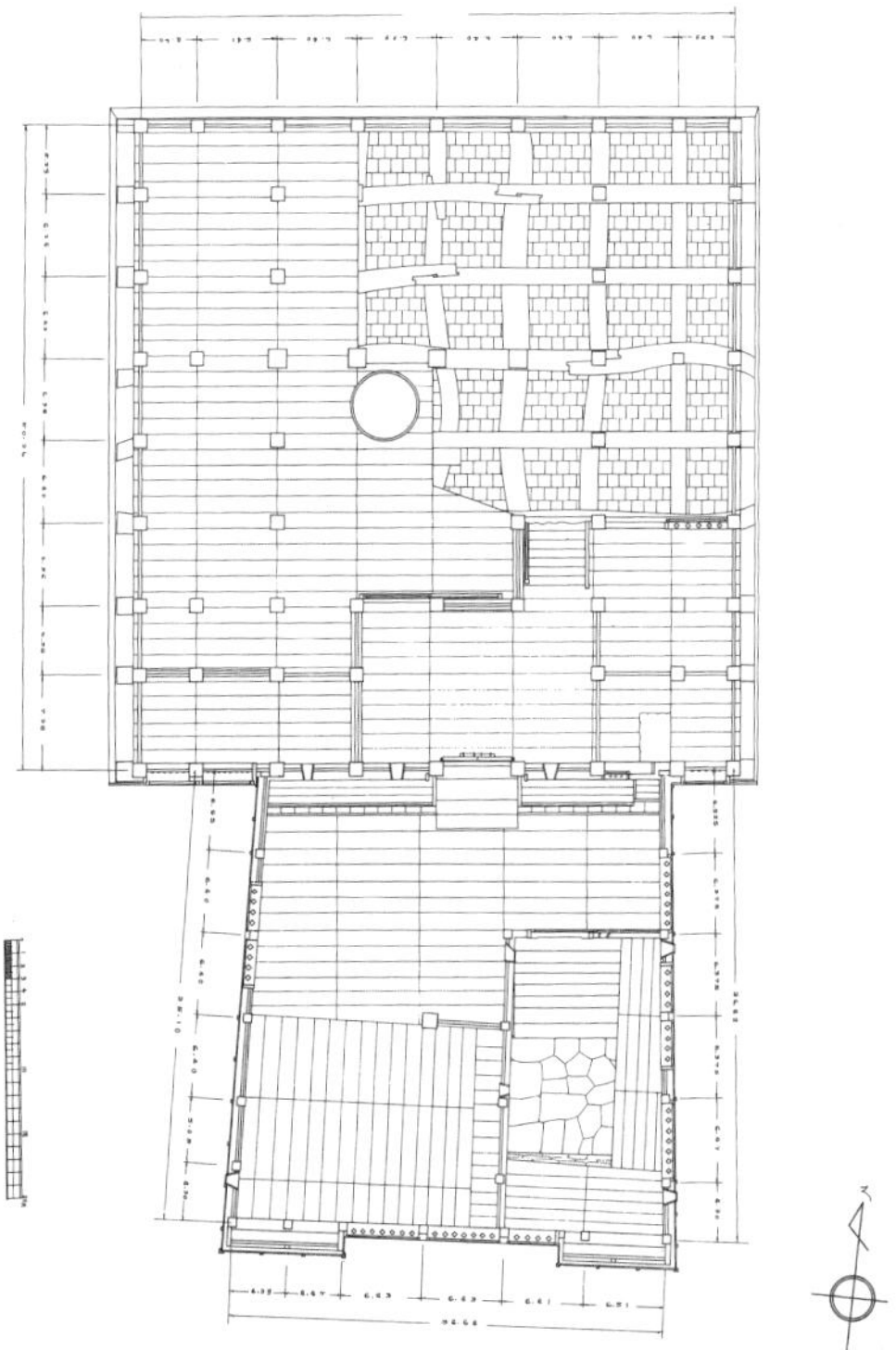

図５　天守地階平面図

に分割されているが柱を立てているだけで、間仕切りとなる建具などは何ら設けられていない。ただ、入側西南隅に便所、西北隅に人質蔵があった根跡が昭和修理の時には確認されており、古図の記載とも符号している（ただ、これら人質蔵や便所は、現在、取払われて復原されていない）。

二階は、一階と同じ平面形初期天守に共通に見られる平面手法をとっている。ただ、四隅並びに東面と西面の中央に袴腰型の石落としが設けられており、いわゆる陰石落としとなっている。

三階は、一、二階を架台とする大入母屋屋根内部の階で、南北六間、東西一〇間で、南面と北面に幅一間、長六間の張出をつくっている。この張出部分は外観では、南面、北面とも大屋根上に乗る入母屋屋根を構成する部分で、外観上、需要な要素を形づくっているところである。

四階は、下層大入母屋の上に乗る二層の楼閣の下層部分にあたる。柱間は南北六間、東西八間で、その四面に、それぞれ下層の屋根裏にあたる部分には張出破風の間が設けられている。

最上階五階は、下階からは急に縮小されて柱間は南北四間、東西六間で、四周に幅半間の入側をめぐらしている。入側内部は東西二室に分けられ、この部分だけは敷居・鴨居・長押をめぐらして殿館風となっている。昭和修理前は天井が張ってあったが、元来天井は張られていなかったことがはっきりし、現在は小屋裏が見えるよう復原されている。望楼式天守でありながら廻縁、勾欄《こうらん》を巡らすことはなく、窓を開放的にしたのは、山陰の気候を配慮したのかもしれないし、あるいは戦国期の終わりにあって、新しい工夫（幕府への配慮か）によったものかとも考えられる。

この天守は外観的には望楼風の古式をとっており、外回りの柱は上下にずれが見られるものの、架構的に注目したいのは、断面図（**図6**）を見ても分かるように内部の柱が整然と配列されているところである。

さらに、その主要な柱は、地階と最上階は別として、上下階の通し柱となっている。これは、後期天守によく見るところである。また、二〜四階の柱のうち、内部の柱には、包み板が添えられ、それを鉄輪で括《くく》って方形とし、断面の不足を補っている。巨材が得にくかったのかもしれないが、他天守には見られない技法である。技術的には進んだ構法と考えられるが、松江城天守独特の架構法でもある。

こうしてみると、この天守の内部手法には装飾的などころはほとんどなく、防備を主体とするもので純実用的につくられていることが読み取れるが、その一方で、通し柱や包板という構造的技法から相当に進歩した架構法が用いられていることがうかがえる。

外観は四重（図7）で、内部は五階地下一階である。この天守は、外観四層（重）となっているが、屋根裏にも階があり、内外の層と階とが明瞭には一致していない点は、初期天守に共通してみられるものである。

さらに、これを外観から見ると、第一層、第二層を同大とし、その上に大入母屋屋根を架け、その上にさらに二層（重）の望楼を乗せている。これらの構成も、初期の望楼型天守の特質とするところである。

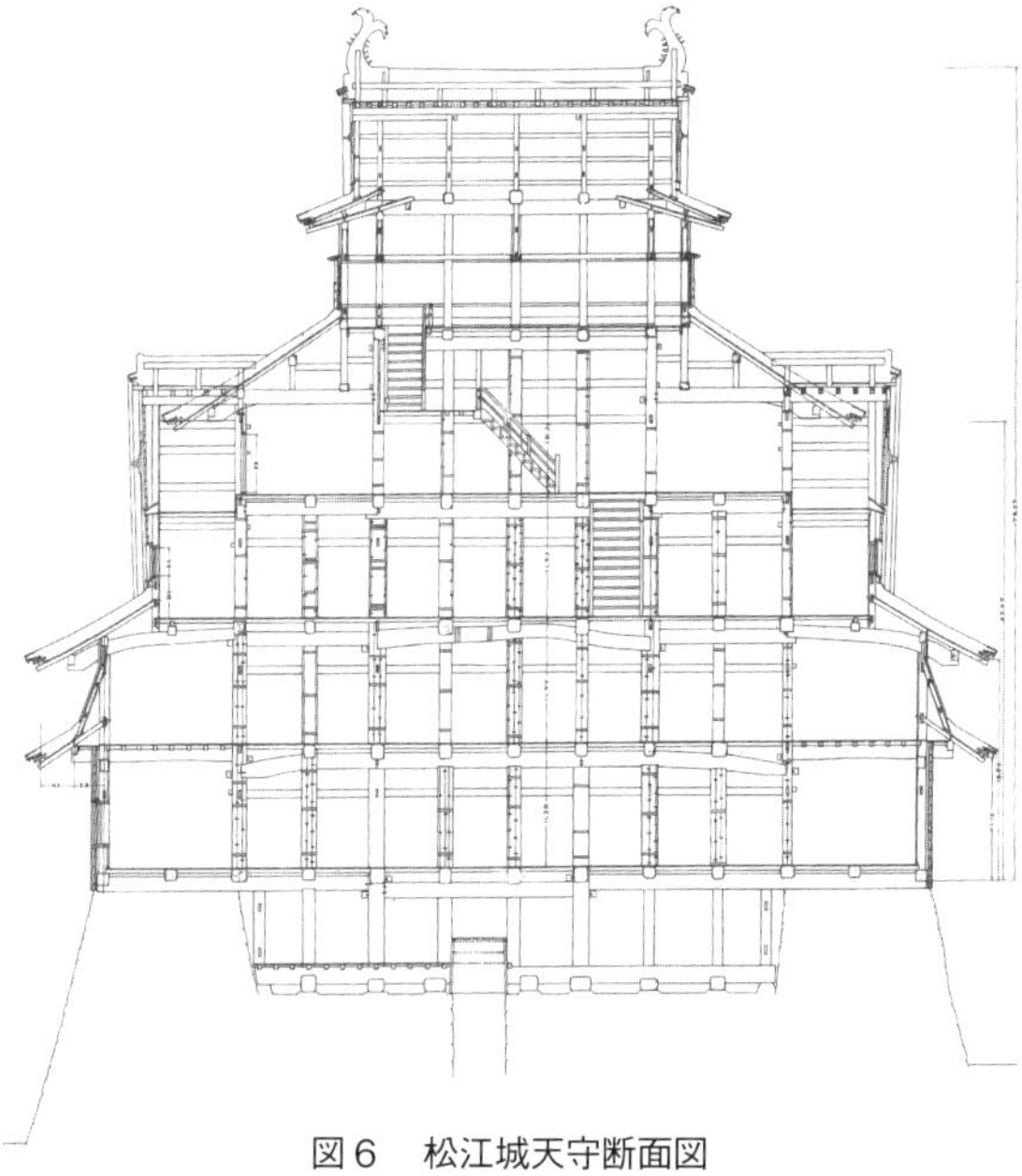

図6　松江城天守断面図

二重目と四重目は棟を東西とする入母屋造で、三重目の南と北には入母屋破風が付く。正面の南面には玄関となる一重一階の附櫓を設けて石垣内の地階を入口とする。屋根はすべて本瓦葺である。外壁は初重と二重が墨塗りの総下見板張、三重と四重および附櫓が下部下見板張で上部白漆喰とする。二重上の出窓は漆喰塗である。内壁は、地階が石垣をあらわにする以外、すべて真壁造である。各重の四面には突上板戸建の連子窓を配しているが、三重目の南北に付く入母屋破風の庇下中央には花頭窓が開く。四重目（五階）は四面とも板戸建込みの窓で、横桟三筋の手摺をめぐらしている。また、要所に鉄砲狭間や矢狭間を開け、附櫓と二重目の隅には石落としを設ける。

平面は各階とも桁行方向を少し長く、一階と二階が同規模、三階と四階もほぼ同規模で、四階は隅の出入りで逓減する。一階と二階は四周を幅二間の武者走りとし、四階の一部を除いて各階とも間仕切りがなく、柱列と内法貫で区画される。五階は四周を幅半間の入側（縁）とし、内部は内法長押を設け、その上部を小壁とし、東西二室に分ける。一階から四階はすべて板敷き、根太天井である。

五階は二室の境に無目の敷居が入るがやはり板敷き、上部は四周を化粧屋根裏とするのみで天井を設けず小屋梁を現している。

地階は石垣を壁面とする正方形平面で、ほぼ中央に石積の丸い井戸を構え、北東部を平瓦敷の土間床とし食塩貯蔵場とするほかは板敷である。附櫓は不整形な四角形平面で、石垣南面の中央西寄りに鉄板張扉の入口を構え、矩折れの階段を経て天守の地階入口に至る。

さらに、細部を見ると、第一層（一重目）、第二層（二重目）を板張りとし、大入母屋屋根の妻もそれによっており、破風や懸魚の類も木製のままで、後期天守に見られる塗籠《ぬりごめ》構法をとっていない。また、各層屋根の軒裏であるが、他天守では多く塗籠となるのに対し、松江城天守では垂木《たるき》はじめ腕木まで、すべてそのまま露出させており、古式をよく伝えている。ただ外壁においては、上層の楼閣部分がわずかに塗籠となっている。最上階の四周が廻縁・勾欄となっていないところ、つまり廻縁を内部に取り込んだ平面構成には新しい天守の姿が見られる。

続いて構造的な特徴について見る。

軸部は太い柱と梁を組み、貫で固め、長さ二階分の通し柱を多用している。また、柱太さは一階二階が九寸から一尺五寸角と太く、三階四階が九寸から一尺角、五階は七寸角で、上層になるほど柱を細くしている。

そして内部の柱は、一階から四階の柱のうち、一三〇本は一面から四面に包板を釘、鎹、帯鉄で取り付けている。この包板材は二寸ないし二寸五分と厚い。

柱部材などには番付が付されているが、この番付は地階から二階までが彫込《ほりこみ》番付、三階から五階が墨書《ぼくしょ》番付と、下階と上階では番付の手法が異なっている。また当初部材を精査すると、一～二階には面皮や曲りがある丸太の形状が多く、古材も多数含まれている。これに対して三階以上では加工された角材が多く用いられている。このように下階と上階では、番付同様に用材の加工にも差異が認められる。なお、二階以下の部材には、堀尾氏の家紋である分銅紋に「富」の字が刻印された部材（**写真4**）が含まれていたが、これらから、堀尾氏が最初に居城した富田城の部材が、松江に運ばれ再利用された可能性が推測できる。

以上のことから、現存する四重五階の松江城天守は、松江城築城時においては、地階から二階では富田城の古材が多く持ち込まれて築かれはじめ、ここに新たに三階以上が建ち上げられたとも考えられる。また、推測の域をでるものではないが、「寛永十五年（一六三八）時点で、松江城天守が『竹内右兵衛書つけ』や『模型（天守雛形）』のような姿であった、と断定するのは危険」（西和夫）との見解もある。初期松江城天守の姿については後述する。

写真4　古材に彫られた分銅紋と「富」の字

### ①通し柱

構造的な面で特筆すべきは、通し柱の多用であり、さらに内部の柱には包板・帯鉄が巻かれていることである。

まず、通し柱について、その特徴を見よう。松江城天守の通し柱の特徴を図示したのが**図8・9**である。**図8**は、通し柱の断面模式図である。地階～一階、一階～二階、二階～三階、三階～四階、四階～五階の通し柱が交互

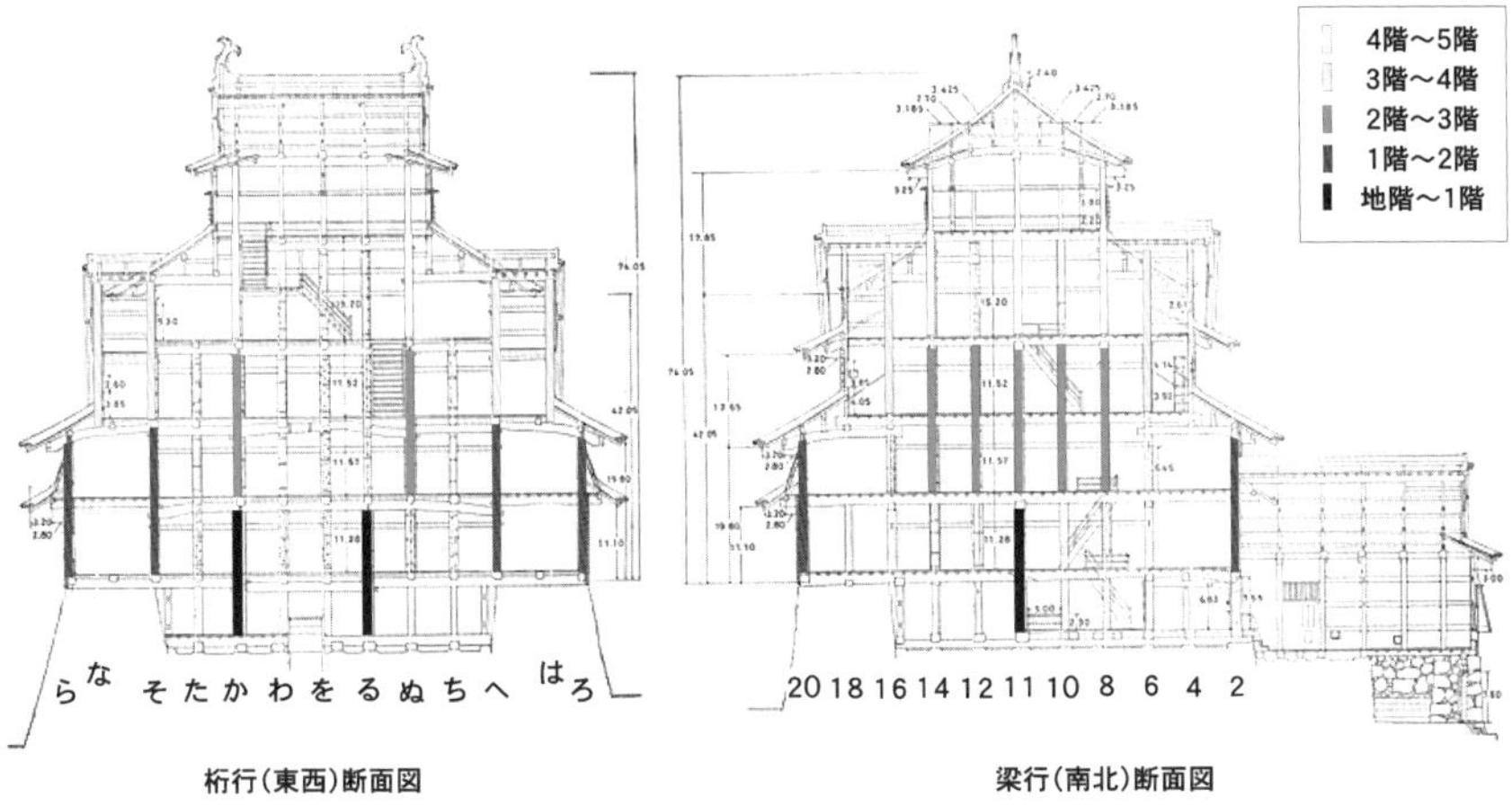


図８　通し柱断面模式図

に挿入されているのが分かる。図9は、通し柱の平面模式図である。地階～一階の通し柱は二本で、西側の一本(11―そ)は柱通りが交差する位置に立ててあるが、東側の一本(11―る)は柱通りの交差部はなく、内側のる通りに立っている。築城とともに地階に掘られた井戸は二本の太い柱の中間に位置している。理由はよく分かっていないが、天守地階の工事において、太い柱二本と天守の中に掘られた井戸との間には、何らかの関係があったように思われる。一階～二階の通し柱は三八本、側柱はほぼ二本間隔で一本が通し柱となっている。そして内部では、そ通りの七本、へ通りの七本と、南北筋に通し柱が配置されている。二階～三階の通し柱一〇本は、か通り五本、ぬ通り五本とやはり南北筋に配置されている。

　三階～四階は外回りの三四本が通し柱である。四階～五階は、東西筋の8通り、14通りに五本ずつ、中央の11通りには二本、計一二本が通し柱である。

　こうして見ると通し柱は、地階～一階、一階～二階、二階～三階、三階～四階、四階～五階と、二層ごとに階の上下を通して整然と配列されており、また、三階までは南北方向に配列され、四～五階では東西方向に配列されている。なお、天守内部では下層と上層で、通し柱の配列方向が異なっていることが分かる。

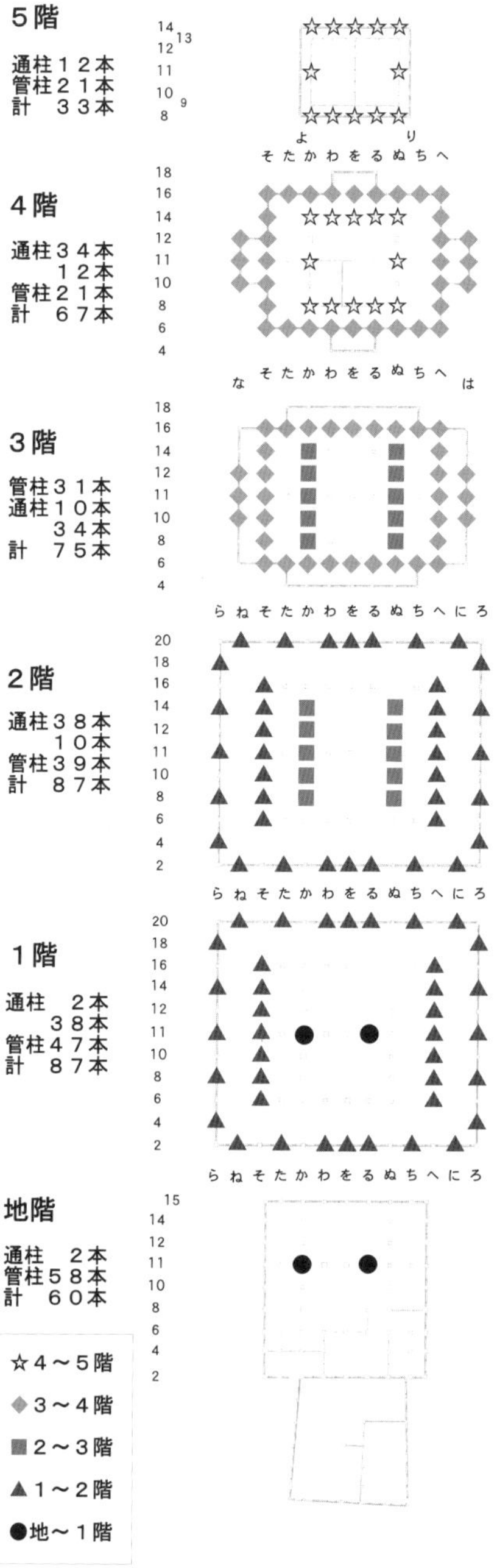

図９　通し柱平面配置模式図

この通し柱について、『松江城天守学術調査報告書』には「内藤昌氏は、天守の様式が『望楼型』から『層(重)塔型』に変容する中で、後期望楼型天守は通し柱を各階に相互に配し支える構法の発生が指摘できるとし、これを『互入式通柱』構法と名付けられた。そして地階～一階、一階～二階、二階～三階、三階～四階、四階～五階と交互に通し柱を配して一体化を全体構造の中で比較的均質に計画し、外観の古風さに比べて、意外な程に進歩的な構法が再用されて居るとされた」と記されているが、内藤昌が「互入式通柱」構法とするこの通し柱構法は、秀吉が再建した木幡山伏見城において初めて試みられた構法であるとされ、その後、姫路城、松江城、名古屋城、寛永度大坂城天守などに用いられていると指摘されているが、現存天守の中で、二層ずつの通し柱を交互に配するこの「互入式通柱」構法は、松江城天守において特に顕著に用いられているが、後期望楼型天守においては特筆すべき存在であることが分かる。

天守の柱の太さについてみよう。天守内部の柱を実測してみると寸法は様々であるが、平均値を見ると、地階が一尺二寸三分角、一階が南北方向一尺一寸七分、東西方向一尺七分、二階が方向九寸八分角、三階が南北方向九寸八分、東西方向一尺三分、四階が南北方向九寸五分、東西方向九寸二分、五階が六寸六分角である。柱の太さにはややばらつきはあるものの下から上に行く程に細くなっているのが分かるが、五階が極端に細くなっていることが確認できる。通し柱に限って柱の幅をみると、地階～一階は一尺四寸五分～一尺五寸八分、一階～二階は九寸二分～一尺二寸四分、二階～三階は九寸五分～一尺二寸、三階～四階は九寸～一尺一寸七分、四階～五階は四階が八寸三分～九寸八分、五階が六寸三分～六寸八分である。上層に行くにしたがって細くなっているが、地階～一階の通し柱二本が特別太く、四階～五階の通し柱は、五階がさらに細くなっているのが分かる。

『城郭史から見た松江城天守と昭和の修理』を見ると、通し柱は地階～一階二本、一階～二階一〇本、二階～三階三四本、三階～四階三四本、四階～五階一〇本で計九四本である。そして、五階の構造については「柱の太さは他の階よりも著しく小さく六寸八分角の大面（面巾八分一）取となっていた。四重からの通し柱は五重の部分丈造出

（以下略）」と図を付して記されている。

四～五階の通し柱は、五階部分だけ削られて細くなっており、しかも、五階の柱は面を八分の一と大きく取ってある。柱に面を付けるのは当時の建築（書院造）の特色の一つであるが、このように面を大きく取るのは慶長期の特徴でもある。

松江城天守は、祈祷札によって慶長十六年（一六一一）の正月には完成していたことが明らかであることは先に述べたが、五階だけ柱が細く、しかも面を大きく取る作りになっていることは、創建当時から五階の「天狗の間」は敷居・鴨居・長押を備えた特別な室であり、書院風の造作が検討されていたと思われる。ただ、現存天守では鴨居には溝が二本付いているが、敷居に溝はなく、ここに襖が配されていたのかどうかはよく分からない。昭和の修理の際、五階の修復にあたっては、二室の上部に張られていた天井は明治の修理の際に新設されたものとして取り除かれた。五階の二室の造作は江戸時代を通して未完のままだったと思われる。

『竹内右兵衛書つけ』には「五重目滿也　立物側三ケンニ四ケン　外ニ間中宛四方ニヌンカハアリ　惣遣戸ニシテカウランアリ　四方トモニ掛戸也　高サ弐尺一寸ニ中敷居入也　立物かわ内外共ニ長押在り　内ノリ六尺、ヌ

ンカハカモイ同廻リ、シキイ上ヨリシキ桁上マテハ一丈五寸有リ」と記されているが、この『竹内右兵衛書つけ』が書き記された当時、三間四間の室の四周には縁がめぐり、外回りの建具はすべて遣戸で、それに高欄（手摺）が付いていたことが確認できる。

天守五階「天狗の間」は四方がぐるっと見渡せ、誰しも眺望をほしいままにすることができるが、その趣は四方を壁に囲まれた下層とは大きく異なっている。松江城天守の通し柱を用いた構法は、この眺望を確保するためにも、有効であることが分かる。

### ②包板

天守の柱には一階から四階の柱のうち、一三〇本（昭和大修理前。修理後は一〇三本に減少）は一面から四面に包板を釘、鎹、帯鉄で取り付けている。この包板は二寸から二寸五分と厚く、軸部強化の役割も期待されていたと思われる。

『城郭史から見た松江城天守と昭和の修理』には「各層共内部柱の多くは板で包んでいる。其の包板に『享保四年云々』の墨書銘がある。この銘は享保年間（一七一六～三六）に施されたものか、あるいは、それ以前にもあったものか明らかでないが何れにしても此の材は軸部の補強として施されたと思われる。然しその補強が柱の腐朽による補強か、あるいは建物の転びに対する貫の抵抗を増大する目的のためか不明である。よって取解（解体）の際充分調査し、其の結果、柱の腐朽により設置したものなることが判明した場合は之を撤去し柱を新補するものとする。」と記されている。

包板について、昭和の大修理に際して修理前と修復後では、その数が異なっている。これを平面図に図示したのが**図10・11**であるが、修理の際に取り除かれた包板は二七カ所と少なくない。

なお、柱及び包板の多くには墨書が記されていることが昭和の大修理で明らかにされた。墨書が確認できる柱の内、修理の年月等も記されている柱を次に列記する。

一階　ぬ—　八　□□七年十一月十九日
　　　ぬ—十四　戌六月改済候
　　　る—　六　戌六月改済候
　　　を—　六　享保四年亥十月　戌六月改□□此墨改
　　　を—十六　□□六年十一月十七日
　　　わ—　六　享保四年まき手二つ　亥十月此墨改
二階　へ—　六　戌六月改済候　昭和十六年一月調
　　　を—十六　戌六月改済候

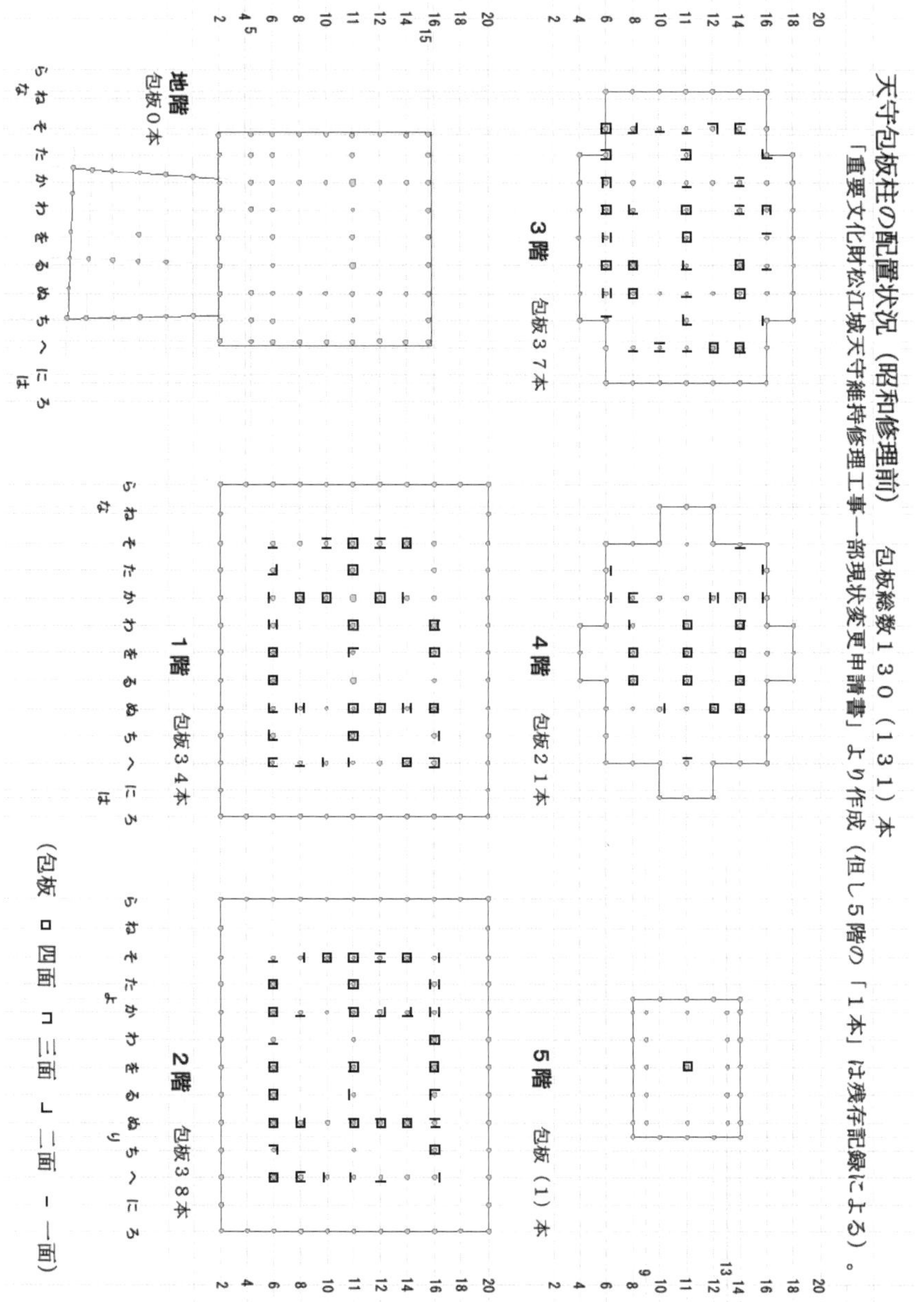


図10　天守の包板図（昭和修理前）

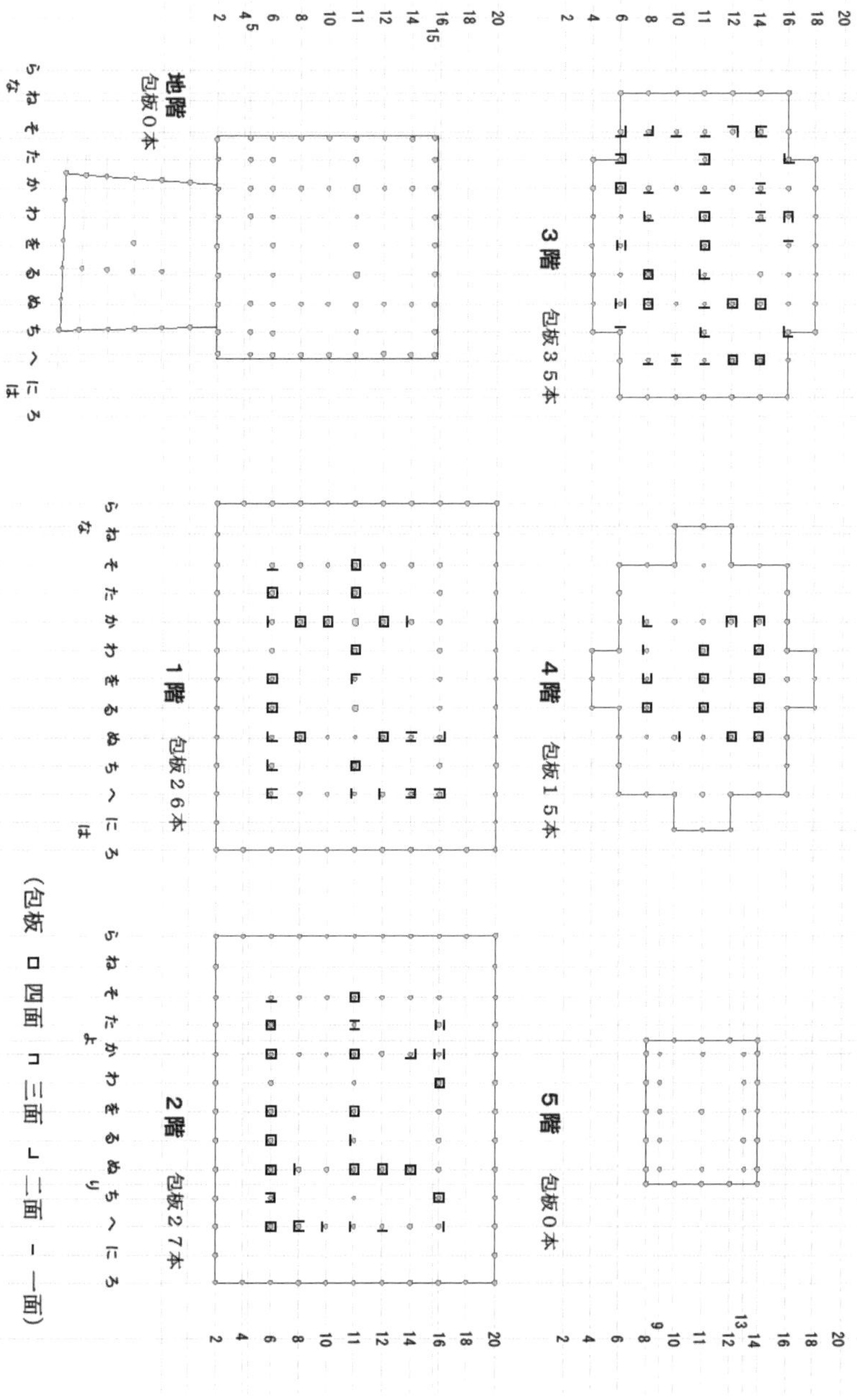
天守包板柱の配置状況（現状）
包板総数１０３本
「重要文化財松江城天守修理工事報告書」添付図面より作成


図11　天守の包板図（現状）

か—十六　三挺共戊六月改済候
た—一六　亥年六月の戊六月改済候
三階
ち—　六　昭和十六年一月調
る—十四　中ノ十月　大工長九郎　五郎　作
か—　六　中ノ十月　長九郎　五郎　作
た—　六　享保四年亥十月　昭和十六年一月調

これらを見ると、享保が多く、また特定の大工達によって添えられたものもあることが読み取れる。享保二年（一七一七）には斎田彦四郎によって天守小形（模型）が作成されたとの記録があるが、この頃の天守の修復は、柱に包板を添える形で盛んに構造的な補強が行われていたと思われる。

『城郭史から見た松江城天守と昭和の修理』の第三章第五節（三）では「柱の包板」について「一重から五重まで各重の柱の内　一部には寸法の小さい雑木が包板巻となっていた。其の数は百二十四本で包板は松並材厚さ一寸八分内外、巾は柱面に二枚又は三枚矧で柱面へ真向から大釘打ちとなして追廻しに取付け　巾二寸内外の鉄輪で二尺—四尺間位の配置に巻付けとなって技法は粗雑不体裁であったが木割防止のための鉄輪巻となっていた」と記されている。

ところで、包板による柱は多種多様である。中には丸太を大まかに加工しただけ補強の柱の一面に板を添えただけのものもある。添えられている板の厚さは一寸足らずで、補強のためとはとても思われない柱もある。見た目を意識して添えられただけの包板もあるが、各階の中央部（例えば11通り）では四方に包板が添えられている柱が並んでいる。柱を形よく、また太く見せようとする働きもあっただろう。そして、これらの包板の厚さは先に記したように二寸から二寸五分程度であり、上中下と三カ所に帯鉄を巻かれているところから、軸部の強化が図られていたのは間違いないだろう。

なお、五階の中央にある柱（を—11）の包板は昭和の修理の際、明治の修理時に新たに添えられたものであることが明らかにされて、現在は除去されている。また、昭和の解体修理の際には、包板が添えられていた約三〇本の古い柱は新しい柱に取り替えられて太くなっているが、更に多くの柱を新しい柱に換えることも検討されていたようである。

また、「重要文化財松江城天守維持修理工事一部変更申請書」には「包板の表面に『享保四年亥十月此墨改』の文字と水墨が存していたが創建以来百九年享保頃に水改め（柱の傾き調査）が行われた事は、建物の傾斜は勿論、柱の不同沈下が相当著しかったことが窺われる」とあり、さらに「天守の修理としては僅かに延宝、元禄年間に懸魚の修理が行なわれている他は享保以前に修理が行なわれた記録がなく享保の包板が最初であり水墨は包板施工後のものである。その後の修理としては元文、寛保に相当大きな修理が行なわれたことは今回の解体により発見された墨書により明（ら）かでありこの時代に包板も或程度付加へられたことも想像に難くない　其後建物も年と共に破損し嘉永、明治の初年にも一部包板が施され又一部の包板の取替が行なわれたようである」記されている。

包板による天守の補強は墨書等の記録によると、享保四年（一七一九）が最初であるが、柱に包板を添える修理は、以後、寛保年間（一七四一～四四）、嘉永年間（一八四八～五四）、そして明治時代（一八六八～一九一二）になっても行われていたのである。

③帯鉄（鉄輪）

なお、地階から五階まで、享保四年（一七一九）に水改めが行われた柱（一階を―6）をはじめとして柱の多くは上下に帯鉄（鉄輪）が巻かれている（写真5）。

帯鉄を止める鉄鋲は、よく見ると柱に直接巻かれている帯鉄の鉄鋲と、包板の上に巻かれている帯鉄に打ち付けてある鉄鋲とでは、その作りがやや異なっているようにも見える。「重要文化財松江城天守維持修理工事一部変更申請書」には「尚鉄輪巻きは包板下の柱其他の裸柱共施されてあり之等は干割れ止めのものである」と記されているが、帯鉄は、柱の干割れの状況に応じて、柱に巻かれていたものと見られる。

柱に直接巻かれている帯鉄は、包板を柱に添える以前のものであるはずである。例えば、「享保四年亥十月此墨改」と墨書のある包板の内側の柱に直接巻かれている帯鉄は、享保四年（一七一九）以前に巻かれたものとみなされる。柱に直接巻かれている帯鉄は相当数の柱に確認できるし、干割れ防止及び補強の意図で柱に帯鉄が巻かれていたことと思われる。それを目視で確認して図化したのが図12である。

柱に帯鉄（鉄輪）を巻く先例としては、出雲大社の「鉄輪御造営差図」（千家家蔵）及び平成十二年（二〇〇〇）に境内から出土した巨大柱がよく知られるところではあるが、現存天守の事例としては、姫路城天守が、明暦二年（一六五六）に東西二本の大柱の根元部分をくり抜き、栂材をはめ込んで帯鉄を巻き補強していることが分かっているだけで、ほかの天守には見られない技法で

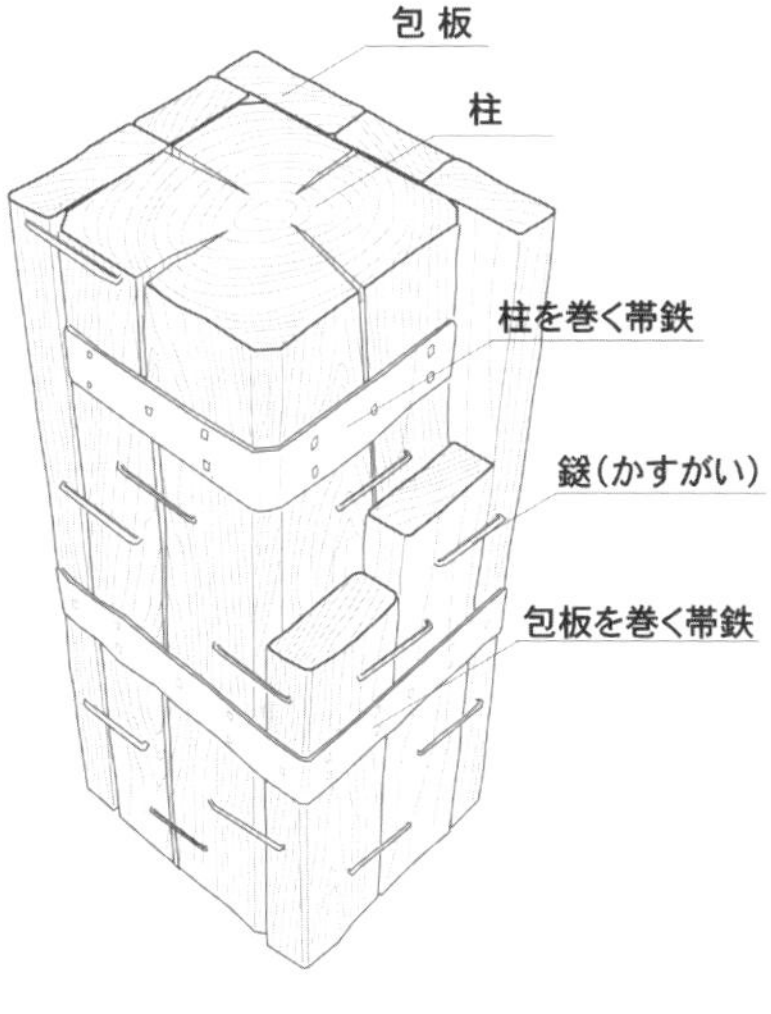


図12　包板と帯鉄の概念図

写真５　天守内部柱の帯鉄および包板

ある。

松江城天守では地階から五階まで一五八本の柱に帯鉄が巻かれている。中には昭和の修理に際して巻かれたものがあり、新しいところでは、平成十二年（二〇〇〇）の鳥取県西部地震以後に添えられたものもあるが、帯鉄はほぼ四割の柱に施されている。内部の柱に限ると、帯鉄が巻かれている柱は六割強に達しており、四階では内部の柱すべてに帯鉄が巻かれている。

天守内各階の上部をよく見ると、帯鉄は柱だけでなく、梁材にも巻かれている。

また、地階〜一階の太い通し柱二本は、前述したようにほかの柱より太いが、二本とも丸太材を加工した当初材であり、ここに祈祷札が打ち付けられていたので、松江城天守では、この二本の太い柱が（姫路城天守同様に）特別な意味を持つ柱だと思われるが、北側の柱（る―11　**写真6**）には直接、上下二ヵ所に帯鉄が巻かれている（南側の柱には巻かれていない）。柱に直接帯鉄が巻かれている柱は地階一三本、一階二三本、二階二四本、三階一六本、四階一三本、五階八本、計九七本である。この数は、直接確認できた柱だけである。四周に包板が巻かれている柱で、確認できていない柱は一八本あるので、帯鉄を巻く柱は一〇〇本を越えるだろう。

こうしてみると、松江城天守の内部では、早い時期から帯鉄による干割れの防止や軸部の強化が行われていたのかもしれない。柱や梁に帯鉄を巻く補修方法、そして包板を一面～四面に添え、それに帯鉄を巻く構法は、通し柱を配列する構法とともに、松江城天守だけに見られる独特の構法として用いられたのである。

なお、これら包板と帯鉄に関しては『城郭史から見た松江城天守と昭和の修理』では、第二章（天守の構築）で「合成柱」として、また第三章（松江城之修理）では「柱の包板」と題して記述されているが、それによると、識者（鳥羽正雄ら）の間では、包板（合成柱）は創建当初からの計画と思われていたが、解体修理の際には、確認された墨書等により、後世（享保四年（一七一九）以後）の修復によるものとされている。この点についてはさらなる精査及び検討も必要だろう。

包板及び帯鉄は、その大半が天守内部だけに施されているところから見ても、これらが、築城以後に軸部の補強を目的に施されたものと思われがちであるが、二階の側柱（ろ－4）には柱に直に帯鉄が巻かれている（写真7）。こうした補強手段が享保四年（一七一九）以降かどうかについては、新たな史料・痕跡等の発見も含めて、調査・検討を加えてみる必要があるだろう。

写真６　天守１階の太い柱（る－11）

写真７　直接帯鉄が巻かれ、貫跡がある柱（ろ－４）

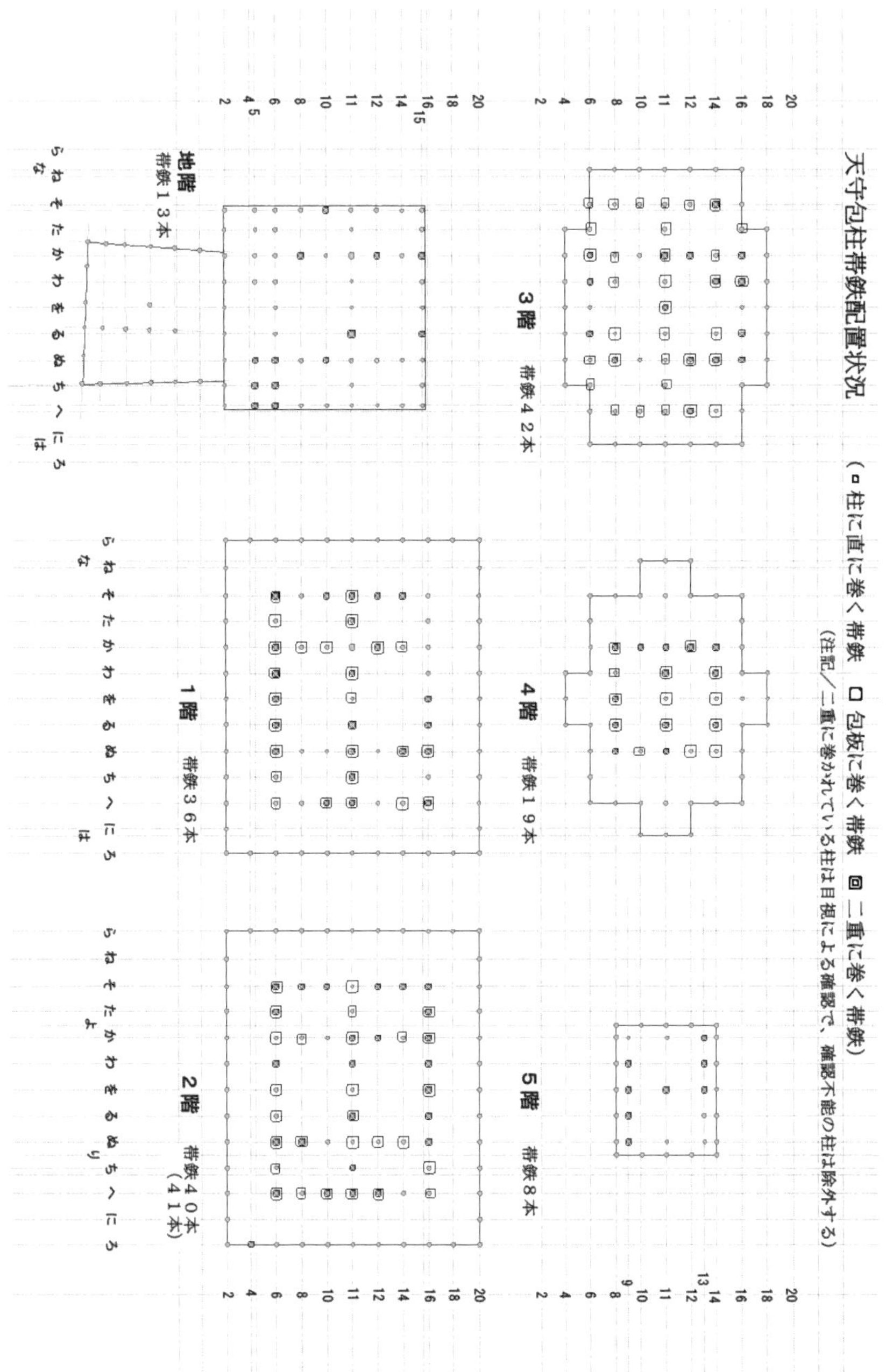
天守包柱帯鉄配置状況
（▫柱に直に巻く帯鉄　□包板に巻く帯鉄　回二重に巻く帯鉄）
（注記／二重に巻かれている柱は目視による確認で、確認不能の柱は除外する）
3階　帯鉄42本
4階　帯鉄19本
5階　帯鉄8本
地階　帯鉄13本
1階　帯鉄36本
2階　帯鉄40本（41本）

図13　天守柱の帯鉄図

## （3）松江城天守の修復について

長さ二階分の通し柱を多用し、包板を釘・鎹・帯鉄で取り付けている城郭建築は、現存天守の内、松江城天守だけに見られる特色である。また、一階二階に古材が用いられ、二階以下は面皮や曲りのある丸太材が多く、三階以上では製材された角材を多く用いているところから、地階から二階には堀尾が最初に居城とした富田城の部材が多く用いられ、そこに新たに三階以上の部材が加えられたとも推測される松江城天守は、近世城郭最盛期を代表する遺構であることが明らかであるが、松江城天守がいつ頃どのように改修され、維持されてきたかについては、具体的な史料を欠き、よく分かっていなかった。

幸い、昭和の修理の際、修理年代等を記した部材や木片の墨書が確認され、いつ頃、どの部位が修理されたかは、『重要文化財松江城天守修理工事報告書』および『城郭史から見た松江城天守と昭和の修理』に記録されている。また、『藩祖御事蹟』や「宗衍年譜」、『松江藩列士録』などにも天守修理に関する記述がある。これらをまとめたのが**表1**である。これらを通して見ると、松江城天守の維持、修理等について、その歴史的経緯が大まかではあるが確認できる。

昭和の修理の際、「享保四年　十月此墨改」の墨書の存在から、享保四年（一七一九）には水改めによって、天守に傾き（東に十尺にたいして東方に六分、一〇〇〇分の六の傾き）が生じていたことが明らかにされているが、このことから、『藩祖御事蹟』にある「南の方幾尺幾寸傾かりといへり」との記述については、さらなる検討が必要であり、また、同じく『藩祖御事蹟』にある「（有兵衛）それより天主の御修復を命ぜられしかば、有兵衛先づ天守の雛形を作りて御修復に取懸り、遂に思ふ如くに功を成せり」についても、昭和の修理の際には、寛永年間の墨書は一切確認されていないし、直政入封に伴う寛永期の修理に関する具体的な記録史料は、これ以外に今のところ確認されていない。『藩祖御事蹟』が江戸末期の儒者・桃節山が書き記したものであって、数年を費やして完成した松江城天守がわずか三十年足らずでどれほど修復が必要であったかについては、疑問視したほうがよさそうである。

その後、延宝四年（一六七六）、元禄十三年（一七〇〇）の墨書が確認され、記録されているところから、当時、松江城天守では部分的な修理が施されていたことがうかがえる。

昭和の修理の際、包板に関連する墨書は、「享保四年

表1　松江城天守修理関連年表（1638～1894）

| 西暦 | 和暦 | 記載内容 | 墨書部材及び資料名 |
|---|---|---|---|
| 1638 | 寛永 15 | 竹内有兵衛（中略）御殿前より遥に天主を見上げて、南の方幾尺幾寸傾けりといへり、其事御聴に達し、御しらべありければ、果たして違はず、それより天主の御修復を命ぜられしかば、有兵衛先づ天主の雛形を作りて御修復に取懸り、遂に思ふ如くに功を成せり | 「藩祖御事蹟」 |
| 1676 | 延宝 4 | 延宝四年卯月□□　大工　□□左衛門 | 附櫓破風にあった懸魚鰭 |
| 1700 | 元禄 13 | □禄十三年庚辰四月　大工　伝七　同　喜兵衛作 | 懸魚六葉裏 |
| 1718 | 享保 3 | 御天守小形拵差上付而、為御褒美二百疋被下之 | 「松江藩列士録」斎田彦四郎 |
| 1719 | 4 | 享保四年亥十月　戌六月□□此墨改、享保四年　亥十月　此墨改 | 1階の柱〈を-6〉包板 |
| | | 享保四年　亥十月此墨改　まき手二つ | 1階の柱〈わ-6〉包板 |
| | | 享保四年亥十月　昭和十六年一月調 | 3階の柱〈た-6〉包板 |
| 1720 | 5 | （三月）御城内分限御絵図被仰付、出来差上付而、同八月為御褒美二百疋被下之 | 「松江藩列士録」斎田彦四郎 |
| 1737 | 元文 2 | 元文二　午四月廿四日　御天守□□ | 1階北の東側にあった木片 |
| 1738 | 3 | （三月十一日）是日月相府ニ告ルニ、雲藩松江城ノ天守年ヲ遂テ損スルコトヲ致シ、五層皆朽ルニ至ル、故ニ漸ニ之ヲ修ムト云フ | 「宗衍年譜」 |
| | | 元文三　午四月廿八ヨリ取付　大工　原田六左衛門　笠井平次　伊原清八　広頼喜兵衛　午十月廿九日ニ書之 | 5階根太掛木片 |
| | | 元文三　午四月廿八ヨリ取付　大工　原田六左衛門　笠井平次　伊原清八　広瀬喜兵衛午十月廿九日ニ書之 | 5階根太掛木片 |
| | | 元文三年午六月十四日 | 5階の化粧垂木 |
| 1739 | 4 | 元文四年未ノ四月四日　宮次富治　大工　彦助 | 4階木片 |
| | | （表）御奉行竹内佐助　大元〆杉谷徳兵衛　御大工斎田彦四郎　元〆左野次助　立田孫兵衛　四月九日　棟梁　村木忠兵衛<br>（裏）元文四乙未四月九日に此角木出来仕上ル　大工　神田磯□□□　広瀬新左エ門　笠井平次　斎田徳左ヱ門 | 4階東南隅木打付木片 |
| | | （表）元文四年四月廿日　檜皮中満といふ<br>（裏）ひかわ中満　十兵衛　市右衛門　左より　源四郎　市太郎　五郎　〆　六人 | 4階曽木 |
| | | □林　斎田徳　元文四年　六月廿一日□□□ | 4階南張出（千鳥東）隅木 |
| | | 元文四 | 4階の東にあった曽木 |
| 1741 | 寛保 1 | （表）寛保元年　酉年　（裏）檜皮　権四郎　　酉五月卅日 | 4階にあった曽木 |
| 1742 | 2 | （表）寛保二歳　（裏）経本市右衛門　大工新之助　書 | 4階屋根北西曽木 |
| | | 寛保二　戌六月　日　大工　傅太　大工　清太　熊井氏 | 華頭窓敷居 |
| | | 寛保二此品□□□□ | 2階の柱〈ぬ-14〉包板 |
| 1743 | 3 | 亥四月廿九日　大工　定次作 | 4重北西にあった曽木 |
| | | （八月十八日）御天守御修復御用出精付而、為御褒美御帷子一銀五枚被下之 | 「松江藩列士録」竹内佐助 |
| 1815 | 文化 12 | 文化亥六月十四日　未□谷吉　文化十二 | 5階東棟木受木材 |
| 1847 | 弘化 4 | （九月九日）御本丸辰巳櫓御普請中精出就相勤為御褒美銀三両被下之 | 「松江藩列士録」勝部丹蔵 |
| 1850 | 嘉永 3 | 嘉永三　戌六月改済 | 1階の柱〈わ-11〉包板 |
| 1870 | 明治 3 | 明治三歳巳三月十四日　折廻三方角木取替致候　大工　棟梁善七　肝煎次市　御大工　橋本万吉　銀七　広助<br>明治三年巳三月十四日　此所屋根仕舞仕候　此節御役人　御大工頭　山村平蔵　馬場作右衛門　御大工　布施賢六　橋本伝三郎　諸払　土岐仁右衛門　肝煎　次市　喜一事　橋本伝三郎　萬吉　大工　銀七　広助　熊太郎　右人別折廻三方角木取替致候 | 4階北東側の木片 |
| | | 明治三年巳三月十四日　此所屋根仕舞致候　此節御役人　御大工頭　山村平蔵　馬場作右衛門　御大工　布施賢六　橋本伝三郎　諸払　土岐仁右衛門　城普請　岡田林蔵　大工棟梁　善七　肝煎次市　蔵一郎事　橋本伝三郎　万吉　大工　銀七　同　熊太郎　右人別折廻三方角木取替致候 | 4階東側の北にある木片 |
| 1894 | 27 | 明治廿七年秋　天守閣大修繕際　棟梁　白石伊蔵　寄附 | 附櫓鬼板に取付られた銅板裏板 |
| | | 明治廿七年六月壱日ヨリ大修繕ニ着手シ同年九月三十日竣功　棟梁　白石伊蔵　肝煎神谷務右衛門　大工方佐々木儀太郎　間田武二郎　小川万太郎　大工梅太郎　浅野武一郎　佐々木定太郎 | 2階東北の負隅木 |

（一七一九）」の墨書が最も古く、類似の墨書が一階から四階の包板や柱で数多く確認され、記録されている。このことから、享保年間（一七一六〜三六）には、包板による軸部強化を主体とする補修が行われていたと推察できる。なお包板について、『城郭史から見た松江城天守と昭和の修理』では「合成柱」とあり、「かかる例は他の天守には見ない」とも記されている。この「合成柱」について、鳥羽正雄（城郭研究家）が「之れは（中略）後世の補強ではあるまいか」と推察していると記されており、寛保三年（一七四三）補修の墨書等についても、「構築当初のものでなくて後補された時の合成柱であると認められ又技術的の面から見ても矧合せとか楔の打ち込み方等から見ても後補である事が認められる。」と見られている。

包板は内部の柱に限られており、また天守地階には一本もない。包板は、築城後、しばらく時を経て施されたと見なすのが妥当であろう。ただ、包板の下に帯鉄（鉄輪）を巻いた柱は地階から五階まで相当数ある。この帯鉄が柱に巻かれ始めた時代については、包板の施工とは、やや異なる視点からの検討も必要と思われる。

包板を除く修理に関する墨書は、元文・寛保年間（一七三六〜四四）に多数あり、しかも大半が四、五階に限られている。「宗衍年譜」の元文三年（一七三八）には「（三月十一日）是日月相府ニ告ルニ雲藩松江城ノ天守年ヲ遂テ損スルコト致シ五層（重）皆朽ルニ至ル故ニ漸ニ之ヲ修ム」と記されており、寛保三年（一七四三）には、破損奉行竹内左助が天守修復に対して褒美をもらっている。これらのことからも、この時期にはかなり大がかりな修理が行われたとみなしてよいだろう。なお、享保三年（一七一八）には御大工斎田彦四郎が天守小形（模型）を作り褒美をもらっているが、この時の模型は、前後関係から察するに、当時の大掛かりな修理とも関係が深かったように思われる。

以後、天守の補修は、文化年間（一八〇四〜一八）、嘉永年間（一八四八〜五四）にも断続的に行われているが、元文期・寛保期（一七三六〜四四）ほど頻繁ではなく、部分的な補修に留まっていたと考えられる。そして、明治八年（一八七五）の松江城廃城に際しては天守だけは残り、明治二十七年（一八九四）の修繕、昭和二十五年（一九五〇）から五年を費やして行われた解体修理を経て、今見る天守の姿になったのである。

### （4）初期松江城天守の復原的検討

ところで、昭和の大修理の際、当時の「島根新聞　昭和26・10・22」は「松江城　二層に〝千鳥破風〟の跡延宝以前の原型に設計変更か」の見出しで「松江城の解体修理の進ちょくにともなって天守二階の東西に二つの千鳥破風が取りつけてあつた跡が発見され、もしこれが原型に復原されることになれば見なれた松江城の姿は型がかわり、姿はさらに荘重さを増すのではないかと注目されている。この千鳥破風跡は十五日に来県した文化財保護委員会文部技官服部勝吉氏の調査によつて明らかにされたもので、延宝年間の松江城古図にはこの千鳥破風のあつたことが明らかにされているのに、安政の古図にはそれがなくなっているところから、その間の修理改築の時に取りはずされたのではないかとみられる」と記し、さらに「服部技官談」として「延宝古図にあって安政古図にないのはその間の改築で取りはずされたのではなかろうか。出来れば延宝古図による松江城の姿に再現したいものだが、その千鳥破風の大きさなどが明らかでないので今その資料を集めてもらつている。土地柄だけに素ぼくであると思われた松江城にこんな千鳥破風があるのはその当時のデザインとしてはコツたものだ」と付記して写真（写真8）も掲載されている。

「延宝の古図」は「出雲国松江城之絵図　延宝二年（一六七四）」（図14）、「安政の古図」とは「出雲国松江城（諸国城郭修復図）　安永二年（一七三三）」ないし「松江城郭古図　安永七年（一七七八）」（図15）であろう。

写真８　島根新聞（S26.10.22）の掲載写真「写真は白線が延宝年間に取付けられてあった破風の想像図」と解説

ところで、昭和修理の記録写真（松江歴史館蔵）が千枚ばかり存し、その内には解体中の天守二階外観を写したものがある（写真9）。それを見ると、比翼千鳥破風が想定できる二カ所に縄が張られ、柱には千鳥破風の母屋が挿し込まれていたと思われる位置にその仕口跡が確認できる。なお、この仕口跡のある古い柱は、現天守二階

図15 「松江城郭古図」
安永７年（1778）（部分）（松江歴史館蔵）

図14 「出雲国松江城之絵図」
延宝２年（1674）（部分）（松江歴史館蔵）

写真９　解体中の２階東面の写真
手前と奥の２カ所に千鳥破風状に縄が張られている（松江歴史館蔵）

写真10　天守２階東南隅。中央古柱（写真９の手前の柱と同じ柱）の中ほどには破風の母屋桁が挿さる仕口跡が残る

の東南部の石落とし回りに今も現存する（写真10）。

　一方、昭和の修理に関わっていた須田主殿が書き遺した『城郭史から見た松江城天守と昭和の修理』には「一重特種な出梁」として「初重屋根東側出梁の内弐本鼻先を長く延ばしたものがあったが、解体前から問題として入念に調査したが鼻延の出梁を中心として左右に屋根形に差桁の木口彫の仕口跡が柱に残って居る。又南北二階柱面に中心柱から各二間宛振り分けに（梁間四間）枘穴が存して居た。左図（図16）■柱には棟木と思われる仕口穴が存し、是れ等三点を結ぶと千鳥棟の形状をなし当初は千鳥破風が初重にあったのではあるまいかと想像される。」と記されている。

　また、昭和の修理に際して描かれた「昭和修理図工事図面」が三〇〇枚近く現存しているが、その内の一枚は西面が描かれている「松江城天守破風復元図」（図17）である。

ところが、前述の『城郭史から見た松江城天守と昭和

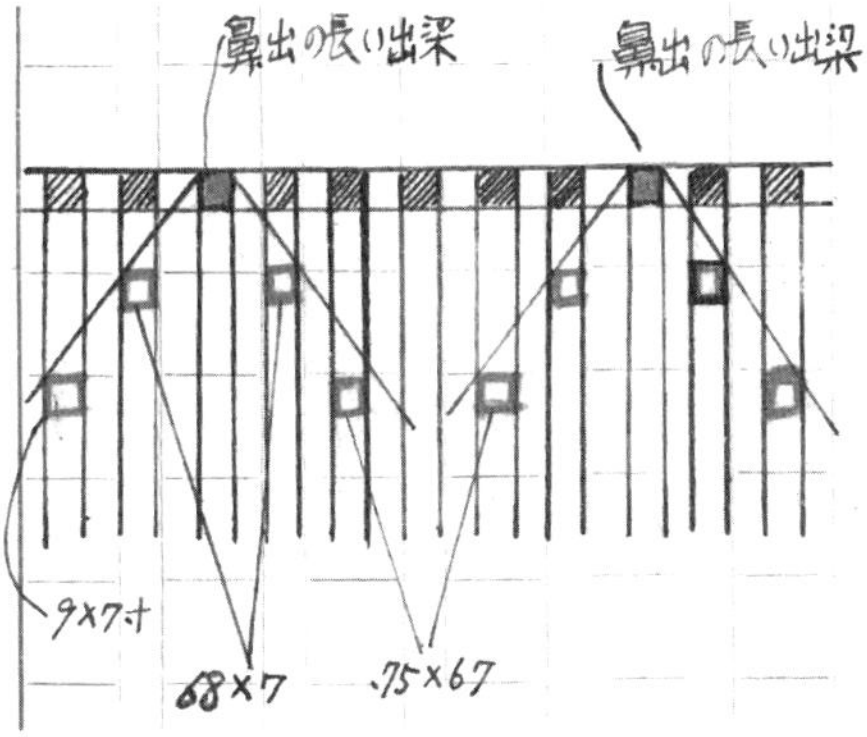

図16　『城郭史から見た松江城天守と昭和の修理』掲載の出梁図

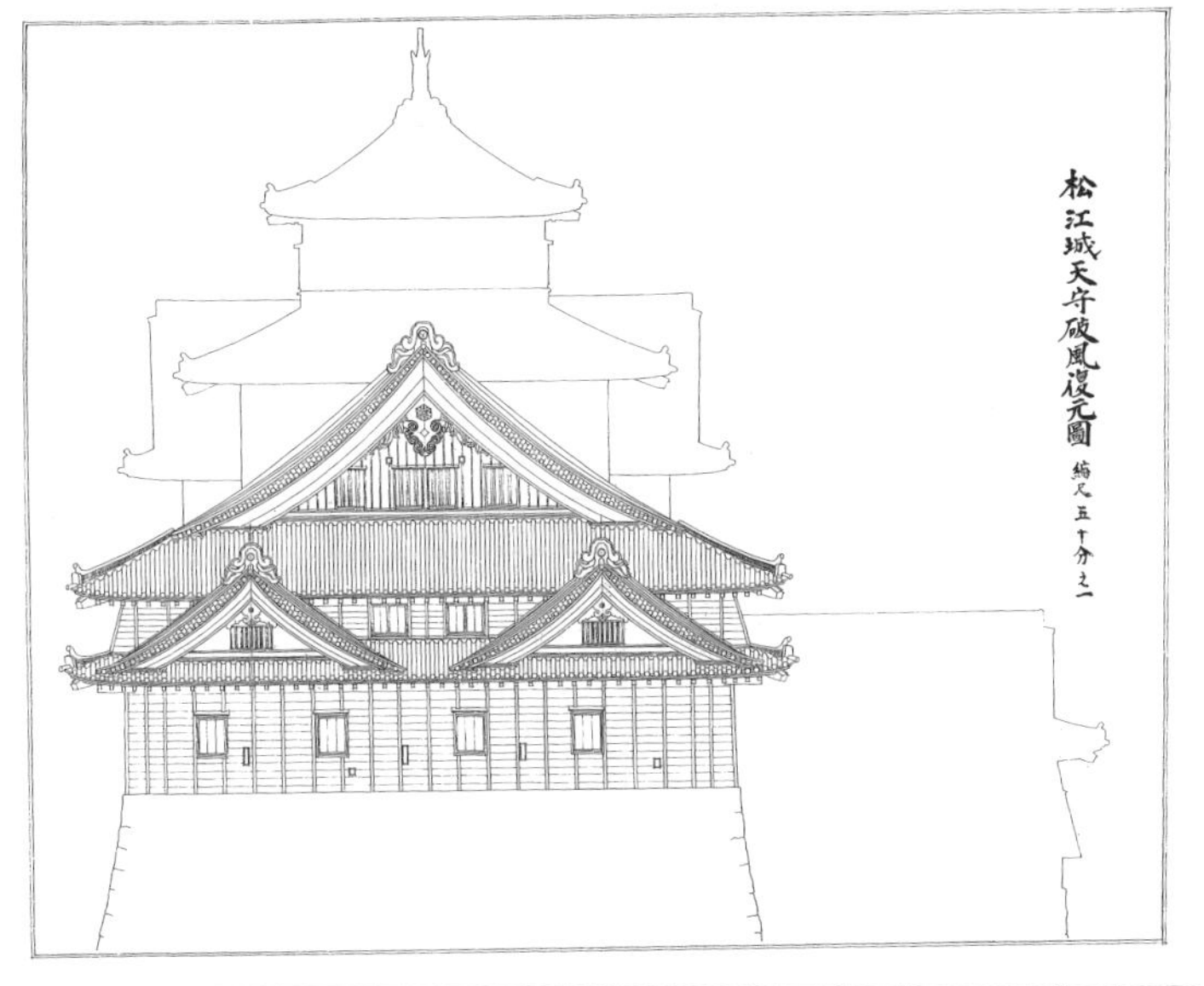

図17　松江城天守復元図（松江歴史館蔵）

の修理』の記載の続きには「延宝の古図には千鳥棟が描かれて居るが、此の絵が実写か想像図か明らかでない。もし千鳥棟があったとすれば、いつの時代に現在の如き東西大破風になったものか明確な記録、史料がないから判明しない。東側には北と南とに貳ヶ所に出梁があったが、西側は明治の大修理において柱や梁等を取り替えられて居るから東側の如き出梁はなかった。かくの如き状態であるから千鳥棟があったものと想定して実測図にあてはめて見ても屋根に納まらないから此千鳥棟については今後確證の発見によって解決されるべきものと思う。」と記され、昭和の解体修理記録の『松江城天守修理工事報告書』(昭和三十年)にも、この千鳥破風に関する事柄はあまり記されていない。

昭和の解体修理の際、天守二階の比翼千鳥破風について、現場では復原が一度は検討されたものの、結局、その実現には至らなかったのである。

さて、松江城天守が描かれた絵図類を時代ごとに照合してみると、幕府に石垣破損の修理届の絵図である「延宝の古図」は「松江城正保城絵図(一六四四〜四八)」(**図18**はその天守部分)を元に描かれた図であることが分かる。これに対して「松江城郭古図」を含めて「松江城廓図　元文三年(一七三八)」以降の石垣修理伺いの絵図は、いずれも描き方が似ており、千鳥破風が描かれていない天守の姿も同じである。これらの絵図を検討してみると、かつて天守には千鳥破風があったと想定することは可能である(**263頁コラム「絵図資料に描かれた松江城天守」**参照)。

天守が描かれている絵図や、昭和修理時の写真および現天守の痕跡などの検討から、初期松江城天守の姿を現天守に重ねて、復原的に東面を描いたのが**図19**であるが、二階に限ってみれば、松江城天守には二階の東面と西面に奇しくも同じ比翼千鳥破風が存在していたということになる。

図18　「出雲国松江城絵図」(正保絵図の一)(部分)(国立公文書館蔵)

ところで、松江城は「千鳥城」（江戸時代の著書に『松江亀田山千鳥城取立之古説』がある）とも称される。しかし、その由来は定かでないし、今の天守には千鳥破風は一つもない。

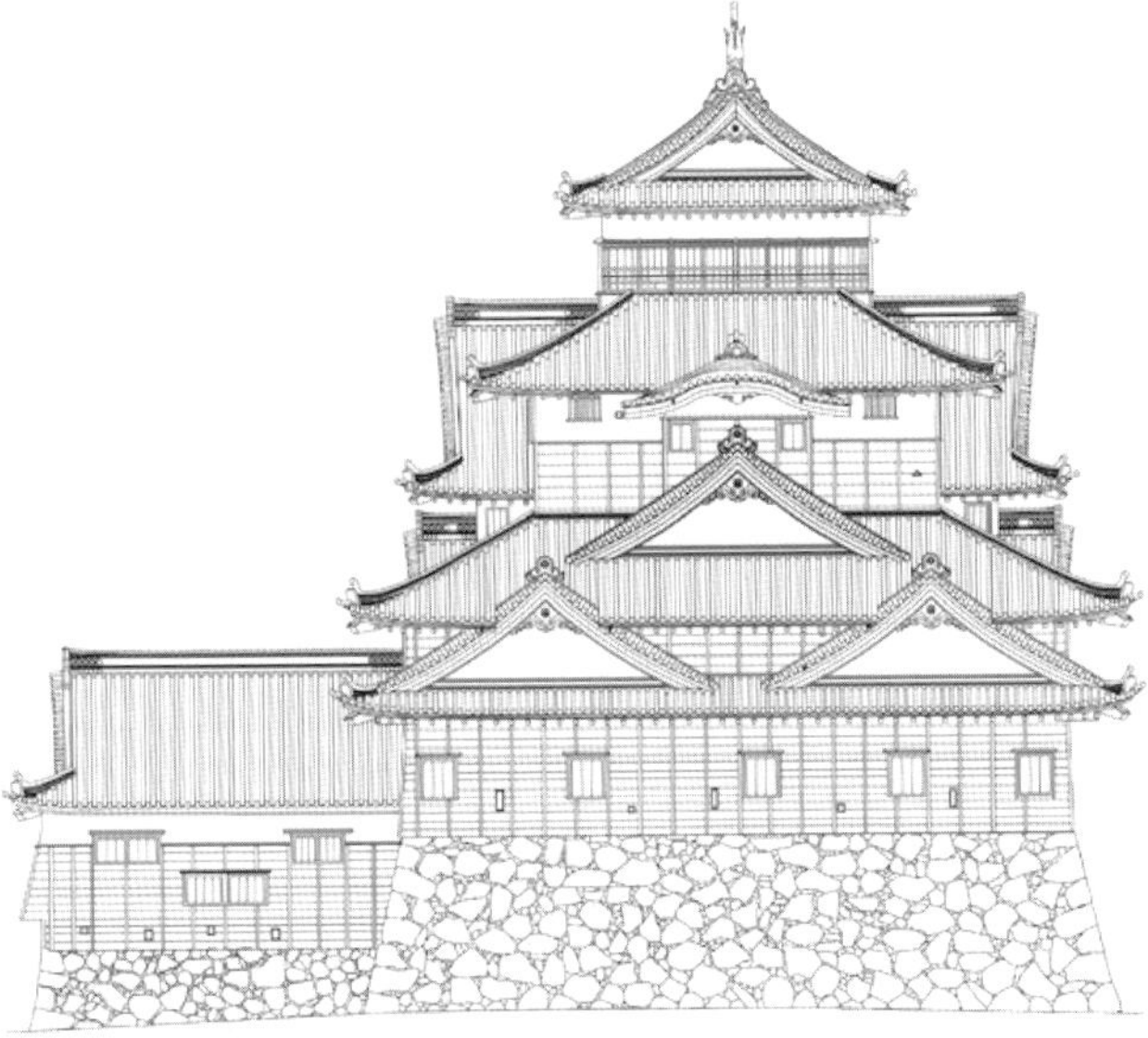

図19　松江城天守復元図（作図／金澤雄記・安高尚毅）

もし「正保城絵図」に描かれているように比翼千鳥破風を付した形が初期天守の姿ならば、真に「千鳥城」と呼ぶにふさわしい天守となり、「さらに荘重さを増す」（島根新聞　昭和二十六年（一九五一）十月二十日）ことになるかもしれない。

## (5) 今後の検討課題

以上、松江城天守について、その構法上の特色となっている通し柱・包板・帯鉄を取り上げて述べ、併せて松江城天守の修理の経緯を墨書や関連史料によって通観してみたが、築城以後、松江城天守は堀尾、京極・松平氏を通して維持され、明治以後は、廃城に伴う取壊しを免れ、修理が施されてきた。包板や帯鉄による軸部の補強は、江戸時代だけでなく、明治以後も継続されて行われていたことは分かったが、これら包板や帯鉄による補強が、いつ頃から何故に松江城天守で用いられたのかについては、未だ不明である。通し柱、包板、帯鉄などの効果については、構造力学的な検証も必要だろう。

なお、『城郭史から見た松江城天守と昭和の修理』には、技術面から見た特徴として、「石垣が慶長時代特有の自然石をそのまま牛蒡積に積んで法《のり》は直線で中腹部が凹んでいない」、「窓の構造を見ると当初から角《かど》を外に見せた武者格子窓となって外側に突き上げ扉が吊ってあった天守初期の様式である」、「上階の柱は約七寸角で面巾が柱見付の約一割二、三分に当って紛れもなく慶長時代の手法である」、「各層の破風、殊に第二層の東西の大破風と、第三層南北の入母屋の甍（破風）が第四層の四注屋根と相交錯した表現は正しく天正初期の特長を表現している」、「望楼式の初期表現を持つ独立天守で住宅に近い感がする表現である」と形態や外観に見られる意匠的は、総じて初期の天守の様相を示していると記し、「松江城天守の誇りと様式」でも、「外貌の特長として慶長中期の建築である名古屋城、姫路城の天守の総塗籠に対して同年代の建築で独り松江城の天守が初期様式の構造木造化粧造り鎧下見板張りとなったかを考えて見ると、其の因は要するに経済上の問題であろうが、初期の様式を今日に残したこととなり、偶然ではあるが、到って幸となったと見るべきである」などと記されている。

通し柱、包板、帯鉄を備える松江城天守は、「近世城郭最盛期を代表する遺構」であることは間違いないが、『城郭史から見た松江城天守と昭和の修理』が記すように松江城天守は望楼式の初期表現を持つ天守であり、壮麗優美さよりも、防禦を重んずる「形態荘重、頗る安定した天守」（旧国宝指定の理由書）でもある。

松江城の評価は国宝指定にともない揺ぎないものとなったが、松江城の創建当時の事情については、富田の古材が使用されているのが事実とすれば、富田からどのようにして資材が運搬されたのか、また、いつ頃富田から松江に移ったのかについては明確になっていない。不明な点はまだ多々ある。今後は、これら不明な点についての検討、究明が課題となるだろう。

なお、松江城築城に堀尾吉晴はどこまで関わっていたのだろうか。普請上手と称された堀尾吉晴は、織田信長の安土城建設では石垣普請を指揮する一人であったし、太閤秀吉の下では聚楽第や方広寺の建設にも携わっていた。伏見城天守において新たに採用された「互入式通柱」構法（通し柱）が、松江城築城においては積極的に採用されている。吉晴は、天守の建造に際しても、この独特の構法について意見を述べるなど、小瀬《おぜ》甫庵《ほあん》の助言を受けながら、指揮にあたったと考えてみてよいだろう。

『千鳥城取立之古説』によると、はじめ堀尾吉晴は荒和井山に新しい城を築く考えであったが、君主忠氏の遺志を汲んで高さの低い亀田山に城を築くことにした。また、『千鳥城取立之古説』には大方夫人の内助の功が記されているが、城普請に際して、荒和井山に建てても おかしくない規模の天守の構想を持っていた吉晴である。亀田山を城地と決した際にも、その天守の構想を大きく変えることはせず、地表からの高さ約三〇m、四重五階地下一階の大規模な天守を築くことにしたと思われる。なお、現在の天守は昭和二十五年（一九五〇）から五年の歳月をかけて解体を伴う修理工事されたものである。昭和の修理に関する資料のひとつ、『重要文化財松江城天守修理工事現状変更説明書』（松江歴史館蔵）によると、明治年代の修理において窓および一部の改造が行われたことが判明し復旧することになったが、復原工事において参考とされた資料に『竹内右兵衛書つけ』や「折畳図」が先ず上げられている。『竹内右兵衛書つけ』については「寛永十五年松平直政公入府の際同行した御大工の記したもの」と記されているが、先に述べたように『竹内右兵衛書つけ』の内、天守および城郭施設に関する記述は、やや時代が下ると見られるようになったし、「折畳図」は「御天守組建絵図文久元年作」とあり、江戸末期に制作されたものである。また、解体中に二重屋根東側の柱には横架材を差込んだと思われる仕口跡が確認されている。これが千鳥破風の母屋桁を差込む仕口跡とも見られたようだが、「千鳥破風」については「今後確証の発見によって解決されるべき」ものとして、復原には至らなかった。

　寛永年間に竹内右兵衛が制作したと伝わる松江城天守雛形（**写真11**）にも触れておきたい。その「由緒書」（明治二十年に楽山神社に奉納する際に、竹内家一代目竹内平太郎が書いたもの）には「（寛永十五年）御天守ニ参尺余之高下阿有之旨申出候ニ付修復被仰付其節修造方工風之為御天守雛形製造致候由」（竹内有兵衛は藩主直政に、天守が一m余りの高下があると申し出たところ、修復を命じられ、修造工夫のため、天守模型を造った）とある。

　天守の現存模型については山田由香里氏の論考「松江

写真11　松江城天守雛形
（松江市指定文化財、松江歴史館蔵）

城天守雛形について」がある。それには「平面方向が縮尺1／37、高さ方向が縮尺1／27で、平面方向に対して高さ方向が強調されている」と記され、さらに「二階分の通し柱の配置、五階の柱を細く削り出す点、床板を貼らずに柱と梁を見せる点などは詳細に作られており、雛形を通して架構を説明しようとしたことが窺える。」と、その特徴が記されている。また、松江城天守雛形の製作時期については「こうした架構の検討が必要な改修を行った時期」とし、その時期について「ひとつは、由緒書にある松平直政の寛永十五年（一六三八）入城後の改修、もうひとつは絵図に描かれた天守外観の変化の時期の改修となる。」と二つ説があると記されている。

前述したように、天守の雛形については、享保三年（一七一八）に御大工斎田彦四郎が天守小型を作ったとの記録もあるが、修理に関わる記録など見ると、享保三年（一七一八）から寛保三年（一七四三）の間に天守の大掛かりな修理が行われていたと考えられる。

また、松江城を描いた絵図のうち、「出雲国松江城絵図（正保年間）」（**図18**）、「松江城正保年間絵図」（乙部家蔵）、「出雲国松江城之絵図（延宝二年）」（**図14**）、「松江城廓図（元文三年）」（**図20**）、「松江城下絵図（元文〜延享年間）」（**図21**）、「出雲国松江城（安永二年）」、「松江城郭古図（安永七年）」（**図15**）などから天守の姿を、年代を追って比較してみると、天守の形が、元文三年（一七三八）以前とそれ以降では異なっていることが確認できる。

初期の天守の形状については、松江城を描いた絵図とともに、実際の修理に関する資料や記録、その時代背景も踏まえて、さらに深く探究する必要があるだろう。

図20　松江城郭図（部分）（松江歴史館）

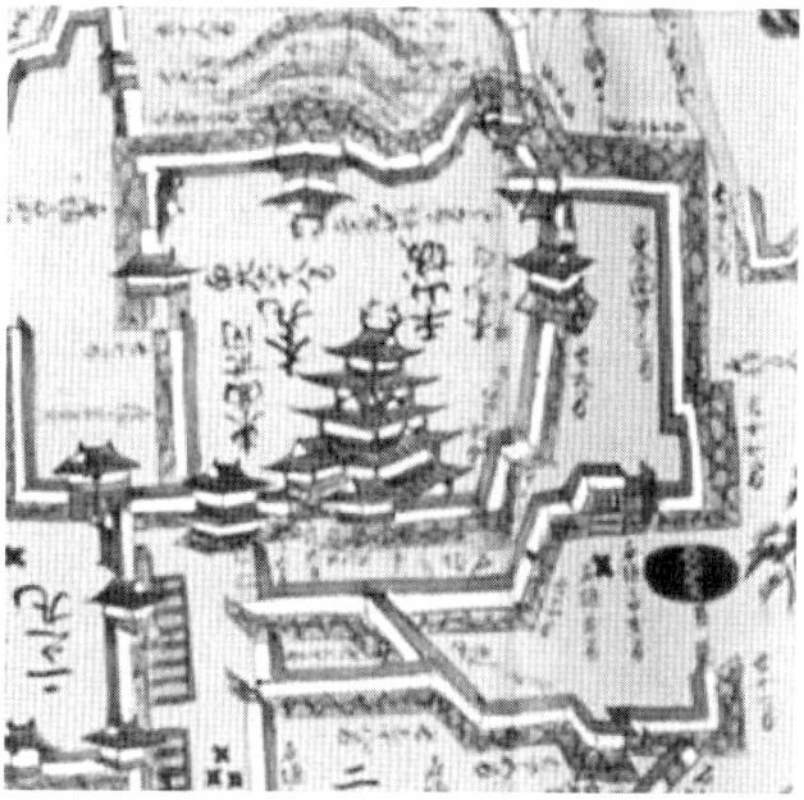
図21　松江城下絵図（元文〜延享年間）（部分）（国立公文書館蔵）

## 三、本丸・二之丸・三之丸の城郭施設

### （1）本丸・二之丸の城郭施設に関する基礎資料

本丸と二之丸及びその周辺には、創建以来どのような城郭施設が建てられていたのだろうか。「堀尾期松江城下町絵図」（堀尾図）及び「寛永年間松江城家敷町之図」（京極図）を見ると、城内には天守以外に様々な建物が建っていた様子が伺えることは前項でも少し述べた。この図からだけでは、城内に具体的にどんな建物が建っていたかは分からないが、本丸・二之丸における城郭施設の配置構成は松平時代に作成された図面等とも似ており、天守が竣工した慶長十六年（一六一一）には、既に矢倉や御殿などの城郭施設が建っていたと見てよいだろう。

堀尾・京極時代を経て寛永十五年（一六三八）に松平直政が入封するが、以後、本丸・二之丸及びその周辺にはどんな城郭施設があったかは、「御本丸二之丸三ノ丸共三枚の内」、「松江城縄張図」および『竹内右兵衛書つけ』、『御城内惣間数』などの史料によって具体的に確認できる。

ここでは、まず、これらの絵図および記録史料によって、当時の松江城の城郭施設を明らかにしたい。

「御本丸二ノ御丸三の丸共三枚之内」は、南惣門（大手門）の正面に位置する天守鍵預の建物に「松下源蔵居所」（松下源蔵は『松江藩列士録』によると、寛文十一年から元禄七年の間、天守鍵預を勤めている）と記されているところから、一六七一〜九四年に作製されたものであることが確認でき、また「松江城縄張図」は、同じ場所に「神谷勘左衛門」（神谷勘左衛門は元禄十一年から宝永七年の間、天守鍵預を勤めている）と記されているところから、一六九八〜一七一〇年に作成されたものであることが確認できる。

『竹内右兵衛書つけ』には、「御本丸二丸下ノ段」の条に「源蔵居所」とある。この「源蔵」は「御本丸二ノ御丸三の丸共三枚之内」に記されていた松下源蔵と同一人物と見なしてよく、また『竹内右兵衛書つけ』には、同じ「御本丸二丸下ノ段」に「荻田居所」との記載があるが、この「荻田屋敷」ができたのは延宝七年（一六七九）である。これらのことから、『竹内右兵衛書つけ』に「城郭之部」が記されたのは十七世紀後半（一六七九〜九四年）であると思われる。

『御城内惣間数』は奥書に「右明和三年丙戌卯月初旬写之者也」とあるところから明和三年（一七六六）に御破損方によって書き写された記録書類であることが分か

るが、記されている内容は、それよりさかのぼるものとみられる。

まず、『竹内右兵衛書つけ』によって、十七世紀後半における松江城の城郭施設のおおよその姿を明らかにし、続いて、『竹内右兵衛書つけ』と『御城内惣間数』を対比することによって、城郭施設の変化等も確認したい。

以降、「御本丸二ノ御丸三の丸共三枚之内」は**絵図A**(249頁図52参照)、「松江城縄張図」は**絵図B**(251頁図53参照)、『竹内右兵衛書つけ』は**史料A**、『御城内惣間数』は**史料B**と記す。冒頭の文字と数字は城郭図に付している番号である。なお、本節に添付している図版は**絵図A**及び**絵図B**をベースに筆者が作図したものである。

## (2) 本丸・二之丸の城郭施設について

(『竹内右兵衛書つけ』に見る城郭施設)

**史料A**の『松江城城郭之部』は「御本丸中」(本丸)、「二御丸中」(二之丸)、「御本丸二丸下ノ段」(二之丸下ノ段)、「新御屋敷之内」(北之丸か)からなる。本丸ではまず天守各階の間取が描かれ、続いて本丸に建つ諸建物の規模・大きさ・屋根材等が記され、二之丸・二之丸下ノ段でも本丸同様諸建物の規模・大きさ・屋根材等が記されている。『松江城城郭之部』は、竹内右(有)兵衛はじめ松江藩御大工等が、当時存在していた天守や矢倉(櫓)などすべての建物や施設を調査し、その大要を記録したものと思われる。これらの城郭施設を、記されている順に追ってみる。**図1・2・3**は「松江城縄張図」をベースにそれぞれ本丸・二之丸・二之丸下ノ段周辺を図示したものである。

**「御本丸中」(本丸)(図22)**

**本3(祈祷櫓)** 二階建て、一階は桁行六間、梁間三間、二階は桁行五間に梁間二間半。**史料A**には「東之出シ、矢倉」と記されている。天守の東横に、棟を東西にして建つ。築城前には、この場所には塚があり、榎を神木とする荒神が祀ってあったところで、櫓内には荒神が祭られて荒神櫓とも称される。

**本4(多門)** 梁間二間、桁行一二間。石垣の上に建つ(以下、多門・櫓はすべて石垣の上に建つ)。

**本5(多門)** 梁間三間、桁行一一間。

**本6(武具櫓)** 一階は梁間五間、桁行八間、二階は梁間四間、桁行六間。棟は南北。**史料A**には「辰巳ノ角矢倉」、また「しゃちほこ有り」とあるが、屋根の棟には鯱がのる。石垣の下には南惣門から本丸に向かう幅広の石段が真直ぐ通っており、天守とともに城の威容を表し

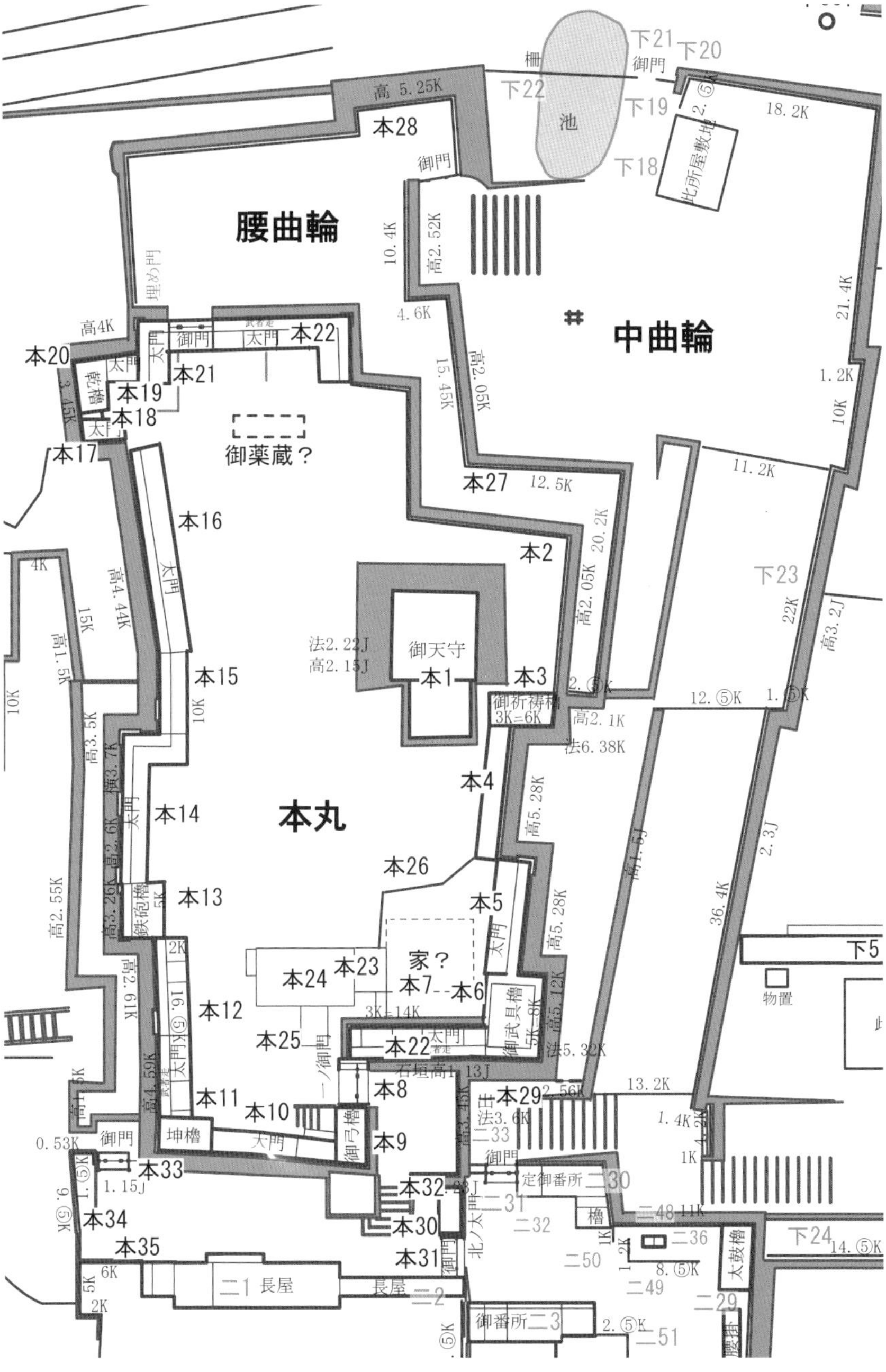


図22 「御本丸中」(本丸) 周辺

ていたと思われる。

**本7（多門）** 梁間三間、桁行一四間。

**本8（一之御門）** 梁間三間、桁行五間の二階建て。**史料A**には「下ハ御門ニシテ　上ハ走り也」とある。**史料B**には「一ノ御門」とある。一階に門を開き、二階は武者走りで多門及び弓櫓に通じる。

**本9（弓櫓）** 二階建てで一階は桁行五間、梁間三間、二階は桁行二間半、梁間四間半。**史料A**には「御門ニ取付之角屋くら」とある。西側に石段があり、そこに柿葺きの庇が付き、入口が設けられている。

**本10（多門）** 梁間二間、桁行一二間。弓櫓と坤櫓をつなぐ多門である。

**本11（坤櫓）** 二階建て。一階は梁間三間、桁行五間、二階は梁間二間半、桁行四間半。**史料A**には「米（未）申ノ角屋くら」とある。

**本12（多門）** 梁間二間　桁行一六間二尺ばかり。坤櫓と鉄砲櫓をつなぐ。石垣に沿って、弓なりに曲がっている。

**本13（鉄砲櫓）** 二階建て、一階は梁間四間、桁行五間、二階は梁間三間に桁行四間。**史料A**には「西ノ唐破風矢倉」、また「唐破風仕出シ有り」とある。西側の屋根には唐破風が付き、威容を表している。

**本14（折多門）** 梁間二間、桁行一四間。

**本15（多門）** 梁間二間半、桁行一一間。

**本16（多門）** 梁間三間、桁行一九間一尺五寸。

**本17（廊下）** **史料A**には「壱間ニ弐尺六・七寸宛ノ廊下有ふミたん也」とある。

**歪本18（多門）** 梁間二間半、桁行四間。棟は東西。

**本19（廊下）** 梁間二間、桁行西に四尺、東に一間。

**本20（乾櫓）** **史料A**には「乾ノ角箭倉」とある。二階建て、一階は桁行五間、梁間三間、二階は桁行四間、梁間二間。本丸の北西隅に建つ。

**本21（廊下）** **史料A**には「（乾櫓）ヨリ東へノ廊架」とある。

**本22（多門）** 凹形の折れ曲った多門で、北西角の下に門を開く。**史料A**には「北行之太門、西之始ハ三間はりニ六間　南北ニ棟立　是ヨリ東へ三間ニ拾四間半ハ東西ニ棟立　夫ヨリ三間ニ六間ハ南北ニ棟立　〆三間ニ弐拾六間半也　下ニ門在　西ヨリ三間東へよりて四間半ノ間也」とある。この門は、いわゆる「北ノ御門」である。

　ところで、**史料A**には、この続きに「△　同所ニ御薬蔵弐間ニ六間半ニシテ在たるのよし　今ハなし」と、また「△　御天守南ニ六間半ニ八間之家有之のよし　今ハなし」とある。いずれも、以前に存在していた建物である。これにより、天守と北ノ御門の間には梁間二間、桁行六間の「御薬蔵」が、また、天守の南には梁間六間半、桁行八間の「家」が建っていたことが確認できる。「御薬庫」は火薬庫だろうか。「家」は、史料一の**本23**に「同御殿ヨリ御台所へ之廊架」と記されているが、この「家」は「御殿」で、本丸御殿だった可能性が考えられる。

**本23（廊下）** 桁行四間、梁間三間。「家」（御殿）と「御台所」をつなぐ建物で棟は東西に延び、南には、多門につながる廊下（梁間一間、桁行弐間半）が付く。**史料A**には、さらに「北ノ方ハ廊下東之角へ取付　南ハ太門　西之角ヨリ弐間東へよりて取付也」とある。

**本24（御台所）** 梁間五間、桁行九間。棟は東西に延びる。**史料A**には、さらに「三尺ニ弐間半ノひさし西ノ方ニ北へよりて取付有り　南ニ壱間ニ弐間之ひさし　西ヨリ三尺よりて取付　戸前ノ上也」とある。

**本25（番所）** 梁間二間半、桁行四間。棟は南北に延び、西に庇が付いている。台所の南に取り付く。この建物と東の多門の間は二間ほどあり、戸が建てられていた。なお、**史料A**には「下石かん在」とある。番所の下には石棺が埋まっていたと思われる。

**本26（塀）** 台所の東の廊下の北東隅より、多門（**本4**）まで総長一四間の折れ曲った塀。本丸と以前に建っていた「家」（御殿）を仕切る塀であったと思われる。

**本27（塀）** 腰曲輪の石垣上に折れ曲って建つ総長七〇間ほどの塀。

**本28（塀）** きりきり門及び腰曲輪の北側を囲む塀。総長さはおよそ五四間。**史料A**に「北側太門之内　埋門ノわき石垣ニ取付終ル　但南ヨリ五間余北へよりて奥　兵口ノ門有　壱間計也」とあるが、西側の塀の石垣脇の「埋め門」の記述もある。

**本29（塀）** 三ノ門（**二31**）の見付にある塀。**史料A**には「辰巳ノ角屋くら下之石垣へ取付、南へ拾間、棟南北ニ立、同塀南ヨリ取付、西へ五間棟東西ニ立、同塀西ヨリ取付、北へ壱間半ニて終ル、但棟南北ニ立、〆拾六間半、是も南ノ弐段目之内也」とある。

**本30（多門）** 梁間二間、桁行四間半。棟南北。二ノ門北の多門である。

**本31（二ノ門）** 梁間二間、桁行三間、潜り戸が付いている。**史料A**には「但此門ハ二ノ丸ト本丸境也」とある。**史料B**には「二之御門」とある。

**本32（塀）** 二之丸北の多門の北に付く一間ほどの瓦塀。

**本33（西ノ御門）** 後山へ通じる門。**史料B**には「西之御門」とある。

本34（塀）　西門の西から南に折れ曲る塀。

本35（塀）　右塀より二之丸の長屋までの塀。長さ六間。

「二御丸中」（二之丸）（図23）

二1（北側局長屋）　梁間三間、桁行十九間半。棟東西。屋根は柿葺き。**史料A**には、「南ニ壱間ノひさし　西之角ヨリ三間明東へ取付六間ト拾間半ト也」とある。

二2（長屋）　局長屋の東にとりつく。梁間二間、桁行一間。棟東西。屋根は柿葺き。

二3（御番所）　下台所の入口にある。梁間二間半、桁行十二間半。棟東西。屋根は柿葺き。側に三尺幅の庇が付く。

二4（下御台所）　梁間五間、桁行九間半。棟南北。屋根は柿葺き。**史料B**には「御作事所」とある。

二5（廊下）　御台所と御広間をつなぐ廊下。梁間四間半、桁行三間半。棟東西。屋根は柿葺き。

二6（御式台）　梁間三間、桁行一一間。棟南北。屋根は柿葺き。南は広間の縁側に接している。

二7（御広間）　梁間八間半、桁行一二間半。棟東西。北側に三尺に五間の庇がつき、北西角には一間に一間半の雪隠が付く。

二8（榑縁）　御広間の南東の外側を巡る。幅三尺、長さ二十九間。

二9（廊下）　下ノ段の広間と上ノ段の書院をつなぐ廊下。梁間一間半、桁行四間半。棟東西。中ほどが階段になっており、棟にも勾配が付いている。

二10（御書院）　梁間八間、桁行一二間。棟南北。屋根は柿葺き。

二11（廊下）　御書院と御広敷をつなぐ。梁間九尺、桁行二間、棟南北、屋根は柿葺き。

二12（御広敷）　梁間四間、桁行六間、棟南北、屋根は柿葺き。**史料B**には「莇部屋」とある。

二13（廊下）　広敷と上御台所をつなぐ廊下。

二14（上御台所）　梁間五間、桁行七間。棟南北、柿葺き。**史料B**には「但此分寛延三午　御議定ニて崩す」とある。

二15（廊下）　上御台所と御書院をつなぐ廊下。二尺四方。棟南北。

二16（廊下）　御書院と御風呂屋をつなぐ廊下。梁間一間、桁行一間半。棟東西。

二17（庇）　御風呂屋東に取り付く。梁間一間、桁行四間。

二18（御風呂屋）　梁間二間、桁行五間。棟南北。柿葺き。南には一間に二間の庇が付き、東には一間に一間半の便所が付いている。

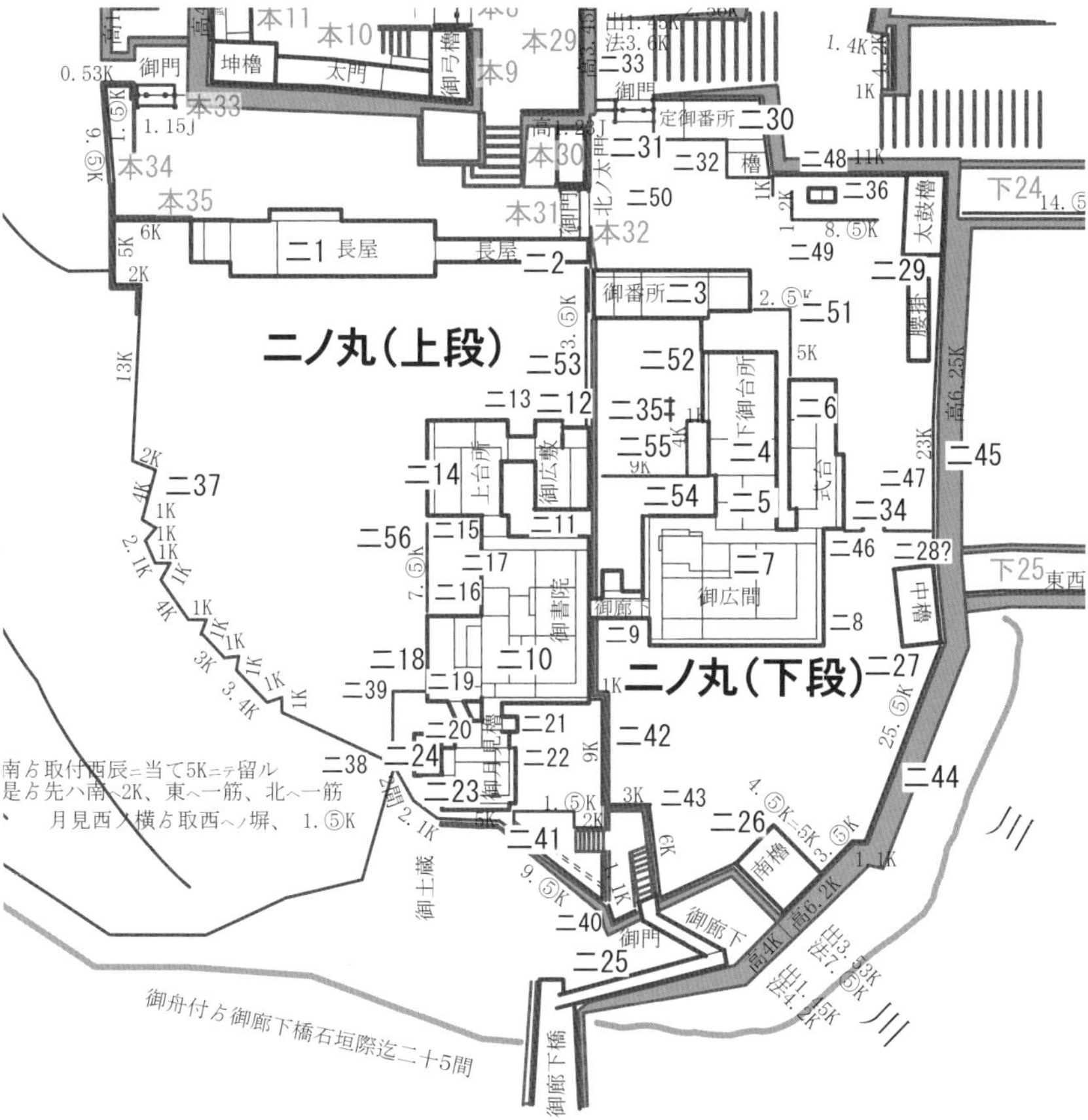


図23 「二御丸中」（二之丸）周辺

**二19（廊下）** 御風呂屋と月見櫓をつなぐ菱形の廊下。

**二20（庇）** 月見櫓の北に取り付く。梁行二間、桁行三間半。東の方に三尺に二間の雪隠が付いている。

**二21（廊下）** 月見櫓と御書院をつなぐ廊下。

**二22（月見櫓）** 梁間二間半、桁行三間。**史料A**には、続いて「北ニ壱間ニ三間ノひさし有　二階之次之間用ル　下之重ハ東南西ニ折廻し壱間ニ九間半有り　但東方四間南ニ四間西ニ壱間半也」とある。

**二23（廊下）** 月見櫓と御土蔵の間。屋根は柿葺き。**史料A**には「下ハはし子戸棚ニシテ　上ハ南壱間之所月見上之重之床ニ用ル　北ノ壱間ハ押込ノたなニ成」とある。この廊下部分が月見櫓の一、二階とつながっていることが分かる。

**二24（御土蔵）** 梁間二間半、桁行三間。棟東西。瓦葺き。

**二25（御廊下）**　三之丸と二之丸をつなぐ御廊下橋の袂から二之丸へは、くの字に折れる石段がある。**史料A**によると、二之丸の入口は梁間一間半、桁行一間。ここから、石段の上段「壱間ニ六間半ノ分」は北西より南東に向い、下段「十三間一尺五寸」は東北東より西南西に向い、いずれも片流れの屋根が架かる。**史料A**にはさらに、「此東西ニ壱間弐尺ハかんきニシテ有り」、最後に「合弐拾壱間也」とある。

**二26（南櫓）**　**史料A**には「南ノ弐重屋くら」とある。二階建て。一階は梁間四間半、桁行五間。二階は梁間三間半、桁行四間。棟は南東から北西の方にあたる。瓦葺き。

**二27（中櫓）**　**史料A**には「広間ヨリ東之矢蔵」とある。梁間三間、桁行六間。棟南北。瓦葺き。

**二28（雪隠）**　**史料A**には「五尺ニ壱丈計ニシテ弐つニ成　棟南北也　こけらヤ」とある。

**二29（太鼓櫓）**　梁間三間、桁行六間。棟南北。瓦葺き。西に一間に弐間の柿葺きの庇が付く。

**二30（櫓）**　**史料A**には「御門ノ東ノ屋くら」とある。梁間三間、桁行東西五間二尺南北六間。矩折れの建物である。

**二31（三ノ御門）**　**史料A**には「大門」とあり「やくい門（薬医門）」と記されている。「御城内総間数」には「三之御門」とある。

**二32（方立）**　三ノ御門と矢倉の間の方立。内法四尺弐寸のくぐり戸が付いている。

**二33（瓦塀）**　三ノ御門と石垣の間の塀。**史料A**には「地ニて四尺七寸程　屋根ニて八尺五寸斗ノ瓦塀」と記されている。

**二34（平地門）**　御広間の東にある。

**二35（井戸）**　下台所の西にある。井戸は一間に一間半。これに二間四方の柿葺きの屋根が付いている。

**二36（雪隠）**　太鼓櫓の西にある。

**二37（塀）**　二之丸の背面、西側に屏風状に延びる塀。北の局長屋の西から、まず南に五間、東に振れ二間、南に振れ一三間と折れ曲り、月見櫓の西の御土蔵まで続く、総延長は二一間。

**二38（塀）**　御土蔵の西に取り付く塀。長さ一間半。

**二39（塀）**　御土蔵の北側と西側を囲む矩折れの塀。戸前が一カ所つく。

**二40（塀）**　御土蔵裏の四辻から南東に延び、西に折れ、南東に折れ、さらに折れ曲り、南の御門を通って、南櫓に取り付く塀。総長二五間五尺二寸五分。

**二41（塀）**　月見櫓の角に取り付く。南へ一間五尺、東へ六間の矩折れの塀。

**二42（塀）** 御書院と月見櫓前の庭を囲む。御書院の南東角に取り付き東へ一間、それより南に九間、それより西に二間、それより北に一間と折れ曲がる。

**二43（塀）** 南の御門の脇から北に延び、西に折れて二之丸上ノ段の石垣に取り付く、矩折れの塀。

**二44（塀）** 南櫓から中櫓までの塀。

**二45（塀）** 中櫓から太鼓櫓までの塀。

**二46（塀）** 式台の南東隅から東に延びる。中程に平重門が付いている。

**二47（塀）** 中櫓北の雪隠前にある。

**二48（塀）** 太鼓櫓の西に、三ノ御門横の櫓との間にある。長さ一一間。

**二49（塀）** 太鼓櫓の西にある雪隠の前にある。

**二50（多門）** 三ノ御門脇にある。

**二51（塀）** 御番所と式台をつなぐ。下台所の北東部分を囲む。

**二52（塀）** 御場所と下台所をつなぐ。

**二53（塀）** 局長屋東の長屋の南東隅から広敷まで延びる。長さ一三間で、透し戸がある。

**二54（塀）** 下台所の南西隅から西に延び、石垣に取り付く塀。長さ九間。

**二55（塀）** 下台所の西に中ほどから西に延び、南に折れる。

**二56（塀）** 上台所の南西隅から御風呂屋の北西隅をつなぐ。

**「御本丸二丸下ノ段」（外曲輪の内、二之丸下ノ段）（図24）**

**下1（大手御門）** 梁間三間半、桁行八間。二階建て。屋根の棟には鯱が付く。**史料B**には「南惣門」とある。

**下2（雪隠）** 大手御門の東の方にある。

**下3（御小人小屋）** 梁間二間、桁行八間。屋根は瓦葺き。

**下4（源蔵居所）** 大棟は梁間二間半、桁行一二間。南に梁間二間半、桁行三間の角屋が付き、北にも二間に三間の角屋、さらに一間に三間、一間半に二間、二間に二間、三尺に三間の庇が付く。大棟は瓦葺き、角屋と庇は柿葺き。西に一間半に四間半、湯殿と雪隠のある瓦葺きの建物が付設する。周囲は塀で囲む。**史料A**には「天守鍵預」の付箋が貼ってあり、**史料B**には「御役屋敷」とあり、「天守鍵預」の居宅であることが分かる。「源蔵」は天守鍵預役の松下源蔵である。

**下5（南ノ米蔵）** 梁間二間半、桁行四二間。北側二幅一間の庇が付く。大棟は瓦葺き。庇は柿葺き。

**下6（東ノ米蔵）** 梁間二間半、桁行二七間。西側に一

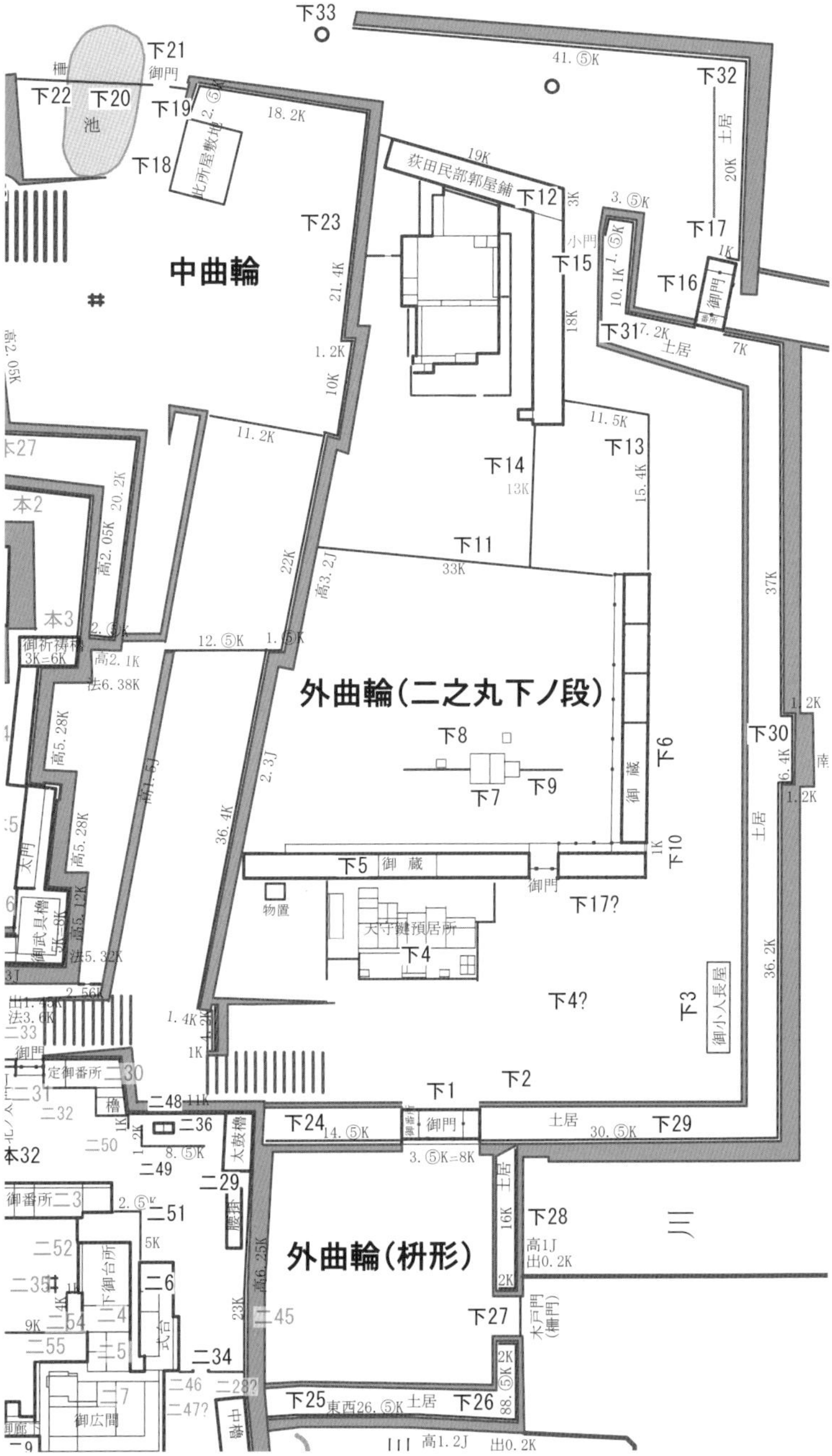


図24　「御本丸二丸下ノ段」（外曲輪の内、二之丸下ノ段・枡形）周辺

間幅の庇が付く。

**下7（会所）** 梁間三間に桁行三間半。東ニ一間半四方の角屋が付く。

**下8（雪隠）** 会所脇に下雪隠。二カ所ある。

**下9（塀）** 会所に付設する塀。長さ一一間二尺。

**下10（塀）** 南ノ米蔵と東ノ米蔵の間にある塀。長さ一間。

**下11（塀）** 東ノ米蔵の北西隅から西に延び、中曲輪の石垣に取り付く塀。長さ三三間。

**下12（荻田表長屋）** 梁間三間、桁行北の棟、東の棟共に二二間。矩折れで、**史料A**には、さらに「内かわニてハ北ニ壱間ノ延有、北ハ拾八間也、内ノ方ニてハ壱間余ノ延有、此長やハ辰戌ニ当て棟立」とある。この矩折れの長屋の内側には、広間二室からなる建物（居所か）が建てられていた。

**下13（塀）** 荻田表長屋と東ノ米蔵をつなぐ塀。矩折れで長さ二七間余り。

**下14（塀）** 荻田表長屋の南西隅より南に延びる。長さ一三間。

**下15（門）** 荻田表長屋の東に取り付く小門。

**下16（東之楼門）** 梁間三間、桁行七間。二階建て。**史料B**には「北之惣門」とある。

**下17（下雪隠）** 同所角にある。

**下18（きりきり御門番人居所）** 梁間三間、桁行八間。瓦葺き。脇に雪隠がある。

**下19（塀）** 番人居所の北西隅の北に延びる。長さ七尺。

**下20（塀）** 御門左右の塀。

**下21（御門）** 外曲輪と中曲輪を区切る門。**史料B**には「キリキリ御門」とある。

**下22（柵）** 池をまたいで東西に延びる。長さ一五間。

**下23（塀）** 中曲輪の石垣の上に、石垣に沿って折れ曲って建つ、中曲輪を区切る塀。総延長一四八間余り（南北二間半、一八間二尺、二一間四尺、一間二尺、一〇間、一間二尺、二三間、一二間、三六間四尺、一間四尺、四間二尺、一間、三間二尺）。一

**下24（塀）** 大手御門の西から西に延びる。長さ一四間半。

**下25（塀）** 枡形南の土居の東西に延びる。長さ二六間半。

**下26（塀）** 木戸門の南に矩折れに延びる。長さ二間に八間半。

**下27（木戸門）** 幅二間、**史料B**には「大手柵御門」とある。

**下28（塀）** 木戸門の北に矩折れに延びる。長さ二間に一六間。

**下29（塀）** 大手御門の南東隅の柱に取り付き、東に延びる。

**下30（塀）** 外曲輪（二之丸下ノ段）を囲う、大手御門から東ノ楼門までの塀。総長さ一二八間余り。

**下31（塀）** 東之楼門の南西隅から荻田長屋の東に取り付く小門までの折れ曲る塀。長さはおよそ一九間。

**下32（塀）** 東之楼門の北東隅から延びる。**史料A**には「右之御門丑寅ノ角ヨリ取付東へ壱間之塀有　此東ヨリ取付北へ弐拾間　此北ヨリ取付西へ四拾壱間半也　少戌ノ方へ振ル」とあり、続いて「此西ヨリ取付北へ五間　此北ヨリ取付戌亥ニ当リて三拾九間五尺弐寸」とある。前段は**史料B**の「右同所ゟ北之御長屋迄瓦塀覆　五十七間半」に対応し、石垣の上に建つ瓦塀覆で、後段は**史料B**の「右同所より下御殿迄ニ取付板塀覆　五拾五間半」に対応し、地面に直接建つ板塀覆と見なしてよいだろう。この記述に続いて**史料A**には「此内忍折込六ケ所有　先ハ新御屋布分塀也」ある。「新御屋布」は、「北之丸」の「上御殿」と考えられる。

**下33（塀）** 新御屋敷に取り付く塀。**史料A**には「右之塀西ヨリ取付、未申ニ当て六間、此南ヨリ取付戌亥ニ当リて七間半ニて新御屋敷御門東ノ柱ニ取付、御門弐間也、同西ノ塀長屋迄ノ間三間弐尺」とあり、新御屋敷の「御門」までが記されている。

**新御屋敷之内**

**新1（長屋）** **史料A**には「南ノ表長屋三間梁ニ拾五間未申ヨリ辰巳ニ当り棟立」とあり、記述はこれで終っている。**史料A**に城郭施設のことが記録されたのは延宝七～元禄七年（一六七九～九四）頃と思われる。そして、**史料A**に「新御屋敷」と記される上御殿（北之丸）が、記録に見えるのは元禄五年（一六九二）の石垣修理、同九年の新宅（上御殿）の造営である。新御屋敷に上御殿が新たに造営されるのは、早くても十七世紀末であるので、**史料A**に新御屋敷の施設については、まだ記録できなかったかと思われる。

## （3）三之丸の基本構成とその推移

### ①記録史料を通して見る三之丸の推移

「旧藩事蹟調査下按ノ一」（大正二年、重村俊介調　島根県立図書館蔵）の冒頭には「三ノ丸ハ惣て平地に築キ、其周囲同ク壕ヲ以区域ヲナシ、現ニ其形今も石垣ニ依テ境界判明セリ、御殿建物茲に政庁及御住居アリテ、夫々御間向諸士出仕、登城ニ付テハ平素ノ格式各身分ニ付テ、其待遇の定メ且御国政ニ与カル役々の事務室ト云其詰所扣所アリ」と記されているが、現在、島根県庁本庁舎が建っているこの場所は松江城の三之丸で、江戸時代には松江藩の政庁であり、藩主が松江城に帰った際の住居になっていたところである。

ここでは、「家譜」、「年譜」、『松江藩列士録』、『御作事所御役人帳』などの記録史料を通して三之丸がどのように推移してきたかみよう。

### 二代綱隆《つなたか》の時代（一六六六〜七五）

三之丸に関する最も古い記録は、「家譜上」の「（寛文）九年（一六六九）乙酉正月十四日綱隆諸士を率いて意宇郡山代村の茶臼山に狩を催せり　綱隆は常に治に乱を忘れさるの戒を守り世漸く昇平に属するに従て武士の游惰に過こして遂に浮華柔弱に流れ一旦事あらん時一人の物の用に立つへき者も無きに於ては実に耻つへきの至なりと常に深く之を憂ひ其身の居住所はもと三丸にありけるを移りて二丸に居り大木三左衛門信峯なといへる者を抜擢し内命を以て諸国武者修行として廻歴せしめ直政定むる所の軍制に本つき更に己の工夫を加へ黒澤三右衛門弘忠及ひ信峯等と謀りて一家の軍制を定め又武を講せ」である。

これによると、綱隆は初め帰国の折には三之丸を居所としていたが、寛文九年（一六六九）に治国の精神に立ち返り、一時期、二之丸に居所を移していたことになる。

「堀尾期松江城下町絵図」（以下「堀尾図」）並びに「寛永年間松江城家敷町之図」（以下「京極図」）には、前述したように三之丸に建物が相当数描かれていると思われるが、堀尾期には『堀尾古記』にある寛永六年（一六二九）の「御屋敷御作事、二月廿三日御作事初、閏二月十六日ニ釿始」などを勘案すれば、堀尾期には三之丸に相当数の城郭施設が建てられており、松平直政が入封する以前から、藩主が帰国した際には居所（御殿）としても使われていたようである。

綱隆は承応二年（一六五三）から直政と交互で松江に帰り、寛文六年（一六六六）に世襲してからも隔年で参勤交代しているが、延宝二年（一六七四）が最後の帰城となる。

この年の五月に松江市中は大水害に見舞われているが、これについて「家譜上」は「（延宝二年）六月二十五日国内大雨ニテ松江最甚シク」「二十六日洪水　水平地ニ土嚢ルコト八九尺」「二十八日大橋半落天神橋全ク流レ、諸ヲ北ノ廓ノ長廊ニ置テ恵ミ養フコト総二百八十余人」と、被害の模様を記している。また、「家譜上」には「延宝二年ノ洪水ニテ松江城三ノ丸玄関三段目マテ水上リケル」とある。これによって、三之丸は床下浸水の被害に遭っていたことが分かるが、当時、三之丸には既に「御玄関」を設けた建物があり、そのほかにも「御広間」や「御書院」をはじめとする諸施設が建っていたと推察できる。翌三年（一六七五）に綱隆は松江城で亡くなるが、「綱隆年譜」には「(四月朔日) 正殿ニ卒シタマフ」とある。「正殿」が具体的にどの建物を指しているかは分からないが、「宗衍年譜」では、初めて帰国した享保二年（一七四五）の十一月九日に「始テ国ニ帰ルヲ賀メ、宴ヲ開、国楽ヲ奏ス、公大賓所ニ座ス」とある。ここに記されている大賓所は正殿であり、儀式の行われる対面所にあたるかと思われる。そうすると、この正殿、つまり対面所以外にも、御居間や御寝間などが、この時代には既に存在していたと見てよさそうである。

### 三代綱近《つなちか》の時代（一六七五～一七〇四）

延宝三年（一六七五）に綱隆が亡くなると綱近が十七歳で襲封するが、綱近は貞享四年（一六八七）までは隔年に帰城している。目を患った綱近は元禄十七年（一七〇四）に隠居して外記と号し、「北ノ丸」に居を移し、亡くなる宝永六年（一七一〇）までの七年間をこの「北ノ丸」で過ごしている。綱近は松江での暮らしを好み、ここを終の住処にしたと思われる。

綱近が藩主の時代、『御作事所御役人帳』には、元禄三年（一六九〇）に「三丸新御寝間出来」と、また、元禄五年（一六九二）に「奥御姫様御殿共三百坪出来」と記されている。「御姫様」とは元禄二年（一六八九）に松江城で誕生した須天姫（万姫）であろう。須天姫は元禄十年（一六九七）には江戸の上屋敷に移るので、三之丸の「姫様御殿」には十年間住んでいたことになる。

この頃、三之丸の藩主の住居部分には「御寝間」が、奥向きの空間には「奥御殿」や「姫様御殿」が新しく出来ている。綱近の代になると、三之丸は藩主の居所であることが明確になり、松江で誕生した子女の住いを含めて、奥向きの居住空間の整備が進められるようになっていることが推察できる。

なお、『御作事所御役人帳』の元禄七年（一六九四）には「後山御茶屋出来、田中御茶屋出来、天倫寺御霊屋出来　初」と記されているが、この年に、本丸の裏（西側）には「後山御茶屋」が、また御花畑には「田中御茶屋」が営まれている。元禄時代になって、綱近は松江での生活に重きをおき、また茶の湯の施設を後山（後曲輪）や御花畑に作り、茶の湯も楽しんでいたと推察できる。

延宝七年（一六七九）には松江城の実測図面の一つ「御本丸二ノ御丸三の丸共三枚之内」が製作され、やや遅れて「松江城縄張図」や「御三丸御指図三枚之内」も製作されているが、このことから綱近が藩主の時代、延宝年間から元禄年間にかけて本丸・二之丸・三之丸にある城郭施設の実測調査が行われ、これらの図面が製作されたのだろう。

いずれにしても、綱近の代の松江城は、防御に重点をおく城（城郭）というよりは、むしろ居住を優先する城（御殿）に変わり、その住居空間は三之丸（御殿）を中心に増改築が繰り返される傾向が強まることになったとみなして間違いないだろう。

四代吉透《よしとお》・五代宣維《のぶずみ》の時代（一七〇四〜三一）

吉透が藩主の時代は一年余で、帰城することはなかったが、宝永二年（一七〇五）に宣維が藩主となると、松江城は天守の修復もはじまり、諸施設の整備が多く見られるようになる。

『御作事所御役人帳』の宝永三年（一七〇六）には「新御殿御普請出来　新御屋敷へ養法院様御移リ」とある。二年前の元禄十七年（一七〇四）には「養法院様三丸へ御移リ被遊、新御屋敷御普請出来、御隠居外記様御移」とある。外記（綱近）が亡くなって、養法院（綱隆の側室・吉透の母）は三之丸から北之丸の新屋敷に移っているが、三之丸の奥向きの空間もその性格が少しずつ変わっていくのが分かる。

宣維は享保五年（一七二〇）に初めて帰城するが、この時、天守にも登っている。現存する墨書等から、その前年に天守の修復が行われているのが確認できる。また、この年頃には「御城内絵図面」も製作されているが、『御作事所御役人帳』には享保七年（一七二二）の「御仕立所御座間出来」、享保八年の「三丸御唐門出来」、同十一年（一七二六）の「三丸御仕立所御納戸、御湯殿出来」、同十四年（一七二九）の「御仕立所御部屋出来」、同十六年（一七三一）の「三丸二階御座敷出来」と、三之丸御殿内の建物の普請に関する記述が続いて表れる。注目したいのは「御仕立所」に関する記述が多いことである。当時、藩主の奥向きの生活を担う侍女達の居住空間の増改築（改変）が繰り返されていたのだろう。

六代宗衍《むねのぶ》の時代（一七三一〜六七）

享保十六年（一七三一）は六代宗衍が襲封するが、その翌年（同十七年（一七三二））の九月二十二日には、巡見使（堀三六郎、土屋数馬）二名が松江に入り、五カ月にわたって出雲国に滞在している。新しい藩主宗衍は四歳と幼少であり、藩の監察は巡見使に委ねられたのである。『松江藩列士録』斎田彦四郎に「同（享保）十七年月日不知御巡見御越付而御城内御修復御用ニ付弐人扶持御加扶持被下之」と記されている。巡見使は国内とともに松江城内の監察も任務となっていたのだろう。当時の三之丸はできる限りの修繕を行って巡見使を迎えたと思われる。

また、この頃には天守の傷みも相当に進んでいたと見える。享保四年（一七一九）頃には柱に包み板を添えるなど、応急的な補強工事に留まっていたが、巡見使の来松から五年後の元文三年（一七三八）には、天守の大修理が行われることになる。「宗衍年譜」には「（三月十一日）是日月相府ニ告ルニ雲藩松江城ノ天守年テ遂テ損スルコト致シ五層（重）皆朽ルニ至ル、故ニ斬ニ之ヲ修ムト云ヲ以ス」と記されているが、『重要文化財松江城天守修理工事報告書』に掲載されている天守の修理に伴う墨書には、元文三年（一七三八）から寛保三年（一七四三）にかけてのものが多数あり、この時期に天守の修復工事が盛んに行われたと推察できる。

その後、『松江藩列士録』岡彦七には、寛延二年（一七四九）に「（九月二十六日）三丸御普請中、精出就相勤為御褒美拾五匁被下」と記されているが、前年の出雲地方に起った地震等で、傷んだところがこの時期に修繕されたものと見られる。

また、『松江藩列士録』斎田彦吉には、宝暦五年（一七五五）に「（二月）三丸御仕立所御住居替御用受口被仰付、同六月御普請相済付而、御褒美銀三両被下之」とある。

さらに、「御作事所役人帳」の宝暦九年（一七五九）には「三丸奥御殿御普請」とあり、『松江藩列士録』斎田彦吉には「（宝暦九年四月）三丸奥御殿御普請受口御場所詰切被仰付、御普請中弐人扶持加扶持被下之」と、また、『松江藩列士録』木造軍右衛門には「（宝暦九年四月十八日）奥御普請中、出精相勤付而御手自銀五枚御帷子一被下之」とある。この年の六月二十二日に宗衍の三子連三郎（定静、治郷の弟）が松江城で誕生しているが、三之丸奥御殿の普請はこれを受けて行われたものとみえる。

その後、『松江藩列士録』安藤喜与七には「（明和二年四月）三丸奥御殿并外廻御修復御用出精相勤為御褒美銀二両被下之」とあり、また、『松江藩列士録』岡彦七には「（明和二年七月）御花畑御茶屋御修復」とある。明和二年（一七六五）は鶴太郎（後の七代藩主治郷）が藩主名代として松江城に入る前年である。「治郷年譜」には「（鶴太郎初めて）松江ニ入ル時天隆公疾ヲ以久ク国ニ帰ラズ人心萎凋ス世子ノ鹵簿ヲ観ルニ及テ闔国蘇エルカ如シ」と記されているが、若殿様（鶴太郎）を松江城に迎え入れるために城内では、諸施設の修復が進められたのである。

さらに、明和三年（一七六六）には『松江藩列士録』山門吉四郎に「（十二月二十五日）奥御殿御普請御用出精相勤付而、為御褒美百疋被下之」とあり、『松江藩列士録』（下士元祖斎田彦吉）にも「（十二月二十八日）当春奥御殿御住居替御用出精相勤付而為御褒美百疋被下之」とあり、『松江藩列士録』岡仙左衛門にも「（十二月）奥御殿御住居替御用精出就相勤、為御褒美銀弐両被下之」とある。当時、奥御殿の住居の建て替えが、次期藩主を迎え入れるために着々と進められていたことがうかがえる。

### 七代治郷《はるさと》の時代（一七六七〜一八〇六）

明和四年（一七六七）には宗衍は隠居し、治郷が七代藩主となり「御立派」による藩体制の改革が断行されるが、その一方、三之丸御殿では屋根の全面的な葺き替え工事をはじめ、大幅な修繕が行われていたようである。「松江藩列士録・斎田徳左衛門（斎田彦吉）」には「（明和五年十一月十三日）三丸惣屋根御修復別立被仰付而、御普請仕方頭取内改兼相相勤旨被仰付」、「（明和六年十二月十八日）御立派以来深切ニ打込、役所内殿リ合宜敷且三丸其外莫大之御修復所出精相勤付而、為御褒美金一両被下之」と記されている。そして、『御作事所御役人帳』の安永三年（一七七四）には「御花畑新御茶屋　三丸奥新座敷　出来」とあり、また、安永六年（一七七七）には「御寝所御建継、御普請五月出来」とある。三之丸では、奥新座敷や寝所等、藩主の在所や奥向きの住居空間の増改築等が盛んに行われ、御花畑には新しく御茶屋が造られたことが分かる。この頃には、治郷の好みを取入れて茶屋（茶室）の普請も盛んに行われていたようである。

また、『松江藩出入捷覧』には、天明九年（一七八九）の「御仕立所長局御普請御入用」、寛政元年（一七八九）の「奥御殿御建直御入用」、同二年の「奥御殿建直御入用」、同四年（一七九二）の「御仕立所御住居替御入用」、同十二年（一八〇〇）の「御仕立所御住居替御入用」とあり、奥御殿、御仕立所の建替えが盛んに行われている。奥御殿や御仕立所の増改築が繰り返されているが、これらは、国元（松江城）で女子の誕生（寛政四年（一七九二）の富姫誕生、同八年（一七九六）の国姫誕生、文化二年（一八〇五）の幾千姫誕生）が相次いでいたためと思われる。

ところで、『御作事所御役人帳』の天明六年（一七六八）には「三丸駒次郎様御殿御取毀」とあり、天明七年（一七八七）には「田中御茶屋継足　駒次郎様御殿ニ相成」とあり、同八年（一七八八）には「田中御茶屋御茶所崩江戸御居間へ建、跡へ代り御茶所有来り之通新出来、三ノ丸長局建直し」とあり、さらに同九年（一七八九）

には「御花畑南へ駒次郎様御殿建」とある。治郷は同七年以来、弟駒次郎（衍親《のぶちか》、号・雪川）を伴って帰城することがたびたびあったが、最初、三之丸内に設けられていた駒次郎の住まいも、御花畑の田中御茶屋に継ぎ足して新築され、さらに、御花畑の南に駒次郎のために新御殿が建てられていることが分かる。

『松江藩列士録』岡重左衛門には「（文化七年四月十八日）三丸御台所中之口辺建修理御修復御用被仰付」と、『松江藩列士録』井上五太夫には「（文化八年一月二十六日）御奥修復中出精相勤（中略）御奥御修復出来立茂宜敷段心配故之由、御褒美被成下」と記されているが、この頃、三之丸では下台所の中ノ口周辺の改修が行われる一方、引続き奥向きの建物の改修も行われている。

### 江戸時代後期（一八〇六〜六八）

文政五年（一八二二）には斉貴が藩主となるが、三之丸では、同十一年に中之口周辺の修復（『松江藩列士録』岡重左衛門）、天保九年（一八三八）頃に御居間廻りの修復（『松江藩出入捷覧』）などが、確認できる程度である。

嘉永六年（一八五三）には定安が松江藩十代藩主となるが、三之丸内の修復等は見られず、「三之丸ノ内」とある御花畑や御鷹部屋での普請が顕著となる。

嘉永七年（一八五四）には観山御殿が御花畑の南に建てられる。これは、年若くして隠居することになった斉貴が松江で暮らすために新しく建てられた御殿である。安政元年（一八五四）には政姫が、翌二年に弐等麿（直応）が松江で誕生し、その後、御花畑で生活しているが、南方御殿や観山御殿は藩主の家族の居所となっている。

なお、「旧藩御事蹟下按ノ二」には「御鷹部屋一構ヲシテ慶応三年（中略）新御殿ト称シ若殿様（瑤彩麿）の御住居ニ新キ御建築なりて御引移ニ相成シカ」とあり、さらに「続て島根県ヲ置クニ至りて此新御殿ヲ以県庁トナシ其実明治五年四月十二日開庁トなりし」とある。慶応三年（一八六七）に瑤彩麿（直応）の住居となる新御殿が新たに御鷹部屋にできるが、この新御殿は廃藩置県後、明治五年（一八七二）に、島根県庁として使用されることになり、大きく改造を受けることになる。

### ②絵図面を通して見る三之丸の推移

ここでは三之丸御殿の建物配置や建物の間取りが記されている「御三丸御指図三枚之内」「御城内絵図面」「三ノ丸御間取図」「安政二辰四月改三丸惣絵図面」の図面四点を基本図として扱う。

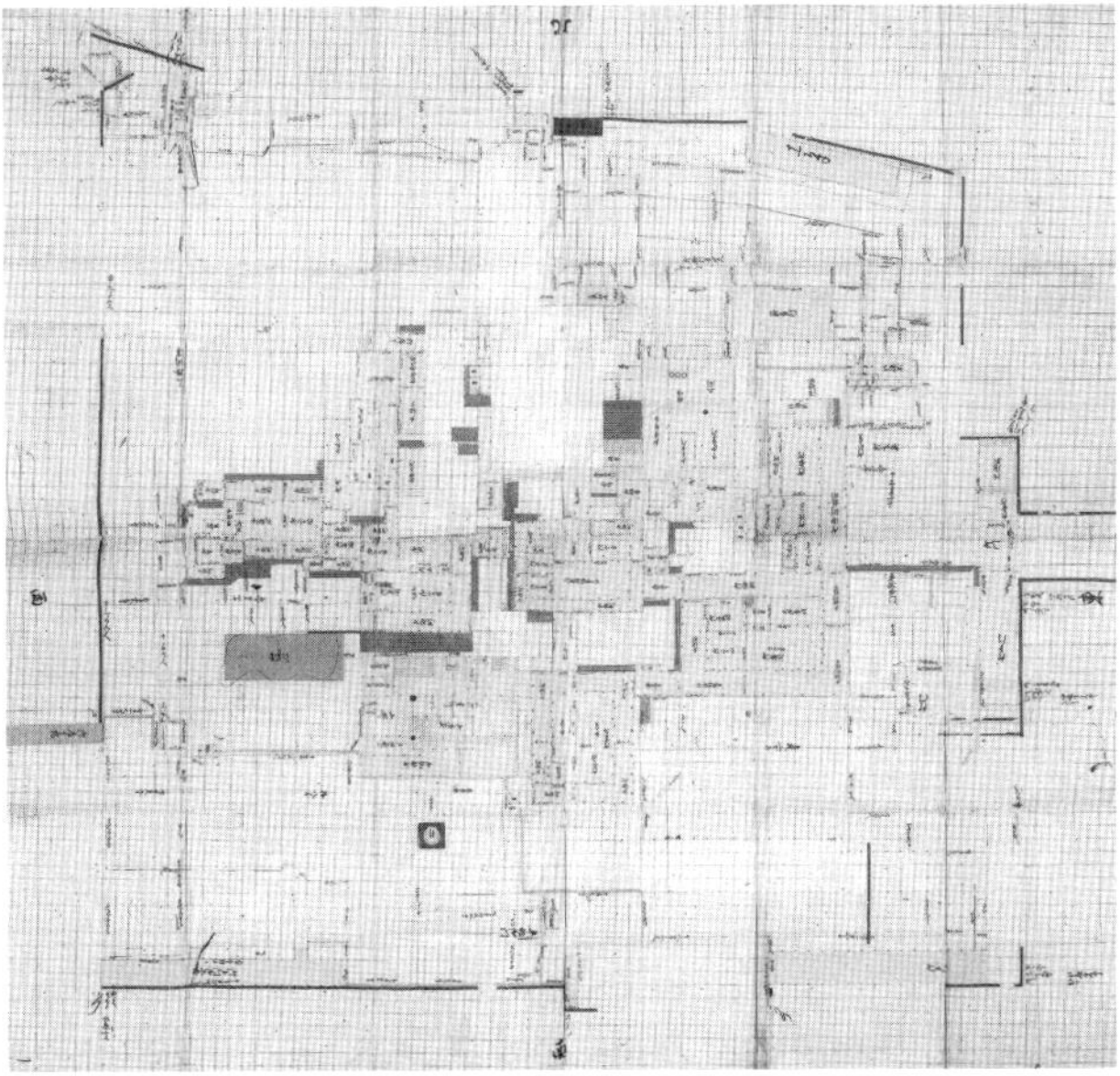

図25－1　「御三丸御指図三枚之内」（国文学研究資料館蔵）

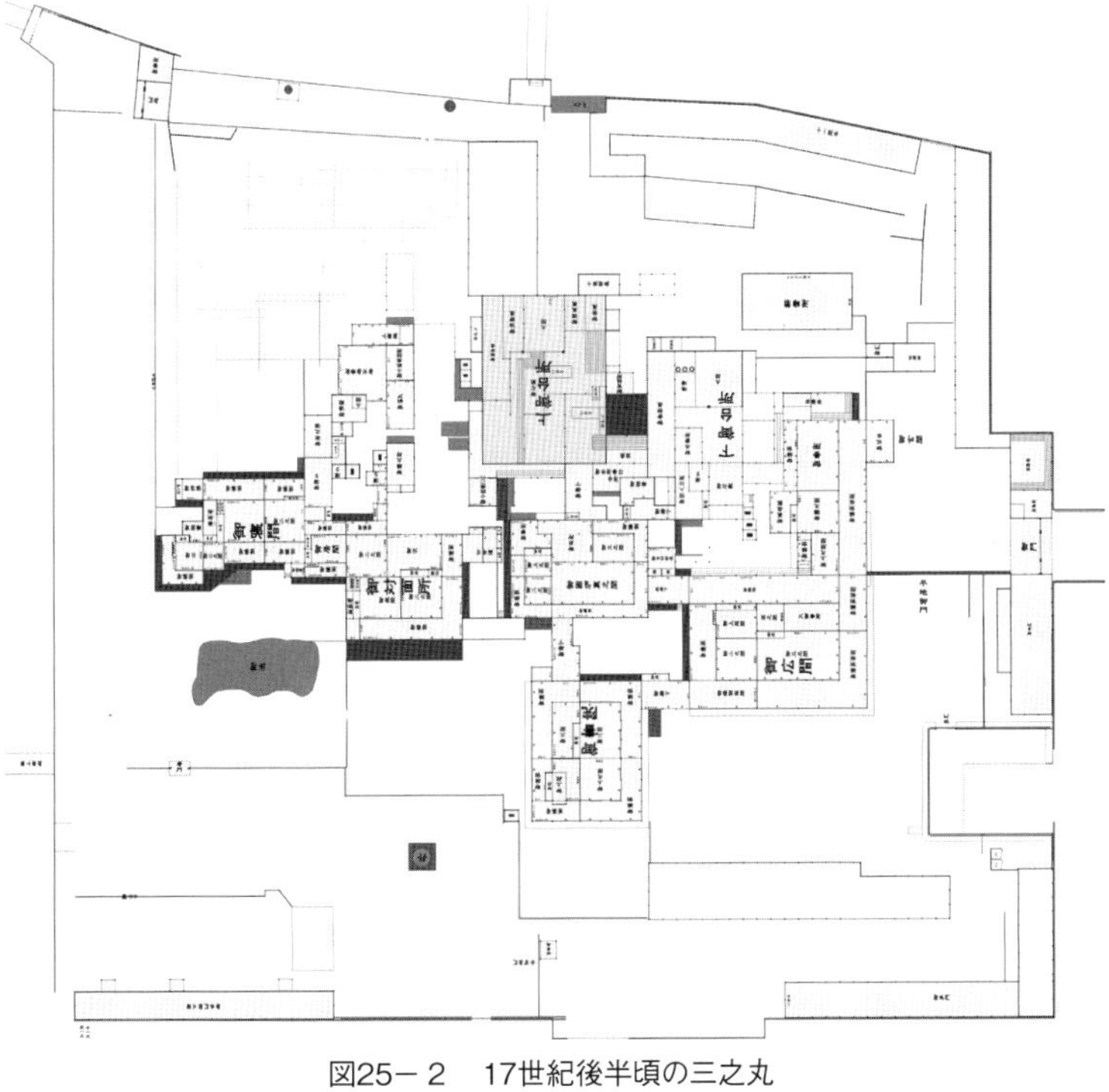

図25－2　17世紀後半頃の三之丸

### 「御三丸御指図三枚之内」（図25―1）

制作年代は記されていないが、「松江城縄張図」と作図の手法が極めて似ていること、また、「御本丸二ノ御丸三の丸共三枚之内」と図名が類似していることから、「松江城縄張図」や「御本丸二ノ御丸三の丸共三枚之内」が制作された時期に作られた図面であると思われる。「御本丸二ノ御丸三の丸共三枚之内」が延宝七年（一六七九）頃、また「松江城縄張図」が元禄十一年（一六九八）頃（十七世紀末）には作成されたと見なすことができるので、本図も十七世紀の後半には製作されたものと思われる。

本図は前記した二枚の図面同様に墨書きの方眼線（一マスが二間四方）の上に建物が薄茶色の貼紙で表現されている。また、それぞれの建物の外に付く縁側は茶色や水色の貼紙で表現され、塀、池、井戸、石垣、橋等も同じように色紙が付されている。そして、建物が描かれている貼紙には柱・建具・壁が表現され室名なども記されており、どのような間取りの建物かが分かるようになっている。ただ、ところどころ貼紙が剥がれており、また「上台所」（本図には上台所が対面所の南に隣接するように貼られている）のように、一部の建物が違った箇所に貼り直されたりしている形跡もあるので、図面を注意深く見る必要がある。幸い、貼紙が剥がれた部分は台紙の色が他の部分と比べてやや白っぽく、柱位置等も確認できるので、剥がれた建物の輪郭もどうにか読み取ることができる。

なお、本図には「三ノ丸御間取図」、「安政三辰四月改三丸惣絵図面」には描かれていない「御池」が、「御寝間」と称される建物の南側の庭園の中央部分に水色の紙を貼って、その上に自由線を描いて表現されている。

以上の事柄をふまえて図面を写し取ったのが**図25―2**である。升目は本図同様に一間である。建物は色を濃くして表現した。但し、剥落部分は無地で表現している。北西部分は剥がれた紙があったかどうかの確認は難しかったので、「御城内絵図面」に描かれていた建物の輪郭を薄い点線で表わすに留めた。

### 「御城内絵図面」（図26―1）

御花畑と御鷹部屋を除いて、本丸・二之丸・三之丸など内堀内を描いた図である。この図には、二之丸下ノ段の南惣門の正面にある建物「天守鍵預」には「松田七左衛門居所」と記されている。『松江藩列士録』松田七左衛門を見ると、享保四年（一七一九）七月から同五年二月四日まで「天守鍵預」と記されているところから、本図は、享保五年（一七二〇）頃に制作された絵図面であ

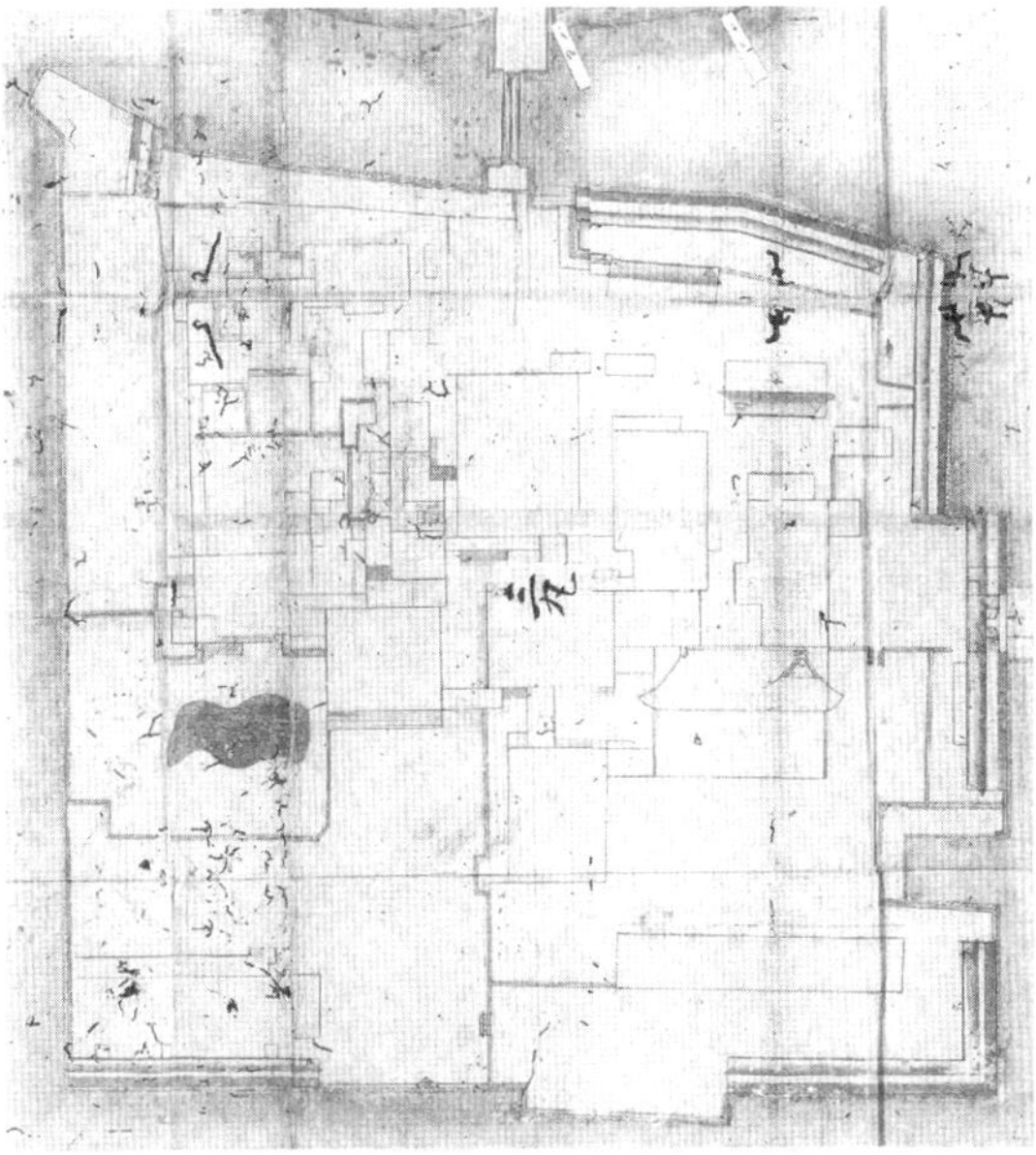

図26－1　「御城内絵図面」の内、三之丸部分
(国文学研究資料館蔵)

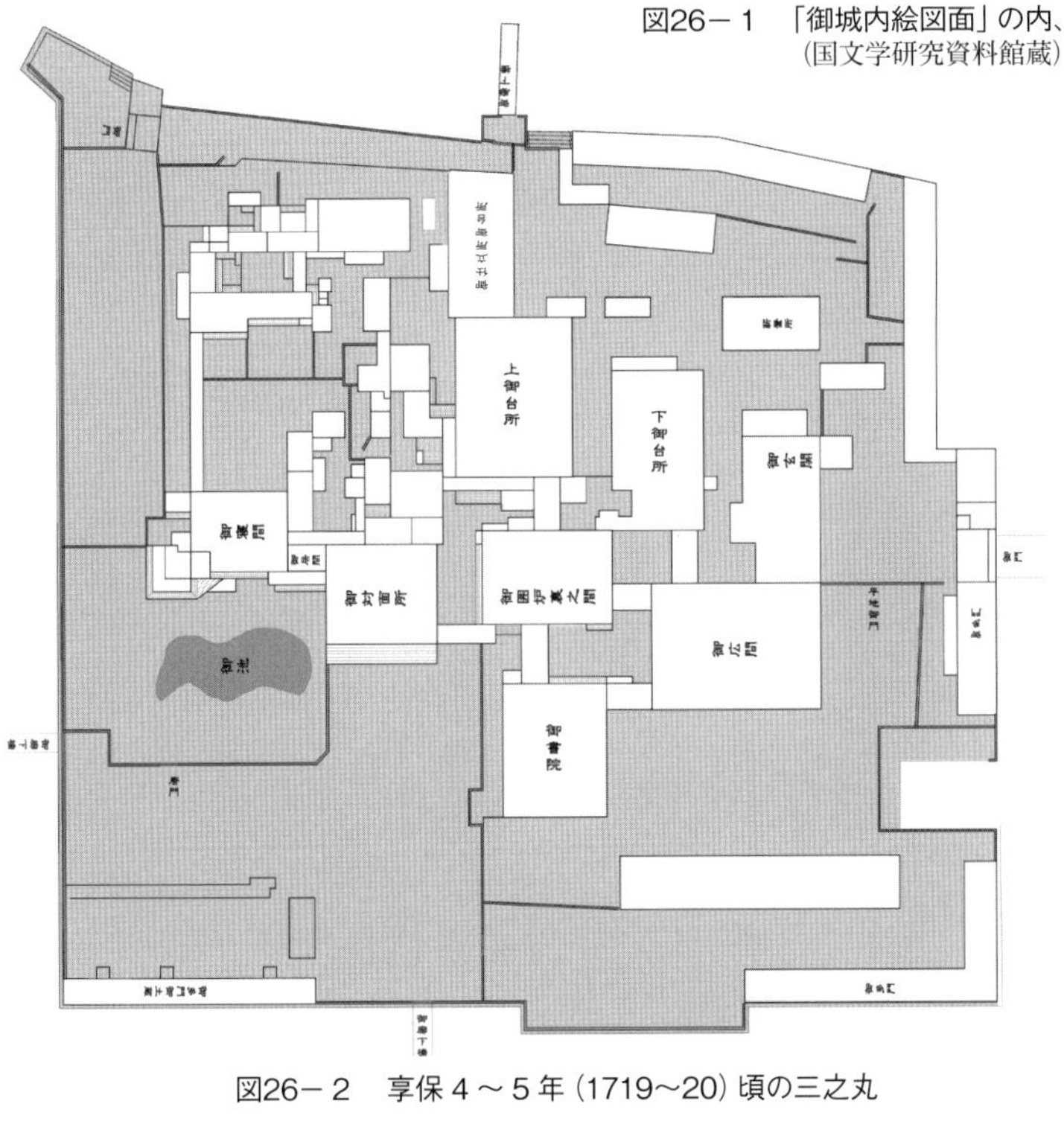


図26－2　享保４～５年（1719～20）頃の三之丸

ることが確認できる。なお、本図には建物の輪郭しか描かれていないが、実測図である「松江城縄張図」や「御三丸御指図三枚之内」をベースにして製作されたとみなされるので、建物配置と建物の大きさも正確に描写されていると思われる。三之丸部分には中央に「三丸」とだけ記されて各建物の名称は記されていないが、「御広間・御書院・対面所・御寝所」など建物の位置もほぼ正確に描かれている。

「御三丸御指図三枚之内」で描写されている「御池」も同じ位置にほぼ同じ形で描かれている。このことから本図の三之丸は「御三丸御指図三枚之内」を元図として作図されたものであることは間違いないだろう。

本図をベースに三之丸部分を作成したのが**図26―2**である。庭園等を色付けし建物は色抜きで表現した。前述したように元図に建物の名称は記されていないが、他図を参照に建物名を表記している。

**「三ノ丸御殿間取図」（図27―1）**

制作年代は記されていないが、北西部分の奥向きの部分を見ると、貼紙があり、それに「新御座所　御上之間御次　嘉永二酉月住居替」と、また、「御広間」の北側の椽には「弘化五申二月九日藩軍役御越之間与唱処」と記されている。このことから、この図が弘化五年（一八四八）以前に作成されたものであることが確認でき、九代斉貴公の時代の三之丸御殿の姿を表わしていることが分かる。

本図をベースに作成したのが**図27―2**である。前図同様、庭園等を色付けし建物は白抜きとした。名称は主要と思われるもののみ表記した。

**「安政三辰四月改三丸惣絵図面」（図28―1）**

図面の表題にあるように安政三年（一八五六）に作成されたものである。この図には増改築された部分に貼紙が付され朱線で間取りが描かれている。このことから安政三年以後も三之丸は台所部分を中心に大幅に増改築が加えられていることが確認できる。

本図をベースに作成したのが**図28―2**である。前図同様、庭園等を色付けし建物は白抜きとした。名称は主要と思われるものを表記するに留めた。元図で貼紙に朱色で記されている部分は、建物の線を薄線で表現しているが、これが増改築部分である。

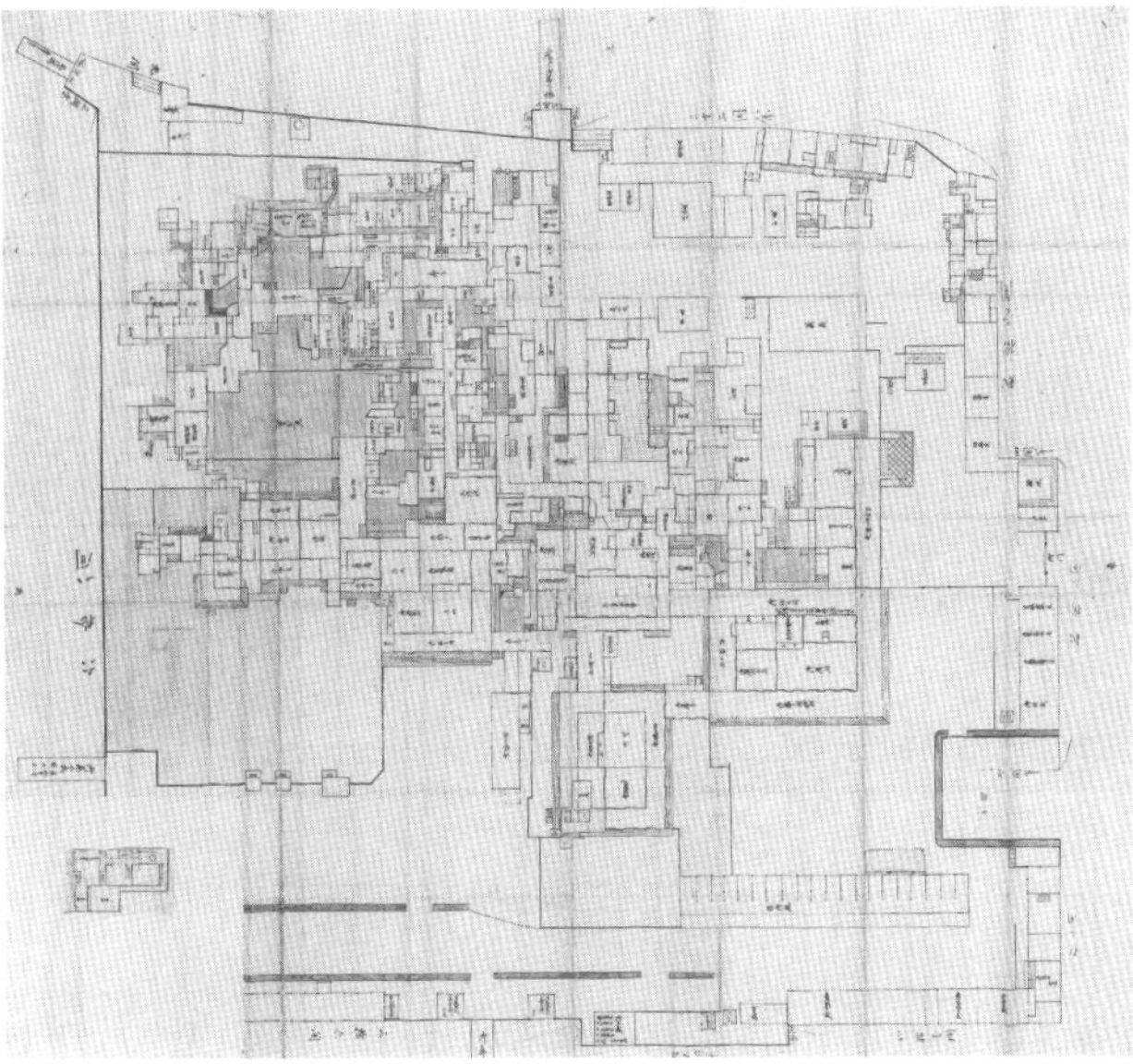

図27－1　三ノ丸御殿間取図
（松江歴史館蔵）

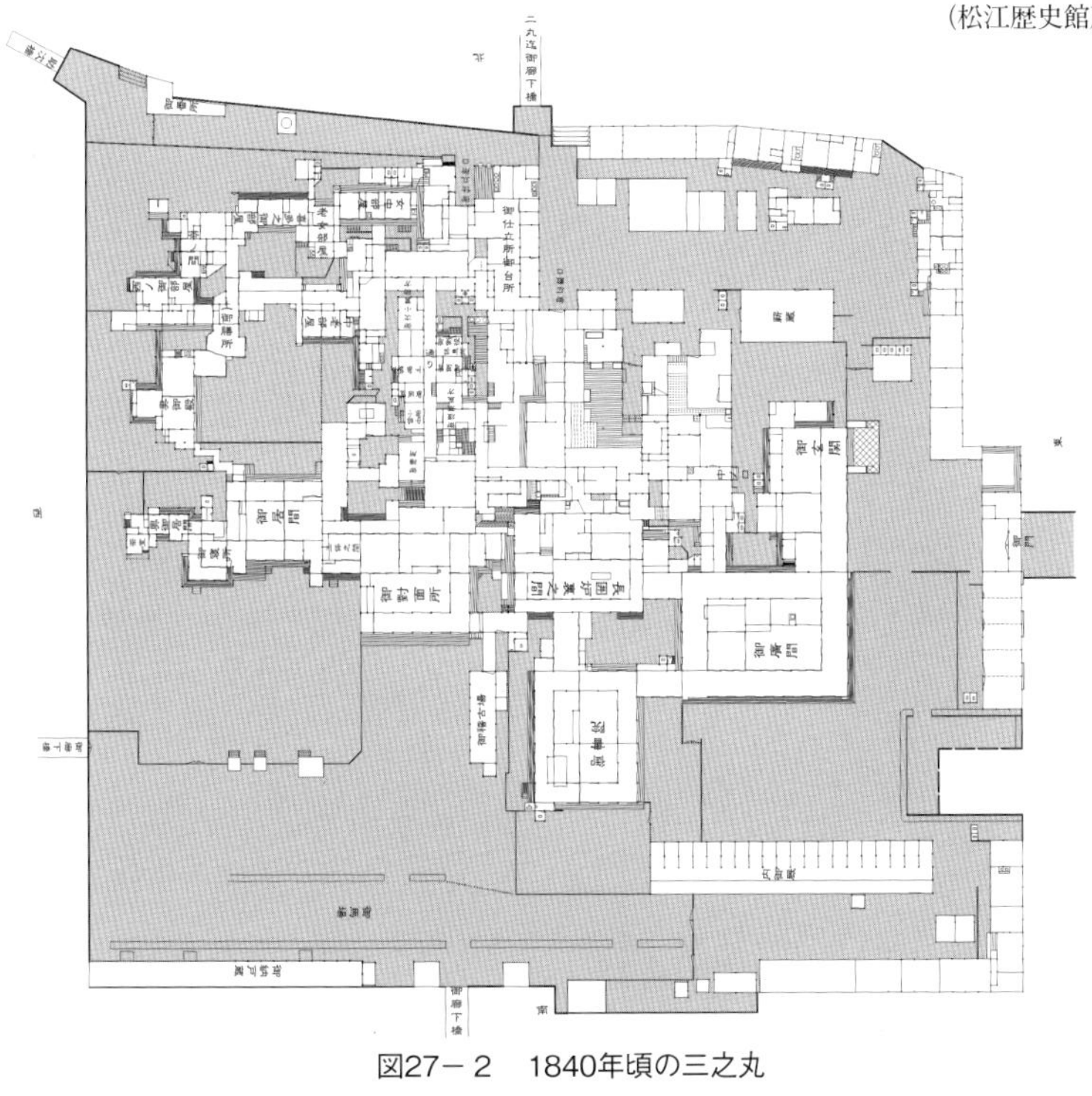

図27－2　1840年頃の三之丸

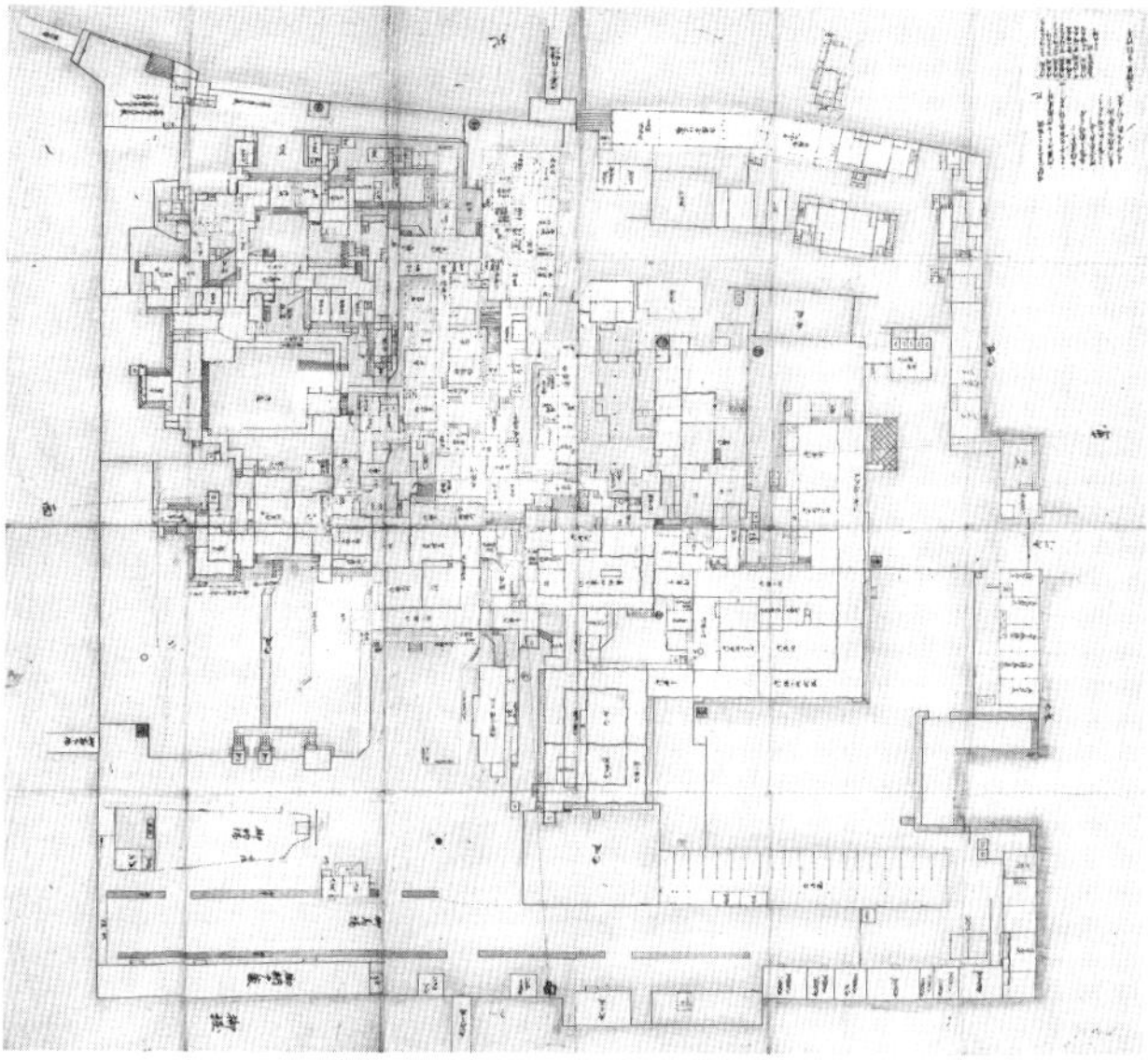

図28－１　安政三辰四月改三丸惣絵図面（国文学研究資料館蔵）

図28－２　安政３年（1856）頃の三之丸

③三之丸の基本構成

「御三丸御指図三枚之内」、「御城内絵図面」、「三ノ丸御間取図」、「安政三辰四月改三丸惣絵図面」をベースに作成した図25―2、図26―2、図27―2、図28―2を通して三之丸の推移や特色を考察してみたい。

三之丸の共通点であるが、灘付（船入）を含めてほぼ方形の敷地の形態はもとより表御門や内堀に接して建てられる多門・土蔵・橋廊下などの大きさや位置が基本的に変化していないこと、また、内部の建物のうち、玄関・御書院・御広間・対面所などには時代による変化がほとんど見られないことである。つまり三之丸の形状および三之丸を取り囲む御門・多門・土蔵（外構）や玄関・御書院・御広間・対面所などの表向きの空間（公的な接客空間）は、十七世紀後半から幕末まで基本的に変化していないことがこれらの図四枚を通観して確認できる。

時代をさかのぼって、「堀尾図」、「京極図」は城下町図でもあり、城郭部分の描写は粗くて正確に表現されていないが、船付を持つ三之丸自体の形状および表御門・御玄関・御広間・対面所などの配置は、ここで取り上げる四図（ともに松平時代に製作された図面）と基本的に同じであると思われる。『堀尾古記』の寛永六年（一六二九）には「御屋敷御作事、二月廿三日御作事初、閏二月十六日ニ新始」と記されているが、この記録から三之丸の整備が寛永年間（一六二四～四四）には始まったとみなすこともできそうだし、以後、建物配置の基本形（特に表向きの城郭施設）は江戸時代を通して大きく変らず、修復され、また、増改築されながら営まれてきたものと思われる。

表向きの空間と内向きの空間

ところで、「旧藩事蹟下按ノ一」では三之丸御殿内の諸建物について、前半では家臣の詰所・控所・事務所に関わる御玄関・大番所・御広間・御書院・長囲炉裏ノ間・中ノ口、御目附所・御用所・御書所など表向きの空間について、また、後半では藩主及び奥女中生活空間に関わりが強い御台所・大御次そのほか、焼火ノ間・時計ノ間・中ノ御居間・三保ノ間・御寝所・御手水所他、御勝手の部屋（御仕立所御休息等）・女中部屋・御隠居様の御部屋・上御膳所・御茶室など奥向きの空間についてと、大きく二分して記されている。

さて、図25～28を通して、三之丸御殿内の建物の変化を追ってみよう。

藩主の生活空間の主体となる御居間（御寝所）も基本形は変らないが、図25の御寝所・御居間が図26～28では御居間・三保ノ間となり、西南に突出する棟が新たに御寝所となり、その奥に奥ノ御居間が付設されている。そして図27ではこの奥の居間の西にはさらに、水屋を備えた茶室が加わる。防禦を主体に築城された松江城は松平氏治世になって次第に藩主の生活を重視する御殿へと変質するが、このことは三之丸御殿における藩主の居住空間の変質からも読み取ることができる。

なお、図25で御寝所の北西に付設していた一坪あまりの御持仏（仏間）は、図26にでも確認できるが、図27・28ではなくなっている。江戸の後期、御居間に接続していた仏間はどこに移されたのだろう。

台所空間は、たびたび増改築が行われていたようである。図25では御書院の北には御囲炉裏之間のある建物を挟んで上御台所が、御広間の北西には下御台所あり、図27でもこれらの配置は同じであることが確認できる。

ところで、御玄関・御広間・下御台所と御書院・御囲炉裏之間・上御台所の配置関係が、二之丸（図29）の御式台・御広間・御下台所と御広敷・御書院・上御台所に配置関係がよく似ていることに気が付く。それぞれの御広間・御書院の間取りやスケールも類似している。当時、住居（書院造）を建てる時には、規範とする木割書（『竹内右兵衛書つけ』もその一つ）があり、大工達はそれによって作事（建築）していたのであるから似るのが当然かもしれないが、配置や形態まで類似しているのは何ゆえだろうか。松江城の築城と整備の歴史を確定する史料は管見する限りでは確認できていないので、さらなる詳細な調査・研究が必要であるが、二之丸内部の主要建物と三之丸内部の上記の主要建物が、同じ時代に、あるいは、三之丸の御広間・御書院などの建物配置は、二之丸の御広間・御書院などの建物群にならって建てられたと思われる。図29は「松江城縄張図」によって二之丸御殿を作図したものである。

前述したように三之丸には上御台所と下御台所とある。下御台所は図25では御玄関（御番所）とつながっているが、図27・28では切り離され、東側の南に中ノ口と称する藩士の出入り口が設けられ、南の御広間や西南の御囲炉裏之間とも連絡している。この建物の南西の隅は御役人詰所などがあり、南側は大広間や御囲炉裏之間につながっている。

図27・28では上御台所の北に御広敷口と称される出入口がある。

下御台所と上御台所は南の「御台所奉行詰所（会所）」などでつながっているので、相互に利用されていたことも理解できる。なお、上御台所での図25・26と図27・28の違いは、東側に一間半ほど拡げられていること

図29　二之丸（「松江城縄張図」よりの作製図）

である。また、**図27・28**では、上御台所の西側に一間幅の南北に通じる廊下の両側に多くの室を並べた建物が新たに増設されていることが確認できる。これらの施設は、「安政三辰四月改三丸惣御絵図面」では、左側に御膳所・中奥御小姓・御医師・下御納戸・御次小買物、東側に御煙草盆方・御側御小姓・御側役休息所などと記されている。藩主の御側役のための空間として新たに増設された施設であることが分かる。

なお、**図27・28**ではこの部分と上御台所には、数カ所に階段が描かれているが、当時、ともに二階建てになっていたことが分かる。また三ノ丸御殿間取図の上御台所南西隅には「御茶屋二階下溜」と記されているが、この上部は**図28**では御茶屋になっていたことが分かる。

**建物の変遷**

御上台所の北側に隣接する長方形の部分は御仕立所御台所である。「御三丸御指図三枚之内」、「御城内絵図面」では間取りは分からないが、恐らく**図27**にみられるように当初から北側に竈や流しがある建物だっただろう。この部分は、「安政三辰四月改三丸惣御絵図面」では全面的に貼紙が付され、朱で間取りが描かれ室名も新しい名前が記されているところから、この部分は安政以降に大幅に改造されているのが分かる。

御仕立所御台所の西には御仕立所口が付いているが、二之丸への御廊下橋にも通じている。ここは、奥向きの住空間の出入口でもあるとともに藩主が本丸（天守）や二之丸に登る時にも利用されていたのである。

ところで、三之丸の北西部分には「御三丸御指図三枚之内」では確認できなかった建物が、「御城内絵図面」では南北に二棟の建物が確認できる。これらは、「御作事所役人帳」の元禄五年（一六九二）に記されている「奥御姫様御殿共三百坪出来」とある「奥（御殿）」並びに「御姫様御殿」と思しき建物などと思われる。

先に記したように御仕立所に関する普請は「御城内絵図面」が作成された享保五年（一七二〇）以降に多くなる。この部分に奥女中の住空間となる御仕立所や藩主のくつろぎの空間となる御休息所などの建替えが多くなるのは五代宣維の代以降であることが確認できる。

「堀尾図」では三之丸と二之丸が既に御廊下橋で連絡できるようになっているが、「堀尾図」、「京極図」には、この西北部分に「御仕立所」（奥女中の住い）とおぼしき建物も描かれている。このことから、堀尾・京極期には、三之丸は既に藩主の居所になっており、この部分がやはり奥女中の住いをはじめとする奥向きの空間になっていたとの推察も、間違いないだろう。

## ④三之丸の空間構成とその特色

続いて三之丸御殿を城郭図によって空間的な視点で見てみよう。

御玄関・御広間・御書院など表向きの公的空間、御居間を中心とする藩主の日常的な私的空間、台所を含めた使用人の空間、奥女中や隠居所などのある奥向き空間と四つに分類できる。そして、これらの空間は廊下等で相互に連結されているところに特色があると見てよいだろう。

この空間的特色はいつ頃形成されたのだろうか。先にも若干触れているが、松江城三之丸は堀尾時代にその基本形が形づくられ、江戸時代を通して維持され、増改築は台所廻りや北西部分の奥向きの居住空間で頻繁に行われていたものと思われる。

御玄関・御広間・御書院・御対面所といった表向きの公的空間は堀尾時代に三之丸が整備された当時の姿が江戸時代を通して基本的に維持されてきたと見なして間違いないだろう。

藩主の私的な生活空間は、御居間と御寝所などにその室名の変更が見られるものの、全体的な配置構成は当初からほとんど変わっていないことが分かるし、江戸時代の後半になると西奥に奥御居間や御茶室が増設されるなど、藩主の生活空間は藩主の好みによって多少変化しているのも読み取れる。

使用人の空間である下御台所・上御台所も建っている位置は変わらず、増改築が繰り返されていた。

もっとも変化が大きかったのは、「旧藩事蹟調査下按ノ一」に「御仕立所トハ全ク御女中の住居ヨリシ其名付られ全ク御休息ト申シテ御表を御はなれ御くつろきニなりて御気休めニ被為入御勝手の御部屋にてありし」と記されている奥向きの空間であろう。

この奥向きの空間には、奥女中の居住も含まれているが、国元（松江城）で藩主の子息や子女が誕生すると、まず、この奥向きの空間が生活の場となり、生母や乳母もこの奥向きの空間で生活を共にしていたはずである。

一番奥まった北西部分には茶の間を挟んで喜多ノ御部屋と西ノ御部屋が設けられ、西ノ御部屋の南側には御茶室を備えた奥御殿があり、藩主の御居間とは御廊下でつながっている。北側の喜多ノ御部屋は嘉永二年（一八四九）に新御座所に改築され、御居間とは廊下で連絡する奥御殿は、文久二年（一八六二）に藩主の正室と子女が江戸から帰国すると、御前様の御住居となった。こうしたことからも、北西部分の奥向きの空間は、主に藩主の家族のための居住空間にあてがわれていたことが確認できる。

三之丸御殿は、近世初期に完成した書院造の配置形態にならって建物配置が行われ、南東部には、表向きの接客空間として御玄関・御書院・御広間・御書院・対面所等が配置され、それに接続するように南西部には藩主の生活空間である御居間・御寝所が置かれた。そして、北東部には、御台所をはじめ使用人の生活空間が設けられ、御門からは一番奥になる北西部が奥向きの生活空間になっていた。これらの建物配置は創建当初から大きく変わることはなかったが、部分的には増改築をしながら江戸時代を通して天守及び本丸や二之丸の諸建物と共に維持管理されていたのである。

三之丸御殿は、建物群として、御玄関・御広間・御書院など表向きの公的空間、御居間を中心とする藩主の日常的な私的空間、台所を含めた使用人の空間、奥女中や家族が生活する奥向きの空間から成り立っており、これらが相互的につながっているところに特色がみられる。

参考までに江戸時代初期の様子を伝える「堀尾期松江城下町絵図」の三之丸部分部分（**図30**）及び江戸時代末期の三之丸の建築群が立体的に描かれている「出雲国松江城図」三之丸部分（**図31**）も掲載しておく。これらの絵図面を通して江戸時代の三之丸の推移を追っていただきたい。

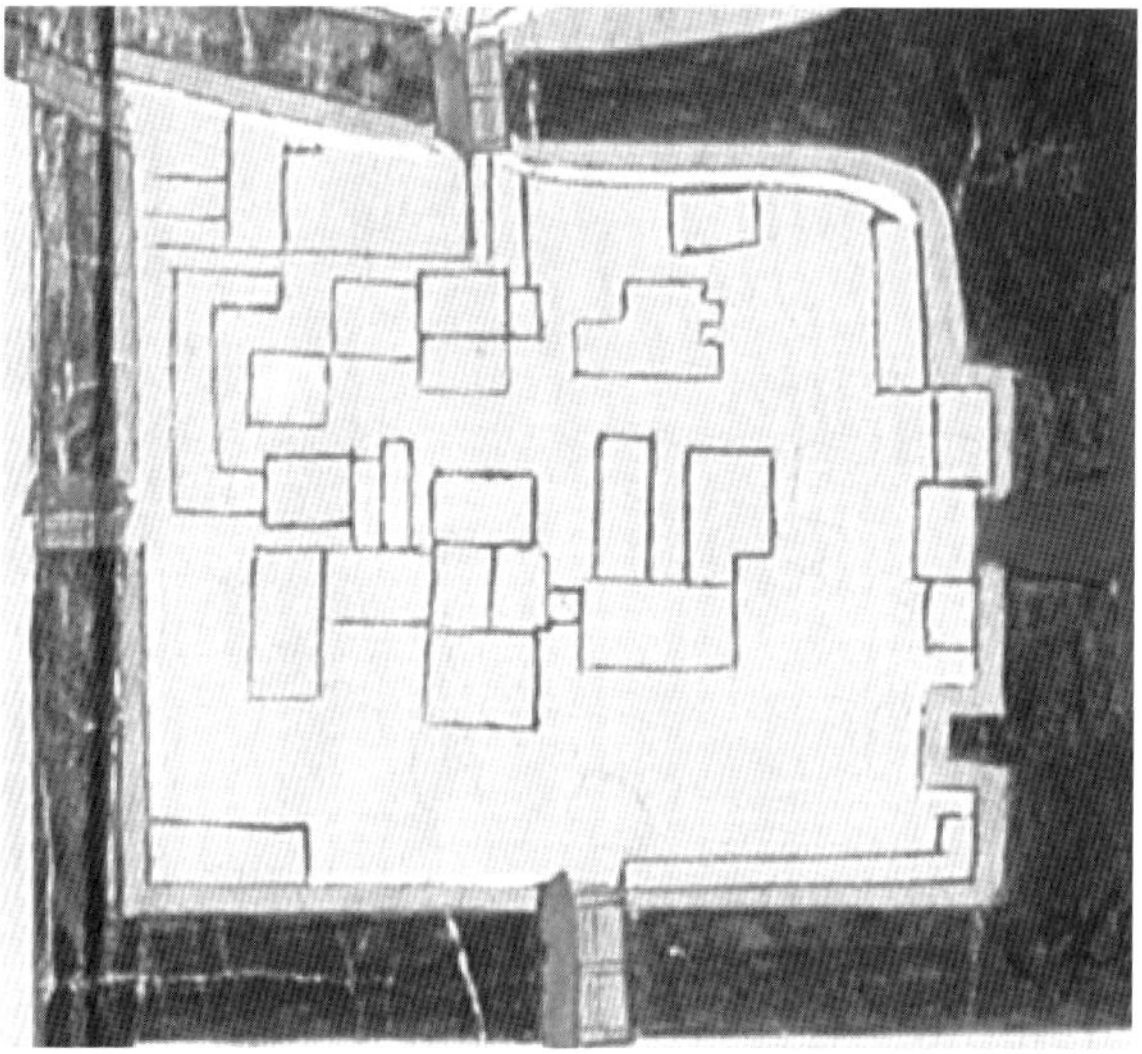

図30　堀尾期の三之丸（「堀尾期松江城下町絵図」部分）
（島根大学附属図書館蔵）

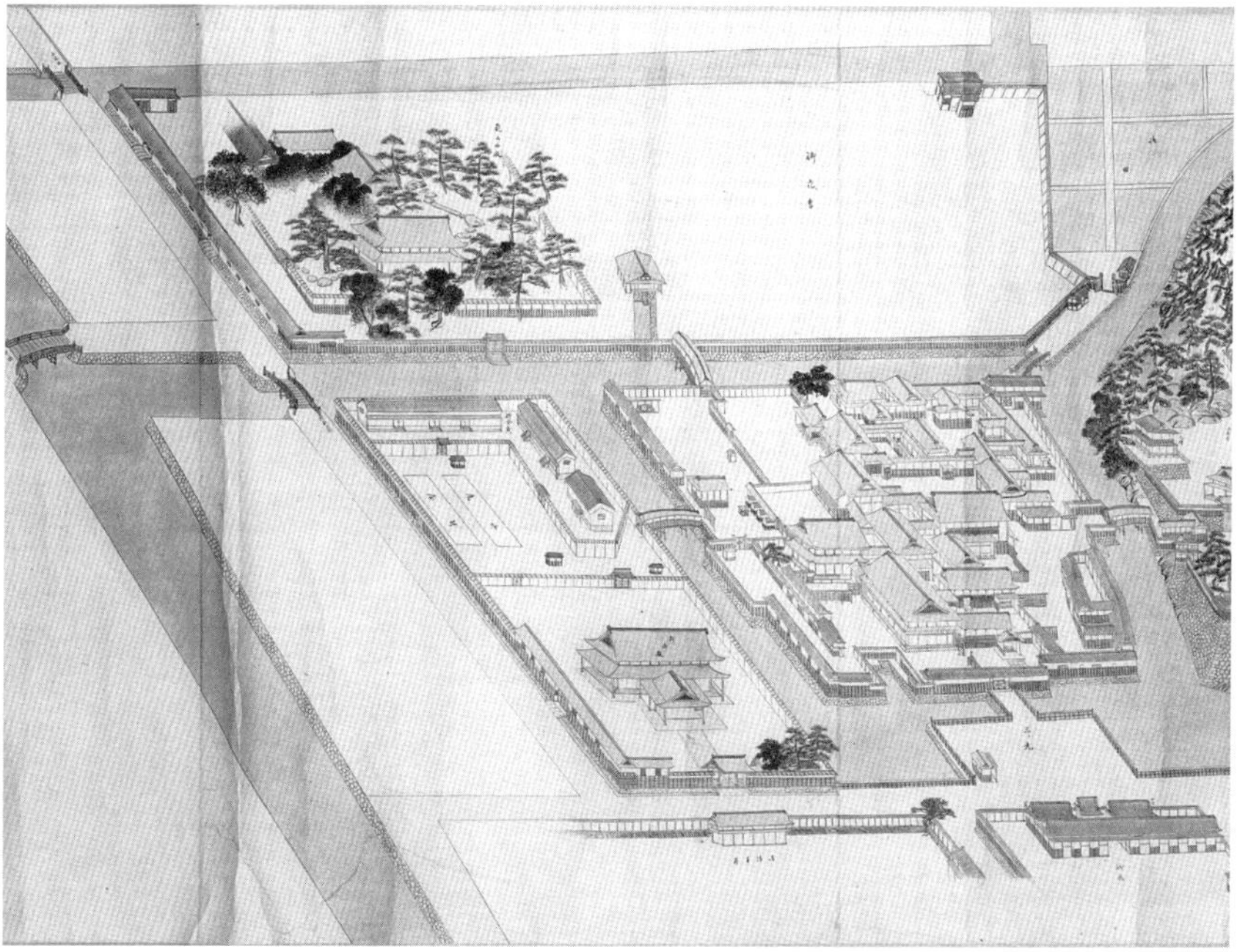

図31　江戸時代末期の三之丸周辺（「出雲国松江城図」部分）
（兵庫県立歴史博物館蔵）

# 四、城下町松江の都市構造

## （1）堀尾期の城下町松江
### ―その空間構造と景観演出―

**写真12**は昭和二十二年（一九四七）当時の松江市街の航空写真であるが、松江城は中央部やや左に位置して内堀に囲まれ、その外には、東に殿町・母衣町、北に北堀町、西には内中原町があり、これらを囲う西・南・東の三方の四十間堀・京橋川・米子川は外堀となる。京橋川の南には末次地区、その南には宍道湖から中海に通じる大橋川が東西に流れ、大橋川の南は白潟地区で、写真には写っていないが、白潟地区の南には天神川がやはり東西に流れ、その南には雑賀町がある。殿町・母衣町・内中原・外中原町・北田町・南田町・北堀町は江戸時代には武家地であったところで末次地区・白潟地区・米子川沿いの米子町・北堀町の一部・外中原の南の中原町などは町人地であったところである。

この写真で見る松江市街は周囲を田畑に囲まれ、松江城を中心に形成された城下町で、明治以降も大きく変わることがなく、今もその面影を色濃く伝えている歴史的な町であることが分かる。

写真12　松江市街の航空写真（昭和22年当時）

松江は堀尾氏が江戸幕府から出雲国を拝領され、城を月山富田から松江に移す際に、松江城の周辺に新たにできた城下町である。では、この城下町松江はどのように形成されたのだろうか。古図や古文書を通して、その特色を読み解くことにしよう。

城下町松江は堀尾吉晴（一五四三～一六一一）主導により慶長十二年（一六〇七）に着工され、同十六年（一六一一）に一応の完成を見たとされているが、松江城の縄張りならびに城下町松江の町割は、堀尾吉晴の家臣であった小瀬甫庵（一五六四～一六四〇）が指揮をとって行われたと伝えられている。「小瀬甫庵由緒書」には「(堀尾吉晴殿から) 新城築被申候刻、縄張并町割等、雲州府松江与改申義、甫庵仕旨御座候」と記されているが、堀尾吉晴は、松江城築城に際して、城の縄張りだけでなく、城下の町割に至るまで小瀬甫庵に指揮をとらせたようである。

### ①城下町松江の建設過程

では、城下町松江は、どのように町割が行われ、整備されたのだろうか。

堀尾時代、富田から城下町が移され、富田城の部材も用いられて松江城が建設されたであろうことは前述したが、人手や建設部材は水陸を使って移動されたと考えられる。城郭を建造するためにはまず、人員確保が必要となる。そのために住む場所が必要である。城郭を建設しつつ、内堀を完成させ、その後、外堀に着手し、武家地を造り、町人地の町割がなされたと見るのが妥当であろう。

松江城下の建設を記した史料として『松江亀田山千鳥城取立之古説』と「千鳥城とその城下」がある。どちらも後世に書かれたもので、その信憑性には疑問が持たれているが、『松江亀田山千鳥城取立之古説』は十八世紀初頭の成立で、写本も幾つかあるところから、松江城の建設過程を知り得る史料として貴重である。

堀尾吉晴は城郭の築城より先に、殿町・母衣町・内中原の武家地を造成することを命じているが、これにより城郭の築造も円滑に進むことになったと思われる。『松江亀田山千鳥城取立之古説』には「家中屋布割被仰付早速請取小屋掛ケニ而引越候者茂有之」とあり、武家の屋敷割も行われたのである。

また、工事を進めるには道路の敷設が必要である。城下の南にある売豆紀《めづき》坂より山の手を通り、洞光寺《とうこうじ》前から天神川を渡り、寺町筋を通り、大橋川は、下和多見より対岸の漁師町へ渡り、そして末次へという道筋が初期のころに成立していた。また、「松江亀田山千鳥城取立之古説」には「先町割先達而可レ仕由ニ候。末次町より被二仰付一候」とあり、町屋敷も用意され、最初の町屋敷は商人・兵庫屋にあてがわれたと記されている。

慶長十六年（一六一一）正月には、松江城天守が完成しているが、この年に鍛冶橋・京橋・中橋・くずれ橋・筋違橋の五橋が架けられ、家来は富田から残らず引っ越し、寺社も移ったことが『松江亀田山千鳥城取立之古説』には記されている。こうして、城下町の形が整えられていったのである。

### ②武家屋敷の特徴　タテ町型とヨコ町型

小瀬甫庵が指揮した縄張図や町割図はないが、幸いにも、寛永五〜十年（一六二八〜三三）に製作された絵図「堀尾期松江城下町絵図」（図32）によって、当時の城下町松江の都市構造を知ることができる。この絵図は城下町松江を描く最古の絵図であるが、この「堀尾期城下町絵図」を、現在の松江市街図に重ねることによって、堀尾期の城下町松江が復原できる。それが「堀尾期松江城下町復元図」（図33）である。

この復元図を通して、城下町松江の建設過程を想定してみよう。

城下町松江は、その中心的な位置に城郭が配置され、これを内堀が囲み、その外に殿町・母衣町・内中原町が展開し、それを北堀川・米子川・京橋川・四十間堀川が取り囲み外堀を形成する。

堀の形態に注目すると、北堀川・四十間堀川は湾曲しており、米子川・京橋川は直線的で、その形状は明らかに違う。北堀・四十間堀川は地形の制約を受けているとみられるが、米子川・京橋川からは計画性が反映していると読み取れる。

街路の構成によって城下町をみると、タテ町型とヨコ町型に分類される。大手筋と主要な道筋が交差する場合は城を正面にして、横に延びる街路を中心とした関係になるため、ヨコ町型と称される。これに対して、城の大手門に向かう大手筋が、城下を貫く主要な街道筋の目抜き通りとなる場合はタテ町型と称される。

城下町松江を城に対する主要街路の向きに注視してみる。殿町、母衣町、中原町、北堀町、北田町の西、南田町の西と南はヨコ町型、北田町の東、南田町の北東、外中原はタテ町型の街区設定になっている。城郭に近い区域は、上級武士の家屋敷を配置するため屋敷地を広くし、敷地の形も正方形に近い方がよく、ヒエラルキー（階層構造）をつくるためにも都合がよいと考えられる。タテ

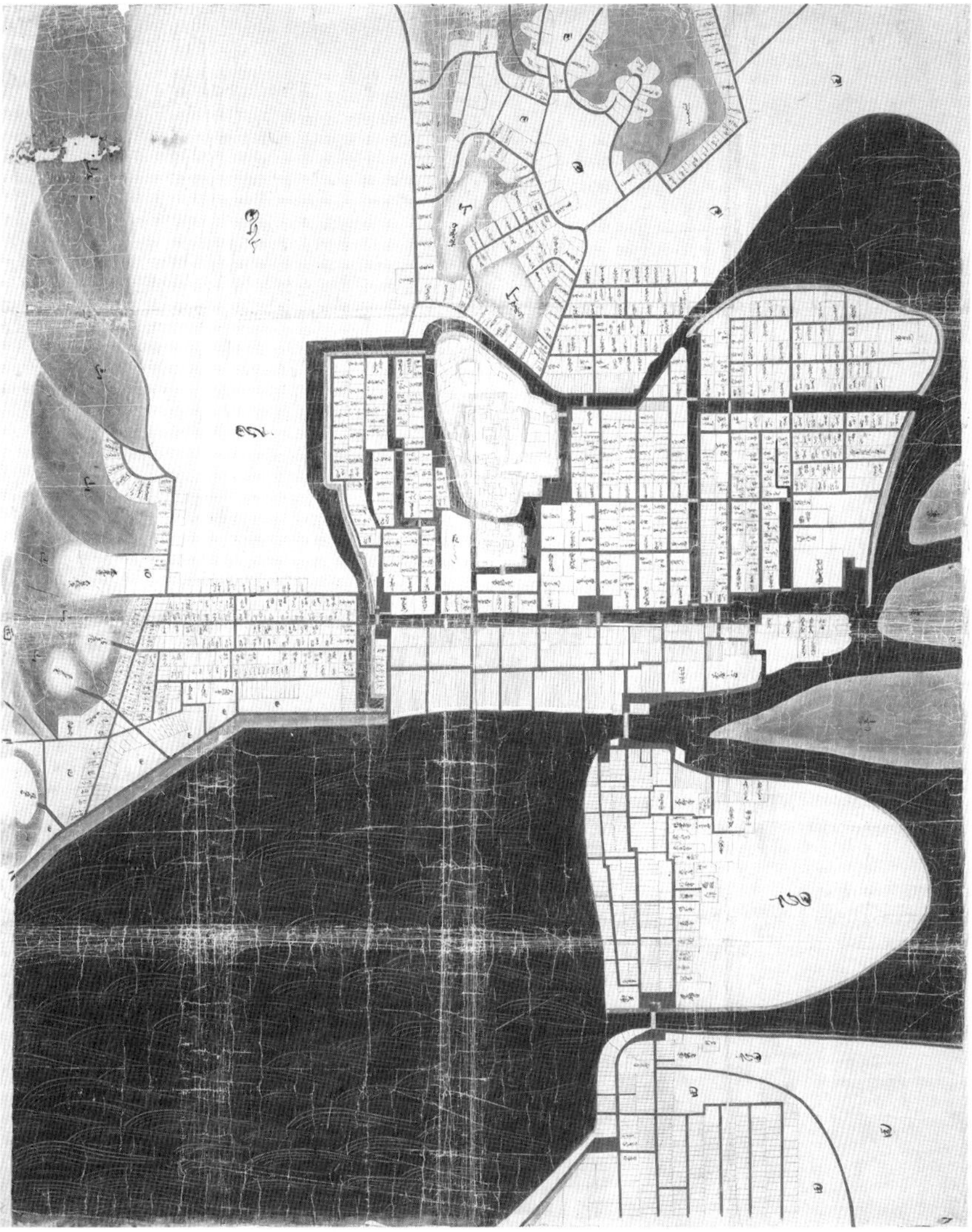

図32　「堀尾期松江城下町絵図」（島根大学附属図書館蔵）

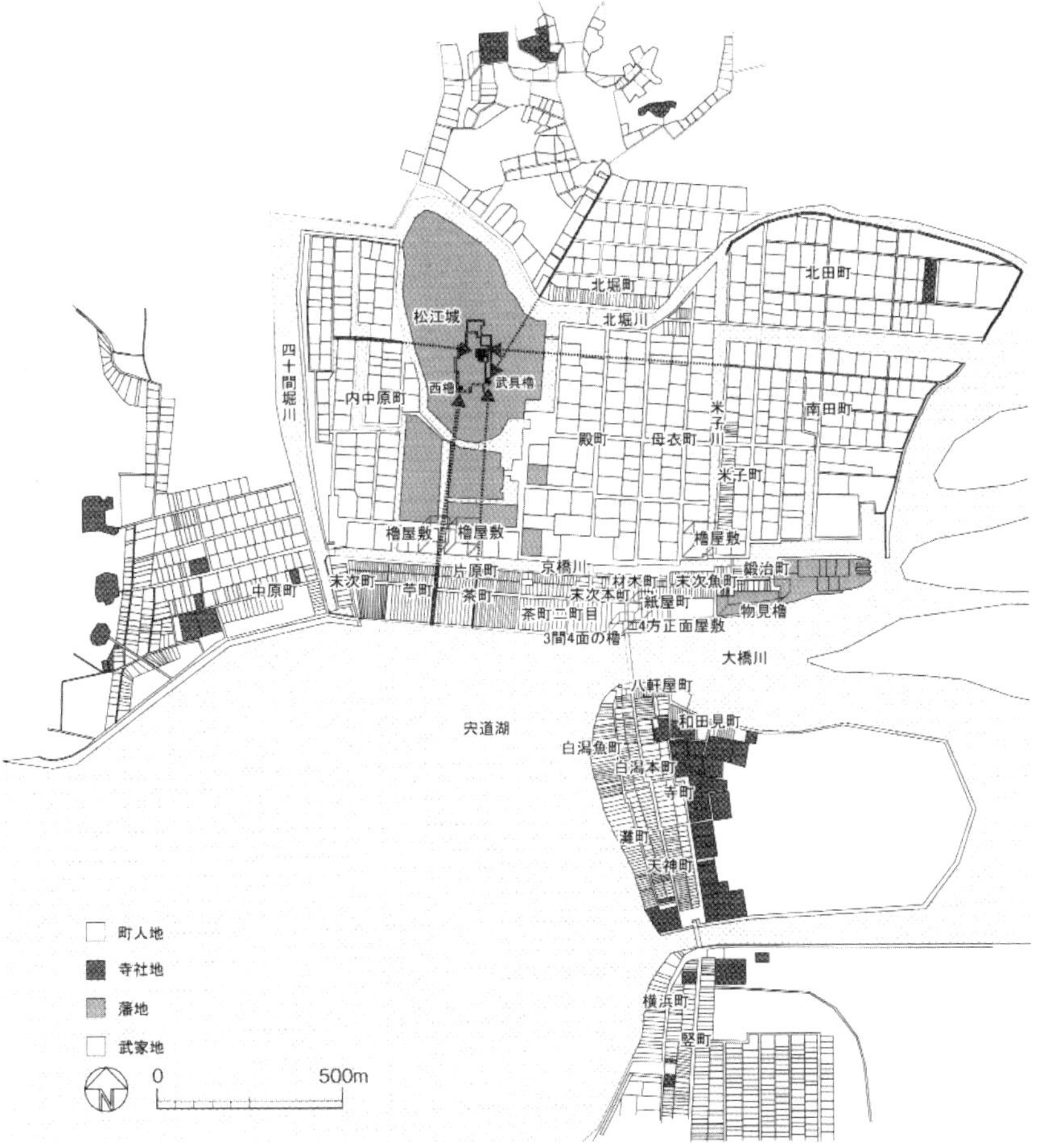


図33　堀尾期松江城下町復元図（安高尚毅作図）

町型の場合、ヒエラルキーをつくるためには敷地を城郭から離れるに従い間口を狭めなければならず、武家屋敷を配置するにはいささか問題である。よって、これらの町はヨコ町型の街区となったと思われる。

城郭から米子川へ展開する街区の奥行を見ると、城郭側から約六〇間、約五二間、約五〇間と城郭から離れるにつれて街区の奥行が狭くなる。また、それに連動するように一戸あたりの敷地面積の平均も城郭側から約九〇〇坪、約七一四坪、約五九六坪の広さとなる。この差は長屋門の設置と関連するかもしれないが、俸禄の高さとも関係している。

米子川の位置は、このような街区設定を経て決定されたと考えてよいだろう。

京橋川については大手前通りを対称軸として街区の幅を約一四〇間に設定し、位置が決定されたと思われる。殿町、母衣町の敷地の広さを、街区別に敷地面積の平均値でみると、一戸あたり約六〇〇～一二〇〇坪の広さとなり、敷地面積はすこぶる広い。

一方、外堀の外側に展開する北田町、南田町、北堀町、外中原町の武家地は、街区の奥行が基本的に四〇間、街区の規模も均質的になっている。

こうしてみると、武家地の計画はこの外堀をおおよその基準として計画されていることが読み取れよう。つまり、外堀内では、ヒエラルキーを得ることに重きをおいて武家地の区画が定められ、外堀の外では外堀内の最低奥行よりも一〇間ほど少ない街区が均質的に配置されたと見なしてはどうだろう。

### ③町人地の特徴とその計画性

次に町人地についてみよう。

まず、町人地の地名であるが、橋北（大橋川北）には紙屋町・末次・苧町・茶町・茶町二丁目・中原町・片原町・元木材町・新木材町・魚町・鍛冶町・米子町・北堀町・石橋町があり、橋南（大橋川南）には本町・八軒屋町・和多見町・灘町・寺町・天神町・魚町・竪町・横浜《よこばま》町がある。

なお、堀尾期の町人地の町名については史料もなく、ここでは、宝暦年間（一七五一～六四）成立と考えられる『雲陽大数録』に見える町名を用いている。

町人地に形成された「町」のあり方に着目したい。復元図（図33）で町人地の配置を見ると、橋北、橋南どちらとも、町人地が水際に展開している。

ところで、町人地は道路の両側に町家が並ぶ両側町と道路の片側にだけ町家が並ぶ片側町に対別されるが、城下町松江の町人地の両側町と片側町について見ると、橋北では、北堀町・米子町・片原町・中原町が片側町で、他はすべて両側町である。これに対して橋南は、八軒屋町・和田見町・寺町が片側町で、他はすべて両側町である。

近世の町人地は一般的に両側町で計画されるので、片側町の存在には興味深いものがある。

両側町で相対する敷地において奥行を大きく違えるものが、橋北は末次本町・茶町二丁目・茶町で、橋南は白潟魚町・灘町・横浜町などである。六～八間ほどの差となるのは紙屋町・白潟本町・天神町である。また、町の長さには一貫性はなく、街路と敷地の奥の形態は直線を基本とし、掘割でない水際が一部曲線になる場合がある。

また、鍵型路は橋北地区に苧町と茶町の町境と紙屋町・魚町に、橋南地区では白潟本町と天神町の町境と灘町に見られる。

地割に注目してみると、すべての敷地がほぼ整形の短冊地割で、その間口は三間から七間と様々であるが、町ごとに見ると、間口はほぼ均質であることが分かる。橋北において平均間口のもっとも広い町は末次本町で、次に紙屋町である。大橋の袂が広く、ここから離れるほど間口は狭くなる傾向にある。また、末次本町は勢溜《せいだまり》に向けた街路を主街路とし、T字の特異な形状を示す。橋南では白潟本町・天神町の境界付近に間口の広い敷地が見られ、天神橋の南の竪町・横浜町は間口、奥行きともに大きい傾向にある。

以上をまとめると、堀尾期の町人地は片側町と両側町が共に存在し、各町の宅地の間口はほぼ均等であるが、橋北では末次本町・紙屋町に間口の広い敷地が集まり、橋南では白潟本町・天神町の境界付近に間口の広い敷地が並んでいることが分かる。

これらはどのような計画意図から形成されたのだろうか。

橋北の末次本町および紙屋町は末次地区の中心地であり、橋南の白潟本町・天神町は白潟地区の中心地であるが、これらの町は城下の中でも特徴的な場所になっていることに気づく。そして、これら中心部から離れるに従い、各町家（屋敷地）の間口は小さくなる。このことから、それぞれの地区において、あらかじめ中心部をつくり出すことを意図して町割が行われたと考えられるのである。

町割の計画寸法について考えてみる。

町の長さに統一性はみられないが、奥行は一三間とするものが最も多く、一二～一五間が卓越しているが、平均値は間口五間、奥行一三間半である。

ただ、北堀町・米子町・中原町・竪町・和多見町など武家地・寺地に接する町人地は奥行が一六～二一間と長く、水際に接する町人地は二三間半～五二間半と奥行きがさらに長くなっている。

末次本町・紙屋町・白潟本町・天神町および末次本町に連なる茶町二丁目・茶町は奥行きが一六～二二間とやや長い。

一般的な町家の建物の奥行寸法は主屋六間半、渡り廊下二間、湯殿一間、蔵二間半で、これらは敷地の奥行の一三間にほぼ納まる。こうして見ると敷地寸法も、建物の奥行寸法を配慮して計画されたとみなされる。

この町割の奥行と敷地寸法の実態から、城下町における町人地の配置に言及すると、末次地区では京橋川を基準として町人地が配置されたことが読み取れる。まず京橋川沿いに道路を通し、道路から町家の納まる最低基準である一三間の位置に屋敷地の境界（地尻）を引き、そこから末次町と苧町では一三間の位置に道を通し、さらに大橋川に向けて五〇間以上の奥行の屋敷地が配される。苧町と茶町の間には鍵型の街路を設けることにより、茶町・同二丁目、末次本町の北側の短冊の地割が奥行一六間半となり、大橋川沿いは奥行きの深い敷地となっている。橋南地区は大橋と天神橋を結ぶ南北の通りが基幹道路（主往還）として計画されている。

　町人地では、町人に平等に商業機会を与えるべく、宅地は均質な間口が設定され、各地区において中心をつくり出すことを指向する計画性がみられ、敷地の奥行きは町家の建物配置の基本構成を考慮し、また、外堀を基軸として設定された。さらに、水際に面する町を設け、それらの町では奥行が長く取られられているが、舟運による商業の発展が考慮されたものと考えられる。ここにも町割に対する計画性を読み取ることができる。

## ④城下町松江の景観演出

　さて、城下町松江の景観演出はどのように考えられ、計画されたのだろうか。

　近年の都市史研究では、近世城下町の主要街路を計画するにあたって、天守へのヴィスタ（見通し・通景）を考えた景観演出（宮本雅明『近世期城下町のヴィスタに基づく都市設計』）のあったことが指摘されているが、城下町松江でも景観演出は計画段階から考えられていたのではなかろうか。

　ところで、城下町の景観演出については、前述した天守への見通しに基づく都市設計と、それを強調する櫓屋敷の存在が主として挙げられているが、城下町松江の場合、ヴィスタに関する資料は管見の限り確認できないものの、櫓屋敷に関する記述については

（前略）前中橋下り口屋布（敷）武井六左衛門与中仁屋敷之由、角櫓二階造ニ而御座候
一、米子町へ渡り候南橋角屋布（敷）田中幸兵衛与申仁屋敷ニ而御座候、此屋布（敷）角櫓二階造りニて候
一、くつれ（中略）川向屋敷古来より御座候
（以上『松江亀田山千鳥城取立之古説』）

櫓屋鋪　壱ケ所　西側
　櫓ハ三間四面　寛保元酉ノ秋修復等不レ被二仰付一、

瓦屋根ニナル、家主薬屋安達ト云（中略）
四方正面屋鋪一ヶ処　兵庫屋氏（中略）
新材木町西角　往古先国主帯刀公物見ノ櫓ト申伝テ、
（中略）

（以上『出雲鍬』）

などがあり、その存在が知られる。

　このことから、末次と御花畑を結ぶくづれ橋の北詰、殿町と内中原の境界には向かいあって二つの櫓屋敷が、また母衣町の東南、米子川と京橋川が交差する角地にも櫓屋敷があったことが分かるが、このことから、櫓屋敷は大きな区画の角地に建てられていたことが理解できる。「出雲鍬」に見る櫓屋敷と兵庫屋の「四方正面屋敷」が堀尾期から存在していたかは定かでないが、図33の相当する敷地形状を見ると、これらはほぼ正方形で、大橋川の袂の高札場が設置された場所に面しているが、兵庫屋は堀尾氏に贔屓《ひいき》にされていた商人である。都市史研究において、為政者が城下町の要所にランドマーク的な役割をになう象徴的な建物を配置したことが明らかにされているが、城下町松江においても、既に堀尾期に大橋北詰に象徴的な建物（櫓）が道を挟んで建てられていたと思われる。また、新材木町西側の「物見ノ櫓」は御茶屋に附設するものと考えられるが、大橋川の風景を眺めるための櫓であったとも推測できる。

　以上より、堀尾氏は城下町松江を形成するにあたって、町の要所に「櫓」を設けることにより、城下の景観演出を図ったと推察できる。

　城下のヴィスタ（見通し）については都市プランを通して考察して見てみよう。まず、南田町北の東西に通る道、内中原町の中ほどの東西道および茶町の南北に通る細い道からは天守を見通すことができる。櫓屋敷の間と茶町と苧町の中の細い道からは本丸南西の坤櫓を見通すことができ、北堀町では東北から南西に延びる直線道路から本丸の武具櫓を見通すことができる。

　また、前述した片原町・米子町・北堀町の片側町、この細長い町家は、天守を中心とする松江城を囲むように**コ**の字型に配されている。城下町松江に景観演出を考慮した計画性が見られることを考えると、この**コ**の字型に並ぶ北堀町・米子町・片原町の町家の配置から景観演出を意図する計画性があったと想定できる。また、これら片側町は町家の正面が城に向いて建ち並ぶが、天守から城下を望む時、町家の主屋の家並みが連続して眺められるように、これも計画的に配置されたとも解される。

　城下町の要所に二階櫓が配されていること、天守が城下から眺められることを意識して本丸（亀田山の頂上）に配置されていること、片側町が城の三方に**コ**の字型に配されること。以上を合わせて堀尾期の城下町松江の建設において町人地の意図的な配置を考えてみると、これら片側町には景観演出が働いていたと解させるのである。

以上、城下町松江は松江城築城に際して、武家地においてはヒエラルキーをつくることを考えた計画性がうかがえ、町人地においては商業の発展を考えた計画性がうかがえ、城下全体では景観演出を配慮した計画性が読み取れる。

城下町松江は水路・河川などの地形的制約をうまく取り込み、城下の建設は軍事的側面だけを意識したものでなく、近代的な都市にも見られるような計画的な都市設計と景観演出を考えてつくられた城下町であることが理解されよう。

さて、櫓の遺構については、二階建てではないものの、その名残と考えられる櫓風建物が、明治の写真には、くずれ橋の向かいに見ることができたし（**写真13**）、また、松江歴史館の北西隅には、かつて建っていたと考えられて高櫓が再建されている（**写真14**）。

（安高尚毅・和田嘉宥）

写真13　中橋と櫓風建物（明治42年）（今岡ガクブチ店蔵）

写真14　松江歴史館北西隅に復元された高櫓

## （2）武家屋敷の特徴とその推移

慶長年間に堀尾氏によって建設された城下町である松江は、堀尾氏のあと京極氏を経て、寛永十六年（一六三九）松平直政が信州松本から移封し、以来、十代定安まで二百三十年間、松平氏の支配となったが、城郭・武家屋敷・町家および社寺からなる城下町の基本構成は大きく変わることなく、受け継がれてきたとされている。

ここでは、延享年間（一七四四～四八）の「松江城下絵図」（島根県立図書館所蔵）と嘉永六年（一八五三）頃の「松江城下絵図」（個人蔵）によって、十八世紀中頃から十九世紀中頃の松江城下の様子を考察したい。また、『松江城下武家屋敷明細帳』（広島大学図書館蔵）を併用し、城下町松江における個々の武家屋敷の変動傾向も見てみたい。

### ①十八世紀中頃の城下町松江

「松江城下絵図」（**図34**）は、手書き彩色の絵図で、その描写範囲は城郭を中心に北は奥谷町から南は雑賀町までと、城下町全体におよぶ。城郭内は、天守や櫓・石垣などが鳥瞰図風に描写されており、これが本図の主題の一つとみられるほど詳細である。また石垣には長さや高さの情報が伴っている。道路を黄で、土手を緑、堀や湖、水路などの水系を紺で描き、正保城絵図の形式を彷彿させる。

一方、武家地では、各屋敷割に家中名が記入され、その多くが貼紙によっている。松江藩に限らず、諸藩では近世期に多くの城下絵図が作成され、その多くは家臣の屋敷割を示した屋敷割図である。絵図の複製が容易でなかった当時、現状との齟齬《そご》を貼紙によって修正し、長期間利用した例は多々みられる。

雑賀町では天神橋から洞光寺へと続く道沿いには、勘定方や徒歩の名が記されている。これより以東では街区のみ描かれ「足軽」と記入されている。ただし、津田街道に沿った新雑賀町では、「勘定方屋敷」「足軽」と記載された屋敷割が新たに出現し、小規模ながら武家地（足軽屋敷）の拡張も行われているのが分かる。

なお、**図35**はこの「松江城下絵図」により元文～延享期（一七三六～四八）頃の松江城下の土地状況を藩施設、武家屋敷、足軽屋敷、町屋、寺社地などに振り分けて図化したものである。これによって当時の城下町松江の土地区分状況が大まかではあるが把握できる。

図34 「松江城下絵図」(元文〜延享期)(島根県立図書館蔵)

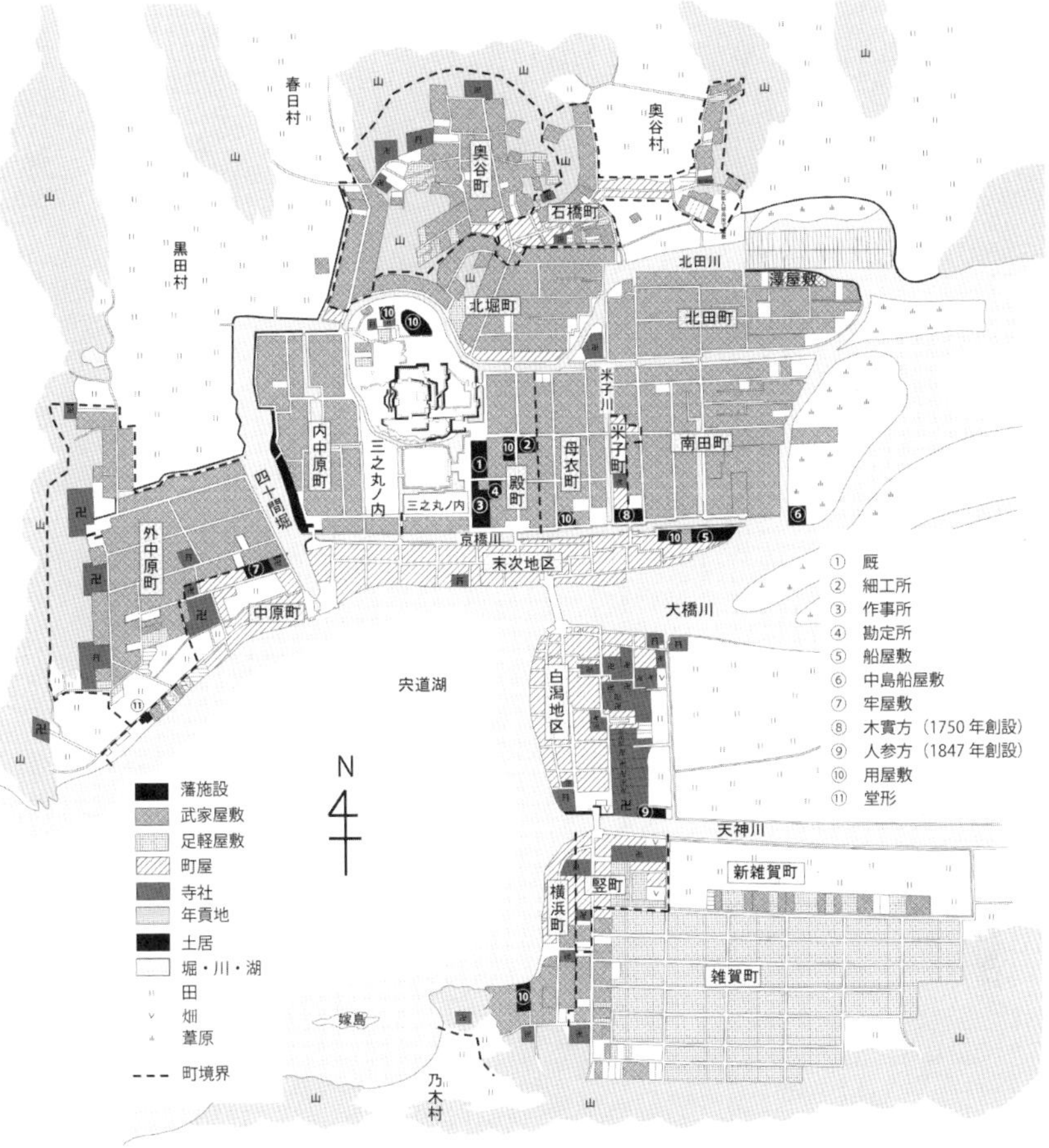


図35　元文～延享期の松江城下の土地区分状況

## ②十九世紀中頃の城下町松江

「松江城下絵図」（図36）は嘉永期の松江城下を描く手書き彩色の城下絵図である。本図においてもっとも目を惹くのが藩施設の朱色である。殿町には御作事方・御勘定所・御細工所、京橋川沿いには御船屋・木實方・月支蔵（米の貯蔵蔵）が、天神川沿いには人参方が置かれている。このほか同時代の他の絵図には大橋川沿いには、櫨蔵・材木方・御手舟場が描かれている。本図を通して、十八世紀半ば以降、蔵米・特産品・木材・輸送などに特化する藩の殖産姿勢が読み取れる。

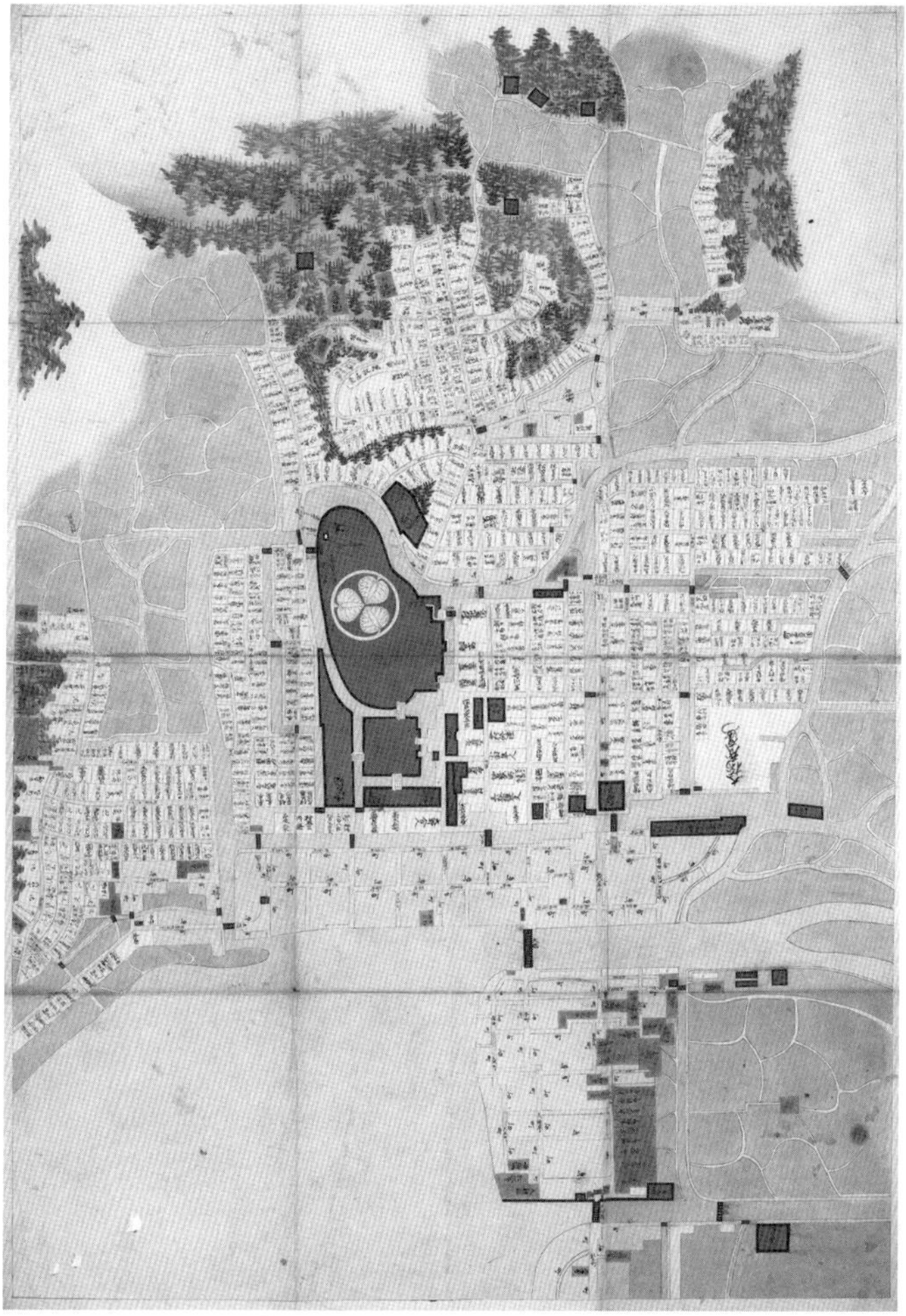
図36　「松江城下絵図」（嘉永期）（乙部正人家蔵）

　なお本図の年代については、以前より安政～文久年間（一八五四～六四）と時間幅を有して伝えられてきたが、絵図より一〇名の屋敷主をランダムに抽出し、彼らの同地での居住開始年と終了年を「武家屋敷明細割帳」で確認してみると、全員の屋敷地が確認できたのは嘉永六年（一八五三）だけであった。したがって、本図の製作年は嘉永六年（一八五三）頃と推測される。

『松江城下武家屋敷明細帳』

広島大学図書館には、近世の出雲国に関する史料が多く所蔵されている。それらは『広島国税局寄贈　中国五県　土地・租税資料文庫目録　第一部』（以下「目録」と記す）に詳しい。この目録におさめられている史料群は、表題にある通り、元来、広島国税局に所蔵されていたもので、慶長期から明治中期までの中国地方の土地および租税制度に関するものである。この中に『松江城下武家屋敷明細帳』もおさめられている。それらは一六項目五八冊におよぶ。その内容を示したものが**表2**である。記載内容を端的に示す史料名としては、目録番号7—26の「町屋敷並住者録」および7—32の「松江城下武家屋敷明細帳—奥谷」のみである。ただし、管見する限り、史料にこれらの表題は記されていない。ここでは便宜的にこれら史料群を『松江城下武家屋敷明細帳』（以下「明細帳」と略す）と呼称する。

「明細帳」にはいずれも、屋敷地ごとに屋敷の規模と向き（間口・奥行き・門の向き）が、まず記され、続いて居住者の推移（代替わり、移動も含む）が記録されている。これらは**表2**に示すとおり、貞享期〜延享期までと、延享期から明治初期までに大別できる。

「明細帳」の最初の一冊「内山下幌町」には冊子の冒頭に覚書「屋敷方勤之様子申送之覚」が記載されている。その中に「明細帳」の作成の由来を示唆する一文がある。「一　貞享二年御改御座候而後成程　御意之通、御徒衆御、勘定方、御台所方、御作事方、坊主衆、入組之御足軽、屋布かへ知せ有之処」（貞享二年〔一六八五〕の「御改」後、御徒衆や御勘定方、御臺所方、御作事方、坊主衆、組入の足軽について、屋敷替の指示があった）。この後には、「雑賀町、外中原、奥谷、端々之間尺記シ有之、小キ屋布之もの与、鉄砲町之内入組屋布之者与、屋布かへ知せ（後略）（読み点は筆者）」とあるが、狭小な屋敷と、鉄砲町の「入組屋敷」の者との屋敷替を指示されている。松江城下の武家地では貞享二年（一六八四）頃、大規模な家臣の屋敷替えがあったと想定され、「明細帳」はこの時点に作成されたと推測される。

こうして作成された「明細帳」は、居住者の推移（代替わりや移動を含む）を長期的に書留めることになる。それは延享期ごろまで続くのであるが、延享二年（一七四五）、城下において大規模な洪水が発生する。それは「平地の出水、或は六尺に至り、南田街北田街は家幾ど漂ふ者あり」（『出雲私史』）という惨状であった。このためか、屋敷によっては居住者の変化が著しく、居住者の推移を記録する紙面が不足する。その結果だろう「明

表2　松江城下武家屋敷明細帳一覧

| 史料番号 | 史料名称とその内訳 | | 貞享期〜延享期 | 延享期〜明治初期 |
|---|---|---|---|---|
| 7−26 | 町屋敷並住者録［第5冊欠］ | | | |
| | 1　内山下幌町 | イ、ロ、ハ、ニ、ホ、ヘ、 | ● | |
| | 2　西　幌　町 | ト、チ、 | ● | |
| | 3　〃 | リ、ヌ、ル | ● | |
| | 4　内中原町 | ヲ、ワ、カ、ヨ、 | ● | |
| | 6　〃 | タ、レ、 | ● | |
| | 7　〃 | ソ、ツ、 | ● | |
| | 8　〃 | ネ、ナ、 | ● | |
| | 9　外中原町 | ラ、ム、ウ、ヰ、ノ、オ、 | ● | |
| | 10　〃 | ク、ヤ、マ、ケ、フ、コ、エ、 | ● | |
| | 11　南　田　町 | テ、ア、サ、 | ● | |
| | 12　〃 | キ、ユ、 | ● | |
| | 13　〃 | メ、ミ、シ、 | ● | |
| | 14　〃 | ヱ、ヒ、 | ● | |
| | 15　北　田　町 | モ、セ、ス、京(ン)、 | | ● |
| 7−27 | 母　衣　町 | | | ● |
| 7−28 | 南　田　町 | | | ● |
| 7−29 | 北　田　町 | | | ● |
| 7−30 | 北　田　町 | | | ● |
| | 1　(北田町) | 三、四、 | ● | |
| | 2　(北田町) | 五、六、 | ● | |
| | 3　(南田町) | テ、ア、サ、 | ● | |
| 7−32 | 北田町仙石屋敷向沢屋鋪 | | ● | |
| | 松江城下武家屋敷明細帳−奥谷 | | | |
| | 1　奥　谷 | 「北堀町上横丁入口西角ヨリ小石・・・・」 | | ● |
| | 2　〃 | 「北堀町上横丁入口東南ヨリ一丁・・・・」 | | ● |
| | 3　〃 | 「御小人小屋ヨリ西原向合セ　末迄」 | | ● |
| | 4　〃 | 「赤山南入口ヨリ西餌差町向合セ・・・・」 | | ● |
| | 5　〃 | 「万寿寺通与力町北半分向合セ・・・・」 | | ● |
| | 6　〃 | 「西餌差町入口東側ヨリ南町場マデ・・・・」 | | ● |
| | 7　〃 | ？ | | ● |
| | 8　〃 | 百、千、万、憶、兆、 | ● | |
| | 9　〃 | 極 | ● | |
| | 10　〃 | 七、八、九、十、 | ● | |
| | 11　〃 | 「石橋町後ヨリ満赤崎　地形場」 | ● | |
| | 12　〃 | 京、垓、除、壌、溝、正、載、 | ● | |
| 7−33 | 奥谷地形場並城普請谷一円 | | | ● |
| 7−34 | 内　中　原 | 1−仁、2−義、3−礼、4−智 | | ● |
| 7−35 | 外　中　原 | 1−木、2−火、3−土、4−金、5−水 | | ● |
| 7−36 | 内　山　下 | | | ● |
| 7−37 | 鉄　砲　町 | 1−智、2−仁、3−勇 | | ● |
| 7−38 | 鉄砲町並地形場 | | ● | |
| 7−39 | 新　鉄　砲　町 | | | ● |
| 7−253 | 雑　賀　町 | 1−上、2−下 | | ● |
| 7−254 | 雑賀町並山根 | | ● | |

「7-34-4 武家屋敷明細帳内中原 智」の一部

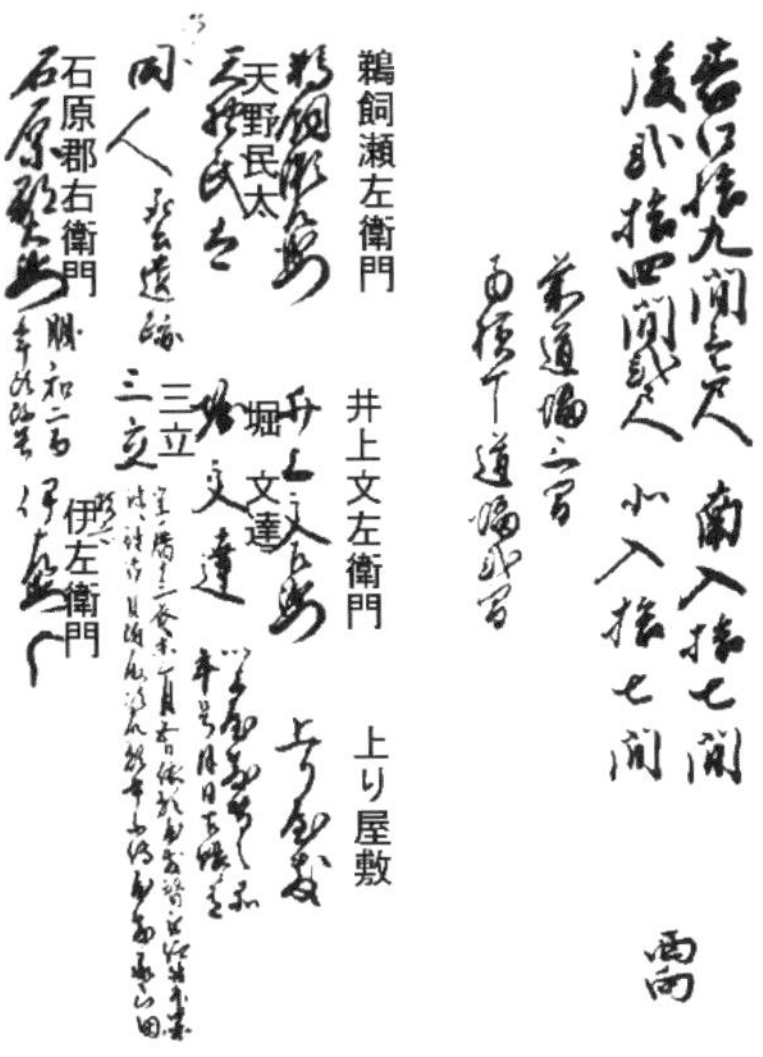


「7-26-8 武家屋敷明細帳 内中原 ネナ」の一部

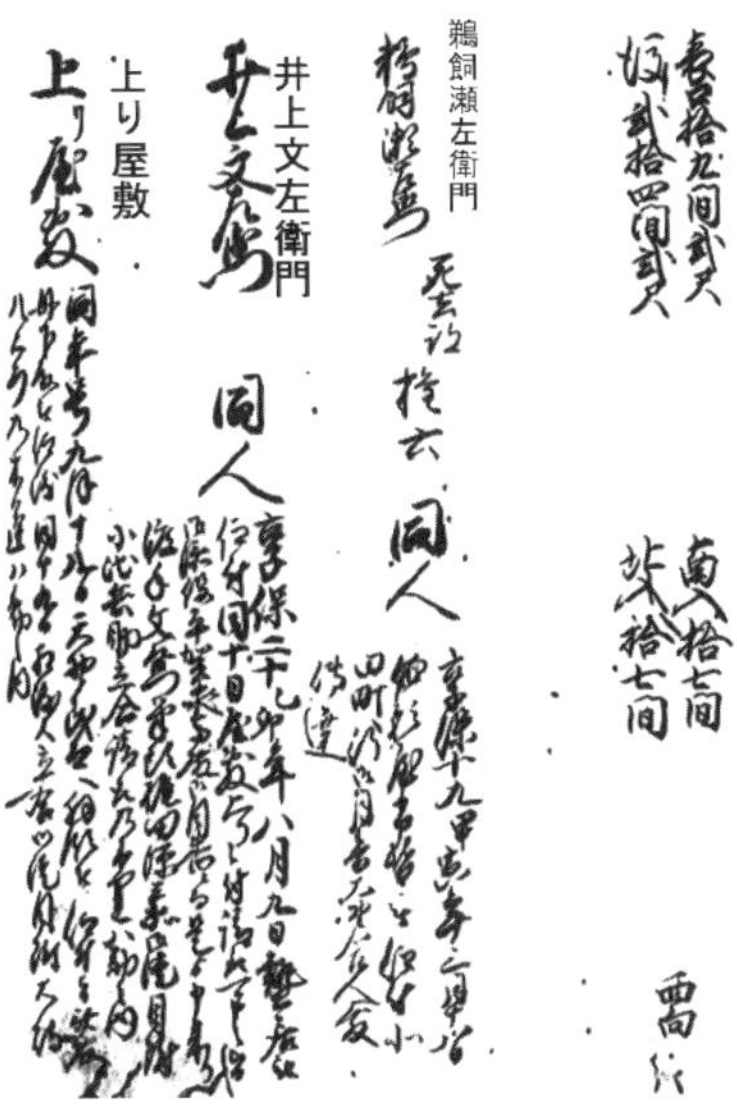


図37　２つの「武家屋敷明細帳」に見る同一屋敷の記載内容（広島大学図書館蔵）

細帳」は新調されることになったと見られる。

**表2**に見る通り、目録番号の7―27〜29・32〜37・39・253は、延享期以降に作成された「明細帳」である。これらは延享期以前の情報を引き継いでいる場合と、延享期以後から記載が始まる場合とがある。**図37**は、内中原町の同一屋敷について貞享〜延享期の「明細帳」と延享〜明治初期のそれを並べたものである。これらをみると、延享〜明治初期の「明細帳」は、貞享〜延享期のそれの記載を踏襲していることが確認できるが、記載内容は簡略化され、居住者の付帯情報は省略されている。

**武家地における屋敷替と「屋敷方」**

近世中期以降、屋敷地の需要の高まりをみせた松江城下であったが、奥谷町や新雑賀町を除いて、松平期以降、大規模な武家地の造成は見られない。限られた屋敷数の中で増加する家臣をいかに収容していくか、その担当を任されたのが「屋敷方」であった。

「屋敷方」では個々の屋敷の面積と居住者の情報を逐一把握していた。それは不要な屋敷を生まないための方策でもあった。「屋敷方」の職掌の中でとくに入念な手続きを要したのが屋敷替である。家臣が屋敷を求める場合、新規拝領という場合もあったが、多くは既存の屋敷を下賜される屋敷替（いったん、上り屋敷となった場合も含めて）によってなし得た。そのために「屋敷方」による居住者履歴の随時更新は、余剰屋敷の把握につながった。

「屋敷方」の職掌については、「明細帳」の最初の一冊「内山下幌町」（表2史料番号7―26）の冒頭に記されている。「屋敷方勤之様子申送之覚」と題されており、屋敷を受け取る際の手続きや注意点、屋敷替の手続きなど、屋敷に関する事柄について記されている。それによれば屋敷替の手続きは以下の様子であった。

まず、屋敷替を希望する家臣はその旨の願書を作成し、番頭の「御判」を求めた。この時に番頭は内容を吟味することとなった。なお、番頭には屋敷替だけでなく組士による「造作」（寛文六丙午年）や「新規之作事」（貞享三年）を行う際も十分吟味するよう指示されている。要件を満たした願書は、役組外以上の者は目附へ、それ以下の者は屋敷奉行へ提出することとなっていた。役組外の者の願書が受理されれば、その内容を記した「具書」によって月番の目附から屋敷奉行へ屋敷替の内容が伝わった。「具書」とは、訴訟に際し、原告・被告が訴状・陳状のそれぞれに添えて提出した証拠書類という意味であるが、この場合、屋敷替が受理された証明書としての意味合いを持つのであろう。こうした屋敷替が認可された場合や新規に拝領された場合、おおむね初めは「御貸」の状態であり、のちに下賜となった。「屋敷方」は下賜された時点の年月日を記録する。こうした屋敷替の中には、親の代に申請し、受理されたのは子の代であった場合や、江戸勤から松江へ移動し、子の代になって屋敷替が受理された例、幼少のため親類とともに生活するため、屋敷が不要な場合など多様なケースが過去にあった。そのため、「屋敷方」は個々の申請について詳細に記録するよう努めている。また、「平生名字名之改号」についても、「聞次第」に記録しなければ忘れてしまうため、「隠居死去」の場合は「父子之名」を同一にして随時、書き残すよう留意されている。

このような職掌のもとに残された母衣町の「明細帳」の一例をみてみよう。

（「松江藩武家屋敷明細帳」一例）

表口弐拾七間五尺　南入弐拾九間弐尺六寸
一　東向
後　弐拾八間　北入弐拾九間三尺八寸
元禄十五壬午九月廿六日
生田十兵衛請取立合
河野治右衛門
同月廿七日生田十兵衛へ神谷左門殿
被仰渡立合河野治右衛門ニテ渡ス
御本丸之下御堀端ヨリ此屋布被下来ル

平野五郎左衛門　同人御暇被下上ル　石原吉五郎　父名改号九左衛門

死去家督長四郎　名改号右門　改号要人死去家督

十三郎

改号　元文四乙未五月十六日従

上屋敷替被仰付

宇門　同人

平賀蔵人屋敷へ住　御添役

月番栂弐膳伝達

元文四乙未五月十六日従　上屋敷替被仰付

当屋敷へ

平賀蔵人

来ル御添役月番栂弐膳伝達

改号築後　元文五年

申三月

冒頭に屋敷の間口と奥行、屋敷の方向が記される。次に居住者の履歴が続く。この屋敷は最初に平野五郎左衛門が拝領していたが、元禄十五年（一七〇二）に上り屋敷（藩へ収公された屋敷）となった。この時、生田十兵衛が受け取り、河野治右衛門が立ち会っている。生田十兵衛は『松江藩列士録』によれば同九年（一六九六）に道橋屋敷奉行に命じられている。河野治右衛門の詳細は不明であるが、「屋敷方勤之様子申送之覚」には屋敷受け取りの際には、屋敷奉行と御徒目付によって「印判」の改めが命じられているところから、河野は御徒目付と推察できる。いったん、上り屋敷となったこの屋敷は、翌日には石原吉五郎へと渡っている。その際にも河野治右衛門が立ち会っている。その後、石原姓の居住が続くが、元文四年（一七三九）には「上屋敷」とされ、石原宇門は平賀蔵人の屋敷へと移動し、当該屋敷には平賀が入居する。実質的な屋敷替であったことが分かるが、屋敷替は基本的に「相対ニテ双方可然儀」（『松江藩出雲国令』寛文八年戊申五月）であったため、両者の合意が得られない場合は、いったん、藩が収公し、改めて藩から家臣へ下賜する形となったのであろう。というのも、平賀は元文二年（一七三七）に「出雲隠岐両國産物御用」を首尾よく終えて、褒美を受け取っている。また、同三年（一七三八）には「格式御家老御仕置役」に任じられ「加恩五百石并手前抱足軽五人」となるなど、屋敷替の前年までの功績が大きい。この屋敷替は平賀への褒賞の一環であったと見られる。

以上の例は「明細帳」の一例ではあるが、このような書式で城下武家地の屋敷は把握されていったのである。

松平期において、藩士の屋敷替は場所によってかなり頻繁に行われていたが、「屋敷方勤之様子申送之覚」に記されているように、居住者の変動や屋敷の改変等は屋敷方で随時記録されていたのである。

### 武家屋敷の分布状況

松江城下は堀尾氏・京極氏の改易後、二三三年にわたって松平氏によって統治されるが、松平氏の統治下でも堀尾氏が築いた城下の都市構造はほぼ踏襲されている。

松江城に近接する周辺は上〜中級武士の屋敷地で、内山下にあたる殿町・母衣町・内中原町は一部河川を利用した外堀で囲まれている。

外堀はいずれも城下町の造成にあわせて掘削されたもので、城郭を中心にほぼ矩形に近い形状となっている。この外堀にあたる河川は南側が京橋川、東側が米子川、北側が北田川、西側が四十間堀であり、現在もその姿が顕在である。

**図38**は「松江城下絵図」（**図34**）に描かれている武家屋敷について、禄高（石高）別に色分けした図である。城郭の東側と南側には二百石以上の武士の屋敷が並び、家老職の乙部家、神谷家、有澤家などもここに配されている。その一方、同じ城郭付近でも、西側の内中原町には、高位な家臣の屋敷は配されていない。松江城は大手

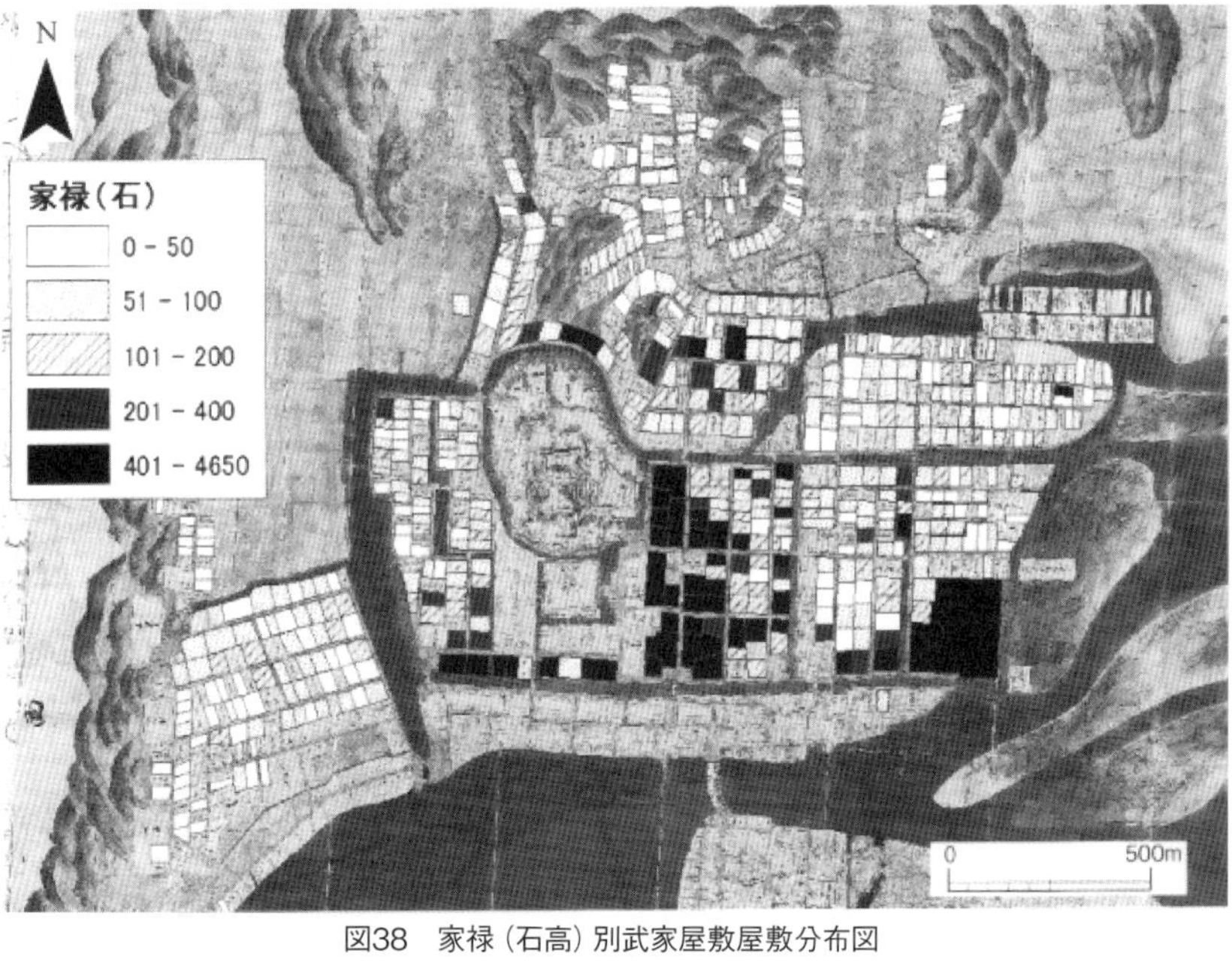


図38　家禄（石高）別武家屋敷屋敷分布図

門にあたる南惣門や脇虎口となる北惣門などが東側に集中するなど東構えの城で、重臣の屋敷が配された。他方、南田町や北田町は五十石未満から二百石以上の武家地が混在している。この状況は町において一層顕著に見られる。

なお武家地を屋敷の広さによって五段階に分けて見ると、二〇〇～四〇〇坪の屋敷地がもっとも多く、次いで二〇〇坪以下と四〇〇～六〇〇坪が多い。これらは堀尾期の武家地の広さを受け継いでいるとみられるが、城下町の形成に際して、武家地の広さにも一定の基準値があって屋敷割が行われていたことが理解できる。

（大矢幸雄・和田嘉宥）

### （3）雑賀町の形成とその基本構成

雑賀町は、床几山麓に碁盤目状に整然と広がる足軽の住区である。

江戸への本道・津田街道に接する雑賀町は城下町の入口を固める要として計画的に形成された足軽町であった。現在、津田街道は国道九号として拡幅され、雑賀町の中央を南北に貫く県道古志原線で町が東西に分断され、表面上は大きく変容したかに見えるが、東西・南北各七本の道が縦横に走る碁盤目状の街区構成は旧態をとどめており、足軽町特有の町並み景観を保持している。ここでは、雑賀町の街区構成の構造形態を絵図や土地史料よって明らかにするとともに、足軽屋敷の住居形態にも言及し、足軽町である雑賀町の形成とその基本構成について述べたい。

#### ①足軽町雑賀町の形成

足軽は本来、戦国期の戦乱の中に生み出された労働者的な性格をもつ戦闘員で、弓・鑓・鉄砲などの部隊を構成して戦闘の中核を担っていた。近世においても大名の軍隊にとって重要な戦闘部隊であり、城郭防衛のため城下町の要所に集団で駐屯し、足軽町を形成した。

堀尾時代の鉄砲集団は、外中原に住む伊賀衆、雑賀町（今の雑賀本町付近）に住む雑賀衆、雑賀町の東方、鉄砲町に住む鉄砲足軽（先手組）の三つのグループがあったといわれている。

「堀尾期松江城下町絵図」（図32）には、現在の外中原清光院前に道路を挟んだ屋敷地に「いが」ないし「伊賀」の姓が記載されている。しかしながら、天神川以南の地には雑賀町や鉄砲町の記述はない。

さらに松平期以後の雑賀町が南北に長いのに対して、堀尾期には、屋敷地が東西に長く描かれているが、「当初（堀尾期）からこの地に足軽屋敷が設けられていたかは疑問」との指摘もある。

### ②雑賀町の基本構成

堀尾氏の後、京極氏を経て、寛永十五年（一六三八）に松平直政が松江城主となり、以後、幕末まで松平時代となる。城下町の構成は基本的に変わらず、現在に至っているが、雑賀町の姿にはやや変化が見られる。

直政入封当初の足軽町雑賀町を克明に記す史料はないが、『雲陽大数録』には「寛永十五戊寅頃マテハ、春日村田原谷、国屋村舎人坂ノ所ニ足軽町有之ト古書ニ見ヘタリ、京極氏古図ニモ、右両所ニモ、大分ノ人家有之、正説ト見ヘタリ、殊ニ此絵図鉄砲町山根ヘ五ツツキツメナリ、両所ノ足軽今ノ鉄砲町ヘ移ルト見ヘタリ」とあり、「明正天皇寛永末年松平家襲封後松江并ニ近郊図」にも「寛永末迄ハ春日村田原谷国屋村舎人坂ニ足軽町アリ右両所ノ足軽ヲ今ノ鉄砲町才賀町ヲ云フヘ移シタリト」と記されている。これらの史料は後世に書かれたものであり、信憑性に欠けるが、正保絵図である「出雲国松江城絵図」（図39）では、足軽町はそれまでの「五町ツキツメ」から東西・南北各七丁の碁盤目状の街区に変わっている。そして、この碁盤目状の街区構成は江戸時代の城

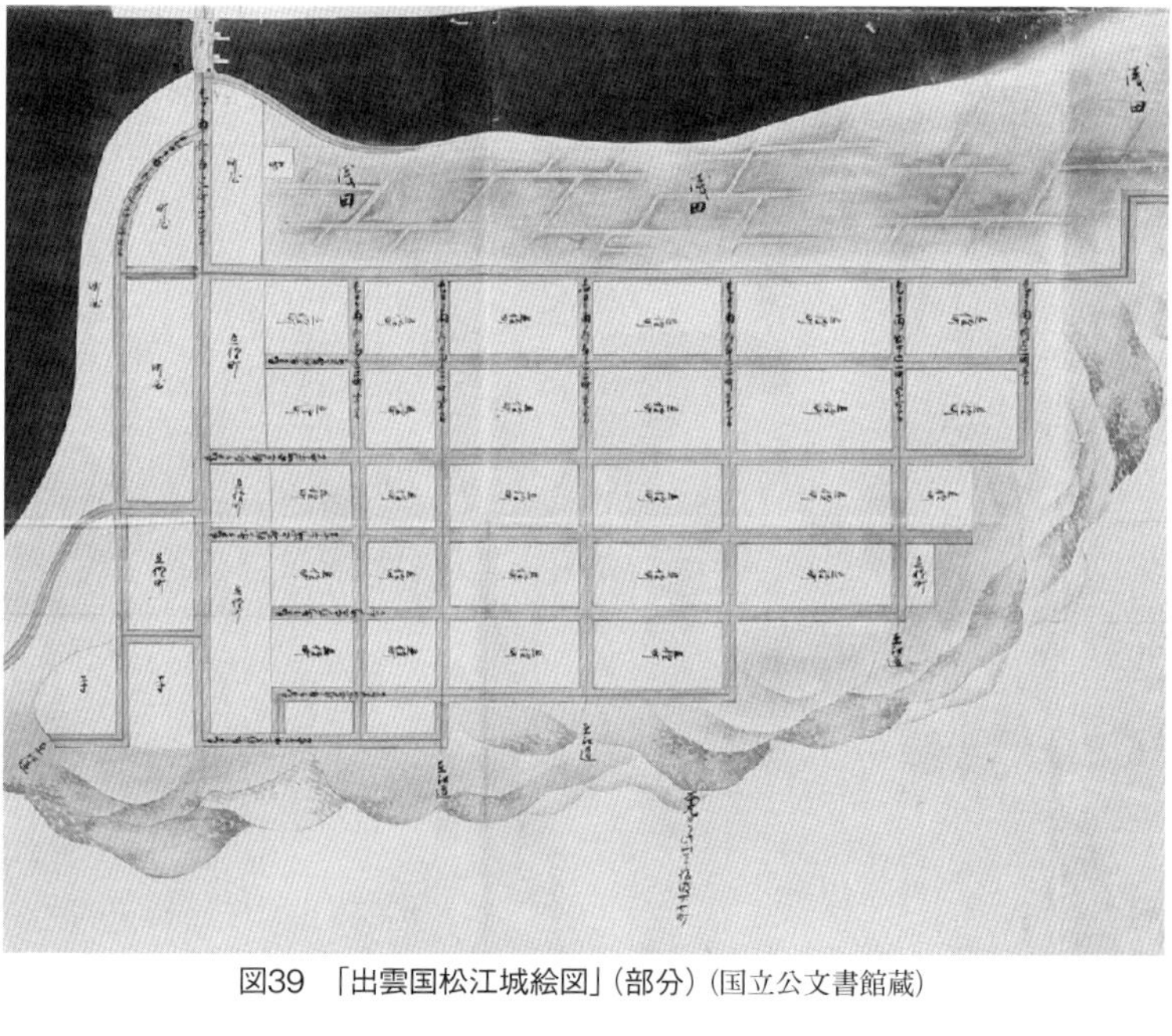

図39　「出雲国松江城絵図」（部分）（国立公文書館蔵）

下絵図等を年代順に追ってみても大きな変化を認めることができない。これらの史料を総合的に検討してみると、雑賀町の街区構成は、堀尾時代に形成された鉄砲町を松平直政が入封後、新たに街区割をし、正保年間（一六四四～四八）までにはその整備がほぼ完了し、以来、街区の基本構成は、今日に至るまで連綿と受け継がれてきたものと見られる。

前述した『中国五県　土地・租税資料文庫目録』の中には「雑賀町」（上下二冊）、「鉄砲町」（智仁勇三冊）、「鉄砲町并地形場」（一冊）がある。これらの史料は、『松江城下武家屋敷明細帳』と同種の史料で松平氏支配時代（おおよそ寛永頃から幕末まで）に雑賀町に居住していた武士の変動を記録したもので、区画や個々の屋敷の大きさ（間口と奥行き）、道路や水路の幅も記されており、これによって雑賀町の形状とその規模を確認することができる。この史料と城下町絵図などを重ね合わせることによって、雑賀町の基本構成を明らかにしてみたい。

雑賀町は東西・南北に各七本の通りが通っている。東西方向の通りは津田街道を一丁目とし、順次、南へ進んで床几山下が七丁目となる。南北の通りは天神橋から南下する西の本通りを一丁目とし、東に進み、菩提寺前の通りを七丁目とする（この通り名称は現在も変わらない）。道の幅はいずれも二間であるが、南北に通る西の一丁目（本通り）と東の六丁目（賣豆紀社への参道）は三間半と広くなっている。東西に通る津田街道はさらに広いと思われる。

一区画は、東西五〇間、南北三〇間が基本である（但し、南の六丁目、七丁目の二筋は南北一五間となっている）。そして一区画には、間口五間、奥行き一五間の屋敷地が、南側と北側にそれぞれ一〇軒ずつ並び、区画の中には背割りの水道が通っている。この水道は各区画の西側の通りとの境にも通っており、水が南から北に流れて、天神川に抜けるようになっている。

「鉄砲町」と「鉄砲町并地形場」を参考に作図したのが**図40**であるが、足軽の組屋敷（記号が一組で、御旗は二組）は二〇組からなっており、他は「組頭ナシ」として屋敷ごとに間口・奥行・住人の氏名が記されている。「松江指盛一は『松江市雑賀町の起源と変遷』で「享保頃雑賀町図」を克明に調査して、当時の足軽組が二十組四百十五人であったことを記している。雑賀町の足軽組は直政の時代には一八組であったが、享保以降幕末までは二〇組にほぼ固定され、組頭を持たない足軽もここに住んでいた。

雑賀町は基本的には足軽の組屋敷として形成された卒

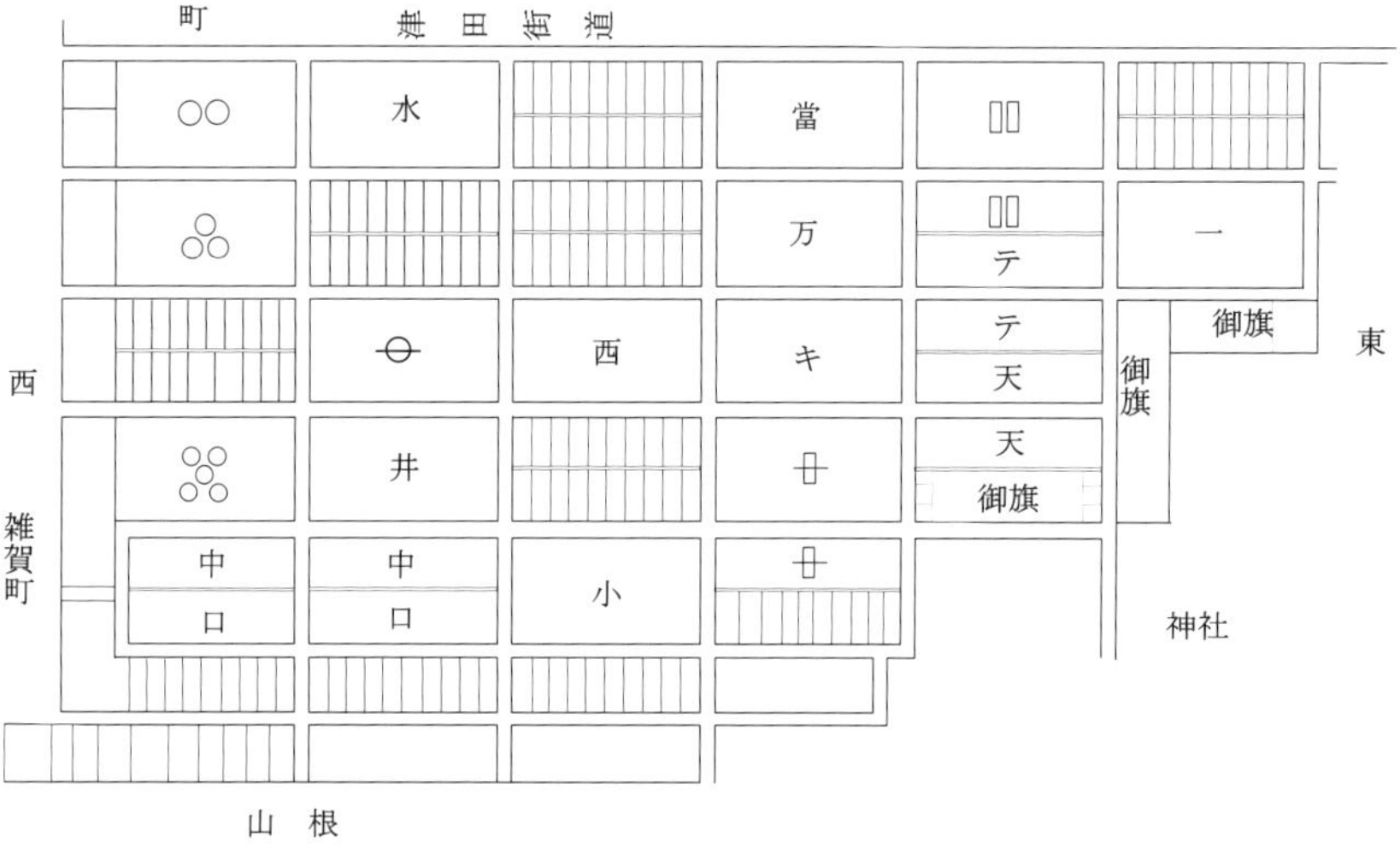


図40　雑賀町足軽組図
（広島大学図書館蔵「鉄砲町」「鉄砲町並地形場」より作図）

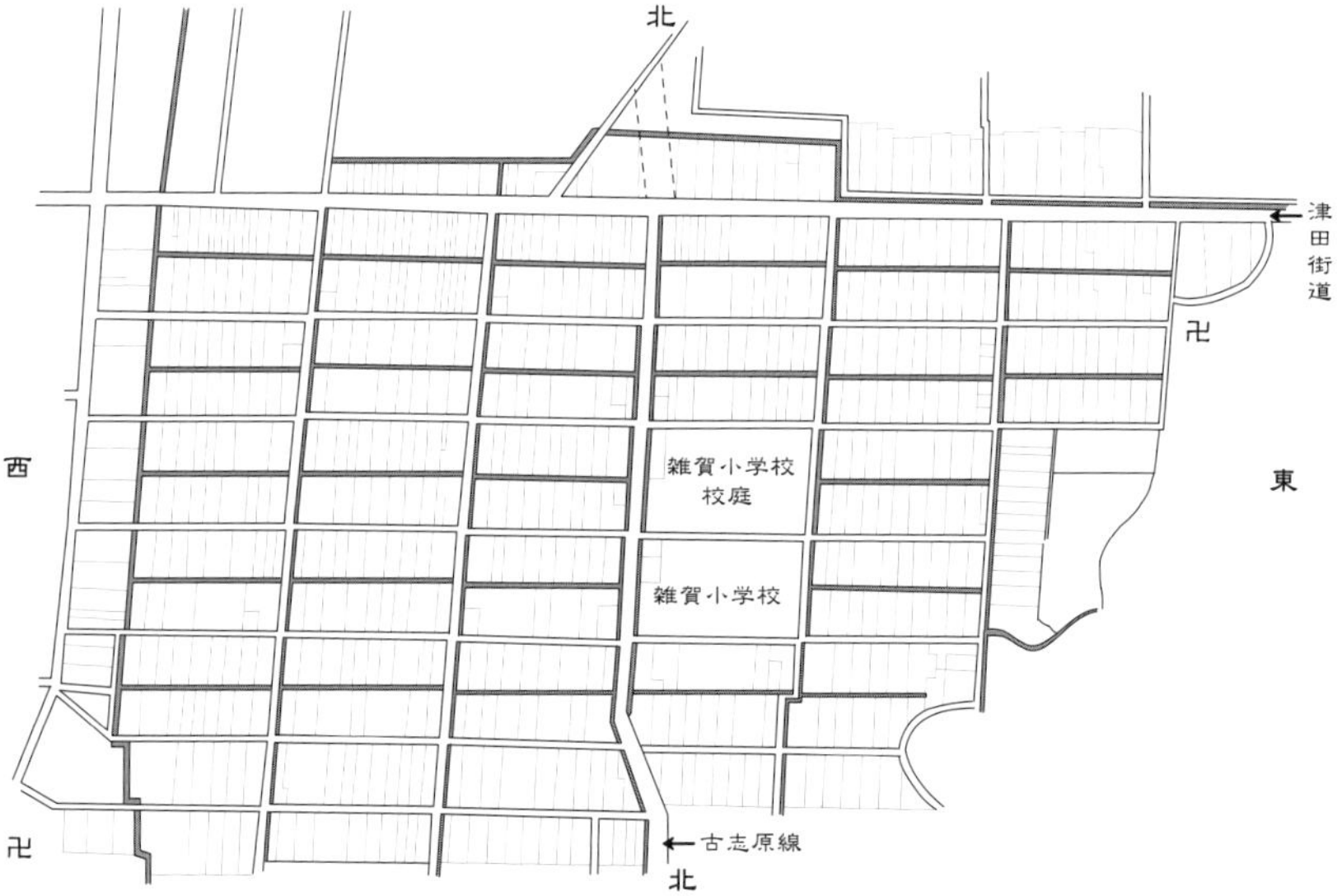


図41　雑賀町地割図（「雑賀町切図」より作図）

階級の居住地で、城下町絵図を時代ごとにみると、その基本形態は変わらないが、津田街道以北で屋敷数が暫時多くなっていく。江戸末期には兵士の増員、江戸定府の藩士の帰藩などに伴い、雑賀町の北に位置する松江分に新たに新雑賀町が形成される。ただ新雑賀町の個々の屋敷の広さも間口五間、奥行一五間で雑賀町の屋敷規模が意識的に持ち込まれている。

「雑賀町地割略図」（図41）は雑賀町の明治以降の地割図である。雑賀町の実際の形状は南北に通る道が多少ふれており、個々の街区もやや菱形になっているが、津田街道である国道九号と県道古志原線（現国道四三二号線）となる道が広くなっている以外、道幅は江戸時代と同じで、江戸時代の街区構成が基本的に変わっていないことが分かる。宅地割については間口の増減があり、多少変化している。雑賀小学校は南の一区画が校庭に、北に一区画が校舎と二区画にわたっているが、二区画間の四丁目の通りは旧態のままであり、今も公道として使用されている。

表３　足軽屋敷の広さ

| | |
|---|---|
| 松江藩 | |
| 四畝 | 徒士～目付格 |
| 三畝 | 万役人～小算用 |
| 二畝一五歩 | 組足軽 |
| 長岡藩 | |
| 六〇坪 | 足軽屋敷 |
| 三二坪 | 中間屋敷 |
| 中津藩 | |
| 三畝 | 小役人 |
| 二畝半 | 組外 |
| 二畝 | 組通り |
| 一畝半 | 仲間 |
| 仙台藩 | |
| 七間ニ二五間 | 並足軽 |
| 金澤藩 | |
| 五〇歩 | 御鉄砲者外掃除坊主 御指 |
| 三〇歩 | 御小人 |
| 鳥取藩 | |
| 六間ニ一五間 | 御徒衆 |
| 四間ニ一五間 | 御弓鉄砲衆 |
| 四間ニ八間 | 御中間御草履取 御道具 |

### ③雑賀町の足軽屋敷

江戸時代、侍屋敷は拝領屋敷として与えられ、藩ごとに武士の格式によって、その広さが定められており、それは足軽階級にも見られる。松江藩、長岡藩、中津藩、仙台藩、金沢藩、鳥取藩における足軽階級の屋敷の広さは**表3**の通りである。

仙台藩を除けば、足軽屋敷の平均的広さは六〇坪ばかりである。これに対して松江藩足軽組の宅地の広さ二畝一五歩（七五坪）はやや広い。これは、足軽町として計画された床几山麓の松南地区が開けた土地であり、雑賀町の碁盤状の区画割と屋敷割はゆとりをもって行われたためと思われる。

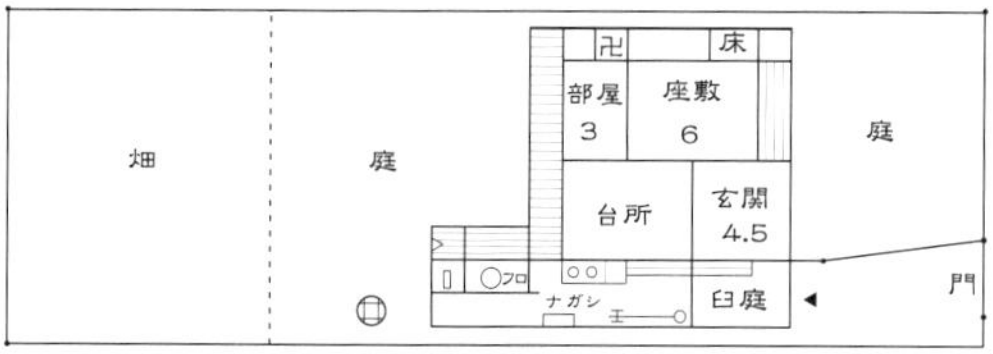


図42－１　雑賀足軽宅見取図
(『松江市雑賀町の起源と変遷』より)

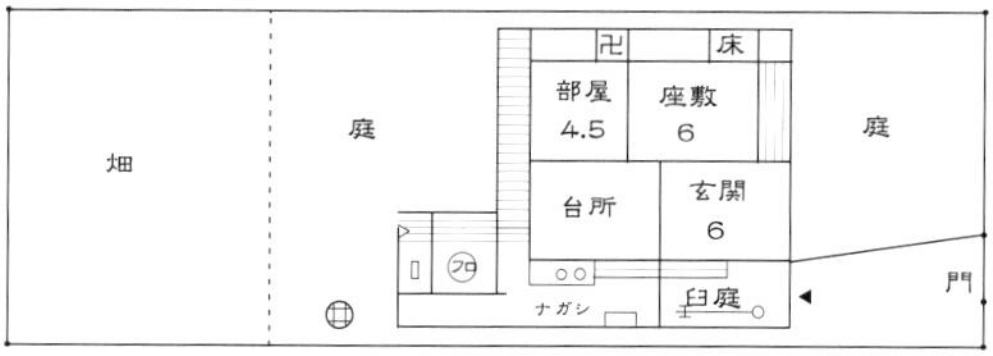


図42－２　雑賀足軽小頭宅見取図
(『松江市雑賀町の起源と変遷』より)

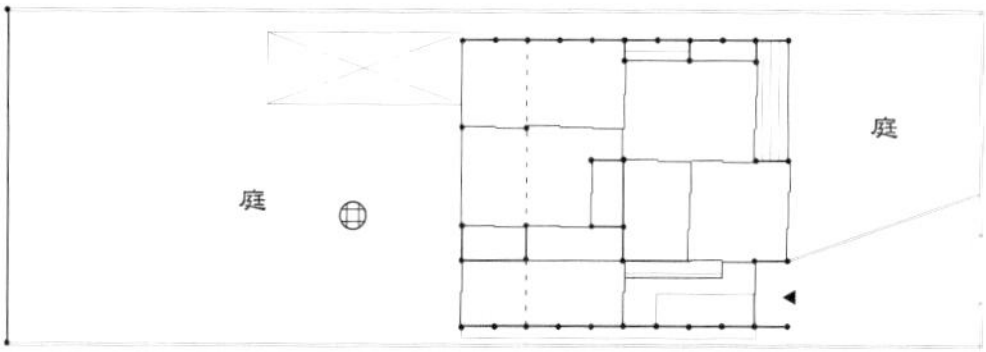


図42－３　岸清一生家平面略図

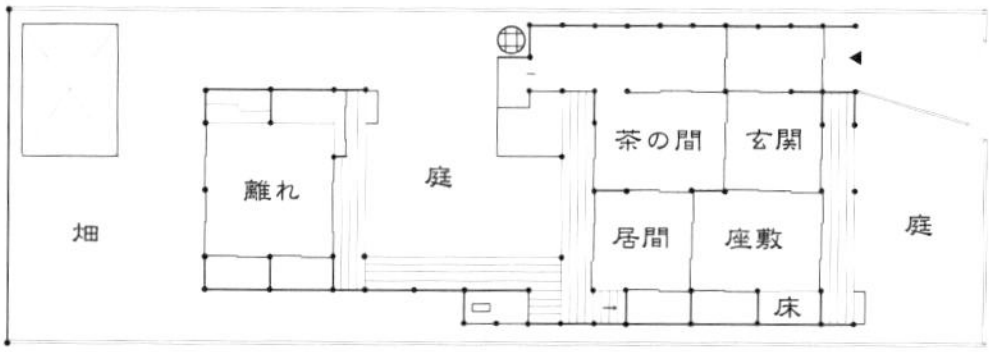


図42－４　ＳＴ家平面略図

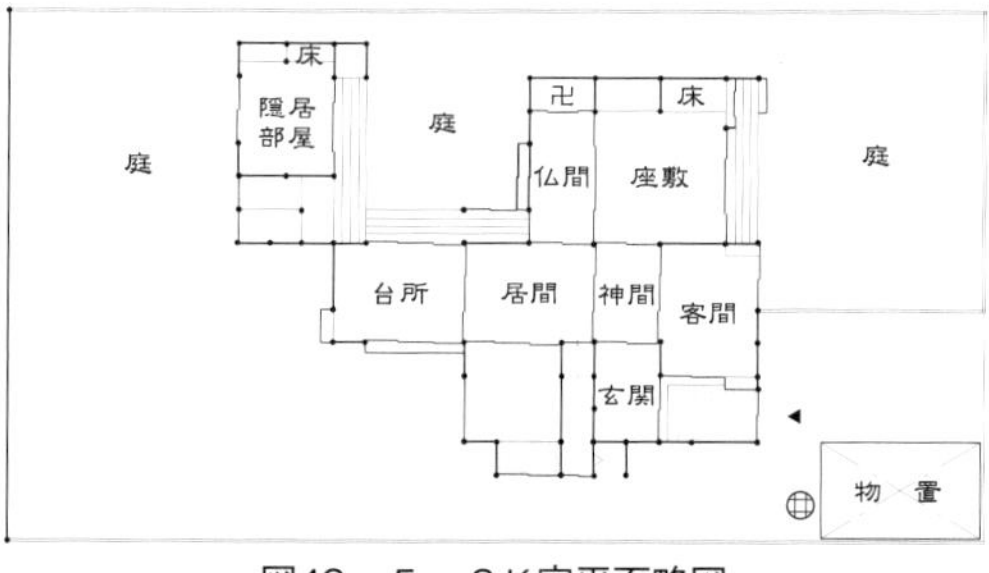


図42－５　ＳＫ家平面略図

図42－１～５　足軽屋敷平面図

雑賀町の足軽屋敷の基本形態は、『松江市雑賀町の起源と変遷』に記されている雑賀町足軽宅見取図（図42―1）、同足軽小頭宅見取図（図42―2）によっておおよそわかる。いずれも、間口五間、奥行一五間の屋敷地に前面から裏手に庭・主屋・庭・畑が配置され、主屋の規模は桁行四間半、梁間四間ないし四間半、間取りは二列四間取りで、下手に臼庭《うすにわ》が裏手の風呂・便所まで通じ、上手に玄関・座敷、裏手に台所・部屋が並ぶ。部屋と台所の一部にはツシ二階が設けられていたと思われる。また、屋敷の囲いは生垣か植え込みが普通で、通りに面して表門が設けられている。この表門の内側の通路は主屋の臼庭に通じている。また、この通路と玄関・座敷の外の空間とは塀によって仕切られている。

**図42―3**は地形場にあった岸清一生家であるが、敷地の広さは間口五間に奥行き一五間の標準タイプである。主屋の後方は改造されて広くなっているが、前側は当初の姿をよく留めてる。**図42―4〜5**は、雑賀町に実際に存在していた住宅の配置図兼間取り図である。**図42―4**は一丁目の二丁目に南向きに建つ家である。主屋は明治初期の建築と思われるが、玄関・茶の間・座敷・居間からなる間取り構成は**図42―1・2**とも類似している。**図42―5**は、岸清一生家の北側に隣接している家である。敷地の広さは間口八間に奥行き一五間の一二〇坪で、間口が大きく、屋敷もやや広くなっている。奥の離れ座敷（隠居部屋）部分は昭和時代（戦前）に建増しされた部分であるが、玄関・客間・居間のある主屋は嘉永五年（一八五二）の横浜大火後に建てられたものであるが、徒目付格の屋敷と見なしてよいだろう。

次に記す資料は、横浜大火の翌年、嘉永六年（一八五三）に書かれたと思われる居宅建替え願に関する文書である。

口上之覚

私居宅　去冬類焼仕候に付　右跡エ東より二間西え寄　南向に九尺之冠木門　壱枚引戸左右弐尺宛の袖壁　前面竹垣に仕　且又本屋　南北四間半梁　東西桁行五間　古物取交　何連茂瓦屋根に仕　惣坪数二十坪半に建申度奉願候

此段御頭中佐間え被仰達可被下候　以上

正月　井川佐平次（花押）

山内大蔵殿

この文書では居宅の間取りは分からないが、主屋は大きさが梁間四間半に桁行五間の二〇坪半、屋根は瓦葺きになること、前面道路に対しては、竹垣と袖壁の付いた一間半幅の冠木門を設けることなどが確認できる。

主屋の屋根が瓦葺きとあるのは、火災後の防火対策かと見られるが、主屋の大きさは焼失前と同じであり、間取りもほとんど変わっていないと思われる。

なお、江戸時代、藩士の住いも、内部の造作、特に座敷飾りなどは規制されていたが、表構えは、見苦しくならないように心掛けることが奨励されていた。雑賀町においても、足軽屋敷の前面には、竹垣・冠木門を設けることなどが進んで行われていたと見える。

以上、雑賀町の街区構成と住居形態について通観してきたが、雑賀町は江戸時代には鉄砲町とも称され、組足軽の居住地として、計画的に形成され、維持されてきた一画である。区画割や屋敷割には一定の基準地があって規則的な碁盤目状の街区が形成されたのであるが、この街区形態は江戸時代を通して変わることはなかった。今日、この規則的な街区形態は幹線道路（国道九号線及び四三二号線）の拡幅等によって一変したかに見られがちであるが、南北一〜七丁目、東西一〜七丁目の道筋は今も変わらず、内部の道路幅も江戸時代のままで、背割りの水路は今も存在しており、当初の屋敷割も意外に多く残っている。雑賀町周辺を歩いてみると、今でも、往時の足軽町の面影を偲ぶことも不可能ではない。

（和田嘉宥）

## （4）町人地と寺社地の形成と変遷

### ①町人地

十八世紀中頃の城下町松江城下町松江における主たる町人地は大橋川を介して橋北の末次地区と橋南の白潟地区に分かれる。ここでは、「松江白潟絵図」によって安永期の町人地の空間構造をみよう。この絵図には安永期の町人地の町家について、一軒ごとに職名や屋号、住居ごとの間口・奥行、蔵・納屋・座敷といった住居内の用途、居宅・借家・裏借家といった所有形態などが記されている。

この図を、現状の都市計画図におとして作成したのが、「松江橋南地区町家配置復元図」（図43）である。町人地には大きな分類として居宅と借家があったことが確認できる。復元図でこれらを見ると、居宅と借家の分布には偏りがあるわけではなく、前面道路に面して居宅と借家が不規則に並んでいることがうかがえる。また、借家には表借家とともに裏借家の形式が見られる。表借家の数に注目して見ると、和多見町・寺町・横浜町が多く、天神町も比較的多い。これに対して裏借家の戸数は寺町・和多見町・横浜町が多い。

注目されるのは、天神町の東側には裏借家がほとんど

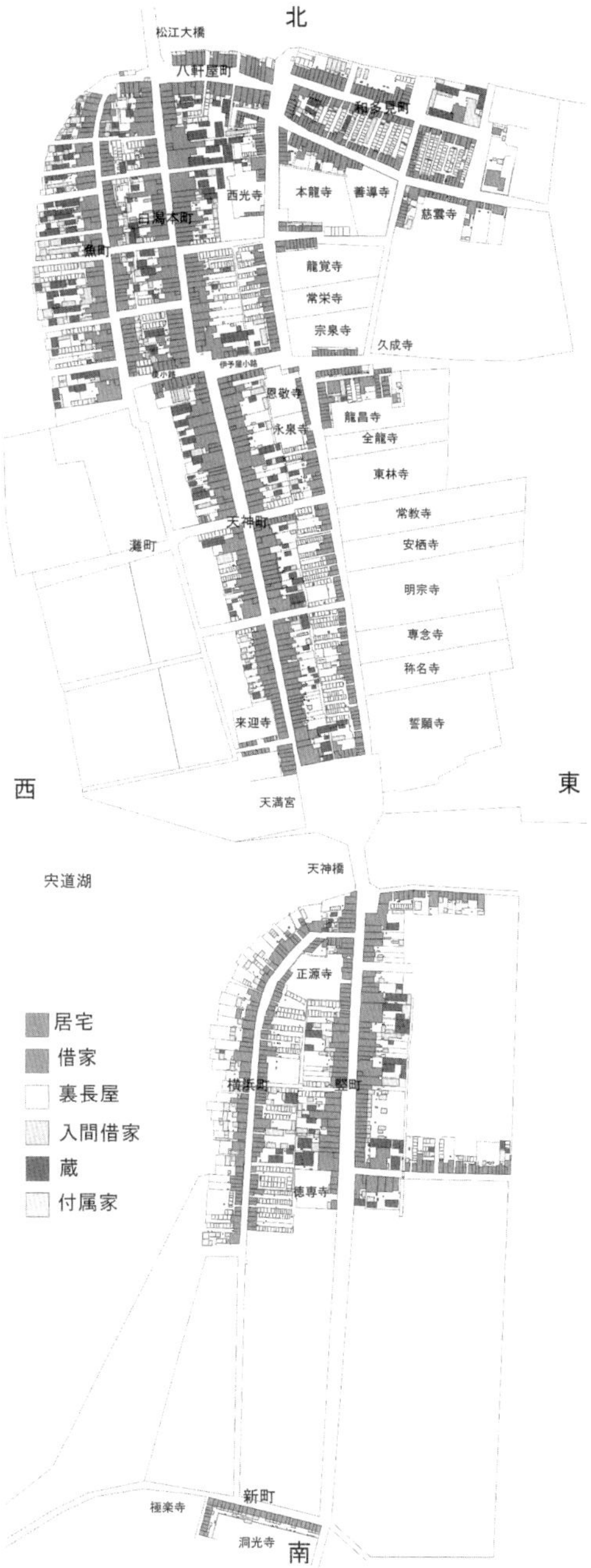


図43　松江橋南地区町家配置復元図

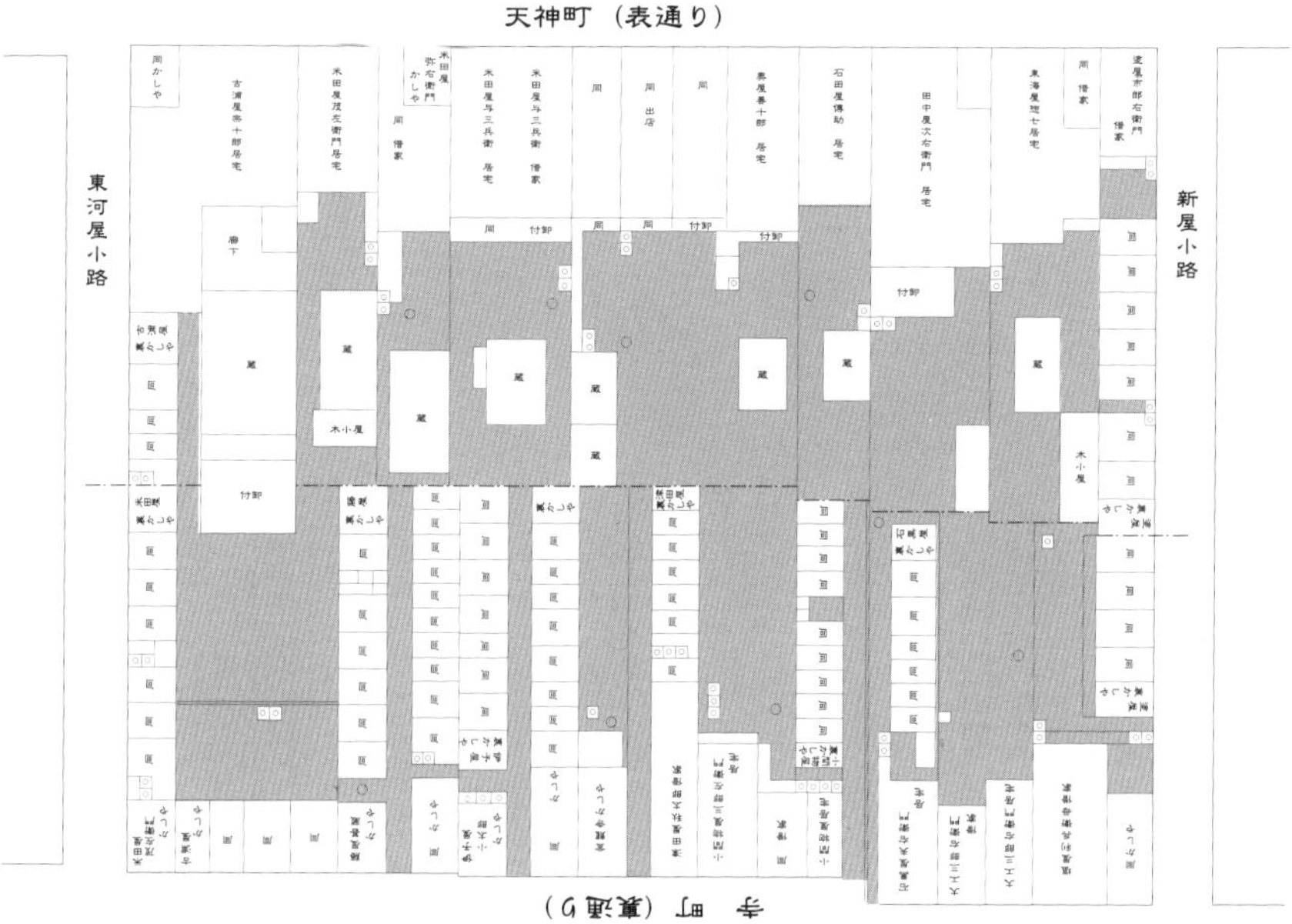


図44　町人町の表通りと裏通り（西半分が天神町、東半分が寺町）

ないが、東隣りの寺町には裏借家が多いことである。これは、天神町の居宅は屋敷主が、その背後となる寺町の宅地の屋敷主であり、町人地の表側と裏側をうまく使い分け、表通りを居宅とし、裏通りを裏借家とし、そこに長屋を設けていたからである（図44）。

敷地はほぼ矩形の短冊型であり、居宅と借家の主屋は通りに面する町家スタイルであり、裏借家は、敷地の奥行方向に通る露地に面する長屋スタイルとなっている。また、景観的な特徴としては、表通りに面して平入の町家が隙間なく建ち並び、敷地の裏側では、妻面を通りに向けた長屋と土蔵が見え隠れする町並みが展開する。長屋は一棟がおよそ八〜一〇戸で、一戸は間口二間、奥行二〜四間。便所や井戸は共同で使用されるようになっていた。

敷地内の建物構成は、通りに面して主屋が建ち、敷地の奥には中庭を挟んで土蔵や附属屋が配されるのが基本となる。居宅間口は二〜三・五間が多く、借家間口は一・五〜二・五間が多い。主屋奥行は、白潟本町と天神町の居宅は約九間、これに対して借家の奥行は四〜五間と半減する。この傾向はほかの町にも見られるが、白潟本町と天神町には表の通り（主往還）に面して大型の町家が建っていた。

蔵は、白潟本町・天神町・魚町・竪町に多いが、その中でも魚町がもっとも多い。魚町では宍道湖畔に面して土蔵が建ち並ぶ独特の景観を展開していたのである。

以上のことから、白潟本町・天神町・竪町の通りがメインストリートで、寺町・和多見町・横浜町などは、裏借家が多いことから、メインストリートを支えるサブストリートであったと解釈できる。

橋南地区の町人地には、表通りと裏通りがあり、町並み景観にも変化を与えていたのである。

ところで、魚町には蔵が五七棟と多い。その数は白潟本町・天神町を抜いて、もっとも多い。白潟本町・天神町には大型の問屋が通りに並んでいたが、宍道湖・大橋川に面した地には小路や灘の付く通りが多く、船着場になっていたということから、ここが商品の荷揚場となり、荷揚された商品がここから改めて本町や天神町の大問屋に運ばれるといった流通形態があったと見える。魚町・灘町は、寺町・和多見町・横浜町とは、また異なる性格の町であったと解釈できる。

このことは、細い街路の変化からも想定できる。魚町と灘町の細い街路数の変化を、「堀尾期松江城下町復元図」（図33）と「松江橋南地区町家配置復元図」（図43）で見ると、堀尾期は五本であるのに対して、安永期には一〇本と倍増している。一方、白潟本町と天神町の魚町と灘町に向かう細い街路の数、白潟本町と天神町の寺町に向かう細い街路の数はともに変わっていない。このことから、白潟では灘地区に大きな変化があったと解釈できる。この灘地区は埋め立てもされているが、この埋め立ては、商業の発達に伴い、灘が増え、増加する物資運搬の機能を支えるためだったと思われる。

町家の類型

橋南地区の町家は、規模と建築構成により八つに分類（図45）できるが、内、居宅は規模と建物の構成により三つに類型できる。

①基本型居宅　居宅敷地内は主屋のみで、附属屋として蔵・納屋があるもの。
②大型居宅　大きな敷地を持ち、巨大な居宅主屋があり、附属屋として多数の蔵や納屋を持つ。さらに、敷地内に借家・裏借家を持つこともあり、居宅敷地内に蔵が三つ以上、居宅主屋の間口が四・五間以上あるもの。
③棟割型居宅　敷地内に居宅主屋と、その持ち主の借家・裏借家などが一つの敷地内にあるもの。
借家は、規模と建築構成により五つに類型できる。
④基本型借家　一つの敷地内に借家主屋が一戸と附属

屋として蔵や納屋があるもの。

⑤表長屋型借家　一つの敷地内に、裏長屋以外の借家が二戸以上並ぶもの。複数並ぶ借家主屋の規模は、小さいもので裏長屋と同じ大きさのものから、基本型程度の主屋の大きさが並ぶものまである。

⑥附属型借家　一つの居宅の敷地内にさらに附属する借家があるもの。借家の大きさは小さい。

⑦裏長屋型借家　居宅の裏に長屋の借家があるもの。

⑧大型借家　大きな敷地を持ち、大きな借家主屋があり、附属屋として蔵や納屋がある。敷地内にさらに、借家・裏借家を持つこともある。間口は五間以上である。

天保十三年（一八四二）の「触書」に、町人には「御目見町人、町年寄も相勤候頭分之者、」「中通り人別借家住居相立候ても、懸屋敷等所有之者」、「借家居住之者」、「裏借家居住之者」という四つの区分があったと記されているが、建築類型はこれらとも照応するが、商業活動の発展により有力商人の出現と町屋敷経営、階層分化により町家も八つに類型されることが確認できる。

「松江白潟町絵図」を通して、城下町松江の町人地である橋南地区では、白潟本町・天神町・竪町は表通りの町として商人町の役割を果し、寺町・和多見町・横浜町

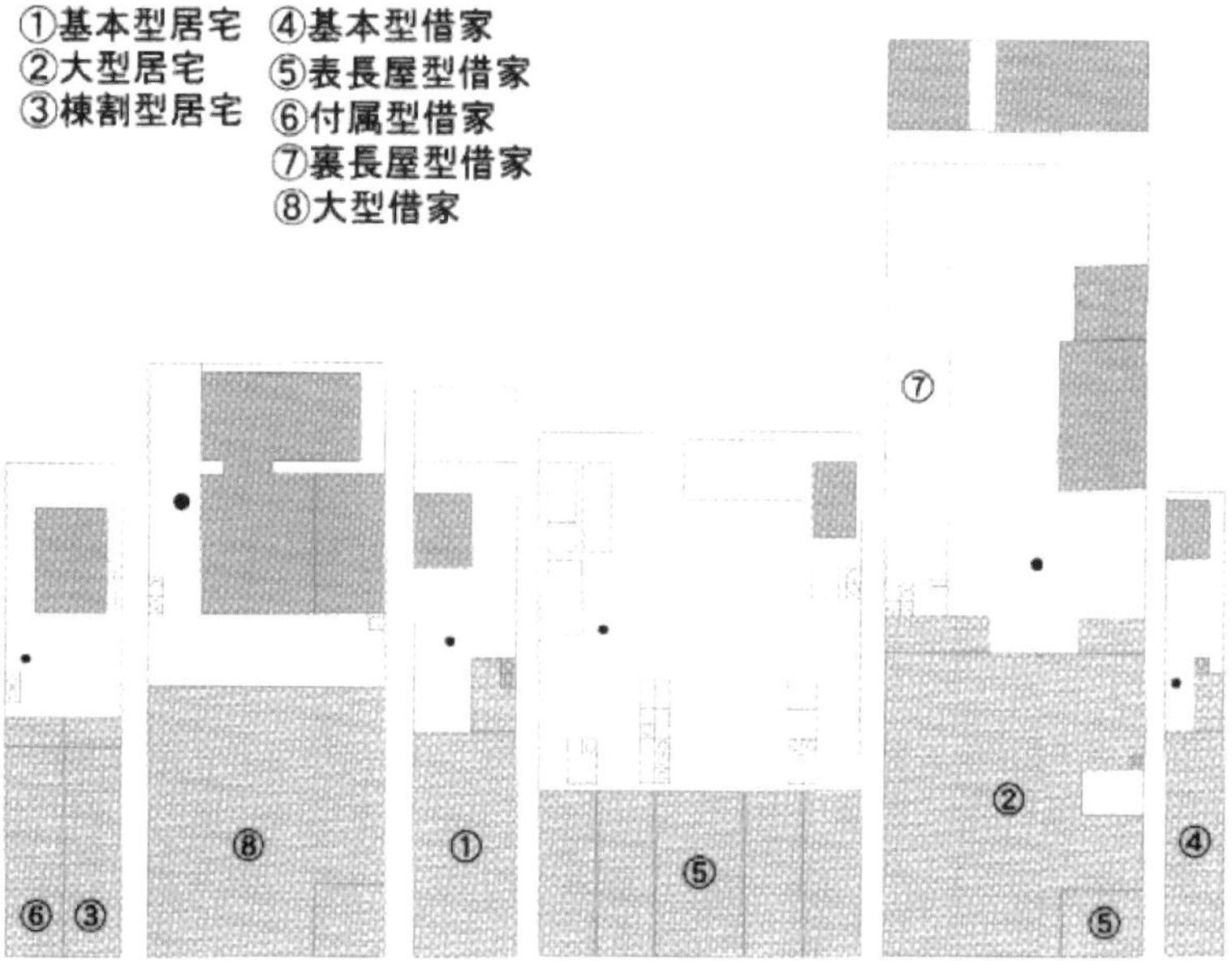


図45　安永期・松江橋南地区町家類型図

図46　『山陰道商工便覧』（明治20年）に見る商家（松江歴史館蔵）

図47　瀧川家屋敷配置図

は裏通りの町としての役割を担っていたことが分かったが、これらは城下の商業活動の発展と、それに伴う人口の増加などに起因する。また、町には表と裏の町があるだけでなく、魚町に蔵が多くあることから、松江の産業発展の一面も垣間見えた。白潟本町・天神町には大型の居宅が表通りに面して建ち並び、宍道湖・大橋川に面した地には、多くの灘蔵があり、魚町や灘町の船着場や荷揚場から商品を陸揚げし、それらの商品が白潟本町や天神町の商家（問屋）に運ばれる流通形態があったと考えられるが、白潟地区は、城下経済・格差・人口増加・流通形態など様々な要因によって町人地が時代とともに変質し、発展してきており、これらの要因が建物の構成要素となり、町人町としての特徴をつくり出したと思われる。

白潟地区の古い町家は一軒も残っていないが、参考までに、明治に『山陰道商工便覧』（明治二十年（一八八七））掲載の白潟本町の商家二軒（図46）を掲げておく。いずれも商い中の主屋の奥には土蔵が複数棟見える。なお、末次本町にあった瀧川家の屋敷には商家となる主屋の東に御成門があり、宍道湖畔には藩主らを迎える灘座敷があった。図47は瀧川家の屋敷配置図である。

### ②寺社地（寺町を中心に）

城下町の寺社地については、中世までの寺社が統一政権の誕生に伴い解体・再編され、守護不入の境内が縮小され、寺社の移転が行われ、門前の町は寺社から解放され、寺町が形成されたという。

こういった視点を踏まえて城下町松江では寺社地の内、寺町を取り上げ、その特色を見てみよう。

寺町が堀尾期から藩政時代を通して変化しなかったとは思われない。まず寺町とそれに隣接する和多見町の社寺についてその変遷を見ることにする。図48は「堀尾期松江城下町絵図」をベースにして作成した寺町の復元図である。

この図から、堀尾期に見える寺社は西光寺・本柳寺・常泉寺・龍覚寺・妙光寺・慈雲寺・長満寺・常永寺・宗泉寺・久成寺・安栖寺・龍吟庵（後の龍昌寺）・新蔵寺（後の全龍寺）・洞林寺・明宗寺・乗都寺（後の常教寺）・普門院・不動院・千念寺・正明寺・誓願寺・来光寺・橋姫大明神（後の賣布神社）・天神（後の白潟天満宮）である。これらの寺社は通りに面して整然と並んでいる。

次にその後の変化をみよう。寺町では堀尾期から正保期（一六四四〜四八）までに賣布神社の移動があり、その後、延宝四年（一六七六）の大火によって、大幅な変

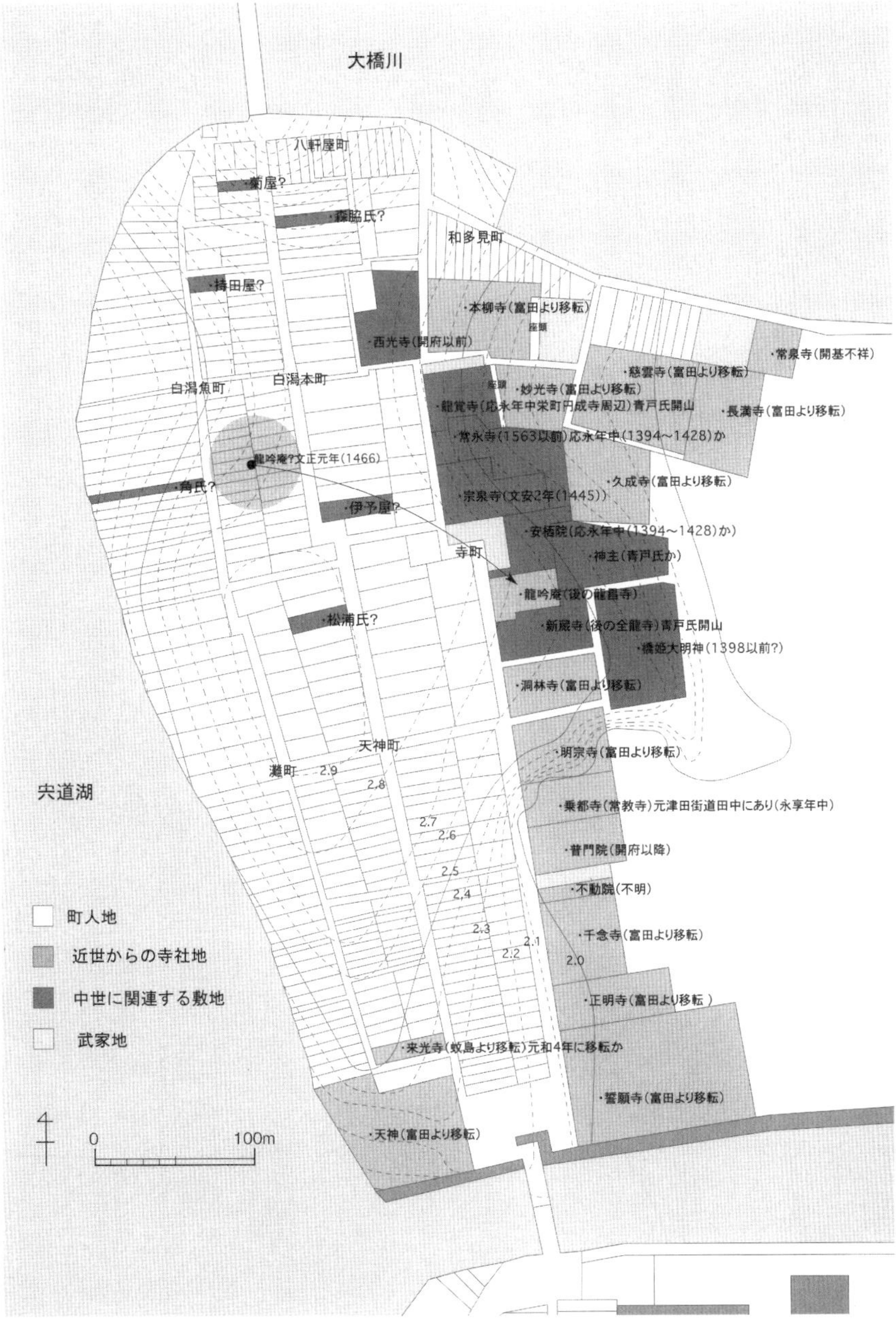
大橋川
八軒屋町
・菊屋?
・森脇氏?
和多見町
・持田屋?
・本柳寺（富田より移転）
座頭
・西光寺（開府以前）
・常泉寺（開基不祥）
・慈雲寺（富田より移転）
白潟魚町
白潟本町
座頭
・妙光寺（富田より移転）
・龍覚寺（応永年中栄町円成寺周辺）青戸氏開山
・長満寺（富田より移転）
・常永寺（1563以前）応永年中（1394～1428）か
・龍吟庵?文正元年（1466）
・久成寺（富田より移転）
・角氏?
・宗泉寺（文安2年（1445））
・伊予屋?
・安栖院（応永年中（1394～1428）か）
寺町
・神主（青戸氏か）
・龍吟庵（後の龍昌寺）
・松浦氏?
・新蔵寺（後の全龍寺）青戸氏開山
・橋姫大明神（1398以前?）
・洞林寺（富田より移転）
天神町
・明宗寺（富田より移転）
灘町
宍道湖
・乗都寺（常教寺）元津田街道田中にあり（永享年中）
・普門院（開府以降）
・不動院（不明）
町人地
近世からの寺社地
中世に関連する敷地
武家地
・千念寺（富田より移転）
・正明寺（富田より移転）
・来光寺（蚊島より移転）元和4年に移転か
・誓願寺（富田より移転）
・天神（富田より移転）
0
100m

図48　堀尾期の寺町復元図

大橋川
地蔵堂
八軒屋町
和多見町
・白潟宮
・伊勢宮(1644)
・西光寺
・本柳寺
・善導寺(1644)
・浄心寺(開基不祥)
白潟魚町
白潟本町
・妙光寺
・龍覚寺
・慈雲寺
・長満寺
畑
・常栄寺
寺町
・久城寺
・宗泉寺
・恩教寺(元西光寺境内)
・龍昌寺
・永泉寺(寛永の頃)
・全龍寺
・洞林寺
天神町
・常教寺
灘町
・安栖院
・明宗寺
・専念寺
・誓願寺?
宍道湖
・正明寺
・来光寺
町人地
寺社地
・松林寺
・地蔵
・天神
0
100m
新寺
信楽寺
正源寺

図49　正徳期の寺町復元図

動があり、正徳期（一七一一～一六）の復元図（図49）では、寺町は異なる様相を見せている。大きくは普門院の北田町への移転（元禄二年（一六八九））が関与していると思われる。

普門院が移ったあと、明宗寺・安栖院・常教寺の移動が知られるが、正徳期の寺町界隈復元図より正徳期に見える寺社は西光寺・本柳寺・善導寺・浄心寺・龍覚寺・妙光寺・慈雲寺・長満寺・常永寺・宗泉寺・久成寺・恩教寺・永泉寺・龍昌寺・全龍寺・洞林寺・常教寺・安栖院・明宗寺・乗都寺・千念寺・正明寺・誓願寺・松林寺・来光寺・白潟宮（後の賣布《めふ》神社）であることが理解できるだろう。橋姫大明神が移動し、安栖院跡地には町人地が形成され、その向いに恩教寺・永泉寺が並ぶが大きな変化は見られない。

誓願寺境内は、洪水による元禄二年（一六八九）の天神川の改修により変化がみられ、その後、文政八年（一八二五）の人参方の新設によりさらに改変が行われている。

以上、寺町の改変は災害に伴い、若干は行われたことが理解できるが、寺町の全体的な配置構成に大きな変動はみられない。

### 寺町の変遷

城下町松江では寺町がある白潟地区は中世から町場の存在が指摘されており、城下町建設に際して、中世の町場が改変されたのかどうか、寺町に残る痕跡を通して復元的に中世の状況を探ってみたい。

手がかりの一つは寺院の白潟での成立年代である。寺院の由来は堀尾期寺町復元図に記しているが、中世まで起源が遡るものは、西光寺のほか、文安二年（一四四五）の宗泉寺、応永年中（一三九四～一四二八）と考えられる安栖院、青戸氏開山の新蔵寺（後の全龍寺）、応永五年（一三八九）以前成立の橋姫大明神などが挙げられるが、他の寺院は富田から移転したものである。

今一つの手掛かりは復元図の中に見える幾つかの顕著な特徴である。成立年代を念頭に図を眺めてみると、中世起源の寺社と富田から移転した寺院の配置の違いである。

第一は西光寺のみが通りの西側に存在しており、文字の向きから南に山門を構えていたと考えられるが、明らかに他の寺院と異なる配置である。

第二は敷地の形状である。敷地の形状が矩形でない寺社を上げると西光寺・龍覚寺・常永寺・宗泉寺・安栖院・龍吟庵・新蔵寺・橋姫大明神などである。また神主

写真15　大橋川北岸から賣布神社の杜を見る。左は新大橋

（青戸氏）の敷地も矩形でない。これらの寺社地は中世起源のものばかりである。なお、富田から移転した本柳寺は、敷地の形状が矩形でないが、鍵型路の影響によるものと考えられる。

第三は中世成立と考えられる寺社が一定地にまとまって存在することである。城下町建設に伴って移転してきた寺院は、南側では、これら中世成立社寺の南に整然と配置され、また北側では、中世成立社寺のかたまり周辺に沿った形で配置されている。

町並みの成立起源に付いて検討するには、これらを手掛かりにするのが一つの手法と考えられる。さらに町並みの広がる範囲の地形についてはその高低差も参考になると思われる。現在の都市計画図の水準点をもとに高さを一〇㎝おきに「堀尾期の寺町復元図」に等高線を加筆してみる（図48）と、特徴ある三つの地形に明瞭に分けられる。一つ目はこの周辺で地盤のもっとも高い松浦氏の居宅周辺の二・九ｍから松江大橋にかけての二・八ｍとなる場所（中世文書「毛利元就奉行人連署書状写」に記されている「中町」と思われる）であり、二つ目は西側の角渦氏の居宅のある元竜吟庵（後の花ヤ小路）附近で急勾配になっている場所である。三つ目は東側の中世成立の寺社が塊となっている附近に注目したい。橋姫大明神は西面と東面が急勾配の傾斜地に立地しているが、この橋姫大明神を起点として中世成立の寺院が造られたとも考えられる。実際、応永年中（一三九四〜一四二八）成立の寺社の北側にはそれ以降に移ってきたと思われる寺院が配置されている。また、応永年中にこれらの寺社が成立したことと古文書に見る白潟の地名の初見が感応二年（一三五一）でおおよその一致をみる。また、「松浦道念寄進状」（明応二年（一四九五））に「にし・ひがしおとな中」という文言が見え、この地には自立的な町組織が形成されていたと思われることも付け加えておきたい。

以上の検討結果を勘案すると、中世の白潟は橋姫大明神を起点とし、その附近に安栖院・常永寺・宗泉寺・龍吟庵などの寺院が生まれ、門前の中町の通りを境に「にし・ひがしおとな中」の集団が形成されたと思われる。その後、寺町は中世からの寺院配置を利用しつつ計画的に形成されたのだろう。西光寺の変則的な敷地形状は中世の名残り端的に物語っているのであろう。

寺町は中世の寺社を一部移動させつつ、中世に成立した門前（空間）をうまく改変することにより、近世的な都市空間を形成したと捉えられるが、中世の中心的な存在であった橋姫大明神（後の賣布神社）の移動は、そうした過程から成立した寺町から、中世的世界を精算する意味を持つものとも考えられる。**写真15**は大橋川北岸から見る現在の賣布神社の杜である。

（安高尚毅・和田嘉宥）

# 五、絵図資料に見る松江城

松江城に関係する絵図は多岐にわたる。描く範囲だけを見ても、城全体のもの、各曲輪の部分図、城下までを含めたものもある。描き方についても千差万別で、鳥瞰図のようなものや御殿の間取り図、極端に城および城下を簡略化して描いたものなど様々であるが、これらの絵図類は松江城の歴史的な推移を探る上でも貴重である。

ここでは、こうした松江城に関わる絵図資料の内、堀尾期のものから、明治時代に描かれたものを九葉選び、その概要を記す。

## （1）堀尾期松江城下町絵図（城郭部分）（図50）

寛永五～十年（一六二八～三三）

一四一×一一七cm

島根県立附属図書館蔵

松江城下の様子を伝える近世最古の絵図で、堀尾期における城下の様子を知ることができる城下図として貴重である。道路を濃茶で、丘陵・山・土手を緑で、石垣を水色で、水系は紺色で彩色されている。

城郭部を見ると、本丸・二之丸を含む楕円形の城郭の周囲を内堀がめぐり、その南に堀を挟んで三之丸部分が描かれている。御花畑は「花はた」と、御鷹部屋は「鷹部屋」と記されており、三之丸とは屋根を付した橋（御廊下橋）で結ばれているところから、この区画は築城時から松江城郭の一部に含まれていたものであることが分かる。本丸・二之丸・三之丸には石垣が巡っているが、これらの石垣の配置は、松平期の城郭図とも似ている。なお、内堀の北西部には石垣が描かれていないが、これも松平期同様である。また、後曲輪と外曲輪の境と思しきところに、塀覆らしき二重線が引かれて区画されているが、後曲輪と外曲輪の境界の塀も堀尾期に始まるものであろう。

天守とその石垣、南総門（大手門）とその前の馬溜、北惣門（東惣門）も明確に書かれているところから、城郭部はかなり正確に描かれていると見てよいだろう。

本丸には「天守」以外に荒神櫓・武具櫓・弓櫓・坤櫓やこれらをつなぐ多門とみなされる輪郭線が見られ、その他、幾つかの建物とおぼしき輪郭も描かれている。天守南の建物と見られる輪郭は『竹内右兵衛書つけ』に記されている「家」「台所」「はん所（番所）」などとみなしてよいと思われる。また二之丸には、南櫓・中櫓・太鼓櫓などと思われる輪郭があり、その西側には長局・玄

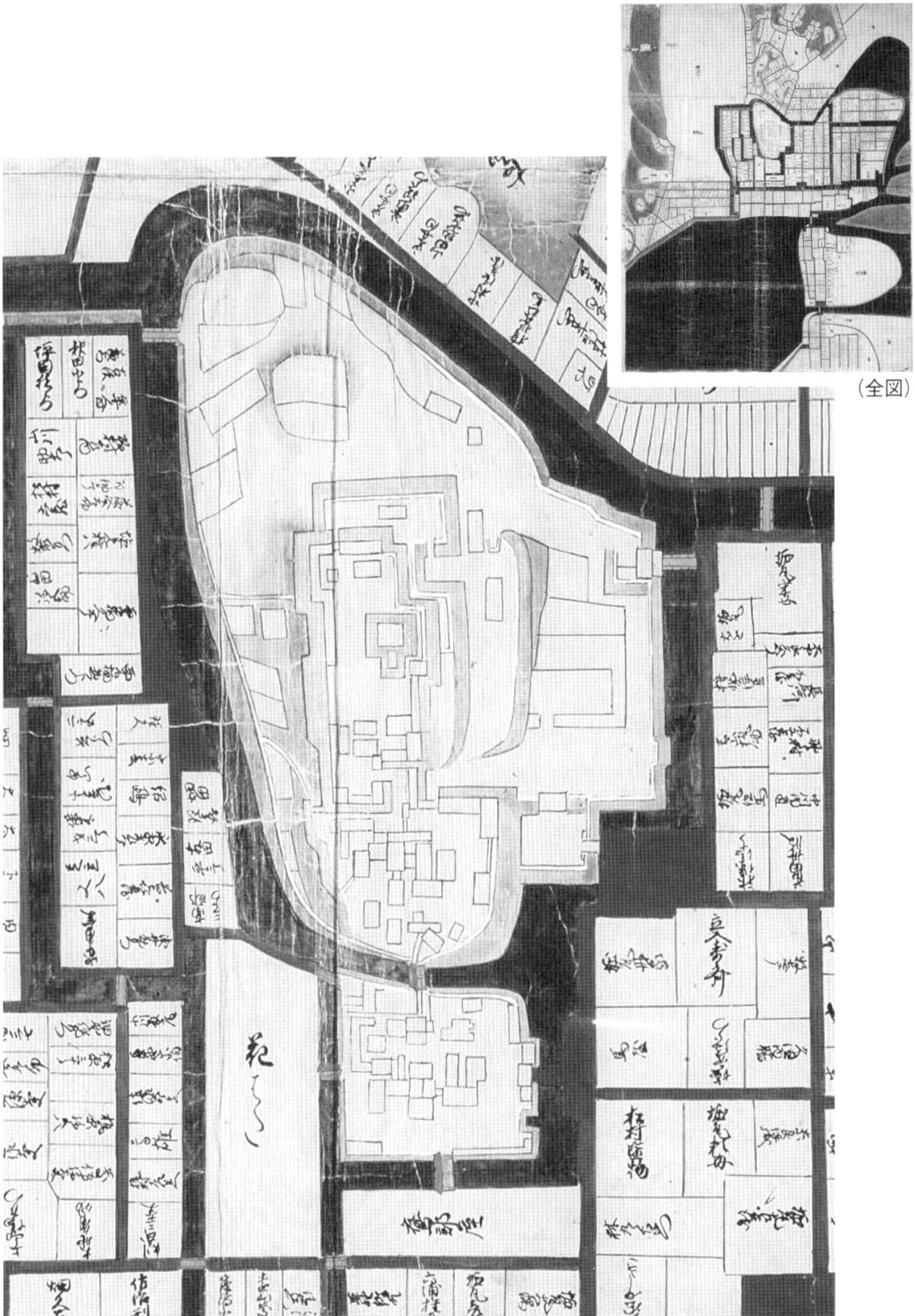

（全図）

図50　「堀尾期松江城下町絵図」 寛永5〜10年（1628〜33） 城郭部分
（島根大学附属図書館蔵）

関式台・下台所・御広間・御書院・上台所などもあったと見える。そして、三之丸は石垣が四方を囲み、東には舟着の凹部も描かれている。三之丸の中ほどに描かれている建物らしき輪郭は玄関・御広間・御書院・御居間などの表部分の施設だろうし、北西部の輪郭も幾つかの建物と思われるが、これらは奥向きの施設と想定できる。また、東側には表御門が、その両側の堀際には細長い多門もあるように見えるし、二之丸・花はた（御花畑）・鷹部屋に通じる堀には御廊下橋もはっきりと描かれている。

　このようにして本図を見ると、松平期の城郭図などで確認できる本丸・二之丸・三之丸の主要な城郭施設の大半が、堀尾期（寛永十年（一六三三）まで）には、既に存在していたと見なしてよさそうである。

　なお、本図と類似する絵図に京極忠高が出雲・隠岐両国を支配していた時代（一六三四～三七）の松江城下の様子を描いた「寛永年間松江城家敷町之図」がある。松江城の本丸・二之丸・三之丸の描写は白抜き城郭施設などと見ると、三之丸の御廊下橋が描かれていないだけで、よく似ているが、本図に倣って描かれた絵図と見なしてよい。

### （2）出雲国松江城絵図（正保城絵図）（図51）

正保元～四年（一六四四～四八）
二七四×三二四㎝
国立公文書館蔵

松平氏の時代の松江を描いた最古の絵図であり、正保年間、幕府の命により、全国の諸大名が作製を指示されたいわゆる「正保城絵図」の一つである。現在、国立公文書館内閣文庫には、本図を含めて六三葉の「正保城絵図」がおさめられている。

　幕府が「正保城絵図」の作製要項として示した内容は、『好書故事』および仙台藩や佐賀藩などの記録によって知り得る。これらに共通するのは次の八カ条である。

一、本二三ノ丸間数書付候事
一、堀の深さ広さの事
一、殿守□□□
一、惣曲輪の狭さ広さの事
一、城より地形高所有之者高所と城との間之間数書付候事（後略）
一、侍町小路割并間数之事
一、町屋右同断之事
一、山城平城書様之事

（全図）

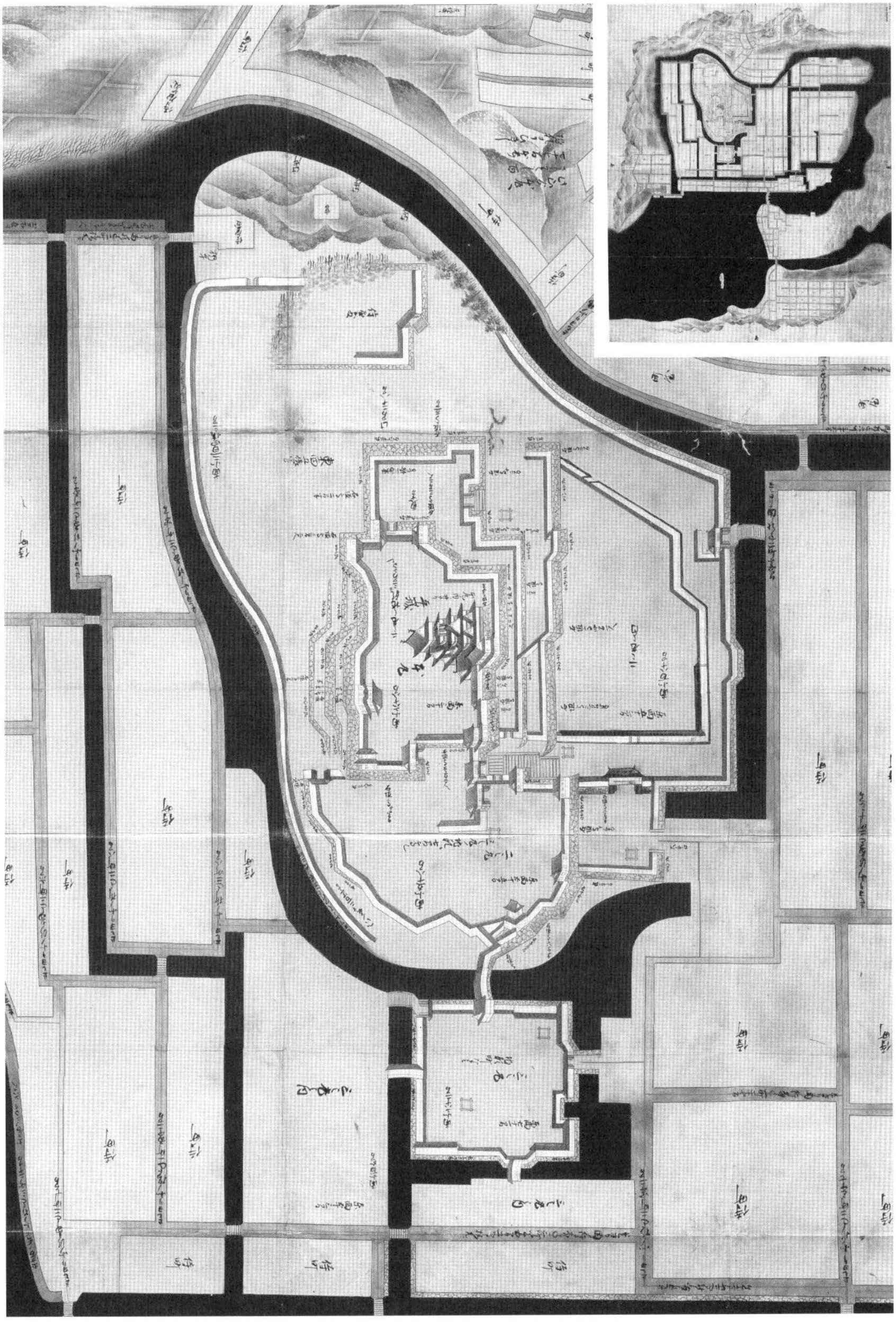

図51　「出雲国松江城絵図」　正保年間（1644〜48）（国立公文書館蔵）

城下の屋敷割も描くよう指示されたため、「正保城絵図」では城下全体が描かれている。

本図で城郭部をみると、本丸一ノ門前の枡形には東にも門が描かれ、中曲輪から腰曲輪をつなぐ水の手門も正面に設けられている。大手口から外曲輪（馬溜）への入口には柵門はなく、石垣などの描き方も直線的になっている。天守の形状は層塔型五層で、二層に千鳥破風が、四層の屋根には唐破風が描かれているなど、現天守の望楼型四層とは異なっている。

この天守の形状については、二つの見解が示されている。一つは、本図は当時の松江城天守の形を描いたもので、正保四年（一六四七）以降、大規模な改修が行われたという解釈である。いま一つは、本図に描かれた天守は必ずしも当時の天守の形を描いたものでなく、誇張されて描かれた可能性が強いとの解釈である。「正保城絵図」が幕命のもと上記のような指示に従って描かれたという背景があり、当時の天守の姿を分かりやすく伝えようとして描かれているとする。一方、「正保城絵図」については、全般に絵図上の表現の誇張が見られるとの見解もある。

こうした中、松江城天守の二重目東側の古い柱には千鳥破風があったことを伝える貫跡があり、昭和の修理時には、千鳥破風のある「松江城天守復元図」が製作されたりしている。

なお、江戸時代を通して天守の修理に関する記録を悉皆調査して見ると、松江城天守は天文五年（一七四〇）頃にかなり大規模な修理工事が行われたとも推察できる。以上の新しい所見などから想定すると、現天守は天文五年（一七四〇）頃の大規模な修理後の姿を伝えていると見なしてもよいのかもしれない。

### （3）御本丸二ノ御丸三の丸共三枚之内（図52）

寛文十一～元禄七年（一六七一～九四）
一八五×一六三・五cm
国文学研究資料館蔵

本図は、次図の「松江城縄張図」と描かれている範囲は同一で、図の大きさもほぼ同じである。作図の仕方も同様で、石垣は青色の貼紙、建物は灰色（主要建物）、黄色（庇部分、附属建物）、茶色（櫓、太門、御門、土蔵）と建物を種別に色を替えた貼紙で表記され、貼紙には柱や壁が書かれているが、「松江城縄張図」のように施設ごとの寸法表記はなく、建物間の寸法も記されていない。

南惣門の正面にある建物には「天守鍵預」と記す貼紙

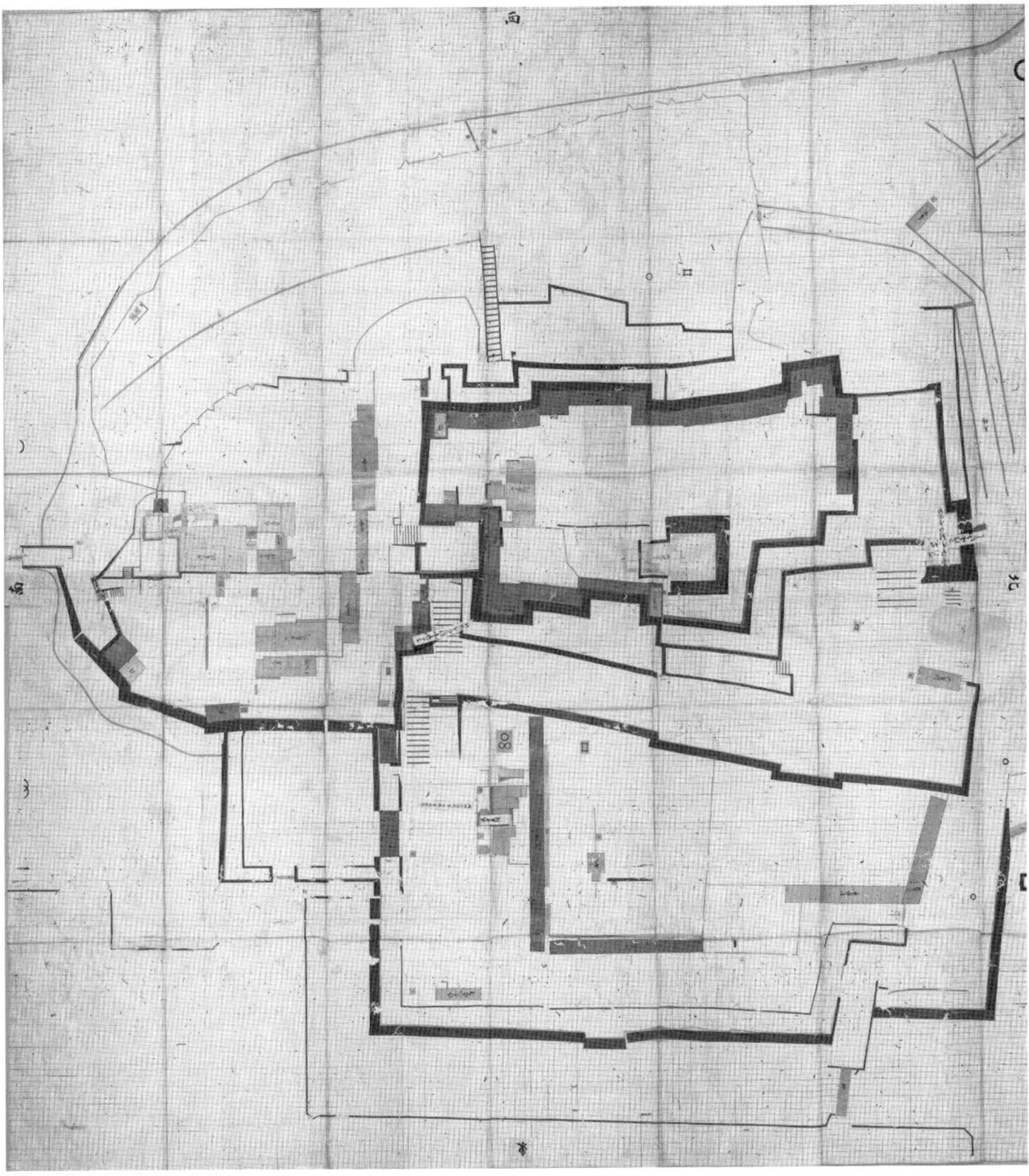

図52 「御本丸二ノ御丸三の丸共三枚之内」 寛文11～元禄7（1671～1694）
（国文学研究資料館蔵）

があり、建物の間取りの上には「松下源蔵居所」と記されている。松下源蔵は寛文十一年（一六七一）から元禄七年（一六九一）に亡くなるまで「天守鍵預」を勤めているので、本図の制作年代はこの頃（十七世紀後半）とみなすことができる。『竹内右兵衛書つけ』には、天守鍵預とみなすことが出来る建物に「源蔵居所」とあるところから、『竹内右兵衛書つけ』と本図はほぼ同時代に作成されたとも考えられる。建物に間数は記されていないが、柱等の表記から、建物の大きさは『竹内右兵衛書つけ』の記載内容と同じであることが分かる。なお、「天守鍵預」とされる建物の部分に「明和三丙戌大破ニ付被毀取」とある。

本丸にある「御台所」（九間×五間）と「御台所」の南にある建物（四間×二・五間）であるが、『竹内右兵衛書つけ』には「御台所五間はりニ九間」、「同所南ニ弐間半はりニ四間のはん所のよし」とある。このことから「御台所」の南にある角屋の建物は「番所」とみなしてよいだろう。

## (4) 松江城縄張図（図53）

十七世紀末
一九三×一七〇cm
松江歴史館蔵

本図は「縄張図」とされているが、もとの図の名称は何であったのか、制作者は誰なのか、制作年代も不詳である。よく見ると、築城時につくられたいわゆる計画図の類ではなく、既に存在している施設や石垣などの構築物の位置や大きさを確認するために作成された実測図であることが分かる。描かれている範囲は「御本丸二ノ丸三の丸共三枚之内」と全く同じで、本丸・二之丸・後曲輪・外曲輪（二之丸下ノ段）である。北之丸は簡略で、三之丸は全く記されていない。

本図は先ず全体に縦横に九㎜間隔の線を引き、これを一間として描かれており、縮尺はおよそ二〇〇分の一である。この方眼紙上に既存の城郭施設の大きさの紙が貼り付けられている。貼紙には柱の位置が黒点で記され、庇（くれ縁）部分は黄色の紙が貼られている。また、主要建物には名称を付し、主要部分には間尺単位の寸法が表記され、主要建物間にも寸法が記されている。

なお、外曲輪（二之丸下ノ段）の北部の矩折れの長屋

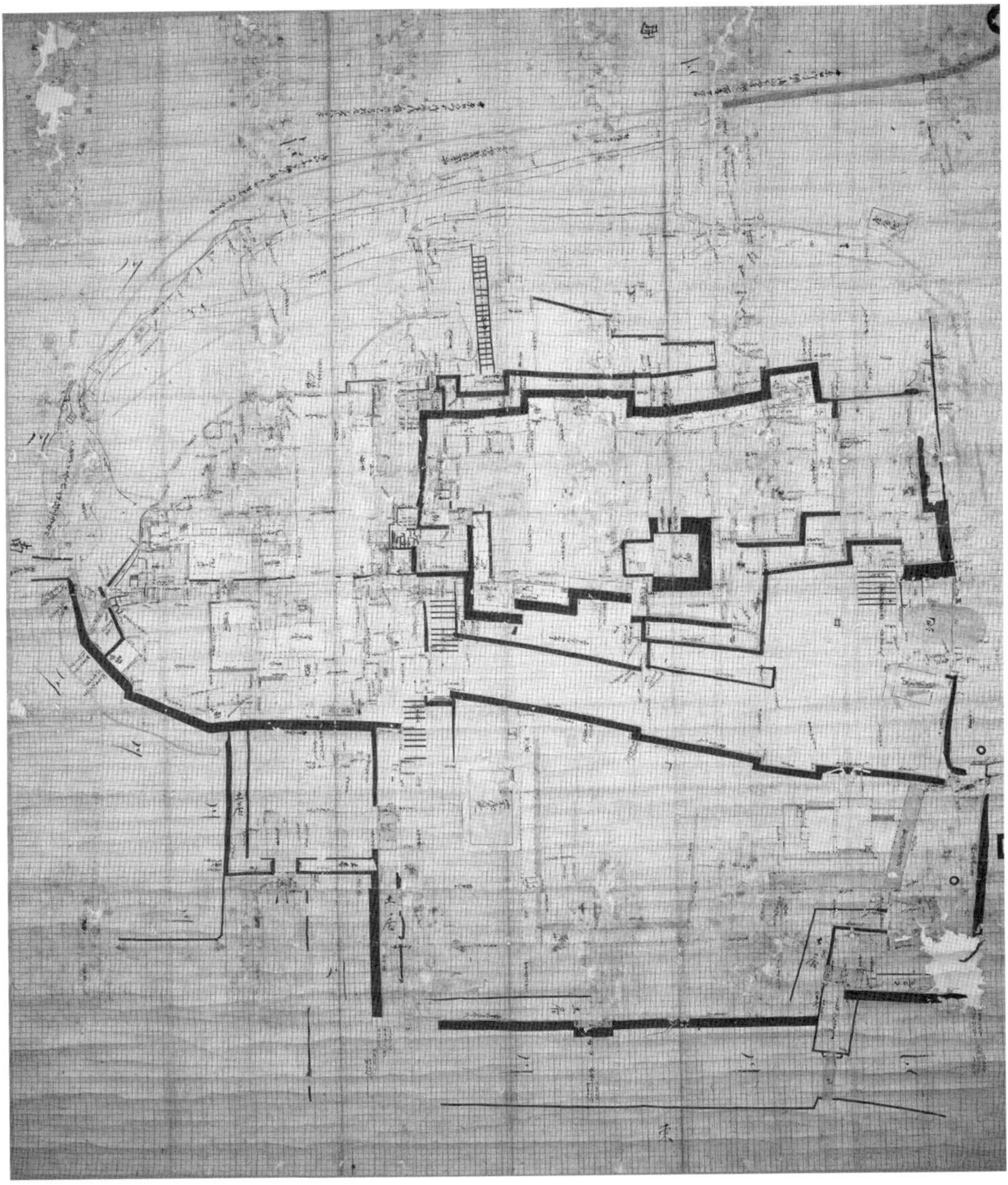

図53　「松江城縄張図」　17世紀末（松江歴史館蔵）

には「荻田民部跡屋鋪」とあり、その内側には住居と思しき間取りが描かれている。荻田屋敷が出来るのは延宝七年（一七六九）であり、ここに囲われていた荻田主馬が松江を離れるのは天和元年（一六八一）である。また、南総門の正面（北）にある建物には貼紙があり「此所屋敷地」と記されているが、貼紙の下には「神谷勘左衛門居所」と記されている。神谷勘左衛門は元禄十一年（一六九八）から宝永七年（一七一〇）まで「天守鍵預」を勤めていた人物である。これ等の記載事項から、本図の制作年代は元禄時代後半以降延宝年間（一七〇〇年代初期）とみなすことができよう。なお、『竹内右兵衛書つけ』にある松江城に関する記載年代は「荻田居所」や「源蔵居所」（松下源蔵は寛文十一年（一六七一）から元禄七年（一六九四）まで天守鍵預を勤める）などの記述から十七世紀後半と考えられるが、このことからも、本図は、『竹内右兵衛書つけ』に記されている松江城の諸施設を御作事所で改めて実測した実測図面であると見なしてよいだろう。

ところで、本丸にあった「御台所」及び「番所」、二之丸の「御書院」の背後の「御風呂及釜屋」には貼紙が張られている。この貼紙は、これらの建物が、本図が作成された後に取り壊されたことを表していると思われる。

以上から、本図の制作年は「御本丸二ノ御丸三の丸共三枚之内」より後であるとみてよいだろう。

## （5）出雲御本丸（図54）

年代不詳（一六九八〜一七二〇？）
九五・九×七八・八㎝
古代出雲歴史博物館蔵

本図には製作年を確認できる記述等はないが、描かれている石垣や城郭施設は「御本丸二ノ御丸三の丸共三枚之内」および「松江城縄張図」のそれらと同じであり、石垣と天守をはじめとする城郭施設および樹木と植栽などが視覚的に描かれており、図面の大きさは、縦横とも「松江城縄張図」および「御本丸二ノ御丸三の丸共三枚之内」のほぼ二分の一である。左右上下の中央に西東北南が表記されているが、文字の表記位置は「御本丸二ノ御丸三の丸共三枚之内」とほぼ同じである。これらのことから、「御本丸二ノ御丸三の丸共三枚之内」を参考に描かれた絵図と考えられ、また、図面に記されている字体の筆跡も似ている。

本図には本城・二之曲輪・腰曲輪・中曲輪・外曲輪・後曲輪など曲輪の名称が記されているが、これら曲輪名は「御城内絵図面」および以後の城廓図と同じである。

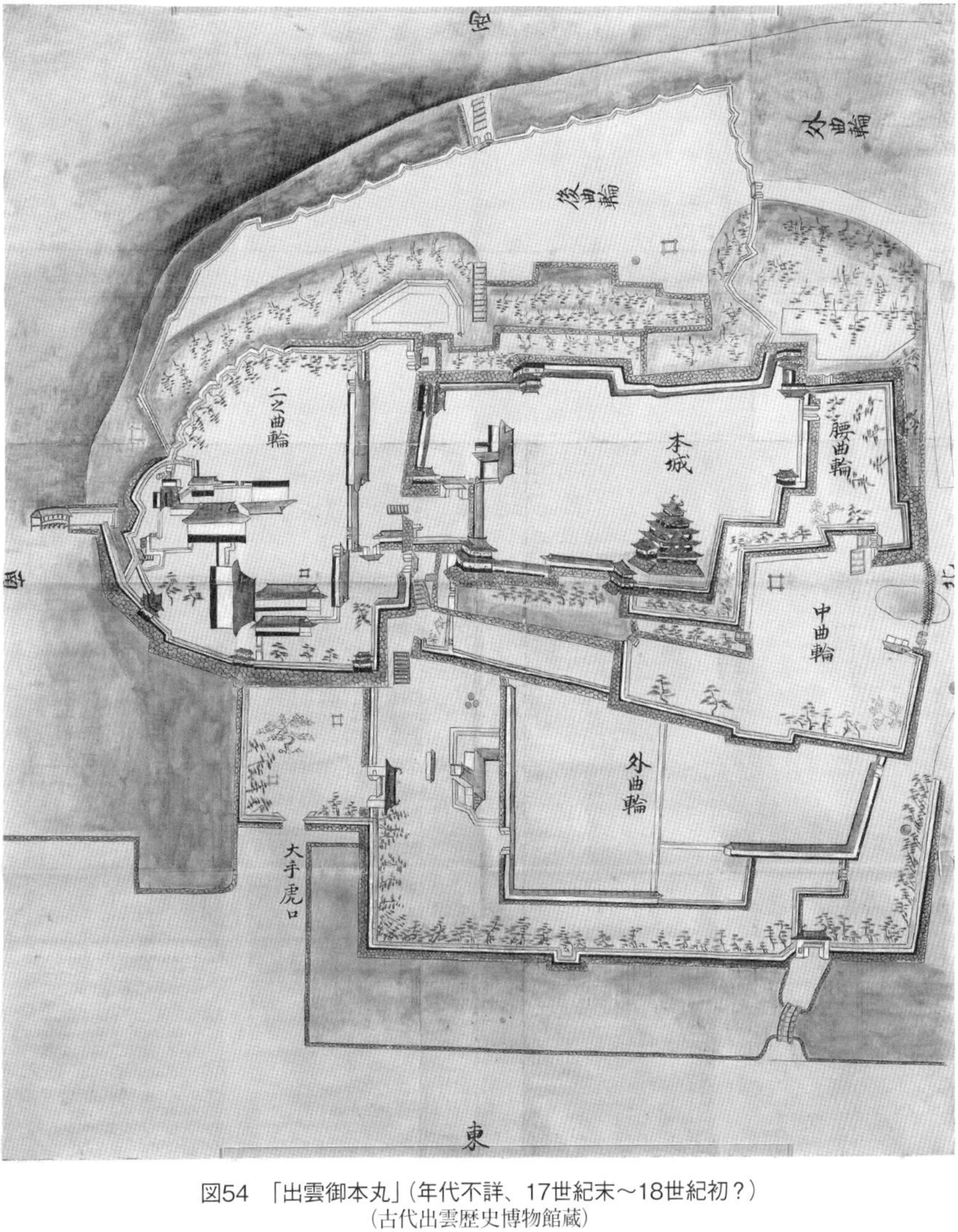


図54　「出雲御本丸」（年代不詳、17世紀末〜18世紀初？）
（古代出雲歴史博物館蔵）

また、城郭施設の描写について両図を比較してみると、二之曲輪の御広間・御書院はその向きや形や全体に樹木の描き方までも似ている。

このように、本図と「御城内絵図面」には類似性が多い。両図は同じ人物（あるいは同じ職人集団）が描いた図面と考えられる。両図をさらに照合してみると、「出雲御本丸」より「御城内絵図面」が、城郭施設や石垣、松木をはじめ樹木に至るまで、その描写はより詳細であることが分かる。なお「御城内絵図面」は三七五×二三〇㎝と大判で、一マス九㎜を一間とするヘラ引きの方眼の用紙に城郭が描かれており、縮尺は二〇〇分の一である。なお、本図の天守図には二階東面に比翼千鳥破風、四階には唐破風が描かれており「出雲国松江城絵図」（正保城絵図の一）の天守図とは極めて類似している。「御城内絵図面」には制作者の氏名や製作年は記されていないが享保五（一七二〇）年、松江藩御大工の斎田彦四郎は『松江藩列士録』に「三月、御城内分限絵図面被仰付出来差上付而同八月御褒美二百疋被下之」と記している。このことから、斎田彦四郎が製作した「御城内分限絵図面」は現存する「御城内絵図面」と思われる。「出雲国松江城絵図」（正保二年（一六四五年）頃）、「御本丸二ノ御丸三の丸共三枚之内」（寛文十一～元禄七年（一六七一～九四）頃、「松江城縄張図」（十七世紀末頃）、「御城内絵図面」（享保四～五年（一七一九～二〇）頃）などの類似性を考慮すると、本図の制作年は十七世紀末から十八世紀初頃（一六九四～一七二〇）とみなしてよいと思われる。

## (6) 御城内絵図面（図55）

享保四～五年（一七一九～二〇）頃
二九七×三七七㎝
国文学研究資料館

本図は外曲輪（二之丸下ノ段）の南惣門の正面にある「天守鍵預」の建物に「松田七左衛門居所」と記されているところから、享保五年（一七二〇）頃に製作されたものとみなすことができる。また、本図には建物の輪郭しか描かれていないが、実測図である「松江城縄張図」や「御三丸御指図三枚之内」をベースにして作成されたと見られるので、建物配置と建物の大きさはかなり正確に描写されている。三之丸部分には中央に「三丸」とだけ記されて各建物の名称は記されていないが御広間・御書院・対面所・御寝所などの建物位置屋大きさも正確に描かれている。また、上御台所や御仕立所の外に数棟が描かれている。

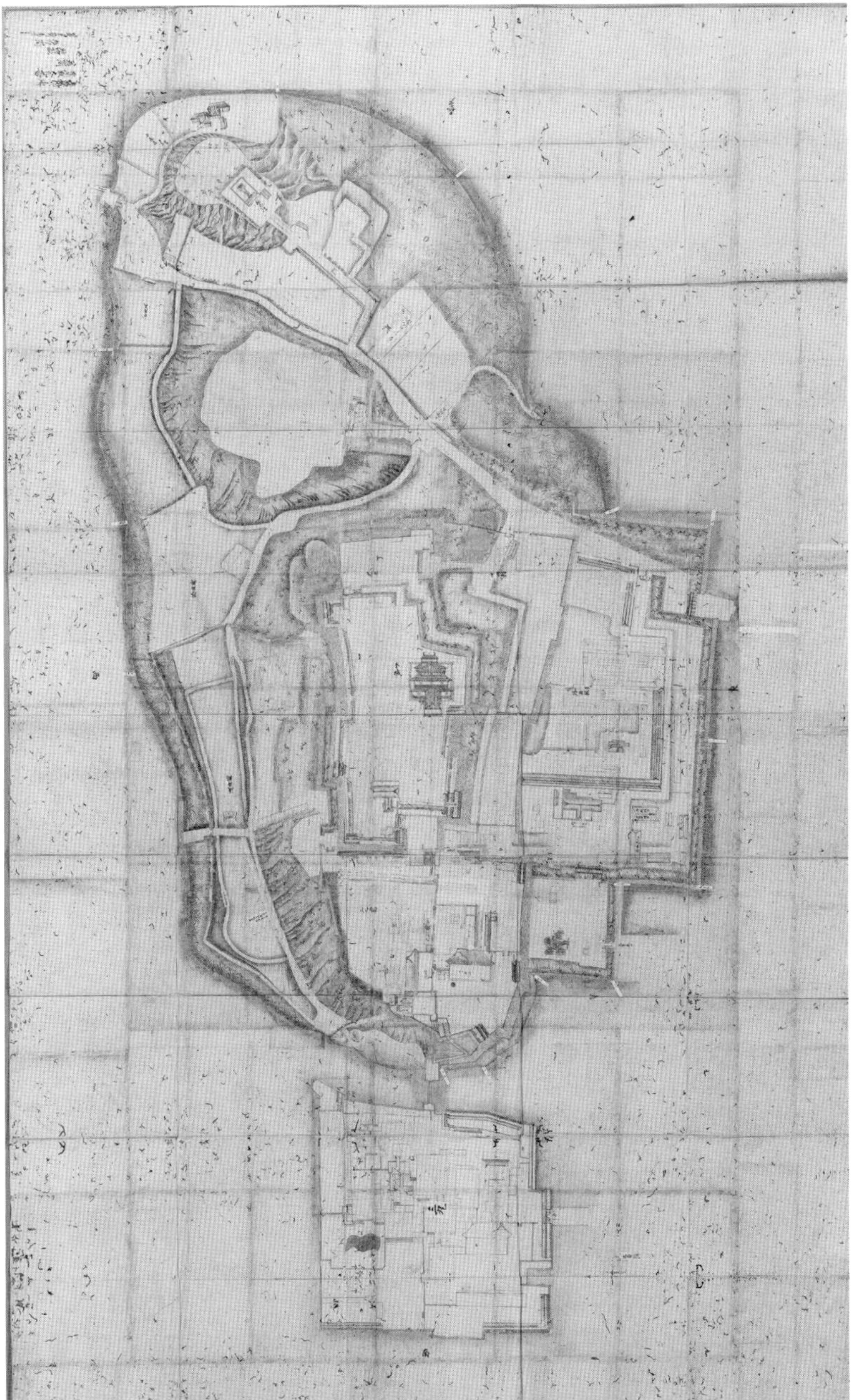

図55 「御城内絵図面」 年代不詳（享保4〜5年頃　1719〜1720）
（国文学研究資料館蔵）

本丸には本城と記された天守の外には「御本丸二之丸御丸三ノ丸共三枚ノ内」で確認できた御台所・番所がある。石垣上には祈祷櫓・辰巳櫓・弓櫓・坤櫓・鉄砲櫓・乾櫓と、これら櫓をつなぐ多門が描かれている。

二之丸には、東（下段）には御広間・御作事所・御玄関が、西（上段）には御書院月見御殿、御土蔵以外の建物には薄紙が張られて消されている。

また、三之丸と二之丸の間には、橋廊下と登廊下があるが、登廊下からは、石段を介して御書院・月見御殿とつながっている。東西に長い長局二棟は薄紙が貼られている。

外曲輪（二之丸下ノ段）では、東西と南北に長い米蔵と北に矩折れの荻田長屋で囲まれた部分には御蔵会所以外に土蔵と思われる五棟の建物以外に三棟の長屋が描かれている。また、南東隅には御破損方寺社修理方会所・御小人長屋・瓦蔵などがさらに描かれている。

後曲輪の稲荷社の入口の南東にも神社が描かれているが、これには「松平社」と記す薄紙が貼られている。馬場家「代々年数書」の慶応三年には「（一月二十八日）此度御城内江楠松平社御勧進ニ付新建御用掛り被仰付候」とあるが、本図の松平社はこの時に勧進されたものと見られる。

本図の端には「旧城内分廻り　惣間数大九七百八拾間此町数　拾三丁四間　明治五申九月兵部省江差出ニ付扣置」と記す貼紙がある。

これらのことからも、本図は制作年以来、建物が取壊され、また、新たに建てられる度に、貼紙が貼られ、また、上書きされたことが確認できるが、一七〇〇年代より明治五年（一八七二）までの本丸・二之丸・三之丸の状況を記す図としても貴重である。

## (7) 出雲国松江城（諸国城郭修復図）（図56）

安永二年（一七七三）
七四×八九cm
東京大学史料編纂所蔵

本図は「諸国城郭修復図」に含まれる。「諸国城郭修復図」は二一一葉の城郭図からなる。

江戸時代、藩は城郭の建造物や石垣等の破損を修理する際、幕府に許可を求める必要があった。その際に提出される文書には破損の箇所を描いた付図が添付された。城郭を簡略に描き、破損部分に朱線を引き、どのように破損したのかを明記するのである。絵図の左下部には「外曲輪東之方門際之内石垣壱ヶ所高サ壱間半横弐間崩申候　右朱引之所石垣崩申候如修補仕度奉願候以上

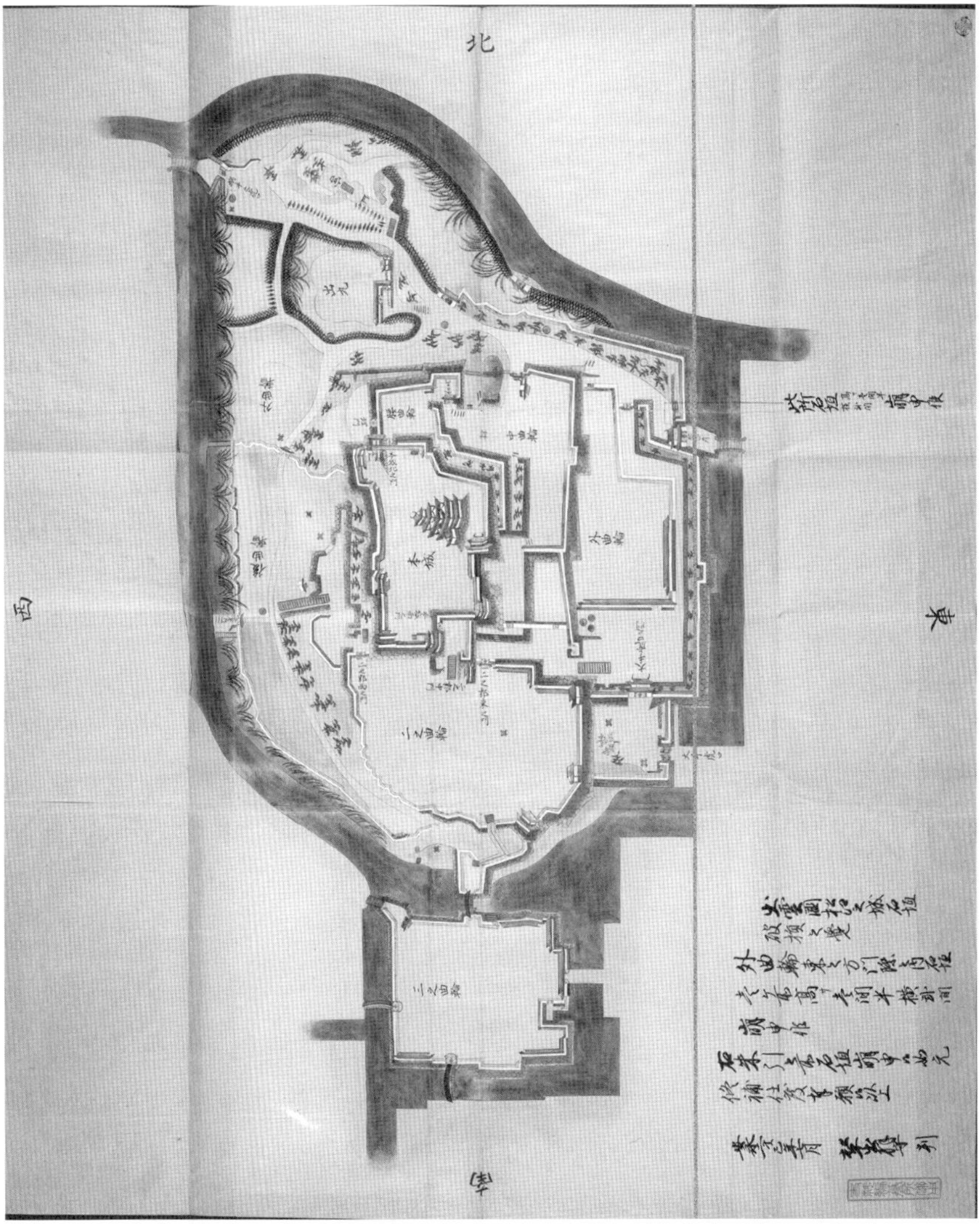


図56 「出雲国松江城」(諸国城郭修復図) 安永２年(1773)
(東京大学史料編纂所蔵)

安永二亥巳年七月　松平出羽守　判」と、破損の場所と破損状況を列記し、幕府に修理の許可を求めるのである。こうした絵図は、幕府に提出される重要性の高い公文書であったため、各藩では控えを作成し、幕府からの問い合わせに備え後世の参考となるように努めた。「諸国城郭修復図」に含まれる城廓図は東北・山陰・山陽・四国・九州と広範囲に及ぶ。ただし、関東は含まれていない。年次は安永〜天明期（一七七二〜八九）に集中している。写本ではあるが、色彩、様式、サイズなどはすべて異なっており、統一的な様式が用意された上での写本ではない。

なお、類似の絵図に「松江城郭図」（元文三年（一七三八））（指図A）ならびに「松江城郭古図」（安永七年（一七七八））（指図B）がある。石垣の破損箇所が朱線を引いて分かるようにされているが、城郭の描き方は基本的に同じで、天守の形態も同一である。

### （8）御本・二・三丸御花畑共略絵図面扣（図57）

年代不詳（江戸末期）一八六〇年代？
九〇×一八五cm
個人蔵

本図には「御本二三丸御花畑共略絵図面扣」と記されている。制作年代は定かでないが、三之丸を建物配置は「安政三年辰四月新た目三丸惣絵図面」と類似しており、御花畑の南の建物は南方御殿と記されている。なお、稲荷社の東には貼紙を付して神社が描かれているが、これは、慶応三年（一八六七）に建てられた楠松平社と思われる。御花畑の北端には御鷹部屋の建物が数棟、南には南方御殿が描かれている。これらのことから、本図が描かれたのは江戸時代末期、それも直亮が誕生する慶応元年（一八六五）頃と考えられる。

道路や平地は黄色で、建物は輪郭が白抜きで描かれている。

本丸内には天守以外に建物はなく、周囲に櫓と多門塀が廻っている。二之丸には、御広間・御書院・御月見御殿などが建つ。二之丸下ノ段には御鍵預御役宅・御破損方構・御土蔵などが描かれている。

三之丸には東に表御門があり、それを入ると御玄関・御広間・御書院・対面所・御居間など表側の施設が順次配置されており、表部分の背後には御台所・御広鋪辺・御釜家・御休息御口辺・御休息辺・奥御殿など施設である御泉水が、御堀の南に御枡形御茶屋、中ほどに馬場や御泉水があり、北部の鋭角部には、西門を入ると、南に田中御殿、北に御鷹部屋の建物が配されている。

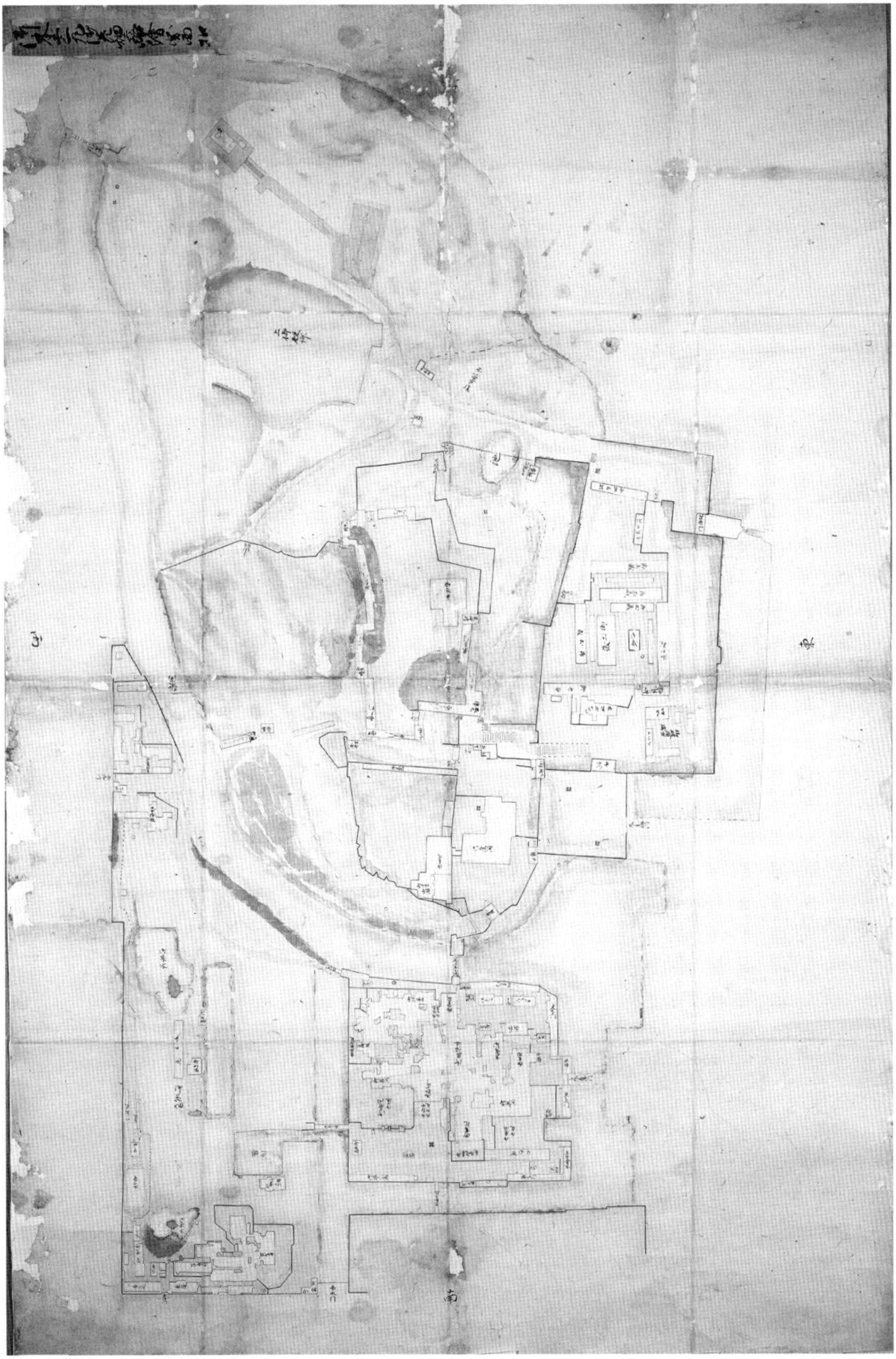


図57 「御本・二・三丸御花畑共略絵図面扣」 江戸末期か（野津敏夫家蔵）

幕末に御花畑の馬場の西、御土蔵と的場の傍らに建っていたという観山御殿は表示されていない。直指庵（斉貴）侯が亡くなった文久三年（一八六三）後、間もなくして取り壊されたためだろう。

なお、『松江市誌』（昭和十六年）の表紙見開きに「松江城一二三全圖」が描かれているが、その図の元図は本図であろう。

## （9）旧松江城図面（図58）

明治四十二年（一九〇九）

六〇・二×一二七・〇cm

松江歴史館蔵

明治八年（一八七五）に松江城は廃城となり、城郭施設は天守を残して全て取り壊されてしまうが、本図はそれ以前の本丸・二之丸・三之丸の姿が描かれた絵図である。

本図は軸装されているものの著名や落款はないが、軸には供箱があり、その蓋裏に「旧松江城図面」、箱の裏には「明治四十二年十二月　足立房次郎ヨリ献上」と記されている。足立房次郎の子孫である足立家には「（前略）陳者、今般松江城図面御作製ニ付テ御送りニ相成リ一昨日相達し早速及披露候、松江城ノ旧形御丸内諸建物位置等詳細分り、御保存置キ後世の参考ニ相成り候事与御歓び被成、厚く御礼可申上旨被申付候（中略）十二月廿二日　松平内　田中昌蔵」と記された書簡が保存され、この書簡が入る封筒には表に「42.12.22」とあり、裏には「松平家々従　田中昌蔵」とある。このことから、本図は安立房次郎が明治四十二年（一九〇九）に松平家に献上した絵図面である。同書簡に「老年ニ似ズ御健分かる全今以工事監督ニ御出張も有之儀」とも記されている。

安立房次郎は山村平蔵の次男で七歳の時、安立の養子となり大正十二年（一九二三）に亡くなっている。山村平蔵は松江藩御大工の家柄で、慶応年間（一八六五～六八）には未完に終わった出雲大社造営で、御作事所御大工頭をつとめており、その子和一郎も屋根方御用を勤めていた。房次郎は、父平蔵や兄和三郎とともに松江藩の建築に関わり、松江城にも精通していたと思われる。

本図は本丸・二之丸・三之丸などを東斜め上から見下ろす角度で描かれた鳥瞰図、厚手の和紙に烏口か竹ペン、定規などを用い、細い線で天守をはじめとする城郭施設や城内の樹木が丁寧に描かれている。本図の左下には「松江亀田千鳥城　明治八年五月廃城」と記されているが、廃城前の松江城の全容を描いた絵図面であることが分かる。

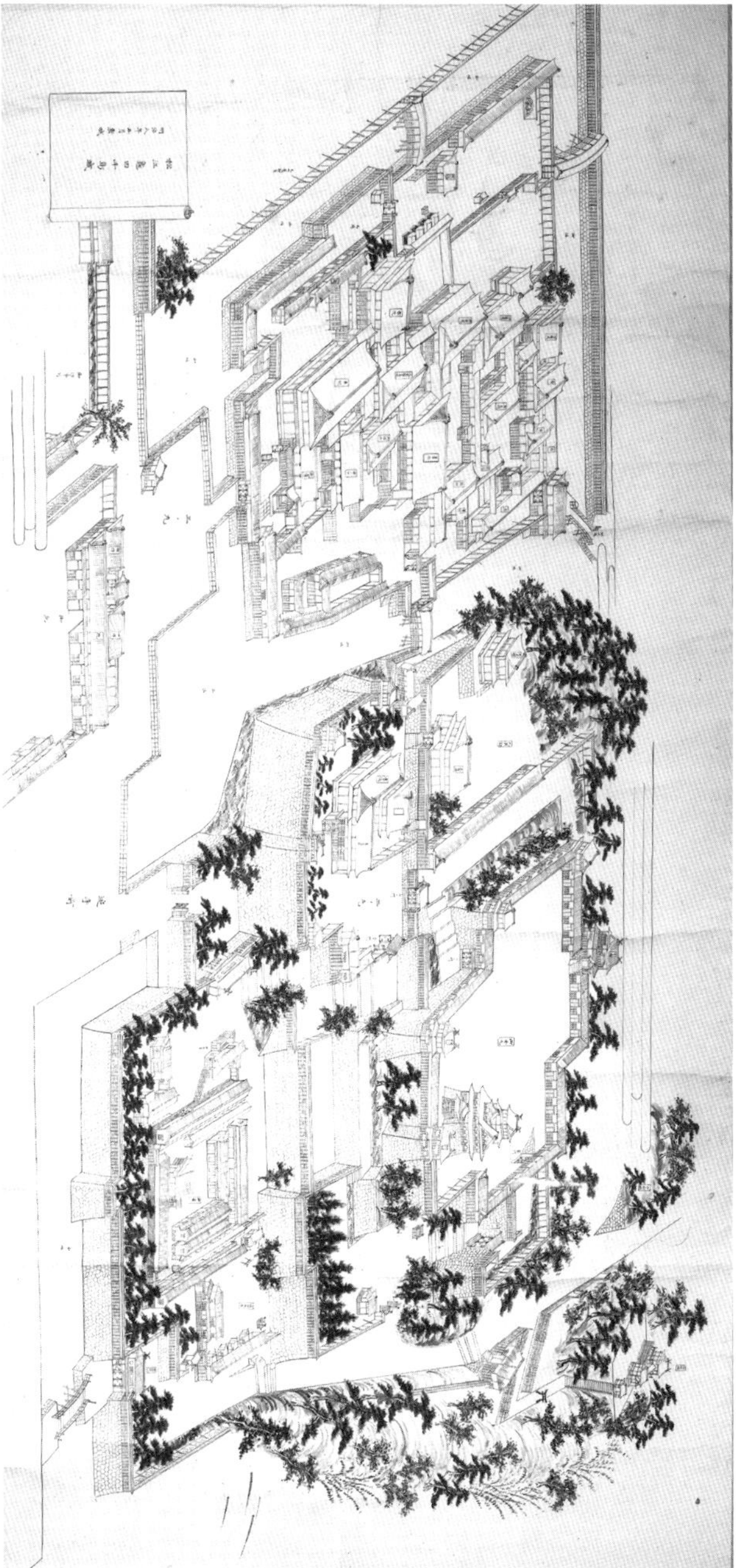

図58　「旧松江城図面」（「明治四十二年十二月　安立房次郎ヨリ献上」）（松江歴史館蔵）

さて、本図だが、本丸には天守の外には石垣に沿って多門・櫓・瓦塀などが描かれているだけで、二之丸には奥（西）に月見櫓と御広間、北に長局、手前（東）に御書院・御玄関、高石垣の上には南櫓・中櫓・太鼓櫓が描かれている。外曲輪（二之丸下ノ段）には南惣門を入ったところに天守鍵預の居宅、その奥に土蔵が建ち並んでいる。その北側は二棟の長屋で囲まれた区画で「荻田長屋」と記されている。その一画には鳥居が描かれており、ここに稲荷社があったことを示している。手前には北惣門がある。三之丸は、表門を入ると玄関、その奥は中ノ口・御用所で、台所は総二階建てになっている。玄関の南には御広間・御書院があり、その奥に囲炉裏ノ間・対面所、そして居間・寝所がある。北西部の建物はいずれも「局」とある。三之丸は堀に囲まれてほぼ方形、北側・西側・南側には御廊下橋が描かれ、それぞれ二之丸・御花畑・御鷹部屋につながる。北西端の橋は助次橋で、その手前には二階建ての門が描かれている。

（和田嘉宥）

コラム

# 絵図資料に描かれた松江城天守

「出雲国松江城絵図」（正保年間　一六四四〜四八）以降の絵図資料十二枚を抽出し、天守廻りをトリミングし、年代順に掲載する。

**①出雲国松江城絵図**（正保年間　一六四四〜四八）「正保城絵図」の一つ。天守は層塔型五重、二重目の東面に比翼千鳥破風、三重目の南面に比翼千鳥破風、東面中央に大破風、四重目の南面に大破風、東面に唐破風を付している。各重の壁面は下部が板張り、上部が白漆喰風に描かれる。四重五階望楼型の現天守とは、その外観が異なる。

**②松江城正保年間絵図**（正保年間　一六四四〜四八）天守の姿は①とほぼ同じであるが、千鳥破風には懸魚が描かれておらず、四重目の壁面は白く、天守は①に比べるとやや簡略に描かれている。①が幕府に提出された正図であるならば、その元図（下図）ないしはその写しとみなされる。制作年は①と同時期と見てよいだろう。

**③出雲国松江城之絵図**（延宝二年　一六七四）本図は、前述したように延宝二年に幕府に提出された城郭補修願図の控と見られる。幕府は正保期以降、城郭部分については「正保城絵図」の写しを修補許可願絵図として使用するよう指導したとされているが、天守の描写は①②とほぼ同じである。

**④松江城及城下古図**（天和三〜元禄五年　一六八三〜九二）本図の天守は本丸での位置を示す程度の描写でひずんでおり、天守の形を正確に表現しているとは言い難い。

**⑤出雲御本丸**（元禄十一〜享保五年　一六九八〜一七二〇）本図は「御本丸二ノ御丸三の丸共三枚之内」および「松江城縄張図」が製作された後、これらを元に視覚的に描かれた絵図である。天守の描写は「出雲国松江城絵図」の天守図と極めて類似しており、本図が描かれた頃の天守の姿を伝えていると考えられる。

**⑥御城内絵図面**（享保四〜五年　一七一九〜二〇）本図は本丸・二之丸・三之丸の城郭施設とその配置を正確に描く絵図面である。天守は四重で南面のみが描かれている。附櫓の石垣には鉄扉、二重目の屋根には入母屋破風が、その壁面中央には花頭窓が描かれているところは現天守と同じであるが壁は各重とも下部が板壁風、上部が白漆喰風である。

**⑦松江城郭図**（元文三年　一七三八）本図は石垣修補の届け図である。天守は五重で三重目には南面と東面に破風が、四重目の南面と東面の中央に花頭窓が描かれ、壁は各重とも下部が板壁風、上部が白漆喰風である。

①出雲国松江城絵図（部分）
正保年間（1644～48）

②松江城正保年間絵図（部分）
正保年間（1644～48）

③出雲国松江城之絵図（部分）
延宝２年（1674）

④松江城及城下古図（部分）
天和３～元禄５年（1683～92）

⑤出雲御本丸（部分）
元禄11～享保５年（1698～1720）頃

⑥御城内絵図面（部分）
享保４～５年（1719～20）

⑦松江城郭図（部分）
元文３年（1738）

⑧松江城下絵図（部分）
元文～延享年間（1736～48）

⑨出雲国松江城（部分）（諸国城郭修復図）
安永２年（1773）

⑩松江城郭古図（部分）
安永７年（1778）

⑪出雲国松江本城図（部分）
元治元年（1864）

⑫松江城郭図（部分）
明治42年（1909）

城下図に描かれた天守

**⑧松江城下絵図**（元文～延享年間　一七三六～四八）
本図は城下全体が描いている。天守は⑥と似ているが、四重目の南面と東面には千鳥破風が描かれている。

**⑨出雲国松江城**（諸国城郭修復図）（安永二年　一七七三）　本図も石垣修補届図で、曲輪の描き方は⑥にならうが、天守の描写も同様である。

**⑩松江城郭古図**（安永七年　一七七八）　本図も石垣修補届図で城郭及び天守の描き方は⑥にならう。

**⑪出雲国松江本城図**（元治元年　一八六四）　本図は城郭北西部の内堀際に木柵取付け願の図で、城郭および天守の描き方は⑥にならっている。

**⑫松江城郭図**（明治四十二年　一九〇九）　明治八年（一八七五）、松江城は天守を残して城郭施設はすべて取り壊されるが、その姿が立体的に描かれた絵図である。天守は四重の望楼型、二重目の屋根は大入母屋で、南面にも入母屋破風が付いている。附櫓が二重であるところを除けば、現天守に最も近い。

（和田嘉宥）

# 第六章　古写真・絵葉書・建築図面などに見る松江城天守

## 一、古写真に見る松江城天守

昭和五年（一九三〇）に発刊された『島根縣史』「藩政時代下　明治維新期」によれば、「明治八年五月広島鎮台《ちんだい》は工兵大尉斎藤直演を派出し、千鳥城の諸建造物並に三ノ丸殿を入札払とし之を取去らしめんとす、（中略）元出雲郡の豪農勝部本右衛門《かつべもとえもん》、藩士高城権八《たかぎごんぱち》等と相議り、落札高の金を納めて天守閣破壊は辛ふじて免れたるも、其他の建造物は日ならずして解き払はれ荒涼たる廃墟を現出せり」と記されている。この記述によれば、天守以外の建物が写る**写真1〜5**は明治八年（一八七五）五月頃以前に撮影されたものとなる。今日確認できる明治八年までの松江城天守、二之丸建物、三之丸建物が写る松江城古写真は、わずか五枚なのである。

まず、同じようなアングルで撮影された**写真1〜3**を比較すると、**写真1**は、三之丸正面の番所横（南側）道路辺りから写されたものである。天守をはじめ本丸の武《ぶ》具櫓《ぐやぐら》、多門《たもん》、高石垣上の二之丸には御書院《ごしょいん》、南櫓、御《お》広間《ひろま》、中櫓、半壊した状態の瓦塀《かわらべい》が見え、三之丸には表御門（長屋門）、多門（長屋）、表御門へ通じる土橋、手前には柵、右端には番所が見える。二之丸の石垣上の瓦塀が残っているので、瓦塀が取り払われた**写真2、3**より古い年代のものである。

**写真2**は、**写真1**とほぼ同一場所の三之丸正面の番所横（南側）道路辺りから撮影されたもので、天守をはじめ本丸の武具櫓、多門、高石垣上の二之丸には御書院、南櫓、御広間、中櫓が見え、三之丸には表御門（長屋門）、多門（長屋）、表御門へ通じる土橋、手前には柵、右端には番所が見える。二之丸石垣上の瓦塀が取り払われているので、**写真1**より年代の新しいことが分かる。

**写真3**は他の古写真と比べて極めて高精細である。三之丸前番所の北側で表御門へ通じる土橋西端辺りから写されたもので、天守をはじめ、本丸の武具櫓、多門、高石垣上の二之丸には御書院、南櫓、中櫓、御広間の屋根、三之丸には表御門（長屋門）北の多門（長屋）、土橋の一部、土橋西端付近の柵が写る（番所の北側から撮影しており、**写真1、2**に写る番所は見られない）。二之丸石垣上の瓦塀は**写真2**同様、全て取り払われているので、**写真1**より年代の新しいことが分かる。さらに、建物が解体されつつあることが確認できる。例えば、**写真1、2**に写る御広間玄関が無くなり（武具櫓手前）、御書院の屋根の大半が取り払われ屋根に作業中と思われる人物複数が写り、南櫓では二階窓格子の取り外し途中の様子

が写り、三之丸表御門北の多門も解体されつつある様子（写真左端）が写る。**写真3**は、**写真2**よりも新しいものである。撮影時期は、天守を残して「其他の建造物は日ならずして解き払はれ荒涼たる廃墟を現出せり」となる直前、すなわち明治八年（一八七五）五月頃の入札直後のものと想定できる。撮影順は**写真1→2→3**である。

**写真4**は大手口辺りの堀沿いから三之丸表御門（長屋門）、多門（長屋）、三之丸御広間、御玄関などを撮影したものである。

**写真5**は二之丸の石垣上から撮影したと想定され、三之丸表御門（長屋門）や多門（長屋）、堀の向こうには新御殿（初代島根県庁舎）、三之丸表御門へ通じる土橋、左端には**写真1**、**2**に写る番所、番所横（南側）道路の向こうに御作事所《おさくじどころ》など、三之丸の施設や周辺の建物が写っており、**写真1〜3**の撮影場所や周辺の状況も確認できる。

なお、明治三年（一八七〇）三月には御作事所（御破損方）の御大工《おだいく》等によって天守の修理が行われていたことを示す史料（天守墨書）が残るので、この頃までは城内の修理が行き届いたと考えれば、**写真1〜5**は、明治三年から同八年までの短い間に写された写真と見做せる。

さて、**写真6**である。昭和大修理時の『重要文化財松江城天守修理工事報告書』で初めて紹介されて以来、長い間「明治初年の松江城天守」あるいは「明治八年」と紹介され、昭和大修理の際には、明治期の修理で変わった天守の外観を明治初年の姿に復する基本資料とされた。一方、天守とその他の城郭建物が写り、明らかに明治八年（一八七五）以前の天守の姿と特定できる**写真1〜3**の中で最も新しく、明治八年五月頃の入札直後のものと考えられる**写真3**の天守は、**写真6**のようには崩れておらず、外見上それほど目立った傷みは認められない。このことから、**写真6**の撮影時期を「明治初年」、「明治八年」のものと見做すことは難しい。また、明治六年（一八七三）には松江の豪商たちによって松江城の天守や本丸、二之丸を会場とした博覧会が開催されており、天守にも大勢の人々が訪れたであろうことからも、**写真6**の撮影時期を「明治初年」、「明治八年」のものと見做すことは難しい。

では、**写真6**はいつ撮影されたものであろうか。考えられるのは、明治二十七年（一八九四）に大修繕が行われたことである。明治二十五年（一八九二）八月六日の「山陰新聞」に、「天守閣崩落　事少しく遅聞に属すれとも暴風雨の為城山天守閣下層東南隅の屋根五六間許《ばか》り崩落せしを発見せり」とあり、その後の記事からも明治二十七年（一八九四）の大修繕の機運は、明治二十五年（一八九二）八月六日以前に松江城を襲った暴風雨による甚大な被害が要因となり、急速に高まったように読み取れる。そして、明治大修繕の竣工式の様子を伝える明治二十七年十二月十七日付「山陰新聞」によれば、「工事委員三島佐次右衛門氏は報告すらく、抑《そもそ》も本工事は、明治二十七年六月十日を以て起工せしも、塁年雨露の浸蝕に任せし為、破損実に甚だしく、其の一二を挙くれば、四方破風屋根地取替一一〇坪、土居二二〇坪、座板張替一三六坪、柱建替二一本、土壁塗替三二〇坪、瓦の補填一万三五〇〇枚、漆喰《しっくい》一三〇石、此他桁《けた》、梁《はり》、垂木《たるき》、鉄具等の取替枚挙に暇《いとま》あらず。而して同年十一月十八日完く竣工す」とあり、「四方破風屋根地取換」「柱建替二一本」「瓦の補填一万三五〇〇枚」などを要する傷み具合のために、この大修繕が行われたことが分かる。この時の修繕の詳細は今後の課題ではあるが、**写真6**のような荒廃した天守を修理するために、「四方破風屋根地取換・・・」の記事は矛盾しない。このことから、**写真6**は、明治二十七年の大修繕の契機となった傷みを撮影した可能性が高い。

**写真6**は、崩壊しそうな天守を目の当たりにした市民有志により大修繕が発起され、募金などによって松江城天守は明治二十七年（一八九四）に修復・保存され、昭和十年（一九三五）に国宝（国宝保存法）に指定されるという、その記念碑的写真と捉えることができる。

なお、平成三十一年（二〇一九）に**写真6**と酷似する写真（**巻頭カラーページ参照**）が確認され、明治二十七年六月から同年九月の大修繕の頃に撮影された可能性が指摘された。（木下誠　二〇二〇「新たに確認した松江城天守古写真」『松江歴史館研究紀要』第八号）

前述のように、**写真6**は昭和大修理時の『重要文化財松江城天守修理工事報告書』で初めて紹介され、昭和大修理の際には天守の外観を明治初年の姿に復する基本資料とされた。とりわけ、一層（重）目、二層目の黒塗りの総下見板張りは松江城天守の印象を特徴づけている。しかし、絵画資料に描かれた天守を並べてみると（**264頁参照**）、正保年間（一六四四～四八）の「出雲国松江城絵図」を始め、明治四十二年（一九〇九）に足立房次郎が松平家に献上した「旧松江城図面」に至るまで、一層目、二層目とも上部は漆喰塗に描かれている。

このことは何を意味するのであろうか。**写真6**が「明治初年」あるいは「明治八年」の撮影ではないとすれば、松江城天守の本来の姿は、諸絵図に描かれたように、一層目、二層目の外壁は上部漆喰塗であったが、**写真6**が

写真１　松江城古写真（三之丸正面付近から撮影）
〔明治８年以前：現存する最も古い松江城天守の写真〕（松江歴史館蔵）

写真２　松江城古写真（三之丸正面付近から撮影）
〔明治８年以前：現存する２番目に古い松江城天守の写真〕（松江市蔵）

写真３　松江城古写真（三之丸正面付近から撮影）
〔明治８年：現存する３番目に古い松江城天守の写真〕（松江歴史館蔵）

【写真３の部分拡大】
二之丸内の御書院、南櫓
（御書院屋根の解体作業、南櫓二階窓格子の取り外し途中の様子が確認できる。御書院屋根には作業中であろう人物が複数写る）

【写真３の部分拡大】天守
（写真６のようには崩れておらず、外見上それほど目立った傷みは認められない）

写真４　松江城古写真（大手口付近の堀沿いから撮影、三之丸表御門周辺）
〔明治８年以前：表御門右隣の多門の傷み具合から写真２と同時期の撮影か〕（松江歴史館蔵）

写真５　松江城古写真（二之丸の南櫓付近から南東方向に撮影）
〔明治８年以前：中央が表御門、その先に内堀、慶応３年建築の新御殿が見える〕（松江歴史館蔵）

写真６　松江城古写真〔推定：明治25年８月頃から明治27年６月10日の間の撮影〕
（昭和修理時に複写された）（松江歴史館蔵）

撮影された頃までに外壁は全て黒塗りの下見板張りに改修された可能性も検討する必要がある。

（稲田　信）

## 二、絵葉書などに見る松江城

明治以降、県都であり、学都、軍都であった松江では、出雲地域の中でもとりわけ多くの写真が撮影された。松江城と城下町の風景も、多く伝わっている。

**写真７**は、堀宗太郎（櫟山）筆の銅版画、「松江亀田城山招魂祭之図」である。明治八年（一八七五）の**写真３**から、明治二十五～二十七年（一八九二～九四）頃の**写真６**までの約二十年間、松江城天守と城山内が写る写真は現在のところ確認されていない。銅版画ではあるが、西南の役戦没者記念碑が建てられた明治二十一年（一八八八）の城山内の様子を描いている。

**写真８**は、明治二十七年（一八九四）に行われた大修繕後の天守の姿で、西南の役戦没者記念碑が写ることから、明治三十年代後半以降と分かる。

**写真９**は、二之丸に桜が植わり、公園として人々が集う様子が写る。

**写真10**は、松江〜東京・大阪・京都の長距離電話開通を記念して、明治四十四年（一九一一）五月に松江城山内を会場として開催された「島根県子供博覧会」の様子である。

**写真11**は、松江城山公園と市街地を撮影した絵葉書写真である。松江城が写る最も古い時期の航空写真であろうか。

**写真12**は、**写真11**と同シリーズの絵葉書写真で、松江城天守と昭和二年（一九二七）十月に建立された松平直政公銅像が写る。

**写真13**は、昭和五年（一九三〇）四月に開催された「全国菓子共進会　子供の国」の様子。

**写真14**は、昭和十三年（一九三八）四〜五月に計画されたが日中戦争の勃発により中止となった神国大博覧会の鳥瞰図である。

**写真15**は、昭和三十年頃の松江城天守と城山内、松江と水辺の風景である。旧一畑百貨店屋上（松江市殿町）から見た松江城天守が写る。

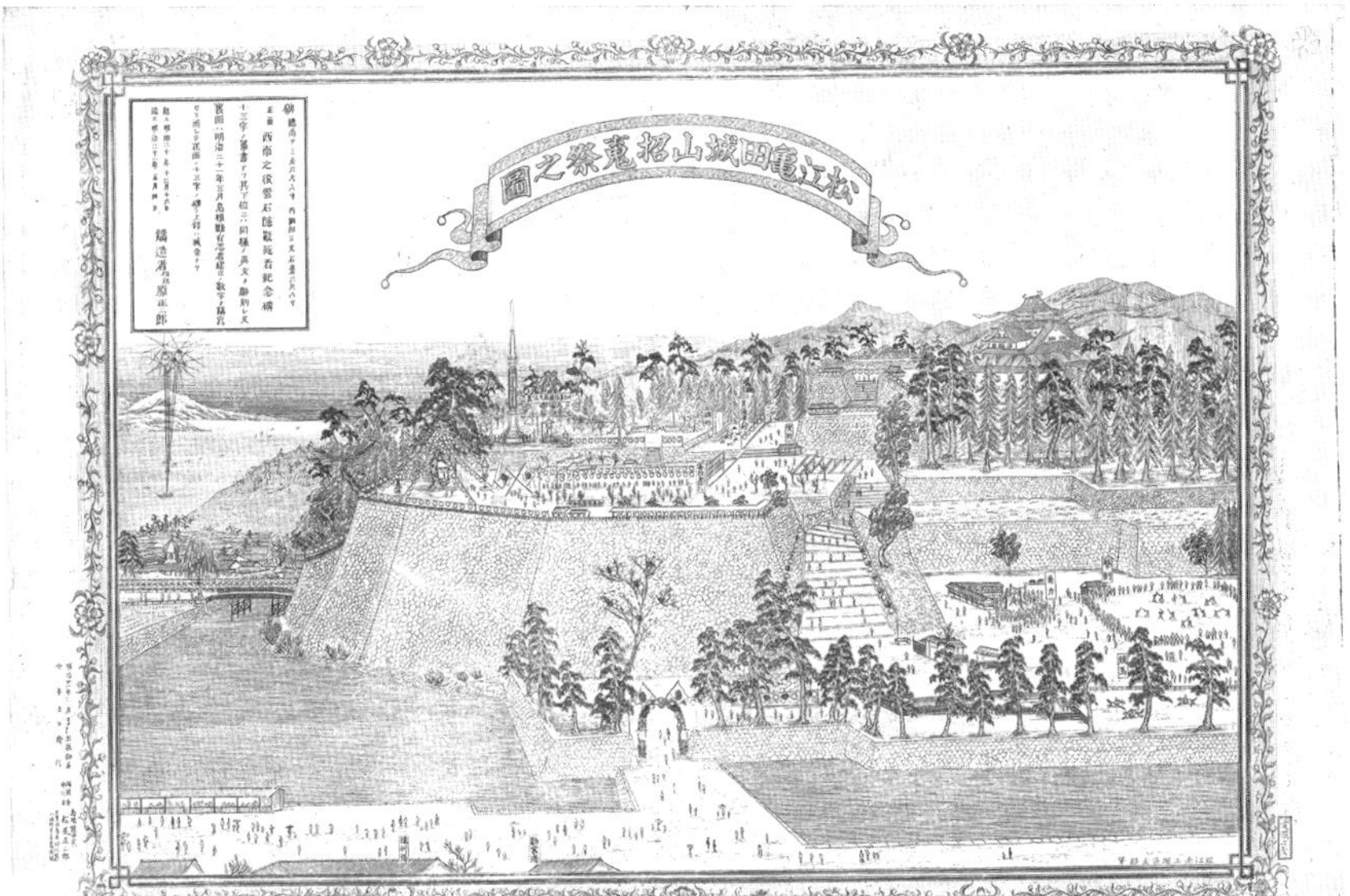


写真７　松江亀田城山招魂祭之図〔明治21年〕

写真８　松江城天守（松江物産展覧会記念絵葉書）
〔明治39年９月28日記念スタンプ〕（今岡ガクブチ店蔵）

写真９　城山公園の桜花（松江名所絵葉書）
〔明治40年５月22日記念スタンプ〕（今岡ガクブチ店蔵）

写真10　大手前に建つ子供博覧会正門と天守（島根県子供博覧会記念絵葉書）
〔明治44年５月〕（今岡ガクブチ店蔵）

写真11　上空より松江城山周辺を俯瞰する（絵葉書「松江城山公園と市街」）
〔昭和２年頃〕（今岡ガクブチ店蔵）

写真12　米原雲海作の松平直政公銅像と天守
（絵葉書「千鳥城と松平直政公銅像」）〔昭和２年頃〕（今岡ガクブチ店蔵）

写真13　外曲輪（二之丸下ノ段）で開催中の「子供の国」
（絵葉書「全国菓子共進会　子供の国」）〔昭和５年４月〕

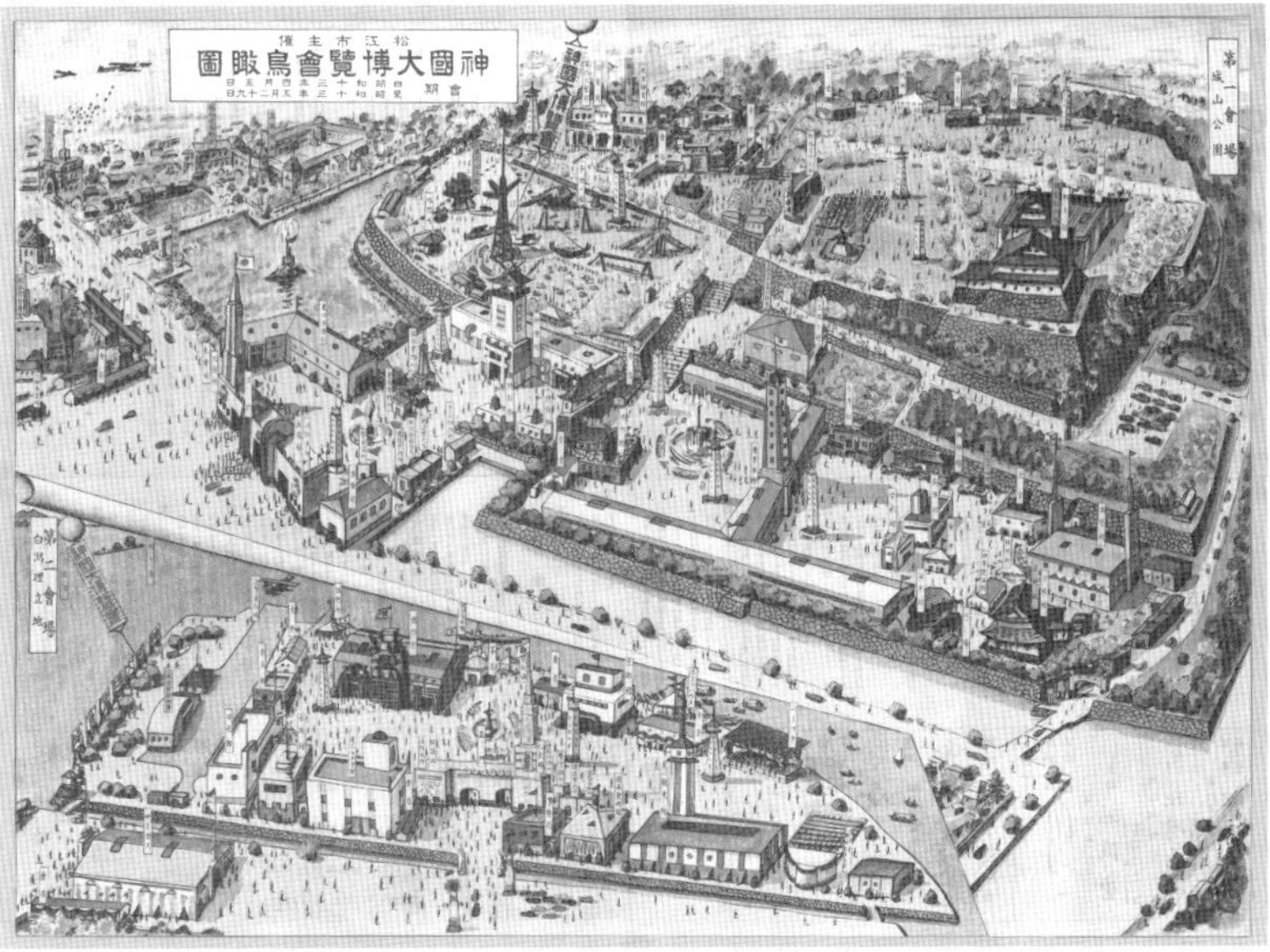

写真14　神国大博覧会鳥瞰図〔昭和13年〕（個人蔵）

写真15　一畑百貨店屋上より松江城天守を望む
〔昭和25～30年頃〕（松江歴史館蔵）

（稲田　信）

## 三、昭和修理の記録写真

### 松江城天守昭和の大修理

昭和二十五年（一九五〇）から同三十年（一九五五）にかけて行われた昭和の大修理、その大要は『重要文化財松江城天守修理工事報告書』まとめられており、修理に関する写真もいくつか掲載されているが、十分とは言えない。

さて、修理期間を通して写された写真は陽画にしたものがアルバム等にして保管されており、一〇〇〇枚以上が保存されており、また、工事中に作成された図面もある。これらの写真や図面をよく見ると、『重要文化財松江城天守修理工事報告書』には記載されていないことや、これまで確認されていなかった修理前の松江城天守の様子を具体的に確認できるものも少なくない。

ここでは、これら記録写真の内から、内容や部位が確認できるものを、一五枚ほど抽出して紹介する。

### 修理前・修理中の松江城

**写真16**は昭和の修理直前の天守。どの階も開口部はガラス窓となっているが、これらは明治の修繕時に施されたものである。屋根瓦の破損はかなり進行しており、部位によって屋根下地も朽ちているのが分かる。

**写真17**は修理前の天守東面。屋根には草が生え、軒廻りは撓んでおり、三階入母屋破風の東端は屋根の尾垂木も欠けて大きく崩れている。

**写真18**は修理前に天守の傾き調査時のもの。柱は右（東）に大きく傾いているのが分かる。修理事務所の調査記録（昭和二十五年（一九五〇）十月）には、天守は十尺に対する傾斜寸法は「東へ〇・一九四尺、北へ〇・一六〇尺」とある。

**写真19**は解体が進む附櫓の内部である。柱や梁は当初材で曲木や丸太材が多用されており、一部に補強のために柱が添えられているのが分かる。

**写真20**は修理前の天守地階内部。左は一階への階段、柱には帯鉄が巻かれている。

**写真21**は修理前の五階「天狗の間」内部。中央の柱には包板が巻かれており、建具はすべてガラス窓である。これらは明治の天守修繕時のものである。

**写真22**は同じく右修理前の天守五階の竿縁天井。これは明治の修繕工事で新たに設けられた天井板で、現在は取り除かれている。

写真16　修理直前の天守南西面。窓はガラス窓、大入母屋は撓み、瓦屋根や壁の傷みも各所に見える

写真17　修理前の天守北面

写真18　解体前の1階内部。柱はすべて右に傾いている

写真19　解体中の附櫓。内部の柱や梁は丸太状の材が多用されている

写真20　修理前の天守地階内部。左は１階への階段、柱には帯鉄が巻かれている

写真21　修理前の５階内部。中央の柱には包板と帯鉄が巻かれているが、明治の修繕の際に新設されたものである

写真22　修理前の5階天井。竿縁天井は明治の修繕の際に張られたものである

写真23　修理前の5階入母屋屋根。棟の東西には鯱がのる。鬼板は朽ち、瓦も相当傷んでいる

写真24　解体中の2階東側面。前方と後方には比翼千鳥破風の貫跡に沿って山形に縄が張られている

**写真23**は修理前の天守五階大屋根。鬼板は朽ち、屋根瓦の傷みも進んでいる。

**写真24**は解体中の二階東面、手前の柱「ろ4」の上部には二〇㎝角の貫跡があり、柱には帯鉄も巻かれている。また、手前と奥には山形に縄が張られているが、これは柱側面の仕口跡に沿って張られたものである。昭和の修理に際して、この二カ所の山形の痕跡について調査事務嘱託を勤めていた須田主殿が『城郭史から見た松江城天守と昭和の修理』に「一重（屋根）の特種な出梁」として「初重屋根東側出梁の内弐本鼻先を長く延ばしたものがあったが、解体前から問題として入念に調査したが鼻延の出梁を中心として左右に屋根形に差桁の木口彫の仕口跡が柱に残って居る。又南北二階柱面に中心柱から各二間宛振り分けに（梁間四間）枘穴が存して居た。**図**■柱には棟木と思われる仕口穴が存し、是れ等三点を結ぶと千鳥棟の形状をなし当初は千鳥破風が初重（屋根）にあったのではあるまいかと想像される。」と記しているが、この**図**の■□とそれらに沿って引かれている線は、この写真に見える前後二カ所の山形に張られている縄と一致する。そして後述する**図9**の「松江城天守破風復元図」は天守の西側面ではあるが、千鳥破風の位置については、これらの痕跡を根拠として描かれたものと推察できる。

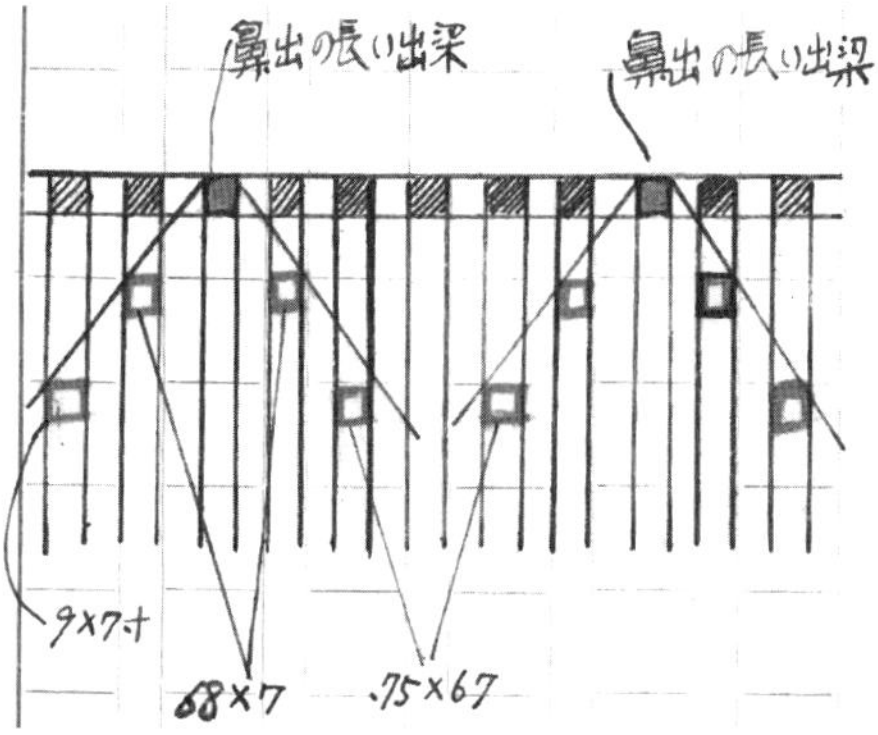

図

素屋根設置工事は昭和二十五年（一九五〇）八月二十七日から三か月半かけておこなわれた。**写真25**はその途中、**写真26**は天守が素屋根で覆われたところで、回りは莚で覆われている。素屋根工事は昭和二十五年（一九五〇）十二月十二日に完了し、この後、竣工式及び天守の解体始め式が挙行され、解体工事が終了したのは翌二十六年（一九五一）三月二十六日である。足場を作る組立材は、今日のような鉄骨ではなく、すべて丸太材である。

**写真27**は屋根から降ろされた天守の鯱。現在は天守の地階に展示されている。

**写真28**は昭和二十六年（一九五一）十一月二十六日に天守地階で挙行された地鎮立柱祈祷会の様子である。こ

写真25　素屋根工事が進み、
丸太材の足場で囲まれる天守

写真26　素屋根に覆われた天守

写真27　屋根から降ろされた
天守の鯱

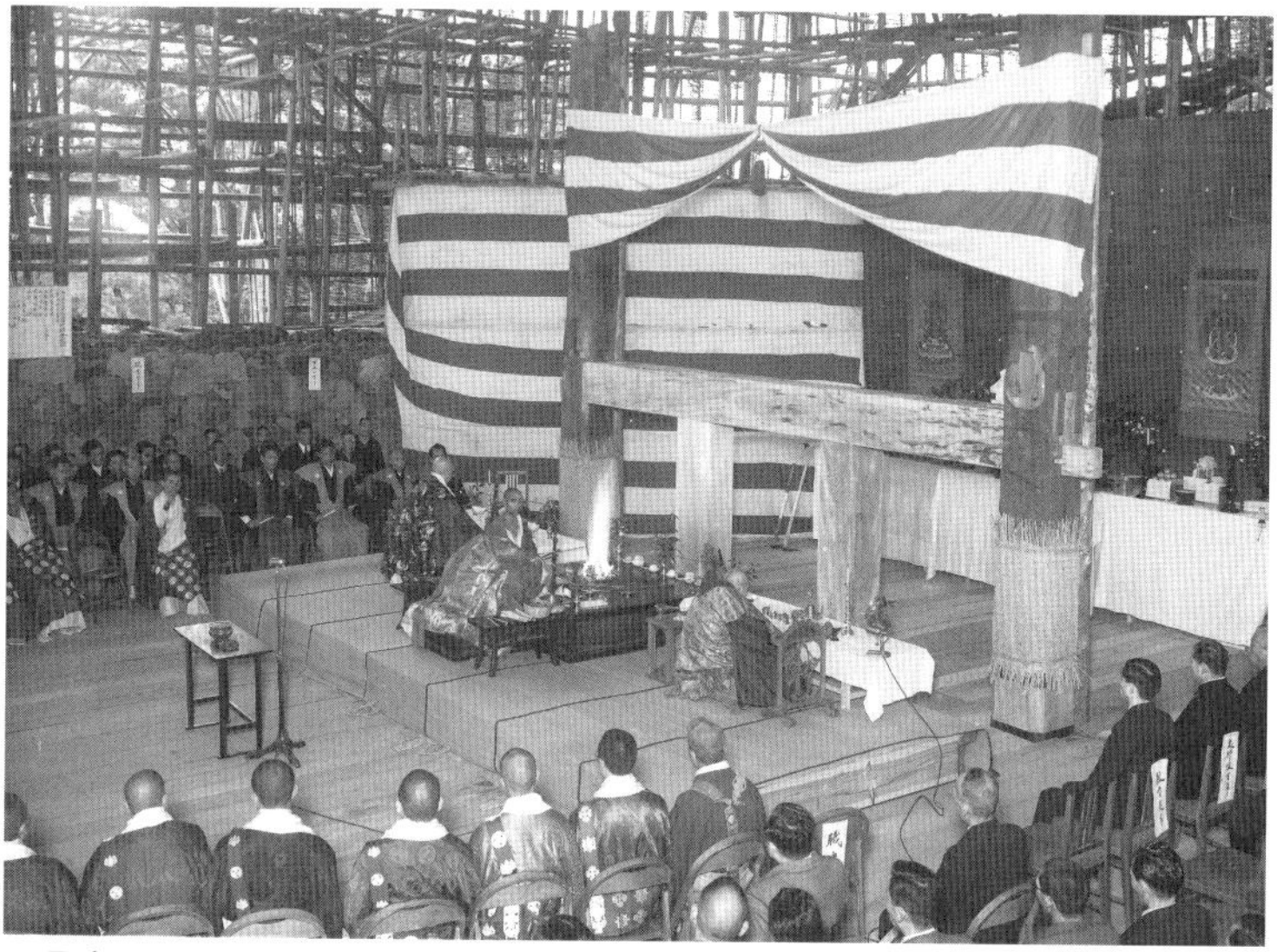

写真28　昭和26年11月26日の地鎮立柱祈祷会式は旧藩時代の古式に従って進む

写真30　昭和修理の棟札。工事に関わった技師・大工の名前が記されている

写真29　大工棟梁によって進む棟槌の儀式（上棟祭）

（写真16～30：松江歴史館蔵）

の式は旧藩時代の古式によって執り行われ、地階から一階までの通し柱（天守では最も太い二本の柱である）の前でおこなわれている。松江城天守の竣工年を明らかにする祈祷札はこの二本の太い柱に打付けてあったわけであるが、この太い通し柱二本は松江城天守ではもっとも重要な柱であろう。

**写真29**は天守五階屋根での棟槌式。天守の上棟祭は昭和二十八年（一九五三）五月十三日に執行された。

**写真30**は昭和修理の棟札（左表面、右裏面）である。上棟祭は昭和二十八年五月十三日に行われ、竣工式は二年後に昭和三十年（一九五五）四月一日におこなわれた。この棟札は今も天守五階の小屋裏に掲げられ、今もそのまま安置されている。

（和田嘉宥）

## 四、昭和修理の際に製作された建築図面

**図1**は修理前天守地階平面図。**図2**は修理前天守一階平面図。**図3**は修理前天守二階平面図。**図4**修理前天守三階平面図。**図5**は修理前天守四階平面図。**図6**は修理前天守五階平面図。**図7**は修理前天守南立面図。**図8**は修理前天守西立面図。

**図9**は修理中に作成された「松江城天守破風復元図」である。本図は天守の西側面図であるが、171頁掲載の**図19**「松江城天守復元図」は、筆者等（金澤・安高・和田）が現天守において確認できる柱に残る仕口の痕跡、**写真24**を初めとする記録写真、創建後の天守の修理歴、「出雲国松江城絵図」に描かれた天守の描写などを参考に、「初期松江城天守の形態に関する復元的考察」（『日本建築学会中国支部研究報告集』第四〇号　二〇一七）に掲載したものであるが、二階の比翼千鳥破風はほとんど同じである。

**図10〜19**は現天守の各階平面図及び立面図、**図20・21**は断面図である。

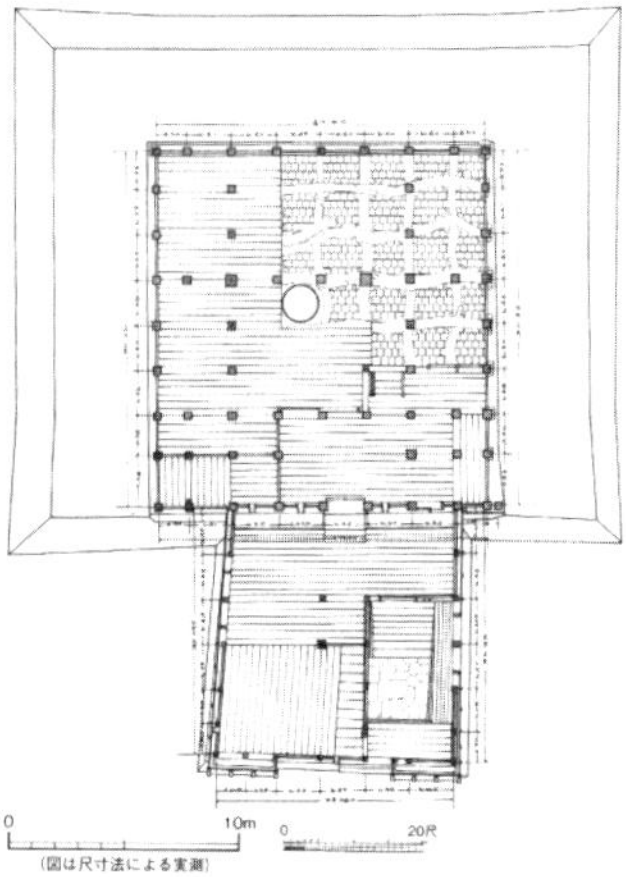

図１　天守地階平面図（修理前）

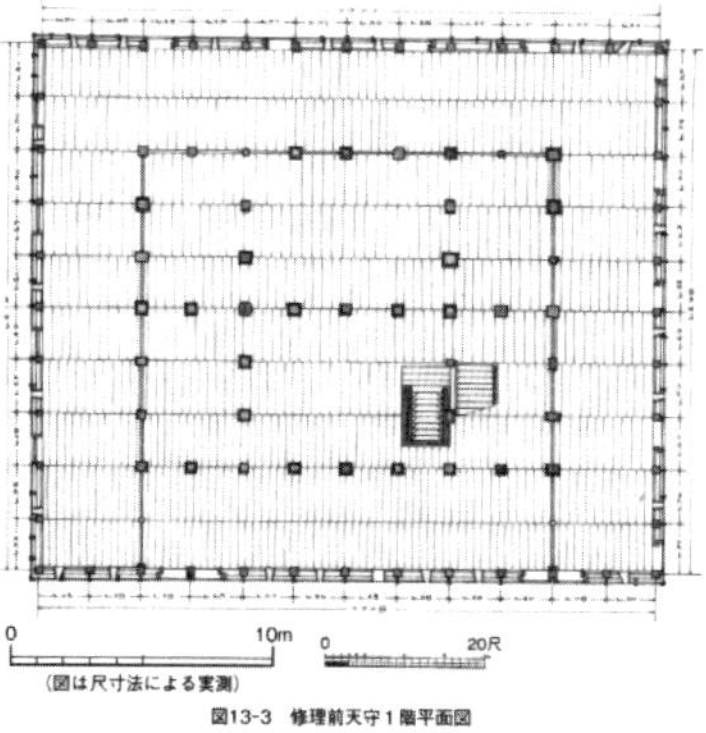

図２　天守１階平面図（修理前）

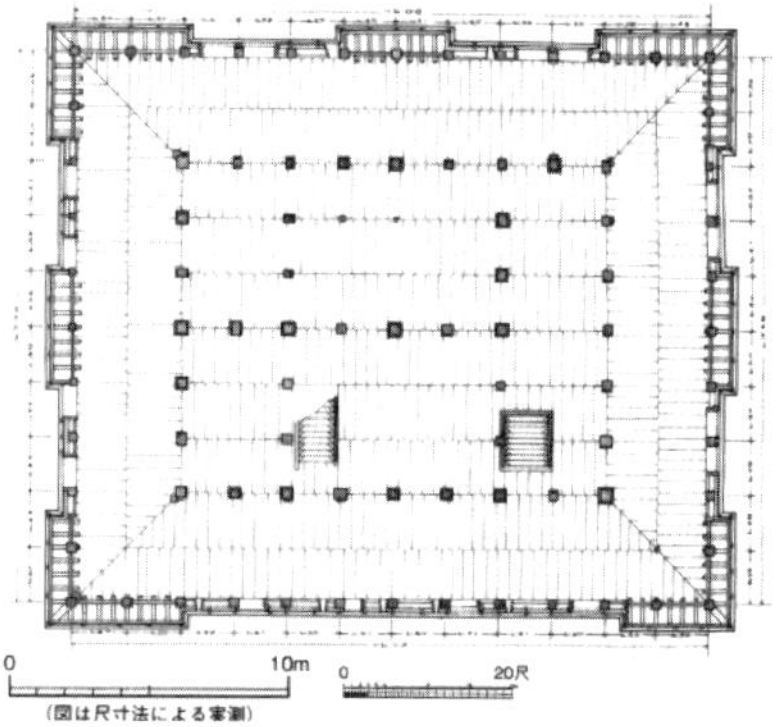

図３　天守２階平面図（修理前）

図４　天守３階平面図（修理前）

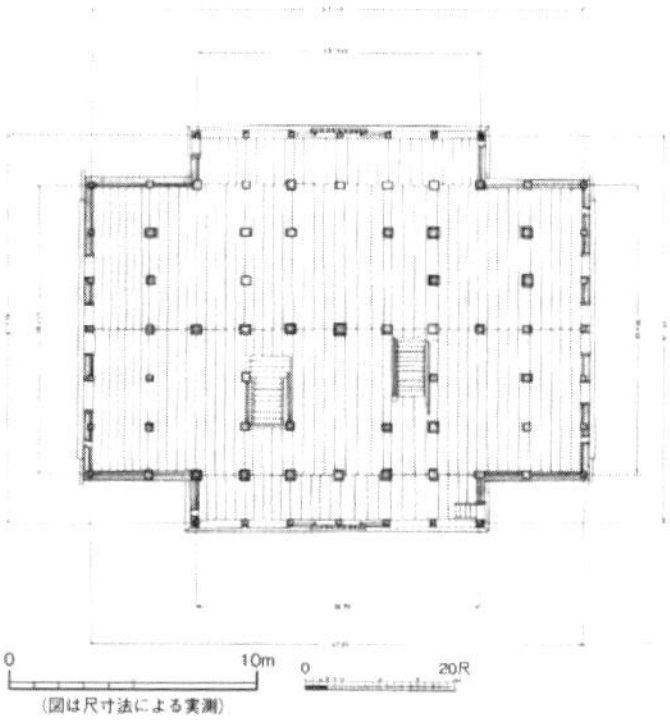

図５　天守４階平面図（修理前）

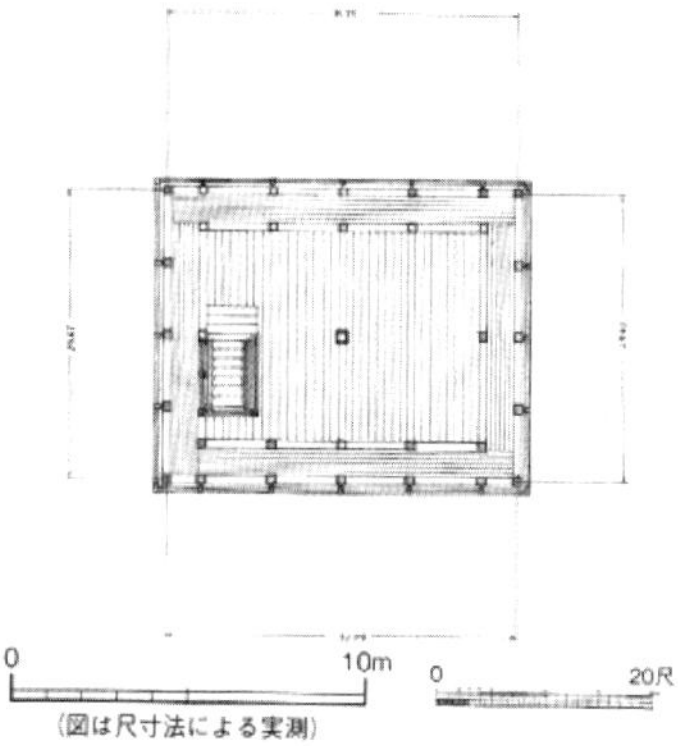

図６　天守５階平面図（修理前）

図７　天守南立面図（修理前）

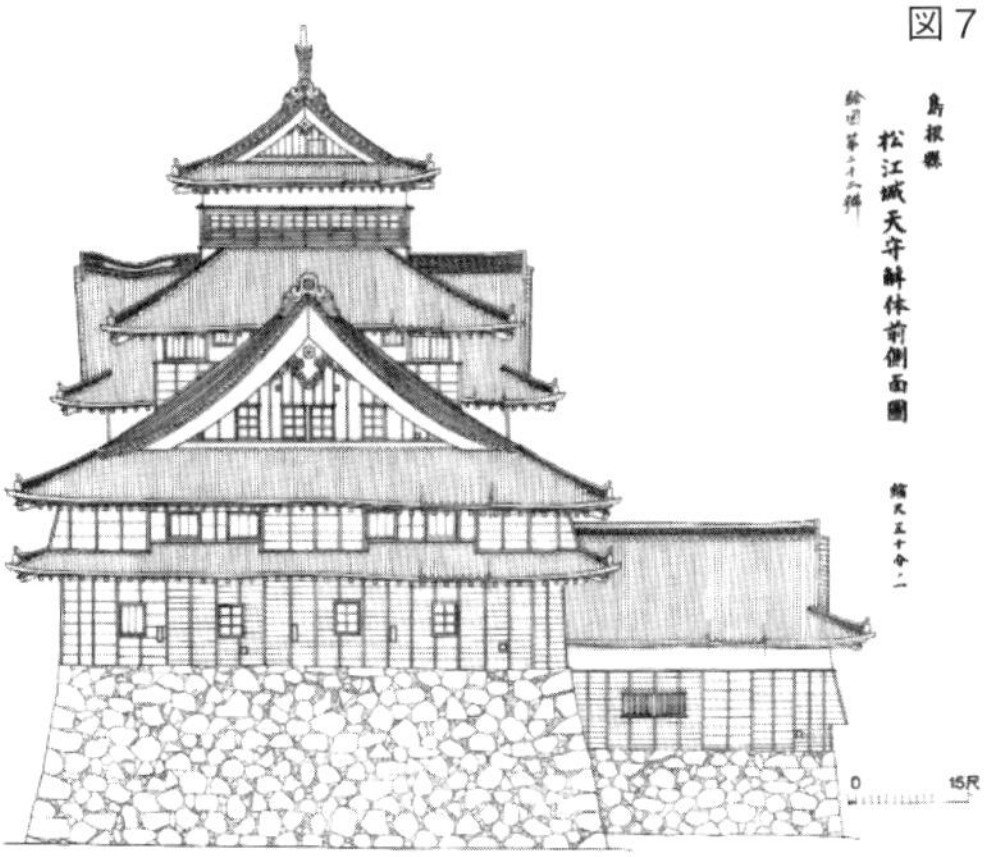


図８　天守西立面図（修理前）

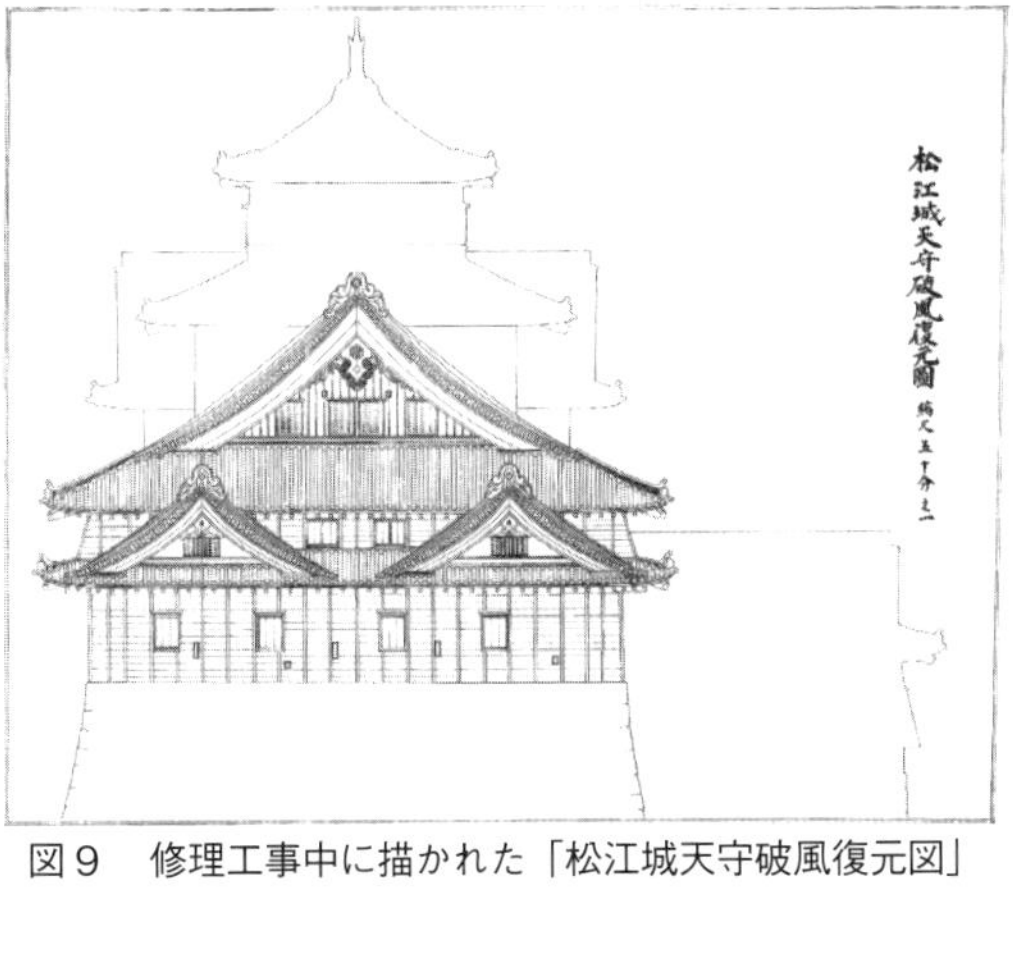


(図1～9：松江歴史館蔵)

図９　修理工事中に描かれた「松江城天守破風復元図」

図10　天守地階平面図（修理後）

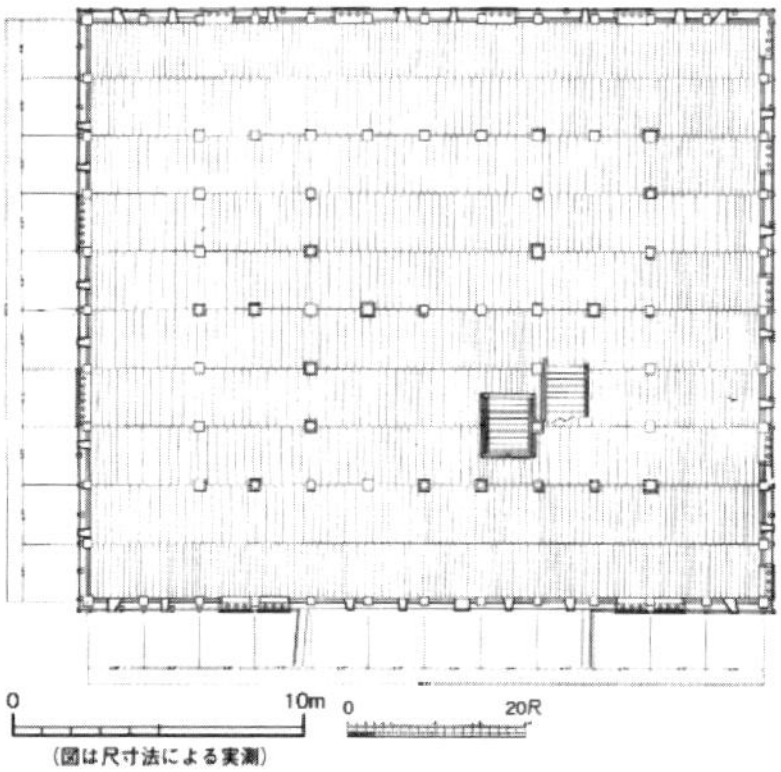


図11　天守１階平面図（修理後）

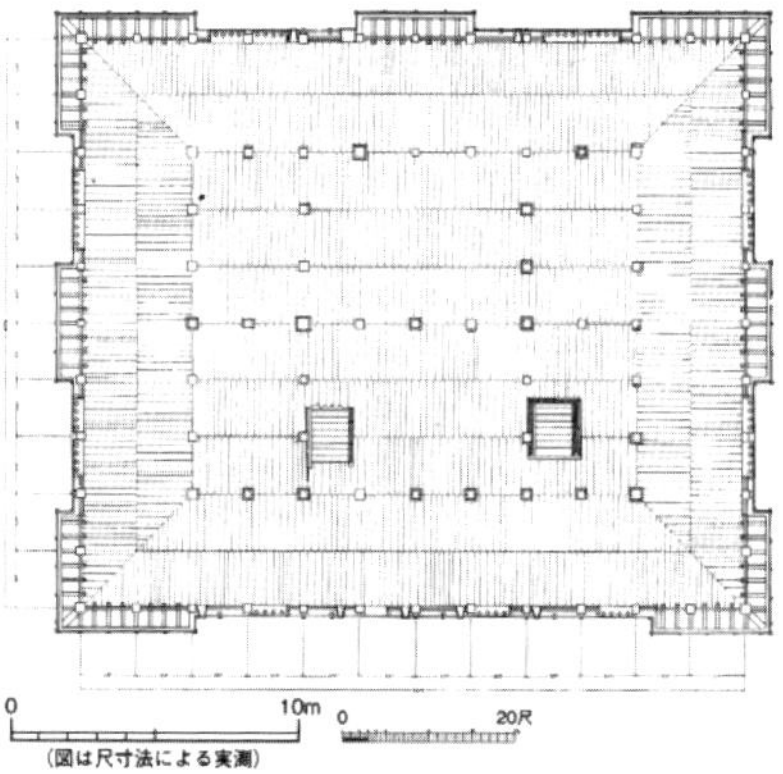


図12　天守２階平面図（修理後）

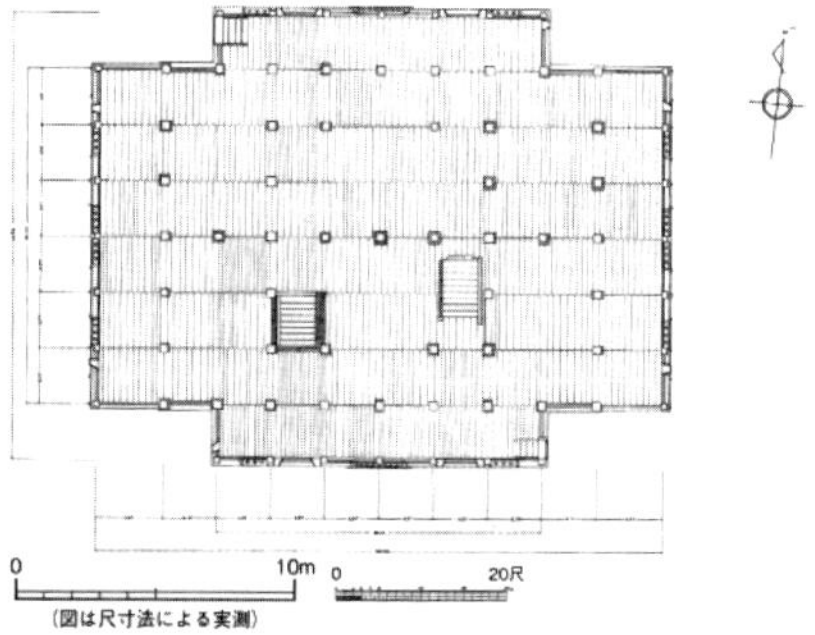


図13　天守３階平面図（修理後）

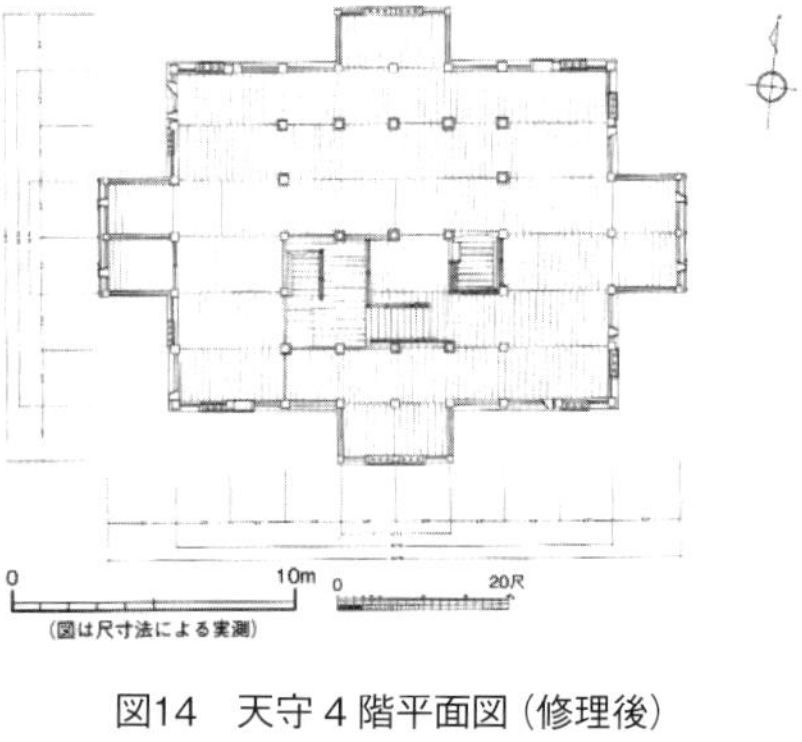


図14　天守４階平面図（修理後）

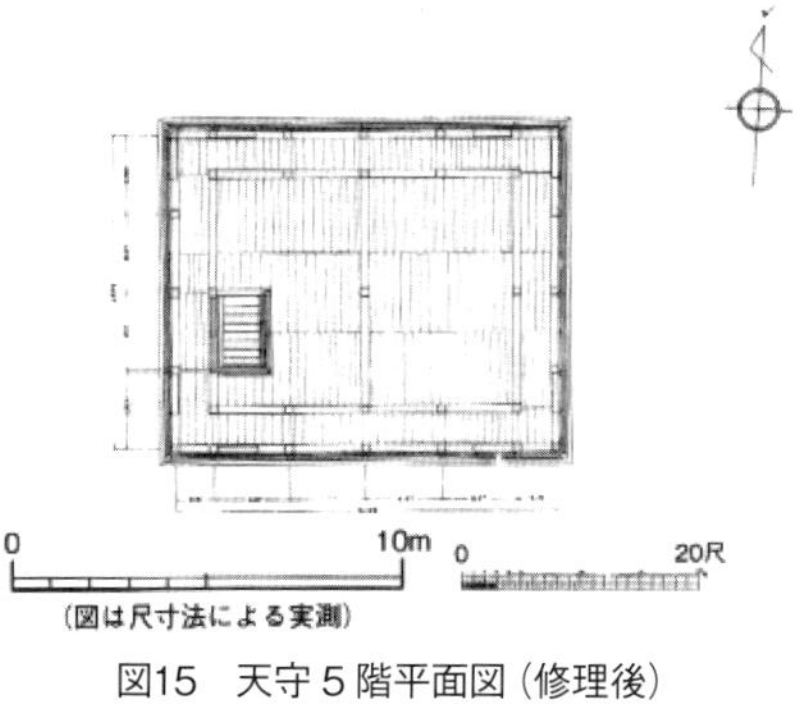


図15　天守５階平面図（修理後）

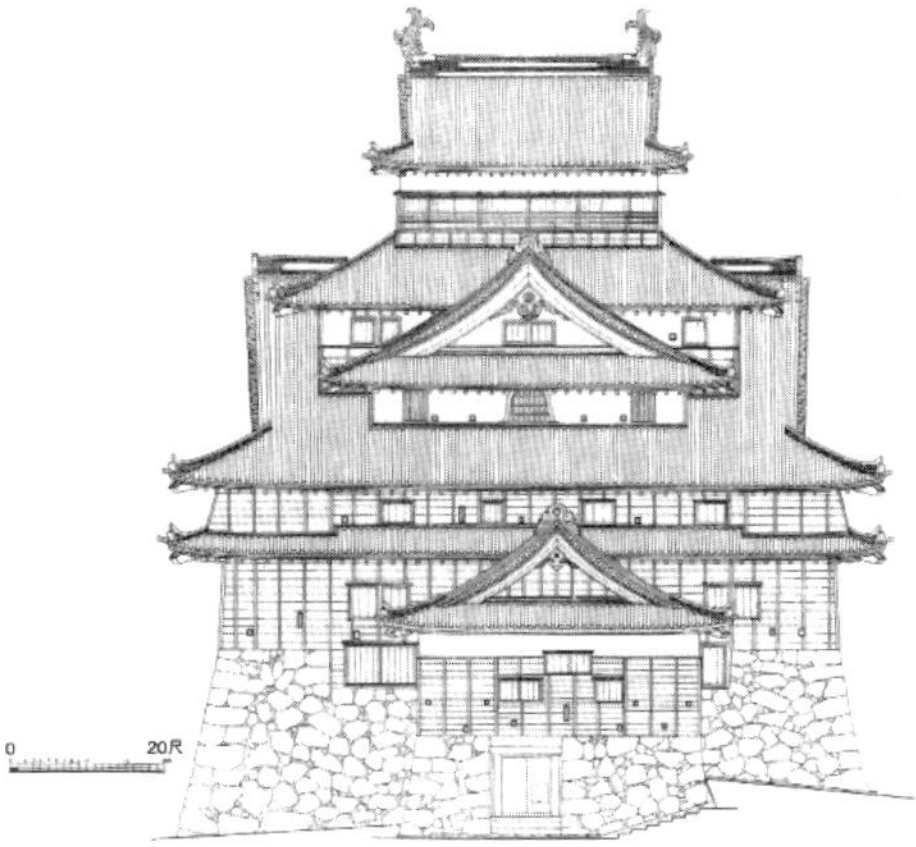


図16　天守南立面図（修理後）

図17　天守西立面図（修理後）

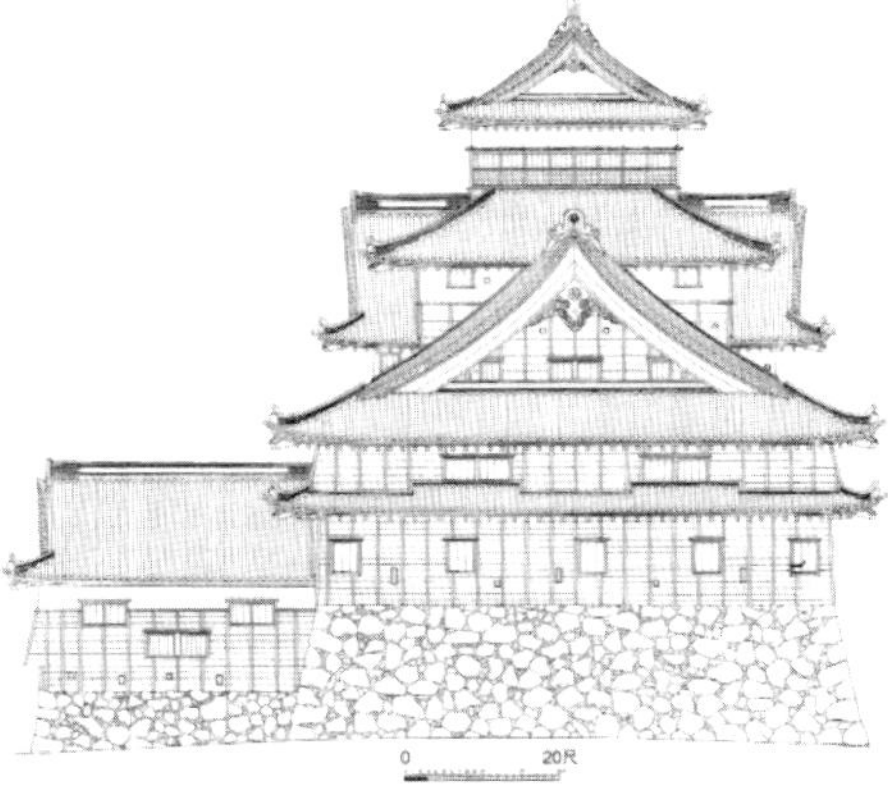


図18　天守東立面図（修理後）

図19　天守北立面図（修理後）

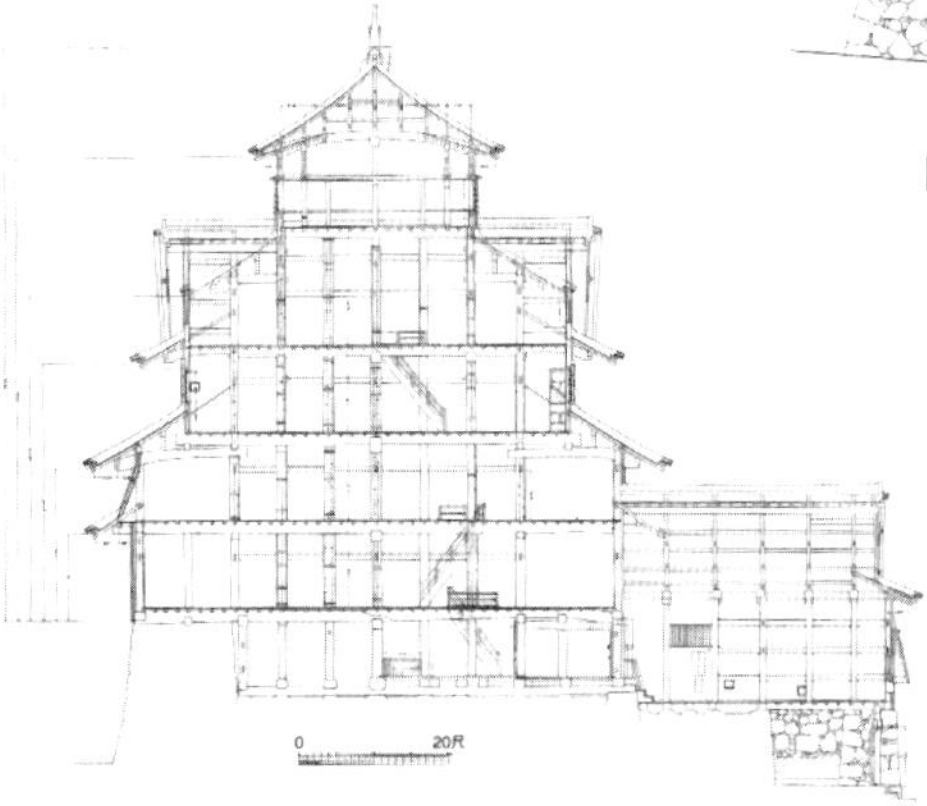


図20　天守南北方向断面図

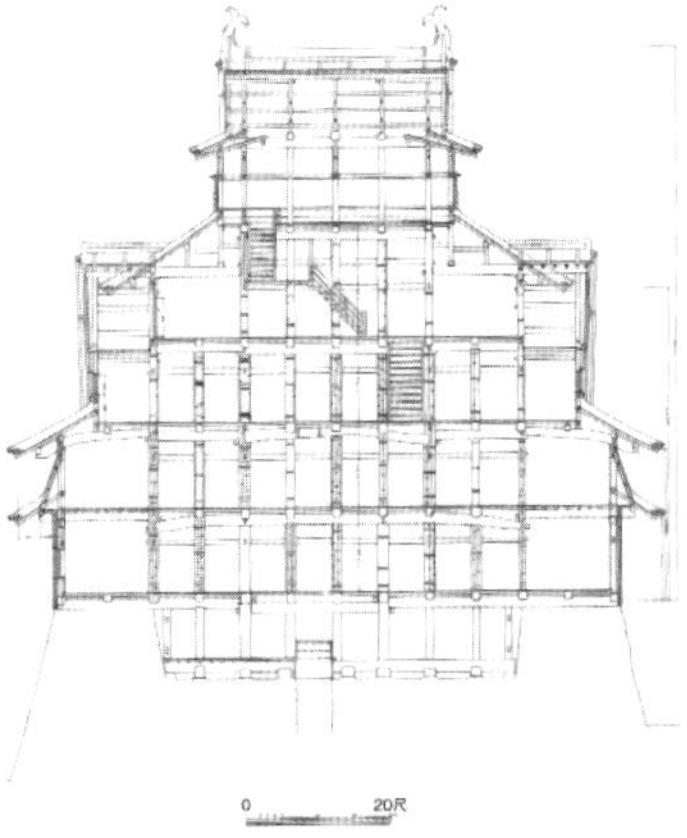


図21　天守東西方向断面図

（図10～21：『重要文化財松江城天守修理工事報告書』より）

（和田嘉宥）

コラム

# 松江城天守祈祷札と発見の時

## 二枚の祈祷札

国宝松江城天守の附《つけたり》指定である二枚の祈祷札は、松江城天守創建に関わる木札である。記された墨書により、慶長十六年（一六一一）正月に天守成就（完成）の祈祷が執り行われたことが明らかになった。昭和十二年（一九三七）に城戸久氏によって確認されて以来所在不明であったが、平成二十四年（二〇一二）五月に再発見されたものであり、天守内の痕跡調査により地階の柱に打ち付けられていたことも明らかになった。中央に記された願文によって「奉讀誦如意珠経長栄処」祈祷札、「奉轉讀大般若経六百部武運長久処」祈祷札と識別している。

「奉讀誦如意珠経長栄処」祈祷札は、高さ七〇・六cm、幅一四・二cm、厚さ〇・七～〇・八五cmである。「奉轉讀大般若経六百部武運長久処」祈祷札は、高さ八一・〇cm、幅一三・五cm、厚さ〇・五～〇・六五cmである。二枚とも材質は杉材で、柱に打ち付けた釘穴が上下二カ所認められる。

## 墨書を読む

二枚の祈祷札は、いずれも表面の中央上端に梵字、その下に願文、右側に年（慶長十六年）、左側に月日（正月吉祥日）を墨書し、上端左右には四天王を表すと考えられる四封「╳」を印す。裏面には墨書は認められない。

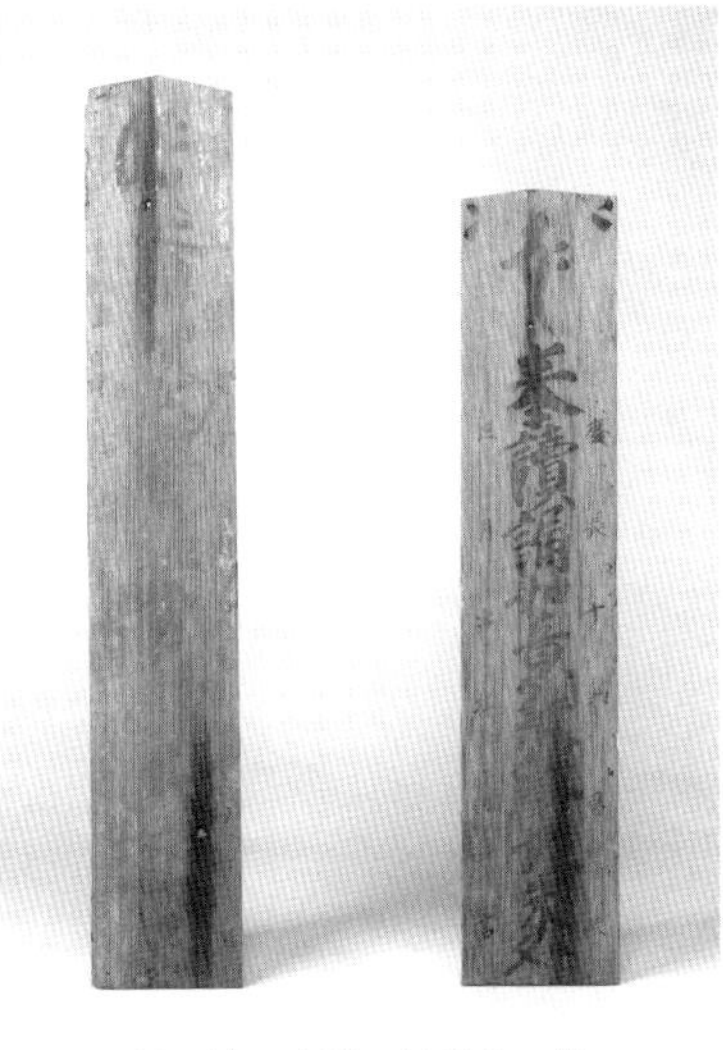

松江城天守附　祈祷札二枚
(右)「奉讀誦如意珠経長栄処」祈祷札
(左)「奉轉讀大般若経六百部武運長久処」祈祷札

「奉讀誦如意珠経長栄処」祈祷札は、梵字で「バク（釈迦如来）」を表す。一方、「奉轉讀大般若経六百部武運長久処」祈祷札は、梵字で「チ（ヂ）クマン（般若心経）」或いは「キリーク（如意輪観音、阿弥陀如来）」を表し、「大山寺」の墨書から、祈祷には天台宗大山寺（鳥取県大山町）が関わっていたことが分かる。

松江城を築城した堀尾氏は高野山奥之院（和歌山県）に一族の廟所を設け、松江城の鬼門（北東）には真言宗千手院（松江市石橋町）、裏鬼門（南西）には真言宗報恩寺（松江市玉湯町）を配置するなど、真言宗との関係も深く、「奉讀誦如意珠経長栄処」祈祷札には真言宗寺院が関わっていた可能性も考えられる。

## 祈祷札発見の時

平成二十七年（二〇一五）七月八日に松江城天守は国宝となり、同時に二枚の祈祷札も附指定となった。国宝指定の決め手となった祈祷札再発見は次のようなものだった。

最初のきっかけは、松江市史編纂委員乾隆明氏からかかってきた「松江神社の木札を調査してほしい」という一本の電話だった。郷土史研究家であり地元での信頼が厚い乾氏には、松江市史編纂のために古文書悉皆調査を進めていた私たちと所有者との間を取り持っていただいていた。調査日は平成二十四年（二〇一二）の五月二十一日と決まり、予定の日時に松江神社に到着すると、すぐさま目録作成と写真撮影作業を調査者三名で分担し、私は目録作成が終わった木札を撮影していった。

調査時点で木札の一枚に慶長十六年（一六一一）という古い年号が記されていることは肉眼でも確認でき、同席のだれもで確認し合っていた。しかし、寺社などの史料調査では、あまり多くはないが中世や近世初期の文書、棟札などに出会うこともある。松江神社での調査はいつも通り粛々と進み終了した。

神社では記録をとることに集中しており気付かなかったが、帰りの車の中で慶長十六年という年号に、ぼんやりとした疑問がわいてきた。というのも、松江神社は明治三十二年（一八九九）の創建、松江神社に合祀された松江東照宮も寛永五年（一六二八）創建ということを知っていたからだ。慶長十六年という年号は、松江神社はもちろん、合祀された松江東照宮の創建年より古い年号なのである。ぼんやりとした疑問は、あの木札は、松江神社に伝来したものではなく、松江城のどこかから搬入されたものではないかというものだった。

事務室に帰ってから写真の整理を行い、関係資料を一つ一つ見ていくうちに、ふと思い出したのが、以前読んだ城戸久氏が松江城天守と祈祷札について記した論文で、昭和四十一年（一九六六）に『仏教芸術』六〇号に掲載されたものである。論文コピーを探し出し、照合したと

城戸久「松江城天守」『仏教芸術』60号、昭和41年（1966）掲載の祈祷札写真

ころ、論文掲載の写真と松江神社で撮影した写真とが一致した。とても驚いたが、その日松江神社で調査し撮影を行った木札のうち二枚が、昭和十二年（一九三七）に城戸久氏が確認して以来、所在が分からなくなっていた

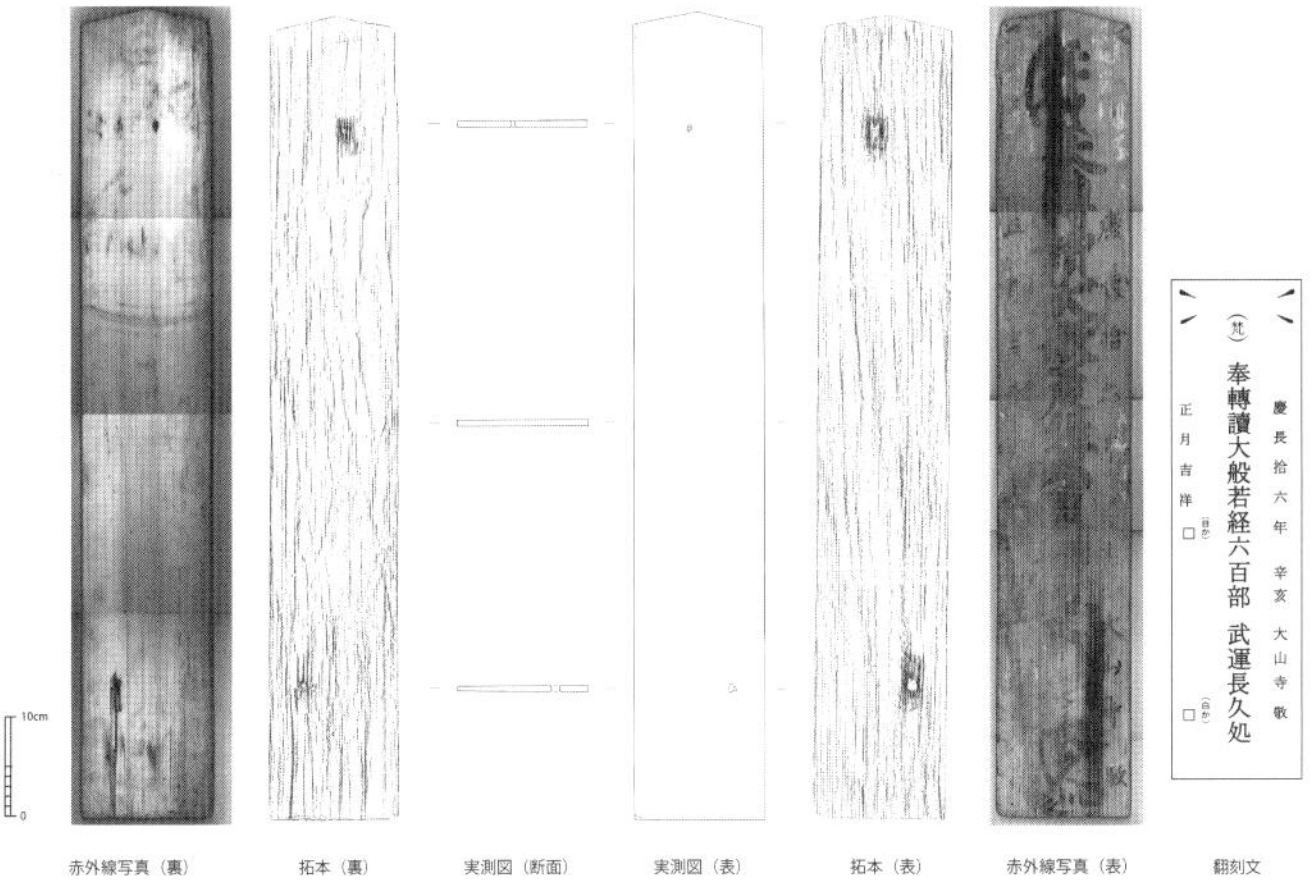


「奉轉讀大般若経六百部武運長久処」祈祷札

松江城天守完成年を示す祈祷札と気づいた瞬間だった。

祈祷札の墨書はすぐに島根県古代出雲歴史博物館の協力で赤外線撮影を行い、肉眼では分からなかった文字も判読できるようになった。

（稲田　信）

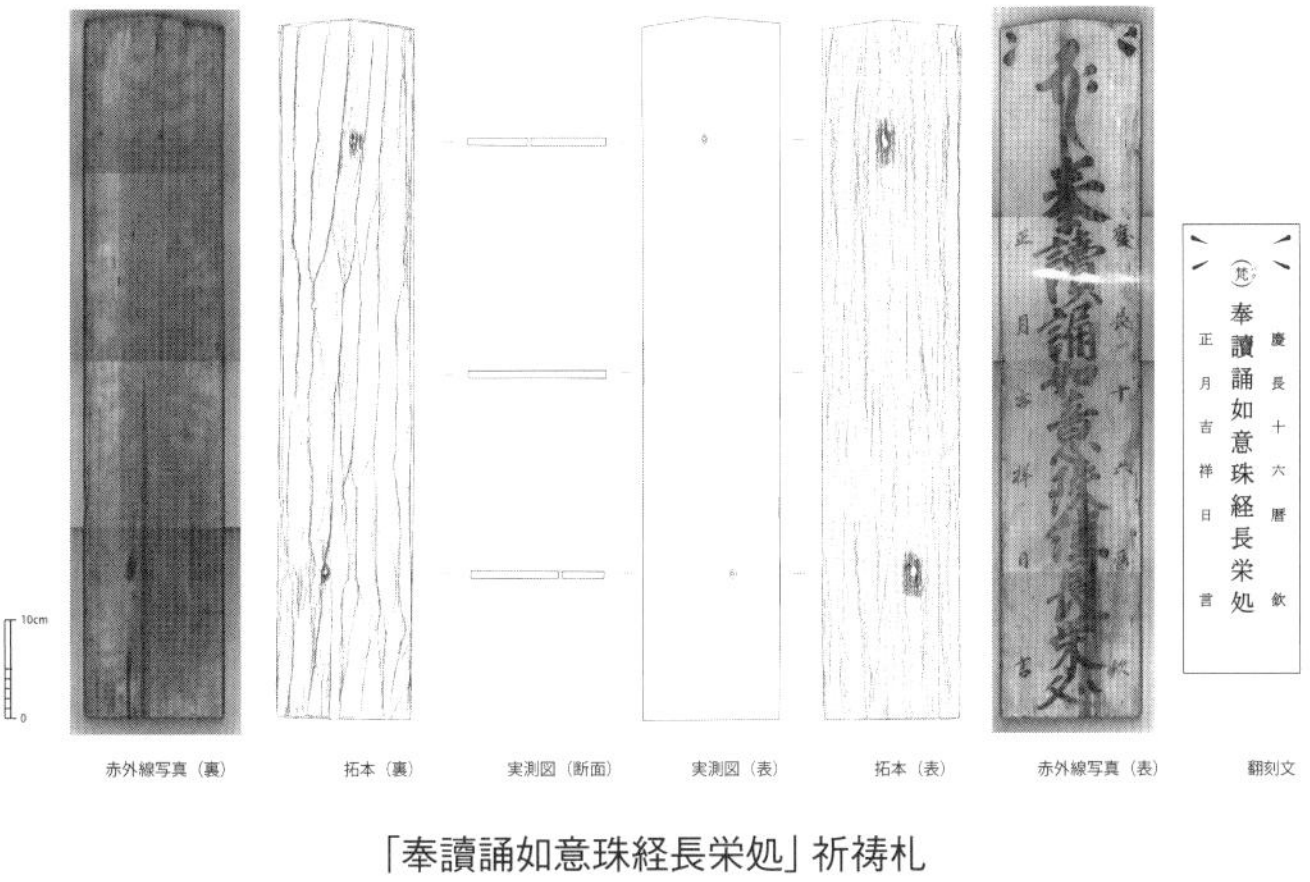


「奉讀誦如意珠経長栄処」祈祷札

# 第七章　発掘された松江城

## 第一節　松江城下の成立と構造

### 松江城下町の建設

松江城下町は慶長十二年（一六〇七）頃から松江城築城工事と同時に建設が始まった。堀尾吉晴・忠氏親子は、関ヶ原合戦での勝利によって出雲と隠岐の二国を拝領し、尼子氏が城地としていた富田に入り、そこで領国支配を進めようとした。しかし、富田城下が山に囲まれて狭隘な盆地であり、都市域の拡大が見込めなかったことや、出雲領内東部の山間部に位置し、領国全域の支配に当たっては片寄った位置にあったことから、堀尾親子は新たな城下町建設地を探索していく。

二人は領国内の好適地を求めて宍道湖畔に目をつけた。その地域は島根半島の山塊によって日本海からの冬の季節風にも悩まされない穏やかな場所で、前代より日本海から宍道湖へと繋がる水運で賑わう港町が存在していた。この地域の中で城地に対する二人の思惑が異なったため議論があったが、忠氏の早世によって吉晴は自らの意見を抑え、忠氏が主張した亀田山に城郭を築くことになったという。この話は『島根県史』などで紹介されているため、多くの人たちに知られていよう。この話がどこまで事実なのかはともかく、城地を亀田山としてそこを中心に城下町が設計された。

城下町建設以前の松江周辺には、宍道湖の東に南の床机山から北に延びた砂洲に白潟という港町が、北には洗合山から東に突き出すように延びた砂洲に末次という港町があった（図1）。白潟には十五世紀後半にはすでに東と西の町があり、それぞれにはオトナと呼ばれる町を代表する人たちが居たことが明応四年（一四九五）の『松浦道念寄進状』に記載されている。また、十六世紀中頃の永禄六～九年（一五六三～六六）の「毛利元就奉行人連署状写」という書状には「白潟末次中町」という町があり、そこには磨師・塗師・鞘師・銀細工などの職人たちが住んでいたことが記載されている。この二つの町が十六世紀中頃にはこの地域の核となっていたことがわかるだけでなく、外界とを繋ぐ水運の航路や山陰道と繋がる街道もあったと推定できる。この二つの町は当時の出雲地方の商工業の核であり、流通の要衝となっていた。

十六世紀後半から十七世紀初頭の時期は日本国内各地で城郭と城下町が建設されていた。十六世紀後半までの城郭と城下町は富田城のように小高い山の上に城郭を築き、山麓に城下町があった（図2）が、豊臣秀吉が天下

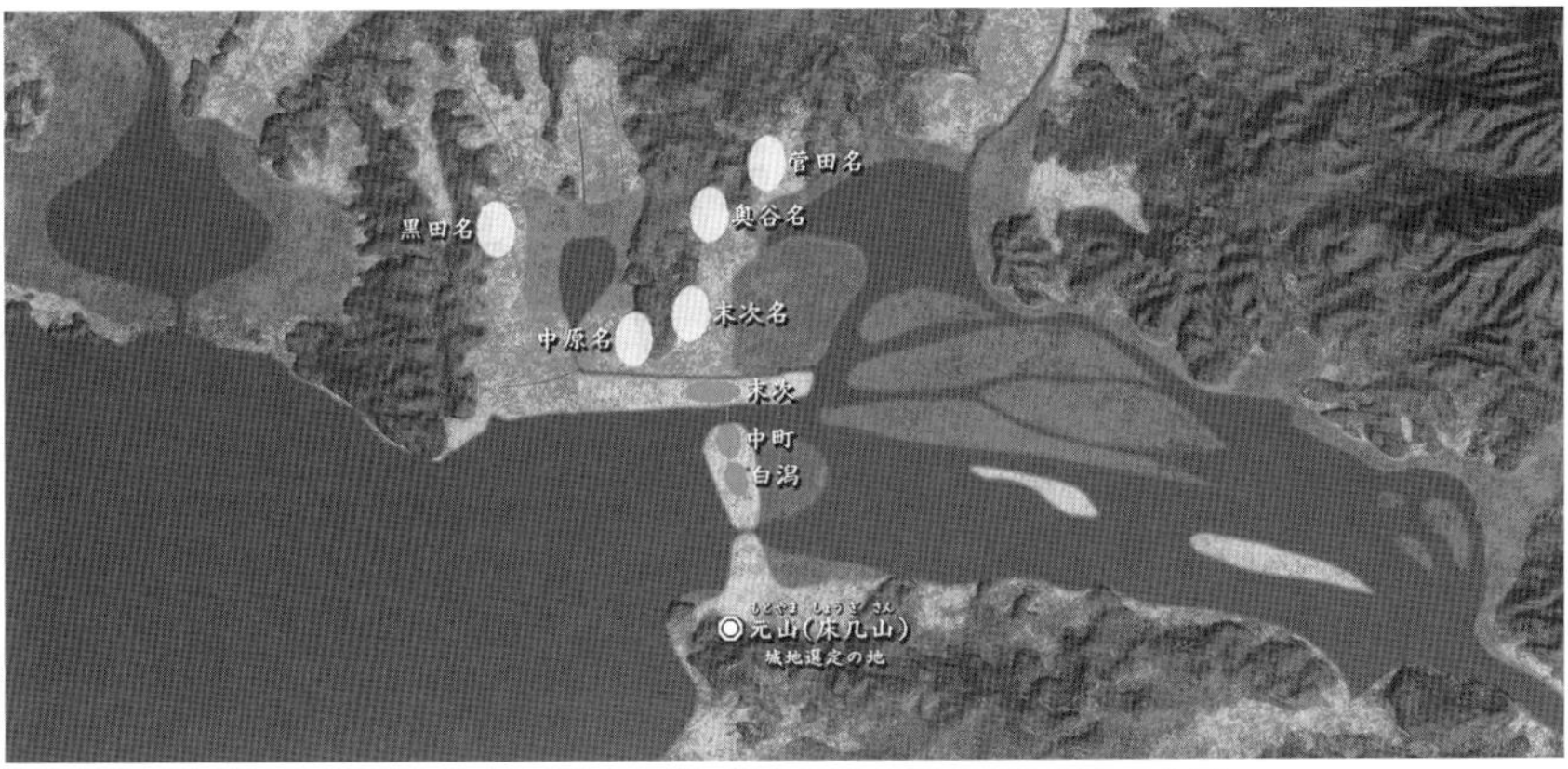


図１　城下町成立以前の松江の姿（画像提供：松江歴史館）

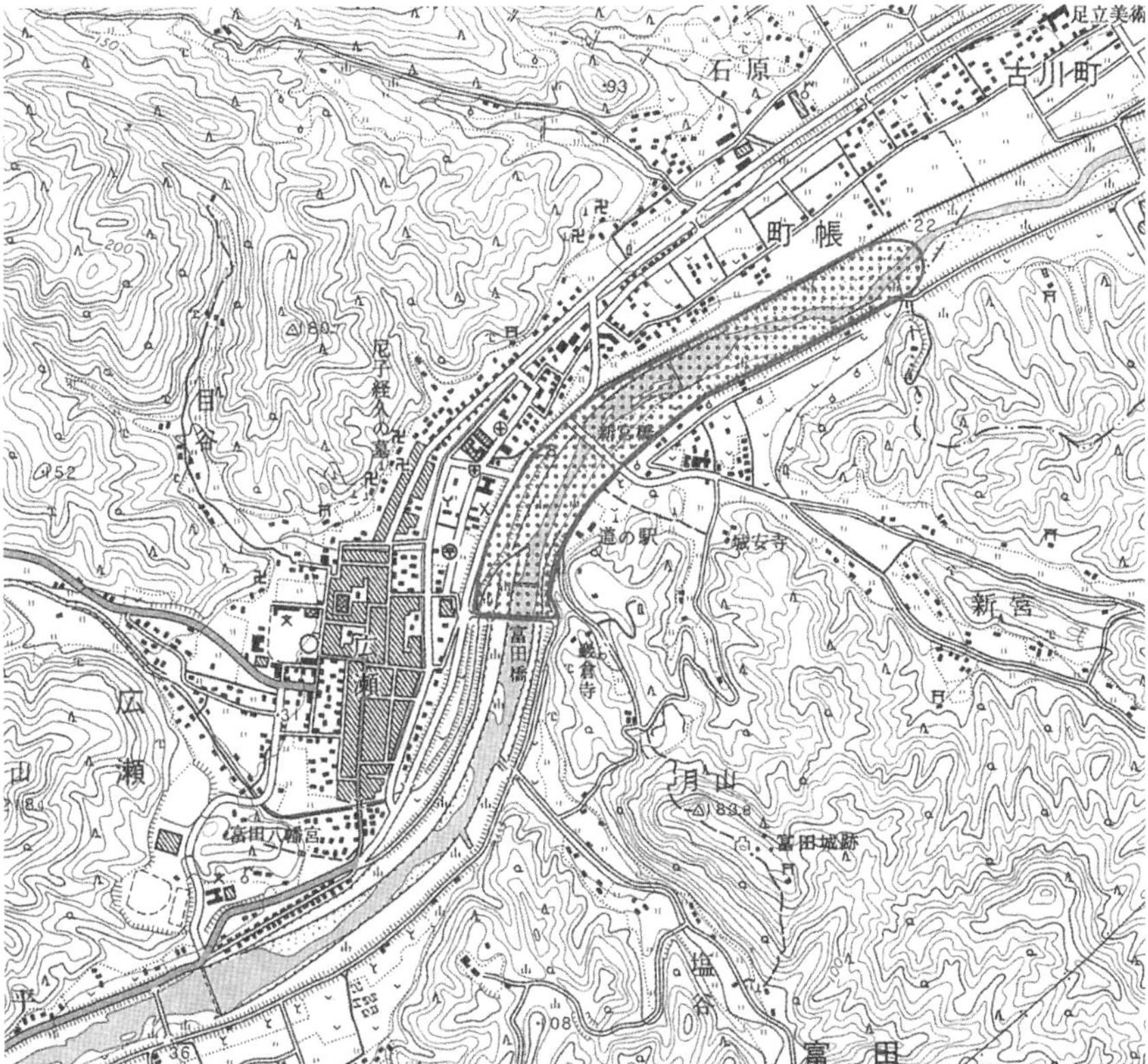


図２　富田城と城下町（アミ掛け部分が富田川河床遺跡である）

統一を成し遂げた頃から、海に面した広い沖積平野が選択されるようになった。そうした場所には領国内の奥深くまでたどれる河川があり、川を利用して領国内の奥深くまで流通することができ、海岸には全国各地の港町と繋がる港を建設することができた。広い沖積平野は領国の内外と水運で繋がる交通の要衝となりうる場所だった。

戦国時代が終わり、平和な時代が到来したこの時期、日本国内では商工業がさらに発達し、それらで生産された商品が各地に運ばれていった。戦国時代のように領国内だけで経済や流通が収まる時代ではなくなってきたのだ。国内各地で沖積平野の中の小高い丘に城郭を築き、周囲の広い沖積平野に土砂を投入するなどの造成をして城下町を建設するようになった。

堀尾親子が宍道湖畔に目をつけたのは、その地域が出雲国内で前代から経済や流通の要衝であった場所で、なおかつさらなる領国の経済発展を目論み日本国内の趨勢を踏まえてこの地域を選択したのだ。

## 松江城下町の立地と地盤の造成

松江の地を選択した堀尾吉晴は、亀田山に城郭を築くと同時に城下町の建設に着手した。一年目には橋や道路を整備したといわれているが、その前に道路や街区を設定するための地盤作りから始まったことが発掘調査で分かっている。

松江歴史館敷地や松江市街地を東西に横断する大手前通りでの発掘調査では最下層に水域で堆積した自然堆積の灰色砂層があり、その上には黒色の有機質土層があった。下位の灰色砂層は流水状態で堆積した地層で、上位の黒色有機質土層は水が流れない滞水状態で堆積した地層である（図3）。

城下町が建設される以前の松江周辺には亀田山の東側には北の島根半島から流れてくる朝酌川が氾濫原を形成していたが、次第に洗合山から東に延びてきた末次砂洲が長くなり、朝酌川と宍道湖の間を閉ざすようになって、水が流れなくなり湿地を形成してきたことがわかる。のちに武家地となる殿町や母衣町、南北の田町は建設以前には湿地が広がっていたのだ。田町はその名にあるように、以前は水田が広がる場所だったのだろう。発掘調査でも城下町建設以前に水田が営まれていたことが分かっている。

水田が見つかった場所は田町ではなくその西にある米

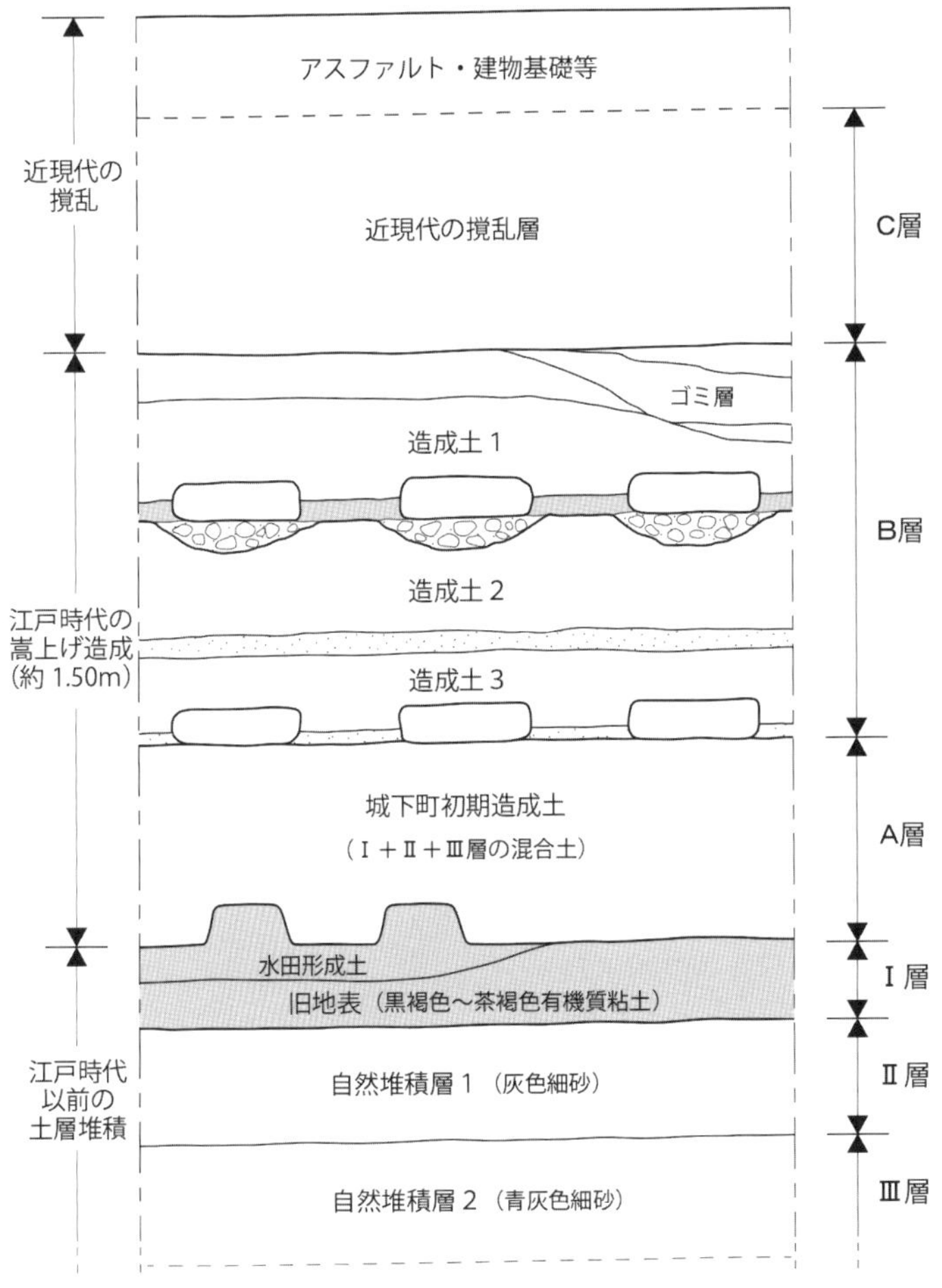


図３　松江城下町遺跡基本土層図

子川を西に越えた母衣町で、水田を区画する畦と人の足跡が無数に点在する水田面が発掘調査で確認された（写真1）。田町だけでなく、亀田山に近い母衣町も水田が広がる場所だったのだ。

　城下町の武家地はこのような低湿地だった場所に土砂を投入し、宍道湖の氾濫から免れるように土地を高くして、乾燥させてから道路整備や街区が設計されている。最初の造成土は下層に堆積している灰色砂層と黒色有機質土が固まりで混在しており、下層の自然堆積層を掘り上げ、城下町を造成している。

　大手前線の発掘調査では街区の外郭ラインの位置に、幅三・〇〜四・五m、深さ一・〇〜二・〇mもの大きな溝が見つかっている。溝は街区の隅の部分では繋がっておらず、水を流すためのものではない。

道路と街区の区画を定め、溝を掘って街区や道路の水分を溝に流して乾燥を促し、溝を掘った土で街区内に盛土造成するためと推定される。低湿地ならではの工法といえよう。これ以降も城主の交代にあわせて行われた城下町の改造ではさらに上位に造成土が高く盛土されていったことが分かっている。ただ、亀田山に近い松江歴史館の敷地の北部と松江裁判所の一角では、これとは別の黄色い砂による盛土造成が行われていた。これは亀田山の北側の塩見縄手付近の丘陵一帯に堆積する土砂に近い。

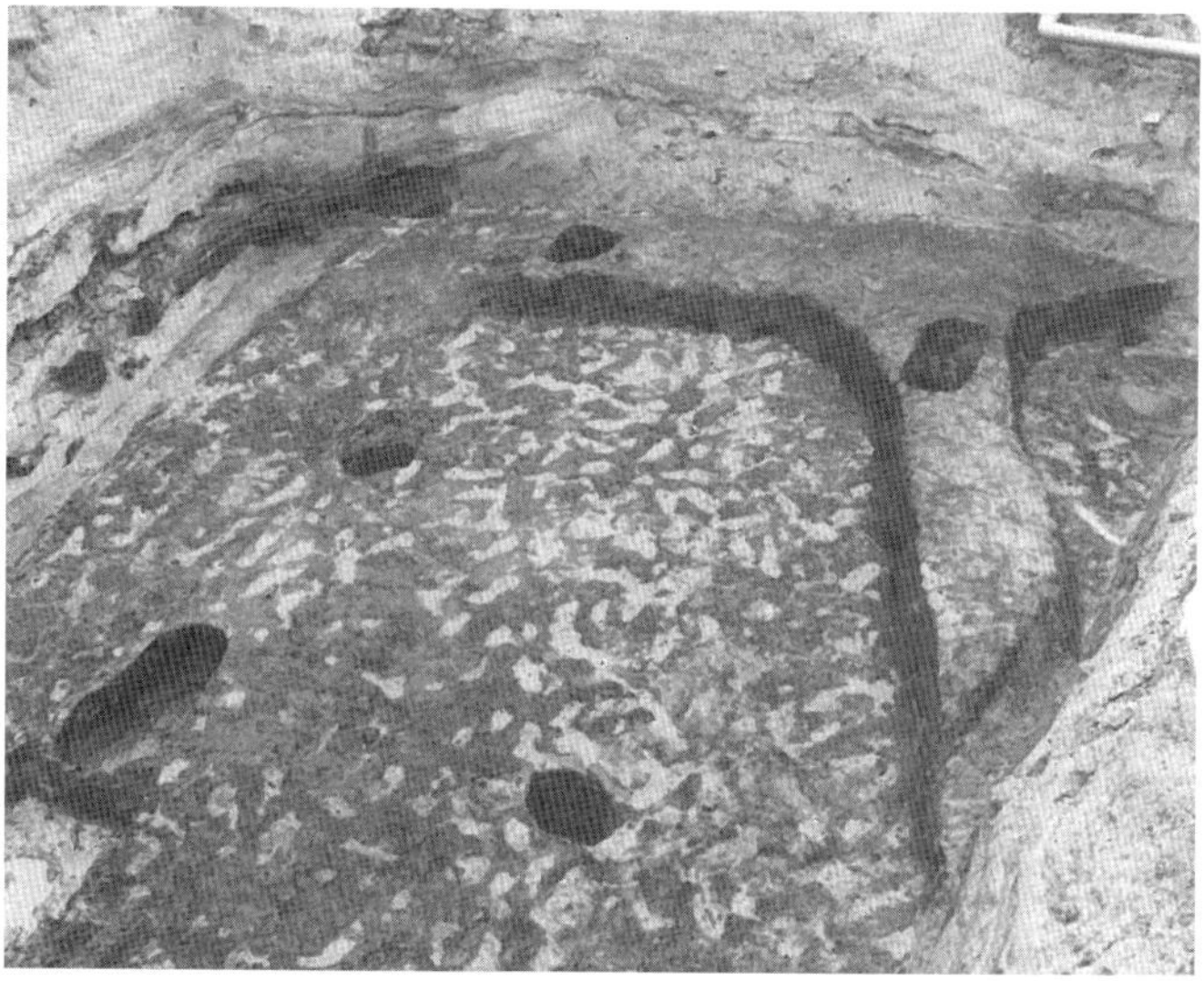

写真１　母衣町で見つかった水田面

松江城下町は塩見縄手付近にあった宇賀山という丘陵を掘削し、その土砂で造成したという伝承がある。これまでの発掘調査ではこの伝承を裏付けるような、黄色い土による盛土造成は松江歴史館と裁判所のごく一部と、松江城内の外曲輪や二之丸に限られ、町全体には広がっていない。さらに塩見縄手を掘削した場合の土量を計算してみると、松江城下町全体には到底行き届かない土量だと分かった。城下町全体の造成にここの土砂を利用したという伝承は信憑性にかけるが、松江城内やその近くにはこの土砂を盛土造成に利用し、離れた武家地では低湿地の自然堆積層を掘り返して盛土造成して城下町が建設されていたのであった。

こうした大規模な土木工事は合戦の際の陣地となる土塁や堀の建設に伴って生み出され、十六世紀後半から国内各地で始まる築城工事や城下町建設で培われてきた技術で、特に豊臣秀吉の合戦や城郭城下町建設で採用されてきた。秀吉の家臣は彼の土木工事技術や手法を手本として学び、自らの技術として保有していった。築城の名手と謳われた加藤清正や藤堂高虎、黒田官兵衛（**写真2～4**）などが有名であるが、彼らは全て秀吉の家臣であったし、堀尾吉晴もその一人であった。

亀田山の西に位置する外中原は末次砂洲の根元に当たり、比較的標高の高い場所だったと推定できる。そのためその北に広がる水田は洗合山と亀田山に挟まれ、末次の砂洲によって閉ざされ、早くから湿地が広がっていた。堀尾期の松江城下町を描いた「堀尾期松江城下町絵図」を見ると、**図4**のように東側の朝酌川の河口付近には単に「田」と記載するが、西側の外中原地区の北には「深田」と記載されており、この段階まで泥湿地の名残である深田が残っていたようだ。この地域の排水のため四十間堀川を宍道湖まで貫通させているのだろう。

写真２　加藤清正
（Image:TNM Image Archives）

写真３　藤堂高虎
（東京大学史料編纂所蔵）

写真４　黒田官兵衛
（画像提供：福岡市美術館／DNPartcom）

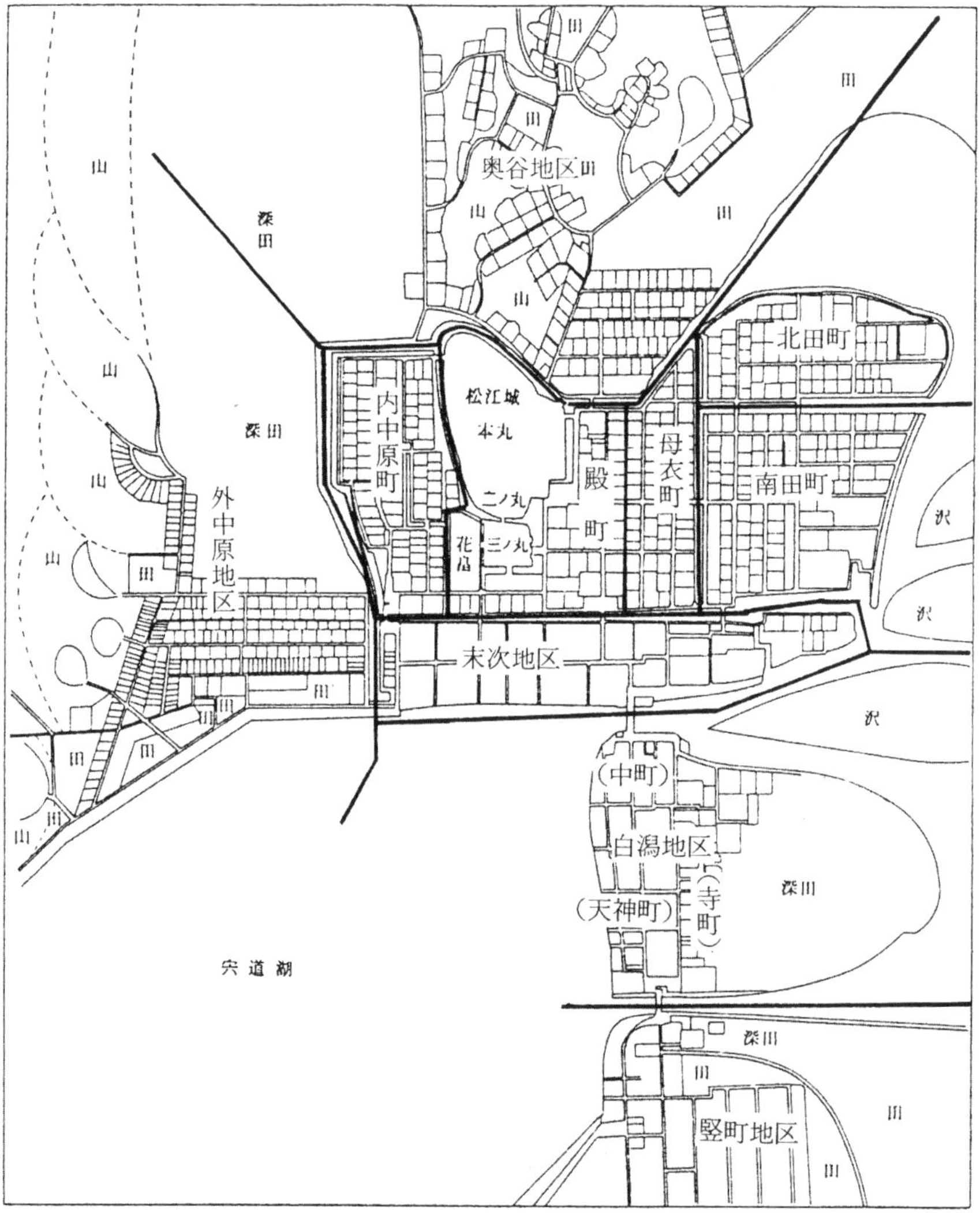


図４ 「堀尾期松江城下町絵図」から

## 松江開府以前の町

このような沖積地で中世段階に町場だったのが白潟と末次が乗る砂洲だった。この砂洲は砂の堆積によって周囲よりも高くなっていたことから、人々の居住空間として利用されていた。白潟は「堀尾期松江城下町絵図」を見ても寺町の東側には「ふけ田」が広がっており、末次も発掘調査で母衣町一帯には水田が広がっていたことが判明しており、人々が居住できる場所はこの砂洲上にしかなかった。

ここに、中世以来、港町として知られていた白潟と末次があった。中世の二つの町は現在のような直線の道路を軸にした両側町ではなく、微高地となっていた砂洲の形や脊梁線に合わせて道路が走り、町屋が展開していたと想定できる。ただ、これら二つの町は現在と同じ規模ではなく、小規模だったと想定する。

砂洲上に形成された中世の著名な都市に大阪府堺市の堺環濠都市がある。今の歴史書に紹介される堺環濠都市は直線道路が並行して配置され、それに直交する道路で町が作られた整然とした姿の都市である。しかし、この姿は慶長二十年（一六一五）の大坂夏の陣で焼亡した後に徳川幕府の支配のもと、再建された江戸時代の堺環濠都市の姿と判明している。それ以前の都市は大阪湾岸に形成された砂洲の上に、地形に合わせて蛇行する道路があり、交差する道路も直角に交わるものではなかった。また、町屋の間口も幹線道路に交わる路地や筋に開く敷地も多い。背割となる下水もなく、両側町とはなっていなかったのである。整然とした姿の町は為政者によって建設された町で、近世以降に出現する町の形なのである。松江城下町も例外ではなく、堀尾吉晴によって建設された堀尾氏による支配が貫徹した都市なのである。

## 松江城下町の軸線

大橋川以北の松江城下町の中心部は東西南北方向の道路が九〇度で交差するように整然と建設されている。その南の軸となるのは東西方向で言えば京橋川であり、その南の末次本町の通りである。この一帯で開府以前の中世に町が展開していたのが末次砂洲であったことは先に述べたが、中世にはそこに自然条件に合わせた港湾集落があったと推定した。吉晴はこの地区を城下町の町人地として再開発したのだ。その形は当時国内各地の城下町で採用されていた、全ての町屋の奥行きが均等になるように長方形街区と短冊型地割の町屋を配置した両側町である（図6）。

この新しく出現した末次本町の通りは、本町北側街区と片原町の奥行きが街区ごとに均等なので、その北にある京橋川と平行する。京橋川の川幅が一定なら、その北で長方形街区を設定していけば全ての東西道路は平行になる。松江城下町は末次砂洲上に再開発によって出現した末次本町を設計軸として敷衍されたと推定できる。

また、大橋川の南にある白潟の道路は、末次の道路とは直角にはなっていない。これは白潟の町が乗る砂洲の脊梁線が現在の白潟の道路と同じ方向だったため、それに沿って両側に町屋が建設できる余地を確保した上で道路が敷設されたのであろう。東側の寺町より東は砂洲の後背湿地であり、江戸時代初期は水田としてしか利用できない場所だった。

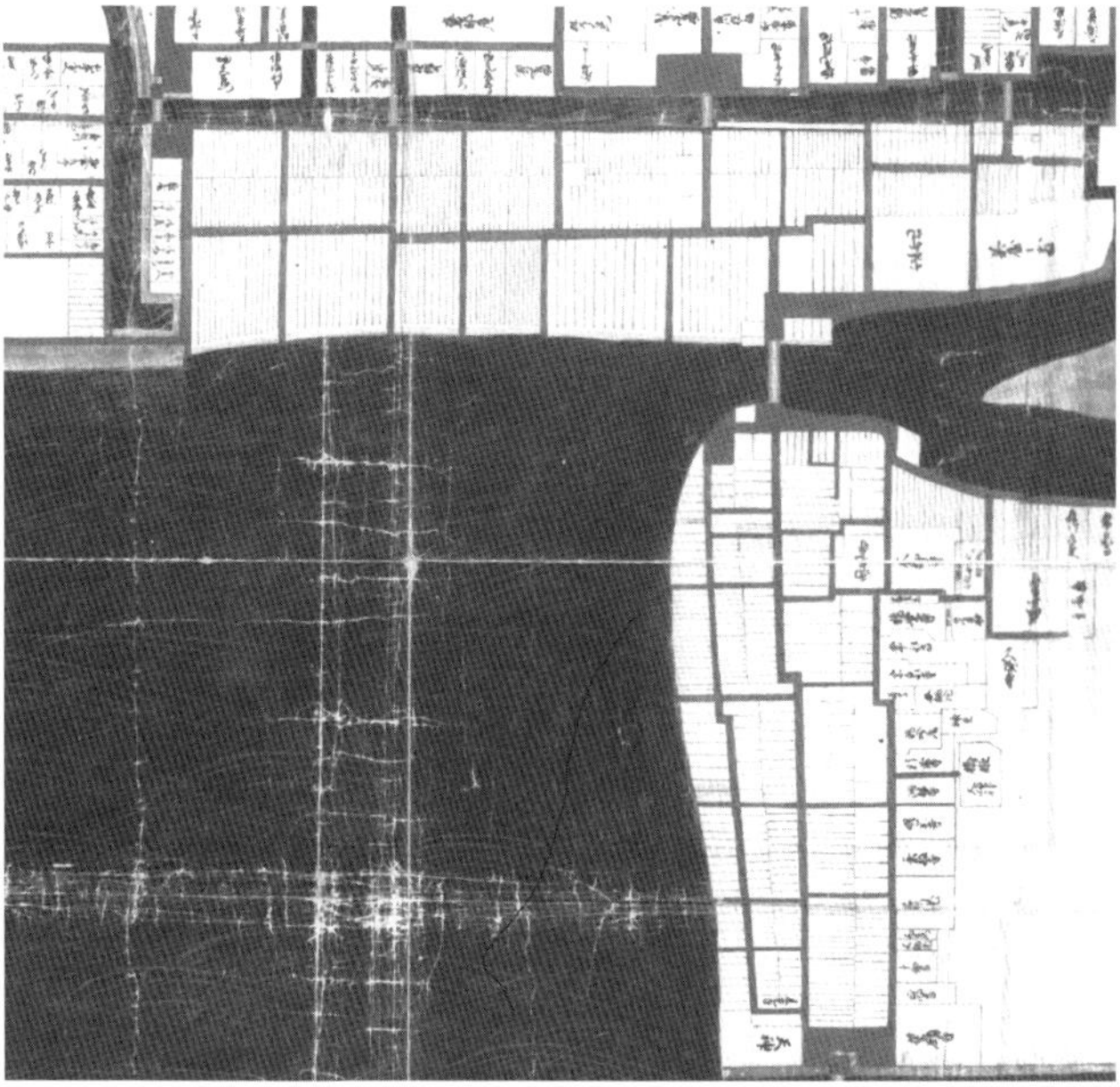

図５　両側町の形　「堀尾期松江城下町絵図」（島根大学附属図書館蔵）にある末次町と白潟町（部分）

## 城下町の形

慶長十二年（一六〇七）から始まった城下町建設は、先述のように末次の町人地の通りを軸にして全体の街区が設計されている。末次の町人地の北端を限る京橋川も末次の通りに平行に掘削され、それより北では京橋川に平行あるいは直交する道路が敷設されている。城郭の中心部は亀田山の地形を留めており、その北側は亀田山から北に続く丘陵があるため、その地形に影響を受けている。亀田山の北側は、城郭中枢部での必要な曲輪を納められる範囲を確保しつつ、城郭としての防御機能を生かした結果、現状のような姿になったのだろう。

堀の配置から松江城下町を観察すると、城を中心として、その西は四十間堀川、東の米子川まで、北は北堀川、南は京橋川までの空間が城を取り巻くように配置され、その外側に東側では下級家臣の住む南北田町、北では上級家臣の別宅がある奥山、西では下級家臣が住む外中原町がある。また、白潟の南には下級家臣の住む雑賀町を配置する。城を中心にしてヒエラルキーが徹底された配置となっている。

城下町成立頃の松江城下町を描いた「堀尾期松江城下町絵図」を見ると、低湿地の中に人工的に建設された城下町の姿が明瞭に分かる。また、東部の北田町の北端と南田町の東端には人工的な土手が築かれ、町の範囲を視覚的に認識させている。

## 松江城下町を掘る 1

### 松江歴史館敷地

絵図で見るこのような姿の城下町の成り立ちを知る機会が訪れた。平成十八年（二〇〇六）から始まった松江歴史館の建設に先立つ発掘調査である。そこには堀尾期には四千石を拝領していた堀尾采女と五百石を拝領していた堀尾右近の屋敷地が、京極期には一万石を拝領した佐々九郎兵衛と南に千五百石を拝領した生駒九郎左衛門の屋敷地が、松平期には五千石の乙部九郎兵衛と南に七千石の朝日丹波の屋敷地があった。いずれも藩内ではトップあるいはトップクラスの重臣が置かれていた（図6）。発掘調査はこの重臣屋敷の西半分の城側にあたる場所で行われた。これからこの場所の利用のされ方を時代の古い時期から見ていこう。

堀尾期は築城に着手した慶長十二年（一六〇七）から二代藩主忠晴の死によって堀尾期が断絶した寛永十一年（一六三四）までの二十七年間である。この時期は関ヶ原合戦のあと、豊臣家が滅亡した大坂の陣を経て徳川幕府が権力を集中させている時であった。国内各地に城下町が建設され、それらの城下町が平和な時代へと移り行

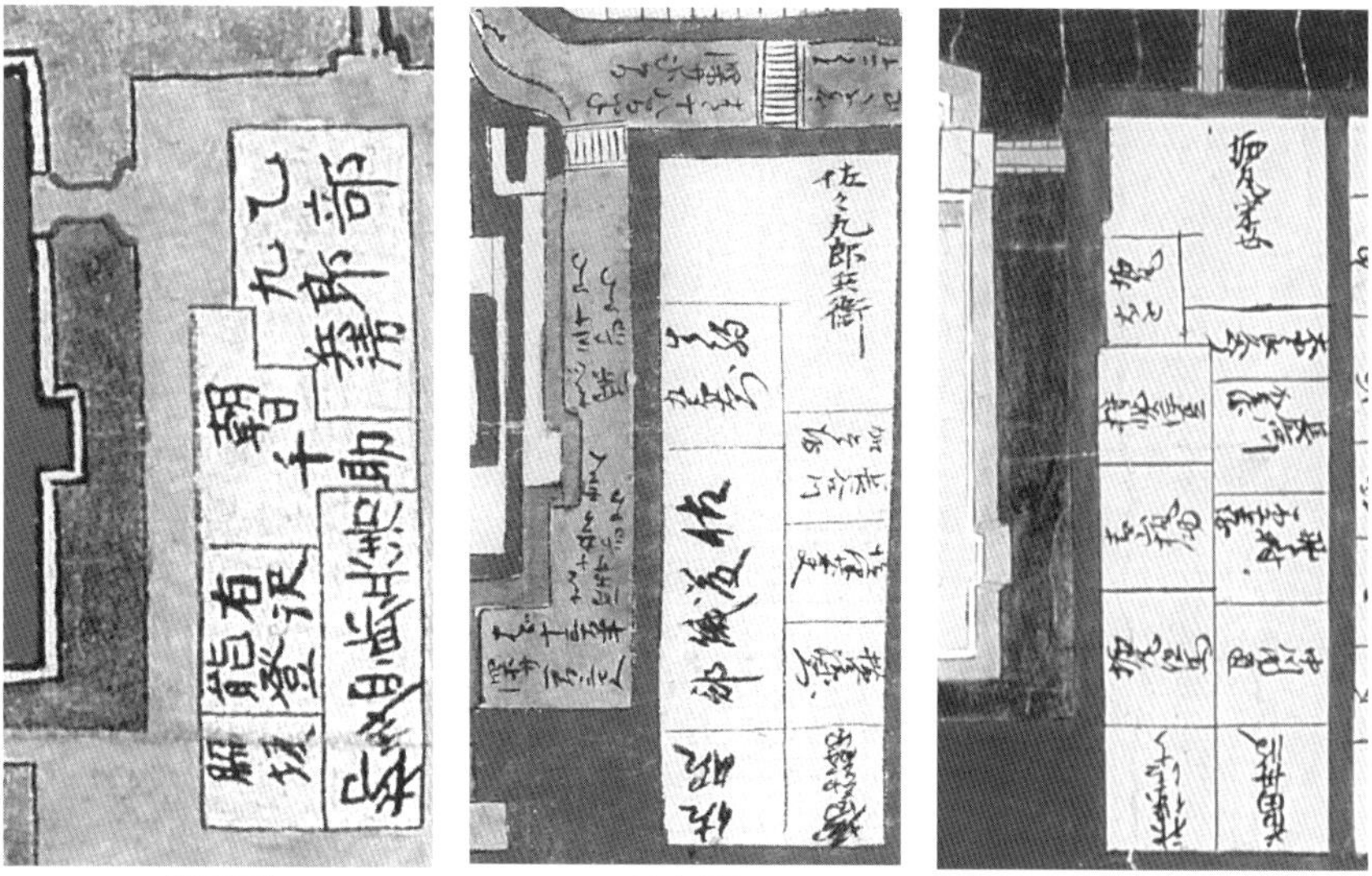

（松平期）
（島根大学附属図書館蔵）

（京極期）
（丸亀市立資料館蔵）

（堀尾期）
（島根大学附属図書館蔵）

図６　松江歴史館敷地における江戸時代の屋敷地（堀尾期から松平期）

く時代でもあった。各地の城下町遺跡で行われた発掘調査では、この時期の屋敷地の姿が明らかになり、そこで使われていた生活道具が夥しいほど出土して、当時の人たちの生活を描くことができるようになってきた。室町時代から武家階級や有力町人の中で嗜まれていた茶の湯の道具も出土し、桃山文化の香りがまだ漂っていた時代であった。

　堀尾期の屋敷地は幅四m、深さ一mの素掘りの溝によって北の屋敷と南の屋敷の二つに区切られていた（図7）。まず、敷地境の溝の北側の屋敷地から見ていく。

　北側屋敷地の南端になる敷地境の溝のすぐ北側には、溝に沿って杭穴が並んでおり、敷地内が見通せないような遮蔽施設があったようだ。この敷地で特筆すべきは敷地南部で見つかった石組みの池である。

　敷地境の溝の北五mの位置にあり、瓢箪形をした大型の池とその西に石組み溝で繋がって小型の石組みの池（溜枡）があった。大型の池は東西一三・五m、南北七mほどあり、護岸は一抱えもある石を最下段に置いて形を決め、同じほどの大きさの石を上に積み上げ、大きい石の間には人頭大の石を詰めて岸を整えている（写真5）。西側にあった小型の池（溜枡）は四mほどの窪みの底に人頭大の石を敷いて、その上から岸に一抱えほどの大き

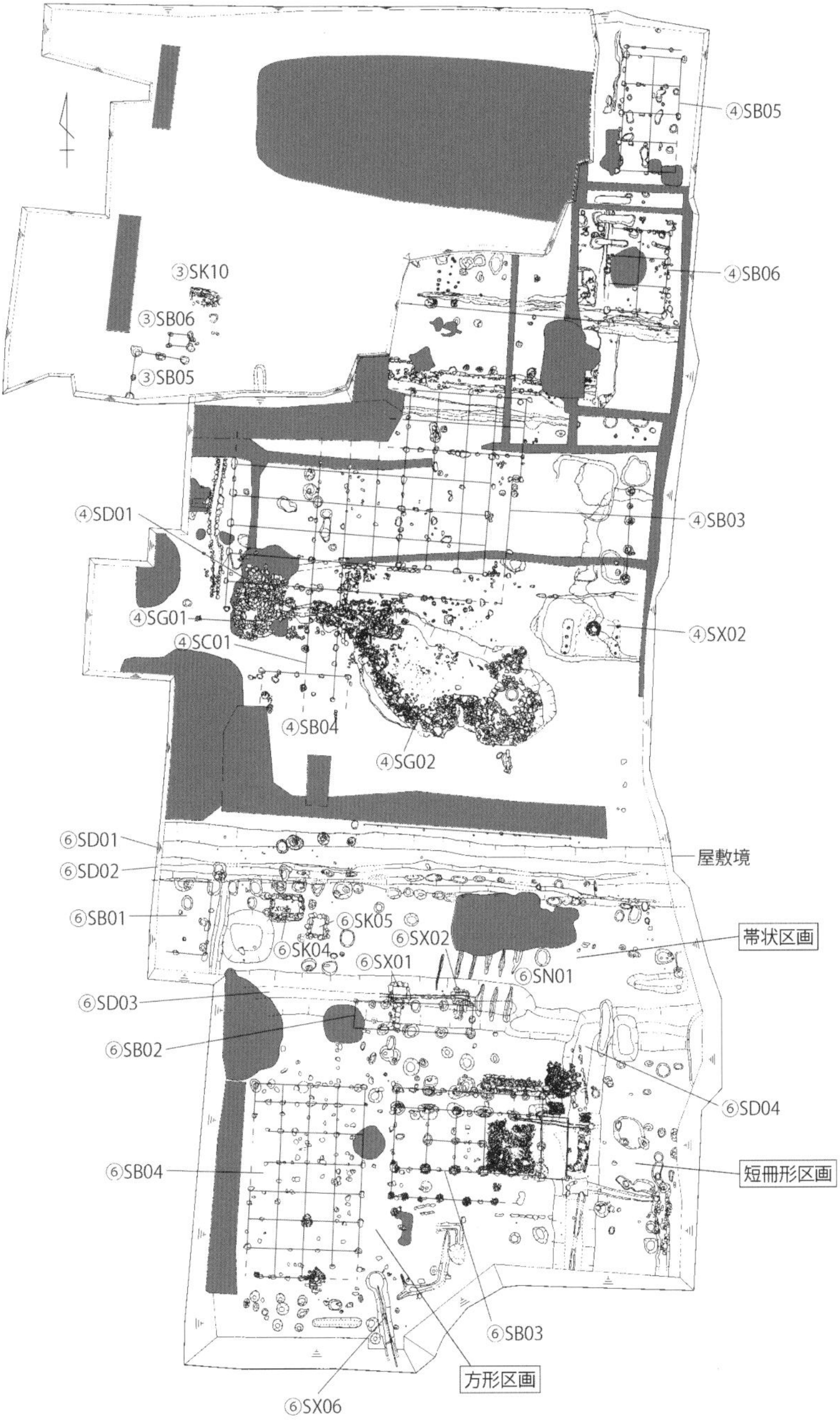
④SB05
④SB06
③SK10
③SB06
③SB05
④SD01
④SB03
④SG01
④SC01
④SX02
④SB04
④SG02
⑥SD01
⑥SD02
屋敷境
⑥SB01
⑥SK05
⑥SX02
帯状区画
⑥SK04
⑥SX01
⑥SN01
⑥SD03
⑥SB02
⑥SD04
⑥SB04
短冊形区画
⑥SB03
方形区画
⑥SX06

図７　堀尾期の敷地境の溝

写真５　堀尾期北屋敷の池

さの石を立て並べて、二mほどの四角い池を作っている。二つの池を繋いでいる石組み溝は底が高い小型の池（溜枡）から深い大型の池へと水を流すためのものであろう。

大型の池の南の敷地境の溝までの間は五mほどの空間がある。ここには池の背後に造成された築山があったと推定される。

池の北の屋敷地の中央には東西二〇m、南北一四mの東西に長い礎石建物が見つかった。この屋敷地の主殿と推定される。この建物の南側には縁側があり、そこから池や背後の築山を眺めていたのであろう。また、この建物の西端から池を繋ぐ石組み溝の上を通るように渡廊下が作られており、南側にある礎石建物へと通じている。この渡廊下と南側の礎石建物も池や築山のある庭園を鑑賞する場所だったようだ（図8）。

出土した生活道具には唐津焼や中国製の青花と呼ばれる磁器が多く出土し、わずかながら瀬戸美濃焼の志野や織部の茶碗や向付などの茶陶も出土している。唐津焼の碗・皿・大皿は多く出土しており、松江が東海地方よりも九州地方との結びつきが強いことがうかがえる。唐津焼の碗や皿の形を見ると、一六二〇年代に生産された陶器もあり、大坂の陣で豊臣期が滅び、徳川幕府による西国大名への締め付けが強化されている時期に当たる。茶

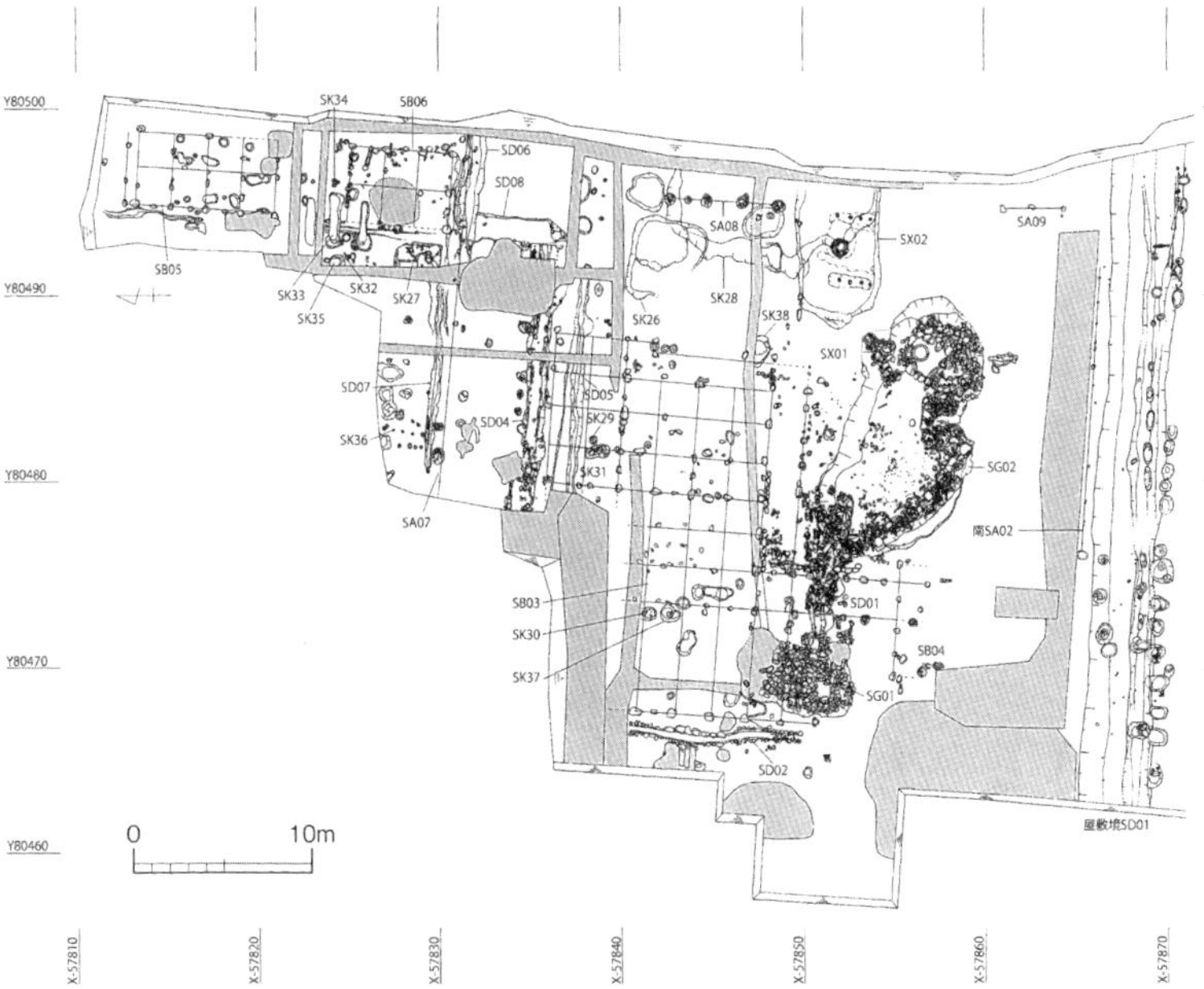


図８　堀尾期北屋敷の礎石建物

陶の志野や織部が出土したことから、この屋敷の住人が茶の湯を嗜んでいたことが分かる。これらの陶磁器は十七世紀前半の国内各地の城下町で確認されており、この時期の一般的な組合せである。

南側の屋敷地は調査範囲のほぼ中央に城側に南北約一二m、東西約八mの南北建物が一棟とその東に東西約一○m、南北約四mの東西建物が見つかっている。南北建物はこの敷地の主殿である可能性がある。東側の建物は南側の柱に礎石を使うが、北側の柱を掘立柱という柱の根元を地中に埋めて固定する手法を用いている。かなり特異な作り方をしている。この建物は東側に石敷きの土間があり、台所の可能性がある（図9）。

この二つの建物の周りには屋敷地内を区画する溝が北側と東側にあり、居住空間とそれ以外の空間を区切っている。北側の空間には畑や地下式貯蔵施設があり、東側の空間には建物はなく小規模な穴が点在する。こうしたことから北側と東側の空間は屋敷地の裏に当たる場所なのだろう。

京極期は寛永十一年（一六三四）から寛永十四年（一六三七）までの三年間と短期間であり、松江入部以降、どの程度松江城下町を改造したのか判然としない。北側屋敷地では池の北に広がっていた堀尾期の主殿と想定し

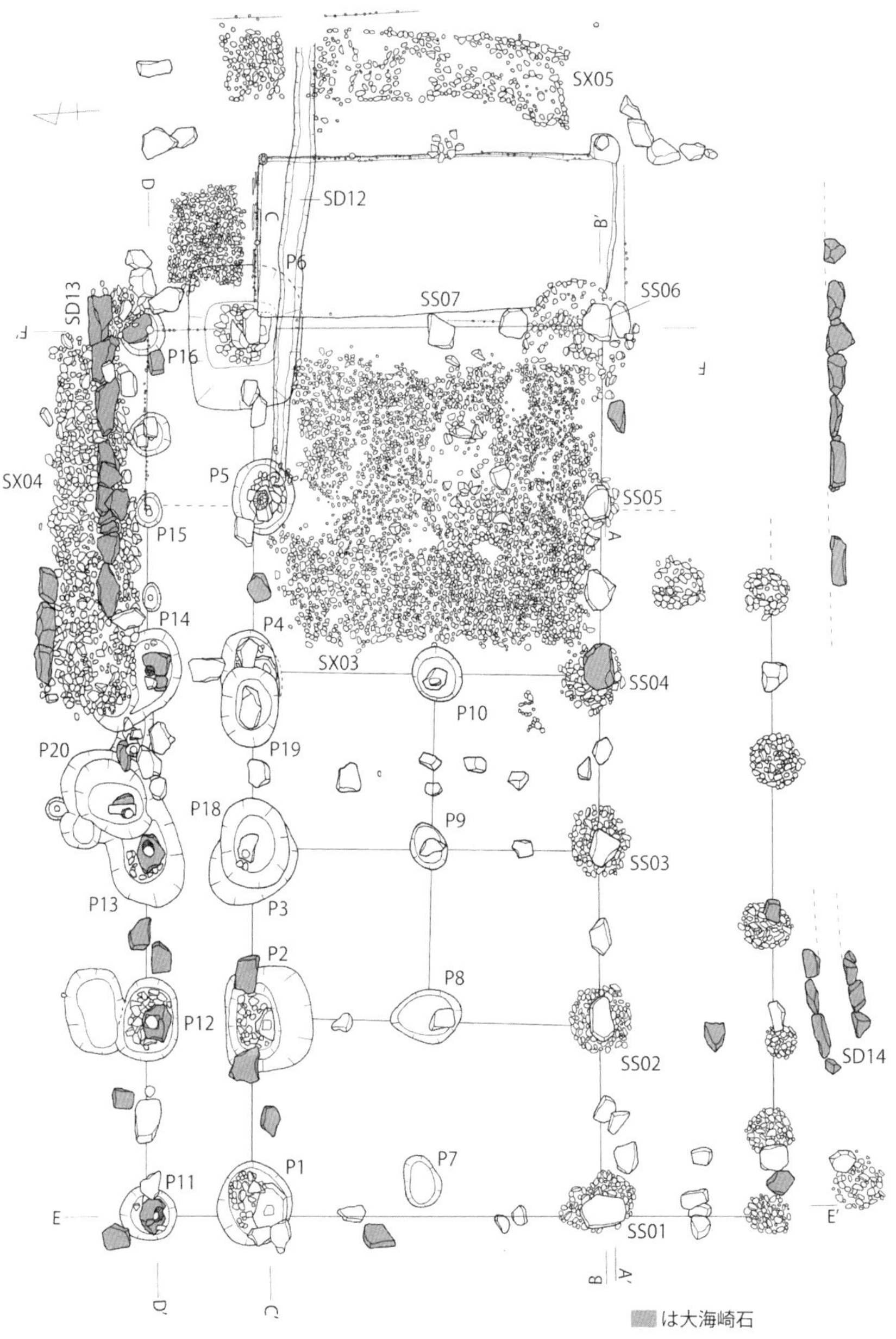


図９　堀尾期南屋敷の建物

た礎石建物は壊され、その跡地に規模を小さくした礎石建物が建てられているが、礎石の残りが悪く全体の規模は判明しない。この建物の東に後述するゴミ穴が掘られていた。池の東にも建物が一棟見つかった。この建物はさらに規模が小さい。礎石建物の南にあった石組み池は堀尾期の姿のまま壊されることなく残っていた。以下では判明している京極期の屋敷地の様子を紹介する。

　北側屋敷地では、堀尾期の主殿があった場所から長さ五・五m、幅三m、深さ〇・五mのゴミ穴が見つかった。この穴からは多量の荷札木簡が出土した。木簡には京極家の家臣で京極期にこの調査地に居住していたことが知られる「佐々九郎兵衛」の名前を書いた荷札木簡があり（**写真6**）、この地に佐々九郎兵衛が居住していたことが裏付けられた。

　このほか、「古田助左衛門」と書いた木簡もあった。古田助左衛門は京極家ではなく浜田藩古田重恒の重臣で、堀尾期断絶の折と、京極家断絶の折の二度にわたって出雲・隠岐の在藩役（幕府の預かり時の責任者）を命ぜられた人物である。

　木簡のほかに唐津焼や瀬戸美濃焼の織部、中国製青花などの陶磁器が出土した。唐津焼は堀尾期のものと比較すると釉薬の掛け具合や器形の違いから、幾分新しい時代のものであることが分かる。そしてこの段階から肥前磁器の伊万里焼が出土する。

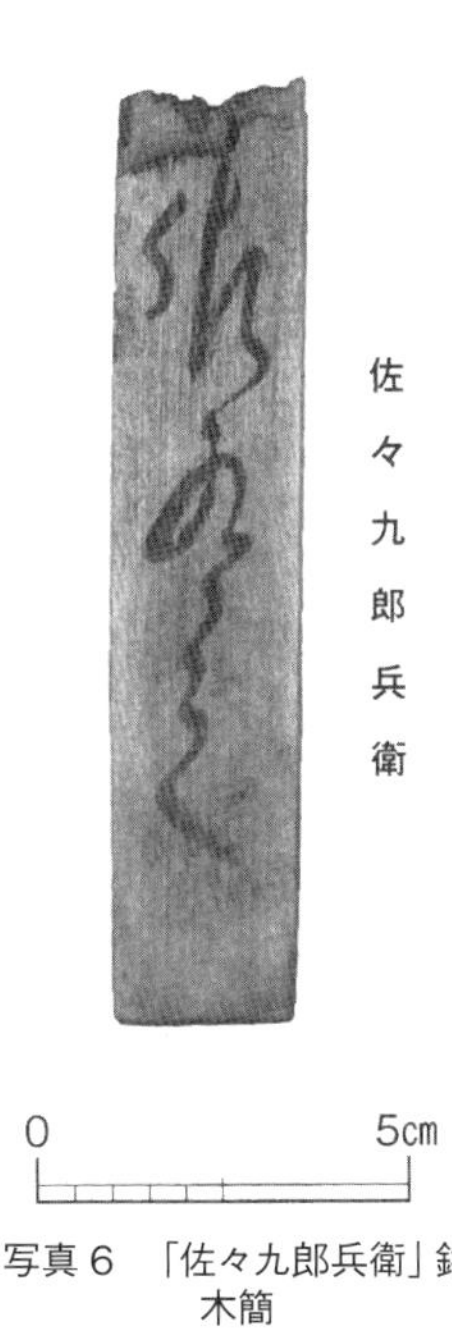

写真６　「佐々九郎兵衛」銘木簡

　南屋敷では堀尾期には二棟の建物があった場所に、東西一四m、南北一〇mの東西建物が二棟ほぼ同じ位置に柱位置をずらして建て替えられていた。これの建物は南側柱列の西端が一間分だけ飛び出ており、ここに入口があった可能性がある。この建物の西側にも南北規模が同じほどの建物があるが、東西方向の規模が判明しない。

　堀尾期には素掘りだった溝が、京極期になると前代の溝が埋められ、杭列が掘立柱塀へと変化するが、その後地盤が嵩上げされ、護岸に石を並べた溝に変化する（**写真7**）。

　松平期は寛永十五年（一六三八）から明治四年（一八七一）の廃藩置県まで続く。この時期になると、北側敷

写真７　京極期の敷地境の溝

地では近現代の攪乱によって当時の地表面が削平されており、敷地内の建物配置は分からなかった。しかし南側屋敷地では攪乱が少なく、三期にわたる建物配置の変化が判明した。

南側屋敷地では松平期の初期は前代の遺構群とほぼ変化のない配置を見せる。中央の礎石建物も初期には利用されていた可能性がある。北にある敷地境の溝も同じ位置に存在しており、堀尾期から同じ位置が屋敷境となっている。出土遺物から十七世紀中頃から十八世紀前半と推定できる。この時期になると肥前磁器の伊万里焼が大量に出土してくる。それまで主体となっていた肥前陶器の唐津焼の出土量は激減し、瀬戸美濃焼も中国製青花も出土しなくなる。

次の段階になると、北の屋敷境の溝は護岸の石が小型化し、溝の幅も狭くなってくる。建物は前代に建物が建っていた場所を踏襲しているようで、一帯に礎石が点在する。礎石の組合せで五棟の建物が復原されている。

出土遺物は十八世紀代の肥前磁器の伊万里焼が主体である。この頃から山陰地方で生産されたと推測される陶器が出土してくる。最終段階には十八世紀後半から明治時代までと想定できる遺構面で、北側屋敷地と南側屋敷地の区別も前代から踏襲されている。

南側屋敷地では敷地南部に礎石建物が広がっている。それ以外で興味深いのが、祈祷具を埋めた二基の木箱埋納土坑である。

二基の埋納土坑は、敷地南部で発見された礎石建物の北東方向と南西方向にあり、その中には木箱が埋められていた。建物から見て北東方向は鬼門の方向であり、南西方向は裏鬼門に当たる（図10）。

鬼門の方向にあった土坑（SK06）から見つかった祈祷具は木箱を二重にしたもので、外側の箱の長さ四四・○㎝、幅二二・八㎝、高さ二三・○㎝で、この中に長さ三七・二㎝、幅三○・二㎝、高さ一四・四㎝の内箱が納まっていた。外箱の蓋には上部に「土ノ」下部に「物」と離れて墨書があったが、その間にも文字があった痕跡が認められることから、その間に三文字ほど墨書があったと推定されている。

外箱の中には内箱が納められていた。内箱の蓋には三列の墨書があった。右端には「故実□除尅害」と、中央には「金祭鐵丸埴丸」と墨書し、その上から「土金両来」と彫る篆書体による白文の朱印を押す。左には「橘明喬謹修行」とあり、その左側に白文の「明喬」とその下部に朱文の「斑鳩神祇司」の朱印が押されていた。

内箱の中には半裁された竹に挟まれて、直径八㎝ほどの鉄球と山状になった土があった。内箱の蓋に「金祭鐵丸埴丸」と墨書されていることから、中に鉄球と土の球がおさめられていたと推定でき、山状の土は鉄球と同じように丸められていた土の球が、水で解けたのではないかと想定できた。鉄球と土の下には布の痕跡が認められたことから、鉄球と土の下に敷いたものではないかと推測できる（図11）。

これらは墨書や朱印の内容から、地鎮祭の際の祈祷具と推定でき、橘明喬という人物がこの祈祷に大きく関わっていたと想定できる。橘明喬という人物は大坂で易学や家相学を修めていた松浦東鶏の子息と判明し、彼が松江に呼ばれてきて、この敷地の祈祷を行ったのではないだろうか。

また、裏鬼門の方向にあった土坑（SK07）からは八角形の木箱が見つかっている。八角形の木箱の蓋の表面には「方徳埴」と墨書し、「土金両来」と彫る篆書体による白文の朱印を押す。蓋の裏面には「木火土金水」と墨書する。箱本体の各面には「玄武」（北）・「艮」（北東）・「青龍」（東）・「巽」（南東）・「朱雀」（南）・「坤」（南西）・「白乕（虎の俗字）」（西）・「乾」（北西）と墨書し、それぞれの方角が相対するように墨書する。

箱の中には土の塊が解けて山状になって見つかった。

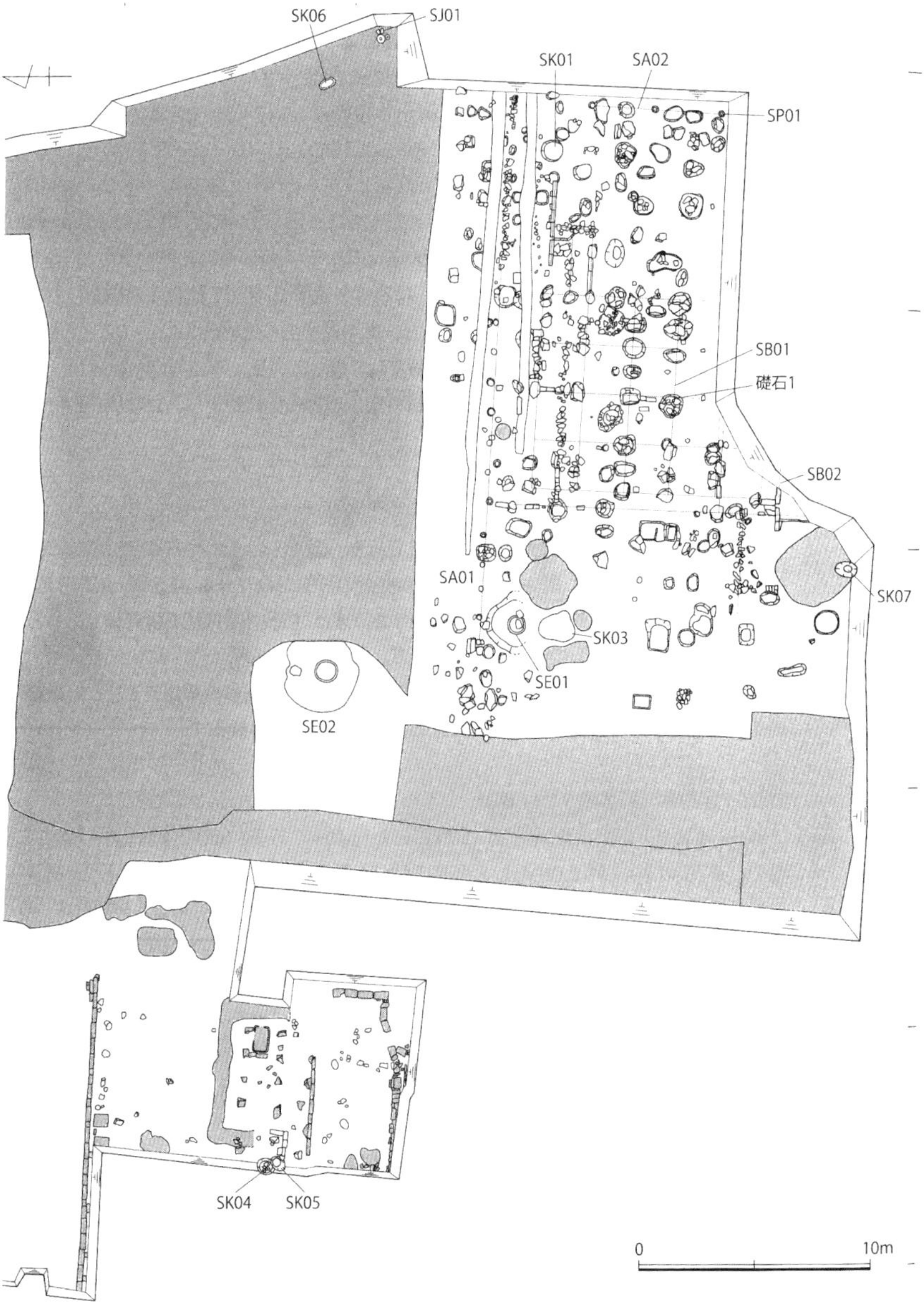


図10　松平期南屋敷地鎮具出土遺構

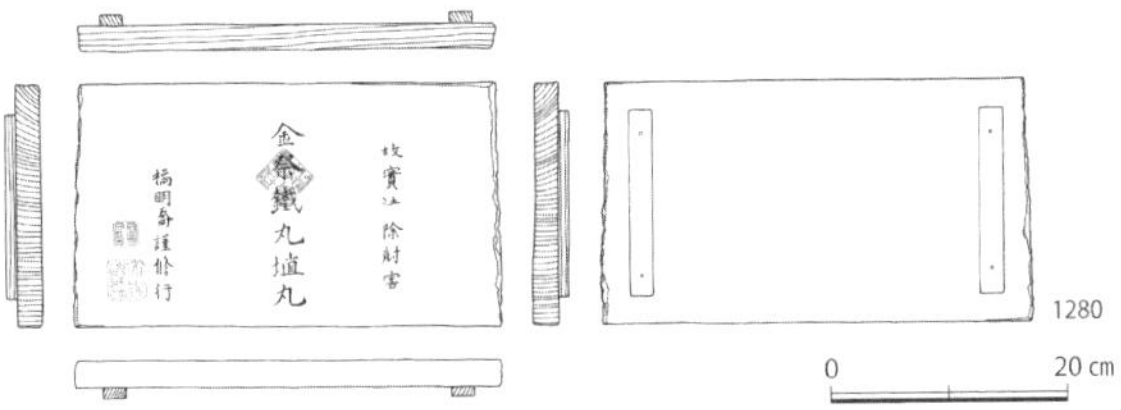


長方形祈祷具 内蓋実測図

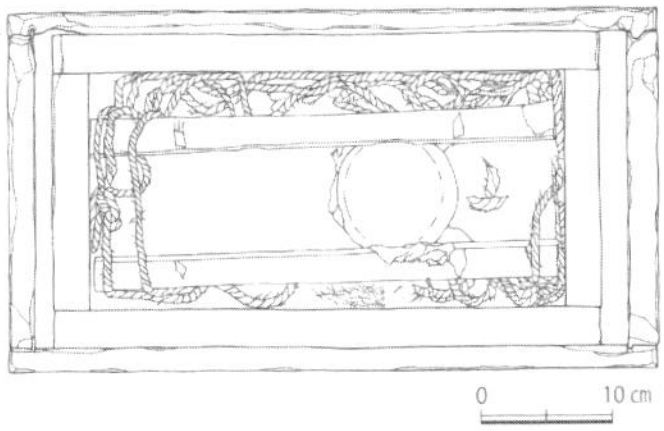


内箱開封状況実測図

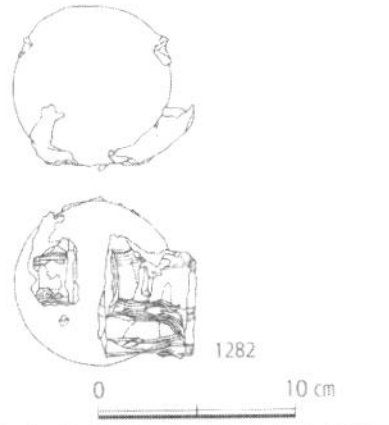


内箱内容物鉄球(鉄丸)実測図

内箱開封状況

図11 SK06出土地鎮具

「方徳（徳）埴」と墨書されていたことから、おそらく土で作った塊が納められていたのであろうが、それが箱の中に浸み込んできた地下水によって土の塊が解けていったのだろう（図12）。

この祈祷具にも先の祈祷具と同じ朱印が押されていたことや、墨書の字体・筆跡が同一人物のものと推測できることから、こちらも橘明喬によるこの敷地への祈祷具と推定できる。

撹乱が広がっていた北側屋敷地では、三面の松平期の遺構面を見つけているが、それぞれで柱列や石組みの地下式穴蔵や土坑と呼ぶゴミ穴が見つかっているが、主殿となる礎石建物が見つかっていないため、この敷地の利

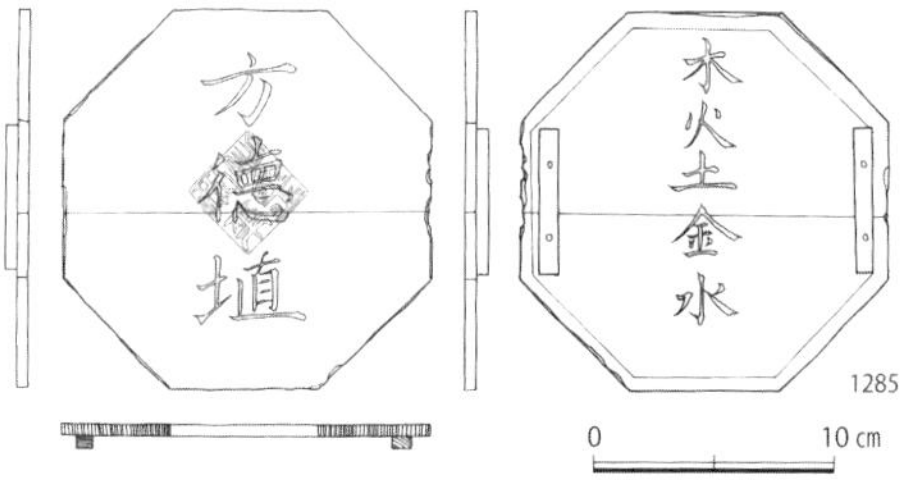

八角形祈祷具蓋実測図

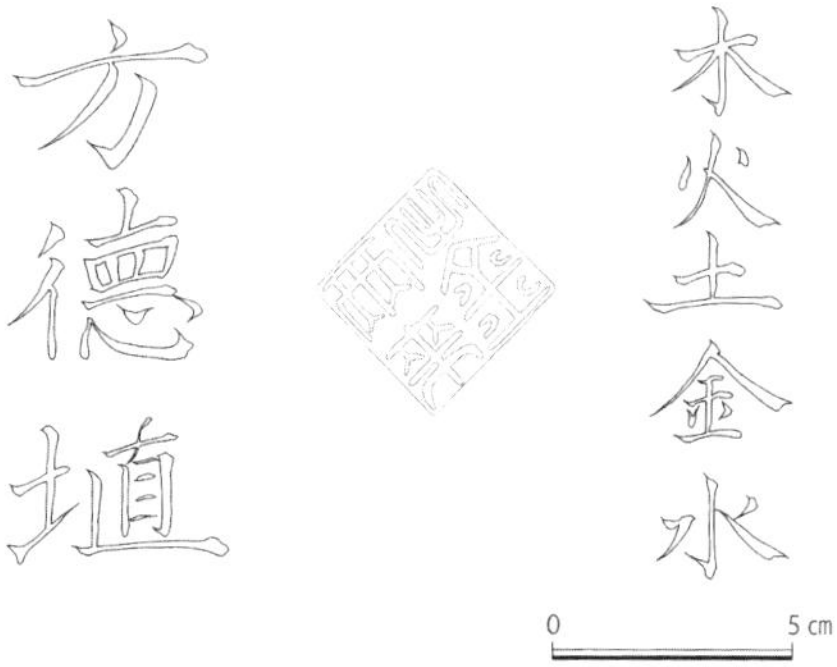


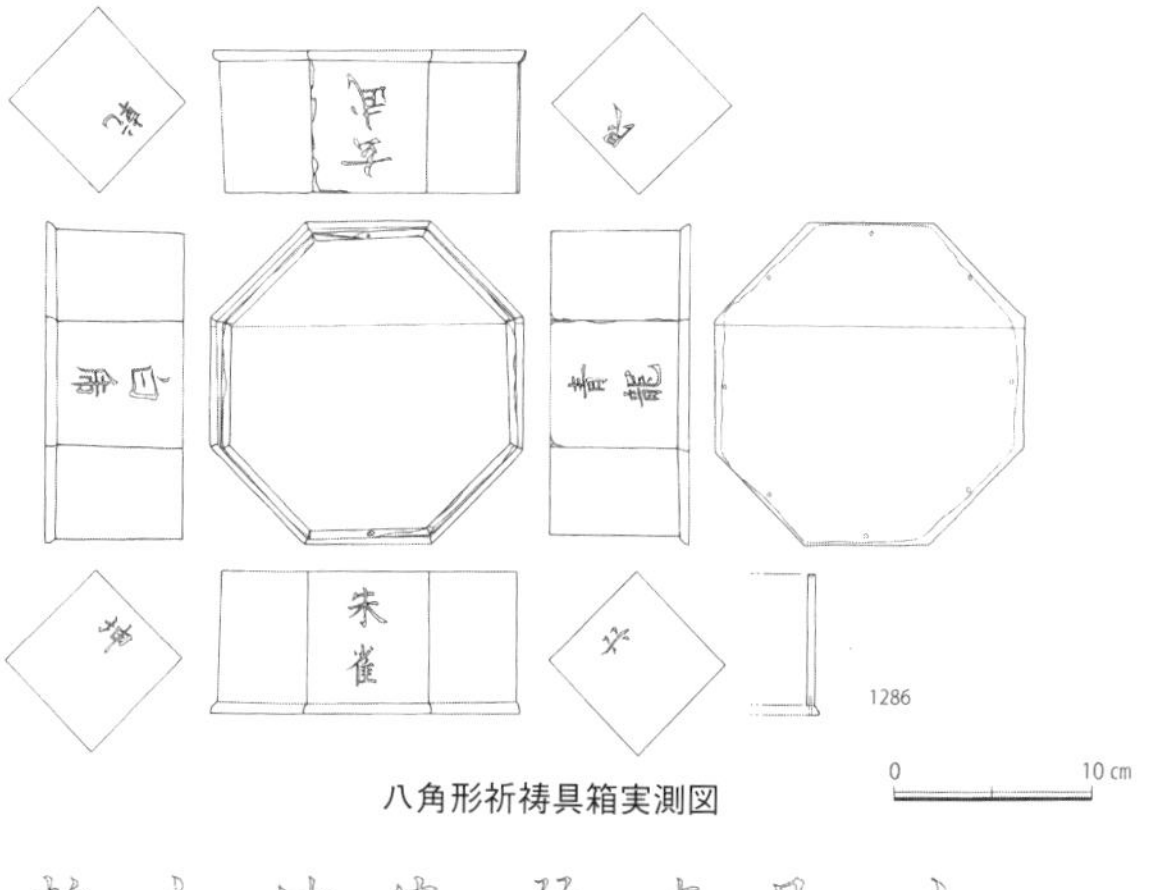

八角形祈祷具箱実測図

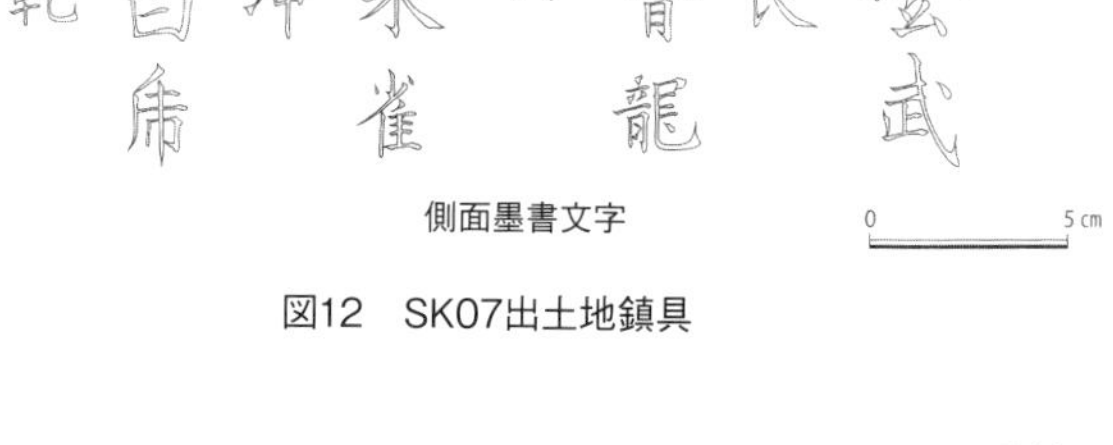

側面墨書文字

図12　SK07出土地鎮具

用状態が判然としない。建物の礎石が動かされてしまったのであろう（図13）。

　そのような中、最上位の遺構面のほぼ中央で四角い木箱を埋めた土坑が見つかっている。埋められていた木箱は約三〇cm角で高さが約一九cmで、箱の蓋に「明治三庚午年六月八日亥ノ上刻誕生女子胞衣」と墨書されていた。この中に二七cm方形で、高さが一六cmの内箱が入っていて、蓋には葵の家紋が描かれていた。さらにこの中に直径二三cm、高さ一五cmほどの曲げ物が納められていた。曲げ物の蓋にも葵の家紋が描かれていた。内箱の中には曲げ物のほかに、羽子板・刀子形木製品・筆・栗・ムクロジの種・サンショウの細枝・墨が納められていた。ムクロジの種は羽根を装着するための穴がこしらえられており、羽根突の玉とみてよい。女子が生まれたことで羽根突の道具と、学問ができるよう、文字が上手くなるようにと筆と墨を納めている。親の思いがこもった品々だ。

　曲げ物の中には素焼きの皿が二枚、口を向い合わせた状態で見つかった。当初は二枚の

図13　松平期北屋敷遺構配置図

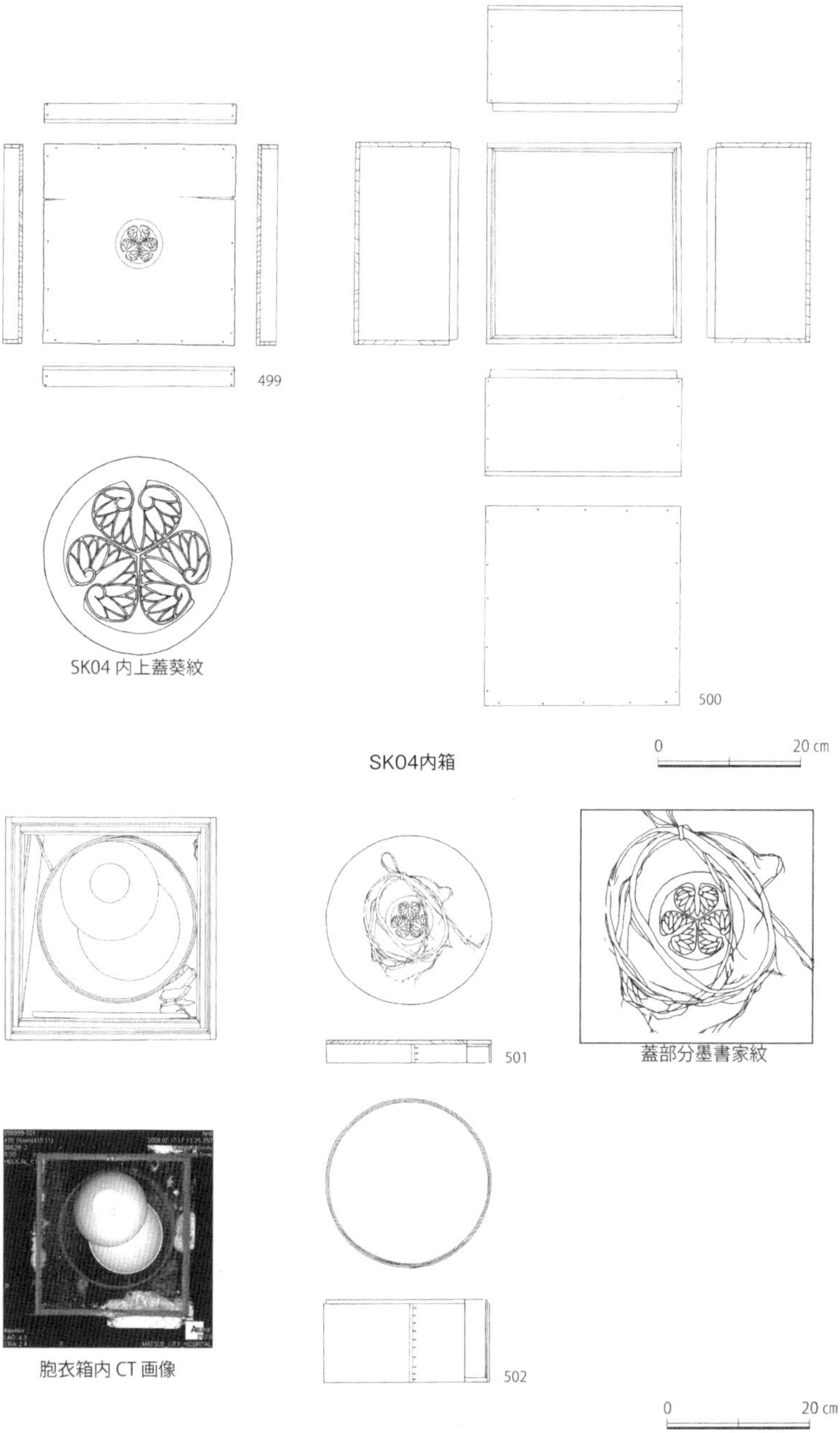


図14 － 1　松平期北屋敷検出胞衣箱の内容物

皿を紐か布で縛っていたようで、その痕跡が皿の外面に残っていた。発見時には皿の口がずれていたが、この二つの皿の間に胎盤（胞衣《えな》）を納めていたのであろう。見つかったのは胎盤を包んでいたのであろう薄い布片だけである（図14）。

当時の記録によると、廃藩置県直前に松江城二之丸を出た松平家がこの敷地の乙部家に仮住まいしており、この木箱は十代藩主松平定安の九女「鑑子」が出生した折の胎盤を納めた胞衣皿と判明する。

胞衣皿や胞衣壺を建物の土間に埋納する風習は日本各地に見られる。ヒトに踏まれる家の出入り口や土間に埋める地域もあれば、ヒトに踏まれないように床下に埋納する地域もある。この敷地では主屋となる建物の位置がわからないため、人が通る通路なのか、建物の床下なのか判然としない。

以上、主要な遺構を時期ごとに述べてきたが、この敷地が家臣の筆頭クラスの重臣屋敷であったことで、他では類例の

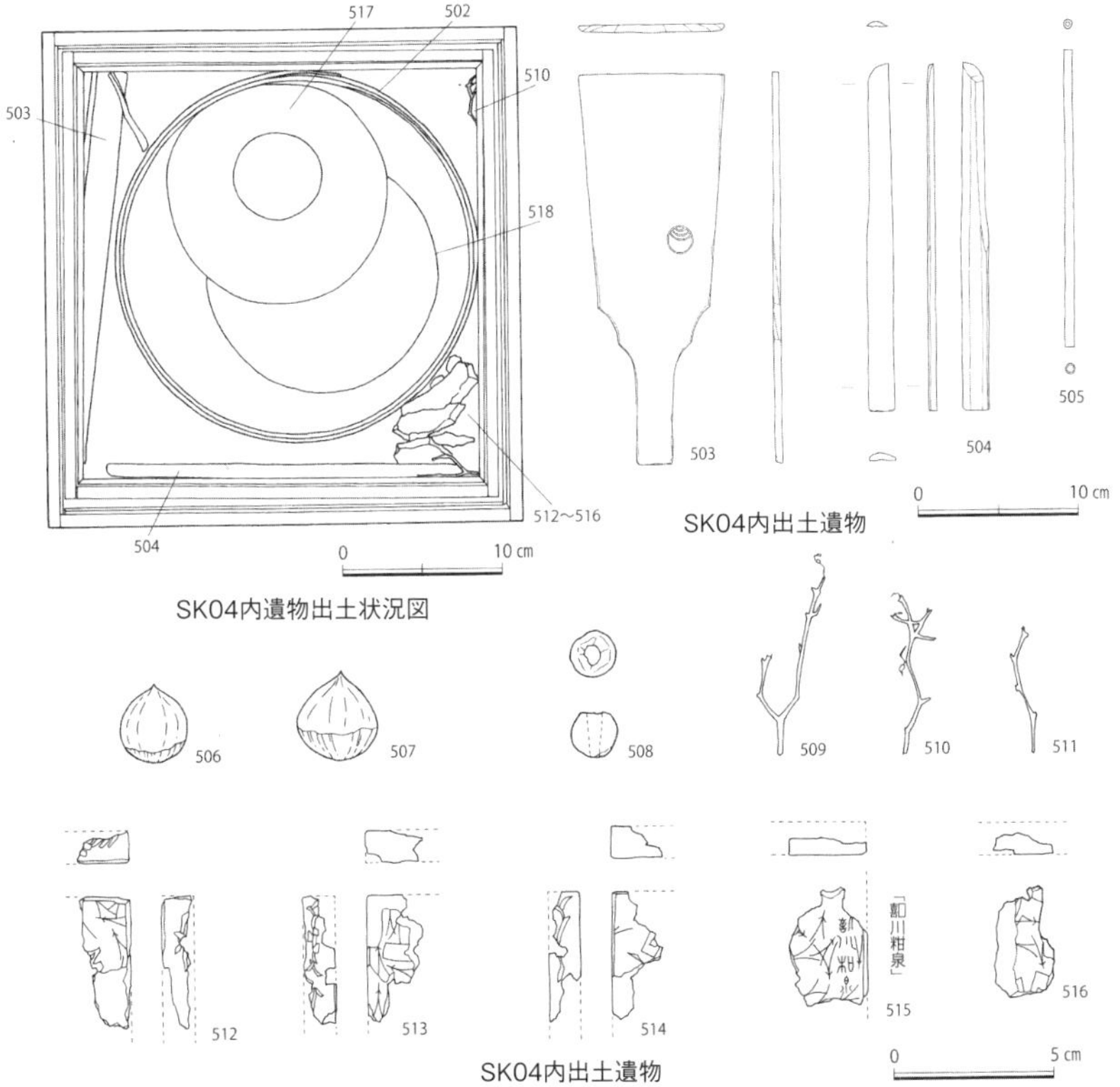


図14－2　松平期北屋敷検出胞衣箱の内容物

少ない遺構が見つかっている。堀尾期から京極期に掛けての池泉庭園の発見もその一つで、絵図でうかがわれる重臣の屋敷地の詳細が判明したのだ。

また、江戸時代後半の祈祷具や胞衣皿の発見は、当時の人々の大地や自然に対する畏怖心を垣間見せてくれるものである。こうした儀礼は家を建てる際には地鎮祭を行うなど、風習として現在でも私たちの間に残っている。さすがに胎盤を胞衣皿に納めて埋納することはなくなったが、戦前までは残っていた。発掘は旧石器や縄文時代という古い時代の歴史を明らかにするだけではなく、ほんの少し前までの人間の営みまでも明らかにできる学問だということが分かっていただけただろうか。

## 松江城下町を掘る 2

### 松江裁判所敷地・大手前線

松江市内では松江歴史館敷地だけではなく、先にも少し述べた大手前線の拡幅工事に先立っても発掘調査を行った。また、松江裁判所敷地でも再建工事に先立って発掘調査を行っており、裁判所敷地にあった武家屋敷の変遷を知る成果が上がった。

母衣町にある裁判所敷地では堀尾期から松平期までの屋敷地の変遷が判明した。ここは低湿地であった屋敷地内全域を盛土造成事業するのではなく、建物を建てる範囲だけを高く嵩上げする造成事業を行っていることが判明した。工事の省力化である。これと同じ工法が四国の阿波徳島城下町で用いられている。そこでは「島状整地」とよばれて、大河吉野川の河口に立地している徳島城下町ならではの工法と認識されていた。それと同じ工法がこの松江でも採用されていたのが明らかになった(図15)。

徳島は秀吉最古参の家臣である蜂須賀家の城下町であり、松江も同じ古参の家臣の堀尾家の城下町である。豊臣家臣団には秀吉と共に戦場を駆け巡り、戦場に於いて様々な構築物を築き、さらには新たな城郭や城下町建設の中でこうした様々な土木技術が生み出され共有されてきたのではないだろうか。

ここの調査では松平期の屋敷境の溝に彫られた土坑から、最上級の陶磁器がいくつも出土した。それらは十七世紀中頃から後半にかけての肥前磁器と中国製青花で、同じ模様や大きさのものが二〇個体もあってそれで一揃いとなったものが一九種類もあった。さらには、国内での出土例が極めて稀な柿右衛門様式の皿・初期色絵の大

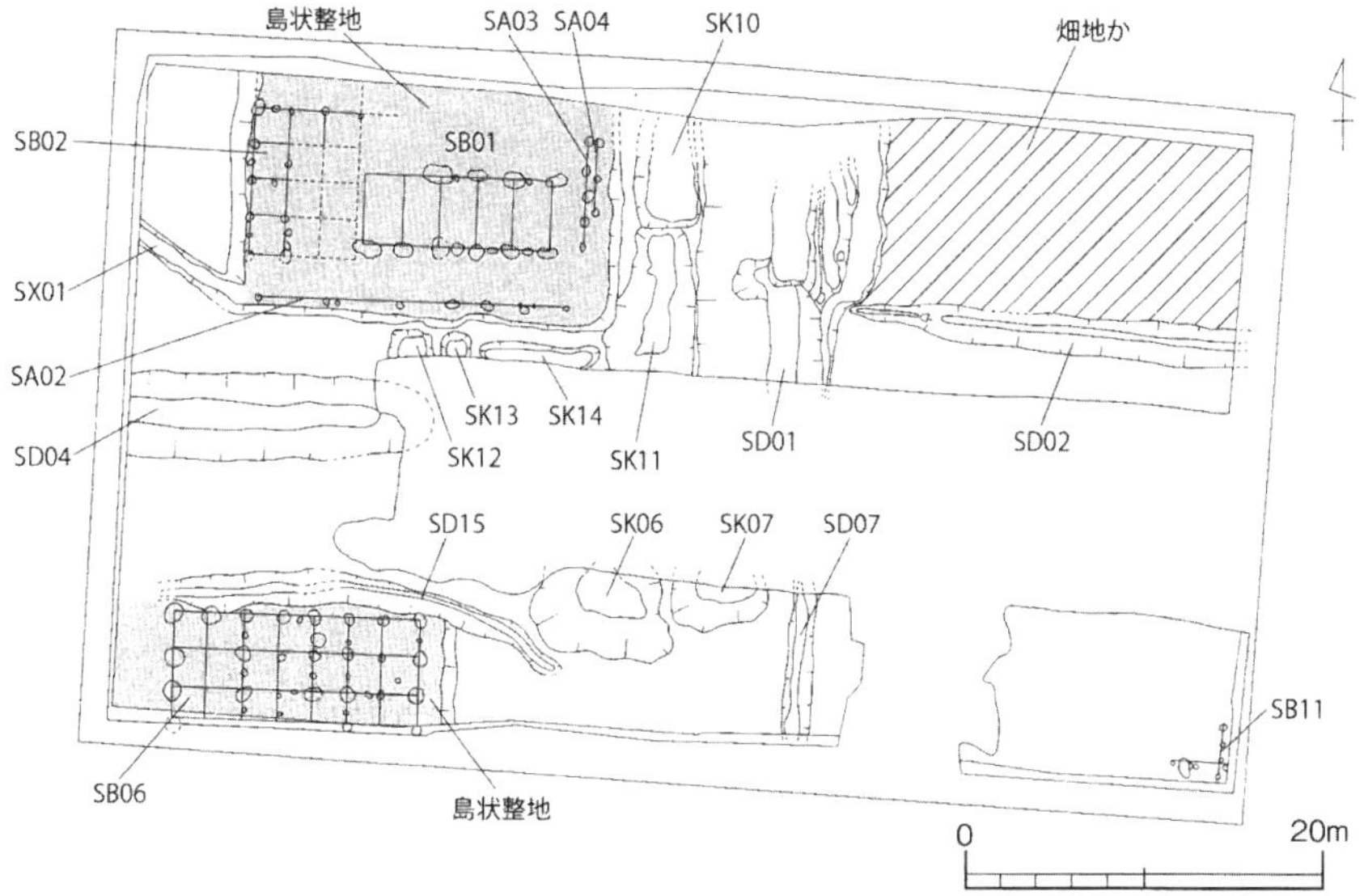


図15　堀尾期の島状整地

皿・祥瑞手大皿など、これまで国内の発掘調査では江戸城下町の加賀百万石前田家の屋敷跡からしか見つかっていない代物であった（写真8）。

なぜこのような高級食器が城内の御殿ではなく、母衣町の中級家臣屋敷から出土したのか、未だに理由が分からない。出土磁器を仔細に観察すると、火災に遭った痕跡があり、それで廃棄されたと考えられる。出土磁器の年代から、その火災は延宝六年（一六七八）の「母衣町大火」と推定できる。

大手前線の関連調査では、殿町や母衣町では街区の設

写真８　母衣町出土の高級磁器

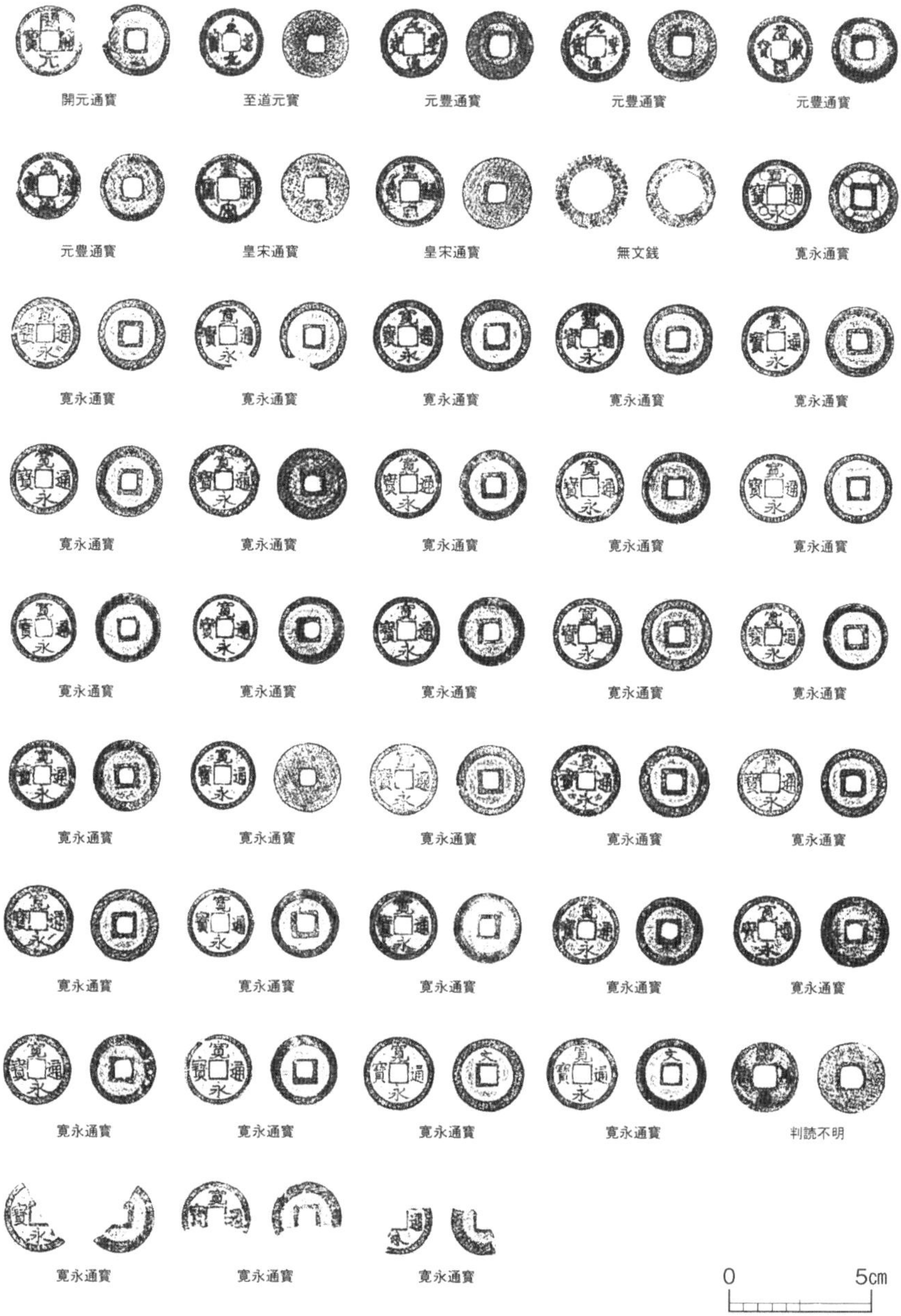


図16　大橋家与力屋敷出土の銭貨

計線となる素掘りの大溝を発見し、湿地帯の中に新たに巨大な都市を造成するという大土木工事の手法の一つを明らかにしたことは先に述べた。それ以外でも東の南田町では松平期に家老大橋茂右衛門の与力屋敷跡で屋敷地の配列や建物の姿が判明し、その一つでは増改築にあたって撒銭を行っている事例を発見している（図16）。また、南田町にある米子川の東の入堀の北端で堀尾期の障子堀を見つけている（写真9）。さらに堀尾期の松江城下町を描いた「堀尾期松江城下町絵図」にも描かれている城下町の東端の土手も見つけている（写真10）。

大手前線では町人地である米子町の町屋跡も発掘調査した。町屋は敷地を土塀や築地で囲む武家屋敷とは異なり、主屋の建物が町通りに面して建ち、入口が店になる建物である。町屋の敷地は町通りに面した間口は数間と狭いが、奥行きは十数間から二十間ほどあり、そこに通り庭をもつ主屋が通りに面して建ち、その次に便所などの付属屋があり、中庭を挟んで最も奥に蔵建物が建つ。米子町で見つかった町屋もこれと同じ利用の仕方をしている敷地であった（図17）。

写真９　南田町検出の障子堀

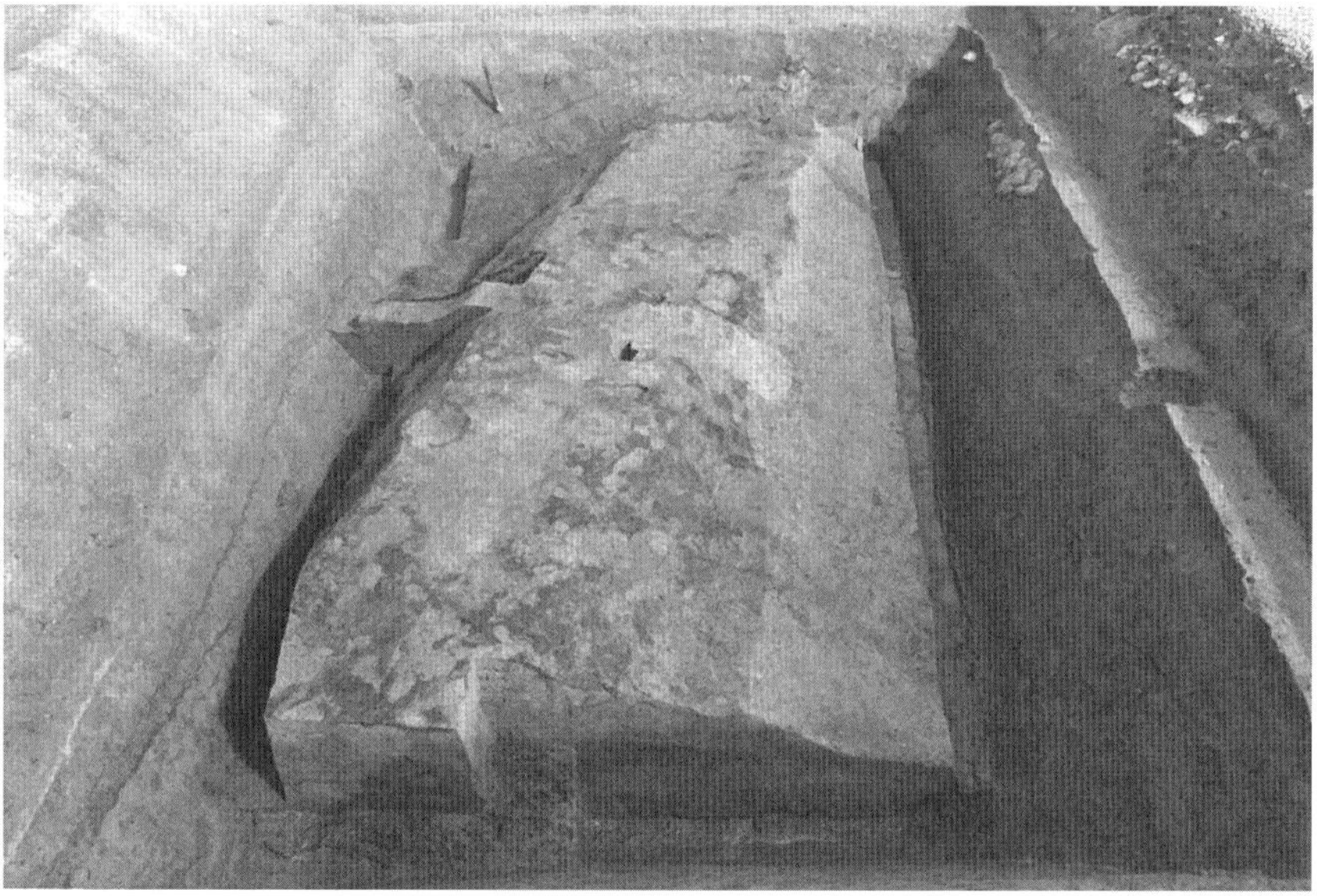

写真10　城下町東端（南田町）の土手

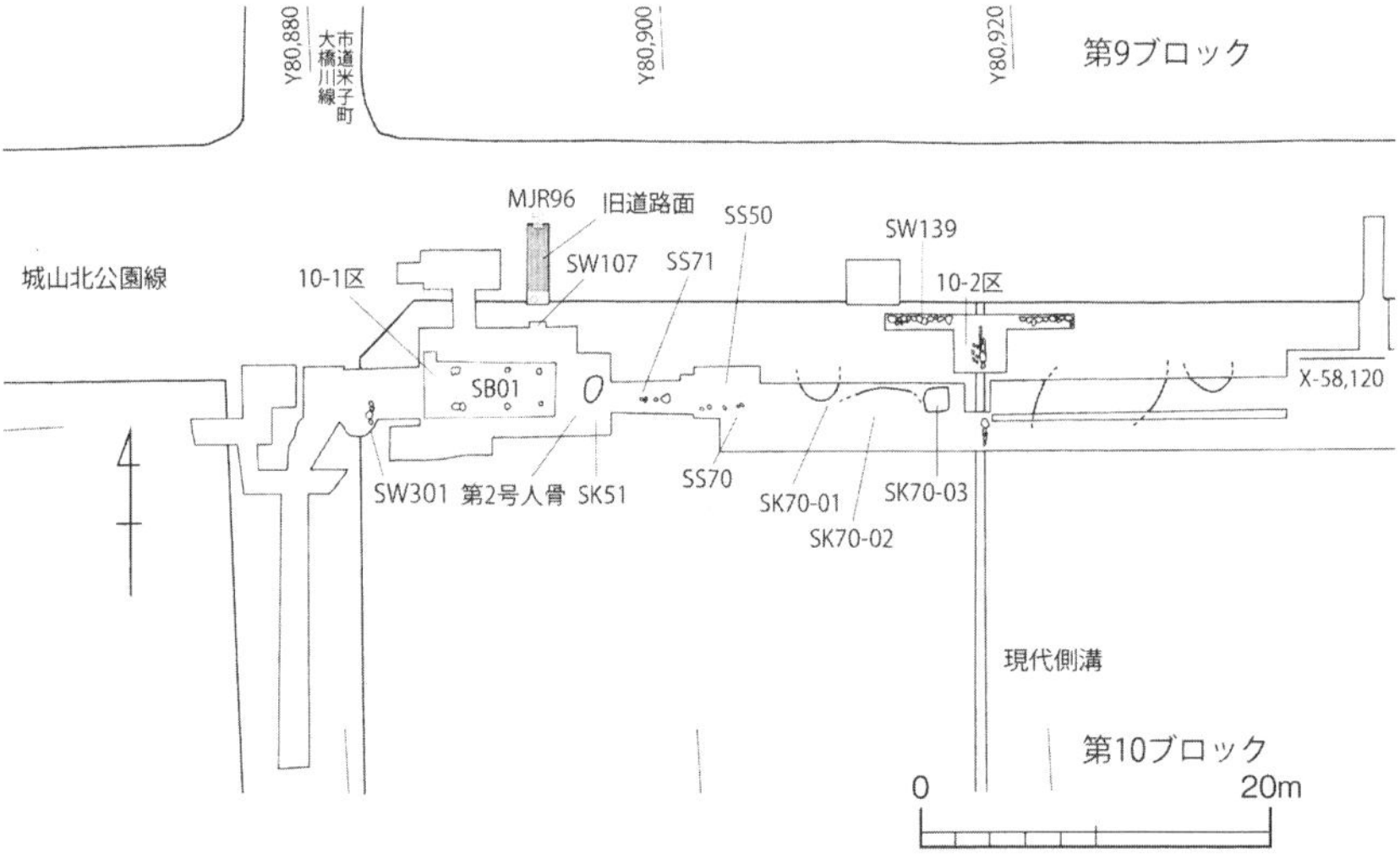


図17　米子町検出の町屋跡

## おわりに

松江の商工業の中心は京橋川の南の末次と、大橋川の南にある白潟であるが、この二カ所での本格的な発掘調査は未だ行われていない。先にも述べたようにこの二カ所は松江開府以前以前の室町時代からこの地域の町として多くの職商人が居住していたことが知られている。その規模は小規模と考えられるが、発掘調査をすることで出現時期を確定できるし、町の規模や姿も明らかになる。また、城下町建設によって出現した初期の町がどのように造成され、どのような姿であったのかも知ることができる。発掘調査のメスが入ることを期待したい。

堀尾氏が松江に入ってすでに四一三年となる今日、松江市もこの間に拡大し当時の城下町の範囲を大きく越えてしまった。しかし、松江城下町の範囲には堀尾氏以降、京極氏・松平氏の治世によって営まれた町造りの痕跡がここかしこに残されている。その出現と変遷を明らかにする手段が考古学による発掘調査なのだ。

（松尾信裕）

## 第二節　松江城の発掘調査の成果

### はじめに

松江城は、廃藩置県後の明治八年（一八七五）五月に廃城となり、櫓や門、塀などの城郭建造物は悉く取り壊された。しかし、天守だけは旧藩士らの存続運動により現状保存されることになった。当初は国が管理していたが、明治二十三年（一八九〇）、元の松平家へ払い下げられた。

明治から大正時代にかけては、茶店が開業し、公園や様々な行事の会場として利用されてきた。しかし、松平氏も維持管理が困難となり、昭和二年（一九二七）十二月、内堀を含めた城山一帯は松江市へ寄付された。同時に旧三之丸は県庁敷地として島根県へ寄付されている。

城山を所有・管理することになった松江市は、林学博士の本多静六らに城山の利活用策の作成を依頼した。昭和四年（一九二九）、『松江市城山公園改造計画設計案』が松江市に提出された。主な内容は、バレーコート、テニスコート、運動場、動物園、植物園、大手前から興雲閣までの積上《つみあげ》道路を自動車道としてそのまま利用した二之丸展望台（桜ヶ丘）、橋の新設、舟遊び場など多方面にわたる総合公園としての性格を帯びるものであった。以来、この設計に基づいて、椿谷バレーコート、テニスコート（現松江護国神社境内地）、二之丸下ノ段のテニスコート、弓道場、二之丸の小動物（猿、雉）園舎などが整備されていった。

このような文化財の保護と相反するような利用状況を国の文化財保護委員会（文化庁の前身）も大変憂慮したのか、城跡としての見直しが行われ、昭和九年（一九三四）に内堀を含む城山一帯が史跡松江城に、翌十年（一九三五）には天守が旧国宝に指定された。ここに至り、はじめて文化財としての位置づけが行われた。しかしそれにも関わらず、城山の総合公園化は継続していった。そして昭和二十五年（一九五〇）から三十年度（一九五五）にかけての天守の所謂「昭和の大修理」を行っている最中、とうとう史跡とは無関係な施設を城外移転するよう国の勧告があったが、それでもなかなか進まなかった。ところが、昭和四十一年（一九六六）松江刑務所が郊外に移転したことが契機になり、二之丸下ノ段にあった武徳殿、県立図書館が移転していった。

昭和四十五年（一九七〇）、城山の一部が更地になった機会をとらまえて国・県の指導の下、松江市は「史跡

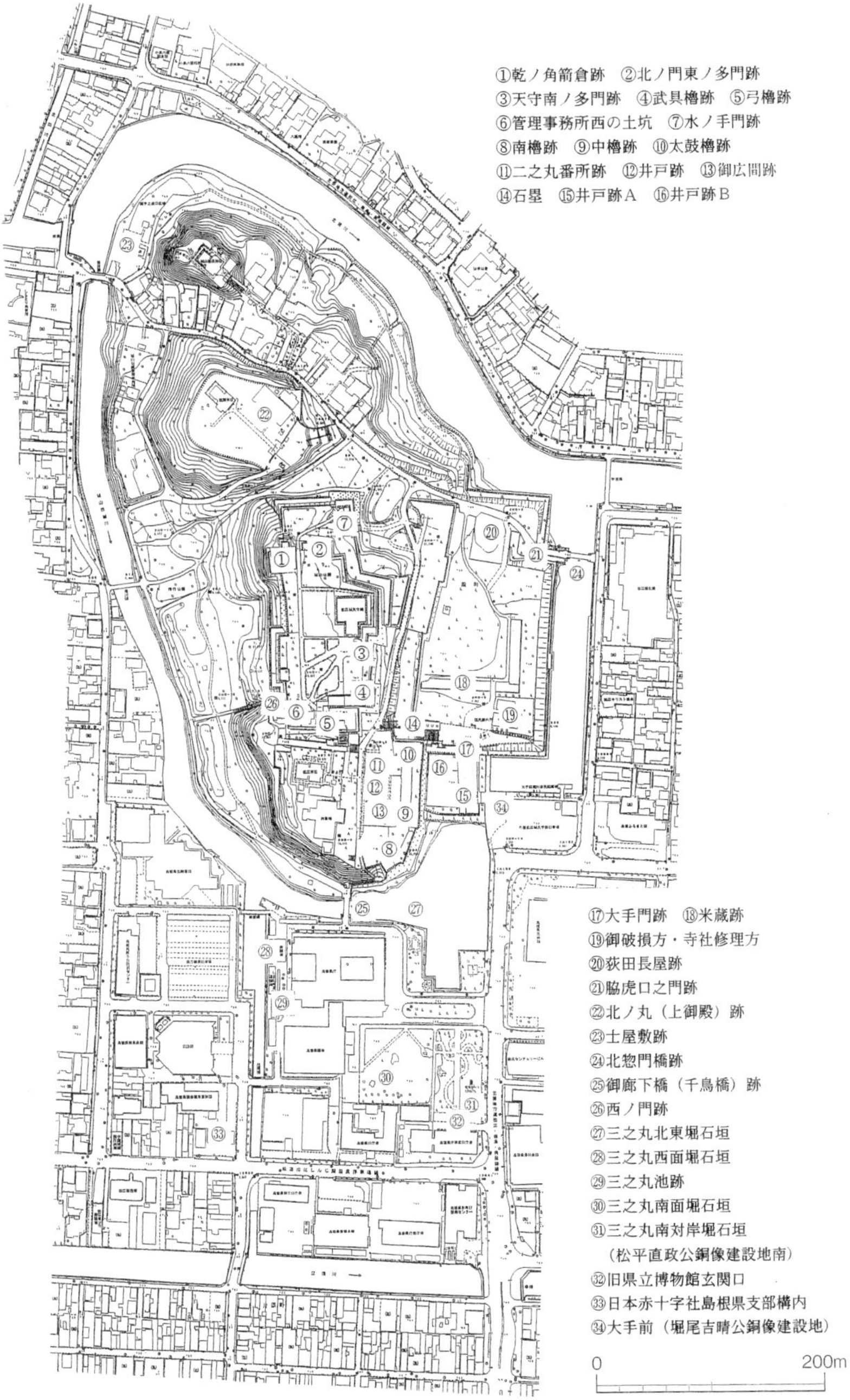
①乾ノ角箭倉跡　②北ノ門東ノ多門跡
③天守南ノ多門跡　④武具櫓跡　⑤弓櫓跡
⑥管理事務所西の土坑　⑦水ノ手門跡
⑧南櫓跡　⑨中櫓跡　⑩太鼓櫓跡
⑪二之丸番所跡　⑫井戸跡　⑬御広間跡
⑭石塁　⑮井戸跡A　⑯井戸跡B
⑰大手門跡　⑱米蔵跡
⑲御破損方・寺社修理方
⑳荻田長屋跡
㉑脇虎口之門跡
㉒北ノ丸（上御殿）跡
㉓士屋敷跡
㉔北惣門橋跡
㉕御廊下橋（千鳥橋）跡
㉖西ノ門跡
㉗三之丸北東堀石垣
㉘三之丸西面堀石垣
㉙三之丸池跡
㉚三之丸南面堀石垣
㉛三之丸南対岸堀石垣
（松平直政公銅像建設地南）
㉜旧県立博物館玄関口
㉝日本赤十字社島根県支部構内
㉞大手前（堀尾吉晴公銅像建設地）
0
200m

図1　松江城跡　発掘調査位置図

松江城環境整備五ヶ年計画」を策定した。主な内容は、松平直政公銅像の設置、茶店六軒の移転のほか、本丸、二之丸、外曲輪（二之丸下ノ段）の発掘調査、環境・遺構整備、内堀浚渫、石垣修理などである。

ここにきて、初めて発掘調査という部門が設定・位置づけられた。史跡の整備は基本的に発掘調査の成果に基づいて行うという原則が確立したのである。しかも江戸時代であるから、関係する絵図や文献史料も大いに参考にしながら発掘調査を行わなければならない。

こうして始まった史跡松江城の発掘調査と遺構整備事業だが、必ずしも順調だったとは言えない。調査体制が貧弱でなかなか計画通りには進まなかった。平成時代に入り徐々に担当職員も確保され、自治省の起債対象事業平成三～五年度（一九九一～九三）や文化庁の補助事業として実施され、懸案の茶店移転や史跡に直接関係しない施設の移転が相次いで実現し発掘調査や整備事業が短期間で大きく前進することになった。

それではこれから城内の発掘調査とそれに基づく整備について概略紹介していくことにする。

## 本丸の多門跡 ～縄張図と一致した

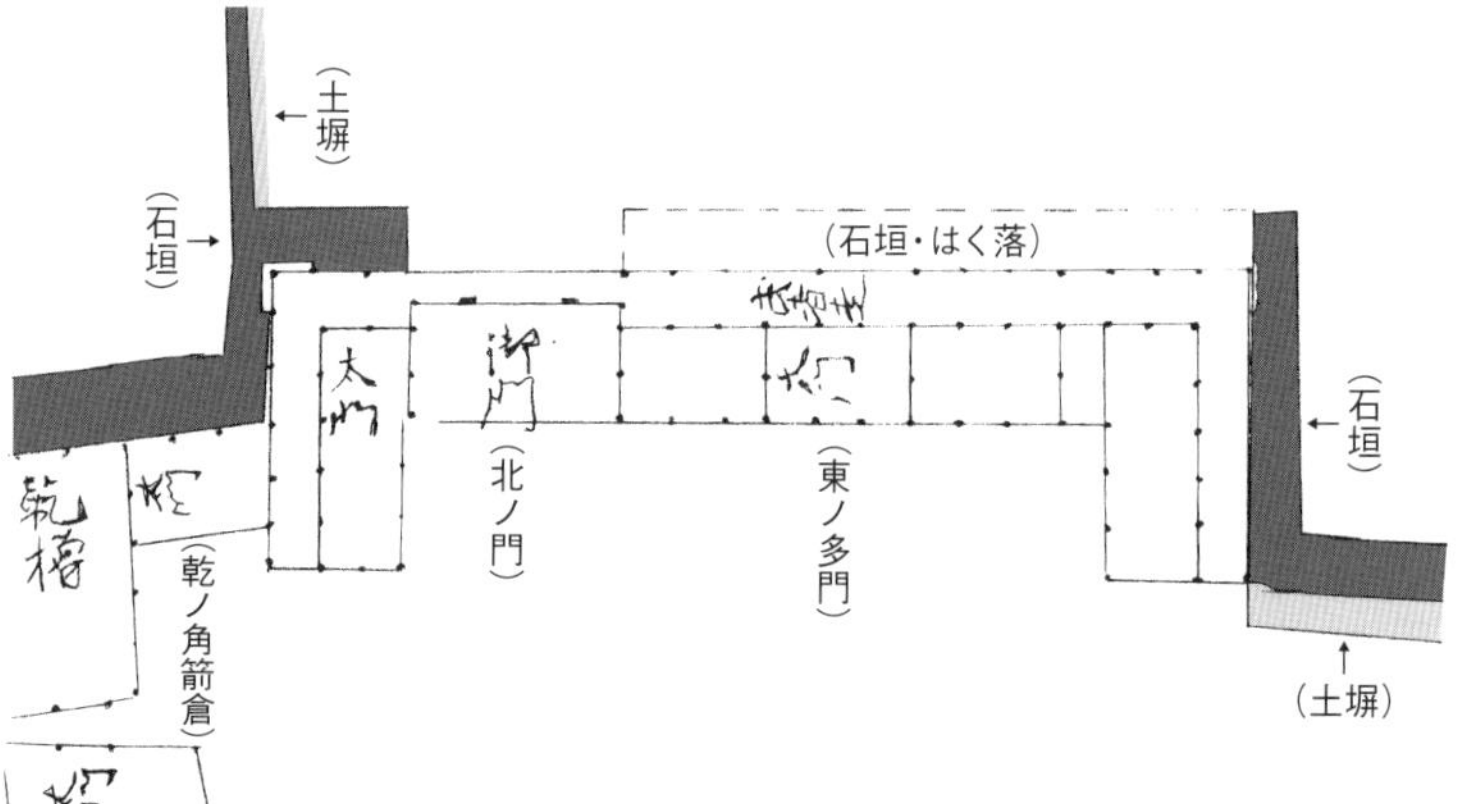


図２　「松江城縄張図」に見える本丸北ノ門東ノ多門（トレース図）

写真１　本丸東ノ多門跡（調査後）礎石群

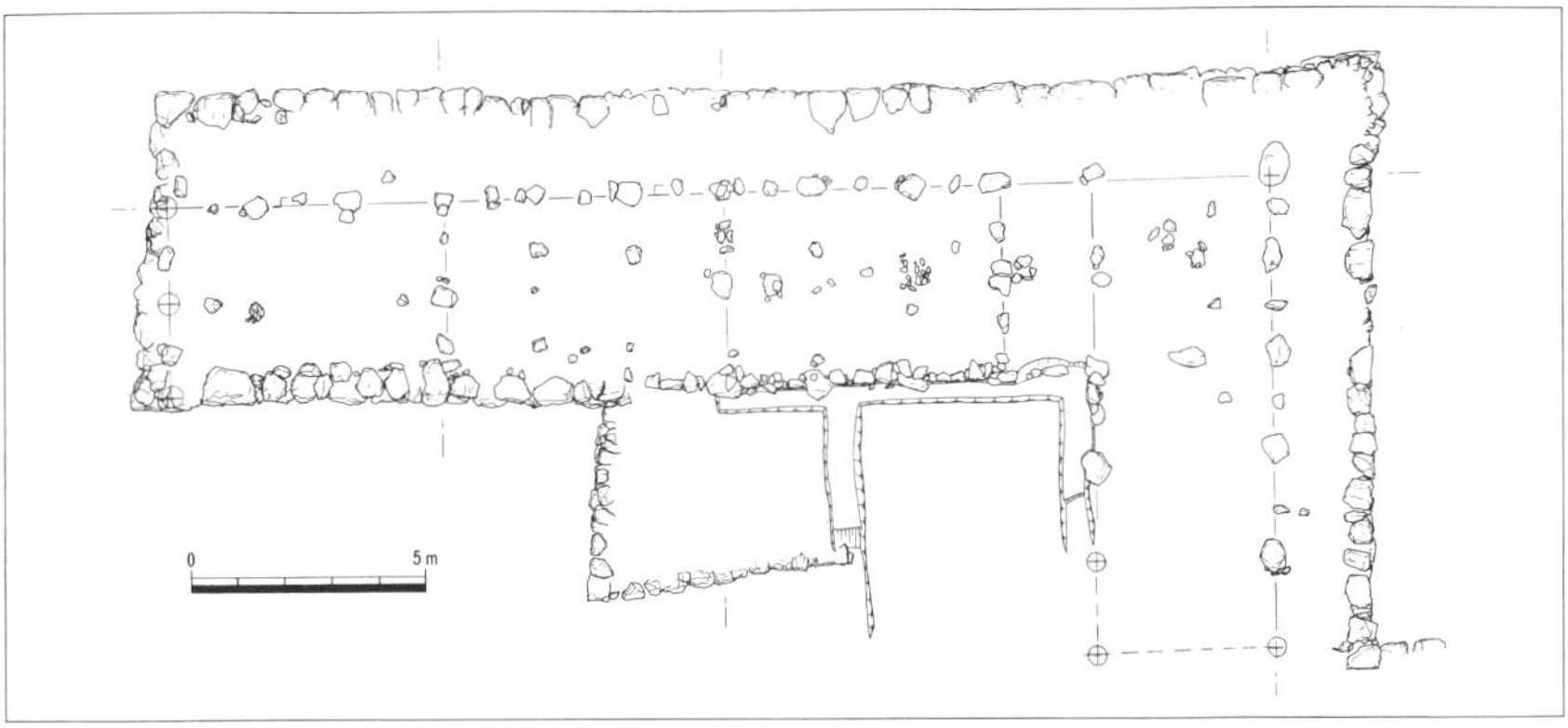


図３　本丸北ノ門東ノ多門跡発掘調査平面図（一部加筆）

本丸の北部、北ノ門跡の東に接して、多門が続く。昭和五十三年（一九七八）、遺構確認のため調査を行った。覆土が殆ど無く、すぐに礎石が姿を現した。それを撮影したり、平面実測図を作成したうえで、十七世紀末頃に成立した「松江城縄張図」（以下「縄張図」という）と重ねてみると、ぴたりと一致した。外回りの石垣との間は武者走りとなっており、所々に間仕切りの礎石も確認できた。古代の遺跡と違って、一方で絵図面や文献史料があるので、相互に補完することになる。発掘調査の成果と突き合わせて検討すれば、より正確な内容になるのである。

## 本丸の土坑
### ～富田城跡の瓦と同じ瓦が出土した

平成八年（一九九六）、本丸の南部にある「城山公園管理事務所」（昭和四十五年（一九七〇）一月建築）が狭隘になったので、西側へわずか三m拡張することになった。そこで、拡張部分約一四㎡を調査した。三つの土坑が発見された。上位、中位の土坑は、近世後期以降の廃棄土坑であった。一番下の土坑は、横約〇・七m、長さ一・九m以上、深さ最大〇・五七mの長方形土坑で、底面から土師器の皿と銭貨が瓦の破片に混じって出土した（**写真2**）。土師器の皿は手づくねの作りで完形品は二

写真２　本丸・一番下の土坑

個あったが、接合できる破片も多くあり最低一〇個あったと考えられる。銭貨は銹化が進み原形は不明瞭だった。また郭も確認できず、方孔は不定型であることから無文銭の可能性がある（**写真3**）。

そして土坑からは、築城期の軒瓦が比較的多く出土した。本丸のこの部分はさほど撹乱されてこなかったせいであろう。近代に入り二之丸や外曲輪（二之丸下ノ段）などは県や市の施設が建設されてきたが、本丸は天守も現存していたので、新しい施設は設けられなかったようである。特筆すべきは軒平瓦の宝珠《ほうじゅ》文軒平瓦が出土したことだ（**写真4**）。調査当時は分からなかったが、最近

写真３　土師器の皿（上）と銅銭（下）

写真４　宝珠文軒平瓦（上：松江城跡出土　下：富田城跡出土）

瓦研究者が広瀬の富田城の千畳平《せんじょうひら》から出土した同種の瓦と実物を比較したところ、同笵瓦であることが判明した。松江城築城に際して、富田城に関わっていた瓦工人が、宝珠文の瓦笵（木笵）を携えて松江に移動し、松江城周辺で製作したか、或いは富田で焼いた瓦を松江城に運んできたことが考えられる。

## 二之丸の櫓と塀
### ～復元への必要条件がそろった

現存天守以外にも櫓や門、塀を復元したい考えは平成元年度（一九八九）に策定された「松江市観光基本計画」の内、松江城周辺総合整備計画のプランにもあったが、平成五年（一九九三）には「史跡松江城環境整備指針」が策定され、「櫓跡については発掘調査、古写真、古絵図等に基づき可能であれば復元する」とした。その後、具体的な検討に入り、二之丸の太鼓櫓、中櫓、南櫓とそれらを結ぶ土塀については発掘調査によって建物遺構が確認できた。

以下、調査結果を述べる。

南櫓跡は、礎石が六個残っており、礎石は抜き取られて

写真５　南櫓跡（調査後）（点線は建物の礎石部分）

いたが礎石を固定する擂鉢状の穴が一〇カ所あった（写真5）。南東部の三個の礎石には、別の石が重ねてあった（写真6）。恐らく地盤が傾いたので、その隙間に石をはめ込んで櫓の傾きを戻したのであろう。建物規模は南北の桁行が八・七五七m、東西の梁間は七・六四mあった。基準尺度は一間＝六尺三寸で、平面規模は桁行四間三尺七寸、梁間四間である。石垣沿いは土蔵造りだが城内側は礎石建ちである。

中櫓跡は、西辺と北辺は石積基壇だったので、土蔵造りである。礎石は無かったが抜き取られた穴が五カ所あった（写真7）。建物規模は南北の桁行が一一・八一七m、東西の梁間が五・九〇九mであった。基準尺度は一間＝六尺五寸で、平面は桁行六間、梁間三間である。中央に間仕切りがあった。ここでは分銅文の刻印が押された軒

写真6　南櫓跡の２個重なった礎石

写真7　中櫓跡（調査後）

平瓦が出土したことが注目される（図4）。

太鼓櫓跡は、礎石の抜き取られた跡が九ヵ所認められた。建物規模は南北の桁行一一・八一七m、東西の梁間は五・九〇九m。基準尺度は一間＝六尺五寸で、平面規模は中櫓と同規模である。文献では西辺に庇が取り付くことが分かっていたが、調査でも確認された。庇は幅三・三六四m、西への出が二・三三三mである。鯱瓦の胸鰭の破片が出土しているが、絵図や文献では鯱鉾を取り付けた記載はない（写真8）。

以上のような調査結果や精細な古写真に櫓の外観が見られること、文献史料に記載される建物規模と合致することから、復元設計図を作成し、現状変更の許可を得て平成十三年（二〇〇一）四月から一般公開されている。

図4　中櫓跡で出土した分銅文の刻印が押された軒平瓦

写真8　太鼓櫓跡（調査後）

## 太鼓櫓跡西方の土坑
### ～珍しい家紋瓦が出土した

太鼓櫓跡を調査していた時、櫓跡から西側へ八m離れた場所で隅丸の方形土坑が見つかった（写真9）。差し渡し二・五×二・七m、深さ八〇cmある。内部には褐色粘質土層と炭化物層が交互に堆積していた。この土に混じって大量の土師器の皿のほか瓦片や陶器片もわずかに出土した。築城後、櫓などの修理の際に廃棄された瓦や作事の祭りで使用した土師器・皿などをこの穴にまとめて埋めたのであろう。土師器・皿の数は実測されたものだけでも八五個に及ぶ。内一〇個は底部が静止糸切りで切り離されているが、七五個は底部に指頭圧痕が確認され、手づくねの皿である。瓦で大変珍しいのは「分銅文」をあしらった家紋瓦が下層から一個出土したことである（図5）。分銅文は堀尾氏の代表的家紋で、登城道の途中、石段横の石塁に分銅文が一六個も集中的に刻印されている。松江城は堀尾氏が築城したことを象徴するものである。さて分銅文の瓦は丸瓦部の長さが通常のものより短くて一五cm余しかないのが特徴である。こうした瓦は、軒丸瓦ではなく、大棟に差し込まれる「棟込《むねこみ》瓦」と呼ばれる瓦である。近くにある太鼓櫓の棟を飾っていたかもしれない。松江城の家紋瓦では、唯一のものである。

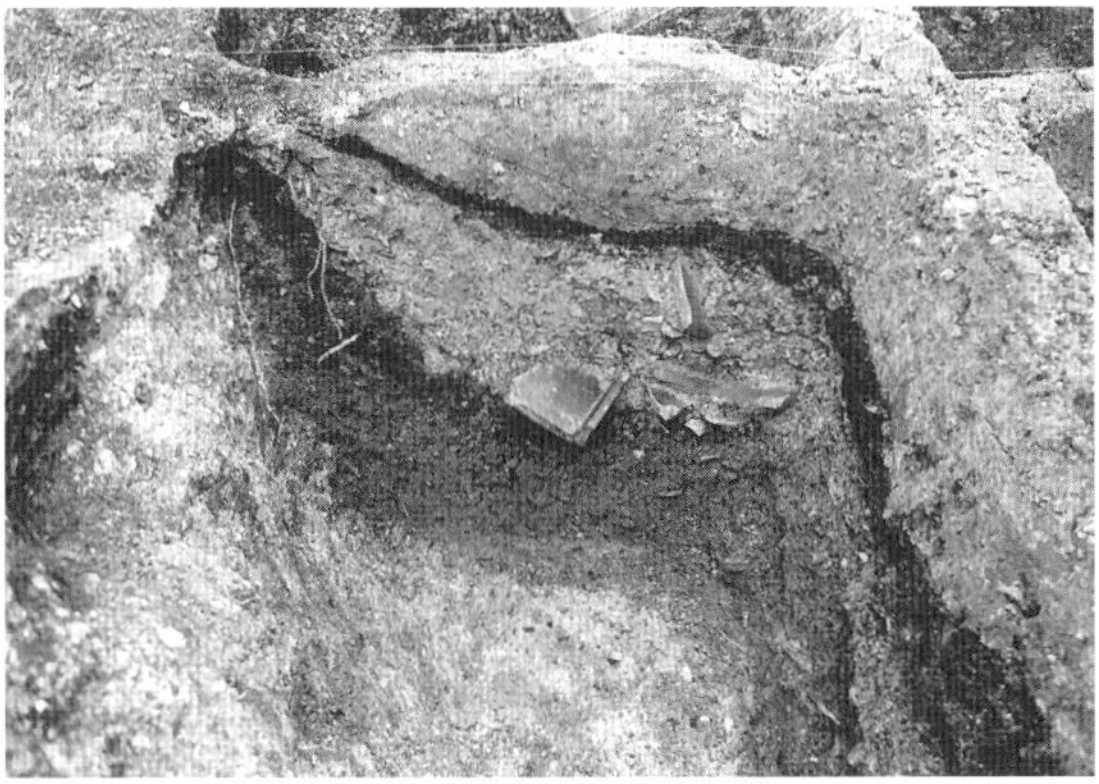
写真９　太鼓櫓跡西土坑の堆積土断面

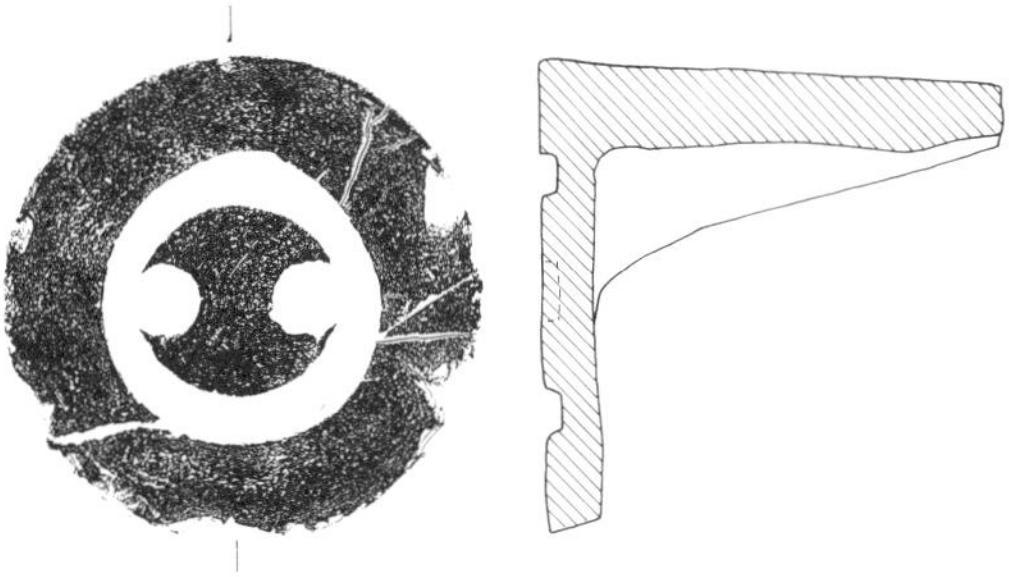
図５　分銅文入り棟込瓦

## 二之丸の廃棄土坑
### ～地鎮祭に使った土師器の皿

現在、二之丸の北部に公衆便所があるが、ここは江戸時代に番所があったところで、平成四年（一九九二）に行った発掘調査の結果に基づき、現状変更の許可を得て同じ位置と平面規模で建てられている。

二之丸には、松平家藩主の初期の頃まで、西半部の高台に藩主や奥方の住まいがあった。そして東半部の低い平坦地中央には御広間や御台所があり、周囲の高石垣上には櫓や土塀が建っていた。この番所の南側から二つの土坑が発見された（写真10）。

西側の長方形の土坑からは多量の土師器の皿が見つかった（写真11）。実測されたものだけでも一〇一個に及ぶ。内面に布目が見られることから、内型による大量生産品であることが分かった。築城時の作事（建築工事）で地鎮祭を行ったときに使った皿を全て廃棄したのではないかと考えている。

調査地内出土の軒丸瓦の中には左巻きの三つ巴文とその外側の珠文帯の間に一条の圏線が廻るものがある。これは築城期のものである。軒平瓦にも中心飾が下向き三

写真10　番所跡の発掘調査

葉で左右の唐草文が二転するものがあり、これも築城時のものであろう。陶磁器には備前焼の擂鉢、唐津焼の胎土目積みの碗や皿、砂目積みの皿、叩き成形の瓶などがある。

写真11　土師器の皿出土状態

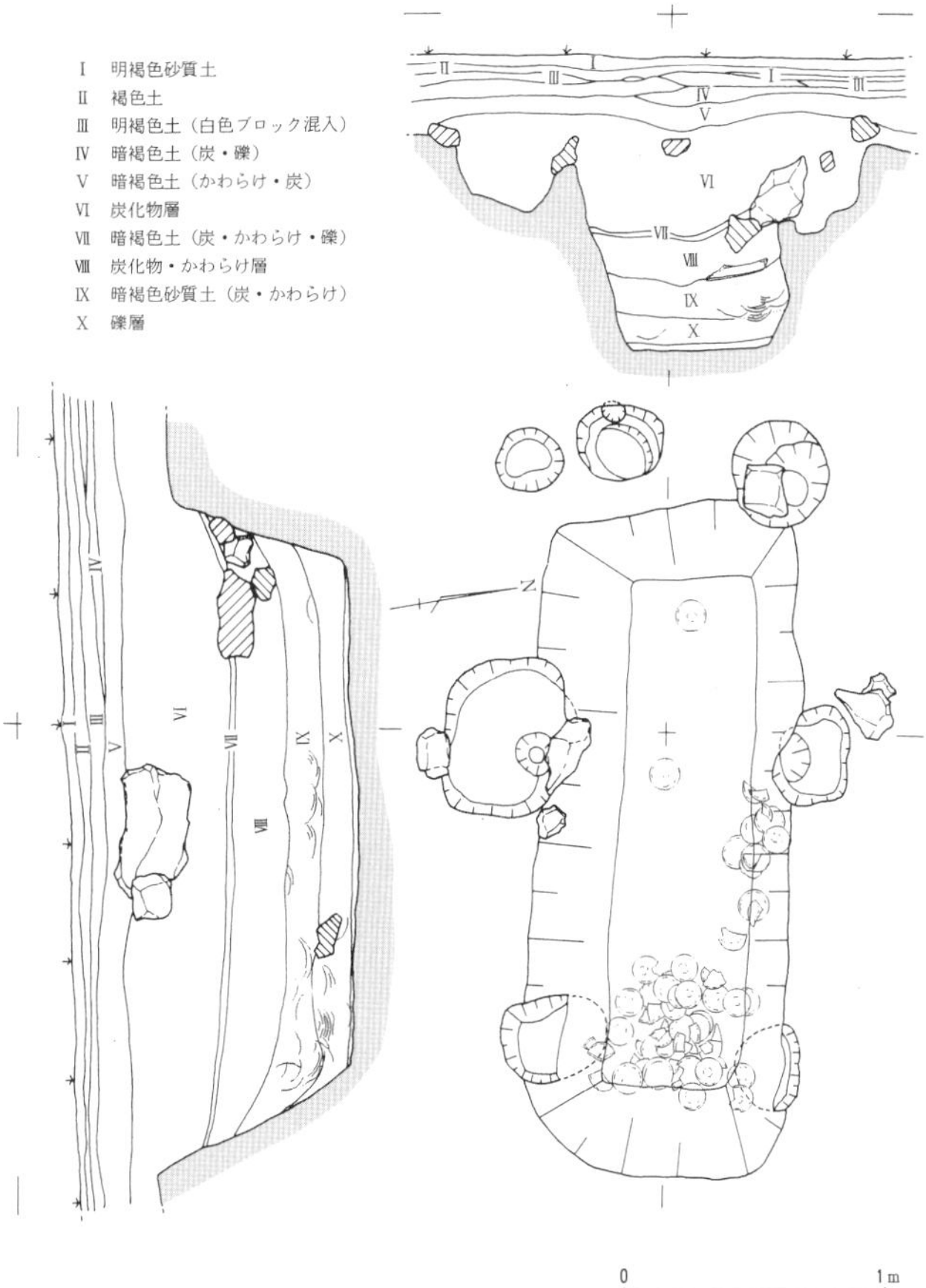

図6　西側の長方形の廃棄土坑実測図

## 江戸時代のトイレを掘る ～当時の食材は？

もう一方の東側の円形土坑は最初井戸ではないかと思っていたが、最終的には江戸時代のトイレ（便槽）であることが分かった（図7）。便槽の上面に板を二枚わたせば事足りるのである。穴の底には緑色のいかにもあやしげな堆積土があった。その土を分析したら、回虫などの寄生虫卵やウメ、ウリ類などの種実が確認され、花粉分析によってイネ属型、イネ科、ソバ属、アブラナ科の食用植物が多いことが分かった。当時の城詰の役人たちは一体何を食べていたのだろうか、その一端が見えてきた。米、そば、アブラナのおひたし、味ウリ、アユ、シラウオ、コイなどの生食（刺身）か不完全調理したものを食べていたのか想像はふくらむ。

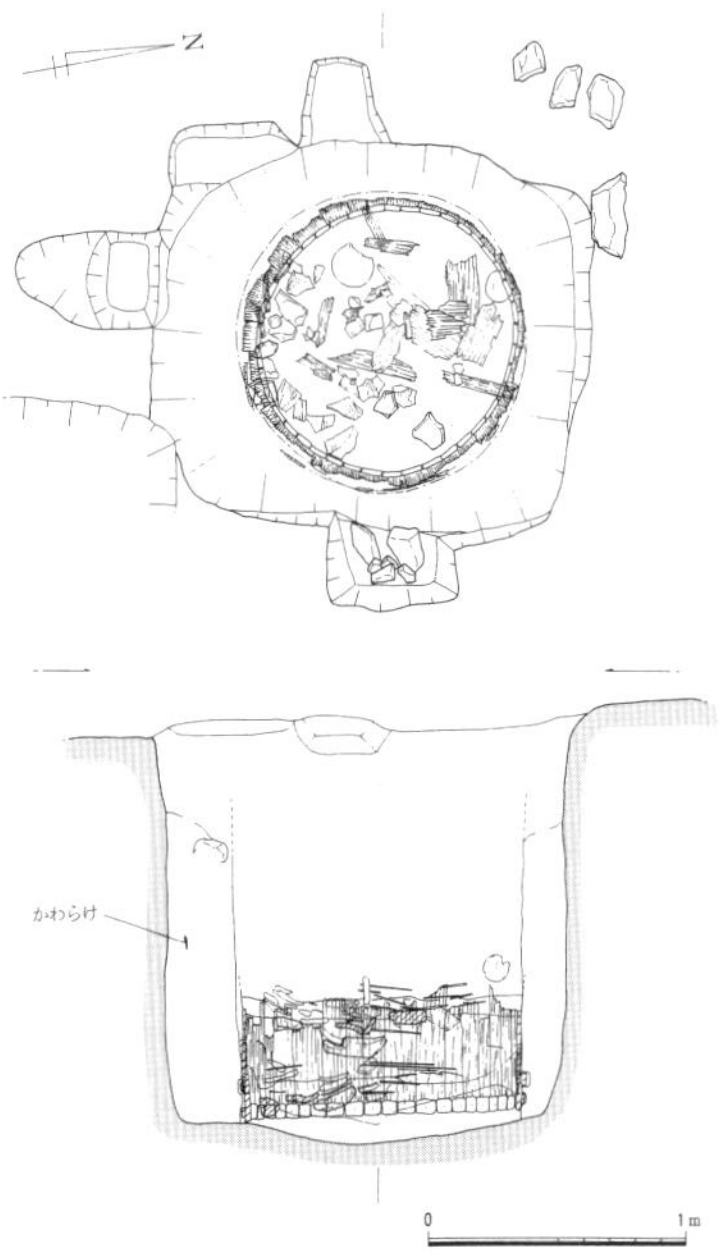

図7　便槽実測図

## 北之丸跡 ～高級磁器の小皿が出土した

築城当初、広瀬から移り住んだのは、堀尾吉晴夫妻と孫堀尾忠晴であるから、住まいも二カ所あるのではないかという前提に立つと、その可能性のある場所として、北之丸と本丸が有力である。北之丸は、『松江亀田山千鳥城取立之古説』によると築城工事に際して、陣頭指揮を執るため、広瀬・富田城から夫妻で移住したところと伝えられていることや、本丸などと同レベルの呼称となっていることが根拠である。この曲輪は今は松江護国神社の境内地だが、江戸時代は『雲藩職制』によれば現松江護国神社境内地を「上御殿《うわごてん》」と称していた。

昭和六十二年（一九八七）に、松江護国神社の社務所改築の際、北部の一部を調査した。その結果、礎石建物跡や廃棄土坑、小鍛冶遺構が発見された（写真12～14）。いずれも遺構面は境内上面から地下約一〇cmほどである。

神社境内造成の折り、江戸時代の地形を相当削平して拡張したことが考えられる。しかし、遺構面は浅くても、まだ遺構はあちこち残っていると推定される。

廃棄土坑の上層から寛永十七年（一六四〇）ごろに焼かれた「肥前初期色絵様式小皿」が二枚出土した（写真15）。径七cmほどで手のひらにのる大きさである。口縁は「輪花《りんか》」といって花弁のように尖った部分と窪んだ部分が交互にある。その内側は四分割され宝尽《づ》くし文の一つである巻軸物が緑色、黄色、薄紫色で描かれている。「見込」と呼ばれる底面には上下に二分割され下面に七《しっ》宝《ぼう》繋《つなぎ》文が描かれている。めでたい図柄であり、松平家初代直政の頃の慶事に藩主家に贈られたものだろうか。

写真12　礎石建物跡

写真13　廃棄土坑

写真14　小鍛冶遺構

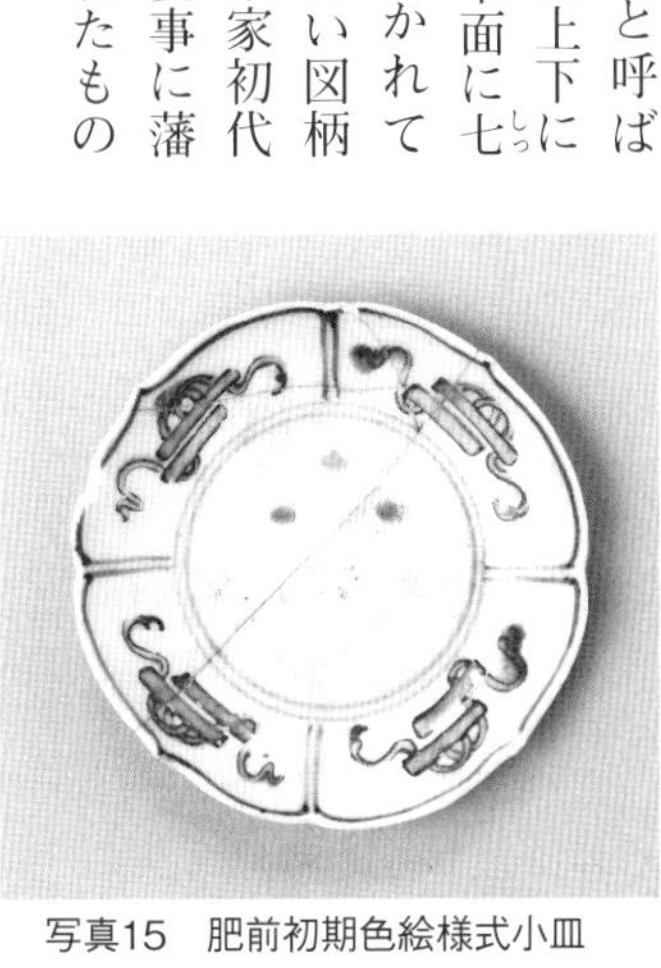
写真15　肥前初期色絵様式小皿

## 北惣門橋跡 ～胴木が姿を現した

平成五年（一九九三）に調査した。橋跡の調査はそれ自体が少ないものである。和歌山城、広島城、鳥取城擬宝珠橋などの調査例がある。橋の両側を鋼矢板でしっかりと遮断して水が流入しないようにしながら、内部の橋下を掘っていくのだが、どうしても矢板の接着面から水が入ってくるので、そう簡単には掘れなかった。それでも、橋台部分の石垣やそれを止める木杭が発見されたり、橋脚の基礎になる胴木も確認できた。胴木は動かないように縦杭によって支えられていた。そして胴木の中央と左右の三カ所に長方形のホゾ穴が彫ってあり、そこに橋脚のホゾがはめ込まれる仕掛けになっていた。これによって、橋脚は二列三本立てであることが分かり、復元に向けて大きく前進したのである。

写真16　解体前の眼鏡橋《めがね》

写真17　姿を現した胴木

写真18　胴木のホゾ穴

復元工事に当っては、青森県産のヒバの木が堅牢で腐れにくいことから、土木技師の担当者が青森県の営林署まで出向き、木を選定した。

供用開始後は、せっかく復元した橋だから車は通さないようにとの文化庁の指導であったが、市道の一部であり、地域住民の意向もあり二tまでの車は通さざるを得なかった。あれから三十年近く経ち路面は車の轍で凹凸がかなり激しくなっている。近々修理する話がある。橋脚などは耐久性、経済性の問題からコンクリート芯木張の案も出ている。せめて車を通行止めすれば路面は長く保たれるだろう。折角、四苦八苦して復元した木橋なので橋脚も本物の木部を見せたいところだ。

写真19　復元された北惣門橋

## 廊下橋跡～ここからも胴木を発見

北惣門橋跡の調査と同じ年に、廊下橋跡（現千鳥橋）の立会調査も行った。廊下橋は絵図によれば、三之丸の三方の内堀に架かっていた。三之丸から城内二之丸、三之丸之内（御花畑）、三之丸之内（御鷹部屋）との出入

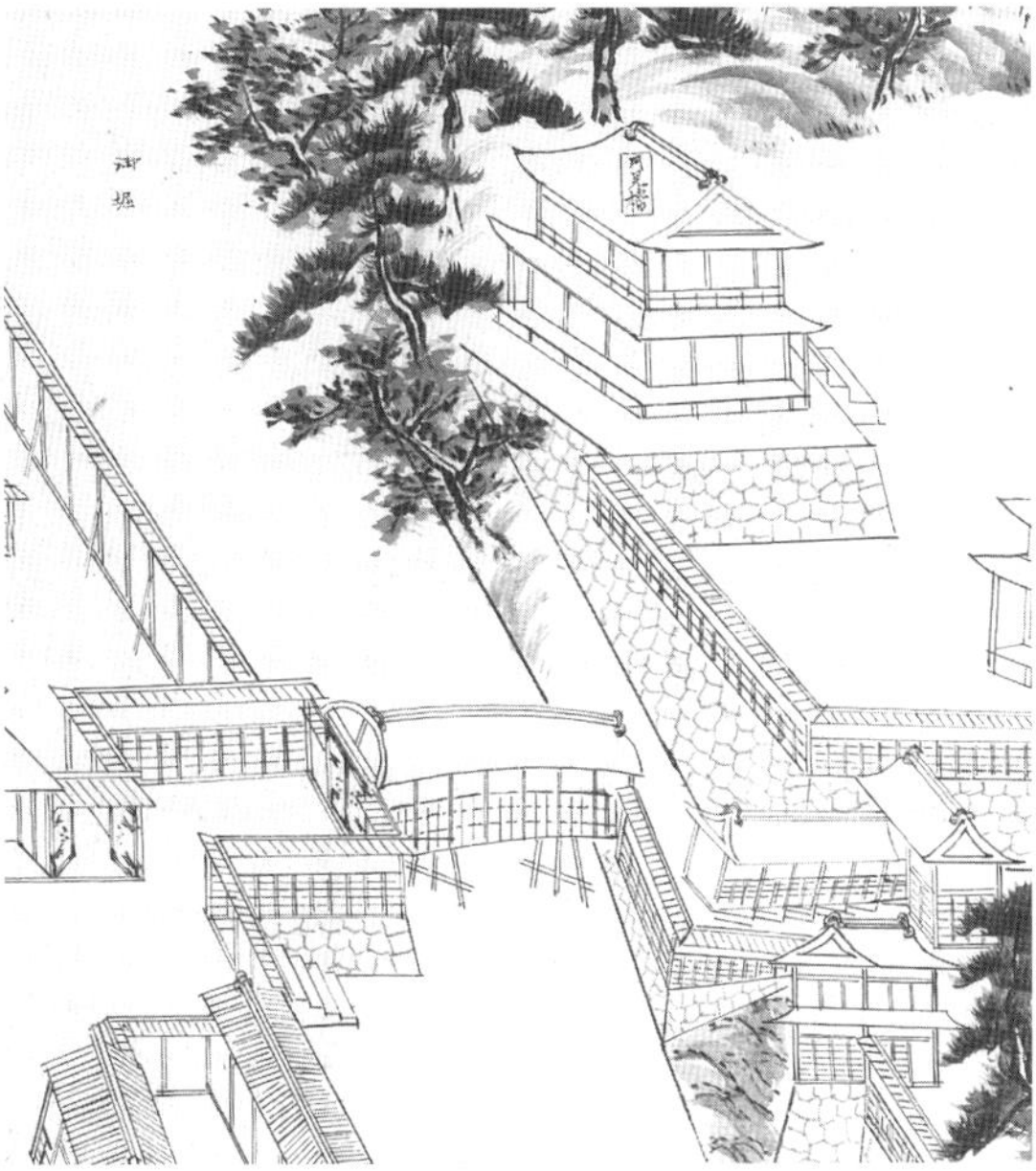

図８　絵図に見る屋根付の廊下橋（松江歴史館蔵）

り口になる橋で、屋根の付いた格式の高い橋だった。橋下を排水すると、北惣門橋跡と同様の長さ四m余の胴木が二本出現した。二、三カ所のホゾ穴もあった。屋根付の橋に復元できたらよかったが、上部の正確な構造を示す図面がなく、復元はできなかった。

写真20　廊下橋跡の胴木

## 大手門跡 ～ぜひ復元したい門

大手門は二階造りの立派な櫓門である。文献史料では桁行八間、梁間三間（半）もある。全国他の城の大手門と比較してみると、江戸城三之丸大手門（桁行二三間、梁間四間二尺）や同西ノ丸大手門（桁行一八間、梁間四間）とは比較にならないくらい小さいが、高知城追手門（桁行一一間、梁間四間）にわずかに及ばず、小諸城大手門（間口六間半、奥行二間半）や佐賀城鯱の門（桁行五間）よりは大きい。

平成十一年（一九九九）に調査した。調査地は、大勢の観光客が通る道筋に当るので、園路を残しながら左右半分ずつ調査を行った。江戸時代の遺構面までは約五〇cmはあったと思う。よく見る

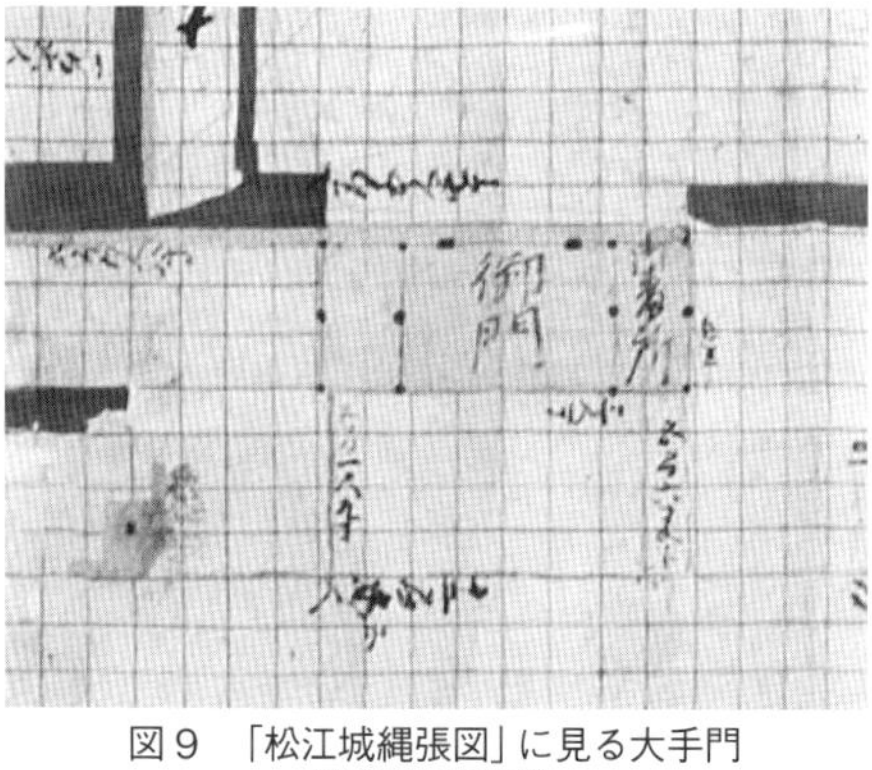

図９　「松江城縄張図」に見る大手門
（松江歴史館蔵）

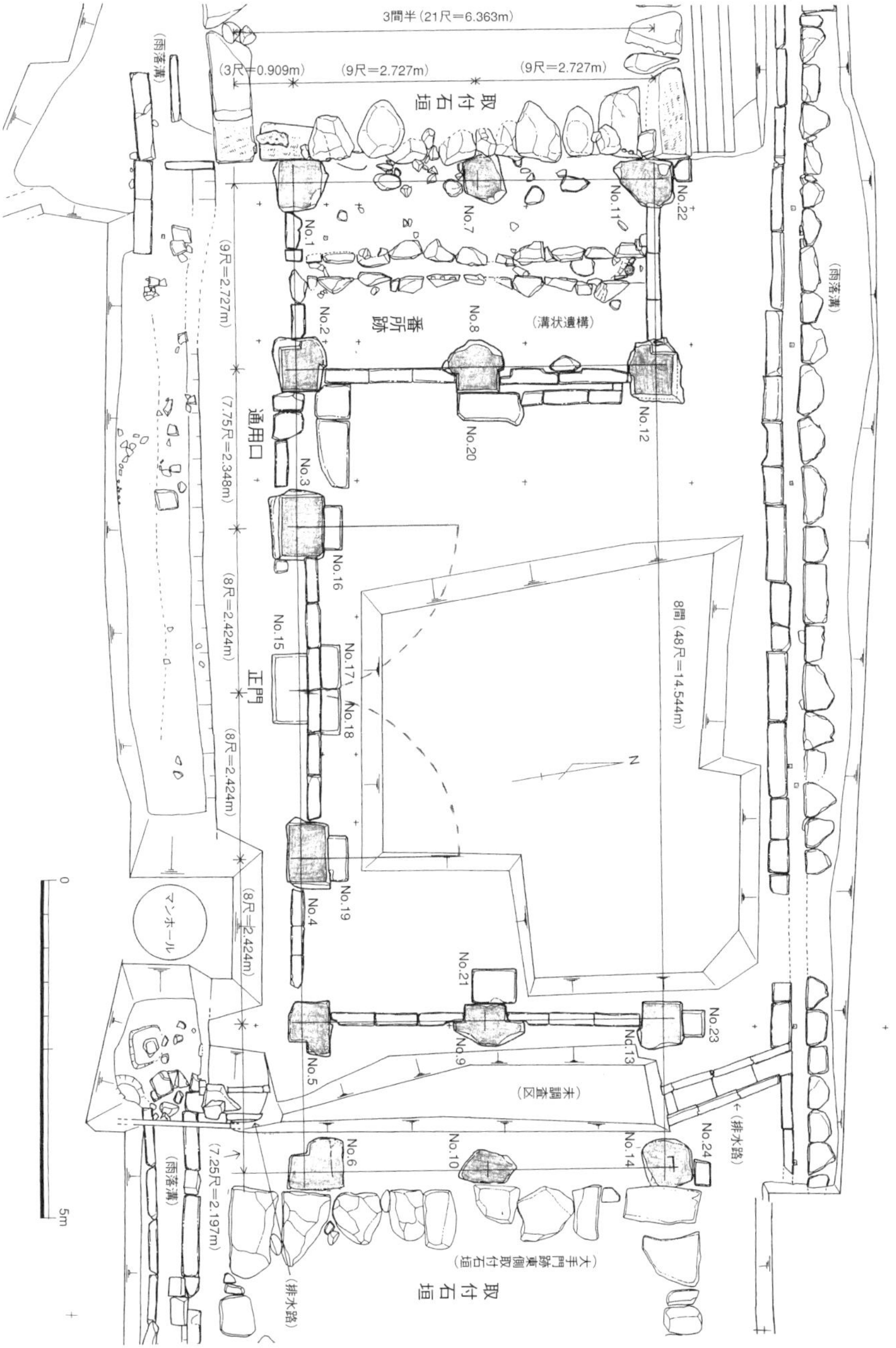


図10　大手門跡調査平面図（一部加筆）

と、大手前駐車場から外曲輪（馬溜）へ高くなっている。一方、大手門跡の北側の広場から米蔵跡の石積基壇を見渡すと逆に低くなっていることに気が付く。ここからは、私の推測であるが、明治時代の中頃に明治天皇を山陰地方へ迎えようとして明治三十六年（一九〇三）、二之丸に「松江市工芸品陳列所（後に「興雲閣」と呼ぶ）」という名目で宿泊所を建築した。そして大手前から二之丸へ馬車で上がる道（積上道路ともいう）を造ったが、昭和十二年（一九三七）に廃止された。その折、恐らく大量の盛土を周辺に均した。その結果、馬溜〜米蔵跡までが高くなったのではないだろうか。

調査の結果、門扉の親柱を建てた礎石や地覆石などは完全に近い状態で遺存しており、絵図や文献史料に記載された通りの平面規模であることが分かった。この上は立体的な復元の根拠になるような、有力な史料、例えば立面図とか起こし絵図のような史料があれば復元に近づくかも知れない。復元されると、松江城の入り口の歴史的景観が一段と引き締まり、松江城にやってきたのだと大いに実感することが出来るだろう。

写真21　平面整備された大手門跡

## 脇虎口ノ門跡 ～整美な礎石

脇虎口ノ門跡（北惣門ともいう）は、昭和五十九年（一九八四）に調査した。いざ掘ってみると遺構面までは約一五cm前後と非常に浅かった。近代になってからも未舗装のままだったので、路盤などあまり盛土されてこなかったことによる。素焼の土管をつないだ大正時代の上水道管

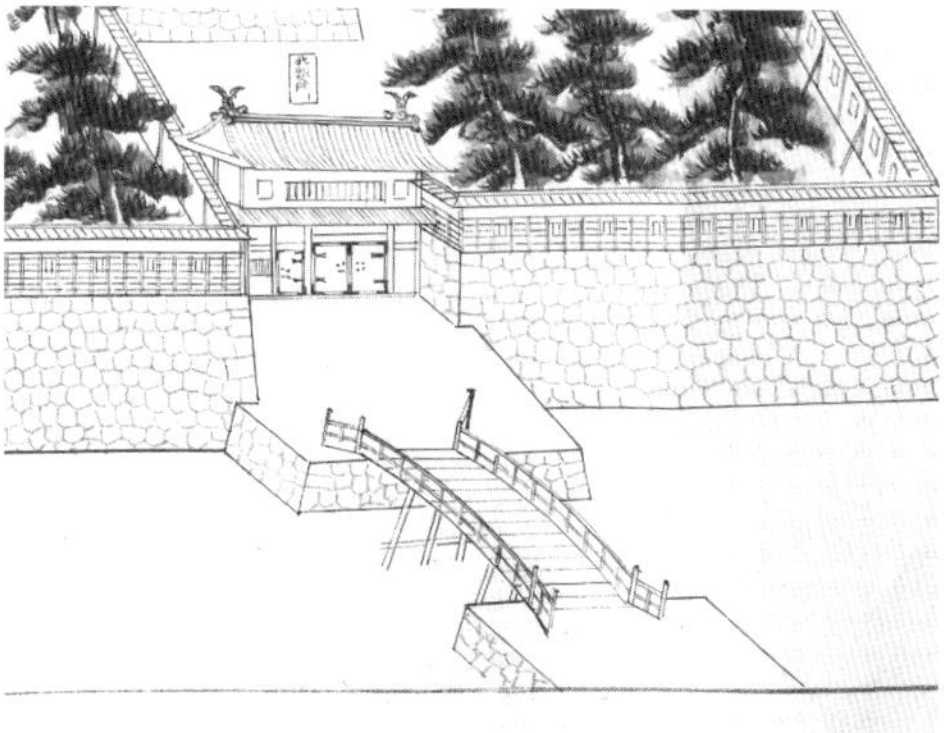

図11　絵図に見る脇虎口ノ門（松江歴史館蔵）

も浅い位置で確認された。礎石は、方形台状にきれいに加工整形されていた。北惣門橋のほうから見て左手の礎石の内側に擦り減った長方形に加工された来待石《きまちいし》（凝灰質砂岩）があった。絵図と比べると門番の居た部屋が一番左にあってその右、扉の親柱との間は平素人が出入りする通用口であった。扉はよほどの時でないと開けなかったようで、普段は通用口から出入りしていたことが分かる。礎石の並ぶ門本体の手前と奥に来待石製の排水溝が設けられており櫓門形式の門であったことが分かった。絵図「旧松江城之図」を見ると大棟の両端には鯱鉾が描かれていた。北惣門橋跡の調査では鯱の鱗をヘラで描いた胴部の破片が見つかっているが、恐らく北惣門の屋根を飾る鯱瓦だったのであろう。

写真22　四角に整形された礎石

## 中曲輪東面石垣南端部の石塁
### ～分銅文が刻まれた石塁を掘る

松江城を訪れる観光客は、大手門跡を過ぎると左に折れ二之丸まで続く長い石段を上ることになる。石段の途中には踊り場があり、その右手に石塁が設けられている（写真23）。ここは石段を上がってくる敵兵を迎撃する重要拠点であった。櫓があってもよさそうな立地だが、石塁の周りは土塀が廻っていただけであった。昭和五十五年（一九八〇）の調査前は、東面する石積は樹木の根により今にも崩壊しそうな危険な状態であった。そこで石塁を積み直すことになった。西面は土が堆積し石積み

写真23　調査後の石塁西面（三段の石段が現れた）

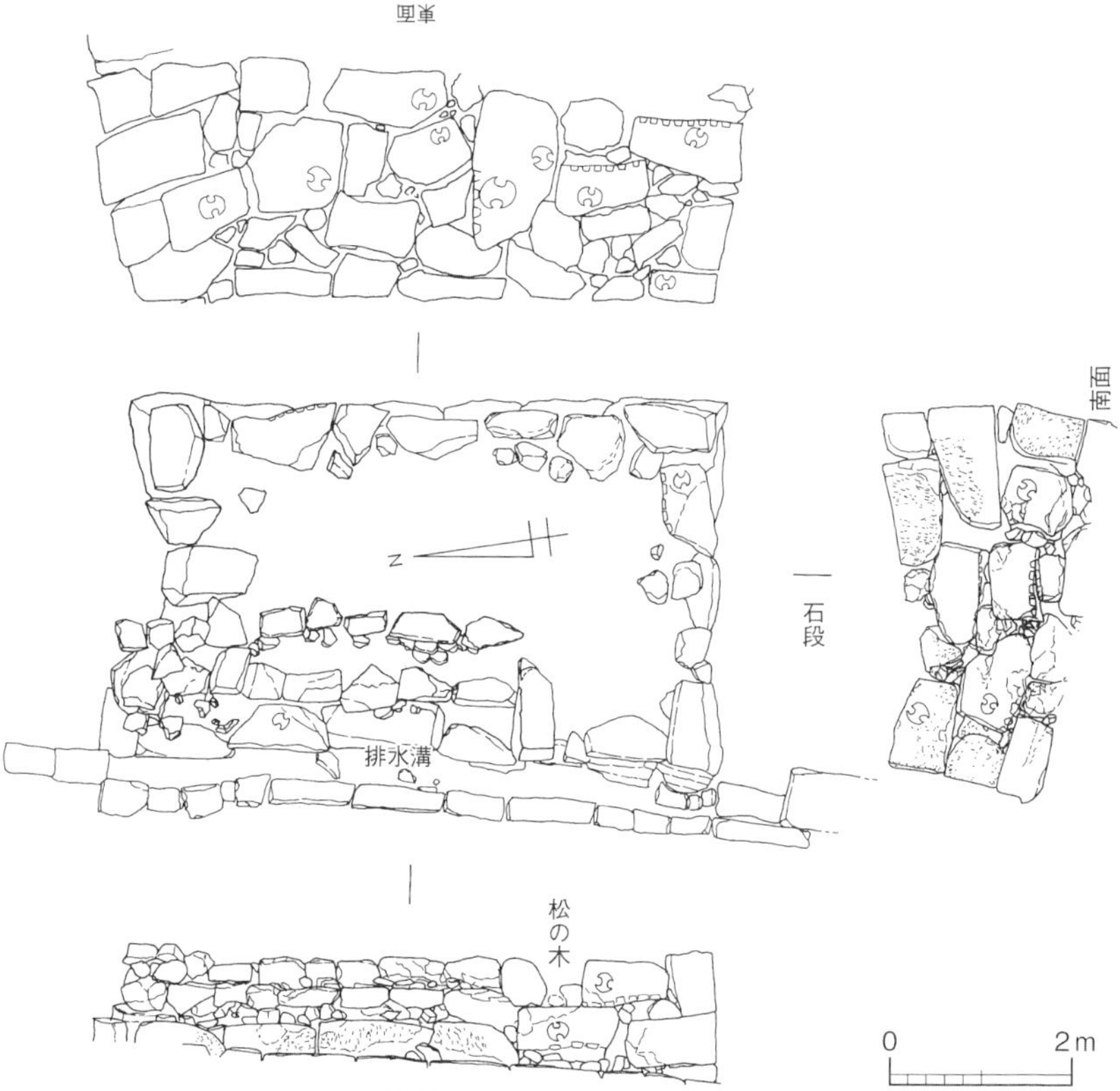

図12　中曲輪南端の石塁実測図

図13　分銅文の拓本

が見えなかった。土を取り除くと図らずも三段の石段が現れた。いざという時、石段を上がってすぐに戦闘態勢につくためである。この石塁には堀尾氏の代表的家紋である分銅文が計一六個も刻まれている。一六個目の刻印は石段の踏面から発見された。刻印を足で踏むことになるのですこし理解に苦しむ。石積の下部は同じ石を削り出して排水溝にしているので、石塁は築城期のものでよいだろう。松江城は堀尾氏が築いたことを内外に知らしめる記念碑的な石塁である。

## 外曲輪（二之丸下ノ段）の米蔵跡
### 〜城内で初めての調査

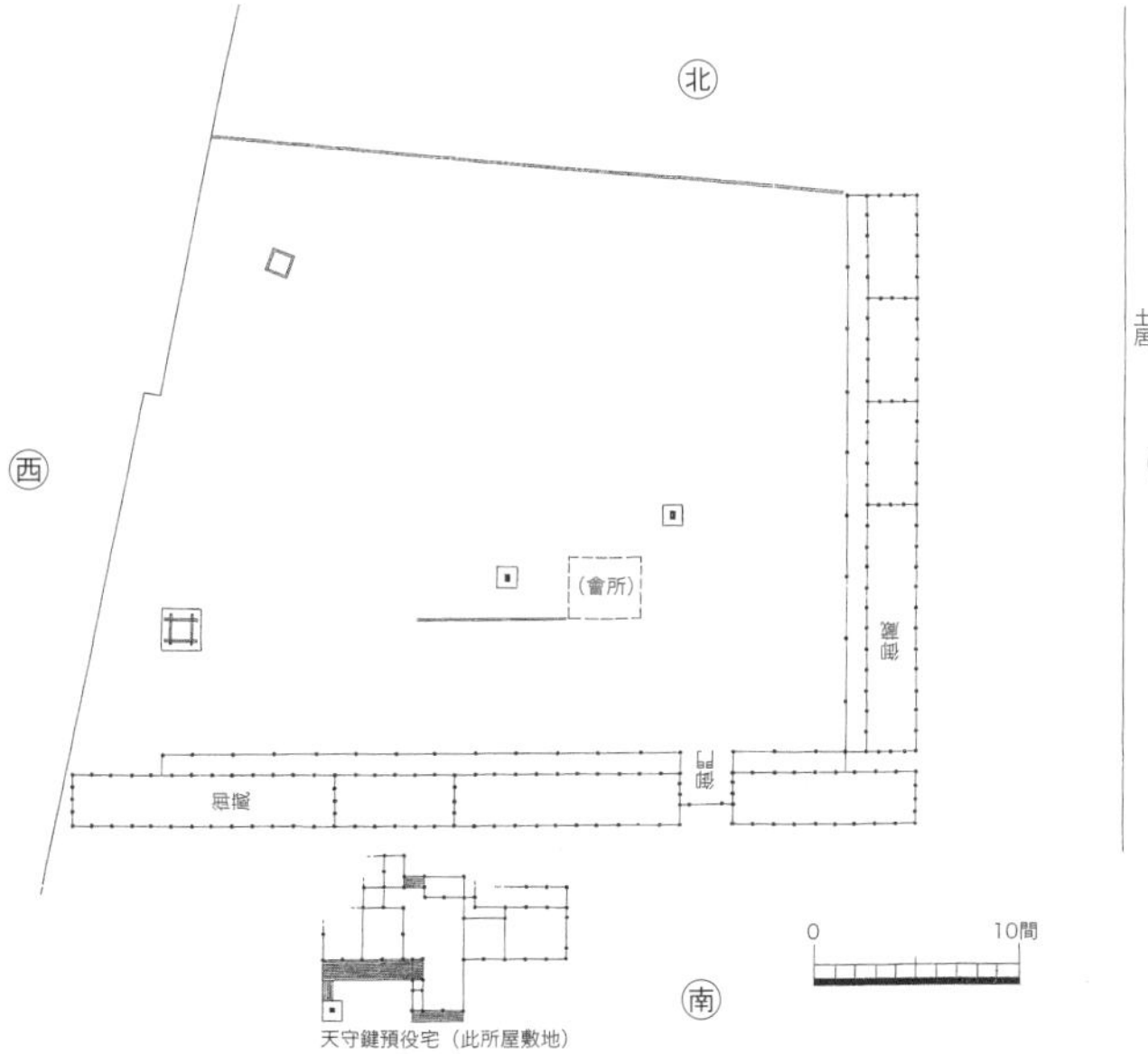


図14　「松江城縄張図」に見える外曲輪（二之丸下ノ段）の米蔵
（原図よりトレースしたもの）

写真24　姿を現した米蔵跡

　昭和四十七年（一九七二）度から松江城環境整備事業がスタートしたが、主な内容は本丸、二之丸、外曲輪（二之丸下ノ段）の遺構整備、懸案となっていた茶店移転や直政公銅像の移転であった。遺構整備については、計画・設計の根拠を得るため、城内では初めて発掘調査を行うことになったのである。昭和四十七〜四十九年（一九七二〜七四）に調査した。調査に当たっては、幾つかある江戸時代の絵図・文献史料を収集し、検討しながら、発掘調査の成果と比較検討しなければならなかった。その点が古代の遺跡とは異なる点である。まず米蔵跡を調査することになった。

　ここは、同じ松江市の公園緑地課が公園整備する計画を提示したので、説明を聞いたところ大きな築山を造るという。いかにも公園技士らしい発想だったが、江戸時代の絵図や文献史料にはそのような築山はないので、見直すよう意見を申し上げた。その後、発掘調査を開始したが、松江市の担当者一名といっても、経験が浅くまだ発掘調査の担当者になれないので、島根大学の山本清先生を団長にした発掘調査団を組織して始めた。他は島根大学の考古学研究会の学生諸君に手伝ってもらうという最低限の体制であった。しかも、公園整備工事が予定より早まったこともあり、遺構面まで掘り下げたが、実測や写真撮影を行う時間的余裕もなく、遺構の位置と遺構面の深さを確認するだけで調査を終えざるを得なかった。「松江城縄張図」を見て東蔵と南蔵がほぼ接する南東の角を現地で見定め、外曲輪（二之丸下ノ段）の平坦地全体に方形のグリッドを設定し、コーナー付近からスコップで掘り始めた。しかし、なにか硬いものに当ってなかなか掘下げられない。瓦の破片が何枚も重なっていたのだ。そこで、急きょ鶴嘴《つるはし》に替えてようやく夥しい数の瓦片を掘り出すことができた。四苦八苦しながら発掘作業を重ねた結果、排水溝と接した米蔵跡の石積がL字形に姿を現した。外側は幅七〇㎝の排水溝となっていた。石積は周辺の割石積の石垣とは違い、表面がノミできれいに削ってあった。内側は一m内外の間隔で多数の礎石が並んでいた。これは単なる礎石というより、重たい米俵を重ねて保管しなければならず、相当の重量にも耐え得る床でないといけないことからたくさん置かれていたのである。この礎石の上には松江城天守の地下一階に見られるように、根太《ねだ》が縦横に置かれていたのであろう。内側の端には絵図をみると庇が出ている。調査では来待石製の排水溝があったが、これが庇の先端に当るのであろう。南蔵の東部には、絵図通り「御門」跡が確認された。

写真25　無数の礎石群

　結果として、平面規模は、東蔵は北端が撹乱を受けており不明だが残存長五二・七m、幅約六・八m、南蔵が長さ約八二m、幅約五・三mであった。出土遺物は堀尾期から松平期にかけての軒丸瓦、軒平瓦、鬼瓦片、「大坂瓦屋左右衛門」と印刻された平瓦、方形と三角形の壁塼、肥前陶磁器、布志名焼《ふじなやき》の黄釉碗や青地釉のぼてぼて茶碗、内面に「井」の記号を斜めに重ねて書いた祀りに使われたと思われる小皿一合、焼塩壺、この他に来待石製の石製狐像が大量に出土した。

江戸時代、外曲輪（二之丸下ノ段）には「荻田稲荷社」があった。米蔵の北部には十七世紀末におきた「越後騒動」により、高田藩の家老だった荻田主馬とその息子二人が松江藩預かりとなった際の屋敷と長屋が出来た。荻田氏は稲荷信仰に篤かったので、稲荷社を建てたのである。石製狐像は不思議と全部欠損していた。

## 外曲輪（二之丸下ノ段）南東部の建物跡
### ～遺構の真上に盛土して便益施設を建てる

絵図を見ると当初は「御小人小屋（長屋）」一棟しか見当たらない。しかし幕末の頃になると、「御破損方構」或いは「御破損方　寺社修理方」と書かれた建物が最大五棟表現されている。もともと南殿町の「御作事所」の中にあった施設だが、時には二之丸に移転したりして最終的にはこの場所に出来た。

平成五年（一九九三）、二之丸の石垣修理や櫓復元のため、六軒の茶店が城外へ移転したが、城跡見学者や観光客にしてみれば城内にそのような便益施設が全く無いというのも寂しい限りだということから、新たに軽食喫茶ができて、土産物も買えるような施設の設置を検討した。その結果、大手門跡に近い南東部の建物跡を発掘調査してみて、はっきりとした建物跡が検出、確認されれば、遺構を保護しながら、その直上に同じ規模と平面形の江戸時代風の建物を建てて、茶店にテナントとして入店していただくという考えに至った。そこでまず発掘調査してみることになったのである。

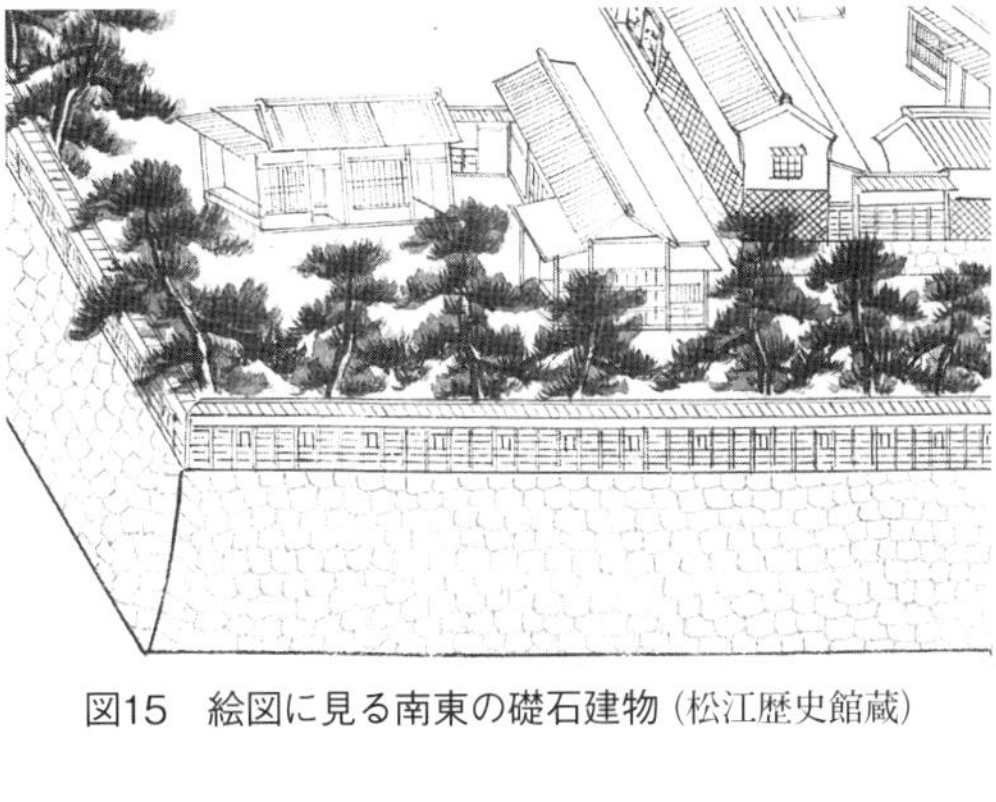
図15　絵図に見る南東の礎石建物（松江歴史館蔵）

平成五年（一九九三）に調査した結果、四ｍの通路を隔てて北と南に一棟ずつの礎石建物跡を検出した。南の建物跡は、東西一〇・六七ｍ、南北八・一〇ｍで南東部

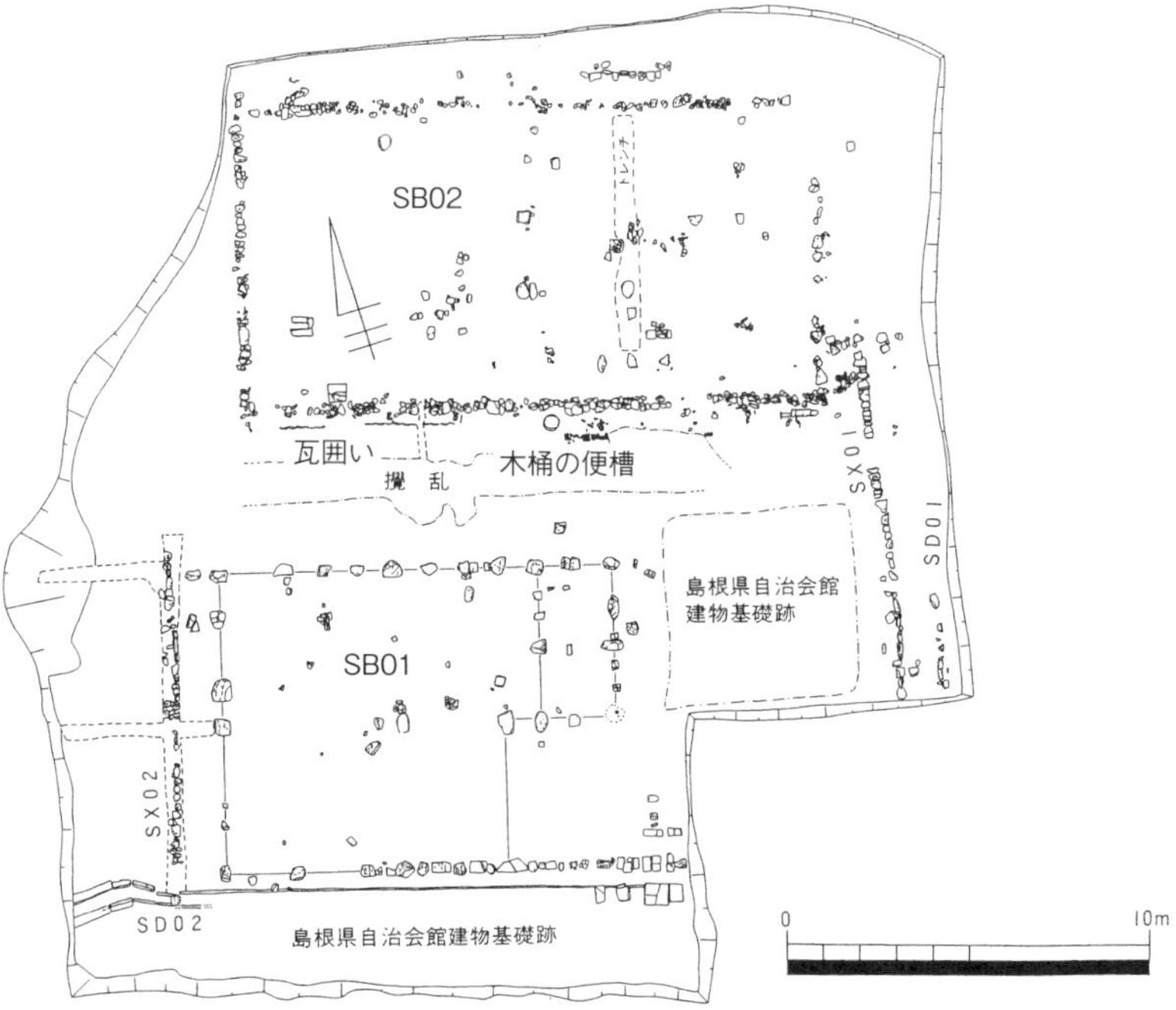


図16　外曲輪（二之丸下ノ段）南東礎石建物跡調査平面図

写真28　南の礎石建物跡

写真26　瓦囲い

写真27　木桶の便槽

が入り込み全体がＬ字形であった。北の建物跡は周囲に雨落ち溝の機能を持った石敷列が長方形に廻っていた。内側には礎石と思える石は数少なかったが、東西約一五・六ｍ、南北約八ｍの建物平面規模を推定した。現在は、北棟で軽食喫茶店が営業し、南棟は城山公園を管理するＮＰＯ法人の観光案内所となっている。

出土遺物の主なものには肥前磁器の広東碗《かんとん》・紅皿・蓋付の鉢、石見焼の片口や碗、京信系の蓋と土瓶・建水、布志名焼の合子《ごうす》・青地釉の鉢・皿などがある。

写真29　北の礎石建物跡

写真30　遺構直上に再現した江戸時代風建物

## 外曲輪（馬溜）～腰石垣を発見した

枡形の東側と南側は土塁で外側は内堀沿いの堀石垣となっている。平成十年（一九九八）に調査した結果、東側の土塁の内側から高さ〇・八ｍの腰石垣が見つかり、南側の土塁の内側からは、高さ一・〇ｍほどの二～四段積の腰石垣が見つかった。中櫓下の高石垣まで続き接していた。平成八年には枡形の北西部と南東部にそれぞれ長方形の井戸が見つかった。北西部の井戸は割石積で築城期からのものと考えられた。南東部の井戸は切石積なので江戸時代末期に改修されたようである。

写真31　南の腰石垣

## 三之丸跡

### （1） 西面堀石垣の堅固な土台

島根県が西面堀石垣を修理した時に根石の下から大きな松材の胴木が四列置かれた状態で見つかった。上面を粗く削った材木を置いている。城内ではこれまで二之丸下ノ段の南東隅の堀石垣でやはり根石の下から胴木が見つかっているが、一本のみでそれを根石に沿って木栓で連結している。三之丸例は、連結した跡は無いが、四列も敷いたことは驚きである。後述する池跡の調査では、三之丸跡の地下は、城山丘陵を構成する軟質砂岩の基盤層が急激に落ち込んで行くと思われ、その上層は砂層であることが分かっている。石垣が不動沈下しないように頑丈な土台の工事を施したのである。

写真32　4列の胴木

### （2） 絵図に描かれた池跡か

県庁舎の西部、自転車置き場の改廃に伴い、平成二十四年（二〇一二）に県が調査した。直角に折れる高さ一・七mの石垣と水際に石段が発見された。県職員駐車場のある「三之丸之内（御花畑）」との間にある内堀とは通じていないので、「御城内絵図面」に見られる池の北西角付近ではないかと思われる。すぐ北側には藩主の「御寝所（御寝間）」があり、防火用水を貯めていたとも考えられる。

写真33　池跡の護岸石垣（島根県教育委員会）

## （3）屈折した南面石垣

県庁前公園に生えていたエノキの木が枯れたので、その根株を除却するに当り、平成二十七年（二〇一五）に県が調査した。東から西へ走る石垣線がちょうど根株の下あたりで南にほぼ直角に四・五m折れて、その先でまた西へ続いていくことが分かった。絵図と比較すると馬場の東端部あたりの堀石垣になる。調査場所のすぐ西側には、三之丸之内（御鷹部屋）へ行く廊下橋があった。

写真34　直角に屈折する石垣の天端（島根県教育委員会）

## （4）南対岸の堀石垣

松江藩主松平家初代の松平直政の遺徳を称えるため、かつて本丸にあった大坂冬の陣に初陣した直政十四歳の騎馬像を史跡外の適地に建設するため、平成十九年（二〇〇七）、その候補地となった県庁前公園の南東隅付近を調査した。この辺りは三之丸を囲む内堀があったところで、以前地下レーダーでおおよその位置は分かっていた。それを頼りに調査ポイントを決めた。トレンチにはちょうど南側対岸の堀石垣の天端が見つかった。手前（北側）には石垣線に並行して現代のコンクリート暗渠が見つかった。この結果に基づき、銅像は堀石垣天端より北側の江戸時代の内堀の中に建設された。

写真35　対岸の堀石垣天端

## 三之丸之内（御花畑）～水琴窟に利用された甕

現日本赤十字社島根県支部の屋舎を建て替える際、平成二十六年（二〇一四）に立会調査したところ、予定地の北部から倒立したままの陶器の甕が一個出土した。上になる底面には一面に漆喰が塗られ、真ん中に径三cmの穴が開けられていた。下になる口縁部の周りには礫石が置いてあった。内部に土師器の皿こそ無かったが、全体としては「水琴窟」の装置でよいだろうと思う。甕自体は高さ三六cm、口径三二・三cmで、上部外面にカキ目が施され、一対の菊花文が別の粘土で貼り付けてある。このような形状は十九世紀以降の丹波焼の大甕の流れを汲んでいるが、地元母里《もり》藩の藩窯「母里焼」（開窯 弘化元年（一八四四））製作の甕に共通するところが大きい。出土場所は、江戸時代の絵図によれば松平治郷の弟衍親《のぶちか》（幼名三助）が幼少の折の住居があった。玄関北の雪隠《せっちん》あたりになるので、手水鉢の横に置かれたのであろうか。

写真36　出土した倒立甕

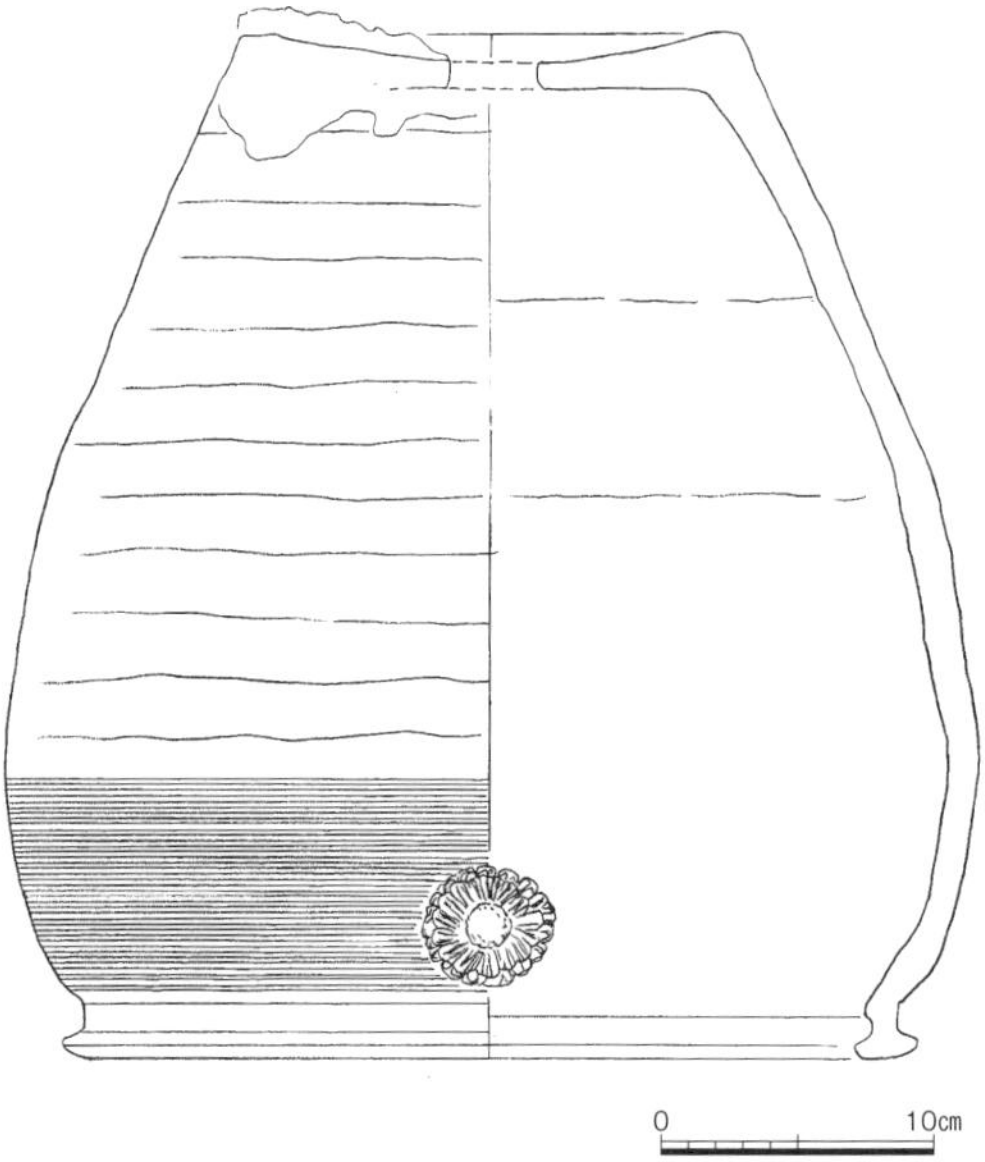

図17　倒立甕の実測図

## 新たな謎

### （1）本丸や北之丸に御殿はあったのか？

本丸のほうは『竹内右兵衛書つけ』に天守の正面南方に「家」や「御殿」「御台所」があったが今は無いと書かれている。「松江城縄張図」には紙が貼ってあるが、その下に建物が表現してある。つまり、築城時から短期間だがこのような建物があって、城主が住んでいた可能性がある。これらを明確にするためには、発掘調査を行うしかないと考えている。

「御台所」の部分は、昭和三十一年（一九五六）度の防災施設整備事業で防火用地下貯水槽が設置されているので、遺構は残っていないと思われるが、東部の方は遺構が出てくる可能性は高いだろう。

写真37　本丸御殿推定地の現況

本丸や北之丸は、これまであまり発掘調査してこなかったので、不明な点が多いが、今後発掘調査すれば北之丸の伝承（上御殿跡）とも相まって、二つの御殿の問題も進展するかもしれない。

### （2）水ノ手門のルートは一時期変わったのか？

腰曲輪にあるこの門は、堀尾・京極期の絵図面では、今と同じ西から北へ折れていたが、「出雲国松江城絵図」（いわゆる正保城絵図、一六四四〜四八）や「出雲国松江城之絵図」（一六七四）を見るとまっすぐ西方へ開いていた。それ以後、幕末にかけての絵図を見ると、再び北へ折れたところに水ノ手門が描かれている。つまり一時期、この門は西へまっすぐ通じていた。石垣もそのように変更されてい

写真38　水ノ手門跡の現況

たはずであるが、周辺の大規模な石垣修理の際、絵図に示されるような箇所に確認できなかった。少し離れた北側には石垣面が残存していたが、上辺も下辺も隣の石垣に繋がらず絵図との整合性はない。石垣裏側から本丸・北ノ門への道筋を掘ってみる必要がある。

## （3）三之丸や三之丸之内の藩有施設の実像は？

御花畑は絵図などで建物施設の配置がある程度分かるが、御鷹部屋は全く分からない。ましてや三之丸本体は、県庁舎の建築工事によって、未調査のまま、その中枢部

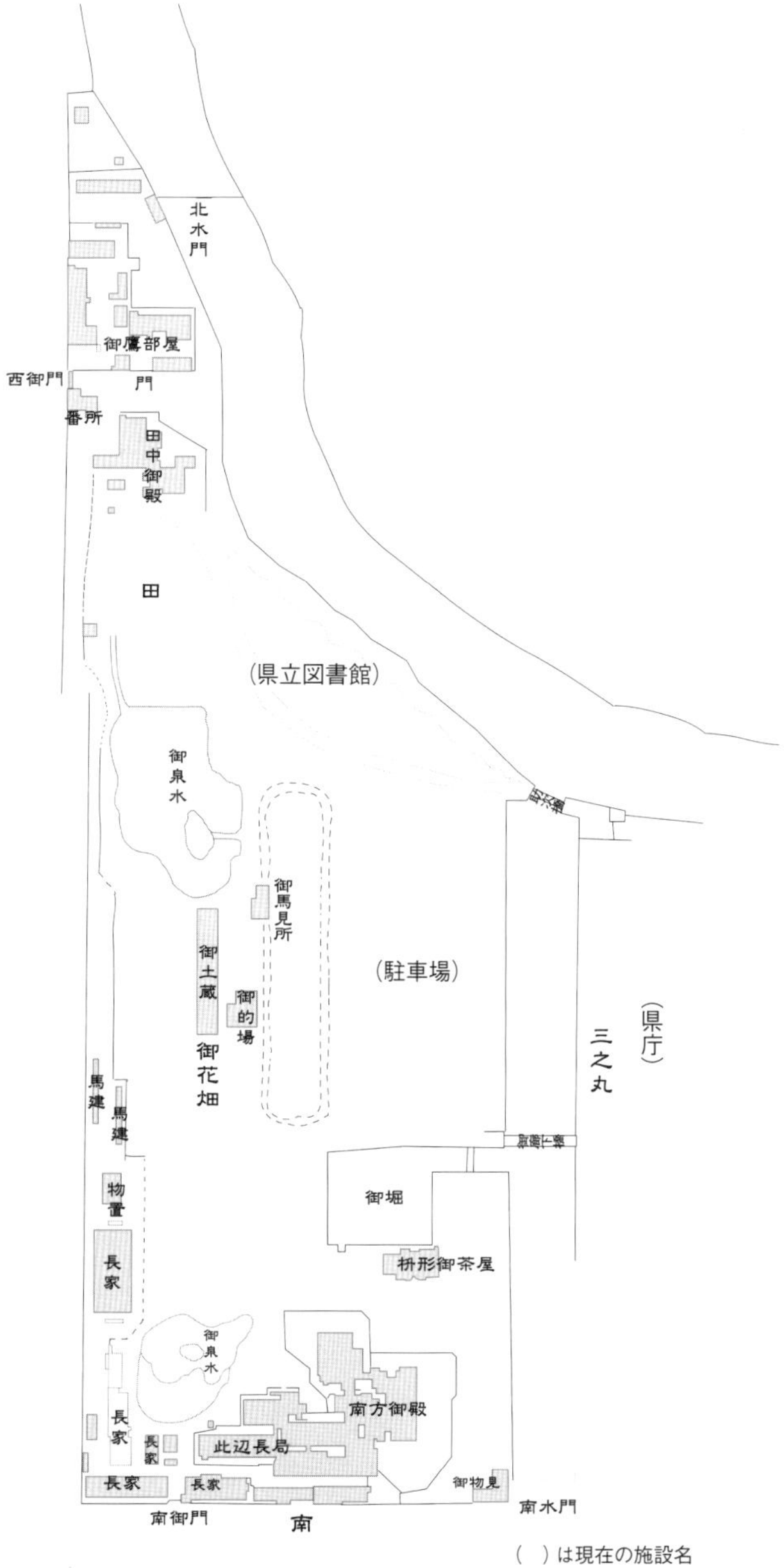


図18　三之丸之内（御花畑）の図

分は完全に破壊されている。しかし、最近になってようやく県庁関係の工事に係る県教委文化財課の調査によって部分的ではあるが遺構のあったことが判明してきた。絵図との照合により確実性を高めている。

今後も可能な限り調査が進めば三之丸及び三之丸之内の実像に少しずつ迫っていくことが出来るだろう。

## まとめと課題

これまで松江城内の発掘調査成果について概略を述べてきた。調査によって検出された遺構や出土した遺物は、絵図や文献史料も参考にしながら検討してきた。その大半は内容に相違なくお互いの史料を補完する場合が多い。しかし一方で、絵図や文献史料に表現されていない調査結果もある。例えば本丸や二之丸で発見された土坑は、ごみ穴もあるが、作事（建築工事）の儀式に関連した穴もある。大量の土師器の皿のほか銅銭も出土し史料に書かれない祭儀の行われたことを示唆している。

城内の発掘調査は、まだ一部でしか行われておらず大半は未調査のままである。市史編纂過程で浮かび上がってきた新たな謎もいくつかある。

今後は、しっかりとした調査研究テーマに基づく発掘調査や他分野との共同調査を行う必要があろう。

（岡崎雄二郎）

コラム

## 江戸時代前期の廃棄年代がわかる一括資料

### 松江城下町遺跡（母衣町六八番地）出土陶磁器群

発掘調査地は、松江城大手から東へ約四〇〇m離れた母衣《ほろ》町に位置し、江戸時代には中級クラスの家臣の屋敷が配置されていた。松江地方裁判所庁舎新営工事に伴う発掘調査を行った場所で、ここでは東西南北に並ぶ四つの屋敷地をまたいだ調査となった。平成二十三～二十四年（二〇一一～一二）の調査では延宝六年（一六七八）を下限とする陶磁器の一括資料が出土した。

一括資料は、東西および南北方向に延びる屋敷境溝がT字状に交わる地点で検出した土坑SK01から出土した。土坑の規模は、東西長二・三m×南北幅八〇cm、深さ四〇cmを測り、平面形は楕円形を呈する。埋土から延宝六年の「母衣町大火」で焼けたと推測される、被熱して焼けただれた磁器の破片が密集した状態で出土した。陶磁器の組成は、江戸時代初期に中国から輸入されていた景《けい》徳鎮《とくちん》窯の高級磁器や漳州《しょうしゅう》窯の大皿、国産製品は肥前の有田磁器（染付・祥瑞手・五彩手・初期色絵・柿右衛門様式）がほとんどであり、複数個体で出土したものを多数確認している。

中国製品の組成で十六世紀末～十七世紀初頭と考えられるものは、色絵人物文輪花皿と漳州窯の大皿である。一六〇〇～三〇年代のものは、景徳鎮窯がヨーロッパ向けに作った芙蓉《ふよう》手の皿の中でも上質なものが十点以上の組物で出土している。一六二〇～三〇年代のものは、一般的に古染付と呼ばれる柳山水文皿が十点以上の組物で出土している。小坏は外面に松竹梅と高台内に「大明成化年製」銘を染付したものが五点以上出土し、見込に葦雁のような文様と高台内に「大明成化年製」銘を染付したものが五点以上出土している。一六四〇～五〇年代のものは、蓮の葉を手に持つ唐子文小皿で高台内に「大明嘉靖年製」銘を染付したものが出土している。

延宝六年（一六七八）の「母衣町大火」に伴う一括資料は、景徳鎮窯や漳州窯の中国製品と共伴して有田の初期色絵の優品が出土したことが注目される。初期色絵の大皿の出土例は全国的にも少なく、複数個体出土した例は、東京大学構内遺跡で加賀藩前田家の江戸屋敷での出土例以外には見られない。この色絵の優品ばかりではなく、有田の多種多様な染付の優品が出土している点も前田家の江戸屋敷で出土した陶磁器の水準とほぼ同様である。これらの資料は、松江城下町遺跡の陶磁器群の中でも極めて稀なものであり、一般的な武家階層で使用されていたようなものではなく、特異な事例と考えられる。

（小山泰生）

松江城下町遺跡（母衣町68）から出土した高水準の磁器群（一部）

コラム

# 陶磁器の流通

## —日常を彩る器たち—

松江城下町遺跡の発掘調査は、平成十七年（二〇〇五）から本格的に始まり、これまで継続的に調査が行われてきた。調査開始以前には、遺跡が現在の中心市街地と重複していることから大部分が消失しているものと考えられていた。ところが、実際に調査を進めていくと、地下には良好な状態で遺跡が残っていることが明らかとなってきた。これは松江城下町の特徴のひとつでもある水田や低湿地を埋め立てて形成された城下町であること、そして城下町形成以後も数回にわたって嵩上げ造成を繰り返しながら城下町が展開されてきたためであり、厚い造成土に覆われた古い時期の地層ほど遺構と遺物が良く残っている。

松江市橋北地域（大橋川より北の地域）を主体として進められてきた松江城下町遺跡の主な調査事例には、松江歴史館整備事業に伴う発掘調査（平成十八～二十年度）、城山北公園線都市計画街路事業に伴う発掘調査（平成十八～二十九年度）、松江地方裁判所合同庁舎新営工事に伴う発掘調査（平成二十三～二十四年度）が挙げられる。調査開始から十数年が経過し、調査実績の積み重ねにより新たな知見や成果が得られ、近世松江城下町の変遷を描くことが可能になりつつある。これらの発掘調査では、様々な遺構や数万点におよぶ出土遺物があり、その情報量は莫大である。

近世考古学および近世陶磁器研究においては、一九八〇年代以降、八〇年代後半から九〇年代をピークに全国各地で発掘調査や報告がなされてきた。二〇〇〇年代からは減少傾向にあるが、東京（江戸）・大阪・京都などの大都市遺跡、仙台・徳島・広島などの地方都市遺跡、陶磁器の生産地である瀬戸・美濃・肥前などの大窯業地では、断続的に発掘調査や、年代的な序列をつける編年研究が進められている。城下町遺跡の調査が全国的には一段落した時期に始まった松江城下町遺跡の発掘調査は後発となるが、これまでに各地で進められてきた調査・研究の蓄積を投影できるという点で恵まれた環境下にあるといえる。

陶磁器の変化が遺跡に反映される年代を追及することは、遺物を年代の物差しとする考古学の立場から重要である。それゆえ、その年代比定は慎重にならなければならず、それを限定していくことで遺跡の正当な評価へと繋がっていく。陶磁器編年の確立は、松江城下町遺跡で検出される遺構の年代を想定する上で、ひとつのメルクマール（指標）となるものである。

現在までに松江城下町遺跡で出土した全体的な陶磁器を生産地別に見ると、貿易陶磁器は中国江西省の景徳鎮《けいとくちん》窯と福建省南部の漳州《しょうしゅう》窯産の中国磁器が大半を占める。浙江省の龍泉《りゅうせん》窯産のものも少量見られる。

　国産陶磁器は、肥前（佐賀）が圧倒的に多い。瀬戸・美濃（愛知・岐阜）、備前（岡山）、萩・須佐（山口）、上野・高取（福岡）、在地（島根）などがこれに次ぐ。京焼（京都）や信楽（滋賀）など関西系陶器も入るが少量である。これらの状況から、九州や中国地方からの陶磁器が比較的多く松江に流入していることがうかがえる。

　さらに細かく、陶磁器組成の観点から江戸時代（十七〜十九世紀）の変遷を見ていくと、松江城下町では十七世紀初頭にそれまで中心となっていたと思われる中国青花や瀬戸・美濃陶器（志野焼・織部焼）などのいわゆる桃山陶磁が徐々に減少していき、肥前陶器（唐津焼）が中心となる時期に始まる。この時期の組成は、陶器は胎土目（重ね焼きの付着を防ぐために団子状の粘土を挟む）の唐津焼が主体で、瀬戸・美濃陶器、備前焼、萩焼、上野・高取焼が少量出土し、磁器はすべて中国製が占める。中でも唐津焼、志野焼、織部焼、備前焼は茶陶（茶の湯に用いる陶器）の多さが際立つ。発掘調査では主に武家地を調査しているためであり、堀尾氏の時代に武士の間で茶の湯が嗜まれていたこと

松江城下町遺跡出土の焼物と生産地

を示している。

十七世紀前半〜中頃には、それまで肥前陶器が主体となっていた組成から急速に肥前磁器（伊万里焼・有田焼）が増加していく様子が見られ、中国磁器から国産の肥前磁器に移り変わっていく段階となる。松江では、寛永十五年（一六三八）以降の松平氏の時代から肥前磁器が入ってきており、肥前陶器は砂目の溝縁皿や二彩手皿、肥前磁器は初期伊万里が数点出土するものの一六三〇〜五〇年代の碗皿類が主体となる。一方で、肥前陶磁器の増加とは対照的に瀬戸・美濃陶器、萩焼、上野・高取焼が見られなくなる。

十七世紀後半には、肥前陶磁器を中心にまとまった出土量が確認できる。肥前陶器は呉器手《ごきて》碗や京焼風陶器など、肥前磁器は一六五〇年代に盛んに生産された日字鳳凰文皿や波佐見焼の青磁皿などが出土している。また、この時期には備前焼の擂鉢と入れ替わるように須佐焼の擂鉢が入ってくるようになる。

十八世紀には、肥前陶器が減少していくが代わりに京・信楽系や在地系の陶器が増える。肥前磁器は一定量出土するが、この時期に特徴的な陶胎染付《とうたいそめつけ》、外青磁、くらわんか手、広東《かんとん》碗は比較的少ない。器種は瓶や鉢類などでバリエーションが増加する。

十九世紀には、それまで主体だった肥前陶磁器から在地系を中心とした組成に変化する。陶器は布志名焼や石見焼が増える。碗皿類や鉢などがあり、碗では地域色の高い「ボテボテ茶碗」が多く見られる。その他、この時期には瀬戸の磁器（新製焼）が少量出土する。

松江城下町遺跡における陶磁器の概要を見てきたが、陶磁器編年を示す上で最も特徴的な点は、十七世紀初頭が松江城下町の開始時期ということである。また、陶磁器以外にも土師器皿・土製品・木製品・銭貨・金属製品・石製品などの生活道具、瓦・柱材などの居住関連遺物、煙管・玩具などの趣味や嗜好の遺物、大工道具や製材・鍛冶に関わる遺物、魚骨・貝殻・果実の種子といった食物残滓、加工痕のある獣骨・骨角製品など、多種多様な遺物が出土している。

近世陶磁器研究は、既存資料の再点検と新資料の発見を加えて、陶磁器から読み取れる変化を着実に捉えることが重要となる。松江の資料に即した暦年代観の構築とそこから導出する地域性を見出すことで、松江城下町遺跡の価値を更に高めるものと確信する。

（小山泰生）

コラム

# 武士の食卓

## ―松江藩士は魚介類が好き？―

　松江城下町の人々は日常の生活の中で、どのような食材を食べていたのだろうか。その手がかりとなるのが松江城下町遺跡から出土した多数の食物残滓《ざんし》や動物遺存体である。発掘調査では屋敷地内を中心とした廃棄土坑や溝などから、生ゴミとして捨てられた植物や果実の種子・魚類や貝類などの水産物・哺乳類や鳥類などの動物の骨が出土している。これらは調理解体後に廃棄されたものが多くを占めると考えられている。

　松江城下町遺跡では貝類の出土量が一番多く、次に魚類が挙げられ、日本海沿岸や中海・宍道湖で獲れたものが流通していたようだ。貝類においては、階層にかかわらずヤマトシジミが多く利用され、また松江城下町は宍道湖の汽水域に面するにもかかわらず、サルボウガイ・ハマグリ・サザエ・アワビ・イワガキなどの多様な海産貝類も利用している。魚類についてもマダイ亜科・スズキ属を主体に、エイ・サメ類やブリ属・マグロ属・コチ科・ハタ科などの多様な海産魚類が中心で、わずかにフナ属やコイ科も利用していた。

　鳥類は全体量としては少ないが、カモ科・キジ科・サギ科・ニワトリが出土し、調理時の解体痕が残るものも含まれている。

　哺乳類は、イヌ・イノシシ・ニホンジカ・ウシが主体で、そのほかにネコ・タヌキ・キツネ・オットセイ・ネズミ類が少量出土している。哺乳類利用で特筆される点として、ウシの角芯や四肢骨がまとまって出土している点が挙げられる。角芯は「米子町」と呼ばれる町屋の一画の発掘調査で見つかったもので、出土した角芯のすべてに切断痕あるいは刻み目などの加工痕が残されていた。どうやら角鞘を切り開いてエナメル部分をはぎとり、板状に加工してべっ甲細工の代用品として利用していたようである。米子町には商人だけではなく、町屋の生業活動として職人などによる加工が行われた工房が置かれていたことが示唆される。

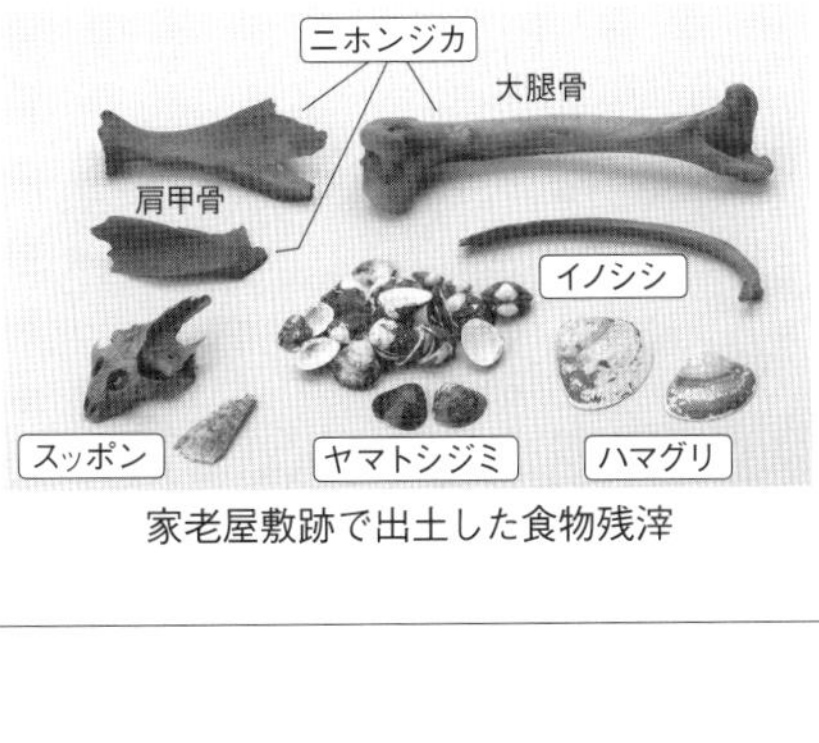

家老屋敷跡で出土した食物残滓

　このように発掘調査で得られた食物残滓や動物遺存体について詳細な分析・研究をすることによって、松江城下町の食文化や動物資源利用の一端を知ることができるのである。

（小山泰生）

コラム

## 時期が分かる廃棄土坑

松江城下町遺跡の発掘調査において、時期が分かる廃棄土坑は限られており、特に年号が書かれた遺物が含まれるものは僅かである。これまでに、殿町の家老屋敷と母衣町の武家地とで、江戸時代初頭と明治初年の二例が知られており、その概要を以下に紹介する。

**京極期の佐々《さっさ》土坑**（殿町二七九外、SK23）

佐々土坑は内堀に面する旧家老屋敷の一角（北屋敷）で発見されている。場所は北惣門橋の東側にできた松江歴史館の敷地であり、この屋敷の住人は「堀尾期松江城下町絵図」（島根大学附属図書館所蔵）によれば堀尾期には堀尾采女が、「寛永年間松江城家敷町之図」（丸亀市立資料館所蔵）によれば京極期には佐々九郎兵衛が、松平期には乙部九郎兵衛の屋敷地であった。

この土坑は北屋敷第三遺構面に掘り込まれ、大きな池状遺構の北側の空閑地で検出された。土坑の大きさは、長軸五・五m×短軸三m、深さ〇・五mである。内部から陶磁器、土師器、木製品が多量に出土しており、中には火を受けたものも多くあった。火災跡の廃材を捨てた可能性も考えられるが、主家断絶に伴う引越しにかかる家財道具等整理で出た不要品を燃やした可能性もある。また、魚骨・鳥骨、貝類などの食物残滓も混じっていた。

土坑からの遺物は、堀尾氏末期から松平氏入部までの京極期を中心とする時期のもので、報告書にあるように、松江城下町遺跡の中で、京極期のものと断定できる唯一の一括資料として位置付けられている。特に、陶磁器の組成をみると、唐津焼等の肥前陶器が五八%で、これまで一番多かった青花などの中国磁器が三八%と少なくなっている。ただ、国産磁器の伊万里焼は既に焼かれているが、松江にはほとんど流通していなく、寛永期も末頃になると、少しずつ流入し始める。安来市の富田城跡の麓にある富田川河床遺跡からは寛永二十一年（一六四四）銘の木札が発見された層から陶磁器が纏まって出土している。伊万里焼が三・一%で僅かながら含まれ、中国磁器は三七・五%である。

土師器の皿も多く出土している。京都系土師器皿と呼ばれる手捏ね土器と在地系と呼ばれる糸切り底をもつ轆《ろく》轤《ろ》成形のものと二種類がある。土師器皿の割合は、陶磁器を含めて八割を超える多さであり、屋敷内での宴会に使用されたものであろう。なお、中には少量であるが、灯明皿に使われたものも存在し、灯芯がふれた部分にタールが付着していた。

この穴は諸々の日用品を捨てた廃棄土坑である。時期は京極氏が断絶した時と重なり、そのことを裏付ける木簡なども混じっていたのである。木簡の一枚には、表面には「佐々九郎兵衛」、裏面には「六わ（把）ノ内」と書かれている。

佐々九郎兵衛は京極忠高の家臣で、藩主の小姓から出世し、松江での禄は、家臣としては最高の一万石であった。その後、京極氏が龍野（兵庫県）に移った折にも善政を行い、人望が高かったといわれている。

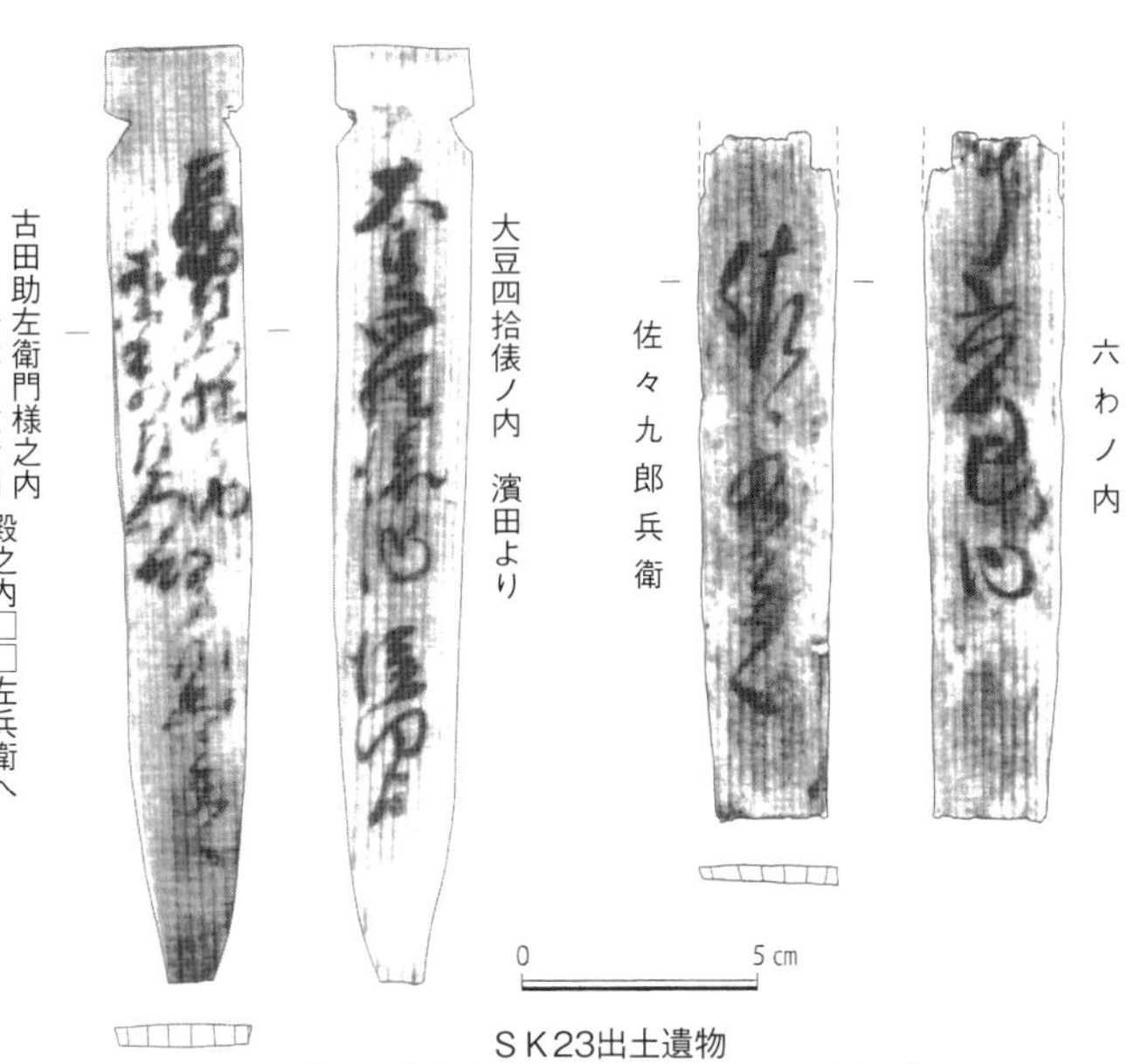


ＳＫ23出土遺物
（『松江市文化財調査報告書』第139集より）

また、「古田助左衛門」と書かれた荷札木簡も出土している。古田助左衛門は浜田藩主古田重恒の重臣で、当時は「石州之内濱田古田兵部少輔重恒公城下之絵図」（個人蔵）によれば大手門の前に屋敷をもつ人物であった。堀尾氏、京極氏が断絶する時、二度にわたり、出雲・隠岐両国の在番（幕府の預かり時の責任者）の役を命ぜられ、堀尾氏断絶後の寛永十年（一六三三）九月二十日から同十一年（一六三四）八月七日までと、京極氏断絶後の寛永十四年（一六三七）十二月二十五日から松平氏が入部する同十五年（一六三八）までの二回、松江に出向いている。木簡は数枚あり、木簡より二回目には、この屋敷に住まいをしていたことが分かる。また、「古田助左衛門様之内　松本八左衛門殿（有田カ）左衛門へ」、裏面に「大豆四拾俵ノ内　濱田より」とあり、食料品の大豆が浜田から運ばれたことが知られる。同様の木簡がこの土坑から二点、他からも一点出土している。

**明治初年の廃棄土坑**（殿町三四四外、ＳＫ01）

松江城大手前から東に約二五〇m離れた大手前通りの北側に位置する。江戸時代には、道に面した屋敷地の門から入った左側に当たり、道を挟んだ西側には家老屋敷が、東側には上級〜中級の武家屋敷が並んでいた。調査範囲は東西一四・五m×南北五・〇mの長方形の狭い区画で、この調査では五つの遺構面が確認された。

松平後期の特記される遺構としては、第一遺構面の廃棄土坑（SK01）が挙げられる。土坑は、調査区の中央に位置し、東西九・〇m、南北四・三m、深さ約〇・七mの大きさで、周縁には多くの杭が打たれていた。埋土からは陶磁器などの生活雑器とともに、大量の燻《いぶし》瓦が出土した。この穴は最終的には屋敷内にあった建物の屋根に葺かれた瓦類を埋めた穴として使用されたが、併せて台所などに置かれていた十九世紀中頃の陶磁器類や漆器、日常品の簪《かんざし》、玩具なども廃棄されていた。なお、出土品の中には、「天保八年　臺所　小柳」と墨書された地元産の布志《ふじ》名焼《なやき》の片口が混じっている。

第一遺構面の廃棄土坑から出土した大量の瓦類は、明治維新後に武家屋敷の建物が解体された状況を物語るものである。また、台（臺）所で使用されたと考えられる天保八年（一八三七）の年号がある片口は、布志名焼の流通年代を知る上での貴重な資料といえる。

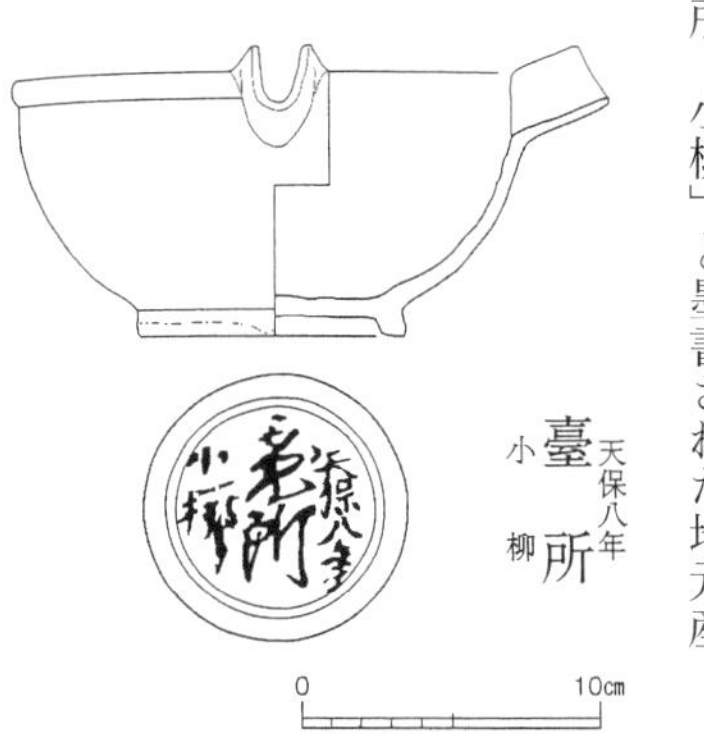

墨書のある布志名焼の片口
（『松江市文化財調査報告書』第154集より）

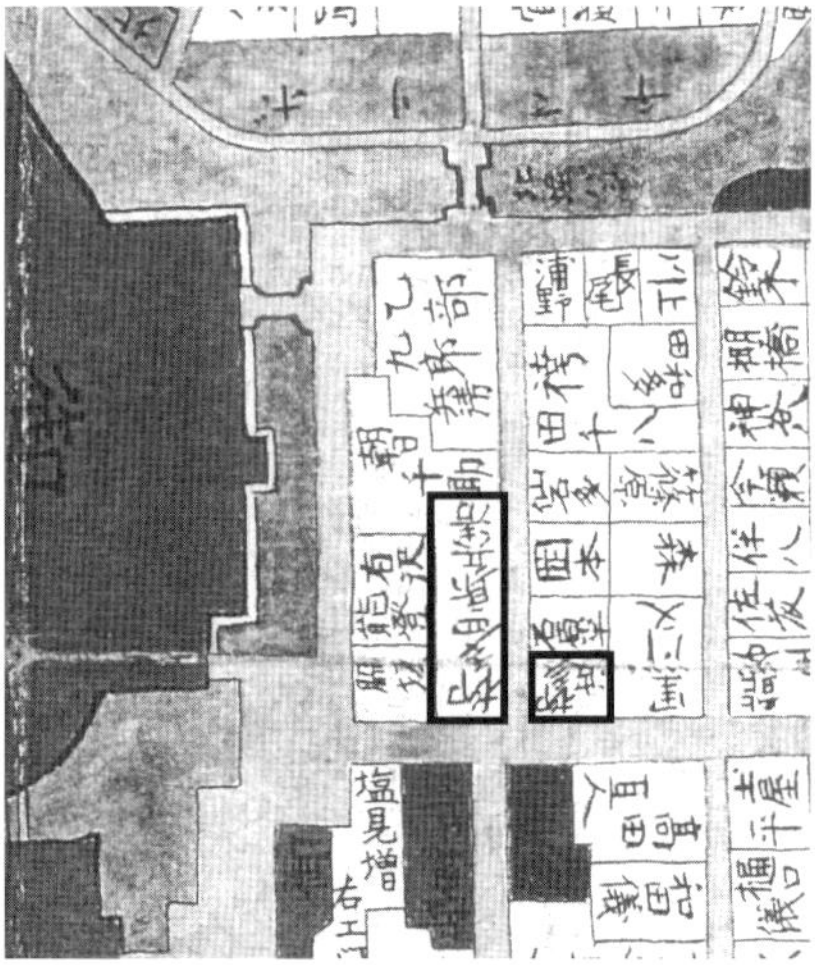
「松平期松江城下町絵図」（部分加筆）
（桑原本、島根大学附属図書館所蔵）

場所については、SK01が殿町と母衣町の境に位置しており、「松平期松江城下町絵図」（島根大学附属図書館蔵）には五百石で、中老格の「柳多波江」の屋敷となっている。また、道を挟んで西側には、家老の柳多家の屋敷があり、想定ではあるが、分家は「小柳」と呼ばれていたと思われる。『松江藩列士録』によれば、柳多家は明治二年（一八六九）まで記述があり、さらに出土品からみて、廃棄土坑ができるのはそれ以降の明治初年と推定できる。

（西尾克己）

# 第八章　松江城跡を歩く

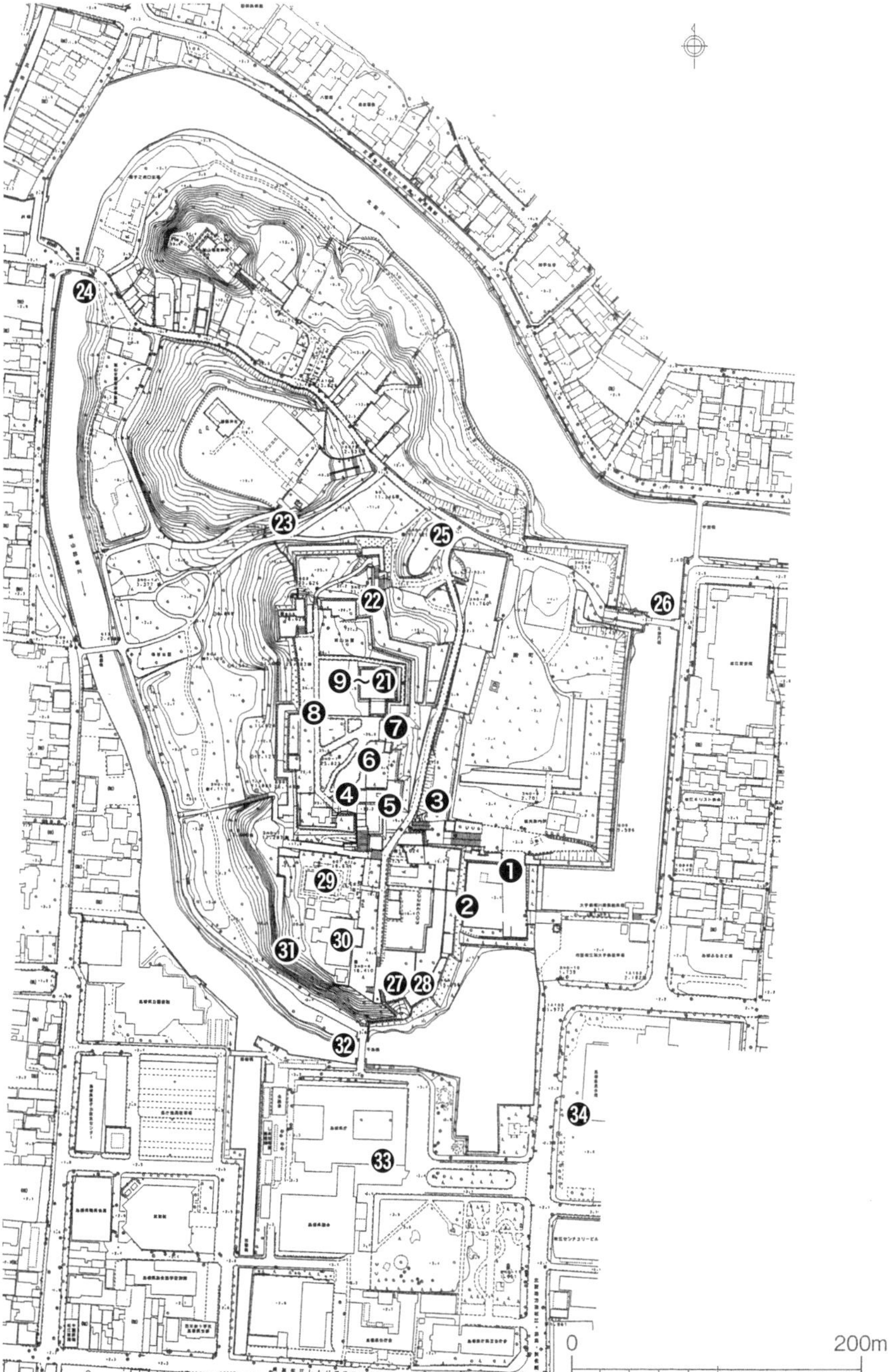


松江城跡全体図（数字は本文の写真番号に対応）

## 馬溜と大手

ここからは松江城を歩いてみよう。まずは大手門から出発しよう。大手門は二重の櫓門で、現在も礎石が残されている（写真1）。この大手門の前面には内堀と土橋で結ばれている方形の馬溜が構えられている。馬溜には門は設けられておらず、極めて簡単な柵門が構えられていたに過ぎない。しかし、馬溜に入ると左側面には二之丸石垣が聳え、北側には単層の太鼓櫓が、南側には単層の中櫓が配置されており、馬溜に頭上から睨みを利かせている（写真2）。さらに馬溜は大手の外側に構えられた外枡形であるとともに出撃の拠点となる勢溜でもあった。同様の施設が米子城の大手前面にも認められる。なお、発掘調査の結果、馬溜で井戸が検出されている。

写真1　大手門の礎石

写真2　馬溜と太鼓櫓

## 分銅文の刻印

大手門跡を入り、左手に折れると本丸へ続く石段が現れる。この石段は横手坂と呼ばれ、登りきった北側に位置する中曲輪南端石塁を見ると分銅文の刻印が散見できる。分銅文は堀尾氏の家紋である（写真3）。もともと堀尾氏の家紋は抱き茗荷であったが、吉晴は豊臣秀吉より分銅文を拝領し、これを旗印にも用いている。なお、もう一つ六目結も家紋に用いている。松江市栄町に所在する圓成寺には堀尾忠晴の墓が営まれているが、その水鉢には分銅文と六目結文が刻まれている。大手から本丸に至る中間に築かれた中曲輪南端石垣に集中して刻まれているのは、大手を入り、本丸へ至るルート上に藩主の家紋を刻む刻印を集中させ、築城者が誰であるかを石垣にまで示しているようである。

なお、横手坂の正面には太鼓櫓から折れた二之丸の石垣が位置しており、石垣上には単層の御門ノ東ノ櫓が構えられており、横手坂を登るものを正面頭上から睨みを利かせていた。

写真３　分銅文の刻印

## 三ノ門から一ノ門へ

横手坂を登った中曲輪から二之丸へはまた石段を登るのだが、横手坂から一直線にならず、ずらせて構えられている。この石段を登りきると左手に二之丸に入る三ノ門が構えられている。これを右に折れると二ノ門が配され、さらに右折れして石段を登ると大手の外枡形空間となり、今度は左折れすると一ノ門に至る（写真４）。

一ノ門は高麗門と櫓門がセットになる内枡形ではなく、櫓門の外側に枡形空間が構えられる外枡形となり、外枡形には門が構えられない構造となるのであるが、ここでは三ノ門から左↓右↓右↓左と四度にわたって屈曲させるという念の入れようである。さらに三ノ門の正面には一ノ門外枡形の石垣が正面に配置され、本丸南東隅に配された二重の武具櫓が頭上から睨みを利かせている。二ノ門から一ノ門に向かうと左手の頭上には二重の弓櫓が睨みを利かせている。一ノ門外枡形は正面に多聞、右手に武具櫓、左手に弓櫓が配置され、周囲の頭上からの攻撃に晒されてしまう構造となる。こうした構造は大手前面に構えられた馬溜と同一のもので、松江城の枡形の特徴として捉えられよう。

さらに一ノ門で注目したいのはこのような防御の要と

なるだけではない。東に延びる石垣を見ると巨石が配列されていることがわかる。その中でも最大のものは長辺一・八mを測る。巨石が一ノ門に集中するのは鏡石として見せるというものであり、本丸への正面に権威を誇示した石垣ということができよう（写真5）。

なお、現在の一ノ門と東に延びる石垣上に建つ多聞は昭和三十五年（一九六〇）に市制七十周年記念事業で建てられたものであるが、その形状は江戸時代のものとは異なる。

写真４　一ノ門

写真５　一ノ門東側の石垣と多聞

## 本丸

本丸には築城当初、御薬蔵と呼ばれる焔硝蔵と考えられる蔵と、家と記された本丸御殿があったが、松平氏時代には撤去され、本丸内に建物は存在しなかった。まずは本丸周囲に配置された櫓台を見て歩こう。一ノ門の東側に延びる石垣上には復元された多聞があるが、中に入ると昭和三十年（一九五五）に解体修理された天守で取り外された柱材が用いられている。ほとんど知られていないが、柱材には「松江城古材」の焼印が入っているので、ぜひとも見学してもらいたい（**写真6**）。

天守東脇に位置していた祈祷櫓は二重櫓で（**写真7**）、築城当初ここに塚があり、榎を神木とする荒神が祀ら

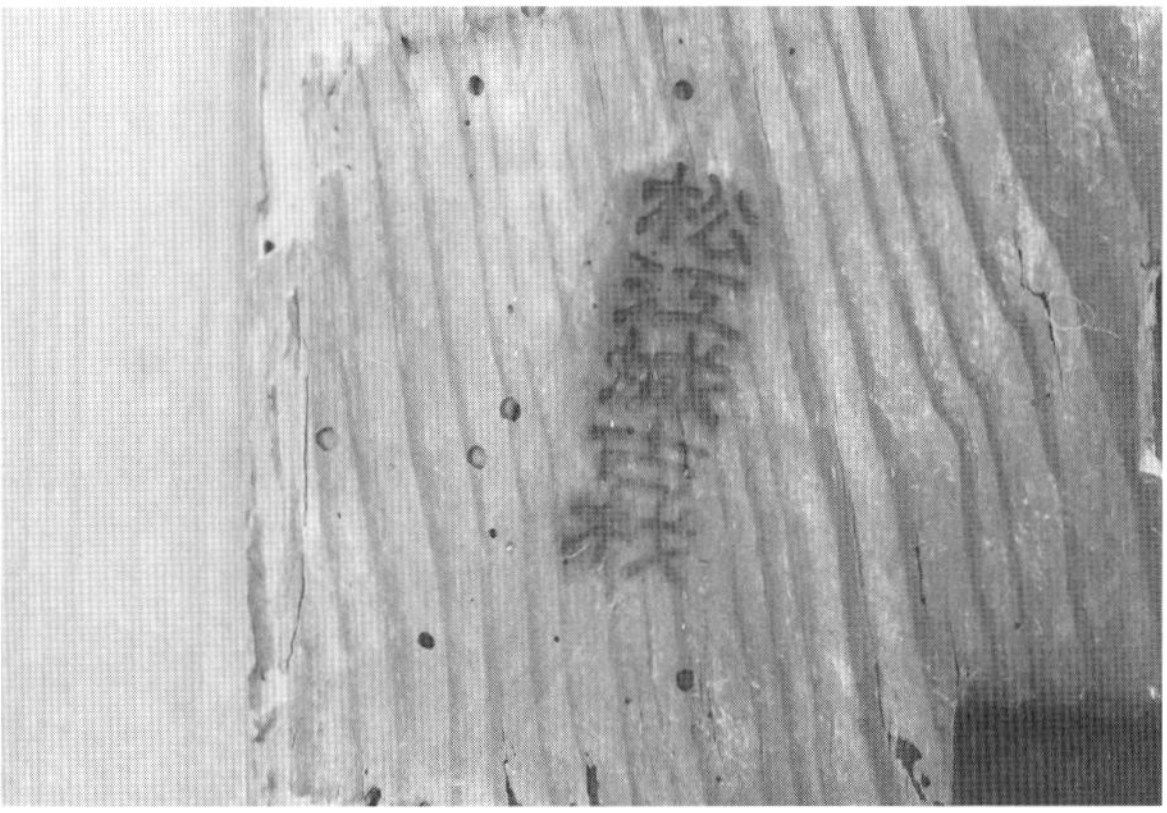


写真６　柱材の焼印

写真７　祈祷櫓跡

写真８　鉄砲櫓跡

れていたため、櫓内にも荒神を祀り荒神櫓とも呼ばれた。一方、『雲陽大数録』にはここの石垣は積んでもすぐ崩れたので、不思議に思って掘り下げると、頭蓋骨と槍が出てきた。そこで供養をすると石垣が積めたために城内の祈祷所となったと記されている。もとの地盤との関係で崩れやすい場所であったため、しばしば崩れたのだろう。

本丸西辺に構えられた鉄砲櫓は二重櫓で（写真8）、『竹内右兵衛書つけ』に「西ノ唐破風矢倉」、「唐破風仕出シ有リ」と記されており、西側屋根に唐破風が載っていた。仕出シということより、あるいは出窓に唐破風が付く構造であったとも考えられる。正保城絵図の「出雲国松江城絵図」には唐破風の付く櫓が描かれている。西側の城下からは天守は仰げない。そこで本丸の威容を見せるため、西辺中央の鉄砲櫓に威風堂々とした姿を求めるために唐破風を付けたのであろう。

## 天守

### 位置と構造

松江城歩きのメインとなるのはやはり国宝天守であろう。その構造については本書第五章に譲り、ここではお薦めの見所をいくつか紹介しておこう。まず天守の構造は複合式で、四重五階地下一階の望楼型に分類される。

写真9　天守

高さ二二・四mを測る。この高さは残存十二天守のなかでは姫路城天守、松本城天守に次ぐ、第三位を誇る。外観は下見板張で、その漆黒の姿は無骨でファンも多い。その無骨さは決してイメージだけではなく、様々に仕掛けが設けられており、実際にも実戦を想定して築かれた天守なのである（**写真9**）。

まず本丸における天守の位置を確認しておこう。天守は本丸の北東寄りに建つが、本丸の塁線上ではなく、天守台を独立して配置している。この時期の天守台の多くは塁線の出隅部に構えられる中で独立して築かれるのは珍しい。本来は塁線上に構えたかったと思われるが、本丸東辺のもとの地盤が軟弱であったため、高さ一〇mを超える高石垣は崩れやすく、そこに天守は構えられなかったのだろう。祈祷櫓の石垣が何度も崩れたのもそうした地盤の影響であり、天守台をあえて本丸内側にずらせて築いたのだろう。

**附櫓**

天守構造で、平面形態が複合式というのは天守に附櫓の付くものである。松江城天守も南面に単層の附櫓が付属する。この附櫓の位置から天守は南正面であったことがわかる。附櫓とはいうものの二階構造で地階部分が石垣内部の狭い土間となり、玄関部に相当する。附櫓二階は石垣上にあり、その平面は南北六間、東西六間もある大きなものである（**写真10**）。天守地階が南北八間、東西八間であることからも附櫓がかなり大きいものであることが知れる（**図1**）。附櫓の巨大さは玄関としての威

写真10　附櫓

厳ではなく、極めて軍事性を重視したためのものであり、外観からだけでも地階玄関は木材部分にはすべて鉄板が張られ、二階正面隅には石落としが張り出し、合横矢が掛かるようになっている。

驚くのは外観だけではない。地階から天守地階に向かうには、地階を入ると右折れし、突き当りを左折して階段を登ると、真正面よりやや左にずれて天守地階に入る階段が取り付けられている。このように附櫓から天守に行くだけでも二度の屈曲と入口にずれを設けているのである。さらに附櫓の地階天井となる二階部分の床板は外せるようになっており、附櫓に入った敵を頭上から攻撃できるように工夫されている。加えて附櫓二階と天守地階の間には壁が設けられているのであるが、そこには鉄砲狭間が切られており、附櫓に侵入した敵にまで攻撃の手を休めない構造となっている（**写真11**）。

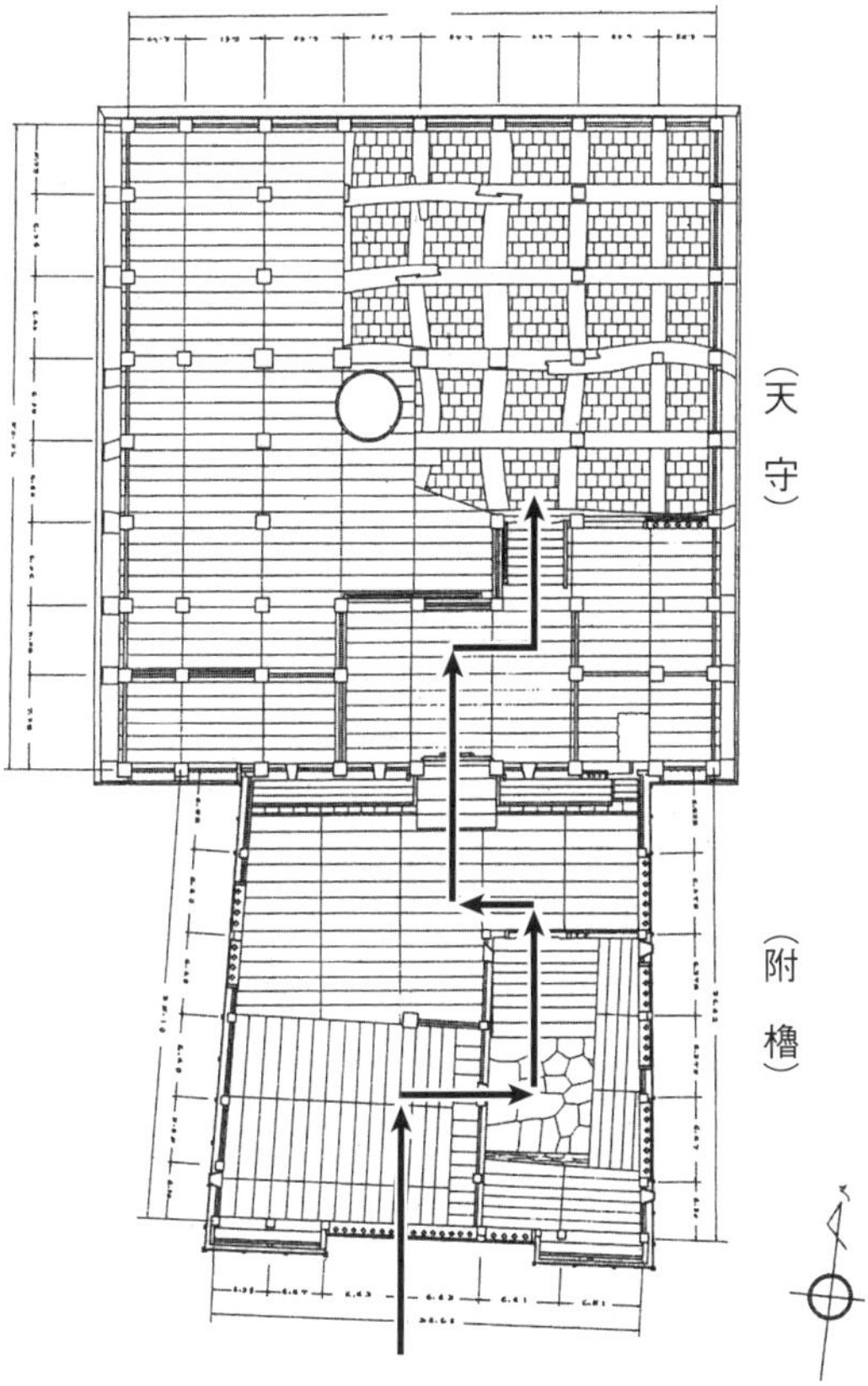

図１　天守地階平面図（矢印は導線）
（『重要文化財松江城天守修理工事報告書』を一部改変）

写真11　天守地階壁の鉄砲狭間

## 地階の井戸

天守地階ではまず附櫓の接合部両脇部分に石打棚と呼ばれる二m四方の中段（棚）が存在しているところを見ておこう。壁面には突き上げ戸が切られており、石打棚からは附櫓両脇の敵に対処するものであった（写真12）。

写真12　石打棚

写真13　井戸

地階は穴蔵と呼ばれ、中央やや右手に一階へ上る階段が設けられているが、その前面は間仕切りされており、奥側（北側）は床を張らず、天守の土台を露頭させている。土間部分は瓦敷きとなり、塩を貯蔵する塩蔵として利用されていた。

地階の中央には井戸がある。円形の桶枠状の井戸枠が見えるが、本体部分は石組みで、深さは何と二四mもある（写真13）。天守台穴蔵に井戸を有するものとしては名古屋城や浜松城があり、塩蔵を置くものとしては岡山城や会津若松城がある。いずれも籠城戦の際に天守を有効に用いるための施設であり、天守が象徴というだけではなく、軍事的にも極めて重要な施設であることを物語っている。

さて、天守地階をもう一度正面から見てみよう。井戸の両脇の柱をよく見ると祈祷札が打ち付けられていることに気が付く（写真14）。この祈祷札こそ昭和三十年（一九

写真14　天守地階

五五）の解体修理後行方不明になっていたもので、近年に二之丸の松江神社から発見された。慶長十六年（一六一一）正月の墨書があり、天守竣工の年が明らかとなった資料で、この祈祷札の存在が国宝指定に大きく一役買ったことはまちがいない。そのレプリカがもとの場所に打ち付けられている。

また、天守地階には解体修理で外された柱材が展示されているが、よく見ると小口面に「富」の字と分銅文が刻印されている。この刻印は天守二階以下の部材に散見できる。「富」は関ヶ原合戦後に堀尾吉晴、忠氏父子が最初に入城した富田城の「富」で、松江築城の際に用いた富田城からの移築材ではないかと言われている。

## 天守の姿

天守一階に登るまえに天守の外観についてみておこう。江戸幕府が正保元年（一六四四）に諸藩に命じて城絵図を作成させた。これを正保城絵図と呼んでいる。その正確な製作枚数は一六〇鋪近くにのぼると見られるが、現存するのは六三鋪である。そのなかには松江城も含まれている。ところが正保城絵図に描かれた天守と現存する天守には若干の構造に違いが認められる。このため正保城絵図は天守を正確に描いていないという評価がされていた。しかしこれは幕府に提出する絵図である。実は正

写真15　「正保城絵図」の松江城天守
（国立公文書館蔵）

保年間の天守を正確に描いたのであるが、その後の修理を経て、現在の天守の姿になったと見た方が納得できそうである（写真15）。

　そこで少し正保図と現状を比較しておきたい。正保図には天守の南面と東面が描かれている。南面は附櫓が付き、二重目の屋根に二つの千鳥破風、三重目の屋根に入母屋破風が描かれている。一方、東面は一重目の屋根に二つの千鳥破風、二重目の屋根に入母屋破風、四重目の屋根に唐破風が描かれている。そして外観は五重となり、下見板張りに描かれている。現存する天守の構造は四重五階地下一階であるが、三重目の平側に入母屋造の張り出しが付き、一見すると五重に見え、絵図でも五重に描かれてしまっても不思議ではない。千鳥破風と唐破風を除去すると現在の天守構造と同じになる。

　そうした痕跡が天守内部に散見できる。天守二階東側の当初柱とみられる側柱四本には内側に貫穴の跡があり、外側の柱一本には千鳥破風の母屋桁が挿してあったと考えられる仕口跡も確認でき、一重屋根に比翼千鳥破風が載っていたことはまちがいない（写真16）。ぜひその痕跡も見て欲しい。

写真16　柱に残る貫穴の跡

　古くより松江城には千鳥城の別称があるのだが、不思議なことになぜ千鳥城と呼ばれたのかはわかっていない。あるいは正保城絵図に描かれているように、堀尾氏が築いたときに天守は多くの千鳥破風が構えられていたからなのかも知れない。

## 包板と帯鉄

松江城天守の特徴として柱の包板がある。天守一階から四階の柱のうち、一三〇本（昭和の大修理前）は一面から四面に包板が釘、鎹、帯鉄で取り付けられている。包板は二寸から二寸五分の厚さの板が用いられている（写真17）。なかでも帯鉄とは包板を巻く鉄輪のことであるが、実際は包板の上から巻くものと、柱材に直接巻くものがある（写真18）。柱に直接巻く帯鉄は柱の千割れの防止や軸部の強化のためとみられる。他の天守でこうした帯鉄が認められるものとして姫路城天守がある。これは明暦二年（一六五六）に東西二本の大柱を補強するために巻かれたもので、これ以外に事例はない。ところで松江城の包板や帯鉄は慶長十六年（一六一一）の創建当時から備えられたものかどうかについては不明である。包板には享保四年（一七一九）の墨書銘があり、この頃の修理に柱に包板が張られた可能性も考えられる。なお、帯鉄のなかには享保四年銘の包板の内側の柱に直接巻かれたものがあり、少なくともそれ以前に帯鉄は施されていた。いずれにせよ、包板と帯鉄は松江城天守の最大の特徴である。

写真17　包板

写真18　帯鉄

## 狭間と石落とし

松江城天守が防御の拠点であることを示す施設として狭間がある。狭間には蓋が付く構造で実に九四カ所に設けられている（**写真19**）。

石落としはかつてここから下に石を落として敵を頭上から攻撃する施設と言われていた。しかし壁面より突出した構造からは外観で石落としの存在は知られてしまい、その下に突入する敵などいない。石落としは頭上より斜めに銃の射撃を可能にした横矢掛けの一種である。松江城天守ではまず附櫓正面の両端部に配置されている。これによって附櫓入口に対して相横矢が効く。

実は天守そのものにも石落としが配されているのであるが一見すると存在がわからない。通常は一階部分に石垣より突出して構えられているのでその存在が知られるのであるが、松江城では一階には見当たらない。ところが二階部分の壁面をよく見ると四隅と東・北・西面の中央が張り出していることがわかる。実はこれらが石落としで、陰石落としと称されている（**写真20**）。これに気が付かず天守下に攻めて来た敵に対して頭上より縦横無尽に側射が掛けられたのである。

写真19　狭間

写真20　陰石落とし

## 階段

三階から四階に至る階段の開口部をよく見ると、正面を昇ると四階に至るのであるが、開口部左手にも桟があり上がることができる（写真21）。これまであまり紹介されたことがないのであるが、大変興味深い構造である。

写真21　階段開口部の桟

## 北門から腰曲輪

松江城の天守は単なる飾りではなく実戦的な構造を多々有しており実に見るべきところが多い。さて、天守をあとに本丸の北に向かう。本丸には南の正面にあたる一ノ門と北側搦手の北門と二カ所に虎口が構えられていた。一ノ門が厳重な外枡形であるのに対し、北門は平虎口で棟門が設けられていたに過ぎない。この北門の外側に構えられたのが腰曲輪で、外枡形として構えられたのであろう。その東面に水の手門喰違い虎口が開口する。この部分の石垣外側には古い石垣隅角部が認められ、さらに解体修理

写真22　古い石垣の隅角部痕跡

の結果、その隅角部が現石垣の奥に続いていることが判明し、堀尾期の石垣がある時期に大きく改修されたことがわかった（写真22）。

水の手門を下ると、馬洗い池がある。この池の由来については不詳であるが堀尾期、京極期、松平初期の絵図には描かれておらず、少なくとも築城当初にはなかったものである。なお、馬洗い池と道を隔てたところにギリギリ井戸と呼ばれる井戸跡がある。ギリギリとは方言で頭の旋毛（つむじ）を差し、ここが松江城の中心ということでギリギリと称されたという。水の手門もギリギリ門と称されている。

### 上御殿から中原口

ここで一旦西側に向かおう。

腰曲輪の北側にこんもりとした高まりがある。現在松江護国神社の建つ高地である。腰曲輪との間は約二〇mを隔て、その間は切通となる。築城当初に開削されたものと考えられ、堀切として評価してよいだろう。ここが北之丸である（写真23）。伝承では堀尾吉晴の御殿があり、そのため別名を上御殿とも呼んだ。本丸が石垣で築かれているのに対して北之丸には鉢巻石垣が巡るだけで、そのギャップからこの辺りは築城途中で終わったといわれる理由になっている。

北之丸のさらに北側には城内稲荷社がある。社伝に堀尾吉晴が築城の際にこの地にあった若宮八幡宮を守護神

写真23　北之丸

写真24　搦手虎口跡

として祀り、松平直政が旧領松本から稲荷社を勧請して城内守護としたとある。城内稲荷社は十年に一度の大祭、ホーランエンヤにおいて松江の起点となる神社でもある。

さらに西に進むと内堀に出る。ここが搦手門となる中原口で単純な平虎口であった。内堀には木橋が架かり、門は屋根のない幅一間の柵門が構えられるだけの簡単なものであった（写真24）。

## 中曲輪から外曲輪

中原口をUターンして内堀の東面に戻ろう。その間に中曲輪の北面石垣に沿って歩くが、この石垣をよく見ると「安永八」の刻印が刻まれている（写真25）。これは安永八年（一七七九）に修築されたことを刻んだものである。ここより一直線に東に向かうと中曲輪の一段下に広がる外曲輪で、東端の虎口に至る。これが内堀東面に構えられた北惣門である。東面南に構えられた大手に対して北に位置するために北惣門と呼ばれているが、東惣門、脇虎口ノ門とも呼ばれていた。東面石垣を城内側にL字状に折り曲げて、右折れさせる枡形虎口としている（写真26）。内堀には木橋が架けられていた。ただ、枡形ではあるが。前面に高麗門を枡形内に櫓門を構える典型的な構造とはならない。興味深いのはこうした枡形に一門構造となる場合は、枡形内側に櫓門を配置する。松江城では大手が馬溜に門を持たず、枡形としての馬溜

写真25 「安永八」の刻印

写真26 北惣門

を入った内側に櫓門を配している。これは櫓門の外枡形として評価される構造である。これに対して北惣門では外側に櫓門が配置される珍しい構造となる。

## 外曲輪から二之丸へ

北惣門からは外曲輪を通って大手に戻ろう。その際、中曲輪との間に設けられた石垣の裾を通ると、「扇に二」、「雁」、「の」、「□大」、「五芒星」、「△」、「鉞」、「輪違」などの刻印がそれぞれの文様ごとに集中して施されているのを見ることができる。これは石垣構築の割普請の工区を示すものとして注目される。

大手まで戻るともう一度横手坂を登り、二之丸に向かおう。二之丸には築城当初二之丸御殿が構えられていた。現在では東側の下段に井戸が残されているに過ぎない。

二之丸東辺には北より太鼓櫓、中櫓、南櫓が構えられている。明治八年（一八七五）以前に撮影された写真には南櫓、中櫓が見事に写されている。この写真には二之丸御殿や本丸武具櫓、さらには三之丸の長屋門も写っている（写真27）。さて、櫓であるが太鼓櫓は単層で、梁間三間、桁行六間の瓦葺き建物で、城内側に柿葺きの庇が付く。中櫓も単層で、梁間三間、桁行六間の瓦葺き建物である。南櫓は二重櫓で、一階は梁間四間半、桁行五間、二階が梁間三間半、桁行四間の瓦葺き建物である。これらの櫓は明治八年に解体された。写真資料や平面絵図、発掘調査成果を踏まえ、平成十三年（二〇〇一）に木造によって復元された（写真28）。

## 松江神社と興雲閣

二之丸西側に位置する上段には現在松江神社と興雲閣が建つ。松江城とは直接関係はないが、城跡利用として注目されるのでここでは少しだけ触れておきたい。松江神社は本殿、幣殿、拝殿が一体となる権現造りとなっている。明治十年（一八七七）に松平直政を祀る楽山神社と、掘尾忠晴によって寛永五年（一六二八）に創建された徳川家康神霊社が合祀されて明治三十二年（一八九九）に現在地に奉還し、松江神社と改称された（写真29）。

松江神社の南に建つ洋館が興雲閣である。明治天皇の島根行幸を仮定して明治三十六年（一九〇三）に竣工した。行幸についてはあくまでも仮定であり、建設当初は松江市工芸品陳列所として計画された。明治四十年（一九〇七）には嘉仁親王（大正天皇）の行啓に利用されている。平成二十五～二十七年（二〇一三～一五）に修理工事が施され新たに興雲閣として一般公開されている。一階には喫茶室があり、城巡りでの疲れを癒してくれる

写真27　明治８年以前撮影の最も古い写真（松江歴史館蔵）

写真28　復元された櫓

写真29　松江神社の石鳥居

写真30　興雲閣

写真31　興雲閣の裏側に残る土塁

場として利用できる（写真30）。
この興雲閣の裏側に回ると草叢の中に土塁が残されている。絵図によるとこの土塁上に屏風折塀が描かれている。屏風折塀とは塀を三角に何度も折り曲げ、連続して側射が効くようにした土塀のことである。絵図には多く描かれる施設であるが、現存する例はない。徳島城では直線的に構えられた石垣上に屏風折塀を構えるため、突出した三角形の頂部を支えるための柱を受ける舌石と呼ばれる石材が石垣に突出して設けられたものが現存する。
土塁上ではどのように構えられていたかが不明であったが、山形城では土塁の上場に石列を配置した壁の基底部が発掘調査によって検出されている。松江城でも同じように土塁上に屏風折塀の基底部となる石列が配置されていたのであろう。かろうじて残された土塁を見逃さないように（写真31）。

## 廊下橋から三之丸

二之丸の南端にある虎口から階段を下ると内堀の南端に出る。ここに架かる千鳥橋を渡ると三之丸である。江戸時代には御廊下橋と呼ばれる屋根の架かる橋であった。ここから後ろを振り返ると二之丸南端の高石垣を望むことができるが、加工度の高い築石を横位にぴっちりと積み上げている。一部には落し積み技法も認められる嘉永四年（一八五一）に修築された石垣である。また、二之丸より内堀を見ると、岩盤を削って掘った堀で、堀中央部は深く開削しているが、両岸は浅くなっているのがよくわかる（写真32）。

写真32　千鳥橋のたもとの石段

写真33　三之丸の石垣

三之丸は藩主の居館と藩庁のあったところであるが、現在では島根県庁が建っている。明治以降の城跡の代表的利用で、福井城では本丸に福井県庁と県警が、高知城では三之丸に県庁が、大分では県庁と市役所が府内城の三之丸に建っている。明治維新後、城跡は軍隊、官庁、学校、公園などに利用される。松江城の三之丸は県庁を選んだのであり、城跡の歴史としては大変面白い。三之丸を巡る堀と石垣は残されているのでぜひ見学したい（写真33）。

三之丸と道路を隔てて島根県民会館が建つ。この二階からは二之丸南櫓、中櫓、太鼓櫓と本丸に聳える天守が一望に見渡すことができる。松江城を写すベストポイントでもある。ぜひ立ち寄ってその絶景を堪能して松江城の城歩きを終えることとしよう（写真34）。

（中井　均）

写真34　松江城遠景

# 資料

# 松江城関係年表

| 年号 | 西暦 | 松江城にかかわる主な出来事 |
|---|---|---|
| 慶長五年 | 一六〇〇 | 関ヶ原合戦<br>堀尾吉晴・忠氏親子、出雲・隠岐二十四万石を拝領、富田城に入る |
| 慶長八年 | 一六〇三 | 家康、征夷大将軍となり、江戸に幕府を開く<br>この年、堀尾氏、幕府より新城築城の許可を得るか |
| 慶長九年 | 一六〇四 | 堀尾忠氏、逝去 |
| 慶長十一年 | 一六〇六 | 末次村在家を中原村へ移転させる |
| 慶長十二年 | 一六〇七 | この年、松江城築城開始か |
| 慶長十三年 | 一六〇八 | 松江越。富田から松江への政治機能の移転か |
| 慶長十四年 | 一六〇九 | 出雲大社造替遷宮。願主豊臣秀頼、奉行堀尾吉晴 |
| 慶長十六年 | 一六一一 | 松江城天守完成、祈祷が行われる<br>忠晴、初めて松江より江戸に出立、五月二日に帰城<br>堀尾吉晴、逝去 |
| 慶長十七年 | 一六一二 | 堀尾忠晴、徳川秀忠より出雲・隠岐国の支配を認める判物を受ける |
| 慶長十九年 | 一六一四 | 大坂冬の陣 |
| 元和元年 | 一六一五 | 大坂夏の陣 |
| 元和五年 | 一六一九 | 忠晴、福島正則の改易に伴い城受取りのため広島出陣 |
| 寛永六年 | 一六二九 | 御屋敷（城内三之丸御殿か）の作事始まる |
| 寛永十年 | 一六三三 | 堀尾但馬、幕府巡見使に出雲国ノ絵図で国内の様子を伝える。「出雲国図」の原図か<br>堀尾忠晴、江戸で逝去 |
| 寛永十一年 | 一六三四 | 京極忠高、出雲・隠岐二国を拝領、松江藩主となる |
| 寛永十四年 | 一六三七 | 京極忠高、江戸で逝去 |
| 寛永十五年 | 一六三八 | 松平直政、出雲国を拝領（隠岐国預り）、松江藩主となる<br>松平直政、松江城に登る |

| | | |
|---|---|---|
| 正保二年 | 一六四五 | この年、「出雲国松江城絵図」（正保城絵図）作成か |
| 寛文六年 | 一六六六 | 松平直政、江戸で逝去 |
| | | **綱隆**（二代）、**襲封** |
| | | この年、幕府（老中）より、城郭修復の許可あり |
| 寛文七年 | 一六六七 | 杵築大社造替遷宮 |
| | | この年、巡見使入国に併せて北堀橋床の石垣を築造 |
| 寛文八年 | 一六六八 | 幸松丸（四代吉透）松江城に生まれる |
| 寛文九年 | 一六六九 | 綱隆、居所を三之丸から二之丸に移す |
| 延宝二年 | 一六七四 | 出雲地方大雨。大雨により、三之丸御殿は玄関三段目まで水に浸かる |
| | | この年、外曲輪（馬溜）、三之丸の石垣修理の伺いを幕府に提出 |
| 延宝三年 | 一六七五 | 綱隆、松江城三之丸で逝去 |
| | | **綱近**（三代）、**襲封** |
| 延宝四年 | 一六七六 | この頃、天守附櫓の屋根修理が行われる |
| 延宝六年 | 一六七八 | 母衣町大火 |
| 元禄二年 | 一六八九 | この年、城下絵図作成される |
| 元禄四年 | 一六九一 | この年、北之丸（北廓）の石垣を補修 |
| 元禄五年 | 一六九二 | この年、三之丸の奥御殿並びに姫様（万姫）御殿（併せて三〇〇坪）ができる |
| 元禄七年 | 一六九四 | この年、後山御茶屋、田中御茶屋（御花畑）が初めて造られる |
| 元禄九年 | 一六九六 | この年、北之丸（上御殿）に幸松丸（後の四代吉透）の「新宅」できる |
| 元禄十年 | 一六九七 | 六月晦日、雨により三之丸北多門の石垣が崩れ、幕府に届け修理 |
| 元禄十一年 | 一六九八 | この頃、「松江城縄張図」が作成される |
| 元禄十三年 | 一七〇〇 | この頃、天守の北側張出建破風の修理 |
| 元禄十五年 | 一七〇二 | 大雨で宍道湖が増水（一丈十二尺）、松江城の石垣が壊れる |
| 宝永元年 | 一七〇四 | **吉透**（四代）、**襲封** |
| 宝永二年 | 一七〇五 | 吉透、江戸で逝去 |
| | | **宣維**（五代）、**襲封** |

| 年号 | 西暦 | 松江城にかかわる主な出来事 |
| --- | --- | --- |
| 宝永六年 | 一七〇九 | 外記（綱近）、北之丸で逝去<br>この年、大橋掛け直し |
| 正徳四年 | 一七一四 | 宣維、この年初めて入国し、松江城をめぐる |
| 正徳六年 | 一七一六 | この頃、老中井上正岑（河内守）に天守修理届けを出し、許可を得る |
| 享保二年 | 一七一七 | この年、城の石垣修理 |
| 享保三年 | 一七一八 | この頃、天守小形（模型）が作られる |
| 享保四年 | 一七一九 | この頃、天守内の柱に包板が添えられる |
| 享保十六年 | 一七三一 | 宣維、江戸で逝去<br>宗衍（六代）、襲封 |
| 享保十七年 | 一七三二 | 巡見使（堀三六郎、土屋数馬）入国し、翌年二月七日に松江を発つ<br>この頃、巡見使を迎えるために城内を修復する |
| 元文三年 | 一七三八 | この頃、天守の本格的な修理が行われる |
| 寛保三年 | 一七四三 | この年、石垣修理 |
| 延享二年 | 一七四五 | 宗衍、初めて松江に入り、天守に登る。<br>この年、松江城下大洪水にみまわれる。 |
| 寛延元年 | 一七四八 | 出雲地方で地震<br>この年、二之丸石垣修理 |
| 明和三年 | 一七六六 | 治郷（鶴太郎）、初めて松江城に入る |
| 明和四年 | 一七六七 | この年、「御立派」改革始まる<br>治郷（七代）、襲封 |
| 安永三年 | 一七七四 | この年、石垣修理 |
| 天明元年 | 一七八一 | 石垣修理の伺いを絵図を添えて幕府に提出。一月二十七日に幕府より許可 |
| 天明二年 | 一七八二 | 宗衍、江戸で逝去 |
| 享和三年 | 一八〇三 | 治郷の弟衍親（雪川）逝去 |

| | | |
|---|---|---|
| 文化三年 | 一八〇六 | 斉恒（八代）、襲封。治郷、隠居し不昧を号す |
| 文化八年 | 一八一一 | この年、城内稲荷若宮八幡社造営 |
| 文化十二年 | 一八一五 | 天守修理 |
| 文政元年 | 一八一八 | 不昧（治郷）、逝去 |
| 文政五年 | 一八二二 | 斉斎（斉貴）（九代）、襲封 |
| 天保三年 | 一八三二 | この年、石垣修理 |
| 天保十一年 | 一八四〇 | 石垣修理 |
| 嘉永四年 | 一八五一 | 石垣修理 |
| 嘉永五年 | 一八五二 | 横浜大火 |
| 嘉永六年 | 一八五三 | 定安（十代）、襲封 |
| 慶応三年 | 一八六七 | 朝廷、王政復古を宣言 |
| 明治元年 | 一八六八 | 西園寺鎮撫監督一行、松江城を検分 |
| 明治二年 | 一八六九 | 藩治職制（第一次）を施行する<br>藩籍奉還。城地は官有地となる<br>定安、松江藩知事に任命される<br>定安、松江に帰城、直ちに諸般の改革に着手、三之丸を藩庁（公廨）に充てる |
| 明治四年 | 一八七一 | 松江藩より廃城の伺が太政官に提出される<br>松江藩庁、「松江城廃城の議」を達す<br>廃藩置県により松江藩を松江県と改称。定安、藩知事を罷める<br>松平定安、松江を去る<br>松江・広瀬・母里の三県を廃し、新たに島根県を置く |
| 明治五年 | 一八七二 | 廃藩置県に伴い、新御殿を県庁（初代）として開庁 |
| 明治六年 | 一八七三 | 松江城内で勧業博覧会（小博覧会）開催 |
| 明治八年 | 一八七五 | 松江城廃城、城郭施設の入札のために斎藤直大尉、広島鎮台より派遣、天守は高城権八・勝部本右衛門父子の尽力で保存。天守を残してほかの建物は撤去される |
| 明治十二年 | 一八七九 | 島根県庁舎（二代目）竣工 |

| 年号 | 西暦 | 松江城にかかわる主な出来事 |
| --- | --- | --- |
| 明治二十二年 | 一八八九 | 松江市制を執行する |
| 明治二十三年 | 一八九〇 | 松江城地が第五師団から松平直亮に払下げられる<br>ラフカディオ・ハーン、松江尋常中学校・師範学校の英語教師に招聘される |
| 明治二十五年 | 一八九二 | この頃、天守天狗の間の修繕が行われる<br>暴風雨により天守の屋根の一部が崩落 |
| 明治二十七年 | 一八九四 | 天守修繕工事が始まる（六月）<br>天守閣修繕竣工式（十二月） |
| 明治三十二年 | 一八九九 | 松江神社が二之丸に創建される |
| 明治三十六年 | 一九〇三 | 二之丸に松江市工芸品陳列所（行啓時の御旅館・興雲閣）落成 |
| 明治四十年 | 一九〇七 | 皇太子嘉仁親王、御旅館（松江市工芸品陳列所）に到着（五月二十六日出発） |
| 明治四十二年 | 一九〇九 | 三之丸に島根県庁（三代目）が竣工<br>松江市工芸品陳列所、松平直亮により「興雲閣」と命名される |
| 明治四十三年 | 一九一〇 | 松江開府三〇〇年祭が開催される |
| 昭和二年 | 一九二七 | 松平直政公銅像除幕式（本丸内）<br>松江城が松平氏より松江市、島根県に寄附される（城山は松江市に、三之丸は島根県に） |
| 昭和三年 | 一九二八 | 松江城山が城山公園と名付けられる |
| 昭和四年 | 一九二九 | 「松江城山公園改造計画設計案」（日本庭園協会調査部本多静六ほか）が作成される |
| 昭和九年 | 一九三四 | 松江城山の大半と内堀が史跡に指定される |
| 昭和十年 | 一九三五 | 松江城天守、国宝保存法に基づき国宝に指定される |
| 昭和十三年 | 一九三八 | 北之丸に松江招魂社（松江護国神社）が創建される |
| 昭和十六年 | 一九四一 | アジア・太平洋戦争が始まる |
| 昭和二十年 | 一九四五 | 第二次世界大戦が終わる |

| | | |
|---|---|---|
| 昭和二十五年 | 一九五〇 | 文化財保護法施行。国宝保存法廃止<br>文化財保護法の施行に伴い、松江城天守は重要文化財に改称される<br>松江城天守修理工事起工式 |
| 昭和三十年 | 一九五五 | 松江城天守修理工事完了<br>松江城天守修理工事竣工式 |
| 昭和三十二年 | 一九五七 | 松江開府三五〇年祭が開催される |
| 昭和三十五年 | 一九六〇 | 市政七〇周年記念事業としての本丸に多聞櫓が完成する |
| 昭和四十一年 | 一九六六 | 城戸久が天守完成時の祈祷札について紹介する（仏教芸術六〇号） |
| 昭和四十五年 | 一九七〇 | 史跡松江城環境整備五ヶ年計画が策定される |
| 昭和四十八年 | 一九七三 | 興雲閣の保護と資料の収集・展示のため、松江郷土館が設置され、開館する |
| 平成三年 | 一九九一 | 史跡の追加指定 |
| 平成五年 | 一九九三 | 史跡松江城環境設備指針が策定される |
| 平成十三年 | 二〇〇一 | 二之丸に南櫓、中櫓、太鼓櫓および瓦塀が復元される |
| 平成十九年 | 二〇〇七 | 松江開府四〇〇年祭が開催される（平成二十三年十二月まで） |
| 平成二十一年 | 二〇〇九 | 松江市教育委員会に史料編纂室（平成二十八年四月より史料編纂課）が設置される<br>松江城を国宝にする市民の会が設立される |
| 平成二十二年 | 二〇一〇 | 松江市観光振興部に松江城国宝化推進室（平成二十八年四月より松江城調査研究室と改称し、史料編纂課の内室）が設置される |
| 平成二十三年 | 二〇一一 | 松江歴史館が開館する |
| 平成二十四年 | 二〇一二 | 史料編纂室の史料調査により、松江城天守完成時の祈祷札が再発見される |
| 平成二十五年 | 二〇一三 | 史跡の追加指定 |
| 平成二十六年 | 二〇一四 | 重要文化財松江城天守保存活用計画が策定される<br>史跡の追加指定 |
| 平成二十七年 | 二〇一五 | 国の文化審議会が松江城天守を国宝に指定するよう文部科学大臣に答申する<br>松江城天守が国宝に指定される |

松江城関連事項編年表『松江市史』別編１「松江城」より抜粋

【参考文献】


飯塚康行「松江城出土軒瓦について」『史跡松江城整備事業報告書』第2分冊（調査編）松江市教育委員会　二〇〇一

石井悠『松江城と城下町の謎にせまる―城と城下の移り変わり―』（山陰文化ライブラリー）ハーベスト出版　二〇一三

伊藤創「米子城跡の瓦」『伯耆米子城』ハーベスト出版　二〇一八

稲田信・内田文恵・居石由樹子「松江城天守創建に関わる祈祷札について」『松江城研究』2　松江市教育委員会　二〇一三

稲田信・福井将介「松江城天守古写真考―「明治初年」とされる荒廃した松江城天守古写真について―」『松江市歴史叢書』9（松江市史研究　7号）松江市　二〇一六

卜部吉博「祈祷札の打ち付け位置について」『松江城調査研究集録　一』松江市　二〇一三

大矢幸雄・渡辺理絵「近世初期における松江城下町の空間的特性―「堀尾期松江城下町絵図」の分析を通して―」『松江市歴史叢書　一二』（松江市史研究九号）松江市　二〇一八

岡崎雄二郎「松江城の鯱瓦と鬼瓦」『松江城調査研究集録』7　松江市

岡崎雄二郎「史跡松江城の発掘調査（一）―外曲輪（二之丸下ノ段）―」『松江市歴史叢書　八』（松江市史研究　六号）松江市　二〇一五

岡崎雄二郎「史跡松江城の発掘調査（二）―北惣門橋跡、御廊下橋跡―」『松江市歴史叢書　九』（松江市史研究　七号）松江市　二〇一六

岡崎雄二郎・乗岡実・飯塚康行・徳永隆「松江城の石垣刻印分布調査について（1）」『松江市歴史叢書』13　松江市　二〇二〇

岡田射雁「千鳥城の築城とその城下」『島根叢書』第一篇　島根縣教育會　一九三三

加藤得二『姫路城の建築と構造』名著出版　一九八一

川本裕司「浜田藩成立過程の再検討―古田家の転封を中心として―」『島根史学会会報』第55号　二〇一七

佐々木倫朗『堀尾吉晴と忠氏』（ふるさと文庫四）松江市　二〇〇八

佐々木倫朗・福井将介「いわゆる『松江城築城物語』に関する再検討」『松江市歴史叢書　九』（松江市史研究　七号）松江市　二〇一六

城戸久「松江城天守」『仏教芸術』六〇　毎日新聞社　一九六六

新宮敦弘・澤田順弘・古川寛子・乗岡実「松江城石垣の岩石とその原産地」『松江市歴史叢書』11（松江市史研究9号）松江市　二〇一八

新庄正典「松江城下町遺跡出土の桔梗紋の瓦を使用した家について」『松江歴史館研究紀要』第二号　松江歴史館　二〇一二

須田主殿『城郭史から見た松江城天守と昭和の修理』（稿本・松江歴史館所蔵）一九五四

須藤吉郎編『古江百年誌』松江市古江公民館　一九六八

島根県史編纂掛編『島根県史』九（藩政時代　下）島根縣内務部島根縣史編纂掛　一九三〇
島根県教育委員会編『島根県中近世城館跡分布調査報告書第2集　出雲・隠岐の城館』島根県教育委員会　一九九八
島根県教育庁埋蔵文化財調査センター編『松江城三之丸跡　松江城下町遺跡（殿町128）―島根県庁改修工事に伴う埋蔵文化財発掘調査報告書―』島根県教育委員会　二〇一五
瀬戸浩二ほか「松江平野北部の平野発達史と古環境変遷史」『松江市歴史叢書　八』（松江市史研究　六号）松江市　二〇一五
高屋茂男編『出雲の山城』ハーベスト出版　二〇一三
徳永隆・澤田順弘・新宮敦弘「松江城月見櫓下石垣と石材について」『松江市歴史叢書』13　松江市　二〇二〇
西和夫『松江城再発見』（松江市ふるさと文庫16）松江市　二〇一四
西尾克己・稲田信・木下誠「高野山奥の院に所在する堀尾家墓所について」『松江歴史館研究紀要』第3号　松江歴史館　二〇一三
西尾克己・稲田信・福井将介「江戸幕府収納の出雲国絵図に記された「古城」について」『松江歴史館研究紀要第四号』松江歴史館　二〇一四
西島太郎『京極忠高の出雲国・松江』（松江市ふるさと文庫8）松江市教育委員会　二〇一〇
乗岡実「松江城の石垣の構造と年代」『松江市史研究』第5号　松江市教育委員会　二〇一四
乗岡実「松江城の屋根瓦」『松江市歴史叢書』8（松江市史研究6号）松江市　二〇一五
長谷川博史『石垣と瓦から読み解く松江城』松江市　二〇一七
長谷川博史『中世水運と松江―城下町形成の前史を探る―』（松江市ふるさと文庫15）松江市教育委員会　二〇一三
長谷川博史「港町の形成と展開」「中世」（通史編Ⅱ）『松江市史』松江市　二〇一六
花谷浩「出雲における中近世瓦と松江城築城期の瓦」『松江市歴史叢書』10（松江市史研究8号）松江市　二〇一七
林正久「松江周辺の沖積平野の地形発達」『地理科学』46巻2号　地理科学学会　一九九一
曳野弥生「長江瓦について」『古江公民館報』第214号　松江市古江公民館　二〇一〇
姫路市立城郭研究室編『姫路城石垣の魅力』姫路市立城郭研究室　二〇一五
兵庫県立考古博物館編『築城―職人たちの輝き―』（兵庫県立考古博物館特別展図録）兵庫県立考古博物館　二〇一六
福井将介「昭和25～30年の松江城関連の史料調査と須田主殿『松江城調査研究集録』3　松江市　二〇一六
松江市教育委員会『史跡松江城　昭和54年度環境整備事業報告書』松江市教育委員会　一九八〇
松江市教育委員会『荒隈城跡』松江市教育委員会　一九八二
松江市教育委員会『史跡松江城　昭和57年度保存修理事業報告書』松江市教育委員会　一九八三
松江市教育委員会『史跡松江城　昭和60年度保存修理事業報

告書』松江市教育委員会　一九八六

松江市教育委員会『史跡松江城上御殿発掘調査報告書』松江市教育委員会　一九八七

松江市教育委員会『松江城研究　第一・二号』松江市　二〇一二・二〇一三

松江市教育委員会『史跡松江城石垣修理報告書』松江市教育委員会　二〇〇七

松江市教育委員会・松江市教育文化振興財団『城山北公園線都市計画街路事業に伴う松江城下町遺跡発掘調査報告書一』松江市文化財調査報告書（第一四八号）二〇一二

松江市教育委員会・㈶松江市教育文化振興事業団『松江城下町遺跡（殿町二七九番地外）発掘調査報告書』二〇一一

松江市教育委員会・㈶松江市教育文化振興事業団『城山公園線都市計画街路事業に伴う松江城下町遺跡発掘調査報告書2』二〇一三

松江市教育委員会・松江市教育文化振興事業団『松江城下町遺跡（殿町二八七番地）・（殿町二七九番地外）発掘調査報告書―松江歴史館整備事業に伴う発掘調査報告書―』（松江市文化財調査報告書第一三九集）二〇一一

松江市教育委員会・松江市スポーツ振興財団『松江城下町遺跡（母衣町68）―広島高等裁判所松江支部・松江地方・家庭・簡易裁判所合同庁舎新営工事に伴う発掘調査報告書―』（松江市文化財調査報告書第一六四集）二〇一五

松江市教育委員会・松江市スポーツ・文化振興財団『城山北公園線都市計画街路事業に伴う松江城下町遺跡発掘調査報告書　八』（松江市文化財調査報告書第一八五集）二〇一八

松江城天守修理事務所『重要文化財松江城天守修理工事報告書』一九五五

松江市松江城国宝化推進室編『松江城調査研究集録』1　松江市　二〇一三

松江市史編集委員会「松江城」（別編1）『松江市史』松江市　二〇一八

松江市埋蔵文化財調査室編『史跡松江城石垣総合調査報告書』松江市　二〇一八

松江市史編集委員会「中世Ⅱ」（史料編4）『松江市史』松江市　二〇一四

松江歴史館編『雲州松江の歴史をひもとく』（松江歴史館展示ガイド）松江歴史館　二〇一一

松江歴史館編『松江創世記　堀尾氏三代の国づくり』（松江歴史館特別展図録）松江歴史館　二〇一一

松尾寿『城下町松江の誕生と町のしくみ』（松江市ふるさと文庫5）二〇〇八

松尾信裕「近世初頭の都市における町人地の形態と内部構造」『国立歴史民俗博物館研究報告』第204号　二〇一七

安高尚毅「松江城下の都市構造」「松江城」（別編1）『松江市史』松江市　二〇一八

山根正明『堀尾吉晴―松江城への道―』（松江市ふるさと文庫6）松江市教育委員会　二〇〇九

山根正明「城館遺跡からみた中世の松江地域」「中世」（通史Ⅱ）『松江市史』松江市　二〇一六

米子市教育委員会『国指定史跡　米子城跡3』二〇二〇
和田嘉宥「御城内惣間数」『松江城研究』二　松江市教育委員会　二〇一三
渡邊正巳「造成以前の自然環境」「松江城」（別編1）『松江市史』松江市　二〇一八

**【参考史料】**

『出雲私史』　桃節山　文久二年（一八六二）
「出雲国松江城絵図」　国立公文書館内閣文庫蔵　正保年間（一六四四～一六四八）
「出雲国松江城之絵図」　松江歴史館蔵　延宝二年（一六七四）
『雲州松江城之縁起』（万寿寺所蔵文書）　堀尾家家臣　寛文九年（一六六九）
『雲州松江城之事書』（円成寺所蔵文書）　白珎道人　寛文九年（一六六九）
「寛永年間松江城家敷町之図」　京極期絵図・丸亀市立資料館蔵　寛永十一～十四年（一六三四～一六三七）
『御城内惣間数』（雲州松平家文書）　明和三年作製ないし書写
「御本・二・三丸・御花畑共略絵図面扣」　個人蔵　江戸末期（一八六〇年頃）
『竹内右兵衛書つけ』　竹内宇兵衛　延宝七年（一六七九）頃作製ないし書写
「堀尾期松江城下町絵図」　島根大学附属図書館蔵　寛永五～十年（一六二八～一六三三）
『堀尾古記』　堀尾但馬　江戸初期に成立
「松江城及城下古図」　個人蔵　天和三～元禄五年（一六八三～一六九二）
『松江亀田山千鳥城取立之古説』　作者不詳　十八世紀初頭前後に成立
『松江藩列士録』

**【掲載図版出典一覧（松江市関係分）】**　＊執筆者の所蔵·提供·作図資料は除く

〈第一章〉

図1（『松江市史』別編1「松江城」）

図4、6、7（松江城下町遺跡（パンフレット））

図5（『松江市史』通史編2「中世」）

〈第二章〉

図3（『松江市史』別編1「松江城」）

図9、10、11（『松江市史』通史編3「近世Ⅰ」）

〈第五章〉

図5、6、7、10、11、12、13、14、15、16、17、18、19、20、21（『重要文化財松江城天守修理工事報告書』）

〈第六章〉

写真2、コラム（稲田）（松江市提供）

写真7、13（『松江市史』別編1「松江城」）

〈第七章　第一節〉

図7、8、9、10、11、12、13、14、コラム（西尾）（『松江歴史館整備事業に伴う発掘調査報告書』）

図15（『広島高等裁判所松江支部·松江地方·家庭·簡易裁判所合同庁舎新営工事に伴う発掘調査報告書』）

図16、コラム（西尾）（『城山北公園線都市計画街路事業に伴う発掘調査報告書4』）

図17（『城山北公園線都市計画街路事業に伴う発掘調査報告書3』）

写真8（松江市提供）

図1、4、12、13、18　写真1、2、5、6、7、8、11、12、13、14、15、16、17、19、20、22、24、28、32、36（『松江市史』別編1「松江城」）

写真9　図5、6、7、10（『史跡松江城整備事業報告書』）

〈第七章　第二節〉

図3、16、17　写真3、4、10、18、26、27、29、31、35、コラム（小山）（松江市提供）

〈第八章〉

図1（『重要文化財松江城天守修理工事報告書』）

# あとがき

私が初めて松江城を訪れたのは大学四回生の秋、一九七八年のことでした。考古学で飯が食いたいとは思っていたのですが、当時そのような職はほとんどなく、卒業半年前でしたが就職も決まっていませんでした。写真では親しんでいた松江城の天守でしたが、実際に目の当たりにすると、その黒い天守は無骨で威風堂々、戦国の風格を漂わせ、お城好きの私にとっては見ているだけで元気をもらった思い出があります。その後も何度となく松江城を訪れる機会がありましたが、その度に元気をもらいました。

松江市史編纂事業で、一冊まるごと松江城の市史を刊行することとなり、その部会に執筆者として加えていただいたのは城郭研究を志した私にとっては大変光栄なことでした。それからというものは年に数度、委員会や調査で松江に赴くこととなりました。岡山まで新幹線、そこからは特急やくもで揺られながらの松江通いも今となっては懐かしい思い出です。特に朝からの調査では、前日彦根で講義を終えてから米原で新幹線に飛び乗り、松江に午前〇時一三分着の最終のやくも二九号で向いました。

調査では猛吹雪の中を膝まで雪に埋もれながらの山城調査や、荊の中を矢穴痕の残る石材を探したことなど、数々の思い出が鮮明に蘇ります。そして刊行されたのが『松江市史』別編1「松江城」です。松江城研究の金字塔となりましたが、やはり一般の市民の皆さんには専門的過ぎます。そのダイジェスト版として今回山陰名城叢書として編んだものが本書です。単にダイジェストとしたのではなく、広くお城ファンの皆さんに親しんでもらうために書き下ろしたものです。一般書としても松江城の本としては金字塔となったと思っています。

松江城天守は国宝に指定され五年が経ちましたが、変わらぬ姿で私たちを出迎えてくれます。また、松江城の魅力は決して天守だけではありません。縄張り、石垣、堀などまだまだ魅力は尽きません。本書を読んでいただき、そうした魅力に触れて頂けたのであれば望外の幸せです。皆さんもぜひ松江城天守から元気をもらって下さい。

最後になりましたが、本書の企画、編集業務を一人でこなされたハーベスト出版の山本勝さんにはなかなか進まない原稿を辛抱強く待っていただきました。山本さんなしに本書は刊行できなかったと思います。改めて感謝申し上げます。

令和二年（二〇二〇）七月

中井　均

【編者略歴】
中井　均（なかい ひとし）
1955年大阪府枚方市生まれ。滋賀県立大学人間文化学部教授
主な著書：『城館調査の手引き』（山川出版社）、『歴史家の城歩き』（共著、高志書院）、『中世城館跡の考古学』（編著：高志書院）、『図解　近畿の城郭Ｉ～Ｖ』（編著：戎光祥出版）

【執筆者紹介】
中井　　均（なかい ひとし）滋賀県立大学人間文化学部教授
西尾　克己（にしお かつみ）元島根県古代文化センター長
山上　雅弘（やまがみ まさひろ）公益財団法人兵庫県まちづくり技術センター
乗岡　　実（のりおか みのる）元岡山市教育委員会文化財課課長
和田　嘉宥（わだ よしひろ）米子工業高等専門学校名誉教授
安高　尚毅（あたか なおき）小山工業高等専門学校建築学科准教授
大矢　幸雄（おおや ゆきお）元島根県立浜田高等学校校長
稲田　　信（いなた まこと）松江市歴史まちづくり部次長
松尾　信裕（まつお のぶひろ）元大阪城天守閣館長
岡崎雄二郎（おかざき ゆうじろう）元松江市教育委員会文化財課課長
小山　泰生（こやま たいせい）公益財団法人松江市スポーツ・文化振興財団
埋蔵文化財課調査係長

山陰名城叢書《さんいんめいじょうそうしょ》　2
松江城《まつえじょう》
二〇二〇年八月十日　初版発行
編者　中井《なかい》　均《ひとし》
発行　ハーベスト出版
〒六九〇―〇一三三
島根県松江市東長江町九〇二―五九
ＴＥＬ　〇八五二―三六―九〇五九
ＦＡＸ　〇八五二―三六―五八八九
印刷　株式会社谷口印刷
定価はカバーに表示してあります。
落丁本、乱丁本はお取替えいたします。
Printed in Japan
ISBN978-4-86456-352-9　C0021